노동대학총서 3
20세기 사회주의의 역사적 성격

노동대학총서 3

20세기 사회주의의 역사적 성격

지은이: 문영찬
펴낸이: 채만수
펴낸곳: 노사과연

편집·교정·교열: 김해인
표지디자인: 이규환

신고번호: 제2021-000036호(2005.04.20.)
주소: 서울시 영등포구 영등포로 397-1, 2층
전화: (02) 790-1917 | 팩스: (02) 790-1918
이메일: wissk@lodong.org
홈페이지: http://www.lodong.org

초판 발행: 2022년 1월 25일

ISBN 978-89-93852-40-0

* 책값은 뒤표지에 있습니다.
* 잘못된 책은 바꿔드립니다.

노동대학총서 3

20세기 사회주의의 역사적 성격

문영찬 지음

★노사과연

서문

쏘련이 해체된 지 어언 30년이 되었다. 그간 세계는 극소수의 사회주의 국가를 제외하고는 세계화의 구호 속에 자본주의적 통합의 길을 걸어갔다. 이른바 신자유주의 세계화가 전 지구를 휩쓸었던 것이다. 그러나 2007년의 세계 대공황의 발발, 금융 위기의 폭발은 자본주의가 영구적이지 않다는 것, 자본주의가 치유할 수 없는 모순을 앓고 있다는 것을 전 세계에 드러냈다. 그리하여 다시금 ≪자본론≫이 읽히고 새로운 사회주의 운동에 대한 모색이 시작되었다.

그러나 21세기의 조건에서 새로운 사회주의 운동을 모색하는 것, 나아가 변혁 운동의 재정립의 길은 그리 간단하지 않다. 노동자계급은 쏘련의 해체, 세계 사회주의 진영의 소멸로 말미암아 사회주의의 기치를 잃어버렸다. 그리고 그 자리를 대신한 것은 뜨로쯔끼주의, 좌익 공산주의, 알튀세르, 푸코, 들뢰즈 등의 온갖 잡사상들이었다. 이들 사상적 조류들은 20세기 사회주의를 부정하는 것을 공통분모로 한다. 그리하여 쏘련을 '퇴보한 노동자 국가'니, '국가자본주의'니 하면서 부정하는 온갖 잡설들이 노동자 대중의 뇌리를 흐리게 하고 있다. 이에 따라 노동자계급의 사회주의를 의미하는 과학적 사회주의 혹은 맑스-레닌주의의 지반은 매우 협소해진 것이 현실이다.

세계 자본주의는, 2020년부터 시작된 코로나 역병을 조건으로 하는 새로운 세계 대공황을 겪고 있고, 현재, 세계 무역이 다시 증가되는 등 일견 위기를 극복한 듯 보이나 그것은 위기의 더욱더 큰 폭발을 예비하는 것이기도 하다. 이러한 상황에서 사회주의를 기치로 하는 변혁 운동의 재정립이 노동자계급의 당면 과제로 되고 있다. 그러나 이러한 과제가 실현되기 위해서는 일차적으로 쏘련의 해체를 핵심으로 하는 20세기 사회주의에 대한 올바른 평가가 수행되어야 한다. 꺾어진 사회주의의 기치를, 쏘련을 비롯한 20세기 사회주의에 대한 과학적 평가를 통해 다시 치켜들어야 하는 것이다. 20세기 사회주의를 평가하는 것은 정치적으로는 이와 같이 사회주의 기치를 재정립하는 문제이다. 그리고 이론적 측면에서는 사회주의란 과연 무엇인가, 20세기 사회주의의 성과와 한계, 그리고 오류는 무엇인가, 그리고 쏘련의 해체 원인은 무엇인가를 규명하는 것 등을 의미한다.

레닌은 10월 혁명을 수행하면서 1871년의 빠리 꼬뮌에서 많은 영감을 얻었다. 단 2개월간 존재했던 빠리 꼬뮌이 10월 사회주의 대혁명 승리의 정신적 자산으로 역할했던 것이다. 그리고 우리는 지금 약 70년간 존재했던, 그리고 아직 극소수지만 일부가 존재하고 있는, 사회주의 혁명의 승리와 건설의 경험을 앞에 두고 있다. 따라서 이 경험, 사회주의 혁명과 건설의 70년의 기간을 어떻게 평가하는가에 따라 향후 한국 사회와 세계의 사회주의 운동의 전망, 앞날이 갈린다는 것은 명확하다. 뜨로쯔끼주의자들은 뜨로쯔끼가 1920년대 노선 투쟁에서 패배한 후부터 쏘련이 사회주의로부터 이탈했다고 본다. 좌익 공산주의자들은 자신들의 극좌적 노선이 패배한 1920년대 초부터 쏘련이 사회주의로부터 이탈했다고 한다. 그리고 현재의 중국 공산당의 수정주의자들은 시장 경제로 건너뛰면서, 계획 경제 자체를 쓰딸린적 모형이라고 규정하면서 신경제 정책(NEP) 이후의 시기를 부정하고 있다. 이와 같이 20세기 사회주의에 대해서 극히 일부 맑스-레닌주의 진영을 제외하고는 온갖 비과학적 주장이 난무하고 있는 것이 현실이다. 따라서 20세기 사회주의에 대한 평가의 문제는 단순한 역사의 문제가 아니라 지금의 현실에서, 21세기의 조건에서 새로운 사회주의 운동의 성립, 변혁 운동의 재정립을 위한 사활적 문제이며, 무수한 이론적 쟁점들을 규명해야 하는 문제이다.

이진경의 경우 쏘련 해체 뒤 청산주의의 길을 걸었는데, 맑스주의자라면 맑스주의의 틀로 쏘련의 해체를 해명할 수 없다고 토로한 뒤, 부르주아들의 품에 안겼다. 쏘련의 해체가 겉으로 보였던 경과와 성격, 즉, 사회주의 사회의 인민이 스스로 사회주의를 부정하는 역사적 현실을 맑스주의자로서는 이해할 수도, 해명할 수도 없다는 것이 그 이유였다. 그러면서 이진경은 노동자계급의 세계관인 변증법적 유물론과 사적 유물론을 왜곡하고 해체하고 청산하는 길을 걸었다. 그러나 이 세상에 원인이 없는 결과가 어디 있겠는가? 원인과 결과, 인과율이라는 과학의 기초에서부터 우리는 다시 시작할 수 있고 쏘련의 해체의 원인에 접근할 수 있다. 그리고 쏘련이 사회주의 사회인가, 아니면 국가자본주의 사회인가의 문제, 혹은 퇴보한 노동자 국가인가의 문제 또한 과학에 의지하여 접근할 수 있고 해명될 수 있는 성질의 것이다. 그리고 그러한 접근, 쏘련의 해체의 원인에 대한 접근을 위한 유력한 무기이자 방법론은 맑스와 엥엘스가 정립한 사적 유물론이다. 쏘련에서 계급이 폐지되었는지, 사회주의 생산관계가 성립되었는지, 쏘련에서 수정주의의 발생을 어떻게 보아야 하는지, 쏘련에서 이루어진 자본주의적 경제 개혁이 쏘련의 생산관계에 대해 어떠한 역할을 했는지 등등, 무수한 이론적 쟁점들에 대해 우리는 사적 유물론의 관점과 방법으로 과학적으로 접근할 수 있다.

경제적 토대와 상부 구조의 변증법적 관계, 그리고 생산력과 생산관계의 모순을 통한 역사의 발전을 주장하는 사적 유물론은 쏘련에 있어서도 마찬가지로 적용되는 역사의 발전 법칙이다. 즉, 사회주의 사회의 발생과 성장 그리고 소멸에 대해서도 마찬가지로 사적 유물론은 적용되는 것이다. 나아가 오직 사적 유물론의 방법을 따를 때만 쏘련의 역사에 대한 정확한 이해와 해명이 가능하다.

사실 20세기 사회주의 사회, 쏘련이 이룩했던 성과는 거대한 것이다. 인류 최초로 착취의 폐지, 계급의 폐지를 실현했다는 것, 여성에 대한 차별을 철폐하고 양성평등을 이루었다는 것, 부르주아 민주주의를 넘어서는 프롤레타리아 민주주의를 실현했다는 점, 무상 교육, 무상 의료 등 필요에 따른 분배를 일정하게 실현했다는 점, 인류의 최대의 적인 파씨즘을 군사적으로 패배시켜 인류 전체의 노예화의 위험을 극복하고 사회주의 세계 체제의 성립을 이루어 냈다는 점, 중국 혁명의 성공을 지원하고 세계 여러 민족의 민족 해방 투쟁을 지원하여 세계 식민지 체제의 붕괴를 이끌어 냈다는 점 등등, 쏘련을 핵으로 하는 20세기 사회주의의 성과는 인류의 역사에서 지워질 수 없는 성질의 것이다.

그러나 그 한계와 오류 또한 분명히 존재한다. 예를 들면 파씨즘의 침략의 위협 속에 급속한 공업화를 이루고 농업 집단화를 하면서 농민의 자발성을 침해하여 노농 동맹을 약화시켜서 쏘련의 농업을 오랜 기간 침체하게 했다는 점, 1930년대 숙청에서 일정한 오류를 범하여 프롤레타리아 독재를 침식했다는 점, 당 건설에서 일정한 한계와 오류로 인해 쓰딸린 사후 수정주의가 당내 최고 지도부에서 발생했다는 점, 사회주의 세계 체제 성립 이후 프롤레타리아 국제주의의 실현에 있어서 일정한 한계를 보이고 또 오류를 범하여 세계 사회주의 진영의 균열을 초래한 점, 1965년의 꼬씨긴의 수정주의적 경제 개혁으로 인한 쏘련의 사회주의 생산관계의 균열과 경제의 침체

등등, 쏘련의 역사에는 분명 일정한 한계와 오류가 존재한다.

그런데 문제는 이러한 객관적인 한계와 오류가 아니라 제국주의자, 수정주의자, 뜨로쯔끼주의자들에 의한 악선동적인 왜곡이 지금 쏘련의 문제에 대한 언설들의 대부분을 차지한다는 점이다. 쏘련에 대한 악선동과 왜곡은 사실 히틀러의 나찌의 선동에서 출발하는 것이다. 그리고 2차 대전 이후 냉전이 시작되면서 영국과 미국 제국주의자들은 쏘련을 고립시키기 위해 온갖 왜곡과 악선동을 해 왔다. 그리고 쏘련의 해체 뒤에는 중국 공산당의 수정주의자들, 그리고 미국 등의 제국주의자들이 쏘련을 무덤에 완전히 묻기 위해 온갖 악선동을 해 왔다. 이러한 주장들을 담고 있는 무수한 자료와 책자들은 사실을 왜곡하는 것이 상당수이기 때문에 객관적인 자료로서의 가치를 상실할 정도이다. 따라서 쏘련에 대한 진실, 객관적인 사실이 무엇인가를 재구성하는 것으로부터 쏘련에 대한 평가는 출발할 수밖에 없다.

현재 제국주의자들, 중국 공산당의 수정주의자들, 뜨로쯔끼주의자들의 주장의 공통점은 전력을 다하여 쓰딸린을 부정하고 매장하려 한다는 점이다. 그러나 쓰딸린은 역사의 진실, 그 역사적 위상으로 인하여 다시금 서서히 부활하고 있다. 쏘련 해체 뒤 성립한 러시아의 반동적 체제하에서도 쓰딸린은 인민 상당수의 마음을 사로잡고 있으며, 그에 따라 뿌찐조차 쓰딸린 현상을 이용하고 있는 실정이다. 인민의 쓰딸린에 대한 존경심을 이용하면서 다른 한편으로 쓰딸린의 이른바 '숙청'과 '만행'을 인류 보편적 가치의 견지에서 용납할 수 없다는 식이다. 이는 중국도 마찬가지인데 마오쩌뚱의 혁명 노선을 사실상 거세한 후에, 중국 공산당의 수정주의자들은 인민의 마오쩌뚱에 대한 존경심을 정치적으로 활용하면서 자신들이 여전히 사회주의의 길을 걷고 있는 양 포장을 한다.

그러면 쓰딸린이 이렇게 지금도 집중적인 공격의 대상이 되는 이유가 무엇인가를 살펴볼 필요가 있다. 그것은 쓰딸린이 걸었던 길이 지금도 여전히 자본가계급을 공포심에 사로잡히게 하기 때문이다. 자본주의와 구분되는 사회주의 사회가 거대한 성취를 남길 수 있다는 것의 생생한 사례로서의 쓰딸린이기 때문에, 나아가 쓰딸린은 자본가계급을 폐지하고 자본가계급의 저항을 분쇄한 주역이라는 점에서, 즉, 프롤레타리아 독재의 화신이라는 점에서, 지금도 전 세계 자본가계급, 제국주의자들, 수정주의자들, 뜨로쯔끼주의자들은 쓰딸린을 집중 공격의 대상으로 삼고 매장하려 하고 있는 것이다. 물론 쓰딸린에게도 한계와 오류가 존재하며 이는 앞으로 분석되고 규명될 것이다. 그러나 쓰딸린 전체를 매도하는 것, 쓰딸린을 권력욕에 사로잡힌 악의 화신으로 왜곡하는 것 등은 과학적 접근이 아니며 정치적으로는 프롤레타리아 독재를 매장하는 것에 다름 아니다. 그리고 이는 노동자계급이 자신의 국가론을 갖지 못하게 하는 것이다. 그런데 프롤레타리아 독재 자체가 부정되어서 혁명의 근본 문제인 국가 권력의 문제에 대한 노동자계급 자신의 대안이 없게 된다면, 노동자계급이 혁명에서 승리하는 것은 원천적으로 불가능하게 된다. 그리고 바로 이러한 점 때문에 쏘련 해체 뒤 30년 동안 노동자계급은 자본가계급의 신자유주의 세계화 공세 속에서 속절없이 밀리고 위축되어 왔던 것이다.

쏘련의 경험은, 혁명의 과정 또한 어려운 길이지만 사회주의 건설의 과정은 그보다 더 많은 노력, 더 다방면의 노력과 투쟁을 요구하는 복잡한 과정임을 말해 준다. 또한 쏘련의 경험은, 사회주의 사회가 이행기 사회라는 점에서, 사회주의 건설 또한 혁명의 과정이며, 사회주의 사회와 사회주의 건설에서 혁명적 성격이 왜곡될 때, 자본주의 복고가 시작됨을 보여 주었다.

레닌은 단 2개월간 존재했던 **빠리 꼬뮌**에서 영감을 얻으면서 10월 혁명의 승리를 이끌었다. 그리고 지금 우리 앞에는 약 70여 년에 걸처 존재했던 사회주의 혁명과 건설의 경험이 놓여 있다. 따라서 이 경험, 역사적 성공과 좌절, 실패의 경험을, 단지 패배의 역사로 놓아두는 것 심지어 청산의 대상으로 파악하는 것이 아니라, 21세기의 새로운 사회주의 혁명의 승리를 위한 자산으로 전환시키려는 노력이 필요하다.

    그런 점에서 이 글은 쏘련 해체 뒤의 청산주의와 대척점에 있으며, 사회주의 건설의 경험을 요약하면서, 사회주의 사회가 단지 자본가계급을 폐지한 사회이기만 한 것이 아니며, 사회주의 사회는 이행기 사회로서 그 사회의 혁명적 성격의 유지, 발전의 문제가 관건적인 역할을 하며, 사회주의 건설은 한편으로 사회주의 제도, 체계의 건설과 다른 한편으로 생산과 계급 투쟁에서 대중의 혁명적 운동의 통일이라는 점을 보이고 있다.

차례

서문 · i

제1장
제1차 세계 대전과 러시아 10월 사회주의 대혁명의 승리 · 1

1. 러시아에서 자본주의의 발전 _1
2. 당 건설을 위한 투쟁 _3
3. 1905년 러시아의 제1차 혁명 _6
4. 반동기 그리고 새로운 고양 _11
5. 제1차 세계 대전과 1917년 2월 혁명 _15
6. 레닌의 "4월 테제" _22
7. 10월 사회주의 대혁명의 승리 _25

제2장
제국주의의 간섭과 내전, 그리고 전시 공산주의
— 쏘련에서 사회주의 생산관계의 확립 과정(1) · 29

1. 전쟁의 종식과 쏘비에트 권력의 공고화를 위한 볼쉐비끼의 투쟁 _29
2. 사회주의 생산관계의 수립을 위한 최초의 혁명적 조치들 _34
3. 제국주의의 간섭과 내전의 발발 _47
4. 전시 공산주의 _58

제3장
신경제 정책(NEP)하에서 계획과 시장의 모순 그리고 전후(戰後) 경제의 회복
— 쏘련에서 사회주의 생산관계의 확립 과정(2) · 67

1. 내전의 종식과 신경제 정책(NEP)으로의 전환 _67
2. 신경제 정책(NEP)하에서 계획과 시장의 모순 _76
3. 전후(戰後) 경제의 회복 그리고 공업화의 결의 _92
4. 뜨로쯔끼의 분파 투쟁과 일국 사회주의 논쟁 _98

제4장
사회주의적 공업화와 농업의 전반적 집단화: 사회주의 생산관계의 확립
— 쏘련에서 사회주의 생산관계의 확립 과정(3) · 107

1. 국민 경제 개조의 준비기(1926-1929년) _107
2. 제1차 5개년 계획 _112
3. 농업의 전반적인 집단화 과정 _123
4. 제2차 5개년 계획 _143

제5장
제2차 세계 대전과 사회주의 세계 체제의 성립 · 152

1. 파씨즘의 등장과 전쟁 위기의 격화 _152
2. 1930년대 후반 쏘련 내부의 계급 투쟁과 3차 5개년 계획 _158
3. 제2차 세계 대전의 발발과 전시 경제의 조직화 _166
4. 전후 복구와 사회주의 건설의 새로운 조건 _177
5. 사회주의 세계 체제의 형성 _189

제6장
쏘련에서 수정주의의 발생과 전개 · 197

1. 흐루쇼프 수정주의의 발생 _197
2. 흐루쇼프 수정주의의 경제적 측면 _211
3. 흐루쇼프의 연속으로서 브레쥐네프 수정주의 _221
4. 1965년 꼬쎄긴의 수정주의적 경제 개혁과 쏘련 경제의 균열 _227
5. 특권층(노멘끌라뚜라)의 대두, 그리고 쏘련 사회주의 해체 요소의 성장 _235

제7장
쏘련의 해체 과정 · 242

1. 고르바쵸프의 우편향적 개혁 노선 _242
2. 쏘비에트 연방의 해체 과정 _247
3. 사회주의 생산관계의 해체 과정 _255

제8장
쏘련의 농업 문제와 농업 정책 · 269

1. 10월 혁명과 혁명적 농업 정책 _270
2. 농업에서 사회주의 생산관계의 확립 _275
3. 흐루쇼프의 농업 정책 _282
4. 브레쥐네프의 농업 정책 _293

제9장
프롤레타리아 독재의 사상과 쏘련에서의 현실 · 300

1. 맑스, 엥엘스의 프롤레타리아 독재 사상 _300
2. 레닌의 프롤레타리아 독재의 이론과 실천 _315
3. 쓰딸린의 프롤레타리아 독재의 이론과 실천 _329
4. 흐루쇼프, 브레쥐네프의 프롤레타리아 독재의 폐기와 전 인민 국가로의 전환 _339

제10장
맑스주의 민족 이론과 쏘련의 민족 문제 · 345

1. 맑스, 엥엘스의 민족 이론 _346
2. 레닌의 민족 이론과 실천 _352
3. 쓰딸린의 민족 이론과 실천 _359
4. 흐루쇼프, 브레쥐네프에 의한 맑스주의 민족 이론의 수정 _368
5. 쏘련에서 민족 문제의 폭발과 쏘연방의 해체 _372

제11장
쏘련의 대외 정책과 프롤레타리아 국제주의 · 374

1. 10월 혁명과 쏘비에트 러시아의 대외 정책 _374
2. 2차 대전 전 사회주의 건설 시기의 쏘련의 대외 정책 _381
3. 제2차 세계 대전과 사회주의 세계 체제 성립 시기의 쏘련의 대외 정책 _389
4. 흐루쇼프, 브레쥐네프 시기의 쏘련의 대외 정책 _397
5. 고르바쵸프 시기의 대외 정책과 쏘련의 몰락 _406

제12장
중국 혁명의 승리와 중국 특색의 사회주의 건설 · 410

1. 5·4 운동과 제1차 국공합작(國共合作) _410
2. 제1차 국공내전과 항일민족통일전선의 결성(제2차 국공합작) _415
3. 제2차 국공내전과 중화인민공화국의 성립 _418
4. 신(新)민주주의 혁명의 완성과 사회주의적 개조로의 이행 _421
5. 인민공사, 대약진 운동과 공산당 내 노선의 분화 _428
6. 프롤레타리아 문화대혁명의 발생과 전개 그리고 종결 _436

제13장
중국에서 수정주의의 등장
그리고 중국 사회의 사회주의 시장 경제로의 전환 · 445

1. 등소평 수정주의의 등장과 전개 _445
2. 농업에서 사회주의 생산관계의 해체와 소농 체제로의 전환 _455
3. 사회주의 국유 기업의 자본주의적 회사 기업으로의 전환 _461
4. 2000년대 이후 중국 국가독점자본주의의 완성 _472
5. 소결(小結) _479

제14장
토니 클리프의 쏘련 국가자본주의론 비판 · 486

1. 쏘련에서 관료는 지배계급인가? _487
2. 쏘련에서 노동력은 상품이었는가? _492
3. 토니 클리프의 가치 법칙에 대한 왜곡된 이해에 대하여 _496
4. 쏘련의 경제적 토대, 사회주의 생산관계에 대한 왜곡 비판 _500
5. 쏘련의 상부 구조, 정치적 성격에 대한 왜곡 비판 _508

제15장
좌익 공산주의자들의 쏘련 사회 성격 왜곡에 대한 비판 · 514

1. 10월 혁명의 성격에 대한 왜곡 비판 _515
2. 사회주의 생산관계에 대한 이해에 있어서 좌익 공산주의자들의 오류 _518
3. 소외된 노동에 대한 잘못된 이해 _522
4. '가치의 불구화'에 대하여 _525

제16장
결론 · 530

1. 상품-화폐 관계를 전제로 하는 계획 경제 _530
2. 프롤레타리아 독재의 강화를 통한 국가의 소멸 _531
3. 문화혁명을 통한 계급 사회 잔재의 소멸 _533
4. 프롤레타리아 독재 체계의 정립과 프롤레타리아 민주주의의 발전 _535
5. 이행기 사회로서 사회주의 사회의 혁명적 성격의 유지, 발전 _537
6. 프롤레타리아 국제주의와 평화 공존 _539

제1장
제1차 세계 대전과
러시아 10월 사회주의 대혁명의 승리

1. 러시아에서 자본주의의 발전

러시아는 1861년 농노제를 폐지했다. 이는 밑으로부터 성장하는 자본주의의 압력 그리고 서유럽적 발전을 추구하는 짜르의 정책 때문이었다. 그러나 이것은 매우 불철저한 '해방'이어서 농민들은 자신들이 이전에 경작하던 땅에 대한 소유를 획득하는 대가로 지주에게 수십 년간에 걸쳐 대금을 지불해야 했다. 또한 지주의 땅 중에서 비옥한 땅은 여전히 지주의 소유로 남아 있었고 그 이외에 열악한 토지들이 주로 농민들의 차지가 되었다. 그리고 농촌에는 여전히 촌락 공동체가 남아 있어서 농촌에서 자본주의 발전을 저해했다. 그럼에도 불구하고 농노 해방 이후 러시아는 비교적 급속한 자본주의 발전의 길에 들어섰다. 대도시가 급속히 발전했고 돈바쓰 탄전과 바꾸 석유 공업 지구 등이 발전했다. 1860년에는 4000km이던 철도의 길이가 1890년에는 2만 9000km로 늘어났다. "1890년 대공장·광산·철도에 종사하고 있던 노동자 수만도 143만 2000명으로서, 그것은 1865년의 두 배 이상이며, 그 반 정도는 500명 이상의 대기업에 집중되어 있었다."[1] 이는 러시아가 자본주의 발전의 후발 주자로서 대기업을 중심으로 자본주의가 발전하고 있었다는 것을 말해 준다. 그리하여 뻬뜨로그라드, 모쓰끄바 같은 대도시에 노동자가 집중되어 있었는데 이는 노동 운동의 발생과 성장에 유리한 것이었다.

한편 농촌은 여전히 농노제의 유물이 지배적이었는데 농민과 지주 사이의 모순은 사라진 것이 아니라 여전했고 지주계급은 러시아 사회의 실질적 지배계급으로서 유지되고 있었다. 그리고 자본주의의 발전, 농촌 경제에서 상품 경제의 발전으로 인해 농촌에서의 자본가 즉, 부농계급이 발전하기 시작했으며 이 부농계급은 비교적 많은 토지와 농기구 등 생산 도구를 소유하면서 빈농이나 농업 노동자들을 고용하여 부를 축적했고 고리대를 통하여 가난한 농민들을 착취하여 꿀라크(러시아어로서 '주먹'을 의미)라는 경멸적 어조로 불리기도 했다. 즉, 농노 해방 이후 러시아에서 자본주의 발전은 지주계급을 온존시킨 상태에서 부농과 가난한 농민 사이의 새로운 모순을 만들어 내었던 것이다. 19세기 말 농민은 전인구의 80% 이상을 차지하고 있었는데 농민 중 2/3 이상이 가난한 농민, 즉 빈농의 처지에 있었다. 그리고 그 상당수는 문맹이었고 교회 세력의 압제로 인해 정신적으로 찌들어 있었고 또 짜르를 자신들을 보호하는 아버지와 같은 존재로 사고하고 있었다.

이러한 사회 상황에서 1890년대 이전에 러시아의 사회 운동에 있어서 나로드니끼 운동이 지배적이었다. 농촌의 촌락 공동체를 기초로

---

1) B. N. 포노말료프 편, ≪소련공산당사≫ 제1권, 편집부 역, 거름, 1991, p. 24.

러시아가 자본주의 발전을 경과하지 않고도 사회주의, 공산주의로 이행할 수 있다고 보는 견해였다. 초기의 나로드니끼 세력은 짜르를 무너뜨리면 혁명이 가능하다고 보아 짜르를 암살하는 시도를 하였다. 그러나 짜르를 암살하고 나자 새로운 사람이 짜르로 다시 등장하였다. 레닌의 형 또한 짜르의 암살에 나섰다가 처형된 바가 있는데 이에 대해 레닌은 자신은 형과 같은 길을 걷지 않겠다고 다짐했고 맑스주의의 길을 걷게 된다. 즉, 나로드니끼가 대중적인 정치 투쟁의 길을 걷지 않고 음모적인 비밀 결사의 길을 걷는 것을 비판하면서 레닌은 계급 투쟁의 길을 걷게 된 것이다.

2. 당 건설을 위한 투쟁

러시아에서는 1870년대부터 노동자의 파업이 발생하기 시작하고 초보적인 노동자 조직이 건설되기 시작한다. 그리고 1880년대를 거치며 맑스주의가 러시아에 보급되기 시작하는데 그에 커다란 영향을 끼친 세력은 쁠레하노프가 이끄는 〈노동해방단〉이었다. 〈노동해방단〉은 《공산당 선언》 등 맑스주의 문헌을 러시아어로 번역하여 보급했으며 쁠레하노프 스스로는 사적 유물론을 선전하는 저작을 발표하기도 했다. 이러한 노력을 통하여 러시아에 맑스주의적 흐름이 생겨났으며 러시아의 맑스주의는 나로드니끼주의와 투쟁하면서 대중적 세력으로 성장하기 시작한다.

레닌은 학생 시절에 맑스주의를 접하고 나서 1890년대부터 운동에 투신한다. 러시아는 1890년대 들어 자본주의가 급속하게 발전하기 시작했는데 "이 10년 동안에 공업 생산량과 노동자 총수가 2배로 늘어났다."[2] 그리하여 노동 운동과 노동자 파업이 고양되기 시작했는데 이 시기에 레닌은 ≪'인민의 벗'이란 누구인가? 그들은 어떻게 사회민주주의자와 싸우는가?≫라는 저작을 써서 나로드니끼주의를 사상적으로 분쇄하였다.

레닌은 1895년 말에 뻬뜨로그라드에서 〈노동자계급해방투쟁동맹〉을 결성하여 본격적으로 조직 운동의 길로 들어섰다. 그러나 이 조직은 짜르 정권의 탄압으로 인해 위기에 처하는데 이때 레닌은 재판을 받고 시베리아로 유형을 가게 된다. 그러나 레닌은 감옥과 유형지에서 지속적으로 동맹에 대해 편지 등을 통해 연락하고 관여하는데 이 동맹은 1896년 총파업을 조직하여 러시아 노동 운동을 한 단계 발전시킨다. 그리고 레닌은 유형지에서 ≪러시아에서 자본주의 발전 연구≫라는 저작을 집필하여, 나로드니끼의 주장과 달리 러시아에서 자본주의 발전은 이미 현실적 추세로 자리 잡고 있으며 따라서 농민이 아닌 노동자계급이 새로운 혁명의 주도 세력이라는 것을 밝혔다. 그리고 이를 기초로 레닌은 노동자계급과 농민의 동맹의 문제를 제기했는데 러시아의 사회 현실, 자본주의 발전의 문제, 노동 운동과 사회 운동의 구체적 현실에 기초하여 러시아에서의 변혁 노선을 정립하는 길로 나아간 것이었다. 또한 〈투쟁동맹〉은 노동자의 경제 투쟁과 짜르에 맞서는 정치 투쟁을 결합시키면서 사회주의와 노동 운동의 결합의 길로 나아갔는데 이러한 투쟁은 당 건설의 싹이 되는 것이었다.

이렇게 러시아에서 맑스주의의 흐름이 성장하고 또 노동 운동과 결합이 강화되면서 1898년 러시아 사회민주노동당이 창설되기에 이른다. 그러나 당의 1차 대회 직후 짜르 경찰에 의해 지도부를 비롯한 많은 성원들이 체포되어 당은 어려움에 처하게 되었다. 그런데 짜르의 탄압 이외에도 당시 당은 중앙 집권적 지도부의 결여, 단일한

---

2) 같은 책, pp. 67-68.

강령, 규약, 전술이 없는 상태였다. 당시 당이 어려운 상황에 처하자 그 틈을 비집고 경제주의가 나타났다. 경제주의는 노동자는 경제 투쟁, 자유주의적 지식인은 정치 투쟁을 해야 한다는 것이었는데 이에 대해 레닌은 "러시아 사회민주주의자의 항의"를 유형지에서 발표하여 경제주의에 타격을 가하였다. 경제주의는 노동자계급의 시야를 협소한 노자 관계에만 묶어 두고 노동자계급 이외의 계급에 대한 시야를 가리고, 특히 국가 권력과의 투쟁의 과제를 배제한 것이었다. 그리하여 계급의 철폐를 통한 새로운 사회주의 사회 건설의 주체로서 노동자계급이라는 위상, 노동자계급의 역사적 사명을 부정하는 것이었다.

레닌은 유형지에서 풀려난 1900년부터 해외로 망명하여 ≪이쓰끄라≫('불꽃'이라는 뜻의 러시아어)를 발간하기 시작한다. ≪이쓰끄라≫는 전국으로 은밀히 배포되는 비합법 신문으로서 전국 각지의 노동 현장과 생활 현장의 소식을 실으면서 큰 호응을 얻게 된다. 이 시기에 레닌의 뛰어난 저작 ≪무엇을 할 것인가?≫가 발표되어 당 건설에 있어서 중대한 역할을 하게 된다. 노동조합주의 정치와 구분되는 사회주의 정치, 전국적인 모든 억압과 착취의 현실을 폭로하는 정치, 노-자 간 경제적 관계만이 아니라 전 계급을 아우르는 인민의 호민관으로서 사회주의적 전위, 그러한 사회주의 정치를 실현하고 당 건설의 토대가 되는 매개체로서 전국적 정치 신문이라는 조직적 수단 등이 책의 주요 내용이었다. 이 저작 그리고 ≪이쓰끄라≫의 활동을 통해 레닌은 러시아 맑스주의 운동의 주요 지도자로 자리매김하게 된다. 그리하여 1903년 런던에서 사실상 당을 재창건하는 제2차 당 대회가 열렸다. 그전까지 당은 유명무실한 것이었고 당으로서의 내용이 없는 것이었다. 그에 따라 제2차 당 대회에서 비로소 당은 실체를 갖는 당이 되었다.

당 대회는 당원의 자격을 규정하는 규약 1조를 둘러싸고 다수파

(볼쉐비끼)와 소수파(멘쉐비끼)로 갈리게 되었다. 레닌은 당원 자격에 대해, 강령에 동의하고 당을 지지, 협조하는 것만으로는 부족하며 반드시 당의 한 조직에 참가하여 활동할 것을 주장했고, 반면에 멘쉐비끼는 강령에 동의하고 당의 활동에 협조하면 모두 당원으로 하자는 것이었다. 이것은 당 조직의 상에 대해 현격한 차이를 내포한 것이었는데 레닌은 당을, 당원들이 직접 조직적으로 참가하여 강고하게 결합되는 전위당으로서 사고하고 있었던 데 반해, 멘쉐비끼는 학생들이나 교수 등과 같이 당의 조직에 직접 참가하지 않더라도 모두 당원으로 하는 느슨한 당 조직 상을 사고하고 있었던 것이다. 심지어 멘쉐비끼는 파업 참가자들이 스스로 당원임을 선언하는 것을 인정하자고까지 했다. 이에 대해 레닌은 그것은 당과 계급을 혼동하는 것이며 당은 계급의 전위임을 분명히 해야 한다고 주장했다.

이러한 2차 당 대회의 결과 볼쉐비끼와 멘쉐비끼는 사실상 2개의 서로 다른 조직으로 활동하면서 다만 당의 명칭을 러시아 사회민주노동당으로 같이 사용하는 상태가 되었다. 이러한 역사적 사실은 주목할 만한 것인데 사상적으로, 정치적으로 상당한 일치를 이룬다 하더라도 조직 노선에서 통일을 이루지 못하면 분열될 수 있다는 것을 보여주는 것이기 때문이다. 따라서 정치적 내용에 조응하는 조직적 형식, 틀의 문제는 그 자체가 하나의 과학적 대상으로 사고될 필요가 있다.

3. 1905년 러시아의 제1차 혁명

1900년대 들어 러시아는 제국주의 단계로 접어들었다. 레닌은 러시아가 군사적·봉건적 제국주의라고 이후에 규정한 바 있다. 당시 러시아는 자본주의가 급속히 발전하여 독점자본주의로 이행하고 있었다. 그리고 공업 생산고에서 대략 중등적 위치를 차지했는데 다른 한편으로는 지주계급과 농노제의 유물 속에서 반(半)봉건적인 사회 상태였다. 그리고 경제적으로 러시아는 프랑스, 독일의 자본의 지배를 받고 있었는데 이 또한 러시아의 발전을 가로막는 주요한 요인의 하나였다. 이러한 상황에서 짜르 정권은 제국주의로서 팽창 정책을 펼쳤는데 짜르의 동아시아로의 팽창 정책이 당시 제국주의로서 발흥하고 있던 일본과의 무력 충돌에 이르게 되었다. 일본은 러시아 함대를 기습 공격하고 이어서 육상에서 러시아 군대를 격파하였다. 이렇게 러-일 전쟁에서 러시아의 패색이 짙어지자 짜르 정권의 허약함을 목도한 러시아의 노동자계급과 농민들이 들고일어나기 시작한 것이다. 이것이 제1차 러시아 혁명의 정치적 조건이었다. 또한 러시아는 1900년부터 1903년까지 경제 공황을 겪었는데 이로 인한 노동자 실업의 증대, 형편의 악화가 혁명 발발의 또 하나의 조건이었다.

혁명의 직접적 발단은 '피의 일요일'이라 불리는 사건이었다. 1905년 1월 9일 비밀경찰의 앞잡이였던 가쁜 신부가 14만여 명의 대중을 이끌고 교회의 성상과 짜르의 초상화를 들고 노동자와 인민의 처지를 짜르에게 호소하고 탄원한다는 목적으로 집회와 행진을 조직했다. 그런데 이에 대해 짜르 정권은 군대를 동원하여 발포하여 수천 명의 노동자가 사상하였다. 이 사건에 연이어서 모쓰끄바, 리가, 바르샤바 등지에서 총파업이 발생했고 무력 충돌로 이어졌다. 그리하여 "1905년 1월에만 44만 명, 즉 지금까지 수십 년간 참여한 노동자의 숫자보다 더 많은 노동자들이 파업에 참여했다. 사건은 폭풍우와 같이 격화되어 갔다. 국내에 혁명이 시작된 것이다."[3]

이러한 상황에서 1905년 4월에 런던에서 러시아 사회민주노동당

---

[3] 같은 책, pp. 155-156.

제3차 대회가 열렸다. 이 대회에는 볼쉐비끼만이 참여했는데 멘쉐비끼는 별도로 협의회를 개최했다. 볼쉐비끼는 대회에서 임시 혁명정부의 수립, 노동자계급과 농민의 동맹, 부르주아 민주주의 혁명의 사회주의 혁명으로의 성장·전화, 노동자계급과 농민의 혁명적 민주주의 독재의 수립을 결의했다. 반면에 멘쉐비끼는 부르주아 민주주의 혁명과 사회주의 혁명 간에 간극이 있다고 보면서 민주주의 혁명에서 자유주의 부르주아지의 주도성을 인정하고 노동자계급과 농민 간의 동맹을 부정하였다. 그리하여 1905년의 혁명적 정세 속에서 두 개의 상이한 전략과 전술이 나타나게 된 것이다.

혁명이 시작되자 대중들은 거세게 진출하기 시작했다. 파업의 물결이 일었으며 그것은 때때로 무장 충돌을 수반하는 것이었다. 농민들은 전국 각지에서 지주 토지의 몰수와 농민에 대한 분배를 요구하면서 봉기하였다. 1905년에 시작된 이바노보-보즈네쎈쓰크 파업은 72일 동안 지속되었는데 "파업을 지도하기 위해 노동자 전권 대표자(대의원) 소비에트(평의회)가 선출되었는데 이것은 최초의 노동자 대표 소비에트가 되었다."[4] 이리하여 역사적 성격을 갖는 대중의 자치 기관으로서 쏘비에트가 탄생한 것이다. 이 쏘비에트는 처음에는 파업의 기관으로 나타났으나 혁명의 과정에서 투쟁의 지도 기관으로 발전했으며 나아가 향후 1917년의 10월 혁명을 통해 국가 권력의 기관으로 발전되었다. 이는 혁명의 과정에서 대중 스스로 대안적 권력 기관을 창출한다는 것을 보여 주는 것이며 역사의 주체는 인민대중이라는 것을 실증하는 것이었다.

군대에서도 동요가 나타났는데 1905년 6월에 전함 뽀쫌낀 호에서 병사와 수병의 반란이 발생했다. 이 반란은 그 지역의 당 조직들이

---

[4] 같은 책, p. 171.

그동안의 탄압으로 약화되어 있어서, 더 이상 확산되지 못하고 진압되었다. 그럼에도 이 사건은 전국적으로 군대의 동요와 혁명적 행동을 가져오는 계기가 되었다.

9월에 모쓰끄바에서 대규모 파업이 일어났고 무장 충돌로 이어졌다. 이러한 상황에서 볼쉐비끼 모쓰끄바 위원회는 10월에 정치 총파업을 결의하고 실행으로 옮겼다. 이렇게 상황이 격화하자 짜르는 입법권을 갖는 의회의 설치를 발표하고 혁명의 불길을 약화시키려 했다. 이에 대해 자유주의 부르주아들은 입헌민주당을 결성하여 군주제를 지지하는 방향으로 나아갔다.

이 시기에 노동자 쏘비에트들이 확산되었는데 볼쉐비끼는 모든 곳의 쏘비에트에 참여하면서 쏘비에트를 봉기의 기관, 권력 기관으로 발전시키려 노력했다. 볼쉐비끼 모쓰끄바 위원회는 12월 들어 총파업을 봉기로 발전시키는 계획을 세우고 실행에 옮겼다. 정치적 총파업은 무장봉기로 발전하였고 군대는 동요하기 시작했다. 그러나 이 시기에 노동자와 군대가 정확하게 결합하지 못한 상태에서 군대는 다시 짜르 정권에 의해 장악되었고 모쓰끄바의 봉기 노동자들은 고립되게 되었다. 멘쉐비끼가 봉기한 노동자 대오의 해체를 주장하는 등 혁명 대오가 약화되기 시작했다. 이리하여 모쓰끄바 봉기는 실패하게 되었는데 이로써 모든 혁명적 행동이 끝난 것이 아니라 대중의 혁명적 흐름은 1907년까지 이어지게 된다.

이러한 혁명 과정에서 볼쉐비끼 당은 크게 성장하는데 레닌은 다음과 같이 평가하였다. "1905년 봄까지만 해도 우리 당은 지하 서클의 연합체에 지나지 않았지만 가을에는 수백만 명이나 되는 프롤레타리아트의 당으로 되었다."[5] 혁명의 과정에서 볼쉐비끼 당이 대중

---

5) 레닌, 같은 책, p. 189에서 재인용.

적 당, 대중을 정치적으로 실제로 이끄는 당으로 전화한 것이다.

이어지는 혁명의 퇴조와 반동기는 볼쉐비끼의 전술을 정교하게 다듬는 과정이 되었는데 짜르가 설치한 의회에 참여할 것인가의 문제가 주요한 전술적 쟁점이었다. 볼쉐비끼는 짜르의 의회에 대하여 보이콧을 주장했는데 레닌은 이에 대해 그것은 잘못된 전술이었다고 이후 오류를 인정한 바 있다. 이는 혁명의 퇴조기에는 합법적 공간을 적극적으로 활용하는 전술을 펴서 대중과의 결합을 유지, 강화하는 방향으로 나아가야 함을 가리키는 것이었다.

혁명이 사그라들자 짜르 정권은 피의 보복을 하였는데 주로 봉기에 참가하고 봉기를 조직하는 데 앞장섰던 볼쉐비끼가 수천 명이나 처형되었다. 또한 당 조직들이 와해되기 시작하고 동요분자들이 당을 떠나기 시작했다. 일부 인쩰리겐찌야들은 사상적으로 흔들려서 맑스주의 세계관을 버리고 부르주아 철학에 경도되기도 했다. 반동기가 시작된 것이다.

이렇게 1905년의 제1차 러시아 혁명은 실패로 귀결되었지만 그 역사적 의의는 막대한 것이었다. 레닌은 1917년 10월 혁명의 승리를 평가하면서 1905년 혁명의 리허설이 없었다면 1917년의 혁명의 승리는 어려웠을 것이라고 말한 바 있다. 이는 비단 러시아 국내에만 해당하는 것이 아니다. 러시아의 1905년 혁명은 전 유럽적인 저항 운동을 가져왔고 나아가 터키, 중국과 같은 반식민지 나라의 민족 해방 운동을 고양시켰으며 인도 등 식민지 나라의 민족 운동 또한 고취시켰고 멀리는 중남미까지 영향을 미쳤다. 이는 1905년 혁명이 그동안의 평화적 발전의 시기를 끝내고 20세기가 혁명의 시대로 되는 첫걸음을 내딛은 것이라 할 수 있다. 거대한 리허설! 그리고 세계 피억압 민족과 인민의 저항 운동의 불쏘시개와 마중물이 된 것이 바로 1905년 러시아 혁명의 역할이었던 것이다.

4. 반동기 그리고 새로운 고양

1907년부터 대략 1910년까지에 이르는 반동기는 볼쉐비끼에게 시련의 기간이었다. 그러나 볼쉐비끼는 이 시기를 견디어 내면서 새로운 혁명을 준비하는 작업을 하였다. 반면에 멘쉐비끼는 당 조직이 거의 와해되어 실체가 없게 되는 정도가 되었는데 볼쉐비끼는 비합법 당 조직이 약화되기는 하였지만 상당수 지역에서 당의 골간 조직을 유지했으며 또 의회, 협동조합 등 합법적 공간에서 활동을 강화하여 새로운 고양기를 준비할 수 있었다.

짜르 정권은 반동기에 쓰똘리뼨의 반동적인 개혁 정치를 폈는데 이는 짜르 정권 스스로 러시아에서 자본주의 발전의 필연성을 인식하고 짜르 정권과 부르주아지의 동맹을 추구한 것이었다. 그리하여 부르주아지는 입헌민주당을 결성하여 짜르 체제에 참가하였다. 한편 쓰똘리뼨의 개혁은 농촌에서 심대한 변화를 가져왔는데 농촌에서 상품 경제, 자본주의의 발전이 가속화되면서 부농계급이 크게 발전하였고 농촌의 촌락 공동체가 거의 와해되었다. 짜르 정권은 지주와 더불어 부농을 농촌에서 짜르 정권을 지탱하는 축으로 삼고자 하였다. 그리하여 농촌에서는 지주와 농민 간의 계급적 모순 이외에 부농과 빈농과의 대립이라는 새로운 계급적 모순이 심화되었다. 또한 이 시기에 러시아 경제는 크게 발전하여 공업 생산고와 노동자 수가 크게 증대되었으며 1913년에 이르면 러시아의 공업 생산고가 이탈리아와 일본을 추월하여 세계 5위로 자리매김하게 되는 정도가 되었다.

볼쉐비끼는 1905년 혁명 과정에서 대중적 당으로 발돋움하였지만 반동기에 급속히 위축되는 것은 불가피하였다. 비합법 당 조직의 골간은 상당 부분 유지되었지만 많은 지역에서 당 조직이 와해되고 위축되었다. 이러한 상황에서 볼쉐비끼 당내에서 두 가지의 편향이 발생하였다. 하나는 해당파(解黨派)로서 당의 비합법 조직을 해체하고 당을 합법적 정당으로 전환시키자는 주장이었다. 이는 1905년 혁명 실패의 결과 낙담하여 혁명의 기치를 내리자는 것이었고 실제로는 당을 해체시키자는 주장이었다. 그리고 또 하나의 편향은 해당파와 정반대로 당의 의회 의원단을 소환하여 합법적 활동을 중지하자는 것이었다. 소환파(召還派)라 불린 이 경향은 당이 반동기라는 상황에서 대중과 연결되고 결합될 수 있는 고리를 끊자는 것으로서 당을 위험에 빠뜨리게 하는 것이었다. 레닌은 이 두 가지의 편향에 대해 결연히 맞서서 투쟁하였고 그 결과 비합법 당 조직을 유지하면서도 의회, 노동조합, 협동조합, 심지어 보험 조직 등등의 합법적 공간의 활동을 강화함을 통해 대중과의 연결을 유지할 수 있었다.

이 시기에 지식인들은 크게 동요하였는데 사상 자체가 흔들려서 맑스주의 철학과 세계관을 청산하고 부르주아 철학, 심지어 신앙주의에 경도되기도 했다. 대표적인 사람은 보그다노프로 그는 한때 레닌의 동지이기도 했지만 부르주아 철학으로 개종하여 공공연히 맑스주의 세계관을 반대했다. 이러한 상황에서 레닌은 ≪유물론과 경험비판론≫이라는 철학 서적을 집필했는데 이 저작은 단지 반동적 철학에 대해 비판하고 대응하는 것을 넘어서서 당시 자연과학 진영에서 나타났던 '과학의 위기'를 해명하고 그에 대한 대응으로서 변증법적 유물론의 인식론을 심화시킨 것이었다. 이 저작에서 레닌은 물질에 대한 유명한 정의 즉, "물질은 의식으로부터 독립한 객관적 실재이다"라는 정식을 확립하였다. 이는 원자가 물질의 실체라는 과거의 인식이, 방사능, 전자 등의 발견으로 무너지는 상황에서 물질의 본질은 원자가 아니며 객관적 실재성만이 물질의 본질적이고 보편적인 성질임을 규명하여 전자, 방사능 또한 물질로 포괄될 수 있다는 것을 드러낸 것이었다. 그리하여 과학의 위기를 치유할 수 있었는데 레닌의 이러한 물질에 대한 정의, 그리고 유물론적 인식론의 발전은 맑스주의 세계관을 공고히 하면서 향후 쏘련의 과학적 발전의 철학적 기초를 놓은 것이었다. 철학 영역에서의 이러한 투쟁의 결과 레닌은 "마르크스주의 정치 노선은 그 철학적 기초와 떼려야 뗄 수 없게 연관해 있다"[6]라는 관점을 확립하였다.

이 시기에 볼쉐비끼의 전술은 더욱 정교화되었는데 혁명의 퇴조기에 의회 선거를 보이콧한 것은 잘못된 전술이었다고 자기비판하며 반동기에 있어서 비합법 활동과 합법 활동의 올바른 결합이라는 전술 방침을 세워 나갔다. 이러한 정확한 전술 방침으로 인해 볼쉐비끼는 반동기를 헤쳐 나갈 수 있었고, 멘쉐비끼 조직은 대부분 와해되어 실체가 없어진 것과 달리 볼쉐비끼는 골간 조직을 유지, 발전시키면서 정세의 새로운 고양을 대비할 수 있었다.

러시아에서 반동기는 그리 오래가지 않았다. 1910년을 넘어서면서 노동자의 파업과 농민의 저항이 다시 나타나기 시작했다. "1912년에는 100만 명 남짓, 1913년에는 127만 2000명이 파업에 참가했다. … 1910년부터 1914년 사이에, 숫자를 고의로 적게 잡은 것이 분명한 자료에 의하더라도 1만 3000건이 넘는 농민 폭동이 일어났다."[7] 이렇게 다시금 고양기가 시작된 것이다. 러시아가 짧은 반동기를 거쳐서 다시금 고양기로 접어든 것은 무엇보다 쓰똘리삔의 개혁 정책이 실패했기 때문이다. 농노제의 유물을 온존시킨 상태에서 자본주의 발전을 도모하고 도시와 농촌의 부르주아지를 육성하여 짜르 체제를 강화한다는 쓰똘리삔의 정책은 계급적 모순의 심화를 가져왔던 것이다. 농민의 경우 지주와의 모순, 부농과의 모순이라는 이중적 모순에

---

6) 레닌, B. N. 포노말료프 편, ≪소련공산당사≫ 제2권, p. 40에서 재인용.
7) 같은 책, p. 84.

시달리고 있었다. 이는 러시아가 반(半)봉건적인 사회 상태에서 자본주의를 급속히 발전시킨다는 정책이 한계에 부딪히고 있다는 것을 드러내는 것이었다. 즉, 자본주의의 발전이 초래하는 생산력의 급속한 성장이 낡은 생산관계와 충돌하는 상태에 접어든 것이다. 바로 이러한 생산력과 생산관계의 모순 때문에 1910년 이후에 노동자의 파업의 물결이 일고 농민 폭동이 고조되었던 것이다. 그리고 주체적으로는 볼쉐비끼 당 조직이 유지되었다는 점, 그리고 1905년 혁명의 영향으로 인해 러시아의 모든 계급이 정치적으로 이미 각성된 상태였다는 점 등이 새로운 고양기의 도래를 가져왔던 것이다.

이러한 상황에서 볼쉐비끼 당은 새로운 도약을 하게 된다. 합법적인 일간 신문인 ≪쁘라브다≫('진실'이라는 뜻의 러시아어)가 창간되어 노동 현장과 생활 현장의 생생한 목소리를 싣게 되어 볼쉐비끼의 대중적 영향력을 강화시켰다. 이에 대해 짜르 정권은 여덟 번이나 이 신문을 폐간시켰지만 그때마다 볼쉐비끼는 이름을 바꾸어 가며 ≪쁘라브다≫의 발간을 지속했고 이러한 상태가 1914년 제1차 세계 대전의 발발 전까지 이어졌다. 다른 한편 볼쉐비끼는 의회 선거에서 커다란 성공을 거두는데 대부분의 노동자 지구에서 볼쉐비끼 의원들이 당선되게 된다. 멘쉐비끼는 노동자 지구가 아니라 소부르주아들이 다수를 차지하는 선거구에서 의원을 당선시킨다. 이렇게 볼쉐비끼 당은 새로운 고양기를 맞아 일간 신문의 창간, 의회 선거에서의 성공 등 커다란 발전을 하게 되는데 이러한 러시아의 볼쉐비끼 운동을 지도한 것은 볼쉐비끼 당의 러시아 국내 뷰로였다. 레닌은 당시 해외에 망명 중이었고 러시아 내의 볼쉐비끼의 활동은 비합법적인 러시아 국내 뷰로가 담당했는데 여기서 주도적 역할을 한 사람은 쓰딸린이었다.

쓰딸린은 새로운 고양기가 시작될 무렵, 레닌과 직접적 연결을 갖기 시작했는데 레닌의 지도와 레닌과의 토론 과정을 통해 ≪맑스주의와 민족 문제≫라는 논문을 쓰게 된다. 이 논문은 민족 문제에 대한 맑스주의적 접근의 전형적인 것으로서, 러시아가 다민족 국가이며 무수한 민족이 짜르 체제의 억압에 시달리고 있던 당시 상황에서 매우 긴요한 것이었다.

한편 이 시기에 볼쉐비끼와 멘쉐비끼는 러시아 사회민주노동당이라는 이름을 같이 쓰고 있었지만 사실상 별개의 당으로 활동하는 상태로 접어들었다. 멘쉐비끼의 대부분은 비합법 당을 해체하는 해당파의 길을 걷고 있었던 데 반해 볼쉐비끼는 당의 비합법 골간 조직을 유지하는 데 성공하여 그 둘은 조직 자체가 별도로 존재할 수밖에 없었던 상황이었다. 이러한 상황에서 뜨로쯔끼는 당의 통일을 명분으로 내세우며, 볼쉐비끼가 별도의 조직을 꾸리는 것을 분파적이라고 비난하고 나섰다. 뜨로쯔끼 스스로는 당의 통일을 내세우면서 별도의 조직을 꾸렸는데 이것은 실은 뜨로쯔끼 자신의 분파 조직에 지나지 않는 것이었다. 이에 대해 레닌은 "통일의 외침을 핑계로 한 통일의 파괴"라는 글을 써서 뜨로쯔끼야말로 분열주의자임을 폭로하였다. 이는 뜨로쯔끼가, 멘쉐비끼적 해당파에 맞선 볼쉐비끼의 비합법 당의 유지와 강화라는 실제 내용을 덮어 가리면서 볼쉐비끼와 멘쉐비끼의 분열이라는 형식, 현상적 상태만을 핑계로 자신의 분파적 행동을 하는 것을 비난하는 것이었다. 그런데 뜨로쯔끼가 이렇게 볼쉐비끼를 비난하고 나선 것은 볼쉐비끼가 이미 독자적 당으로서 노동 대중에 확고히 뿌리를 내리고 있다는 것을 반영하는 것이었다.

5. 제1차 세계 대전과 1917년 2월 혁명

자본주의 세계는 20세기 들어서면서 제국주의 단계로 접어들었다.

레닌은 ≪제국주의론≫에서 자본주의가 19세기의 자유경쟁자본주의에서 20세기에는 독점자본주의로 전화되었다는 것을 밝히면서 은행자본과 산업자본의 융합으로 인한 금융 과두제의 형성, 자본의 수출, 식민지의 분할, 세력권의 분할 등을 제국주의 단계의 주요 표지로 규정하고 제국주의는 사회주의 혁명의 전야임을 논증했다. 이러한 인식 하에 제국주의는 세력권, 식민지의 재분할 경쟁에 나설 수밖에 없다는 것, 그것은 자본의 힘에 비례한 폭력을 통할 수밖에 없으며 따라서 제국주의 전쟁은 불가피하다는 것을 밝혔다.

이러한 인식은 단지 레닌만의 인식이 아니었으며 제2 인터내셔날에서도 1907년의 쉬투트가르트 대회, 1912년의 바젤 대회에서 전쟁을 반대하고 전쟁이 일어나면 이 위기를 부르주아지의 타도를 앞당기기 위한 싸움으로 전화시킨다는 결의가 채택되기도 했다. 이와 같이 제국주의 전쟁의 필연성은 전 유럽적 인식이었던 것이다. 특히 세계적으로 식민지를 최대로 보유하고 있는 영국과, 19세기 후반부터 중공업을 중심으로 급속히 자본주의를 발전시키고 독점자본주의 단계로 접어들었고 이미 생산력에서 미국을 제외하고는 세계 최고의 수준을 보이고 있던 독일과의 대립이 전쟁으로 발전할 것임은 충분히 예견되고 있었던 것이다.

그러나 막상 1914년에 전쟁이 발발하고 그것이 수많은 민족과 국가가 연루되는 세계 전쟁으로 발전했을 때, 제2 인터내셔날의 사회민주당들은 의회에서 전쟁 공채에 찬성표를 던져 전쟁을 지지하고 나섰다. 이는 각 국가와 민족의 노동자들이 서로에게 총부리를 들이대는 것을 승인하는 것으로서 사회주의에 대한 배신, 노동자 국제주의에 대한 배신을 의미하는 것이었다. 그리하여 제2 인터내셔날은 사실상 붕괴되게 된다. 이러한 상황에서 1915년 8월 스위스 찜머발트에서 국제 사회주의자 대회가 열려 전쟁에 반대하고 평화를 요구하는 결의를 채택했다. 그러나 이 대회는 제2 인터내셔날과의 절연도, 전쟁의 내전·혁명으로의 전화도, 자국 정부의 패배의 요구도 결의하지 못했다. 이에 따라 레닌을 중심으로 한 찜머발트 좌파가 결성되었는데 이 모임은 제국주의 전쟁의 혁명으로의 전화, 자국 정부의 패배를 주장하며 이후 제1차 대전의 전 기간에 걸쳐 혁명적 흐름을 형성하게 된다.

제1차 제국주의 전쟁은 누가 지구상의 더 많은 지역을 약탈할 권리를 가질 것인가를 둘러싼 살육전이었으며 따라서 조국 방위가 아니라 전쟁 자체를 반대하고 자국 정부의 패배를 요구하며 전쟁을 계급 투쟁으로, 혁명으로 전화시키자는 것이 레닌이 주장한 전술이었고 이는 1917년 두 차례에 걸친 러시아 혁명으로 실현되게 된다. 클라우제비츠는 "전쟁은 정치의 연속"이라고 규정한 바 있는데, 레닌은 이 규정에 따라 제국주의 전쟁은 제국주의 정치의 연속이며 따라서 조국의 방위가 아니라 전쟁 자체를 반대하고 자국 정부의 패배를 요구할 것을 주장했던 것이다.

제1차 제국주의 전쟁은 자본의 탐욕이 인류 전체에게 어떠한 재앙을 가져오는가를 생생히 보여 주었으며 수천만 명이 전쟁에 희생되고 인류 문명 전체가 수십 년 후퇴하는 결과를 가져왔다. 레닌은 이러한 상황에서 제국주의 전쟁이 혁명적 정세를 불러올 것을 예견하면서 사회주의 혁명 이론을 한 단계 발전시켰다. 전쟁으로 인해 나타나기 시작한 국가와 독점자본주의의 결합, 즉 국가독점자본주의가 생산의 사회화를 극대화시키고 있다는 것에 주목하고 국가독점자본주의와 사회주의 간에는 중간의 계단이 없으며 국가독점자본주의는 사회주의의 완전한 물질적 전제임을 밝혔다(≪임박한 파국, 그것과 어떻게 싸울 것인가?≫). 레닌의 국가독점자본주의에 대한 이러한 분석은 20세기에, 특히 제2차 세계 대전 이후 보편화되었던 국가독점자본주의에 대한 최초의 맑스주의적 분석이었다. 이후 국가독점자본주의에 대한 많은 분석들은 레닌의 이 분석으로부터 출발하는 것이었다.

한편 레닌은 전쟁으로 나타나고 있는 자본주의의 위기를 분석하면서 제국주의 질서의 발전의 특징을 불균등 발전으로 파악하고, "유럽합중국 슬로건에 대하여"라는 글에서 일국 혹은 몇몇 나라에서 사회주의의 승리의 가능성을 밝혔다. "불균등한 경제적 및 정치적 발전은 자본주의의 절대적 법칙이다. 따라서 사회주의의 승리는 몇몇의 혹은 심지어 단 하나의 자본주의 나라에서도 가능하다."8) 이후에 레닌은 "프롤레타리아 혁명의 군사 강령"이라는 논문에서 위와 같은 인식을 보다 분명히 발전시켰다. "세 번째로, 한 나라에서 사회주의의 승리는 한 번에 모든 전쟁 일반을 제거하지 못한다. 오히려 그것은 전쟁들을 전제로 한다. 자본주의의 발전은 상이한 나라들에서 극히 불균등하게 진행된다. 이로부터 사회주의는 모든 나라들에서 동시적으로 승리를 획득할 수는 없다는 것이 반박할 수 없는 결론으로 도출된다. 그것은 처음에는 하나의 혹은 몇몇 나라들에서 승리를 획득할 것이며, 반면에 다른 나라들은 얼마간 부르주아적 혹은 전(前)부르주아적 상태로 남아 있을 것이다."9) 이러한 레닌의 인식과 분석은 제국주의 전쟁에서 극적으로 드러나고 있던 자본주의의 불균등 발전의 문제를 사회주의 혁명과 건설의 문제와 연관시킨 것이었으며 그 결과 일국 혹은 몇몇 나라에서 사회주의의 승리 가능성을 이론적으로 도출한 것이었다. 이는 맑스 당시, 혁명의 승리를 전 유럽적인 동시 혁명으로 파악했던 것과 차이가 있는데 이는 자본주의가 자유경쟁자본주의

---

8) "The United States of Europe Slogan(유럽합중국 슬로건에 대하여)", *Lenin Selected Works*, Vol. 1, Moscow: Foreign Languages Publishing House, 1946, p. 632.
9) "The War Program of the Proletarian Revolution(프롤레타리아 혁명의 군사 강령)", *Lenin Selected Works*, Vol. 1, p. 742.

로부터 독점자본주의로, 제국주의 단계로 전화한 것에 따른 것이었다. 그리고 레닌의 이러한 결론은 뜨로쯔끼가 이후 쏘련에서의 사회주의 건설을 회의하고 유럽 혁명의 지원이 없다면 쏘련에서 사회주의 건설은 불가능하다고 보았던 것과 대립되는 것으로서 레닌의 이 결론은 이후 러시아의 사회주의 혁명과 건설의 가능성을 이론적으로 기초 지은 것이라 할 수 있다.

한편 레닌은 제국주의 전쟁으로 인해 극적으로 드러난 제국주의 세계 체제의 모순을 분석하면서, 제국주의 질서에서 전면화되고 있는 제국주의와 식민지 간의 모순을 분석하여 민족 문제에 대한 이론을 한 단계 발전시켰다. 레닌은 "민족 자결권"이라는 논문에서 민족 자결권은 법적인 정의의 문제가 아니라 민족 운동의 발전의 견지에 파악되어야 하며 민족 자결권은 억압받는 약소민족이 분리하여 민족국가를 독립적으로 세울 수 있는 권리라고 규정했다. 그리고 노동자계급은 약소민족의 이러한 민족 자결권을 지지해야 하는데, 약소민족의 민족 자결의 권리를 인정할 때만 약소민족의 노동자계급과 대(大)민족의 노동자계급 간의 진정한 연대, 프롤레타리아 국제주의에 입각한 연대가 가능하다는 것이 그 근거였다. 이러한 레닌의 입장은 수많은 민족의 다민족 국가였던 러시아에서 많은 약소민족들이 대러시아 민족의 압박을 받는 현실 속에서 약소민족의 자결의 권리에 대한 인정을 통해 대러시아 민족의 노동자계급과 약소민족의 노동자계급의 통일이라는 현실적 문제에 대한 답을 내오는 것이었다. 뿐만 아니라 레닌의 민족 자결권 테제는 러시아 혹은 유럽만의 문제가 아니라 전 세계적인 식민지, 반식민지 나라의 민족들의 민족 해방 운동에 이론적 기초를 제공하는 것이었다. 그에 따라 러시아 10월 혁명의 성공은 곧바로 전 세계에 민족 해방 운동의 고양을 가져왔던 것이다.

레닌은 이렇게 제1차 제국주의 전쟁이라는 극한의 상황에서 사회주의 혁명론을 갈고닦으면서 혁명의 도래를 준비하고 있었다. 그런데 이에 반해 당시의 멘쉐비끼 그리고 일부 논자들은 당시에 러시아는 사회주의 혁명의 전제가 마련되어 있지 않았다고 주장했다. 그리하여 멘쉐비끼는 부르주아 민주주의 혁명과 사회주의 혁명 간에 커다란 간극을 두며 민주주의 혁명에서 자유주의 부르주아지의 헤게모니를 인정하는 전술을 폈다. 그리고 카우츠키 등 서유럽의 사회민주주의자들은 러시아가 사회주의를 할 수 있는 물질적 조건이 결여되어 있는 상태에서 혁명을 했기 때문에 민주주의가 아닌 독재를 펼 수밖에 없었다고 주장했다. 이러한 주장은 쏘련이 해체된 21세기 지금도 재생되고 있는 것이 현실이다. 그러나 앞서 레닌이 분석한 바와 같이 러시아는 전쟁 전에 이미 독점자본주의 단계로 접어들고 있었고 세계 5위의 공업 생산고를 갖고 있었다. 즉, 세계적 차원에서 러시아는 자본주의 사회에서 중등적 발전 국가였다. 그리고 전쟁 기간에 러시아 또한 국가독점자본주의가 나타나기 시작했다. 이러한 것이 사회주의의 물질적 조건, 객관적 조건이라면 주체적 조건 또한 러시아에는 마련되어 있었다. 즉 사회주의 혁명과 건설의 주력인 노동자계급이 1913년에 이미 공업에서 350만이 형성되어 있었으며 피고용된 전체 임금 노동자 수는 1,500만을 헤아리고 있었다. 그리고 이러한 노동자 계급을 이끌고 혁명을 수행할 수 있는 전위당으로서 볼쉐비끼 당이 존재하고 있었고 그 당은 이미 풍부한 정치적 경험을 쌓고 있었다는 것 또한 주요한 조건이었다.

 이와 같은 상황에서 러시아에서 제1차 제국주의 전쟁은 서서히 혁명적 정세를 향해 나아가기 시작했다. 러시아는 전선에서 독일군에게 군사적 패배를 겪었고 전쟁은 장기화되고 있었다. 또한 1916년에는 식량 공급이 원활하지 않아 도시는 기아에 굶주리게 되었다. 전국적으로 노동자들의 파업이 시작되었는데 1916년에는 1,500건이 넘는 파업이 발생하여 100만 명이 넘는 노동자가 참가했다. 병사들 또한 염전(厭戰) 분위기를 보였는데 상관의 명령에 대한 거부, 탈영, 적과의 교류 등이 일어났다. 농민 또한 지주를 공격하여 지주의 가옥을 불태우는 사건들이 발생했다. 그리고 1916년 중반기에 중앙아시아와 카자흐스탄에서 수백만 명이 가세한 봉기가 갑자기 발생했다. 피압박 소수 민족들이 짜르 체제에 저항하기 시작한 것이다.[10]

이렇게 정세가 혁명적으로 흐르기 시작하자 짜르는 혁명의 위험을 감지하고 독일과 단독 강화 교섭을 비밀리에 시작했다. 그런데 이에 대해 러시아와 동맹하여 독일에 맞서고 있던 영국과 프랑스는 러시아가 전쟁을 지속하게 하기 위하여 짜르를 교체하려는 음모를 꾸몄다. 그리고 러시아의 부르주아지 또한 서유럽 자본과의 긴밀한 연관 속에서 짜르를 교체하려는 움직임에 가담하고 있었다. 그러나 노동자계급의 혁명적 행동의 발전은 이러한 음모를 앞서 나갔다. 1917년 2월 17일 수도의 뿌찔로프 공장 노동자들이 파업에 들어갔고 공장 측은 이에 대해 직장 폐쇄로 맞섰다. 그러나 파업의 대오는 확산되었고 볼쉐비끼 뻬뜨로그라드 위원회는 이러한 파업의 흐름을 정치적 시위로 발전시켜 나갔고, 총파업을 조직하여 봉기로 발전시킬 것을 결의했다. 2월 25일 총파업이 발생하였고 다음 날 그것은 봉기로 발전했다. 병사들이 동요하면서 6만 명이 넘는 수비대 병사들이 봉기의 대오에 합류하게 되었는데, 이로써 혁명의 향방은 정해지게 되었다. 이러한 상황에서 짜르는 며칠 만에 퇴위를 공표했고 이어서 새로운 짜르가 들어서는 것이 아니라 공화국이 혁명 세력에 의해 선포되었다. 2월 혁명이 승리한 것이다.

노동자들과 병사들(사실은 군복을 입은 농민들)은 혁명 과정에서

---

10) B. N. 포노말료프 편, 《소련공산당사》 제2권, pp. 140-141.

공고한 동맹을 맺었고 그리하여 혁명 과정에서 단일한 노동자·병사 쏘비에트가 결성되었다. 그리고 이러한 쏘비에트는 혁명의 승리에 따라 전국 각지에서 건설되게 되었다. 그러나 당시 볼쉐비끼 지도부 대부분은 망명하고 있거나 아니면 짜르에 의해 감옥 혹은 유형지에 고립된 상태에 있어서 혁명 초기 정확한 정치 방침은 존재하지 않았다. 그리하여 이러한 정치적 공백 상태에서 부르주아지와 지주가 연합한 임시 정부가 생겨났다. 그리하여 한편으로는 무장한 노동자와 병사의 기관으로서 쏘비에트가 존재하고 다른 한편으로는 부르주아지와 지주의 임시 정부가 나란히 존재하는 상태가 나타나게 되었다. 이른바 이중 권력이 출현한 것이다.

6. 레닌의 "4월 테제"

레닌은 노동자·병사 쏘비에트에 대해 그것을 노동자계급과 농민의 혁명적 민주주의 독재로 파악했다. 그러면서 임시 정부를 믿지 말 것과 유일한 보증은 노동자계급의 무장일 뿐이라고 망명지인 스위스에서 편지를 보내 정치적 제언을 하였다. 한편 임시 정부는 제국주의 전쟁의 지속을 천명했고 짜르가 맺었던 비밀 조약들을 공표하지도 않았다. 권력의 주체가 짜르에서 임시 정부로 바뀌었을 뿐 전쟁에 관한 한 짜르 체제의 지속이었다. 이것은 노동자계급과 농민 등 전쟁에 지친 인민들의 요구를 배반하는 것이었는데 이에 대해 당시 쏘비에트에서 집행부의 다수를 차지하고 있던 멘쉐비끼와 사회혁명당은 임시 정부를 지지하는 정책을 폈다. 그리하여 한편으로는 무장한 노동자와 병사들, 다른 한편으로는 쏘비에트의 지지를 받는 부르주아 임시 정부의 상호 간의 대치 국면, 이중 권력의 상황이 지속되었던 것이다.

이러한 상황에서 레닌은 독일이 제공한 열차를 타고 4월 3일 수도인 뻬뜨로그라드로 돌아왔다. 레닌은 돌아온 즉시 현 상황에 대한 자신의 견해를 발표했는데 그것이 "4월 테제"라 불리는 것이었다. 현재의 혁명은 부르주아 민주주의 혁명이라는 혁명의 1단계가 이루어진 것이며 이제 사회주의 혁명, 프롤레타리아 혁명이라는 혁명의 2단계를 추진하는 상황에 도달했다는 것이 레닌의 인식이었다. 이는 부르주아 민주주의 혁명 단계가 장기간 지속될 것이라는 멘쉐비끼의 인식 그리고 임시 정부에 대한 조건부 지지를 통해 전쟁의 종식, 강화의 체결을 이루어 내자는 당시 볼쉐비끼 국내 지도부의 인식을 넘어서는 것이었다. 그리하여 레닌은 전쟁의 종식은 서유럽 자본과 긴밀하게 얽혀 있는 러시아 부르주아지를 대표하는 임시 정부로서는 불가능하며 오직 노동자계급이 권력을 장악하는 사회주의 혁명, 프롤레타리아 혁명을 이루어 낼 때만 전쟁의 종식은 가능하다는 것을 주장했다. 그리고 레닌의 이 견해는 혁명 과정에서 확증되었는데 2월 혁명 이후 10월 혁명에 이르는 전 기간에 걸쳐 계급 투쟁의 최대의 쟁점은 전쟁의 문제, 전쟁의 종식과 평화의 쟁취의 문제였다는 점에서 레닌이 "4월 테제"에서 밝힌 견해는 향후 구도를 결정짓는 방침이 되었다. 그리하여 레닌 귀국 전에 애매한 입장을 가지고 있던 볼쉐비끼 지도부들은 대부분 레닌의 "4월 테제"에 동조하게 되었고 이후 볼쉐비끼 당은 장기간에 걸쳐 평화적인 선전을 통한 대중 획득의 길로 나서게 되었다. 즉, 혁명의 평화로운 발전의 길이 "4월 테제" 이후 볼쉐비끼의 방침이었는데 이는 노동자계급과 농민(병사)들이 무장하고 있어서 실질적 권력을 쥐고 있다는 상황을 조건으로 하는 것이었다. 그에 따라 레닌은 "모든 권력을 쏘비에트로!"라는 슬로건을 제기하면서, 대중이 전쟁 종식의 참된 가능성을 이해하고 멘쉐비끼와 사회혁명당의 부르주아 임시 정부에 대한 지지 정책의 계급적 성격을 깨닫기를 인내를 갖고 기다리는 정책을 폈다. 이러한 정책 기조는 7월의 꼬르닐로프의 군사 반란 전까지 대략 4개월 가까이 이어졌는데 혁명적 정세하에서 4개월은 평상시의 수년에 해당하는 기간이라 할 수 있다.

2월에서 10월에 이르는 기간에 임시 정부의 위기는 3차례 찾아왔다. 첫 번째의 위기는 1917년 4월 18일 임시 정부가 전쟁의 지속을 천명한 것에 대하여 대중들이 분노하면서 수십만 명이 대규모 시위에 나섰을 때였다. 이러한 정치적 위기에 대하여 임시 정부는 멘쉐비끼와 사회혁명당의 성원을 내각에 입각시키는 것을 통해 위기를 해소하는 길을 택했다. 즉 아직까지는 대중의 상당수가 멘쉐비끼와 사회혁명당을 지지하고 있는 상태에서 이들 세력의 임시 정부에 대한 지지의 강화를 통해 위기를 해소하게 되었던 것이다. 그러나 이 과정에서 멘쉐비끼와 볼쉐비끼 사이의 중간분자들의 입지가 축소되었으며 대중의 볼쉐비끼에 대한 지지가 증가하기 시작했다는 것이 확인되었다. 즉, 레닌이 제기한 민주주의 혁명의 사회주의 혁명으로의 성장·전화가 일정에 오른 것이다. 이러한 추세 속에 볼쉐비끼 주도로 6월 18일에 대규모 시위가 조직되는데 시위 대오는 대부분 볼쉐비끼의 구호를 내걸었다. 이에 맞서 께렌쓰끼 임시 정부는 전선에서 러시아군의 공세를 재개하는 결정을 내린다. 그러나 전선에서의 공세 재개는 실패하여 대부분 군사적 패배를 당했다. 그리하여 께렌쓰끼 정부의 위신은 땅에 떨어지고 반대로 볼쉐비끼에 대한 대중의 지지는 가속적으로 확산하게 되었다. 이것이 임시 정부의 2차 정치 위기이다.

이러한 2차 정치 위기에 대해 임시 정부는 전선에서 공세의 실패 책임을 볼쉐비끼에게 떠넘긴다는 음모를 꾸몄다. 그리하여 입헌민주당이 임시 정부로부터 탈퇴한다는 선언을 하여 멘쉐비끼와 사회혁명당이 위기감에 싸이게 하고 그로 인하여 멘쉐비끼와 사회혁명당이 볼쉐비끼에 맞서는 길로 나가면서 노동자와 병사의 무장을 해제하는 조치를 취하도록 압박하는 것이었다. 이러한 상황에서 병사들은 전쟁의 지속에 분노하면서 즉각적으로 임시 정부를 타도할 것을 주장하기 시작했는데 볼쉐비끼는 아직은 전국 각지에서 멘쉐비끼와 사회혁명당을 지지하는 세력이 다수라는 점을 고려하여 임시 정부의 즉각적 타도가 아니라 혁명의 평화로운 발전 정책을 밀고 나가기로 결정했다. 그리하여 7월 4일 전쟁 종식을 요구하는 수십만의 시위가 전개되었다. 그러나 임시 정부는 이에 대해 사관생도와 까자끄 부대를 동원하여 시위대에 발포하였다. 그리고 이를 기점으로 임시 정부는 볼쉐비끼에 대한 전면 탄압을 시작했는데 기관지인 ≪쁘라브다≫의 발행을 금지시키고 레닌에 대한 체포령이 내려졌다. 그리고 전선에서는 다시금 사형 제도가 실시되었다. 그리고 전방과 후방에서 혁명적 기운이 강한 부대들의 무장 해제가 시작되었다. 이 과정에서 멘쉐비끼와 사회혁명당은 최종적으로 임시 정부 편으로, 즉, 반혁명의 편으로 옮겨 갔다. 이러한 상황의 변화에 대해 레닌은 7월 사건으로 정세가 근본적으로 변화했다는 것, 즉, 이중 권력 상황이 종식되고 권력이 임시 정부로 집중되었다고 분석했다. 다시 말하면 혁명의 평화로운 발전은 더 이상 불가능한 상황에 처하게 된 것이다.

7. 10월 사회주의 대혁명의 승리

그리하여 7월 26일부터 8월 3일까지 뻬뜨로그라드에서 볼쉐비끼 제6차 당 대회가 열려 당의 정치 방침을 결정하게 되었다. 레닌이 지하에 은신한 상태에서 대회에서는 쓰딸린이 정치 보고를 하였고 반혁명적 부르주아 임시 정부의 완전한 타도를 방침으로 정했다. 즉,

더 이상 혁명의 평화로운 발전, 인내를 갖는 선전의 방식이 아니라 힘에 의한 임시 정부의 타도를 결정한 것이다. 볼쉐비끼가 이러한 결정을 할 수 있었던 것은 대중의 다수가 볼쉐비끼의 지지로 넘어오기 시작했다는 점 때문이었다. 그리하여 볼쉐비끼는 전국 각지의 쏘비에트에서 집행부를 볼쉐비끼로 교체해 나가기 시작했다. 이러한 상황에서 군부는 볼쉐비끼와 혁명을 완전히 진압하기 위해 군사 행동에 나섰는데 이것이 꼬르닐로프 군사 반란이다. 전선의 군대를 수도로 이동시켜 수도의 혁명 세력을 진압하려 한 것이다. 멘쉐비끼와 사회혁명당은 이때 꼬르닐로프의 반란이 임시 정부 자체를 타도하려는 것으로 오인하고 노동자와 병사들에게 군사 반란에 맞설 것을 호소하였다. 볼쉐비끼 또한 노동자와 병사들을 동원하여 철도를 봉쇄하는 등 전선의 병사의 이동을 저지하여 반란 진압에 나서게 되었다. 이러한 과정을 통해 꼬르닐로프 군사 반란은 실패하게 되어 지배계급인 지주와 부르주아 계급이 무력을 사용하는 것이 어려운 정세가 펼쳐지게 되었다.

이러한 상황에서 레닌과 볼쉐비끼 당은 봉기를 일정에 올리게 된다. 레닌은 '봉기는 기술(예술, art)'이라는 맑스주의 명제에 따라 봉기에 대한 실제 기술적 준비에 착수한다. 그리고 최종적으로 전 러시아 쏘비에트 2차 대회가 열리는 10월 25일 전에 봉기를 실행할 것을 결정한다. 한편 혁명적 정세는 더욱더 고조되어 갔는데 농민들의 토지를 위한 운동은 봉기로 전화해 갔고 전선과 수도의 수비대 병사 대부분이 볼쉐비끼를 지지하게 되었다. 멘쉐비끼 측에서도 전쟁의 지속을 반대하는 국제주의파가 형성되었으며 사회혁명당에서도 임시 정부에 대한 협조 정책을 반대하는 사회혁명당 좌파가 형성되었다. 이러한 상황은 볼쉐비끼가 권력을 장악할 수 있는 시기가 무르익었다는 것을 의미한다. 그리고 그 권력 장악의 수단은 임시 정부와 멘쉐비끼 그리고 사회혁명당의 반혁명성이 굳어졌기 때문에 더 이상 평화로운 방식이 아니라 무력을 동원하는 것이었다.

봉기의 날은 쏘비에트 2차 대회가 열리는 25일의 전날인 24일로 정해졌고 이날 레닌은 은신처에서 돌아와 봉기를 직접 지도했다. 우체국, 전신국, 전화국, 주요 교량 등 주요 지점들이 봉기 세력에 의해 장악되었고 임시 정부 내각이 최후로 도피한 동궁(冬宮)에 대해 25일부터 26일 사이에 공격이 가해져 임시 정부 각료들은 대부분 체포되었다. 이렇게 봉기는 정치적 조건이 무르익은 상태에서 기술적으로 충분히 준비되어 실행된 결과, 사실상 거의 무혈로 진행되고 성공하였다. 이러한 봉기의 성공은 인류가 착취와 계급을 폐지하는 새로운 세계로 진입하기 시작했다는 것을 알리는 것이었다.

24일 시작되어 25일 아침에 봉기가 성공했을 때 레닌이 작성한 포고 "러시아 시민에게!"라는 전단이 배포되어 임시 정부의 타도와 혁명의 성공을 알렸다. 그날 밤 열린 쏘비에트 2차 대회는 레닌이 작성한 "노동자, 병사, 농민 여러분께!"라는 호소문을 채택했다. 호소문은 모든 권력이 노동자·병사·농민 쏘비에트로 옮겨졌음을 선언하고 있었다. 이어서 26일 레닌은 "평화에 대한 포고"와 "토지에 대한 포고"에 관하여 쏘비에트 대회에서 보고를 했고 두 개의 포고가 공포되었다. "평화에 대한 포고"는 무병합, 무배상을 조건으로 즉각적으로 전쟁을 멈추고 평화를 실현할 것을 호소하는 것이었고, "토지에 대한 포고"는 지주 토지의 무상 몰수, 모든 토지의 국유화, 국유화된 토지를 농민에게 분배하여 사용하게 하는 것 등이 담겼다. 레닌이 농민이 토지를 집단적으로 사용하고 경작하게 하는 것이 아니라 개별 농민에게 분배할 것을 결정하였던 것은 사회혁명당 좌파와 타협한 결과였다. 즉, 농업에서 사회주의 실현을 잠시 유보하는 것을 통해 노-농 동맹을 유지하고 강화할 것을 도모한 결과였다.

이렇게 10월 사회주의 혁명은 봉기가 순조롭게 마무리되고 권력은 쏘비에트로 넘어갔다. 레닌은 쏘비에트 정부의 의장으로 선출되었고, 볼쉐비끼의 주요 인물들이 내각을 의미하는 인민위원으로 임명되었다. 또한 사회혁명당 좌파가 쏘비에트 정부에 참여하여 주로 농업과 농민 관련하여 역할을 했다. 이로써 혁명의 근본 문제인 권력의 문제가 해결되고 이후 사회주의 러시아는 반혁명에 맞서 혁명을 공고히 하면서 사회주의적 개혁 조치들을 실행하게 된다. 인류 최초로 사회주의 혁명이 성공하고 근로대중이 지배계급이 되는 새로운 사회, 계급 대립이 폐지되는 사회가 출현하게 된 것이다.

제2장
제국주의의 간섭과 내전, 그리고 전시 공산주의
― 쏘련에서 사회주의 생산관계의 확립 과정(1)

1. 전쟁의 종식과 쏘비에트 권력의 공고화를 위한 볼쉐비끼의 투쟁

　타도된 지배계급은 혁명이 승리한 직후부터 쏘비에트 권력을 전복하려는 시도를 하였다. 체포를 피해 달아났던 께렌쓰끼는 까자끄 부대로 하여금 뻬뜨로그라드로 진격하게 하였고 사회혁명당 우파와 멘쉐비끼는 뻬뜨로그라드에서 사관 학교 생도들의 반란을 일으켰다. 그러나 이들 반란들은 노동자 부대에 의해 신속하게 진압되었다. 11월말 뻬뜨로그라드에서 입헌민주당의 음모도 진압되었고 남부 우랄에서 까자끄들의 반란도 진압되었다. 이리하여 혁명 초기 러시아는 혁명 세력이 반혁명 세력을 격파하는 속에서 새로운 사회의 건설로 진입하고 있었다.
　"토지에 관한 포고"는 중세의 유물을 뿌리 뽑아 버렸는데 반(半)봉건적 토지 소유로 인한 신분적 구별을 폐지하고 러시아 공화국 시민이라는 단일한 호칭이 사용되었다. 또한 종교 세력의 압제를 제거하여 국가와 교회의 분리, 학교와 교회의 분리를 실현하였다. 이는 정교분리라는 부르주아 민주주의의 과제를 사회주의 혁명이 실현했다는 것을 의미한다. 또한 남성과 여성에 대한 일체의 차별을 철폐했는데 여성의 동등한 참정권을 인정한 것은 여성 해방 투쟁의 역사에서 거대한 의의를 갖는 것이었다.

1917년 11월 2일 "러시아 각 민족의 권리 선언"이 공포되었는데 레닌이 주장했던 민족 자결권이 "선언"에서 전면적으로 승인되었고 실제로 우크라이나와 핀란드의 국가적 독립이 승인되었다. 또 "러시아와 동방의 모든 이슬람교도 근로자에게"라는 호소문은 이슬람교도의 민족적·문화적 제도, 관습과 신앙은 침범할 수 없다는 것을 선언했다.[1] 약소민족에 대한 볼쉐비끼의 이러한 정책은 소수민족, 약소민족들이 독립적인 민족 국가의 수립을 포함하는 민족 자결권을 실현할 때만 각 민족의 노동자계급 간에 프롤레타리아 국제주의에 입각한 진정한 연대가 가능하다는 인식 때문이었다. 그리하여 러시아는 과거 민족들의 감옥에서, 이제는 각 민족의 자유로운 연대에 입각한 새로운 국가의 건설로 나아갈 수 있었다.

10월 혁명 전에 명부가 작성되어 1917년 11월 치러진 선거에 의해 구성된 헌법제정회의는 10월 혁명으로 인한 정치적 변화를 반영하지 못하고 사회혁명당 우파 등이 다수인 상태가 되었다. 그런데 1918년 1월 5일 소집된 헌법제정회의는 "근로·피착취 인민의 권리 선언"에 대한 심의를 거부하며 반(反)쏘비에트적 성격, 부르주아적 성격을 드러내었다. 이에 대해 전(全) 러시아 중앙집행위원회는 헌법제

---

[1] B. N. 포노말료프 편, ≪소련공산당사≫ 제3권, 편집부 역, 거름, 1991, p. 22.

정회의를 해산시켰고 "근로·피착취 인민의 권리 선언"은 곧이어 개최된 쏘비에트 제3차 전(全) 러시아 대회에서 채택되었다.[2] "근로·피착취 인민의 권리 선언"은 러시아가 노동자·병사·농민 대표 쏘비에트 공화국임을 선언하고 민족들의 자발적 연합에 의한 연방 공화국이라는 것을 선언했다. 또한 "근로·피착취 인민의 권리 선언"은 인간에 의한 인간의 착취, 계급의 폐지를 선언했다. 이러한 "근로·피착취 인민의 권리 선언"의 내용은, 18세기 말 프랑스 혁명 당시의 "인간 및 시민의 권리 선언"이 새로운 부르주아 시대의 개막을 알린 것과 달리, 인류가 프롤레타리아 시대, 사회주의의 시대로 진입했음을 알리는 것이었다.

그런데 쏘비에트 권력은 이러한 혁명적 정책을 통해 내적으로 강화되어 갔지만 러시아가 여전히 제국주의 세력과 전쟁 상태에 있는 현실은 언제든지 혁명과 쏘비에트 권력이 압살될 수도 있는 위험을 내포하는 것이었다. 또한 4-5년 동안 계속된 전쟁에 지쳐 있는 러시아 인민과 병사들의 입장에서 전쟁의 종식은 무엇보다도 중요한 것이었다. 그러나 쏘비에트 정부의 무병합·무배상을 조건으로 한 즉각적인 전쟁의 종식 제안은 영국과 프랑스 등 협상국에 의해 거부되었다. 그리하여 쏘비에트 정부는 독일과 단독 강화 교섭에 나서게 되었다. "독일과의 교섭은 1917년 11월 20일 브레스트 리토프스크에서 시작되어, 12월 2일, 휴전 협정이 조인되었다."[3] 그러나 이어진 강화 교섭에서 독일은 폴란드, 리투아니아, 라트비아 및 백러시아 일부의 할양을 요구하였고 우크라이나를 복속시키려 하였다. 이러한 독일의 무도한 요구에 대해 러시아 인민은 분노하였지만 러시아는 독일에

---

[2] 같은 책, pp. 29-30.
[3] 같은 책, p. 34.

맞설 수 있는 군대가 없었다. 짜르 시대의 병사들 상당수는 동원 해제되어 고향으로 돌아갔고 또 그나마 있는 군대조차 지속된 전쟁에 지쳐 있었다. 따라서 단기간에 혁명적 군대를 만드는 것은 불가능한 상황이었다. 그리고 러시아는 혁명을 구하기 위한 평화로운 휴식 기간이 절대적으로 필요한 상황이었다.

그런데 독일과의 강화 교섭이 일정에 오르자 러시아 국내의 견해들, 심지어 볼쉐비끼 당내에서조차 견해들이 갈리게 되었다. 짜르의 잔당들, 부르주아 입헌민주당, 사회혁명당, 멘쉐비끼는 독일과의 강화 교섭에 대한 반대를 선동했고 볼쉐비끼와 함께 쏘비에트 내각을 꾸렸던 사회혁명당 좌파조차 강화 교섭에 반대했다. 그리고 볼쉐비끼 내에서는 뜨로쯔끼, 부하린 등이 독일과의 강화 교섭을 반대했다. 심지어 볼쉐비끼 당의 중앙위원회에서조차 즉각적인 강화의 체결을 주장하는 레닌의 입장은 다수의 지지를 얻지 못했다. 레닌은 강화를 반대하면서 혁명전쟁을 주장하는 견해들은 공론(空論)에 불과하다는 것을 끈질기게 설득하였다. 그리하여 제3차 쏘비에트 대회로부터 강화에 대해 쏘비에트 정부에 전권을 위임한다는 결의를 끌어내어 강화 교섭에 나서게 되었다. 그런데 쏘비에트 정부의 위임을 받아 강화 교섭에 대표로 나선 뜨로쯔끼는 레닌의 지시를 위반하고 독일이 제시한 현재의 조건으로는 강화 교섭에 서명하지 않을 것이며 러시아는 독일과 전쟁을 중지하고 군대를 동원 해제할 것이라고 발표하였다. 이러한 파멸적 선언으로 인해 독일은 며칠 만에 공세를 재개하여 많은 도시를 점령하고 수도인 뻬뜨로그라드를 위협하게 되었다.

이러한 상황에서 인민위원회는 "사회주의 조국이 위기에 빠져 있다"는 격문을 발표하고 쏘비에트 공화국의 방위에 인민이 나서 줄 것을 호소하였다.[4] 이러한 호소에 응하여 선진 노동자들과 동원 해제되었던 병사들이 의용병을 조직하여 독일군과 맞서 싸워 수도를 지켜 내게 되었다. 이러한 상황에서 부하린이 이끄는 '좌익 공산주의' 그룹은 전쟁의 지속을 주장했지만, 레닌은 강화를 주장하여 볼쉐비끼 당 중앙위원회의 표결에서 승리하였다. 그리하여 더욱 가혹해진 조건이긴 하지만 독일과의 강화가 1918년 3월 3일 조인되었다. 폴란드, 우크라이나, 발트 국가들이 독일의 지배하에 들어갔다. 이렇게 쏘비에트 러시아는 큰 손실을 입었지만 그럼에도 불구하고 제국주의 전쟁에서 빠져나올 수 있었고 전쟁에 지친 인민과 병사들에게 휴식의 기간을 줄 수 있었고 혁명과 쏘비에트 권력이 압살될 위험에서 벗어날 수 있었다. 이 과정을 평가해 보면 부하린 등의 좌익 공산주의 그룹은 독일과의 강화를 반대하고 전쟁의 지속을 주장했는데 이는 혁명을 현실로서가 아니라 관념으로서, 공론(空論)으로서 사고하는 것이었다. 전쟁을 수행할 수 있는 군대 자체가 없다는 현실, 그리고 수년간 지속된 제국주의 전쟁에 지친 인민들로서는 휴식기가 절대적으로 필요하다는 현실, 그리고 쏘비에트 혁명은 막 태어났을 뿐이며 제국주의와 정면 대결하기 위한 능력이 당시로서는 없었다는 것을 좌익 공론가들은 보지 못했던 것이다.

브레쓰트 강화는 1918년 3월 6일 긴급 소집된 제7차 볼쉐비끼 당 대회에서 승인되었다. 그런데 이에 대해 사회혁명당 좌파는 크게 동요하면서 쏘비에트 정권으로부터의 탈퇴를 결정하였다. 이는 소부르주아 세력의 이중성을 보여 주는 것으로, 혁명의 성공 가능성이 높을 때는 그에 가담하지만 혁명이 위기에 처했을 때 혁명을 배신한다는 것을 잘 드러낸 것이었다. 그러나 이러한 어려움은 있었지만 쏘비에트 권력은 일정 기간의 휴식 기간을 활용하여 혁명의 강화와 진전에 집중할 수 있었고 이로 말미암아 1918년 여름부터 본격화된 제국주

---

4) 같은 책, p. 37.

의의 간섭과 내전에 대응할 수 있는 힘을 비축할 수 있었다.

제7차 당 대회는 10월 혁명의 성과를 반영하여 당 강령을 개정하고 당명을 사회민주당에서 공산당(볼쉐비끼)으로 개정하였다. 이러한 당명 개정은 사회주의 혁명과 건설의 최종 목표를 분명히 한다는 의미가 있고, 또 제2 인터내셔날의 사회민주당들과 명칭의 구분을 통해 선을 그으려는 것이었다. 그리고 브레쓰트 강화 조약은 제7차 당 대회 직후 모쓰끄바로 수도를 옮긴 상태에서 소집된 제4차 전 러시아 쏘비에트 임시대회에서 최종적으로 승인되었다. 그리하여 쏘비에트 공화국은 적군(赤軍)을 창설하고 사회주의 경제 건설을 수행하는 단계로 접어들었고 쏘비에트 권력은 한층 강화되었다.

2. 사회주의 생산관계의 수립을 위한 최초의 혁명적 조치들

사적 유물론에 따를 때, 한 사회의 기초는 경제적 생산관계이며 국가와 이데올로기는 그러한 기초 위에 서는 것이다. 그리고 경제적 토대가 상부 구조를 규정한다는 점에서 경제적 토대에 해당하는 사회주의 생산관계를 수립하는 것은 혁명의 실제 내용을 실현하고 사회주의 건설을 본격화한다는 의미가 있다.

러시아에서 사회주의 생산관계의 수립의 과정은 공업에서의 사회주의 생산관계의 수립과 농업에서 사회주의 생산관계의 수립으로 나누어 볼 수 있는데, 농업에서 사회주의 생산관계의 수립은 1920년대 말, 30년대에 걸친 농업의 집단화에 의해 이루어졌지만, 공업에서 사회주의 생산관계의 수립은 1917년 혁명 직후부터 1918년 여름과 가을까지에 이르는 과정에서 대부분 실현되었다. 그런데 이 과정은 단지 자본가의 생산 수단을 수탈하여 전 인민의 재산으로 사회화하는 단순한 과정이 아니었다. 러시아 혁명에서 공업에서 사회주의 생산관계의 수립 과정은 크게 3단계로 나누어 볼 수 있다. 즉, 지주와 자본가계급이라는 수탈자를 수탈하는 과정, 다시 말하면 지주와 자본가로부터 토지와 공장, 기업을 빼앗는 과정이 첫 번째 과정이며, 그 다음으로 혹은 그 과정과 동시에 공장과 기업에 대해 노동자의 통제(control) 혹은 감독을 실현하여 생산을 유지하고 자본가의 사보타주를 분쇄하는 과정이 있다. 이러한 노동자 통제가 성공적으로 실시되면, 그 결과 노동자 중에서 경영 전문가, 관리 전문가가 배양되고 이후 노동자 통제에서 노동자 관리(administration)로 이행하게 된다. 노동자 관리는 노동자들이 실제로 경영을 지배하게 되고 또 소유권에서 있어서도 자본가의 소유권이 완전히 박탈되는 단계로서 기업의 사회주의적 국유 기업으로의 이행이 완성되는 단계를 가리킨다. 그러면 이러한 점을 염두에 두면서 러시아에서 실제로 이루어진 수탈자의 수탈, 국유화의 과정을 검토해 보자.

"1917년 11월 중순, 소비에트 권력은 국립 은행과 개인 은행을 국유화하고 은행 사업은 국가가 독점한다"[5]고 선언하였다. 이와 같이 은행이 국유화 과정에서 최초의 대상이 된 것은 노동자계급이 경제를 장악하기 위해서는 재정, 재무, 회계를 장악해야 한다는 것 때문이었다. 실제로 레닌은 혁명을 전후하여 노동자계급이 지배계급으로서 가장 급선무로 수행해야 할 과제로서 계산(account. 장부 기록, 회계를 의미한다)과 통제(control. 자본가의 소유를 전제로 하여 생산과정에 대해 노동자가 감독하는 것을 의미한다)를 꼽았다. 그런 점에서 은행의 국유화는 노동자계급이 전체 경제를 장악하기 위한 관제고지를 점령했다는 것을 의미했다.

---

5) 같은 책, p. 30.

1917년 11월 말 자본주의적 대기업들이 국유화되는 과정이 시작되었다. 그리고 "1918년 봄에는 석탄, 야금, 석유, 화학, 기계 제조, 섬유 부문의 대다수 자본주의적 대기업과 제당업 부문의 모든 기업이 국유화되었다."[6] 이러한 과정은 최초로 국유화되는 기업들이 주로 기간산업에 해당되는 것임을 가리킨다. 그리고 중소 규모의 자본주의적 기업의 국유화는 최초에는 일정에 올라 있지 않았다. 그런데 자본가들이 도망가거나 생산을 사보타주하는 것에 대한 징벌로서 국유화를 실시하게 되어 중소 규모의 기업들도 국유화가 이루어지게 되었고 1918년 여름이면 대부분의 자본주의적 기업에 대한 국유화가 이루어졌다.

이러한 과정에서, 한편으로는 수탈자에 대한 수탈이 이루어지면서, 다른 한편으로는 생산을 유지하고 국유화를 법적인 형식이 아니라 경제적인 의미에서 실제로 조직화하기 위해 국유화의 전(前) 단계로서 노동자 통제가 도입되었다. 1917년 11월 14일 쏘비에트 정부는 "노동자 통제령"을 공포했다. 이 법령에 의해 규정된 노동자 통제위원회는 노동조합, 공장위원회, 노동자 협동조합 등으로 구성되었는데 생산량의 최저한도, 원가의 조사 등에 대한 권한이 있었다.[7] 이러한 노동자 통제는 "사회주의로 향해 가는 불철저하지만 또한 필요한 조치였는데 왜냐하면 포고를 통해 즉각적으로 모든 공업에서 사회주의

---

6) 같은 책, p. 32.
7) 苏联科学院经济研究所 编, ≪苏联社会主义经济史(쏘련 사회주의 경제사)≫ 第一卷, 北京: 生活·读书·新知三联出版, 1979, p. 143. ≪쏘련 사회주의 경제사≫는 1970년대 말 쏘련에서 발간된 집단 저작으로 전체 7권으로 이루어져 있으며 10월 혁명부터 1970년대 말까지의 쏘련 경제사를 다루고 있다. 맑스-레닌주의적 관점에서 쓰여졌는데 후반부에는 쏘련의 수정주의적 경제 개혁을 정당화하는 관점을 보이고 있다.

를 실시하는 것은 불가능하였고, 단지 노동자계급이 관리를 배우고, 노동 대중의 위신이 수립되어야만, 사회주의가 비로소 형성되고 공고화될 수 있기 때문이었다. 그렇지 않으면 사회주의는 소망에 지나지 않게 된다."[8] 그리고 이러한 노동자 통제의 과정을 통해 노동자들이 경영과 관리를 익히는 것을 통해 점차적으로 노동자 통제(control)에서 노동자 관리(administration)로 이행해 가게 되었던 것이며 1918년 여름이면 국유화가 완성되면서 노동자 관리로의 이행이 대체로 이루어지게 된다.

레닌은 1918년 4월에 ≪쏘비에트 정부의 당면 과제≫라는 저작을 발표하는데 여기에는 혁명과 건설에 있어서 당시 러시아가 부딪히고 있는 상황과 사회주의 건설의 기본 방향이 집약되어 있었다. 레닌은 부르주아 혁명에서 노동인민의 역할은 주요한 파괴력이었으며 새로운 사회를 건설하는 긍정적 혹은 건설적 역할은 부르주아지의 몫이었으나 사회주의 혁명과 건설에서는 노동인민이 긍정적 혹은 건설적 역할을 한다는 것을 밝혔다.[9] 그러면서 노동인민이 러시아를 관리(administration. 행정, 통치)하는 과제를 수행해야만 한다는 것을 강조했다. 특히 레닌은 "결정적인 것은 재화의 생산과 분배에 대한 가장 엄격하고 전국적인 계산(account)과 통제(control)의 조직화이다"[10]라고 규정했다. 계산은 일종의 회계 혹은 장부 기록을 의미하는 것으로서 노동자계급이 억압받는 생산자로서가 아니라 지배계급으로서의 생산으로 나아가기 위해서는 엄격한 계산, 회계가 절대적으로

---

8) 같은 책, p. 148.
9) V. I. 레닌, "쏘비에트 정부의 당면 과제(The Immediate Tasks of the Soviet Government)", *Lenin Selected Works*, Vol. 2, Moscow: Progress Publishers, p. 588.
10) *ibid.*, p. 592.

필요하다는 것을 말한다. 특히나 자본가들과 과거 정권의 정부 관리들이 사보타주하고 횡령하는 것이 비일비재한 현실에서, 상황을 장악하기 위해서는 계산, 회계에 대한 엄격한 조직화가 무엇보다도 선행되어야 했던 것이다.

그리고 레닌은 계산의 조직화와 더불어 통제의 조직화를 주장했는데, 이는 자본가들이 생산을 사보타주하는 상황에서 생산을 유지하고, 이후 전면적인 국유화로 나아가기 위한 전(前) 단계로서 노동자 통제의 단계를 설정한 것이었다. 레닌은 1918년 4월 당시의 상황을, 직접적으로 수탈자를 수탈하는 것에 비해, 노동자계급의 계산과 통제의 조직화가 뒤쳐져 있다고 규정했다. 그리하여 자본가에 대한 수탈, 진압의 방법에서 관리(administration. 행정, 통치)의 방법에 의한 승리를 획득해야 함을 강조했다. 레닌은 ≪쏘비에트 정부의 당면 과제≫에서 노동 생산성을 높이는 것, 생산에서 노동자 간의 사회주의적 경쟁을 조직하는 것을 강조했는데, 노동자들이 역사상 처음으로 자기 자신을 위한 노동을 할 수 있게 되었기 때문에 진정한 의미의 경쟁의 조직화가 가능하다는 것을 밝혔다. 그리고 이 글에서 레닌은 쏘비에트 민주주의의 성격을 분석했는데, 첫째, 선거에서 노동자, 피착취자가 선거권을 가지고 착취자인 부르주아들이 선거에서 배제된다는 점에서 프롤레타리아적이며, 둘째, 선거에 대한 관료주의적 형식들과 제한들이 폐지되었고 인민 스스로가 선거의 질서와 시기를 결정하고 선출된 인물을 언제든지 자유롭게 소환할 수 있으며, 셋째, 피착취 대중을 이끄는 전위로서 노동인민, 프롤레타리아트의 광범한 조직화가 이루어져서 역사상 처음으로 그들이 독립적인 정치 생활로 나아가고 관리, 행정의 기술을 배우게 되었다는 점을 들고 있다.[11]

---

11) *ibid.*, pp. 613-614.

≪쏘비에트 정부의 당면 과제≫에서 강조된 계산과 통제는 노동자 계급이 정치적인 의미에서만 지배계급이 아니라 경제적인 의미에서도 지배계급이 되기 위한 선결 조건이었다. 볼쉐비끼 당은 공업 기업에서 전국적인 국유화와 더불어 사회주의적인 경제 조치들을 실시하였다. 자본가들의 사적인 상업을 국유 상업으로 대체해 나가고 이를 통해 계획적, 조직적 분배를 실시하여 일체의 상업을 대체한다는 계획을 세웠다.12) 그리하여 도매 상업은 국유화하고 영세 상업은 시유(市有)화하는 과정을 밟았다.13) 이 과정에서 좌익 공산주의자들은 자본가들을 수탈한 이후에는 일체의 상품-화폐 관계를 폐지해야 한다고 주장했는데 레닌은 이를 반대하고 사회주의 건설에서 상품-화폐 관계와 신용 대출 등의 필요성을 주장했다. 당시 이러한 점이 쟁점이 된 것은 혁명 직후 상황에서 노동자계급과 소상품 생산적인 농민의 연합을 위해서는 상품-화폐 관계의 활용이 불가피하다는 점이 이론적으로, 정치적으로 명확히 정립되지 못했던 것과 연관이 있다. 그리고 이러한 점이 실제로 당적인 차원에서 확인되고 정립된 것은 전시 공산주의를 거쳐, 신경제 정책(NEP)에 이르러서였다.

쏘비에트 정부는 사적인 상업을 국유 상업으로 대체해 가면서 다른 한편으로 기존에 형성되어 있던 소비자 협동조합을 사회주의 경제에 결합시켜 인민에게 소비 물자를 공급하는 매개로 삼고자 하였다. 이는 협동조합이 자본주의 사회에서는 자본가의 지배에 봉사하는 것이지만 생산에서 사회주의적 관계가 확립되고 난 후에는 협동조합이 사회주의적 관계에 봉사할 수 있다는 인식을 반영하는 것이었으며, 이러한 인식은 비단 분배의 영역만 아니라 향후 농업에서의 생산

---

12) 苏联科学院经济研究所 编, 앞의 책, p. 64.
13) 같은 책, p. 212.

에 있어서도 협동조합적 방식을 중시하는 것으로 발전되었다.

쏘비에트 정부는 무역에 있어서 사적 자본가를 배제하고 국가독점을 실시하여 경제에 있어서 제국주의 세력의 간섭 가능성을 차단하고 사회주의 건설의 조건을 확보하였다. 또 외환에 대한 국가독점, 황금에 대한 국가독점을 확립하여 자본가들의 경제적 지반을 박탈하면서 쏘비에트 정부의 경제 통제력을 강화하였다. 그리고 자본가에 대한 수탈이 일단락되고 국유화가 완성되면서 세무 행정의 건설, 즉 수탈에서 일상적 징세로의 전환이 이루어졌다. 이러한 세무 행정의 수립은 계산과 통제의 수립과 발전에서 중대한 의의를 갖는 것이었다.

공장과 광산의 국유화는 사회주의 생산관계의 수립을 초래했다. 그러나 토지의 국유화는 그 자체로는 농업에서 사회주의 생산관계의 수립을 초래하지 않는다. 즉, 농업에서는 공동 경작으로 이행해야만 농업에서의 사회주의 생산관계가 수립되는 것이다.[14] 혁명 직후 "토지 포고령"에서 토지 국유화를 선언하면서도 토지를 농민 개인들에게 무상으로 분배하여 경작하게 한 것은, 사회혁명당 좌파의 입장을 고려하고 또 당시 농업에서 집단적 농업으로 이행할 물적인 조건(농기계 등)이 부재하고, 또 농민 상당수가 개인적 경작을 포기하고 집단적 농업으로 이행할 의지가 없었다는 것, 그리고 집단적 농업의 우월성에 대한 이해가 당시 농민들에게 없었다는 것에 기인한다. 그럼에도 토지 국유화는 사회주의 건설에서 거대한 의의가 있는데, 당장 사회주의가 실현되는 것은 아니지만 사회주의의 실현, 집단적 농업으로 이행할 수 있는 주요한 조건이 확보된 것이었다. 레닌은 토지의 농민 개인들에 대한 평균적 분배와 사용에 대해, 권력이 노동자·농민 정부에게 있고 가장 중요한 혁명적 조치가 시행되면, 그것은 사회주의

---

14) 같은 책, p. 81.

를 위협하지 않으며 사회주의로 가는 과도적 방법이라고 분석한 바 있다.15)

토지 국유화로 인하여 절대 지대가 소멸하여 농산물 가격은 인하된다. 그리고 토지의 비옥도, 토지의 입지, 교통 관계 등에 따른 차액 지대는 국가의 수중으로 집중되게 된다.16) 그리고 토지에 대한 행정적 지배권은 지방의 쏘비에트에 귀속되었다. 농민들에 대한 토지의 구체적 분배는 지방의 쏘비에트가 관할한 것이다. 토지 개혁은 러시아에서 2단계로 나뉘어 진행되었다. 먼저 지주의 토지를 전면적으로 몰수하여 대부분 농민들에게 분배하였다. 그리고 그중 약 1% 남짓의 토지만 국영 농장과 집단 농장을 실험하는 것으로 돌려졌다. 이것은 사회혁명당 좌파, 농민들에 대한 양보와 타협의 결과였다. 그리하여 농민 전체가 보유한 토지는 혁명 전에 비해 거의 2배로 늘어나게 되었고, 특히 토지가 없거나 약간밖에 없던 농민들이 대부분 토지를 보유하게 되거나 토지 보유가 늘어나게 되어, 농촌 전체적으로는 빈농이 감소하고 중농이 늘어나서 농촌의 중농화가 이루어지게 되었다. 농촌 전체에서 중농의 비중은 30%에서 60%로 늘어났다.17)

그런데 1918년 여름에 식량 위기가 발생했다. 혁명 후 쏘비에트 정권은 식량 거래의 국가독점과 고정 가격에 의한 곡물의 수매 정책을 폈는데, 이에 대해 부농계급이 격렬히 반발하여 도시에 대한 식량 공급이 위기에 처하게 된 것이었다. 즉, 지주계급이 사라진 상태에서 농촌의 지배계급이 된 부농(꿀라크)들은 도시에 상품적 식량을 공급하는 주요한 위치였는데, 이들이 쏘비에트 정권의 정책에 격렬한 저항을 한

---

15) 같은 책, p. 84.
16) 같은 책, p. 81.
17) 같은 책, p. 264.

것이다. 이러한 상황에 대해 쏘비에트 정부는 노동자들로 구성된 식량 징발대를 농촌에 파견하여 부농과의 투쟁 속에서 식량을 확보하여 식량 위기를 넘길 수 있었다. 쏘비에트 정부는 1918년 6월 1일 빈농위원회를 수립하는 법령을 통과시켰다. 그리고 이들 빈농위원회와 노동자 식량 징발대가 연합하여 부농의 잉여식량을 징발하여 도시 주민들에게 식량을 공급했다. 이러한 과정은 빈농위원회가 농촌에서 사회주의의 거점이라는 것을 보여 주며, 이는 노동자계급과 빈농계급과의 동맹을 통한 사회주의 건설 노선을 현실화한 것이다. 그리고 이를 계기로 토지 개혁 과정에서 부농이 절취한 토지의 상당 부분과 부농의 토지 중 기준을 넘어서는 토지의 상당 부분을, 토지 없는 농민과 토지가 적은 농민들에게 분배하였다. 그리하여 토지 개혁의 사회주의적 단계가 진행되었다. 이러한 과정에서 주요한 역할을 한 농촌의 빈농위원회는 1918년 11월 촌(村) 쏘비에트와 합병되게 된다. 이로써 빈농위원회는 형식적으로 사라졌지만, 그렇다고 사회주의 건설에서 노동자계급과 빈농과의 동맹 정책이 사라진 것은 아니었다. 레닌은 빈농위원회와 촌 쏘비에트의 합병에 대해 "우리의 방법은 빈농위원회를 쏘비에트로 성장·전화시키는 것이다"[18]라고 말한 바 있다.

  빈농위원회의 소멸은 볼쉐비끼 당의 중농에 대한 정책의 변화 때문이었는데, 혁명 직후 볼쉐비끼 당은 중농에 대해 '중립화 정책'을 폈다. 그러나 토지 개혁의 결과 농촌 전반이 중농화되고 또 나라에서 사회주의 건설의 과정이 진행되면서, 중농을 사회주의 건설로 끌어들이는 정책이 필요하게 되었고, 또 주체적으로는 중농들이 쏘비에트 정부에 대해 1918년 가을부터 지지하는 추세로 전환한 것이 주요했다.[19] 그리하여 볼쉐비끼 당은 중농에 대해 과거의 중립화 정책으로

---

18) 같은 책, p. 263.

부터 전환하여 중농과 동맹하고 부농과 투쟁한다는 방침을 세웠다. 이러한 방침의 전환이 가능했던 것은, 중농들이 쏘비에트 혁명으로 인해 토지를 획득했을 뿐만 아니라 농민들의 토지에 얽매인 채무 관계 또한 소멸되었고, 이후 혁명과 건설 과정이 진전되어 농촌에 대한 쏘비에트 정부의 영향력이 증대되면서 중농들이 부농(꿀라크)의 영향력으로부터 서서히 독립하게 되었기 때문이었다. 그리고 1918년 중반부터 시작된 내전에서 백위군은 점령 지역에서 토지를 혁명 전의 원소유주에게 돌려주는 정책을 폈는데, 이를 목격한 농민들은 토지를 지키기 위해 쏘비에트 정부에 대한 지지를 강화하게 되었고 실제로 백위군과 맞서는 병사로서 투쟁했다.

계산과 통제의 단계를 거쳐 자본주의적 기업에 대한 국유화가 1918년 여름경 완성되면서, 그 기업들의 사회주의적 경영이 당면 과제로 되었다. 쏘비에트 정부는 국유화된 기업들의 경제를 조직하기 위해 통상 3단계의 관리 기구를 두었는데, '최고국민경제회의 산하의 중앙관리국(혹은 총관리국)—지방의 성(省)의 관리국—국유화된 기업'의 계통을 거치는 것이 일반적이었고, 규모가 크거나 국민 경제에 중추가 되는 기간산업은 '중앙관리국—기업'의 2단계 계통을 두어 중앙에 직속된 기업으로서 관리되었다. 그리하여 공업 부문에서는 국민 경제 전체가 사회주의적 생산관계의 토대 위에서 계획적으로 조직되는 단계로 접어들었다. 이러한 상황에서 기업의 관리 체계를 정돈하는 것이 필요했는데, 혁명 직후의 경영에 있어서 실시되었던 위원회 체계를, 공장장 1인 책임제로 전환하는 문제가 쟁점이 되었다. 좌익 공산주의자들은 1인 책임제를 프롤레타리아적 원칙에서 이탈하는 것으로 반대를 하였다. 이에 대해 레닌은 현대적인 대기업의 운영에 있

---

19) 같은 곳.

어서 의지의 통일이 불가피하다는 점을 들어 1인 책임제를 옹호하였다. "어떠한 기계제 대공업—즉, 사회주의의 물질적, 생산적 원천이자 기초—도 무조건적이고 가장 엄격한 의지의 통일을 요구하며 이를 통해 수백 명, 수천 명 심지어 수만 명의 공동의 작업을 지도하게 된다."[20] 좌익 공산주의 그룹의 후신인 민주집중제파는 1919년 3월의 8차 당 대회에서 1인 책임제를 반대했는데, 레닌은 이에 대해 기본적인 문제에 대한 집단적인 토론과, 실제상에 있어서 이 문제에 대한 1인 책임제와 지도제의 실행을 결합시켜야 함을 주장했고,[21] 당 대회에서는 레닌의 관점에 따른 결의를 도출해 냈다. 그리하여 혁명 직후의 위원회제 경영은 노동자들의 집단적 통제를 조건으로 한 경영상의 1인 책임제로 이행하게 되었다.

그리고 노동에 따른 분배 원칙을 수립하여 평균적 분배를 극복하는 것을 통해 노동 생산성을 제고하고 노동 규율을 강화해 나가는 조치를 실시했다. 혁명 직후의 혼란한 상황에서 노동자들이 기업의 국유화의 의미, 전(全) 인민적 소유의 의미를 체득하지 못한 상태에서, 노동의 질과 양의 차이에 따른 차등적 분배는 타당한 것이었고, 이러한 방침은 이후 사회주의 건설 과정에서 일관되게 관철된다. 그러나 단, 내전의 상황에서는 노동에 따른 분배보다는 평균적 분배가 불가피했는데, 내전으로 인해 식량과 물자가 절대적으로 부족한 상황에서 배급과 현물 급여의 형식을 통한 평균적 분배가 실시되었고, 이러한 상황은 1921년 10차 당 대회에서 신경제 정책(NEP)으로의 전환이 결의되기 전까지 지속되었다.

레닌은 당시의 과도기적인 상황에서 러시아의 사회 경제를 5가지

---

20) 같은 책, p. 182.
21) 같은 책, p. 312.

로 분류하여 정리하였다. "1. 가부장제적 즉, 상당한 정도 자연적인 농민 경제, 2. 소상품 생산(여기에는 대다수의 식량을 판매하는 농민이 포괄된다), 3. 사적 자본주의, 4. 국가자본주의, 5. 사회주의."[22] 흔히 우끌라드라 불리는 이러한 사회 경제 성분의 종류는 자본주의에서 사회주의로 이행하는 과도기에 불가피하게 나타났던 것이다. 자급자족적인 농민의 가부장제적 자연 경제, 그리고 약간의 식량과 농산물을 판매하는 소농민들, 이들이 러시아 농촌에서 대다수의 영역을 차지하고 있었고 인구의 절대 다수를 차지했다. 그러나 레닌은 이들을 러시아 사회를 규정하는 기본적 세력으로 보지 않았다. 레닌은 과도기에 있어서 기본 모순은, 타도되었지만 사멸하지 않은 자본주의와 막 태어나서 발전해 나가는 사회주의 간의 모순으로 파악했다.[23] '누가 누구를'이라는 문제가 과도기에 있어서 핵심적 문제이며, 자본주의와 사회주의 중 누가 농민들을 동맹자로 획득하는가의 문제가 관건적이라고 보았던 것이다. 이것이 과도기의 계급적 성격에 대한 레닌의 기본적 인식이었다.

레닌은 이러한 인식하에 사회의 다수를 차지하는 농민의 소상품 생산이 자본주의 요소를 끊임없이 발생시킨다는 점에 주목하면서, 국가자본주의 요소의 활성화를 통한 소생산의 빠른 극복의 길을 탐색했다. 레닌은 국가자본주의가 프롤레타리아 독재와 서로 용납할 수 없다는 좌익 공산주의자들의 주장을 논박하면서, "국가자본주의는 경제적으로 소상품 생산과 사적 자본주의보다 우월한데, 왜냐하면 국가자본주의는 집중된, 통계화된, 감독이 있는 사회화된 것이며, 반면에 우리는 바로 이러한 것을 결여하고 있다. 소부르주아지의 나태한 자

---

22) 같은 책, p. 50.
23) 같은 곳.

연 발생적 세력이 지금 우리를 위협하고 있으며, 이러한 자연 발생적 세력은 우선 우리의 역사와 경제가 만들어 낸 것이다"24), "사회주의와 국가자본주의가 싸우고 있는 것이 아니라, 소부르주아지 더하기 사적 자본주의가 국가자본주의와 사회주의에 맞서 싸우고 있는 것이다"25)라고 주장했다. 이러한 레닌의 견해는 자본주의가 타도되고 사회주의 건설이 이루어지고 있는 상황에서, 농민 등 광범한 소생산의 문제점을 극복하는 것이 최대 과제이며, 국가자본주의는 그를 위한 하나의 유력한 수단임을 강조한 것이다. 당시 러시아에서 국가자본주의는, 구체적으로 자본가를 흡수하여 경영과 관리의 전문가로 활용하는 것, 자본가 특히 외국 자본에게 특허 등 이권을 할당하여 러시아 국내에서 경영하게 하는 것, 협동조합을 국가와 결합시켜 국가자본주의의 하나의 형식으로 삼는 것, 국가가 경영할 여력이 없는 국유 기업을 사인에게 임대하는 것 등을 들 수 있다. 그러나 이러한 레닌의 문제의식과 정책적 방향 제시에도 불구하고 이어지는 내전, 그리고 제국주의 세력의 봉쇄 정책으로 인해 러시아에서 국가자본주의는 활성화되지 못했다. 그럼에도 과도기 경제의 하나로서, 프롤레타리아 독재를 조건으로 하여 국가자본주의 형식을 활용할 수 있다는 레닌의 문제의식은, 향후의 혁명과 건설에서 하나의 유력한 참고가 될 수 있을 것이다.

1918년 7월 4일 모쓰끄바에서 제5차 전 러시아 쏘비에트 대회가 열렸다. 대회가 열리는 기간 동안 사회혁명당 좌파는 주러 독일대사를 살해하여 독일과의 전쟁을 도발하려고 하였다. 그리고 모쓰끄바에

---

24) 같은 책, p. 53.
25) V. I. 레닌, "좌익 소아병과 소부르주아적 정신 상태('Left-Wing' Childishness and the Petty-Bourgeois Mentality)", *Lenin Selected Works*, Vol. 2, p. 632.

서 반(反)쏘비에트적인 폭동을 일으켰는데 볼쉐비끼는 그 폭동을 진압하고 독일과의 교섭도 이루어 내어 전쟁 위기를 피할 수 있었다. 이에 대해 쏘비에트는 사회혁명당 좌파를 쏘비에트에서 제명하기로 결의했다. 한편 제5차 쏘비에트 대회는 러시아 쏘비에트 연방 사회주의 공화국 헌법을 채택했다.[26] 헌법은 프롤레타리아 독재, 자본가 및 지주의 사적 소유 폐지, 각 민족의 동등권 등을 담았다. 그리고 착취계급의 선거권은 박탈되었다. 이러한 쏘비에트 헌법은 세계적인 반향을 불러일으켰는데, 이에 대해 독일의 카우츠키는 독재와 민주주의를 형식적으로 대립시키면서, 러시아의 볼쉐비끼가 사회주의를 민주주의적 방식이 아니라 독재적 방식으로 실현하려 한다면서 비난하였다. 이에 대해 레닌은 계급을 떠난 '순수' 민주주의는 존재하지 않으며, 착취자와 피착취자 간에 평등은 존재하지 않는다고 반박하였다. 레닌과 카우츠키의 이러한 논쟁은, 프롤레타리아 독재와 민주주의에 대한 이해를 심화시키면서, 러시아의 현실 속에서 프롤레타리아 독재와 민주주의 발전의 이론적 기초를 강화하였다.

3. 제국주의의 간섭과 내전의 발발

10월 혁명이 승리한 직후부터 영국과 프랑스 등의 제국주의 세력은 러시아에 대한 무력간섭을 준비하기 시작했다. 이들의 지원을 받은 루마니아는 1918년 1월 러시아와의 접경 지역인 베싸라비아를 점령했다. 그리고 러시아와 독일 간에 브레스트 강화 조약이 체결되자, 영국과 프랑스 등의 제국주의 세력은 러시아 북부의 무르만쓰크에

---

[26] B. N. 포노말료프 편, 앞의 책, p. 65.

군대를 상륙시켰다. 이어 영국과 미국, 일본이 러시아 동부 블라지보쓰또크에 군대를 상륙시켰다. 영국 제국주의자들은 중앙아시아의 러시아령인 뚜르께쓰딴의 일부를 점령했고 까프까쓰에서는 영국군이 백위군과 협력하여 바꾸를 점령했다. 이와 같이 제국주의 세력은 러시아 북부, 동부, 남부에 걸쳐 포위망을 형성하기 시작했다. 독일은 브레스트 강화 조약을 위반하면서 핀란드, 발트해 국가들, 우크라이나를 점령하고 돈강 연안 그리고 그루지야를 점령했다.

이렇게 제국주의 세력의 포위망이 형성되는 가운데, 러시아 중심부에서 사회혁명당 좌파의 반란 음모가 분쇄되었다. 그러나 본격적인 내전이 발발하기 시작했는데, 그 계기는 체코슬로바키아 군단의 반란이었다. 이 반란에 다수의 반혁명 세력이 결합하면서, 혁명 세력과 반혁명 세력, 백위군 간의 내전이 시작되었다. 체코슬로바키아 군단은 제1차 세계 대전에서 러시아에 포로로 잡힌 체코슬로바키아의 병사들로서, 이들이 시베리아와 극동을 거쳐 프랑스로 이동하는 것을 쏘비에트 정부가 승인한 상태에서, 제국주의 세력의 개입으로 이들이 시베리아에서 반혁명으로 돌아서면서 내전이 발발한 것이다. 자신들을 프랑스가 아니라 오스트리아 제국으로 송환하려 한다는 제국주의자들의 이간질이 이들을 반혁명으로 돌아서게 했다. 체코슬로바키아 군단은 시베리아와 블라지보쓰또크 등 극동 지역을 점령했다. 제국주의의 간섭과 내전 발발 당시 쏘비에트 러시아는 군대가 거의 없었다. 그리하여 쏘비에트 정부는 인민들에게 '조국 전쟁'에 나설 것을 호소하였고, 그 호소에 응하여 1918년 여름까지 약 50만 명의 지원병이 자원입대했다. 그러나 이 병력은 러시아 내부의 지주와 자본가계급에 맞서기에는 충분했지만, 제국주의 세력에 맞서기에는 턱없이 부족했다. 그에 따라 쏘비에트 정부는 의무 병역 제도로 이행했고, 병사들을 주로 노동자계급과 농민 중에서 선발하는 계급적 정책을 폈다.[27] 볼쉐비끼 당은 열성 공산당원을 군대에 동원했고, 공산주의 청년동맹, 각지의 노동조합이 선진 노동자들을 군대로 조직하는 데 앞장섰다.

쏘비에트 군대에는 과거 짜르 시대의 장군과 장교 등 군사 전문가들이 등용되었다. 이들 중 상당수는 군사 전문가로서 역량을 발휘하여 쏘비에트 군대의 승리에 공헌했으나, 그중에는 쏘비에트 국가를 배신하고 백위군과 제국주의 세력에 가담하는 사람도 있었다. 이들 군사 전문가의 등용은, 쏘비에트 군대가 스스로 전쟁을 치러 본 적이 없기 때문에, 군사적 지식, 군사적 전략과 전술의 능력을 가진 지휘관이 부족하다는 점에서 불가피한 선택이었다. 그렇지만 그에 대한 보완책이 필요했고, 그에 따라 각 부대에 꼬미싸르라 불리는 정치위원이 볼쉐비끼 당에서 파견되어 군대의 사기의 제고와 정치적 방향의 결정, 지휘관에 대한 감독 등을 수행했다. 이러한 군대에 있어서 정치위원 제도는 이후 쏘련의 역사 전체에 걸쳐 지속되었고, 쏘련 이외의 다른 사회주의 국가들에 있어서도 군대에서의 정치위원 제도가 보편화되었다. 그리고 한 가지 주목되는 것은, 쏘비에트 군대가 형성될 당시부터 군대는 당의 지도를 따른다는 원칙이 확립되었다는 점이다. 이는 쏘련의 경우만이 아니라 중국 혁명의 경우에도, 홍군은 공산당이 조직하고 지도하는 군대였다는 점에서 마찬가지였다. 국가 권력의 핵심인 군대에 대한 당의 지도 원칙은, 빨치산 투쟁을 넘어서서 정규군의 편성이 불가피한 상태에서 프롤레타리아 독재를 유지하고 강화하기 위한 하나의 필수적인 조건이었다.

"1918년의 여름, 동부 전선이 전황을 결정하는 전선이 되었다."[28] 체코슬로바키아 군단은 부농 등 백위군과 연합하여 모쓰끄바로의 진

---

27) 같은 책, p. 82.
28) 같은 책, p. 87.

격을 준비하고 있었다. 경험이 풍부한 당 활동가들이 전선에 파견되었고 모쓰끄바와 뻬뜨로그라드 등 중부의 거대한 당 조직들은 당원의 1/5을 전선으로 보냈고 볼가와 우랄 지방의 당 조직은 당원 대부분을 전선으로 보냈다.29) 쏘비에트 군대는 체코슬로바키아 군단과 백위군이 모쓰끄바로 진격하는 것을 차단했고, 까자끄 군이 모쓰끄바 등 중부 지구를 향하기 위해 돌파하려고 했던 짜리쯘 지구에서 백위군을 막아냈다. 이 과정에서 북까프까쓰 군관구 군사회의가 창설되었는데, 그것은 쓰딸린, 보로쉴로프, 미닌 등으로 구성되었다. 짜리쯘 전투의 승리는 전체 전선에 걸쳐 쏘비에트 군대의 사기를 고양시켰고 동부 전선의 상황을 유리하게 만들었다.

1918년 8월 30일 사회혁명당원이 레닌을 저격하는 사건이 발생했다. 레닌은 총탄 2발을 맞고 중상을 입었다. 이후 쏘비에트 정부는 반혁명파의 테러에 대응해 적색 테러를 시행하게 되었고, 백위군에 가담하거나 음모와 폭동에 가담한 자는 총살형에 처해졌다.30) 레닌에 대한 저격이 전체 인민을 분노하게 하는 가운데, 쏘비에트 군대는 공세로 전환하여 체코슬로바키아 군단과 백위군을 격멸했다. 이로써 내전의 초기에 쏘비에트 군대는 전선에서 주요한 우위를 점할 수 있었다.

1918년 가을에 쏘비에트 군대는 100만 명의 군대로 성장해 있었다.31) 이즈음에 독일군 점령 지구였던 폴란드, 우크라이나, 백러시아, 발트 국가들에서 공산당 주도의 봉기가 시작되고 빨치산 투쟁이 전개되었다. 독일군은 서부 전선에서 병력을 빼 와서 대처하기 시작했

---

29) 같은 책, p. 88.
30) 같은 책, p. 89.
31) 같은 책, p. 90.

다. 그러나 독일 병사들은 쏘비에트 군과 싸우는 과정에서 쏘비에트 정권이 근로인민의 정권이라는 것을 알게 되었다. 그리고 이들 독일 병사들은 독일로 돌아가 혁명 사상을 퍼뜨리는 역할을 했다. 이러한 상황에서 독일군은 영국, 프랑스 등의 협상국에게 군사적 패배를 당하고, 이어 독일과 불가리아, 오스트리아, 헝가리 등에서 혁명이 발발하였다. 독일 제국주의의 이러한 붕괴는, 쏘비에트 러시아로 하여금 굴욕적인 브레쓰트 강화 조약의 폐기를 선언하게 했다. 브레쓰트 조약이 얼마 가지 못할 것이라는 레닌의 예언이 적중한 것이다. 그런데 문제는 독일에 승리한 영국, 프랑스 등 협상국이 이제 군대를, 쏘비에트 러시아를 압살하기 위해 동원할 수 있게 되었다는 점이다. 러시아 북부 무르만쓰크와 아르항겔쓰크에 영국군과 미국군 4만 명 이상이 상륙했다. 일본은 극동에 10만에 가까운 병력을 상륙시켰다.

　제국주의 세력은 러시아 내의 백위군 세력에 대한 원조를 강화하여 시베리아에서 짜르 시대의 제독 꼴차크의 정권을 수립하게 하였고, 남부에서는 짜르 시대의 장군 제니낀에게 장비와 탄약을 공급했다. 이러한 상황에서 쏘비에트 정부는 협상국 열강들에게 강화 조약을 제안했으나 거절당했다. 제국주의 세력이 쏘비에트 러시아를 이렇게 전면 압살하려는 상황에서, 레닌은 300만 명의 군대를 창설할 것을 내걸었고, 전시 동원을 위해 1918년 11월 30일, 레닌을 의장으로 하는 노농 국방회의가 설치되었다.[32]

　1918년 여름에 식량 위기가 발생하자, 볼쉐비끼 당은 노동자들을 조직하여 농촌에 파견해 식량을 조달하는 투쟁을 전개했다. 특히 농촌에 빈농위원회를 조직하여 노동자 식량 징발대와 빈농들이 연합해 부농의 잉여식량을 징발하였다. 그리고 전시 상황에서 전반적인 노동

---

32) 같은 책, p. 94.

의무제가 실시되어, 주민들로 하여금 당시 연료의 대체물로 쓰였던 목재의 벌채와 운반, 석유 등 연료의 운반 등에 종사하게 하였다.

"1918년 말 남부 전선의 정세가 악화되었다."[33] 경험이 풍부한 활동가들이 남부 전선으로 파견되어 백위군의 공세를 저지하고 역공세를 취하게 되었다. 제국주의 세력은 남부 전선을 교란하기 위해, 시베리아의 꼴차크로 하여금 북부 지역을 공격하게 하고 모쓰끄바로 진격하려 했다. 쏘비에트군은 이 전선에서 처음에는 패배를 당하고 밀렸으나, 당이 직접 개입하여 군대를 재정비하여 반격에 나서게 되었다. 남부 전선에서도 공세로 전환하여 곳곳에서 승리하였다. 이 과정에서 제국주의 군대는 자신들이 싸우는 것이 인민의 정권이라는 점을 깨닫고 동요하기 시작했다. 이는 적 점령 지구 내에서 당의 지하 조직이 광범한 선전 활동을 벌인 것이 영향을 끼쳤기 때문이었다. 1919년 4월 흑해의 프랑스 함대에서 본국 귀환을 요구하는 반란이 발생했다. 그리고 유럽 전역에 확산되어 있던 혁명적 분위기 속에서 쏘비에트 러시아에 대한 개입을 중단하라는 인민들의 요구가 강화되었다. 이러한 점은 제국주의 세력이 쏘비에트 러시아에 개입하는 정도를 약화시키게 하였다.

1919년 3월 18일 공산당(볼)의 제8차 당 대회가 열렸다. 대회는 러시아 혁명의 성과를 반영하여 제2차 당 강령을 채택하여 프롤레타리아 독재의 강화와 사회주의 건설을 일정에 올렸다. 강령 채택 과정에서, 부하린 등은 제국주의는 독점자본주의 이전의 여러 경제 형태와 양립할 수 없다는 주장을 제출했다. 이는 제국주의하에서 오직 '순수한' 프롤레타리아 혁명만이 있을 수 있다는 주장으로서, 제국주의하의 식민지, 반식민지 나라에서의 반봉건 운동, 민족 해방 운동의

---

33) 같은 책, p. 97.

가능성을 부정하는 것이었다. 또한 이것은 당시 쏘비에트 러시아의 현실에서 중농과의 동맹을 부정하는 것이 되어, 레닌이 주장했던 중농과의 동맹을 통한 사회주의 건설 방침을 반대하는 것이었다. 이 입장은 실천적으로 당시 내전 상황에서, 노농 동맹의 강화를 통한 반혁명 세력의 고립이라는 정책에 정면으로 위배되는 것으로서, 내전에서의 승리를 어렵게 하는 것이었다. 또한 부하린은 민족 자결권을 강령상에서 승인하는 것을 부정했는데, 당 대회는 이러한 부하린의 입장을 비판하며 레닌적 강령을 채택했다.

제8차 당 대회는 또한 당의 강화를 위해 중앙 기관으로서 정치국, 조직국, 서기국을 두었고 당원 등록제를 실시하여 당원에 대한 일종의 숙청을 진행하였다. 당원 등록제를 통한 숙청은 볼쉐비끼 당이 권력을 장악한 집권당으로 된 상황에서, 출세주의분자, 관료주의분자 등을 걸러 내기 위한 것이었는데, 이러한 숙청은 당원들에 대한 밑으로부터 대중들의 비판을 반영하는 과정을 거친 것이었다. 그리고 당 건설에 있어서 각 민족 쏘비에트 공화국들의 상호 관계와 각 민족 공산당들의 관계가 문제되었다. 이에 대해 당 대회는 공화국 간의 국가적 관계는 연방적 관계이지만 당은 연방이 아니라 단일한 공산당으로 결합할 것을 결정했는데, 이는 각 민족 쏘비에트 공화국들의 각각의 공산당들이 프롤레타리아 국제주의에 입각하여 단일한 당으로 결합한다는 의미였다. 그리하여 각 민족 공화국의 공산당은 전체 연방 공산당의 지방위원회로서 위상을 가지게 되었다.

한편, 10월 혁명 승리는 곧바로 국제 노동 운동의 지형을 변형시키면서 세계 각국에서 혁명 운동을 고양시켰다. 1918년 1월 뻬뜨로그라드에서 사회주의당 좌파회의가 열려서 국제주의자 국제회의를 소집하기로 결정했다. 그리고 1918년에는 많은 나라에서 공산당이 창립되었다. 독일에서는 1918년 말부터 1919년 1월 초에 걸쳐 독일 공산당 창립대회가 열렸다. 리프크네히트, 룩셈부르크, 메링 등이 주요 인물이었다. 그러나 리프크네히트와 룩셈부르크는 얼마 되지 않아 독일 제국주의자들의 손에 희생되었다. 이어서 핀란드, 오스트리아, 헝가리, 폴란드 등지에서 공산당이 창립되었다. 1919년 1월에 뻬뜨로그라드에서 국제주의자 대표회의가 열려 공산주의 인터내셔날 창립대회에의 참가를 호소했다. 1919년 3월 초에 모쓰끄바에서 30개의 공산당, 좌파 사회주의 조직이 대회에 참가한 가운데, 대회는 제3 공산주의 인터내셔날의 창설을 결의하고 프롤레타리아 독재 등의 정강을 채택했다. 이로써 세계 노동자계급의 해방을 위한 국제 연대의 틀이 마련되어, 이후 세계적 차원에서 노동 운동과 변혁 운동은 한 차원 높은 발전 단계로 접어들었다.

한편, 8차 당 대회 직후에 백위군은 제국주의 세력의 지원을 받아 새로이 공세를 가하였다. 시베리아의 꼴차크 군대에 모든 백위군들이 집결하여 모쓰끄바로 진격하려 했다. 꼴차크 군대가 공세를 취하자 남부의 제니낀 군대도 공세를 취하기 시작했다. 5월에는 유제니치 군대가 뻬뜨로그라드로 쳐들어왔고, 폴란드 군대는 협상국의 지원을 받아 리투아니아와 백러시아로 쳐들어왔다. 이 상황에서 가장 우려되는 것은 꼴차크 군대와 제니낀 군대가 합류하는 것이었다. 이에 대해 볼쉐비끼 당은 꼴차크 군대에 맞서는 동부 전선의 결정적 의의를 강조하며 다수 활동가와 공산당원을 동부 전선으로 파견하였다. 노동조합은 6만 명의 노동자를 동원하였다.[34] 동부 전선에서 반격이 시작되었고 꼴차크 군대에게 커다란 타격을 주었다. 꼴차크 군대의 후방에서는 지하의 당 조직의 주도로 빨치산 투쟁이 전개되었다. 그 결과 1919년 8월에 레닌은 노동자와 농민에게 꼴차크 군대를 물리쳤다는

---

34) 같은 책, p. 116.

편지를 보낼 수 있었다.35) 이러한 상황에서 러시아 이외의 주변의 각 민족의 쏘비에트 공화국들이 러시아와 군사적 동맹을 결정하고 통일적인 사령부를 세우고 국민경제회의, 운수, 노동의 조직에 있어서 통일을 결정했다. 이로 인해 내전에 임하는 전체 역량이 급속히 상승하였다.

그러나 남부 전선에서는 상황이 악화하고 있었다. 제국주의 세력의 지원으로 군사력을 증강한 남부의 제니낀 군대는, 석탄 기지인 돈바쓰를 점령하고 짜리쯴을 함락시켰고 모쓰끄바로의 진격을 준비하고 있었다. 이에 맞서 당의 지도적 활동가들이 남부 전선으로 파견되어 군대를 재정비하여 남부 전선과 동남부 전선이라는 2개의 전선에서 반격에 나서게 되었다. 이 시기에 볼쉐비끼 당은 당의 대열을 보충하기 위해 당 주간을 선포하고 대대적인 당원 모집에 나섰는데 중부 지구에서 20만 명의 노동자와 농민이 새로 당에 입당했다.36) 당원이 되는 것이 전쟁터로 나가야 한다는 것과 거의 동일한 의미를 지니던 시기에, 노동자와 농민의 대대적 입당은 내전에 있어서 볼쉐비끼 당이 인민의 절대적 지지를 받고 있다는 것을 확인시켜 주는 것이었으며 볼쉐비끼 당의 정치적 승리를 의미했다.

쏘비에트 군대는 제니낀 군대의 공세를 막아 내면서 서서히 남부 지역을 해방시키기 시작했고 1919년 말까지 제니낀 군대의 주력을 분쇄할 수 있었다. 레닌은 1919년 12월 말에 우크라이나의 노동자와 농민에게 제니낀 군대와의 전투에서 승리했음을 알리는 편지를 쓸 수 있었다.37) 이러한 승리를 바탕으로 쏘비에트 정부는 협상국들의

---

35) 같은 책, p. 119.
36) 같은 책, p. 123.
37) 같은 책, p. 124.

정부에 강화 교섭을 제안했고, 에스토니아, 라트비아, 핀란드 등과, 그 나라의 독립을 승인하는 것을 조건으로 강화 교섭을 체결했다. 제 니긴 군대가 무너지자 쏘비에트 공화국에 대한 제국주의 세력의 포위망도 무너졌다. 꼴차크는 체포되어 총살되었다. 까프까쓰에서는 노동자들이 백위군에 맞서 봉기를 일으켰으며, 쏘비에트 군대는 이를 지원하면서 까프까쓰 지역을 다시 쏘비에트 지역으로 만들었다. 이로써 러시아 전체에 걸쳐 제국주의 세력의 간섭은 실패하고 백위군은 결정적 타격을 입고 소멸되는 상황으로 접어들었다.

제국주의 세력은 쏘비에트 러시아에 대한 봉쇄를 해제하지 않을 수 없었고 러시아와 무역이 허용되기 시작했다. 그리하여 러시아는 전쟁으로부터 잠시간의 휴식기로 접어들었고 사회주의 건설에 본격적으로 착수할 수 있게 되었다. 1920년 3월 29일 열린 제9차 당 대회는 "경제 건설의 당면 임무에 대하여"라는 결의를 채택하고 전쟁으로 피폐해진 경제를 재건하는 임무를 제기했다.

그러나 아직 전쟁이 완전히 끝난 것은 아니었는데 제국주의 세력은 부르주아 폴란드를 사주하여 쏘비에트 러시아를 침공하게 했다. 1920년 4월 25일 폴란드 군대가 우크라이나를 침략하여 수도 끼예프가 점령되었다. 이에 대해 볼쉐비끼 당은 당원의 거의 절반을 군대에 동원하여 다시 전열을 정비하고 반격에 나섰다. 쏘비에트 군대는 공세를 취하여 폴란드 군대를 러시아에서 밀어내고 폴란드 영내로 진격하여 폴란드의 수도 바르샤바 부근까지 나아갔다. 그러나 이에 대해 제국주의 세력이 폴란드에 대해 대거 원조를 하면서 폴란드 군대의 반격이 시작되었고 쏘비에트 군대는 후퇴하지 않을 수 없었다. 이후 폴란드와 쏘비에트 러시아는 강화 조약을 맺게 된다. 폴란드와의 이 전쟁은 쏘비에트 러시아가 영토 밖에서 수행한 최초의 전쟁이었다. 폴란드와의 전쟁이 시작되었을 때, 볼쉐비끼 당내의 일부는 이것을 일종의 혁명전쟁의 시작으로 보면서 전쟁을 통한 폴란드의 해방을 사고했었는데, 폴란드 전선에서의 실패는 혁명전쟁을 통한 유럽혁명이라는 환상이 무너지게 되는 데 일조했다.

1920년 9월 남부 전선의 브랑겔 군대에 맞서는 전투가 시작되어 브랑겔 군대를 끄림반도로 몰아넣었고, 11월에는 끄림반도를 해방할 수 있었다. 그리하여 러시아의 중부와 서부, 남부 등 대부분의 지역에서 백위군을 소멸시켰는데, 극동 지역의 간섭군과 백위군을 최후로 소멸시킨 것은 1922년에 이르러서였다.

볼쉐비끼가 내전에서 승리할 수 있었던 것은 노동자계급과 농민의 동맹이 공고했기 때문이었다. 농민은 10월 혁명으로 인해 토지를 획득했고, 백위군에 맞서 토지를 지키기 위해 내전에 병사로 참가하여 싸웠다. 내전 중에 잉여식량 징발로 인해 농민의 불만이 높아졌지만 지주를 소멸시키고 토지 혁명을 수행한 볼쉐비끼 정권에 대한 농민의 지지는 확고한 것이었다. 그리고 빈농을 기본으로 하면서도 중농과도 동맹하여 사회주의를 건설한다는 볼쉐비끼의 정확한 방침이 세심한 배려와 주의가 노농 동맹을 굳건하게 한 주체적 요인이었다. 이와 같이 노농 동맹은 쏘비에트 권력의 근간이었으며, 이 점은 내전뿐만 아니라 이후 쏘련의 역사 전체에 걸쳐 관철되었던 것이다. 그리고 볼쉐비끼가 내전에서 승리할 수 있었던 주요한 요인은 제국주의 전쟁으로 인해 제국주의 세력이 최초에는 러시아에 적극 개입할 수 없었다는 점, 그리고 이후에는 제국주의 국가들의 노동자계급과 인민이 러시아에 대한 개입을 반대하는 투쟁을 광범하게 전개하여 제국주의의 개입의 정도를 제한했다는 점을 들 수 있다. 이는 프롤레타리아 국제주의의 생생한 사례인데, 쏘비에트 러시아가 이러한 국제적 지지를 받을 수 있었던 것은, 민족 자결권 등으로 러시아 내에서 이미 프롤레타리아 국제주의를 실천했었기 때문이었다. 그리고 무엇보다 결정적인 것은 볼쉐비끼 당의 혁명 노선이 전체 인민의 압도적 지지를 받았고, 당이 혁명의 사수를 위해 전 당력을 집중하고 당원을 동원했다는 점을 들 수 있다. 볼쉐비끼 당은 내전의 과정에서 5만이 넘는 당원을 전선에서 잃었다.[38]

그런데 볼쉐비끼가 내전에서 승리할 수 있었던 또 하나의 커다란 요인은, 최대 400만 명에 달했던 군대를 유지하고 물자 공급을 가능하게 했던 전시 경제의 조직화를 이루어 냈다는 점이다. 식량과 물자가 절대적으로 부족한 상황에서, 더욱이 백위군이 석탄 기지, 석유 기지, 식량 기지 등 핵심적 전략적 물자의 생산 기지를 점령하고 차단하는 가운데, 전선을 유지하고 강화하는 전시 동원을 이루어 내면서 사회주의적 경제를 조직해 냈다는 것은, 볼쉐비끼 당과 러시아의 노동자계급과 인민의 영웅적 투쟁을 드러내 주며 또한 사회주의의 우월성을 보여 주는 것이다. 그러면 이후 전시 공산주의라 불리게 된, 당시의 전시 경제의 조직화, 사회주의 경제의 조직화에 대해 검토해 보자.

4. 전시 공산주의

제국주의의 간섭과 내전의 발발은 순조로운 사회주의 건설의 길을 가로막았다. 그리하여 쏘비에트 러시아의 경제는 전시 경제로 전환되었는데, 레닌은 "일체의 것을 전선을 위하여! 일체의 것을 승리를 위하여!"[39]라는 슬로건을 제시하였다. 그리하여 식량과 모든 물자는 우

---

38) 같은 책, p. 145.
39) 苏联科学院经济研究所 编, 앞의 책, pp. 302-303.

선적으로 전선으로, 군대, 병사들에게 보내졌다. 생산에 있어서도 우선순위는 무기와 군수품의 생산에 돌려졌고 주민들의 일상 생활용품들의 생산은 뒤로 밀렸다. 특히 백위군이 우랄, 우크라이나, 바꾸 등을 점령하여, 석탄, 석유, 금속, 식량 등 주요 물자의 생산과 보급을 차단하게 되면서 극심한 물자난을 겪게 되었는데 그나마 확보되는 물자 대부분이 무기와 군수품의 생산에 돌려졌다. 연료난의 경우 심각했는데, 석유와 석탄의 공급이 급격히 감소하면서 1919년의 경우 전체 연료의 88%가 목재로 대체되었다.[40] 석탄을 사용했던 증기 기관차의 경우도 목재로 간신히 운행하는 정도였다.

식량난도 심각했는데, 특히 도시에 공급하는 상품적 식량 생산의 주요 담당자들인 부농이 사보타주를 하면서 도시와 병사들은 기아에 시달리게 되었다. 1918년 여름부터 시작하여 내전이 종료되기까지 기아는 일상적인 상황이 되었다. 이에 대해 쏘비에트 정부는 도시의 노동자들로 식량 징발대를 구성하여 농촌에 파견하여 부농들의 잉여식량을 징발해서 식량난을 넘겼다. 특히 1918년 6월 1일, 농촌에서 빈농위원회 수립하는 것에 대한 법령이 통과되어 노동자로 구성된 식량 징발대와 빈농위원회가 연합하여 부농과 투쟁하면서 식량을 확보하게 되었다. 그런데 실제 집행에 있어서는 부농만 대상으로 한 것이 아니라, 잉여식량이 거의 없는 빈농을 제외하고, 중농의 경우에도 잉여식량, 심지어는 꼭 필요한 식량과 다음 해 쓸 종자까지 징발하는 일이 빈번하여 농민들의 불만이 커져 갔다. 식량 징발의 대가로, 쏘비에트 정부는 당시 통화 팽창으로 인하여 가치가 현격히 떨어지고 있던 지폐만을 지불하여, 사실 거의 무상으로 식량을 징발하는 상황이었다. 이에 대해 레닌은 기아 전선은 군사 전선 바로 다음가는 전

---

40) 같은 책, p. 367.

선이라고 인식했다.[41] 그리고 레닌은 "한 나라가 전쟁으로 인해 곤궁해지고 멸망의 위기에 처해 있을 때, 우선적이고, 기본적, 근본적 '경제적 조건'은 노동자를 구제하는 것이다. 노동자계급이 구제되고 기아에서 벗어나고 파괴되지 않아야만, 파괴된 생산이 회복될 수 있다. … 기아를 견뎌 내는 노동자의 소비를 보장하는 것이 생산력을 회복하는 기초이고 조건이다"[42]라고 파악했다. 이와 같은 인식하에, 레닌은 식량의 확보와 그것의 노동자계급에 대한 공급을 조직해 냈다. 그럼에도 레닌은 그것은 농민에 대해 빚을 지는 것임을 인정하고 있었다. 레닌은 "농민이 손에 얻은 지폐는 식량과 가치가 같지 않고 농민들은 식량을 국가에 빌려준 것이다"[43]라고 토로하기도 했다.

그러나 쏘비에트 정부는 농민들의 불만을 의식하고 물자가 부족한 상황에서도 농민들에 대해 공산품의 최대한의 공급을 유지하려 노력했다. 그리하여 1919년 1월-8월에 걸쳐 농촌에 공급된 공산품의 가치는 1918년-1919년에 징발된 혹은 구매된 농산물 가치의 50% 이상이었다.[44] 이러한 잉여식량 징발제는 1918년 말에 법령으로 통과되어 1921년 10차 당 대회에서 신경제 정책(NEP)하의 현물세로 전환되기 전까지 지속되었는데, 농민들의 이러한 희생 덕으로 전선의 병사와 노동자계급이 굶주리지 않고 전선에서 군사적 승리를 쟁취하고 경제 영역에서 생산을 유지할 수 있었다.

전시 상황에서 쏘비에트 정부는 잉여식량 징발제와 더불어 식량거래의 국가독점을 유지했으나, 실제로는 도시 노동자들이 국가로부터는 필요한 식량의 절반밖에 얻지 못했고, 나머지 절반은 암시장에

---

41) 같은 책, p. 475.
42) 같은 책, p. 316.
43) 같은 책, p. 314.
44) 같은 책, p. 482.

서 투기업자로부터 국가가 공급하는 가격의 거의 10배를 주고 구입하여 소비하였다. 법령상으로 이러한 투기업자는 엄하게 단속되었지만 국가가 공급하는 식량의 양이 제한되어 있는 상황에서 이러한 현상은 불가피한 것이었다. 그럼에도 쏘비에트 정부는 전시 경제를 계획적으로 조직해 갔다. 보편적 노동 의무제가 실시되어 군수품의 운반, 연료의 운반 등에 지역 주민들과 역축이 동원되었고 자본가들도 이러한 의무 노동에 종사하도록 강제되었다. 노동자들은 임금을 화폐로 지불받았는데, 지폐가 통화 팽창으로 인해 감가되는 상황에서 노동자계급에 대한 공급은 점차 현물로 대체되게 되었다. 식량과 생활용품은 낮은 고정 가격에 지급되어 사실상 거의 무상으로 공급된 것과 마찬가지였다. 그리고 운수, 공공시설, 주거 등도 무상으로 사용하게 되었는데 이러한 양상, 즉 식량과 필수품의 현물 공급, 그리고 상당한 공공시설의 무상 사용이 전시 공산주의의 특징의 하나가 되었다. 이러한 점은 통화 팽창의 부담을, 현금을 많이 소유한 자본가계급에게 전가하는 것이기도 했다.

노동자들은 임금에 있어서 35개 등급으로 나뉘었는데, 그 최저한도와 최고한도의 비율은 1:5였다. 그리고 전시 상황에서는 노동의 질과 양에 따른 분배가 아니라 사실상 평균적 분배가 불가피했는데, 이는 물자가 절대적으로 부족하다는 점 그리고 전시 상황에서 생산을 유지해야 한다는 점 때문이었다. 전시 공산주의하에서 개인의 상업은 금지되었다. 그리고 사실상 현물 경제가 상업을 대체해 가는 상황이었다. 이에 대해 좌익 공산주의자들은 사회주의 건설에 있어서 상품-화폐 관계, 재정과 신용의 의미가 사라졌다고 파악했는데, 레닌은 이를 반대하면서 사회주의 건설에 있어서 상품-화폐 관계의 활용을 견지했다. 그럼에도 전시 공산주의 현실에서는 물자 부족으로 인해 등가 교환이 보장되지 않았고, 상품-화폐 관계는 도시와 농촌의 교환의 기초가 될 수 없었다.[45] 그렇지만 화폐의 필요성은 여전했는데, 농산물의 징발에 대한 지불 수단, 노동 의무제에서 노동력과 역축의 사용에 따른 지불 수단, 병사들에 대한 수당의 지불, 그리고 병사 가족에 대한 보조금의 지불, 노동자와 직원에 대한 임금의 지불, 기관과 기업의 경상 경비 등에서 그 필요성은 유지되고 있었다.[46]

전쟁은 당시 상황에서 철도 연변을 따라 전개되고 있었다. 따라서 철도의 전략적 가치는 전쟁에서 결정적 의의를 지니는 것이었다. 누가 철도를 장악하고 효율적으로 운용하는가에 따라 전선의 상황이 달라졌던 것이다. 이러한 상황에서 레닌을 감격시킨 일이 발생했다. 모쓰끄바-까잔의 철도 노동자들이 휴무일인 토요일에 자발적으로 작업장으로 나와서 무상으로 기관차를 수리하는 일을 시작한 것이다. 그리고 그때의 노동 생산성은 평상시의 노동 생산성의 몇 배에 이르는 것이었다. '공산주의 토요 노동'이라 불리게 된 이 운동은 레닌에 의해 공산주의의 싹이라고 찬양을 받았고, 이어서 전국적으로 확산되어 수백만의 노동자가 무상으로 공산주의 토요 노동에 나서게 되었다. 레닌은 감격하여 1919년 7월 28일 ≪위대한 창의(후방 노동자의 영웅주의를 논한다. "공산주의 토요 의무 노동"을 논한다)≫라는 글에서 다음과 같이 썼다. "모범적인 생산 작업, 모범적인 공산주의 토요 의무 노동, 매 1푸드의 식량의 취득과 분배에 대하여 표현된 모범적인 관심과 성실함, 모범적인 식당, 어떤 노동자 주택 그리고 어떤 거리의 모범적인 위생 사업 — 이 일체의 것은 우리의 신문과 모든 노동자, 농민 조직이 응당 현재에 비해 열 배의 주의와 관심을 기울여야 하는 대상이다. 이 모든 것은 공산주의의 싹이다. 이러한

---

45) 같은 책, p. 505.
46) 같은 책, p. 507.

싹을 돌보는 것은 우리의 공통되고 으뜸가는 의무이다."[47] 레닌이 말한 노동 영웅주의가 공산주의 토요 노동이라는 형태로 표현된 것은, 내전의 상황에서 노동자들이 기아를 이겨 내며 생산을 유지, 발전시키는 가운데 공산주의적 계급 의식으로 단련되고 발전해 가고 있음을 드러낸 것이다. 자본가가 없는 세상, 노동이 하나의 공동체의 사업으로 되는 세상에서 형성되는 인간 간의 유대와 연대, 그리고 진보와 발전, 승리에 대한 확신의 성장이 이러한 공산주의 토요 노동이라는 창의를 만들어 낸 것이다.

한편 공업의 영역에서 쏘비에트 정부는 사회주의 경제의 조직화에 착수했는데 최고국민경제회의 산하에 국가 건축공정위원회, 연료 총위원회, 물질자원 이용위원회 등을 두어 전시 상황에서 필수적인 영역에서의 계획화를 시도했다. 이러한 시도는 전체 경제에 있어서 부문과 지역의 사업과 조직을 통일적으로 결합시키는 방향으로 나아갔고, 이 점은 이후 쏘련의 계획 경제의 골간이 되었다.

농업의 영역에서 지배적이었던 것은 여전히 개인적인 소농 생산이었지만, 제한된 영역에서나마 국영 농장과 집단 농장 등 사회주의 농업이 시도되고 발전되기 시작했다. 주로 대지주의 토지를 몰수하여 형성된 국영 농장은, 규모의 크기, 높은 수준의 기술 장비, 더 우수하고 더 값싼 농산물의 생산을 통해 사회주의 농업의 우월성을 선전하는 기지가 되었다. 집단 농장은 일종의 협동조합적 성격을 띠는데, 프롤레타리아 독재와의 연결을 상실하면 협동조합적 성격인 집단 농장은 사회주의적 성격을 상실하지만, 프롤레타리아 독재하에서 그 지도를 전제로 성립하는 집단 농장은 사회주의적 성격을 지니며, 따라서 사회주의적 생산관계의 하나가 된다.

---

[47] 같은 책, p. 469.

초기에 집단 농장은 3가지 종류로 나타났었다. 농업 꼬뮌, 아르쩰, 공동 경작이 그것이다. 농업 꼬뮌은 주로 이전에 노동자, 고용농, 병사 등 생산 수단을 전혀 가지지 못했던 사람들이 결합하여 만들어진 것인데 토지, 농기구의 공동 소유만이 아니라 주택, 식당 등도 공유로 한 공동체였다. 그런데 이러한 형태는 전형적인 공산주의적 형태이기는 하지만, 당시 다수 소농민의 대안이 되기에는 거리가 있었고, 특히 공동 식당 등은 농민들에게 거부감을 주기도 했다. 아르쩰은 토지와 농기구를 공동 소유하고 공동 경작하면서 각 농가마다 약간의 텃밭을 가꾸고 약간의 가축을 기르는 형태였다. 이 아르쩰은 이후 1920년대 말과 30년대에 걸친 집단화 운동에서 전형적이고 보편적인 형태로 자리 잡는다. 세 번째의 공동 경작은 토지와 농기구 등 생산 도구를 개인 소유로 유지한 상태에서 노동, 경작만 공동으로 하는 것이다. 이 세 번째의 형태는 널리 확산되지 않았고 부분적으로만 존재했었다.

그런데 전시 상황에서 집단 농장원들은 노동에 따른 분배를 할 수 없었고 평균적인 분배를 했다. 잉여식량 전체가 국가에 징발되는 상태에서 평균적 분배는 불가피한 것이었다. 이러한 평균적 분배는, 당시 공장의 노동자들이 노동에 따른 분배가 아니라 평균적 분배를 했던 것과 일맥상통하는 것이다. 그러나 평균적 분배가 사회주의에 고유한 것은 아니며, 단지 전시 상황이 강제한 것으로 보는 것이 타당할 것이다. 이후 쏘련의 사회주의 건설 과정에서는 평균적 분배를 타파하며 노동의 양과 질에 따른 분배가 정착되었다.

전시 상황에서도 쏘비에트 러시아 사회의 사회주의적 측면은 점차 발전해 갔는데, 예를 들면 1919년 5월 17일 인민위원회는 법령을 공포하여 대도시와 공업 중심지에서 16세 이하의 아동에 대한 무료 급식을 시작했다.[48] 기아가 광범위하던 당시에 이러한 조치의 시행은,

아동에 대해 우선적 복지를 실시한다는 사회주의적 측면을 보여 주는 것이다. 그리고 1920년 1월 7일부로 공공 식당에서의 무료 식사에 관한 법령을 공포하여 시행했다. 이 또한 전시 상황임에도 불구하고 보편적 복지를 시도한 것이다.

혁명 전 러시아는 9세-50세 주민의 72%가 문맹이었다. 그리고 변경의 소수 민족 지구에서는 97-98%가 문맹이었다. 이에 대해 1919년 12월 26일 문맹을 제거하는 것에 관한 법률이 통과되어 8세-50세의 주민은 의무적으로 글을 익혀야 했는데, 민족어와 러시아어 중에서 본인이 원하는 글자를 택하여 익히면 되었다. 1919년의 8차 당 대회에서는 17세 이하 아동에 대한 무상 교육을 강령상에 채택하여 사회주의적인 무상 교육의 길을 열었다. 소수 민족 지구였던 투르크메니스탄은 혁명 전에 학교가 50개, 학생 수는 2,000명에 지나지 않았지만, 1920년 말에는 2,022개의 초등학교, 학생 수는 16만 5천 명으로 늘어났다.[49] 이와 같이 볼쉐비끼 정권은 민족 자결권의 의미를 단지 법적인 것으로만 한정하지 않고, 소수 민족과 러시아 민족의 평등한 발전을 보장하는 정책으로까지 상승시키고 있었다.

이렇게 쏘비에트 러시아는 전시 상황에서 경제를 계획적으로 조직하였고 이는 이후에 전시 공산주의라 불리는 독특한 체제가 되었다. 레닌은 전시 공산주의에서 신경제 정책으로 전환하던 당시, 전시 공산주의에 대해 다음과 같이 평가했다. "'전시 공산주의'는 전쟁과 경제의 파괴가 우리에게 강요하여 실행된 것이다. 그것은 프롤레타리아 계급의 경제적 임무에 조응하는 정책이 아니며 그럴 수도 없었다. 그것은 일종의 임시적 방책이었다."[50] 레닌의 이러한 평가는, 전시 공

---

48) 같은 책, p. 502.
49) 같은 책, p. 531.

산주의에 대해 마치 그것이 공산주의의 본령인 양 착각하면서, 사회주의 건설에 화폐가 필요하지 않고 상품 거래도 필요하지 않다고 주장하는 좌익 공산주의자들의 견해를 철저히 반박하는 것이다. 또한 사회주의 경제 건설은 사회주의 생산관계의 건설에 기초하여 자기 자신의 독자적 길을 가는 것이지, 전쟁 상황이 요구하는 일종의 통제 경제가 그 본령은 아니라는 점을 레닌은 분명히 한 것이다. 그럼에도 전시 공산주의는 그 역사적 임무, 즉, 프롤레타리아 독재의 수호라는 역할을 다했으며, 그에 따라 내전이 종식되면서 볼쉐비끼 당은 노농동맹의 강화를 핵심으로 하고 농민에 대한 양보를 포함하는 신경제정책으로 이행하게 된다.

---

50) 같은 책, p. 316.

제3장
신경제 정책(NEP)하에서 계획과 시장의 모순 그리고 전후(戰後) 경제의 회복
― 쏘련에서 사회주의 생산관계의 확립 과정(2)

1. 내전의 종식과 신경제 정책(NEP)으로의 전환

내전이 볼쉐비끼의 승리를 향해 가는 가운데 레닌은 1920년 초에 쏘비에트 러시아의 전기화(電氣化)라는 웅대한 계획을 제출한다. 향후 10년에서 15년 사이에 150만kw에서 175만kw의 발전소 30여 개를 건설하는 구상이었다. 이러한 전력의 규모는 1913년에 비해 9배 증가한 수치였다.[1] 쏘비에트 러시아의 이러한 전기화는 역사상 최초로 진정한 의미의 계획에 따른 경제 건설을 가능하게 하는 것이었다. 레닌은 "공산주의는 쏘비에트 정권 더하기 전국의 전기화"이며, 전기화는 "우리의 제2의 강령"이라고 규정했다.[2] 그리하여 1920년 3월에

---

1) 苏联科学院经济研究所 编, ≪苏联社会主义经济史(쏘련 사회주의 경제사)≫ 第一卷, 北京: 生活·读书·新知三联出版, 1979, p. 558.

러시아 전기화 국가위원회(고엘로, ГОЭЛРО)의 창설이 인민위원회에서 승인되었다. 혁명 초기 자본가들을 수탈하여 자본주의적 기업을 전 인민의 소유로 전화시켜 사회주의 생산관계를 수립하는 과정을 거쳐, 그리고 그 토대 위에서 쏘비에트 러시아의 경제를 계획에 입각하여 조직하는 단계가 본격 시작된 것이다. 전기화 계획은 1921년 12월 28일 제9차 쏘비에트 대회에서 정식으로 비준되었다. 이 전기화 계획은 레닌 사후 쓰딸린 하에서 현실화되었다.

한편 내전이 마무리되어 갈 때 쏘비에트 러시아의 경제 상태는 참혹한 것이었다. "1920년대 초에 대공업의 생산고는 전쟁 전의 거의 1/7로 떨어져 있었다. 특히 야금 공업은 완전히 없어질 처지에 놓였다. 선철 생산은 전쟁 전의 약 3%, 석탄은 전쟁 전의 약 1/3, 석유는 반으로 크게 줄어들었다."[3] 그리하여 1920년에 공업 노동자는 1913년의 약 1/3 이하로 줄어들었다. 농업에서는 경작 면적이 전쟁 전에 비해, 1920년 7.4% 감소했다. 특히 경제 작물들의 생산의 감소 폭이 컸는데, 면화는 85.8%, 사탕무는 69.8%, 아마는 36.7%가 감소했다.[4]

이러한 상태에서 식량 거래의 국가독점과 잉여식량 징발제로 인하여 농산물 거래의 자유를 박탈당하고 있던 농민들의 불만이 높아져 갔다. 농민들의 대표들이 직접 레닌 앞으로, 잉여식량 징발제로 인해 고통받는 농민의 현실을 토로하는 편지들을 무수히 보내기 시작했다. 그런 가운데 10월 혁명의 요새였던 끄론쉬따트 기지에서 1921년 3월 초에 군사 반란이 발생했다. '볼쉐비끼 없는 쏘비에트 정권'을 요구하는 이 반란은 사실 그동안 쌓여 왔던 농민들의 불만이 폭발한 것

---

2) 같은 책, p. 554.
3) B. N. 포노말료프 편, ≪소련공산당사≫ 제3권, 편집부 역, 거름, 1991, p. 154.
4) 苏联科学院经济研究所 编, 앞의 책, p. 403.

이었다. 왜냐하면 군복을 입은 농민들이 쏘비에트 정권에 대한 무력 항거를 한 것이었기 때문이었다. 이에 대해 볼쉐비끼 당은 한편으로 반란을 진압하면서, 다른 한편으로 농민들의 불만에 응답하는 정책의 전환을 이루게 되었다. 그것은 잉여식량 징발제를 폐지하고 현물세로 전환하는 것이었다. 잉여식량 징발에 비해 약 절반 정도가 적은 양의 식량을 현물로 농민들에게 세금으로 징수하고, 나머지 잉여식량은 농민들이 자유롭게 시장에 내다 팔 수 있게 한 것이었다. 이는 농촌에서 다시금 '거래', 상품 교환을 활성화하는 것으로 방향 전환을 하는 것이었다. 뿐만 아니라 이는 쏘비에트 러시아 경제 전체에 걸쳐서 사적 자본주의를 일정하게 허용하는 것을 전제로 한 것이었다. 그리하여 1920년대의 신경제 정책(NEP)이 서서히 형성되게 되었다. 이러한 신경제 정책으로의 전환은 1921년 3월 8일에 열린 제10차 당 대회에서 정식으로 승인되었다.

이러한 정책의 전환은 농민과 노동자계급의 동맹을 강화하면서 농민에 대한 일정한 양보를 포함하는 것이었다. 그러나 이러한 전환은 단지 농민에 대한 정책 전환만을 의미하는 것이 아니라, 쏘비에트 러시아에서 전반적인 사회주의 건설의 방향을 세우는 것이었다. 레닌은 쏘비에트 러시아에서 사회주의 건설의 가능성을 긍정하였다. "비록 전 세계 사회주의 혁명의 폭발이 지연되는 상황일지라도, 프롤레타리아 정권과 쏘비에트 공화국은 능히 생존해 갈 수 있다."[5] 또한 레닌은 러시아가 "사회주의 사회의 건설에 필요한 일체"를 갖고 있는데, 그것은 프롤레타리아 독재, 노농 동맹, 이 동맹에서 노동자계급의 지도, 기본적인 생산 수단의 공유화를 일컫는 것이었으며, 레닌은 "이

---

5) 苏联科学院经济研究所 编, ≪苏联社会主义经济史(쏘련 사회주의 경제사)≫ 第二卷, p. 6.

것은 아직 사회주의 사회의 건설은 아니지만, 이것은 사회주의 건설에 필수적이며 또 충분한 일체의 것이다"라고 파악했다.[6] 이러한 레닌의 관점은 서유럽 혁명의 지원이 없다면 러시아에서 사회주의 건설은 불가능하다고 보았던 뜨로쯔끼의 견해와 정면으로 대립되는 것으로서, 신경제 정책이 단지 농민에 대한 정책만을 의미하는 것이 아니라, 러시아에서 사회주의 건설에 대한 전반적인 방침의 수립이었다는 점을 말하는 것이다.

레닌은 "계급은 공수표로 만족을 얻을 수 없는 것이다. 물질적인 것을 이용해야만 비로소 계급의 요구를 만족시킬 수 있다"[7]고 보았다. 레닌은 이렇게 노동자계급과 농민의 동맹을 정치적 동맹을 넘어서서 물질적, 경제적 이해관계에 근거한 동맹으로 파악했고, 이러한 인식이 거래, 유통의 자유를 포함한 농민에 대한 양보 정책으로 나타났던 것이다. 레닌은 통상의 매매, 거래가 상품 교환(전시 공산주의 시기의 조직된 상품 교환을 의미)을 대체했다고 보면서, 상업이라는 우회로를 통할 것이 요구된다고 보았다. 그리하여 레닌은 "상업은 천백만의 소농과 대공업 간의 유일하게 가능한 경제적 연계이며, 상업을 장악해야만 현 단계에서 사회주의 건설을 순조롭게 할 수 있는 기본 고리를 보장하는 것이며, 이는 당과 국가의 가장 중요한 임무이다"[8]라고 파악했다. 상업이 주요 고리가 된다는 것은 쏘비에트 러시아 경제에서 상품-화폐 관계가 시장을 형성하는 차원으로 발전한다는 것을 의미했으며, 사회주의 건설이 시장을 활용하면서 전개된다는 것을 의미했다.

---

6) 같은 책, p. 11.
7) 같은 책, p. 14.
8) 같은 책, p. 15.

그리하여 쏘비에트 경제는 국유화된 사회주의 경제 부문, 소농민의 소부르주아 경제 부문, 사적 자본주의 경제 부문, 국가자본주의 경제 부문, 전(前) 자본주의적인 자연 경제로 구성되게 되었다. 그런데 이에 대해 부르주아 학자들 그리고 소부르주아 세력은 네쁘(NEP)를 혼합 경제로 파악하는데 이는 피상적인 접근이다. 네쁘(NEP)에서 사회주의 경제 부문은 주도적 위치를 점하고 있었고, 계획과 시장의 관계를 보면, 계획의 주도성이 보장되고 관철되고 있었기 때문이다. "실제상에서, 전체 신경제 정책 시기에 계획 원칙의 주도적 작용을 강화하여 시장으로 하여금 이 원칙에 복종하게 하는 것이 특징적이다"9), "레닌은 통일적인 계획을 철회한 것이 아니라 단지 계획의 방법을 변경했다는 파악이 정확하다."10) 실제로 1920년대의 신경제 정책의 시기 전체에 걸쳐 사회주의 경제의 계획적 운용은 점차 발전하여 1920년대 말의 제1차 5개년 계획으로까지 나아갔고, 시장은 단지 활용의 대상이었을 뿐이다. 그리하여 "신경제 정책은 필요한 물질적 조건을 건립하여 점차적으로 사회주의의 생산과 교환으로써 자본주의의 생산과 교환을 대체하는 것을 바라보고 있었다. 동시에 자본주의에 반대하는 비타협적 투쟁과, 프롤레타리아 국가가 국민 경제의 회복, 상품 유통의 발전을 위하여 자본주의를 이용한다는, 이 두 개의 측면을 결합시키는 것이 필수적이었다."11) 이것이 시장과 자본주의적 관계를 활용하면서 경제를 재건한다는 방침의 내용이었고, 그 가운데에서 사회주의 부문과 계획의 주도성은 관철되고 강화되는 방향으로 나아가는 것이었다. 실제로 네쁘(NEP) 당시에 자본주의적 부문이 강

---

9) 같은 책, p. 35.
10) 같은 곳.
11) 같은 책, p. 18.

하게 나타났던 상업, 특히 소매 상업의 경우 점차적으로 국유 상업 등 공유 부문에 의해 대체되면서, 1920년대 말이면 국유 상업과 협동조합 상업이 자본주의적인 사적인 상업을 압도하게 된다. 그런 점에서 신경제 정책은 농민에 대한 양보였지만, 이 양보는 "프롤레타리아트가 지배계급의 위치에서 할 수 있는 양보의 범위 내"[12]였다고 레닌은 말했던 것이다.

그런데 이러한 신경제 정책으로의 전환에 대해 부하린, 뜨로쯔끼 등 다양한 분파가 반대하기 시작했다. 뜨로쯔끼는 신경제 정책이 소부르주아 세력에 대한 투항이라고 주장했고, 국유 기업의 사회주의적 성질을 부정했으며 그것을 일종의 국가자본주의로 파악했다. 그리고 뜨로쯔끼는 농민의 이중성을 부정하면서 소생산적인 중농과 자본주의적 요소인 부농을 동일시하여 노농 동맹을 기초로 한 사회주의 건설 방침을 반대했다.[13] 이러한 뜨로쯔끼의 입장은 프롤레타리아 독재의 강화를 위해 농민에 대한 양보가 불가피하다는 것을 인식하지 못하는 것이었으며, 거래, 상업이라는 우회로를 통하여 사회주의 건설에 다가선다는 것을 이해하지 못한 것이었다. 그러나 볼쉐비끼 당은 거래, 상업, 자본주의적 관계, 상품과 화폐 관계의 현실 속에서 서서히 사회주의적 부문을 강화하고 경제에서 계획의 작용을 강화하는 길을 갔던 것이다. 이는 뜨로쯔끼가 러시아에서 사회주의 건설의 가능성을 불신함에 따라 사회주의 건설의 구체적 길에 대한 이해에 도달할 수 없었기 때문이었다.

한편 부하린은 과거 좌익 공산주의자로서 초(超)좌익적 입장을 보였던 것에서 선회하여 신경제 정책을 매우 우편향적인 입장에서 파

---

12) 같은 책, p. 29.
13) 같은 책, p. 30.

악했다. 부하린은 자본주의적인 사적인 상업에 대한 감독을 반대하고 사적 상업의 완전한 자유를 요구했다. 또한 부농에 대한 양보를 주장하면서 부농을 인민의 범주에 넣고는 사회주의 건설에 따라 부농 등 자본주의 요소가 점차 자연 발생적으로 사회주의로 전화해 갈 것이라고 주장했다.[14] 부하린은 또한 무역에 대한 국가독점을 반대하고 그것을 관세에 의한 조정 정책으로 대체할 것을 주장했다. 이러한 부하린의 입장은 사회주의 건설 과정에서 자본주의적 요소가 장기간 존재할 것이라는 전망을 가졌기 때문이었다. 그러나 프롤레타리아트는 자본주의적 요소를 활용하면서도 그것의 위험성을 인식하면서 그에 대한 투쟁을 멈추지 않아야만 한다는 것을 부하린은 보지 못했던 것이다. 그리고 자본주의적 요소가 사회주의적 요소로 자연 발생적으로 성장·전화할 것이라는 입장은 근거가 없는 것이다. 이는 부하린이 자본주의적 요소와 소부르주아 요소를 혼동했기 때문이다. 소부르주아들은 사회주의 경제 부문의 성장을 조건으로 점차 노동자계급의 편으로 올 수 있지만, 자본주의 요소는 의식적으로 사회주의 부문의 성장에 반대한다는 점에서 사회주의 부문과 자본주의 부문 간의 투쟁은 불가피한데 부하린은 이를 보지 못한 것이다. 이후 농업 집단화 과정에서 부농이라는 농촌의 자본주의 요소의 격렬한 저항은, 집단농장이라는 사회주의적 요소의 형성과 발전이 부농 자신의 계급적 이익과 정면으로 배치된다는 인식에서 비롯된 것이었다. 따라서 부농이 사회주의적 요소로 발전하는 것은 부농 자신이 자본주의적인 자신의 계급적 위치를 포기할 때만 가능한 것인데, 부하린은 이를 안이하게 생각했던 것이다. 사회주의의 건설은 그 자체가 계급 투쟁을 수반하는 과정이라는 것을, 특히 사회주의 생산관계의 건립은 그 본질

---

14) 같은 책, p. 31.

이 계급 투쟁의 문제라는 것을 부하린은 놓쳤던 것이다.

신경제 정책(NEP)은 새로운 조건하에서 노농 동맹의 경제적 영역에서의 형식이었다.[15] 그리하여 신경제 정책 시기에 실질적 골격으로 작동했던 체제, 즉 노농 동맹의 강화를 통한 사회주의 건설의 전략 방침, 계획적으로 상품-화폐 관계를 활용한다는 방침, 물질적 자극과 경제 계산제를 사회주의 건설에 활용한다는 방침은, 1930년대 전면적인 계획 경제의 수립, 사회주의 생산관계의 확립 이후에도 의연히 관철되는 것이 되었다.

1921년 3월 8일에 제10차 당 대회가 개최되어 레닌이 제출했던 신경제 정책으로의 전환을 승인했다. 그런데 10차 당 대회는 본격적으로 사회주의 건설로 나아가는 대회였다는 점에서 많은 논쟁을 수반하고 많은 결의가 이루어졌다. 민주집중제파는 공장과 기업에서 1인 책임제를 반대하고 위원회제의 지속을 주장했다. 그리고 사회 개조에서 부르주아 전문가의 활용을 반대하고 철저한 평균주의의 실시를 주장했다. 노동자 반대파는 정치는 쏘비에트가, 경제는 노동조합이 담당해야 하며, 경제 관리에서 전문가의 활용과 1인 책임제를 반대하고 위원회제를 주장했다. 노동자 반대파의 이러한 주장에서 경제를 노동조합이 맡아야 한다는 것은 일종의 생디칼리즘이었다. 이는 국유화된 기업, 전 인민 소유 기업의 참된 의미를 왜곡하고 각각의 기업을 그 기업의 노동자 집단이 맡아야 한다는 것으로서, 국유 기업의 전(全) 계급적, 전국적 계획에 따른 생산과 조직화를 가로막는 것이었다.

한편 이러한 논쟁과 더불어 뜨로쯔끼에 의해 한차례 평지풍파가 일었는데, 그것이 유명한 노동조합 논쟁이었다. 뜨로쯔끼는 전시 공

---

[15] 같은 책, p. 38.

산주의를 노동조합의 영역에서 한층 더 강화하여 노동의 군사화, 노동조합의 국가 기관화를 주장했다. 이에 대해 레닌은, 그것은 노동조합이 대중 조직으로서, 당과 국가가 노동자 대중과 연결되는 벨트라고 하는, 노동조합의 고유한 역할에 위배되는 것이라고 비판했다. 레닌은 이 논쟁이 "대중을 대하고, 대중을 장악하고, 대중과 연계하는 방법의 문제상에서 존재하고 있는 분기점이다. 문제의 관건은 바로 여기에 있다"[16]고 규정하였다. 뜨로쯔끼는 전시 공산주의에서 행해졌던 방침을 새로운 정세, 새로운 조건하에서 변경시키는 것이 아니라, 전시 공산주의에서의 정책을 극단화하여 노동조합의 국가 기관화를 주장했던 것이다. 사회주의 사회는 자본주의와 달리 국가의 영역과 시민 사회의 영역의 통일을 추구하지만, 그럼에도 불구하고 그러한 통일은 구분 속의 통일이며, 따라서 대중 조직과 프롤레타리아 독재 국가는 사회주의 건설 단계에서 엄밀히 구분될 필요가 있는데, 뜨로쯔끼는 이를 간과한 것이었다.

이렇게 내전으로 피폐해진 경제 상태, 전쟁의 참화 속에서 경제의 재건과 인민의 생활을 돌보면서 사회주의 건설에 전력을 다해도 모자랄 판에, 다양한 분파들이 각종 분파 투쟁에 나서는 양상은 시급히 해결되어야 할 과제가 되었고, 10차 당 대회는 레닌의 제안에 따라 당내의 일체의 분파 조직의 해산, 향후 당내의 분파 조직의 금지를 결의하게 되었다. 이러한 결의는 민주집중제 원칙을 구체화한 것인데, 어떤 쟁점에 대해 자유롭게 토론하고 논쟁한다 할지라도 행동에 있어서는 통일된 모습을 보여야 하는 것이 민주집중제의 원리에 부합하기 때문이었다. 또한 당내의 분파는 정치적으로 당내의 당이 된

---

16) 周尚文·叶书宗·王斯德, ≪苏联兴亡史(쏘련 흥망사)≫, 上海人民出版社, 1993, p. 100.

다는 점에서, 즉 분파 조직원들이 당의 결의보다 분파 내의 결의를 우선시하게 된다는 점에서, 역시 민주집중제에 위배되는 것이었다. 그런데 이러한 분파의 금지가 당내에 다양한 견해의 존재를 부정해서는 안 되기 때문에, 당내에 일정한 경향성이 존재하고 쟁점에 따른 의견 그룹이 존재하는 것은 허용되어야 할 것이다. 그러나 의견 그룹이 독자적 의사 결정 기구를 갖는 조직으로 되어 당의 결의보다 자신들의 결의를 우선시하게 된다면 그것은 당내 분파의 금지에 위배되는 것이라 할 수 있다. 뜨로쯔끼는 내전이 끝나지도 않은 상황에서 노동조합 논쟁을 통해 당내의 분파 투쟁을 시작했다. 이것은 1920년대 내내 이어졌던 뜨로쯔끼의 분파 투쟁 그리고 30년대를 거쳐, 1940년 그가 사망하기까지 이어지는 일탈, 반(反)볼쉐비끼 투쟁의 시작이었다.

그럼에도 10차 당 대회는 쏘비에트 러시아에서 사회주의 건설의 방침을 확정했다는 점에서 거대한 의의를 갖는 것이었다. 전기화 계획의 승인, 잉여식량 징발제의 폐지와 현물세로의 전환, 사적인 거래의 허용, 자본주의적 요소를 사회주의 건설에 활용하는 것, 사회주의 부문과 계획의 주도성의 강화 등을 통해 이후 쏘비에트 러시아는 사회주의 건설의 대장정으로 나설 수 있었다.

2. 신경제 정책(NEP)하에서 계획과 시장의 모순

신경제 정책의 시기, 과도 시기에서 기본적 내용은 다음과 같은 것이었다. "건설 중에 있는 사회주의와, 타도되었지만 아직 소멸되지 않고 또한 소상품 경제의 기초 위에서 부활하고 있는 자본주의 간의 투쟁, 이것이 과도 시기의 기본 내용이다."[17] 이것은 노동자계급이 농민을 자신의 편으로 끌어들여 경제에 있어서 사회주의 건설에 성공할 것인가, 아니면 자본주의가 소생산의 기초 위에서, 농민을 자신의 편으로 끌어들여 부활할 것인가의 문제가 1920년대를 관통하는 기본적 모순이고 본질이라는 것을 말하는 것이다. 그리하여 '누가 누구를'이라는 문제가 1930년대 사회주의 생산관계가 확립되기까지 지배적인 문제로 작동하였다. 이러한 모순은 경제의 영역에서 사회주의 부문의 계획이 주도적 위치를 차지할 것인가, 아니면 자본주의적인 자연 발생적 세력, 즉 시장이 경제에서 주도적 위치를 차지할 것인가의 문제로 나타났다.

부르주아 학자들은 1920년대 쏘련에서 계획이 없었다고 주장하는데 이는 근거가 없는 것이다.18) 쏘련은 이 시기에 국가 전기화 계획에 기초하여 계획을 발전시키기 시작했고, 이는 상설적인 국가계획위원회(고쓰쁠란, Госплан)의 건립으로 나아갔다. 그리하여 국가계획위원회는 통일적인 경제 계획을 서서히 수립하기 시작했는데, 생산과 건설의 계획, 상품 유통에 대한 계획, 운수 계획, 노동에 대한 계획, 재정 계획 등이 수립되기 시작했다. 이러한 계획은 각종의 경제적 비례를 보장하는 것이었는데, 부문과 지역 간의 연계, 채굴 공업과 가공 공업, 농업과 공업, 운수업과 국민 경제 간의 상호 협력을 보장하고, 생산과 소비, 생산에 대한 자금 공급과 물질적 공급 간의 협조, 원료 산지와 소비 지구에 대한 기업의 접근성에 따른 합리적 배치 등을 포괄하는 것이었다.19) 국가계획위원회 수립에 대한 결정이 정부에서 통과된 날, ≪쁘라브다≫는 "통일적인 경제 계획을 논한다"라

---

17) 苏联科学院经济研究所 编, ≪苏联社会主义经济史(쏘련 사회주의 경제사)≫ 第二卷, p. 6.
18) 같은 책, p. 61.
19) 같은 책, p. 63.

는 레닌의 글을 발표했다. 레닌은 "국민 경제 계획의 거대한 작용은, 바로 노동 대중의 목표와 행동의 통일을 보장하는 것이어야 한다"고 했다. 또한 "국가 계획의 성질은 사회주의와 공산주의 건설 강령의 구체적 체현"이라고 했다.[20] 레닌은 "개개의 생산 부문의 일체의 계획은 엄밀하게 협조하여 일치해야 하고, 상호 연계를 가져야 하고, 공동으로 우리가 절박하게 필요로 하는 통일적인 경제 계획을 구성해야 한다"[21]고 하였다. 그리고 11차 당 대회의 결의는 "계획 경제를 실행하고 경제생활 각 방면의 협조를 이루어 내는 것, 이것은 프롤레타리아 국가의 특징이다"[22]라고 규정하였다. 경제에서 계획에 대한 레닌의 이러한 관점과 볼쉐비끼 당의 결의는, 경제에서 계획이 자의적으로 규정되는 것이 아니라, 사회주의 경제, 즉 사적 자본주의의 무정부성을 극복하고 경제의 공유화, 사회화를 이룬 사회주의 생산관계의 본성에서 우러나는 것임을 말하는 것이다. 사회주의화된 경제에서는, 자본주의와 달리 이익의 배타적인 충돌이 존재하지 않는다는 점, 그리고 사회주의 건설에 노동자계급 전체의 이익이 걸려 있다는 점에서, 각 부문의 통일적인 계획의 필요성과 가능성이 도출되는 것이다. 쏘련이 국가계획위원회를 설치하여 전체 경제에 대한 통일적인 계획을 수립하기 시작했다는 것은 이러한 사회주의 경제, 사회주의 생산관계의 본성에 조응하는 것이었다.

그런데 중국의 덩샤오핑의 경우 시장 경제로 건너뛰면서, 계획은 사회주의에만 있는 것이 아니라 자본주의에도 있으며, 시장 또한 자본주의에만 있는 것이 아니라 사회주의에도 있으며, 계획과 시장 모

---

20) 같은 책, p. 65.
21) 같은 책, p. 73.
22) 같은 곳.

두 생산력 발전의 방법이라고 주장했는데,23) 이러한 사고의 결과가 이른바 사회주의 시장 경제론이다. 그런데 이것은 덩샤오핑의 사고에서 사회주의가 이미 떠났기 때문에 가능한 발상이었다. 그러나 "자본주의 국가가 편제하는 경제 계획은, 단지 추측상의 계획일 뿐이며, 이것은 누구라도 그에 따라 집행할 수 있는 성질의 것이 아니다. 따라서 이런 종류의 계획으로는 전국적인 경제를 지도하는 것은 불가능하다. 쏘련의 계획은 지령적 성질을 갖는 계획이다. 그것은 장래에 전국적 범위에서 우리나라 경제의 발전 방향을 결정하는 것이다."24) 이러한 언급은 자본주의에서 경제 계획은 대략적인 방향의 설정, 추정상의 계획에 지나지 않으며, 모든 경제 주체들을 규정하는 것이 아니라는 것을 드러낸다. 반대로 사회주의 사회에서 계획은 지령적 성질, 즉 경제 주체들에 대해 구속적 성질을 갖는 것, 나아가 쏘비에트에서 비준됨을 통해 법령적 성질을 갖는 것이 된다. 이에 대해 레닌은 경제에서 계획이 "노동 대중의 목표와 행동의 통일을 보장하는 것"이어야 한다고 규정했던 것이다. 그러나 자본주의에서 국가의 경제 계획은 자본가들에게 있어서조차, "참고 사항"에 불과한 것이며 나아가 노동 대중의 행동의 통일을 보장하는 것은 전혀 아니다. 그에 따라 시장 경제 혹은 자본주의 경제는 생산의 무정부성을 피할 수 없으며, 따라서 주기적으로 경제 공황이 발생하고 있는 것이다. 반면에 사회주의의 계획 경제에서는 축적과 소비, 생산 부문 간의 비례성 등이 관철되기 때문에 생산의 무정부성이 제거되며, 따라서 경제 공황이 발생하지 않게 된다.

---

23) 邓小平, "计划和市场都是发展生产力的方法(계획과 시장은 모두 생산력 발전의 방법이다)", ≪邓小平文选≫ 第三卷, 北京: 人民出版社, 1993, p. 203.
24) 苏联科学院经济研究所 编, ≪苏联社会主义经济史(쏘련 사회주의 경제사)≫ 第二卷, p. 72.

레닌은 "신경제 정책은 결코 통일적인 국가의 경제 계획을 변경시키는 것이 아니며, 이러한 계획의 범위를 넘어서는 것이 아니라, 이러한 계획을 실현하는 방법을 변경시키는 것이다"[25]라고 규정했다. 이는 전시 공산주의하에서 나타났던 상품-화폐 관계의 사실상의 소멸, 극단적인 평균주의와 군사적인 지령의 방법을 변경하여, 농민에 대한 사적인 거래의 허용, 사적 자본주의의 일정한 허용, 시장의 형성을 조건으로 하여, 상품-화폐 관계를 활용하면서 계획을 관철해 나가는 것으로 볼쉐비끼 당의 사회주의 건설 방침이 수정되어 수립되었다는 것을 의미했다. 전시 공산주의에서 상품-화폐 관계가 사실상 소멸되었을 때, 그것은 농민에게 중대한 타격이 되었으며, 거래의 자유를 상실한 농민은 쏘비에트 정권에 대해 이반하기 시작했다. 따라서 사회주의 건설을 성공시키기 위해서는 프롤레타리아 독재가 절대적으로 필요한데, 이는 노동자계급과 농민의 동맹의 강화를 기초로 한다는 점에서, 사회주의 건설의 현실적인 길은 상품-화폐 관계를 전제로 하는 계획 경제의 길이라는 점이 도출되었고, 이를 가리켜 레닌은 '계획의 방법의 변경'이라고 말했던 것이다. 이러한 길, 신경제 정책의 길은 당시에 가능했던 유일한 과학적인 노선의 수립을 의미했으며, 신경제 정책의 러시아는 사회주의 쏘련을 탄생시키는 것으로 나아갔다. 1920년대의 경제 건설은 신경제 정책에 따라, 우선적으로 농업을 회복시키고 이후 경공업을 중심으로 하는 소공업을 회복시키고, 마지막으로 대공업과 중공업을 회복시키는 단계를 거치며 전후 경제를 회복하는 과제를 성공적으로 달성하게 된다.

    신경제 정책의 초기 단계에서 쏘련의 중공업은 전쟁으로 인한 파괴 속에서 처음에는 지지부진한 모습을 보인다. 그리하여 대부분의

---

25) 같은 책, p. 77.

중공업 기업들은 적자를 면치 못했는데, 이에 대해 뜨로쯔끼주의자들은 적자인 중공업 기업들을 팔아 버려야 한다고 주장했다.[26] 그러나 이는 사실상 당장의 어려움에 굴복하여 사회주의 경제의 기초를 파괴하자는 주장이었고, 나아가 그 기업들에 종사하는 노동자 대중들을 방기하자는 주장이었다. 따라서 뜨로쯔끼주의자들의 이러한 주장은 당에 의해 거부되었고, 적자의 중공업 기업들은 국가의 보조를 받으며 서서히 회복되는 길을 가게 된다. 중공업은 규모의 거대함으로 인해 막대한 자금을 필요로 하는데, 신경제 정책 초기의 어려운 조건에서, 당시에는 중공업을 회복시킬 수 있는 자금이 없었다. 중공업을 회복시킬 수 있는 자금은, 농업과 경공업이 회복되어 그로부터 세금이 일정하게 징수되고 또 국유화된 경공업 기업이 국가에 이윤을 상납함에 의해 국가에 축적된 자금이 생기는 1920년대 중후반에 본격적으로 담보되게 되고, 이후 쏘련은 전반적인 공업화의 건설 단계로 넘어가게 된다.

쏘련에서 공업의 재건은 연료 공업을 회복하는 것으로부터 출발했다. 석탄과 석유 등 연료가 부족한 상태에서는 공업과 운수 등 여타 부문의 조업이 중단되고 노동력의 낭비가 발생하게 되기 때문이었다. 그리하여 돈바쓰의 탄전과 바꾸의 석유 공업 기지에 대해 전략적 지원이 집중되어 쏘련의 연료 공업은 서서히 회복되는 길을 걷게 된다. 신경제 정책 초기에 국유화된 사회주의 공업 부문은 여러 공장들이 연합한 트러스트를 형성하여 발전하기 시작한다. 섬유와 방직, 피혁 등 경공업 부문을 중심으로 한 트러스트는 생산 공장들에 대한 연료와 원료의 공급을 담당하고 생산에서 계획을 실현하며 서서히 경제적 주체로 작동하게 된다. 트러스트는 상품-화폐 관계를 전제로 하는

---

26) 같은 책, p. 79.

계획 경제의 원칙에 따라 상당한 경제적 자주성과 독립성을 띠게 되는데, 트러스트 자체가 하나의 법인이 되었고, 반면에 그 산하의 공장들은 법인이 아니라 생산 단위로 기능했다. 트러스트는 경제 계산제의 원칙에 따라 독립적인 회계 단위가 되어 상품의 생산과 판매, 이윤의 획득 등에 있어서 자립적인 결정 단위가 된다. 그리고 이 당시 경제에서 계획은 아직 미숙한 상태였는데, 국가는 트러스트에 대해 총생산량만 규정하는 것이 일반적이었다.

그런데 트러스트들이 서로 경쟁하는 상황이 나타나기 시작했는데, 이는 상품-화폐 관계의 승인에 따라 상품의 판매의 문제가 현실적인 과제로 대두했기 때문이었다. 이러한 상황에서 트러스트들이 연합한 신디케이트가 나타났는데, 신디케이트는 트러스트들이 생산한 상품들에 대한 판매를 주로 담당하였고, 트러스트들의 유동 자금의 결핍 문제를 해결하는 데 주요 역할을 했다. 신디케이트의 형성은, 사적 자본주의가 일정하게 허용된 결과 나타나기 시작한 사적 자본주의적 상인들에 대한 국유 기업의 경쟁을 용이하게 하였다. 레닌은 볼쉐비끼 당을 향해 상업을 배우자고 호소하였고 상업이 주요 고리임을 역설했는데, 신경제 정책에 따른 경제 건설의 과정에서 사회주의 상업이 서서히 출현하게 되었다. 레닌은 "자유 거래라는 이 보물과 무기를 사용하여 자유 거래를 패배시키는 것이 필요"[27]하다고 했는데, 상업의 영역에서 국유 상업과 협동조합 상업 등 공유 부문이 사적 자본주의적 상업을 점차 밀어내고 축소시키고 극복하는 과정이 전개되었다.

공업 부문에서는 사회주의적 국유 부문이 1924/25년에 전체 공업 생산고의 76.3%를 차지하고, 사적인 공업은 23.7%를 차지했다. 상업에서는 도매 부문은 국유와 협동조합 등 공유 부문이 우세를 점했으

---

27) 같은 책, p. 117.

나, 소매 부문은 신경제 정책 초기에 사적 부문이 90% 가까이 차지했다. 1924/25년에 도매 부문에서 국유와 협동조합 등 공유 부문은 91.5%, 사적 부문은 8.5%를 차지하였고, 소매 부문은 공유 부문이 51.5%, 사적 부문이 48.5%를 차지하였다. 그러나 소매 상업에서 사적 부문은 점차 축소되고 국유 상업과 더불어 협동조합 상업이 크게 발전하여, 1920년대 말경에는 사적 상업을 완전히 극복하게 된다. 이러한 과정은 신경제 정책의 시기가 노동자계급과 자본가계급의 투쟁이 경제적 방식으로 전개되는 시기였음을 말해 준다. 즉, 전시 공산주의 시기는 노동자계급과 자본가계급의 투쟁이 정치, 군사적 방법으로 전개되었다면, 1920년대의 계급 투쟁은 주로 경제의 영역에서 경제적 수단을 매개로 행해졌던 것이다.

이와 같이 1920년대 사적 자본주의 기업과 자본가계급에 대해서, 사회주의 부문이 그와 경쟁하면서 프롤레타리아 국가가 사적 부문을 제한하고 점차 제거해 나가는 과정을 밟았다. "자본가들은 자기 자본의 사용 범위를 선택할 자유가 없었고, 경제의 명맥을 장악할 수 없었으며, 자본을 이동시킬 가능성은 매우 제한되었고, 그들의 축적은 국가에 의해 조절되었고 계급적인 세금 정책에 의해 몰수되었다. 그들은 자신들의 축적을 이용하여 대형의 생산 수단을 구입할 수 없었다."[28] 이는 사적 자본주의 기업이 허용된 부문이 경제의 기간산업이 아니며, 주로 인민의 부족한 생필품을 공급하는 일정한 영역, 그리고 사적인 상업의 영역이었음을 말해 주며, 그리고 그러한 영역에서 이루어지는 자본 축적 또한 가격 정책을 통한 조절, 그리고 세금, 운수 운임, 연료와 원료 공급 등에서 사회주의 부문에 비해 불리한 조건을 적용함에 의해 매우 제한되었다는 것을 말해 준다. 공업과 상업 부문

---

[28] 같은 책, p. 110.

에서 사적인 자본주의 기업과 상인들은 이러한 제한 정책 속에서 1920년대 말부터 쏘련에서 사회주의 공업화가 본격적으로 전개되면서 서서히 자취를 감추게 되었다.

이와 같이 1920년대 쏘련의 경제에서 계획과 시장은 긴장된 모순 관계였고, 쏘비에트 국가는 상품-화폐 관계를 활용하면서 계획을 관철시키는 길을 걸었다. 이 시기에 상품 생산은 이미 보편적이지 않았는데, 노동력은 상품이 아니었으며, 공장의 생산물은 상품이었지만, 토지, 매장물, 공장, 광산, 운송수단 등은 상품 유통의 영역 밖에 있었다.[29] 이에 따라 가치 법칙 또한 그 보편성을 상실했는데, 생산 수단이 사회화되고 생산 수단의 매매가 금지되었다는 점에서 가치 법칙의 적용 영역은 매우 축소되었던 것이다.[30] 또한 사회주의 경제 부문과 국가의 주도적 작용에 의해, 가치 법칙의 자연 발생적 작용과 가격의 자연 발생적 파동이 제한되었다.[31] 예를 들면 자본주의에서는 노동력이 상품이기 때문에, 임금은 노동력의 가치인 노동력의 재생산 비용으로 규정되지만, 사회주의에서 노동력은 상품이 아니기 때문에, 임금은 이미 노동력 재생산 비용이라는 제한과 규정의 적용을 받지 않으며, 사회주의 사회의 노동자는 노동력 재생산 비용을 넘어서서 자본주의에서의 잉여가치(사회주의에서는 잉여노동)의 상당 부분도 수취하는 주체가 된다. 그리하여 예를 들면, 거의 무상에 가까운 저렴한 주택 비용, 무상 의료, 무상 교육, 공공시설에 대한 무상에 가까운 사용, 휴양시설 등 기업에서 제공하는 각종의 복지 혜택 등이 임금 이외에 노동자에게 주어지는 예들이며, 이는 노동력 재생

---

29) 같은 곳.
30) 같은 책, p. 70.
31) 같은 책, p. 111.

산 비용을 명백히 넘어서는 것이다. 임금 이외에 임금의 약 절반에 해당하는 액수가 사회적 소비기금이라는 범주로 규정되어, 위에서 언급된 사례를 포함하여 각종 명목으로 노동자에게 제공되었다. 그리고 가격의 결정에 있어서도 가치 법칙이 고려 사항이 되지만, 프롤레타리아 국가는 경제 전체의 비례적 발전과 인민에 대한 복지의 제공을 위해, 등가 교환이 아닌 가격 정책을 수행하게 된다. 예를 들면 중공업이 생산하는 생산 수단에 대한 낮은 가격의 설정, 인민에게 필요한 일정한 필수품에 대해 가치 이하의 저렴한 가격 정책을 수행하는 것 등이 그러하다. 이렇듯이 쏘련에서 그리고 사회주의 사회에서는 가치 법칙의 적용이 제한되며 경제 전체를 주도하는 것은 계획이 된다. 가치 법칙은 그러한 계획의 설정과 집행에 있어서 고려해야 할 하나의 참고가 될 뿐이다.

신경제 정책의 시기에 있어서 계획과 시장의 관계는, 시장의 자연발생적 세력과 무조직적인 시장의 반항에 대해 항상적인 투쟁을 조직하면서 계획적으로 경제를 조직해 나가는 것이었고, 시장을 계획에 복종시키는 것이었다.[32] 그런데 뜨로쯔끼주의자들은 이 시기에 사회주의 건설과 상품-화폐 관계의 병존을 부정하면서 가격 문제를 등한시하였다.[33] 그리하여 공업 제품의 높은 가격을 통해서 농민을 수탈하자는, 이른바 '사회주의적 본원적 축적'을 주장하기도 했다. 이는 노동자계급과 농민과의 동맹을 통한 사회주의 건설 노선을 부정하는 것으로서, 노동자계급만을 사회주의 건설의 주체로 설정하고 농민을 반동적 세력으로 간주하는 것이었는데, 이는 부농이라는 자본주의 세력과 빈농과 중농 등 소생산 농민을 구분하지 못하는 것이었다. 당시

---

32) 같은 책, p. 113.
33) 같은 책, p. 115.

인구의 80%가 넘는 농민들을, 공업 제품의 높은 가격 정책을 통하여 사회주의 건설에 적대적이게 만든다면, 사회주의 건설이 실패할 것임은 명확한 것이었는데, 뜨로쯔끼의 맑스주의에 대한 교조적 이해가 농민에 대한 경시를 가져왔던 것이다.

그러나 신경제 정책의 본질은 전시 공산주의와 달리 상품-화폐 관계를 전제로 하는 계획 경제이며 사회주의 건설 노선이라는 점에서, 상품-화폐 관계에서 비롯되는 각종의 범주와 수단은 사회주의 건설의 도구가 된다. 예를 들면 화폐, 가격, 신용 대출, 이윤 등은 계획의 도구로 전화되는 것이었다.[34] 상품-화폐 관계를 전제로 하는 경제 계산제하에서 각각의 기업 혹은 트러스트는 일정한 이윤을 달성하여 그 이윤을 국가에 납부하는 것을 통해 사회주의 건설에 기여하는 것이었다. 그런데 자본주의에서는 이윤이 모든 기업 활동과 생산의 제1차적 목적이 되지만, 신경제 정책과 사회주의 조건에서는 이윤이 기업 활동의 일차적 목적이 아니게 되며 단지 기업의 효율성을 판단하는 지표가 될 따름이다. 그렇기 때문에 1923년에 공업 제품의 높은 가격과 농산물의 낮은 가격의 격차가 가위 모양으로 벌어지는 협상(鋏狀) 가격차 현상이 나타났을 때, 볼쉐비끼 당은 13차 당 대회의 결의를 통하여 공업 제품의 가격의 인하와 농산물 가격의 인상을 결의하고 집행했다. 협상 가격차가 나타났던 것은 일차적으로는 농업의 회복이 빠르게 나타났던 반면에, 공업의 회복 속도는 느렸다는 점, 그리고 트러스트들이 각 부문에서 독점적 지위를 차지함에 따라 독점 가격을 설정할 수 있었다는 점 때문이었다. 그리고 당의 결정에 따라 공업 제품의 가격 인하가 이루어졌는데(1923년 10월부터 1924년 10월 1일까지 공업 제품의 가격이 25.3% 인하되었다[35]), 그 인하

---

34) 같은 책, p. 116.

분의 2/3는 생산 비용의 절감을 통한 원가의 인하분이었고, 나머지 1/3은 이윤의 축소액이었다.36)

이와 같이 상품-화폐 관계가 존재한다는 점에서 사회주의 사회에서 가치, 가격, 이윤, 임금, 화폐 등의 범주가 존재하지만, 그것들은 자본주의에서 나타나는 계급적 성격을 상실하고 그것의 실제 내용은 사회주의적으로 변형되게 되는 것이다. 그리고 그러한 경제적 범주의 변형을 가능하게 하는 것은 프롤레타리아 국가의 경제 계획이며, 그러한 경제적 범주는 계획의 효과적인 수행을 위한 유력한 도구로 쓰이게 되는 것이다.

레닌은 10월 혁명 직후부터 국가자본주의를 사회주의 건설의 유력한 수단으로 파악했었다. 심지어 러시아에 존재하는 다양한 경제 부문들 사이의 구도를 다음과 같이 파악하기도 했다. '사회주의 공업부문+국가자본주의'대(對)'소농민의 소생산+사적 자본주의'. 즉, 레닌은 국가자본주의가 프롤레타리아 독재하에서는 사회주의 건설에 유리한 수단, 사회주의에 대해 유용한 수단이라고 파악했다. 레닌은 프롤레타리아 국가 권력의 임무는 "자본주의를 국가의 궤도에 놓는 것, 국가의 지도를 받고 국가에 봉사하는 일종의 자본주의를 건립하는 것"37)이라고 파악했다. 이러한 레닌의 인식은 국가에 의해 회계와 경영이 통제되는 자본주의적 기업, 국가와 일정하게 결합된 자본주의적 기업은 당시 소농민 생산에 비해 사회주의에 보다 가까운 기업이며, 사회주의에 유용한 수단으로 본 것이다. 이러한 레닌의 견해에 입각하여 신경제 정책 시기에 국가자본주의가 실제로 시행되었는데, 그

---

35) 같은 책, p. 49.
36) 모리스 돕, ≪소련경제사≫, 형성사, 1989, p. 205.
37) 苏联科学院经济研究所 编, ≪苏联社会主义经济史(쏘련 사회주의 경제사)≫ 第二卷, p. 213.

유형을 보면 1) 외국의 자본가에게 일정한 이권을 제공하여 러시아 국내에 자본을 투자하여 경영을 하게 한 것, 2) 국유화한 중소형 기업 중 국가가 그것을 경영할 여력이 없는 기업들을 원소유주나 기타 사인 혹은 협동조합에게 임대하여 일정 기간 경영하게 하는 것, 3) 국가와 사적 자본가가 같이 출자하여 공동 경영하게 하는 것 등이 있었다. 1)의 이권 제공의 유형의 경우 주로 외국의 자본가가 러시아의 광산 등에 투자하는 사례가 있었고, 1925년 91개의 이권 부여 계약이 효력을 발생했다. 2)의 임대의 경우 비교적 광범하게 실시되어 신경제 정책 초기 피폐한 경제를 되살리고 인민에게 일용품을 제공하는 데 일정한 기여를 하였다. 1923년 말에 7,500개의 중소기업이 임대되었는데, 그 기업들은 평균 17명을 고용하고 있었다. 이외에 유통 영역에서 국가자본주의를 보면, 국가가 사적 상인으로 하여금 국유 기업의 생산물을 대신 판매하게 하는 것 등이 있었다.

그러나 이러한 국가자본주의 부문은 크게 발전하지는 못하였다. 특히 외국 기업의 투자 유치를 위한 이권의 제공 유형은 제국주의 국가들의 쏘련에 대한 경제적 봉쇄 정책으로 인해 매우 제한적으로 이루어졌다. 사실 레닌이 파악한 바와 같이 농민이 인구의 80%가 넘는 사회에서 소생산의 위험을 제어하고 사회주의적 부문의 힘을 강화하기 위해 국가자본주의를 광범하게 발전시킨다는 전략은 매우 유용하고 의미 있는 것이었다. 1920년대 당시 러시아에서 이 부문이 제국주의 세력의 봉쇄 등으로 인해 크게 발전하지 못한 것은 역사적 한계이다. 중국의 경우 1949년 혁명 후에 레닌이 구상했었던 국가자본주의가 일정하게 발전했는데, 혁명을 지지하고 혁명에 같이 참여했던 민족자본가계급을 사회주의 건설로 끌어들이는 방책으로 국가와 자본가가 기업을 공동으로 경영하는 합영(合營) 기업이 광범하게 발전했었다. 소유는 국유로 하되 운영은 원소유주인 자본가가 경영하게 하고 국가는 자본가에게 일정 기간 대가를 지불하는 방식이었다. 프롤레타리아 독재가 유지, 발전한다는 조건에서 이러한 유형의 국가자본주의 방식은 충분히 활용될 수 있는 성질의 것이다.

그런데 뜨로쯔끼는 당시 신경제 정책하의 사회주의 국유 부문을 국가자본주의로 파악하는 오류를 범했다.[38] 이는 사회주의 국유 부문이 신경제 정책하에서 상품-화폐 관계를 전제로 운영된다는 점을 그릇되게 파악한 것이었다. 상품-화폐 관계, 가격 등을 수단으로 국유 기업이 운영된다고 해도 그것이 곧바로 국가자본주의가 되는 것은 아니다. 국유 기업이 자본주의로 파악되기 위해서는 이윤이 일차적 목적이 되고, 임금, 가격 등의 범주가 계급적 성격을 띠고, 국가 전체의 계획보다 기업의 이익, 이윤이 우선되는 것이 필요하다. 그러나 신경제 정책하의 국유 기업은 계획이 가격, 이윤, 임금, 화폐 등의 범주보다 우선하는 기업이었고, 기업의 그러한 성격과 그러한 운영 방침은 프롤레타리아 독재 국가에 의해 보장되었던 것이다. 뜨로쯔끼의 이러한 오류는, 신경제 정책하에서는 전시 공산주의와 달리 상품-화폐 관계를 전제로 계획 경제를 수행해야 한다는 것의 계급적 의미, 전략적 의미를 잘못 파악했기 때문에 비롯된 것이었다. 그리고 21세기 지금, 쏘련의 해체 뒤에 많은 논자들은 쏘련을 국가자본주의라고 주장하는데, 이는 뜨로쯔끼가 네쁘(NEP)에 대해 그릇되게 파악했던 것을 그대로 반복하는 것이다. 이는 사회주의 건설과 상품-화폐 관계의 병존, 상품-화폐 관계를 매개로 수행되는 계획, 계획의 도구로 쓰이는 가치, 가격, 임금, 이윤, 화폐라는 현실을 왜곡하는 데서 비롯되는 것이다. 1930년대 이후 쏘련에서 사회주의 공업화와 농업 집단화가 이루어져 사회주의 생산관계가 전면적으로 확립된 이후에

---

38) 같은 책, p. 30.

도, 네쁘(NEP)의 기조, 즉 상품-화폐 관계를 전제로 하는 계획 경제라는 점은 의연히 관철되었다. 쏘련 국가자본주의론자들은 쏘련에서 상품-화폐 관계가 존재한다는 점만 보고, 그것이 계획에 의해 규정되고 제한되며, 계급적 성격을 상실하고 사회주의적으로 변형되는 상품-화폐 관계라는 점을 이해하지 못하고 쏘련을 국가자본주의라고 잘못 규정하고 있는 것이다. 그러나 상품-화폐 관계는 21세기의 사회주의 건설에 있어서도 유력한 도구로 쓰일 수밖에 없다. 대공업을 중심으로 하는 자본-임노동의 착취 관계는 혁명 후 가능한 한 즉각 폐지되지만, 상품-화폐 관계는 사회주의 건설 과정에서 즉각 폐지될 수 있는 성질의 것이 아니다. 한편으로는 생산력이 발전하고 다른 한편으로는 농업에서 협동조합적, 집단적 생산관계가 공업과 같이 전 인민 소유로 발전할 때, 생산물의 상품적 성격이 사라짐에 따라 화폐를 통한 교환은 서서히 사라질 것이며, 상품-화폐 관계는 소멸하게 될 것이다. 그리고 노동에 따른 분배가 아닌, 필요에 따른 분배의 영역이 확대되고 주된 위치를 차지하는 높은 단계의 공산주의 사회가 도래하게 될 것이다. 즉, 낮은 단계의 공산주의인 사회주의 사회에서는 상품-화폐 관계는 존재할 수밖에 없으며, 따라서 그때의 사회주의 건설은 상품-화폐 관계를 전제로 하는 계획 경제가 될 수밖에 없다.

신경제 정책은 노농 동맹의 회복과 강화를 초점으로 한 것이었다. 따라서 농민에 대한 정책은 매우 중시되었는데, 볼쉐비끼 당은 농민을 빈농과 중농, 그리고 자본주의적 요소인 부농으로 엄격하게 구분하여 계급적 정책을 실시하였다. 전시 공산주의의 잉여식량 징발제가 현물세로 전환되었는데, 1924/25년에는 현물세를 화폐로 납부하는 것으로 전환되었다. 이러한 현물세는 토지 국유화로 인한 지대를 농민이 국가에 납부한다는 성격과 과세의 성격이 동시에 있었다. 볼쉐비끼 당은 빈농에 대하여는 세금을 면제하거나 적게 매겼고, 부농에 대하여는 소득의 10% 이상을 세금으로 거둬들였다. 1925/26년에 540만 호의 빈농이 세금을 완전히 면제받았고, 440만 호가 감세의 혜택을 입었다. 이때 최고세율은 최저세율의 9배가 넘었는데, 이러한 계급 원칙에 따른 납세는 농촌에서 자본주의 요소의 성장을 제어하는 것이었다. 1922/23년에 농업은 국가 수입의 약 1/4을 납세하였다.[39]

농업은 당시에 소농 생산 체제였기 때문에, 국가가 농업에 대해 직접적 계획을 실시하는 것은 불가능하였다. 그리하여 협동조합을 발전시키고, 가격 정책, 신용 대출, 수매 정책과 농기계의 제공, 토지 사용의 조절, 지대, 고용노동의 조절 등을 통해, 쏘비에트 국가는 농업에 대해 간접적으로 계획을 실행했다.[40] 이러한 정책의 초점은 한편으로 농업에서 생산력을 발전시키면서 다른 한편으로 자본주의적 요소인 부농을 제한하고 배제하는 것이었다. 볼쉐비끼 당은 농촌에 있어서 협동조합의 중요성에 주목했다. 협동조합이 자본주의하에서는 자본주의적 관계에 봉사하는 것이지만, 사회주의의 프롤레타리아 독재하에서 협동조합은 소생산의 한계를 극복하고 사회주의 건설에 봉사할 수 있는 성질의 것이 된다. 레닌은 "신경제 정책을 실시하였기 때문에, 상품-화폐 관계를 이용하는 기초 위에 사회주의 건설을 진행하는 것으로 전환하였기 때문에, 협동조합은 비로소 우리나라에서 매우 중요한 의의를 갖게 되었다. 시장, 상업, 신용 대출을 이용하는 것을 자신의 사업의 기초로 하는 협동조합 속에서, 필요로 되는 개인의 이익, 개인의 매매의 이익과 국가의 이 이익에 대한 검사·감독을 상호 결합할 수 있는 척도를 찾게 되었다. … 개인의 이익을 공동의 이익에 종속시키는 척도"[41]라고 파악하여, 협동조합을 농촌에서 사회

---

39) 같은 책, p. 45.
40) 같은 책, p. 87.

주의 건설의 유력한 수단으로 인식하였다.

경제가 안정적으로 회복됨에 따라 쏘비에트 국가는 개별 농민에 대해 예약 구매제를 실시한다.[42] 특히 면화, 아마 등의 경제 작물에 대해 사전에 구매를 예약하여 농민들의 생산 의욕을 자극하고 농업에서 계획의 강화를 도모하는 것이었다. 그리고 신용 대출은 자본주의에서는 농민을 노예화하는 수단이지만, 사회주의하에서는 농민이 농기구와 역축 등을 구입하여 생산력을 높이고, 협동조합화, 집단화를 촉진하는 요소로 기능하였다. 이 시기 집단 농장과 국영 농장 등 농업에서 사회주의 요소는 아직 크게 발달하지 못하고 모범적 사례를 농민들에게 선전하는 기지로 역할했는데, 1924/25년 집단 농장은 총농업생산의 1.04%를 생산하고, 상품성 농산물의 경우 2.84%를 생산하는 수준이었다.

3. 전후(戰後) 경제의 회복 그리고 공업화의 결의

신경제 정책하의 쏘련 경제는 1921년 가뭄이 크게 들어 흉작을 겪는 등 어려운 상태에서 출발했다. 그리하여 파종 면적이 오히려 줄어들기도 했다. 이는 공업의 경우에도 마찬가지였는데, 연료와 원료의 부족으로 공장이 멈추는 일이 다반사였고, 노동자는 전쟁 기간에 기아를 피하기 위해 농촌으로 흩어진 사람이 상당하여, 노동자계급의 대오는 크게 약화되어 있었다. 이후 농업의 생산량이 조금씩 회복되고, 공업에서도 연료와 원료의 공급, 운수가 회복되면서 경공업을 중

---

41) 같은 책, p. 122.
42) 같은 곳.

심으로 생산량이 늘어나기 시작했다.

경공업이 먼저 회복되기 시작하자 노동자 수가 상대적으로 증가하였다. 1921-25년까지 생산 수단을 생산하는 1부문은 노동자가 43.3% 늘어났지만, 소비재 부문은 노동자가 98.7% 증가하였다. 또한 1925/26년이 되면 사회주의 공업 부문은 전체 노동자의 97.5%를 차지하였고, 사적인 공업 부문의 노동자는 2.5%로 크게 줄어들었다. 이 시기에 노동 생산성의 향상을 위한 다양한 조치가 취해졌는데, 집단 임금제가 그중 하나이다. 국가가 기업에 대해 임금 총액을 정하고, 생산량을 초과 달성 시 임금을 추가 지급하였다. 그리고 노동자의 편제를 축소하여도 생산량을 달성하면 임금 총액이 줄어들지 않아 1인당 노동 생산성의 향상을 자극하였다. 개별 노동자에 대해서는 개수(個數) 임금제를 실시했는데, 이는 일종의 성과급 제도로 전시 공산주의의 평균주의를 탈피하여 노동 생산성 향상을 자극하는 것이었다. 1925년 9월 대공업의 60.1%가 개수 임금제를 실시하였다.[43] 임금의 지급 형태도 전시 공산주의의 현물 지급에서 화폐 지급으로 이행하기 시작했는데, 1923년 9월에 이르면 현물 지급의 비율은 8.9%에 지나지 않게 되었다. 또 노동의 양과 질에 따라 임금을 차등 지급했는데, 통일적인 17등급의 임금표를 제정하여 실시하였다. 예를 들면, 현장의 생산 노동자는 5-9등급 사이에 위치하였다. 시간당 임금은 전체 노동 시간이 축소되었기 때문에, 1925/26년도에 1913년 수준의 116.9%에 달하였다. 1922/23-1925/26년도 기간에 실질 임금은 80% 증가했는데, 이는 전시 공산주의로 인해 임금의 절대적 수준이 낮은 상태였다는 점을 고려하여 노동자의 최소한의 소비를 보장하기 위한 것이었다. 또한 임금 상승률은 노동 생산성 증가율을 초과하고 있었는데, 이는

---

43) 같은 책, p. 291.

축적과 확대 재생산에는 불리한 요소였고, 따라서 노동 생산성 향상을 통한 원가 절감에 기업들이 집중하게 되었다.

1921-25년도 기간에 대공업의 생산고는 2.9배 증가했는데, 반면에 노동자는 0.6배 증가에 머물렀다. 이러한 생산성의 향상은 노동 강도가 강화되고 기계화, 합리화의 정도가 증대했다는 것에 기인하며, 또한 결근과 태만한 근무 등이 광범했던 노동 규율이 경제의 정상화, 회복에 따라 일정하게 강화되었기 때문이었다. 신경제 정책의 5년간 대공업의 총생산은 크게 증가했는데, 1925년에는 전전(戰前)의 75.5%에 이르게 되었고 1926년도에는 전전 수준을 8% 초과하게 되었다. 그리고 1927년에 이르면 모든 부문의 공업의 생산고가 1913년의 수준을 초과하게 되었다. 이러한 회복 속도는 유례가 없는 것이었는데, 프랑스의 경우보다 쏘련은 몇 배나 빠른 경제 회복 속도를 보인 것이었다. 유럽의 부르주아 경제학자들은 당시 러시아의 경제가 전전(戰前) 수준에 도달하려면, 1935년은 되어야 할 것이라고 예측하고 있었다. 회복기에 쏘련의 대공업은 연평균 40.8%의 성장을 보였는데, 이러한 놀라운 성장과 회복이 가능했던 것은 일차적으로 노동 대중의 노동에 대한 열정 때문이었다. 자본가가 없는 세상에서의 해방된 노동, 역사상 최초로 실현된 자기 자신을 위한 노동, 그리고 노동자 간의 연대 속에 이루어지는 노동이 노동자 대중의 열정을 자극했던 것이다. 또 하나 중요한 것은 사회주의 생산관계에 조응하는 경제에서의 계획이, 각 부문 간의 비례적 발전이 가져오는 효율성과 집중성이, 경제 회복의 빠른 속도를 가능하게 했다는 점이다.[44]

공업에서 사적인 자본주의 부문은 1924/25년에 총생산고에서 3%를 차지하고 있었고, 노동자의 4.5%를 점했다. 그리고 대공업이 회복

---

44) 같은 책, p. 308.

됨에 따라 소공업의 비중이 총생산에서 차지하는 비율이 현저하게 줄어들었는데, 1920년 52.3%에서 1926/27년도에 23.6%로 감소하였다. 이러한 대공업의 성장으로 전체 공업에서 사회주의적 부문은 압도적 비율을 점하게 되었다. 1925/26년도에 사회주의적인 국영 공업의 비율이 면방직은 97.4%, 모직 공업은 94.3%, 견직물은 89.0%, 마(麻)직물은 99.1%를 차지하게 되었다. 그런데 경공업에서 이러한 빠른 발전과 달리 중공업은 자체적으로 축적을 할 수 없는 어려운 처지였고, 국가 또한 중공업의 부흥을 위한 막대한 자금을 동원할 여력이 없었다. 그리하여 1925/26년도에 회복기가 마무리될 때까지, 중공업은 기존의 시설을 보수하고 개선하는 수준에 머물고 있었고, 새로운 중공업 기업의 건설은 1926년이 지나면서부터 이루어지게 되었다. 그렇지만 레닌의 전기화 계획에 따른 전국 각지에서의 발전소의 건설은 순조롭게 이루어지고 있었다.

농업은 협동조합을 매개로 점차 회복, 발전하고 있었다. 1925년에 650만 호가 농업 협동조합에 참가했는데, 이는 전체 농가의 28%의 비율이었다. 면화 등의 기술 작물의 경우 협동조합에 대한 참가율이 전체 농가의 80%까지에 이르렀는데, 기술 작물은 상품성 작물이라는 점에서 국가의 계획에 포괄되는 측면이 강하고, 상대적으로 조직화가 용이했기 때문이었다. 네쁘(NEP) 초기에 농업, 농민에 있어서 공급과 판매의 협동조합이 상대적으로 중요했다. 농촌에 공업 제품, 농기구와 비료 등을 공급, 판매하는 망을 협동조합을 통해 건설하여 사적 상인을 점차 배제해 나가고, 또 농민이 생산한 농산물을 협동조합이 구매하여 국유 부문에 공급하는 것은, 국가와 농촌의 연결 고리로서 중요한 의미를 띠는 것이었다. 그리고 신용 협동조합에는 1925년 320만 호가 참가했는데, 농기구와 역축이 부족한 빈농의 경우 국가의 신용 대출은 생산을 가능하게 하는 중요한 조건이었다. 1925/26년도에 이르면 협동조합을 통한 상품의 유통이 전국의 상품 유통액 총액에서 44.5%를 차지하게 되었는데, 이러한 협동조합 상업의 급속한 성장은 소매 영역에서 사적 자본주의적 상인을 몰아내는 데 결정적 역할을 하였다.

집단 농장은 당시에는 규모도 작고 숫자도 적었으며 주로 빈농들이 참가하였다. 빈농의 경우 농기구, 역축 등 생산 수단이 부족한 상태에서 그러한 결함을 집단적 농업을 통해 극복하는 것은 생존을 위한 하나의 출구였던 것이다. 그러나 빈농 이외에 중농의 경우 1925/26년도의 회복기가 끝날 때까지 집단 농장에 대한 참여가 거의 없었고, 회복기 이후에 점차 참여하기 시작했다. 농업의 생산량은 1925년에 전전의 5년 평균보다 4.45억 푸드, 11.2%가 증가하였다. 이러한 농업의 회복은 토지 개혁으로 인한 농민들의 생산 의욕의 증가, 전시 공산주의에서 탈피하여 신경제 정책하에 거래의 자유가 보장되면서 잉여농산물의 생산에 대한 농민의 의욕이 증가되었기 때문이었다. 그런데 곡물의 경우 상품화율은 13.4%에 지나지 않았는데, 이 비율은 1913/14년도의 상품화율 29.3%보다 크게 낮은 것이었다. 짜르 시대에는 지주와 부농이 판매를 목적으로 한 상품성 곡물을 크게 재배했지만, 신경제 정책하에서 농촌의 중농화가 이루어진 상태에서는, 자가 소비를 위한 생산이 주된 것이었으며, 따라서 판매를 위한 곡물의 생산의 비율이 매우 낮아졌던 것이다. 이는 소생산 농업의 성과와 한계를 동시에 보여 주는 것이었다. 지주로부터의 해방, 부농에 대한 제한 정책 등 프롤레타리아 국가의 지지와 지원에 힘입어 소농 생산은 나름대로 생산력을 발전시키고 있었으나, 농산물의 상품화율이 크게 낮은 것은 도시의 노동자와 병사들에게 공급할 식량, 그리고 공업 원료의 생산이 한계에 부딪히고 있었다는 것을 의미했다. 이러한 모순은 1928-29년간에 걸친 곡물 위기의 발생으로 극적으로 드러났다. 농촌은 풍년이 들지만 도시와 노동자계급은 굶주리는 일이 반복되었고, 이에 대해 볼쉐비끼 당은 농업 집단화를 결의하고 실행에 옮기게 된다.

신경제 정책하의 쏘련 사회에서 인민의 삶은 날로 변화, 발전하는 양상을 띠었다. 지주와 자본가의 주택이 재분배되어, 모쓰끄바의 경우 50만 명 이상이 지하실에서 거주하다가 번듯한 주거로 옮겨 살게 되었고, 뻬뜨로그라드의 경우 55만-60만 명이 지하실에서 번듯한 집으로 이사하였다. 과거 뻬뜨로그라드에서 지하실에 거주하는 인구는 16.7%였는데, 1923년이 되면 지하실 거주 인구는 1%로 줄어들었다. 또한 공공식당, 탁아소, 유치원 등이 늘어나서 여성들은 가사 노동의 중압에서 일정하게 벗어날 수 있게 되었는데, 이는 여성 해방의 물질적 조건의 형성을 의미하였다. 의료의 측면에서 보면, 1921-25년 사이에 의료 인력이 배로 증가하였고 그루지야의 경우 2.5배가 증가하였다.[45] 이러한 보건 상태의 개선으로 평균 수명이 크게 늘어났는데, 남성은 10년, 여성은 13년이 늘어났고, 사망률도 크게 낮아졌는데, 특히 아동 사망률이 급격히 낮아졌다. 노동자 가정의 경우 성인의 하루 칼로리 섭취량이 1918년 1,786칼로리에서 1926년 3,445칼로리로 높아졌다. 1927년까지 1,000만 명의 성인이 문맹에서 탈피하였고, 1925/26년도에 1,000만 이상의 학생이 초·중·고에서 학습을 하고 있었는데, 이는 1914/15년도보다 30%가 증가한 수치였다. 그리고 각 민족 공화국에서 학교들이 대대적으로 증가되었고, 학생들은 자신의 민족어로 학습을 하였다.

이렇게 1925/26년에 이르는 전후 경제의 회복기는 성공적으로 마무리되고 있었고, 1925년 12월 18일에 개최된 14차 당 대회는 회복

---

45) 같은 책, p. 585.

기 경제의 성공적인 성과에 기초하여 대공업의 발전, 중공업의 발전을 축으로 하는 공업화의 결의를 도출했다. 이는 쏘련을, 농업이 우위에 있는 농업국에서 현대적 기술에 입각한 공업 국가로 변모시키겠다는 결정이었다. 이후 국가계획위원회 주도로 제1차 5개년 계획의 작성이 시작되었고, 약 3년에 걸친 연구와 토론, 기층에서부터 지도부에 이르는 검토를 거쳐 1929년 제1차 5개년 계획이 실시되게 된다. 또한 1927년의 15차 당 대회는 농업 집단화를 결의하여, 기존에 모범적 사례로서의 선전 기지로서 역할했던 국영 농장과 집단 농장의 상태를 일신하여, 대중적인 농업 집단화 운동이 전개되게 되었다.

4. 뜨로쯔끼의 분파 투쟁과 일국 사회주의 논쟁

1922년 3월 27일 제11차 당 대회가 개최되었다. 이 대회에서 레닌은 노동자계급과 농민의 동맹이 확고해졌으며, 경제가 회복되기 시작했음을 보고했다. 그리고 레닌은 주요 고리는 상업이며, 볼쉐비끼가 상업을 배우는 것을 통해 농민과의 동맹을 강화하고 경제를 장악할 것을 호소하였다. 그리고 11차 당 대회에 의해 구성된 중앙위원회는 서기장으로 쓰딸린을 선출했다.

쏘비에트 국가가 안정됨에 따라 대외 관계도 호전되기 시작했다. 1921년 영국과 통상 협정이 체결된 것을 시작으로, 독일 등 몇몇 나라와의 통상 협정이 체결되었다. 그리고 1922년 4월에는 쏘비에트 러시아와 독일과의 외교 관계가 회복되었다. 이는 혁명 러시아가 주요 국가와 최초로 맺은 국교였으며, 이를 통해 쏘비에트 러시아에 대한 제국주의 세력의 봉쇄망이 뚫리기 시작했다. 그리하여 쏘비에트 러시아는 유럽의 주요 나라와 무역을 발전시킬 수 있었고, 경제의 회복에 필요한 기계류, 원자재를 수입할 수 있었다. 러시아가 외국에 수출했던 품목은 곡물, 목재 등이었다. 이러한 과정에서 무역에 대한 국가독점 원칙은 고수되었는데, 부하린 등 일부 세력은 무역의 국가독점을 폐기하고 그것을 관세에 의한 조절 정책으로 바꾸자고 주장하여 논쟁이 되었다. 이에 대해 레닌은 쏘비에트 러시아의 공업의 발전을 보호하고, 제국주의 세력으로부터 경제적 자주성을 지키기 위해서는 무역의 국가독점 원칙이 고수되어야 함을 주장했다.

쏘비에트 정권이 안정되면서 러시아, 우크라이나, 까프까쓰 등 각 지역과 민족의 쏘비에트 국가들의 연합이 일정에 올랐고, 새로운 쏘비에트 연방 국가의 수립이 논의되었다. 여기서 민족 문제 담당이었던 쓰딸린은 여타 민족의 쏘비에트 공화국들이 러시아 쏘비에트 연방에 자치 공화국으로서 합류하자는 안을 내었는데, 레닌은 이에 반대하여 각각의 민족의 쏘비에트 공화국들과 러시아 쏘비에트 공화국이 대등하게 연방으로 결합할 것을 주장하였다. 쓰딸린은 곧 자신의 안을 철회하였고, 모든 쏘비에트 공화국들이 연방으로 결합하는 안이 추진되었다. 1922년 12월 30일에 쏘비에트 연방 제1차 쏘비에트 대회가 열렸고, 이 대회에서 쏘비에트 연방 수립이 선언되어 정식으로 사회주의 쏘련이 성립하였다. 그리고 1924년 제2차 쏘비에트 대회에서는 최초의 쏘련 헌법이 채택되었다.

1923년 4월 17일 제12차 당 대회가 개최되었다. 이 대회에는 레닌이 와병으로 인하여 출석하지 못했다. 레닌은 격무와 암살 시도에 의한 부상의 후유증으로 인해 발작을 겪은 후 정상적인 활동력을 잃어가고 있었다. 그러나 레닌의 와병에도 불구하고 당 대회는 훌륭히 치러졌는데 대회에서는 경제에 집중할 것을 슬로건으로 결의했다. 그런데 뜨로쯔끼는 12차 당 대회를 위해 기초한 자신의 테제집에서 '공업독재'의 슬로건을 내걸었다. 뜨로쯔끼는 신경제 정책이 노동자계급과 농민과의 동맹의 강화를 위한 것임을 수긍하지 못하고 농민에 대한 고려를 결여하고 있었다. 그리하여 공업 제품의 높은 가격을 통해 농민을 수탈하여 그 재원을 공업의 발전을 위해 쓰자는 주장을 하였다. 심지어 뜨로쯔끼주의자인 쁘레오브라줸쓰끼는 이를 '사회주의적 본원적 축적'이라는 개념으로까지 상승시켰다. 자본주의에서 본원적 축적은 농민을 생산 수단인 토지로부터 내몰아서 무산자로 만드는 과정을 의미한다. 그리하여 이것은 자본-임노동 관계가 창출되는 기초가 된다는 점에서 자본주의의 원시적 축적, 혹은 본원적 축적이라고 규정되었던 것이다. 그런데 이러한 과정을 사회주의 건설의 시작 단계에서 유사하게 겪어야 한다며 '사회주의적 본원적 축적'이라는 개념을 뜨로쯔끼주의자들이 제기한 것이었다. 그러나 쏘련에서 프롤레타리아 독재의 실제 내용은 노동자계급과 농민의 동맹이라는 점에서 뜨로쯔끼주의자들의 이러한 주장은 프롤레타리아 독재를 파괴하는 것에 다름 아니었다. 그리하여 12차 당 대회는 뜨로쯔끼주의자들의 이러한 요구를 부결시켰다.

그런데 뜨로쯔끼는 12차 당 대회 이후 본격적인 분파 투쟁을 시작하는데, 1923년 10월 초 중앙위원회에 편지를 보내 중앙위원회를 공격하였다. 이어서 뜨로쯔끼주의 세력이 서명한 46인의 성명서가 발표되었는데, 당과 중앙위원회를 대립시키고 당내 분파 결성의 자유를 요구했다. 이에 대해 중앙위원회와 중앙통제위원회 합동 총회가 열려 뜨로쯔끼와 그 세력의 행동이 당의 단결을 해치고 있다고 비난하였다. 그러나 뜨로쯔끼는 계속 분파 투쟁의 행보를 이어가는데, '신노선'이라는 팜플렛을 발행하여 당 지도부가 변질되었다고 주장하면서, 청년층을 치켜세우며 이들을 고참 볼쉐비끼와 대립시켰다. 이러한 뜨로쯔끼의 행보는 당적 관점이 완전히 결여되어 있는 것으로서, 당을 분열시켜 자신의 분파를 형성하고 강화하고자 하는 것이었다. 그에 따라 전국적으로 당의 각 조직에서 격렬한 논쟁이 벌어졌고 뜨로쯔끼의 주장의 내용이 폭로되면서 뜨로쯔끼의 분파 투쟁은 패배하게 된다. 1924년 1월에 열린 13차 당 협의회는 뜨로쯔끼파가 볼쉐비즘을 수정하려 하고 레닌주의로부터 벗어난 소부르주아 편향이라는 비판을 수행했다.46)

레닌이 와병 중인 상태에서 당에 대한 뜨로쯔끼의 이러한 공격은 뜨로쯔끼가 볼쉐비즘으로부터 이데올로기적으로 완전히 동떨어져 있었다는 것을 드러내는 것이었다. 레닌이 온전했을 때는 레닌에 의해 뜨로쯔끼의 비(非)볼쉐비즘이 제어되고 있었지만, 레닌이 와병으로 활동력을 상실해 가자 뜨로쯔끼의 비볼쉐비즘이 고개를 쳐든 것이었다. 당내 민주주의를 명분으로 당과 중앙위원회를 대립시키고 고참 볼쉐비끼 간부들과 청년층을 대립시키는 것으로는 어떠한 전진적 결과도 끌어낼 수 없으며 단지 당의 분열이 초래될 수 있을 뿐이었는데, 뜨로쯔끼가 이러한 공격을 감행한 것은 당의 분열을 통한 자신의 분파의 결성과 강화를 노린 것에 지나지 않았다. 이에 대해 볼쉐비끼 당은 뜨로쯔끼가 1900년대 초부터 걸어온 비(非)볼쉐비즘의 길, 레닌에 대한 뜨로쯔끼의 수많은 공격과 비방의 사례들을 폭로하였고, ≪레닌전집≫을 발간하여 이를 뒷받침하였다. 그리하여 뜨로쯔끼에 대한 레닌의 투쟁의 역사가 신참 당원들에게 알려지게 되었고, 이를 통해 뜨로쯔끼를 고립시킬 수 있었다. 이와 같이 뜨로쯔끼가 볼쉐비즘에 대한 반대 행보를 이어가는 가운데, 쓰딸린은 ≪레닌주의의 기초에 대하여≫라는 저작을 통해 레닌주의를 대중적으로 공고화하는 데 기여했다.

1924년 1월 21일 레닌이 사망하였다. 레닌의 상중에 많은 노동자

---

46) B. N. 포노말료프 편, 앞의 책, p. 231.

들이 당에 입당 신청서를 제출했는데, 이 흐름의 규모가 크다는 점에 주목하여 중앙위원회는 노동자들에게 입당을 호소하는 글을 발표하였고, 이에 호응하여 약 24만 명의 노동자가 입당했다. 레닌을 잃게 된 정치적 위기의 순간에 볼쉐비끼 당은 입당 운동을 통해 당과 대중의 연결을 강화하고 당을 공고히 할 수 있었다.

 레닌이 사망한 후 얼마 안 되어 제13차 당 대회가 개최되었다. 제12차 당 대회 이후 13차 당 대회에 이르는 기간에 당원은 거의 배로 늘어났는데 새 당원은 주로 노동자였다. 당 대회는 중앙위원회가 뜨로쯔끼에 맞서 투쟁하여 레닌주의를 방어한 점을 승인하였다. 대회에서는 또한 부농의 영향력이 성장하는 점에 주목하고 빈농에 대한 면세, 부농에 대한 과세의 강화를 결정했고, 부농을 제어하기 위해 촌(村) 쏘비에트를 강화해 갈 것을 결의했다. 또한 국영 상업을 강화하여 사적 자본주의적 상업을 규제하고 배제해 나갈 것을 결의했다. 당 대회에서는 레닌의 유언이라 일컬어지는 레닌의 편지를 대의원들의 각 대표단에게 공개했다. 이 레닌의 유언은 볼쉐비끼 당의 주요 지도자에 대한 평가를 담고 있었고, 쓰딸린을 서기장직에서 해임할 것을 제안하는 내용이 있었다. 이에 대해 당 대회는 쓰딸린의 해임은 뜨로쯔끼 세력에게 도움이 되며, 또 쓰딸린이 레닌의 충고를 따를 것을 맹세한 점을 근거로, 쓰딸린의 서기장직 유임을 결정하였다.

 1924년 가을에 뜨로쯔끼는 새로운 도발을 감행했는데, 1917년의 10월 혁명에서 주요한 역할을 한 것은 레닌과 당이 아니라 뜨로쯔끼 자신이며 레닌이 뜨로쯔끼의 '영구 혁명' 사상을 받아들여 10월 혁명을 승리로 이끌 수 있었다는 주장이었다. 이에 대해 볼쉐비끼 당은 그것은 레닌주의를 뜨로쯔끼주의로 대체하려는 시도라고 규정하고 비판을 가하였다. 뜨로쯔끼는 10월 혁명의 과정에서 자신이 앞에 나섰던 것을 크게 평가하고 싶었겠지만, 10월 혁명의 전 과정에 걸치는 전략과 전술, 조직은 레닌을 중심으로 한 볼쉐비끼 당이 해냈다는 것이 역사적 진실이었다. 여기서 뜨로쯔끼는 조직 운동을 무시하고 개인을 치켜세우는 소부르주아적 관점을 여실히 드러낸 것이었다. 사실 뜨로쯔끼가 볼쉐비끼 당에 합류한 것은 1917년 7월이었는데, 이때는 대중의 압도적 다수가 볼쉐비끼의 기치를 따르게 된 때였다. 그리고 뜨로쯔끼의 볼쉐비끼 당으로의 합류는 뜨로쯔끼 자신의 비볼쉐비즘을 청산할 것을 조건으로 한 것이었다. 뜨로쯔끼는 이러한 역사적 사실에 대해 혁명사와 당의 역사를 위조하고 왜곡함으로써, 레닌 사망 후의 상황에서 레닌주의의 기치를 내리고 대신에 뜨로쯔끼주의의 깃발을 올리려고 했던 것이다. 쓰딸린은 이에 대해 ≪쁘라브다≫에 "뜨로쯔끼주의인가 아니면 레닌주의인가"라는 글을 발표하여, 뜨로쯔끼가 레닌주의를 뜨로쯔끼주의로 대체하려는 시도를 분쇄하였다. 1925년 1월에 열린 중앙위원회와 중앙통제위원회의 합동 총회는 뜨로쯔끼에 대해 엄중히 경고하면서 뜨로쯔끼가 당의 규율에 복종할 것을 요구했다. 그리고 뜨로쯔끼는 쏘련 혁명군사위원회 의장 직위를 박탈당했는데, 당의 중앙위원의 직은 그대로 유지된 상태였다.

이 기간, 즉 1924/25년도의 기간에 신경제 정책은 커다란 성공을 거두고 있었다. 공업과 농업 모두에서 생산이 전전의 수준에 다가서고 있었고, 인민의 생활도 날로 개선되고 있었다. 1925년 말 농업과 공업에 종사하는 노동자 수는 600만 명을 넘어섰다. 노동자계급의 대오가 착실하게 성장하고 있었던 것이다. 국유화된 공업과 협동조합 공업의 생산고는 전체의 81%를 차지하여, 경제에서 사회주의적 부문의 주도성이 확고하게 되었다. 이러한 성과는 신경제 정책, 즉 상품-화폐 관계의 기초 위에서 이루어지는 계획 경제 노선의 올바름을 실증적으로 입증하는 것이었다.

이러한 상황에서 1925년 12월 18일 제14차 당 대회가 개최되었다.

14차 당 대회는 국가의 공업화 대회로 평가되는데, 신경제 정책으로 인한 경제의 성공적인 회복에 기초하여 전전 수준을 넘어서는 공업의 건설, 현대화된 기술에 입각한 중공업의 건설을 통해 나라를 농업국에서 공업국으로 전환시키자는 결의가 채택되었다. 그런데 뜨로쯔끼가 분파 투쟁에서 패배한 후 잠잠한 사이에 지노비예프와 까메네프를 중심으로 하는 신반대파가 형성되어 당에 평지풍파를 일으켰다. 이들은 뜨로쯔끼의 정강을 사실상 그대로 채용하여 서유럽 혁명의 지원이 없다면 쏘련에서 사회주의를 건설하는 것은 불가능하다는 패배주의적 주장을 폈다. 또한 신경제 정책을 자본주의로의 후퇴라고 주장하고 신경제 정책하의 국유 기업을 사회주의 기업이 아닌 국가자본주의 기업이라고 주장했다.

이들은 전시 공산주의와 달리 새로운 조건에서 노동자계급과 농민과의 동맹을 강화하기 위해 상품-화폐 관계의 활용이 필수적임을 보지 못한 것이었다. 또한 서유럽 혁명의 지원이 없다면 쏘련에서 사회주의 건설은 불가능하다는 것은 프롤레타리아 국제주의를 배신하는 것에 다름 아니었다. 프롤레타리아 국제주의에 입각한다면, 서유럽 혁명을 강화하고 그와 연대하는 것은 쏘련에서 사회주의 건설을 성공시키는 길을 가는 것이었는데, 신반대파 그리고 뜨로쯔끼 세력은 이러한 변혁적 관점을 상실하고 패배주의적 나락에 빠져든 것이었다. 물론 당시의 국제 정세는 엄중한 것이었다. 제국주의 세력은 한편으로 쏘련과 통상을 재개하고 국교를 맺기도 했지만, 다른 한편으로 끊임없이 쏘련을 타격하고 군사적으로 침략할 계기와 구실을 찾고 있던 것이 당시의 국제 정세였다. 그런데 이러한 국제 정세이기 때문에 쏘련 내부적으로는 노동자계급과 농민의 동맹의 강화가 사활적으로 중요한 전략 방침이 되었는데, 이들은 이러한 전략의 ABC를 그르친 것이었다. 맑스주의에 대한 교조적 이해가 이들 신반대파와 뜨로쯔끼 세력을 그릇된 길로 이끈 것이었다. 또한 뜨로쯔끼는 농민을 사회주의에 반대하는 반동 세력이라고 평가했는데, 이러한 입장은 노농 동맹을 균열시키고 노동자계급을 고립시키는 것이며 패배주의를 유포하는 것에 다름 아니었다.

쓰딸린은 이에 대해 ≪레닌주의의 문제에 관하여≫라는 저작을 발표하여, 뜨로쯔끼의 이러한 영구 혁명론을 분쇄하는 데 기여하였다. 쓰딸린은 일국에서 사회주의가 승리할 가능성의 문제와 사회주의가 궁극적으로 승리하는 것, 즉 자본주의의 복고 가능성의 소멸의 문제를 구분하면서, 쏘련에는 사회주의가 승리할 가능성이 이미 존재한다는 것을 밝혔다. 쏘련은 프롤레타리아 독재가 존재하며, 노동자계급과 농민의 동맹이 공고하고, 또 사회주의화된 공업이 존재한다는 점을 들어 쏘련에서 사회주의 건설이 승리할 가능성이 이미 존재한다는 것이었다. 그리고 사회주의가 궁극적으로 승리할 가능성, 즉 자본주의가 복고할 수 있는 가능성이 완전히 사라지는 것은 최소한 몇몇의 나라에서 사회주의 혁명이 승리한다는 것을 조건으로 함을 밝혔다.[47] 사실 일국 사회주의론이라 불리는 쓰딸린의 이러한 관점은 쓰딸린의 고유한 것이 아니라, 레닌이 10월 혁명을 전후하여 밝혔던 견해의 연장선상에 있는 것이다. 레닌은 제국주의 발전을 고찰하면서 자본주의가 제국주의 단계로 접어든 이후 자본주의의 불균등 발전이 심화되고 있으며, 그에 따라 몇몇의 나라, 심지어 단 하나의 나라에서도 사회주의 혁명이 승리할 가능성이 있다는 것을 밝혔었다("유럽 합중국 슬로건에 대하여" 등). 그리고 10월 혁명 후 사회주의 건설의 과정에서는 러시아가 아직 사회주의에 도달하지는 못했지만 사회주의

---

[47] J. V. 스탈린, ≪스탈린 선집≫ 제1권, 서중건 역, 전진 출판사, 1988, pp. 230-241.

건설에 필요한 모든 것을 이미 다 갖고 있다고 주장한 바가 있었다. 그런 점에서 뜨로쯔끼주의자들이 일국 사회주의론을 쓰딸린의 맑스주의에 대한 왜곡이라고 비난하는 것은 논리적, 역사적 맥락을 왜곡하는 악선동에 지나지 않는다.

  14차 당 대회를 전후한 신반대파의 분파 투쟁은 14차 당 대회에 의해 비판되었는데, 신반대파는 당 대회의 결정 사항을 따르지 않겠다고 선언하였다. 이에 대해 당 중앙위원회는 지도적 간부들을 신반대파의 근거지였던 레닌그라드로 파견하여 기층 당원들에게 당 대회의 결정 사항을 설명하였다. 레닌그라드 당 조직의 당원들은 97%가 당 대회의 결정 사항에 찬성하며 지노비예프 등을 비판하였다. 지노비예프는 이후 레닌그라드 지도부에서 해임되었다. 이리하여 신반대파의 분파적 투쟁은 일단락되고 당은 14차 대회의 결의에 따라 공업화의 길로 매진할 수 있었다.

제4장
사회주의적 공업화와 농업의 전반적 집단화: 사회주의 생산관계의 확립
— 쏘련에서 사회주의 생산관계의 확립 과정(3)

1. 국민 경제 개조의 준비기(1926-1929년)

1925-26년의 시기는 전후 경제의 회복이 일단락되고 공업의 생산량이 전전 수준에 접근한 해였다. 그리하여 1925년 말의 14차 당 대회는 현대적인 기술에 입각한 공업의 건설, 나라를 농업국에서 공업국으로 전환시키는 결의를 할 수 있었다. 1926-1927 경제 연도에 약 10억 루블이 공업에 투자되었고 2년 뒤에는 50억 루블이 투자될 수 있었다. 이러한 쏘련의 공업화에 필요한 자금은, 자본주의 국가들이 외채를 끌어다 공업화를 추진한 것과 달리, 내부 자금에 의존할 수밖에 없었다. 외채를 쓸 경우 경제의 대외적 종속이 불가피하다는 점 그리고 자본주의 국가들이 쏘련에 대해 경제적 봉쇄 전략을 펴면서 신용의 제공을 거부한 점도 작용하였다. 이러한 상황에서 쏘비에트 정부는 국유화된 사회주의 공업 기업과 상업 기업의 이윤, 국유화된

거대한 운수망에서 나오는 이윤으로부터 공업화에 필요한 자금을 축적할 수 있었고 이외에도 국유화된 은행, 국가독점의 무역에서 나오는 이윤도 상당하였다.[1] 그리고 혁명을 통해 지주와 자본가의 기생적인 소비가 사라졌다는 점, 경제 발전의 계획성으로 인한 물자의 집중과 절약, 자본주의와 달리 경제 위기에서 나타나는 손실이 없다는 점, 외채로 인한 대외적인 이자 지불이 없다는 점 등이 공업에 대한 자금 투입을 증가시킬 수 있었던 하나의 요인이었다.[2] 또한 경제가 회복됨에 따라 소비재에 붙이는 매상고세의 액수가 상당하였으며 농민 또한 국가에 세금을 일정하게 지불하였다. 그리고 각종의 비용을 절약하는 것을 통해 투자되는 기금의 양은 서서히 증가하였다.

그런데 뜨로쯔끼주의자들은 이른바 초공업화 정책을 주장했는데, 이는 공산품 가격의 인상, 농민에 대한 세금 중과, 지폐의 발행 증가를 통한 인플레이션 등으로 농민을 수탈하자는 것이었다. 그런데 이는 노농 동맹을 파괴할 뿐만 아니라 공산품 판매 시장의 축소, 경제 발전 속도의 감속을 초래하는 것이었다.[3] 이러한 초공업화 주장은, 뜨로쯔끼가 빈농과 중농이 사회주의 건설에서 노동자계급의 동맹자라는 것을 이해하지 못하고, 심지어 농민을 사회주의에 반대하는 반동 세력으로 치부하였기 때문이다. 이는 소생산자로서의 농민이 한편으로 소유자이면서 동시에 노동자라는 점을 정확히 보지 못하는 것이었으며, 결정적으로 빈농과 중농은 부농과 달리 착취 세력이 아니라는 점을 도외시하는 것이었다. 빈농은 물론 중농 또한 자신의 노동으

---

1) B. N. 포노말료프 편, ≪소련공산당사≫ 제4권, 편집부 역, 거름, 1991, p. 25.
2) 苏联科学院经济研究所 编, ≪苏联社会主义经济史(쏘련 사회주의 경제사)≫ 第三卷, 北京: 生活·读书·新知三联出版, 1979, p. 115.
3) 같은 책, p. 601.

로 생산하여 자신이 그 이익을 가져간다는 점에서 착취와는 거리가 멀다. 따라서 문제가 되는 것은 중농이 소생산자로서 필연적으로 갖게 되는 협소한 관점이다. 그런데 중농의 협소한 관점의 극복은 노동자계급과 사회주의 국가가 한편으로 사회주의 건설의 전망을 제시하고 다른 한편으로 농업에서 사회주의를 가능하게 하는 트랙터 등 농기계와 농업 기술, 농업 노동의 조직 등을 담보하는 문제일 뿐이다. 그리고 실제로 이것들이 현실화될 경우 중농은 사회주의 건설에서 막대한 이익을 누리게 된다는 점을 들어 노동자계급은 중농을 사회주의 건설의 동맹자로서 끌어들일 수 있는 것인데, 뜨로쯔끼주의자들은 이 점을 보지 못한 것이다. 그런 점에서 빈농만이 아니라 중농 또한 사회주의 건설의 동맹자로 끌어들여야 한다는 레닌과 쓰딸린의 정책은 정확한 것이었다.

한편 쏘련이 사회주의적 공업화, 농업의 전반적인 집단화라는 국민 경제의 개조를 준비하던 시기는 대외적으로 엄혹한 국제 정세가 펼쳐지던 시기였다. 1926년 영국 노동자계급의 총파업이 발생했다. 쏘련의 노동자계급은 이에 대해 파업 기금을 보내는 등의 연대를 하였다. 이에 대해 영국 정부는 쏘련이 영국의 내정에 간섭한다는 구실을 붙여 쏘련에 대한 도발을 감행했다. 1927년 베이징, 런던과 그 밖의 각지의 쏘비에트 대표부를 습격하고 폴란드 바르샤바에서는 쏘련 대사를 살해했다. 그리고 쏘련과의 외교 관계를 단절했다. 영국은 또한 독일을 끌어들여 반쏘련 블록을 강화하려 했다. 이에 대해 쏘비에트 정부는 독일과 중립 조약을 체결하여 쏘련에 대한 봉쇄망을 균열시키고 터키, 아프가니스탄, 이란, 리투아니아와 중립·불가침 조약을 체결하였다. 그리하여 영국 정부도 1929년에 다시 쏘련과 외교 관계를 재개하게 되었다. 이렇듯 1920년대 후반 쏘련의 대외 관계는 살얼음을 걷는 형국이었으며 계기가 주어지면 언제라도 쏘련에 대한 군사 개입이 이루어질 수도 있는 상황이었다. 전후 경제의 회복이 마무리되고 쏘련이 공업화의 도약을 준비하던 시기의 대외적 조건은 이렇게 엄혹하였고, 그에 따라 쏘련은 중공업을 중심으로 하는 공업화의 속도를 높여서 경제적 자립과 국방력의 강화를 추구할 수밖에 없었다. 쏘련의 공업화와 농업 집단화를 이해하는 데 있어서 관건적인 문제인 속도의 문제는 이렇게 대외적 조건에 의해 규정되고 있었던 것이다. 이러한 속도의 문제에 대해 레닌은 일찍이 "이러한 속도는 최초의 사회주의 국가의 대내외적인 조건이 결정하는 것이다. 시간을 획득하면, 모든 것을 획득하는 것이다"[4]라고 말한 바 있었다.

이러한 상황에서 분파 투쟁에서 연이어 패배했던 뜨로쯔끼 세력과 지노비예프 세력은 연합하여 다시금 볼쉐비끼 당에 평지풍파를 일으켰다. 1926년 여름 뜨로쯔끼와 지노비예프의 연합 블록이 형성되었다. 이 블록은 기본적으로 쏘련에서 사회주의 건설의 가능성을 회의하고 있었다는 점에서 볼쉐비끼 당의 노선과 대립하는 것이었다. 이 블록은 노동자계급과 농민의 동맹의 결렬이 불가피하다고 주장했는데 이는 쏘비에트 권력의 근간을 공격하는 행위였다. 반대파 블록은 대공장의 당 조직들의 회의에서 논쟁을 일으켰는데 논쟁의 결과 철저히 패배하였다. 그럼에도 반대파 블록은 비밀 인쇄소를 갖추는 등 사실상 별도의 당을 구성하였다. 1927년 영국과의 외교 관계가 단절되어 쏘련이 어려움에 처하게 되자, 반대파 블록은 '83인의 강령'을 들고나왔는데, 이것은 볼쉐비끼 당의 정책을 왜곡하고 비난하는 것으로 일관한 것이었다. 이에 대해 볼쉐비끼 당은 중앙위원회와 중앙통제위원회 합동 총회에서 뜨로쯔끼와 지노비예프를 중앙위원회에서 제명하는 결정을 하였다. 그러나 아직 당원으로서의 자격은 유지시킨 상태

---

4) 같은 책, p. 126.

였다. 그리고 볼쉐비끼 당은 정강을 당원 토론에 부쳤는데, 그 결과 중앙위원회의 정강에 대한 찬성은 72만 4000명이었고 반대파 블록의 정강에 대한 찬성은 4000명(1% 미만)에 지나지 않았다.[5] 이렇게 수세에 몰린 반대파 블록은 1927년 10월 혁명 10주년 대회에서 난폭하게 가두로 진출하여 대회 참가자들과 충돌하였다. 이러한 반대파의 가두시위는 그들이 이제는 당내의 틀이 아니라 당 밖에서 당에 반대하는 그룹으로 전화했다는 것을 의미하는 것이었다. 즉, 반대파가 당내 분파에서 반체제 활동으로 그 성격을 전화한 것이었다. 이에 대해 볼쉐비끼 당은 뜨로쯔끼와 지노비예프를 당에서 제명하는 것으로 대응하였다.

이들 반대파의 출현은 신경제 정책의 시기에 존재하던 소부르주아 부문, 사적 자본주의 부문 등이 당내에 반영된 결과였다. 쏘련에서 사회주의 건설에 대해 회의하고 적대하는 세력을 정치적으로 대변한 것이 이들 반대파였던 것이다. 그러나 이들 반대파는 철저히 패배하였고 볼쉐비끼 당은 사회주의 경제 건설의 길에 매진할 수 있었다. 1926-1927년도에 대공업의 생산이 전년도에 비해 18% 증가했다. 또한 1927년 말경에는 공업에서 사회주의적 부문이 86%가 되고 사적 자본주의 부문은 14%로까지 그 비중이 떨어졌다. 또한 1926-1927년도에 국민 소득은 11% 이상 늘어났다. 그러나 공업에서 발전이 순조로운 것과 달리 소농 생산 체제였던 농업은 발전에서 뒤처지고 있었다. 그리하여 공업의 노동자계급과 도시에 공급할 식량과 공업 원료가 부족한 상황이 나타났다. 곡물 경작 부문의 상품화율은 전쟁 전에 26%였는데 1926년 당시는 13%에 지나지 않았다.

이와 같이 농업의 발전이 공업의 발전에 뒤처지는 문제점이 부각

---

5) B. N. 포노말료프 편, 앞의 책, p. 33.

되고 있던 시점에 제15차 당 대회가 개최되게 되었다. 1927년 12월 2일 개최된 15차 당 대회는 공업이 계획성의 원칙에 따르고 있지만 농업은 자연 성장성의 원칙을 따르고 있다는 점을 지적하고 소농 경영에서 더 이상 생산성이 높아질 수 없는 한계에 부딪히고 있으며 이를 극복하기 위한 유일한 길은 농업을 농업 기계와 현대적 기술에 입각한 대규모의 집단적 생산으로 전환시키는 것이라고 결의했다, 이것이 15차 당 대회의 농업 집단화의 결의였다. 또한 15차 당 대회는 제1차 5개년 계획 작성에 대한 지시를 채택했다. 그동안 국가계획위원회가 각종의 계획을 수립하여 실시했지만 이제는 부분적, 단기적 계획을 넘어서서 5년간에 걸친 장기 계획을, 그리고 모든 부문을 포괄하는 계획을 수립하는 단계로 진입한 것이다. 또한 5개년 계획의 작성은 1920년대를 규정했던 계획과 시장의 모순이 계획의 주도성으로 결말지어지고 쏘련에서 과도적 시기가 지나가고 본격적인 계획 경제의 시기가 시작된다는 것을 의미하였다.

2. 제1차 5개년 계획

제1차 5개년 계획은 단지 국가계획위원회가 전문적 지식을 동원하여 작성한 관료적인 지침이 아니었다. 국가계획위원회가 작성한 계획 초안은 전 인민적인 토론에 부쳐졌는데, 중앙, 지방의 공화국, 말단 국유 기업에 이르기까지 5개년 계획에 대한 토론과 의견 제시들이 이루어졌다. 특히 말단의 국유 기업의 노동자들은 5개년 계획을 기업에서 어떻게 실현할 것인가를 놓고 토론하였고 그 결과 각 기업에서 5개년 계획의 실현에 참여하는 호응 계획을 작성하였다. 호응 계획은 5개년 계획에 대해 노동자 대중이 생산자로서 주체적으로 참여하는 것이었으며 이를 통해 5개년 계획의 효과적인 실시를 담보하고 그 실행 과정에서 많은 물자를 절약하고 노동 생산성을 높이는 계기가 되었다.

　제1차 5개년 계획은 처음에는 2가지 안으로 제시되었다. 초보적 안과 최선의 안이 그것인데 초보적 안은 최초로 5개년 계획을 실시한다는 점에서 그 목표치를 약간 보수적으로 낮게 잡은 것이었고, 최선의 안은 국제 정세의 안정성, 농업에서 흉작이 발생하지 않는다는 점 등을 조건으로 목표치를 약간 높게 잡은 것이었다. 이 2가지 안에 대한 토론 과정에서 속도의 문제가 부각되었고 그 결과 최선의 안을 채택하게 되었다. 최선의 안은 1929년 5월 전 쏘련 제5차 쏘비에트 대회에서 통과되어 법률로 확정되었다.

　제1차 5개년 계획 기간에 전체 공업에서 고정 기금이 1배 증가하고 중공업은 고정 기금이 2배로 증가하였다. 이는 전국에 걸쳐 수천 개의 대공장이 건설되었다는 것을 의미하는 것이다. 제1차 5개년 계획은 4년 3개월 만에 달성되었는데, 중공업은 목표의 109%를 달성하였다. 생산 수단을 생산하는 1부문은 연평균 28.5% 성장하였고 소비재를 생산하는 2부문은 연평균 11.7% 성장하였다. 그 결과 1부문은 5개년 기간에 생산이 1.7배 증가하였고 2부문은 56%가 증가하였다. 농업과 공업의 상대적 비중을 보면 1928년 공업의 비중이 51.5%였으나 1932년에는 70.7%로 증가하였다. 농업에서는 이 기간에 국영 농장과 집단 농장 등 공유 부문이 전체 파종 면적의 78%를 점하게 되었고 상품성 곡물의 84%를 생산하게 되어 도시에 공급하는 식량과 공업 원료를 안정적으로 담보할 수 있게 되었다. 제1차 5개년 계획 기간에 국민 소득은 90% 증가하였고 노동자의 수는 배로 증가하였다. 또한 이 시기에 노동 생산성은 41%가 증가하였다. 사회적 측면을 보면 이 기간에 초등학생 수가 배로 증가하였고 중등, 고등교육 기관의 학생 수는 3배로 증가하였다.

이러한 1차 5개년 계획의 실시는 1920년대 당내 논쟁에서 나타났던 오류, 즉 사회주의에서 즉각적으로 상품-화폐 관계가 소멸한다는 견해를 실천적으로 반박하는 것이었다. 1931년 4월 14일 ≪쁘라브다≫는 직접적 상품 교환으로 상업을 대체한다는 관점을 비판하며 쏘비에트 상업을 발전시켜 사적인 자본주의적인 상업을 대체해야 한다는 것, 엄격한 재무 관리를 실시해야 한다는 것을 주장하였고 화폐가 곧 소멸될 것이라는 관점은 잘못이라고 비판하였다. 또한 17차 당 대회에서는 "화폐는 우리에게 공산주의의 1단계, 즉 사회주의 단계의 완성 때까지 줄곧 존재할 것이다"6)라는 결론을 도출하였다. 이와 같이 1930년대 쏘련에서 계획 경제는 상품-화폐 관계를 전제로 하는 계획 경제를 보여 주고 있고 계획 경제의 이러한 성격은 높은 단계의 공산주의에 이르러 상품-화폐 관계가 소멸할 때까지 유지되는 것임을 보여 주는 것이다. 낮은 단계의 공산주의인 사회주의 단계에서는 계획 경제가 상품-화폐 관계를 전제로 한다는 것이 사회주의 건설에서 보편적 성격을 띠는 것임을 쏘련의 경험에서 우리는 확인할 수 있다. 그리하여 "당이 사회주의 경제 관리 원칙을 제정할 때의 총방침은 광범위하게 상품-화폐 관계를 이용하고, 가치를 조절 지렛대로서 운용하고, 그 이용 방법을 개선하고 그것을 경제를 계획적으로 지도하는 도구로 삼아야 한다는 것이다"7), "상품-화폐 관계는 사회주의의 계획적인 사회적 생산의 특징의 하나가 되고 있으며, 사회주의 생산관계의 하나의 구성 부분으로서 사회주의 생산관계의 총체에 포함되게 된다."8)

---

6) 苏联科学院经济研究所 编, 앞의 책, p. 73.
7) 같은 곳.
8) 같은 책, p. 74.

이렇게 상품-화폐 관계를 사회주의 계획 경제의 도구로 승인함에 따라 개별 국유 기업에서는 기업 간의 관계에서 '계약'을 거래 업무의 기본 형식으로 삼게 되었고 계약은 기업 간의 공급, 생산, 노무 제공의 유일한 근거가 되었다. 또한 유동 자금을 기업 자체 내의 자금과 차입 자금으로 나누어 경제적 합리성에 따라 운용하였는데, 이에 따라 각각의 경제 기구들은 내부 축적에 대한 관심을 제고하고 유동 자금의 회전율을 높이고 지출을 절약하고 내부 잠재력을 발굴하는 데 관심을 기울이게 되었다. 즉, 상품-화폐 관계에 기초한 경제계산제가 국유 기업의 효율성을 높이는 데 커다란 자극으로 작용한 것이다.

또한 기업에 대한 세금 정책에 있어서 각종의 세금을 매상고세로 통일했는데 매상고세는 주로 소비재 기업의 상품에 붙이는 세금으로서 원가와 일정한 이윤에 더하여 국가가 붙이는 세금이었다. 이러한 매상고세를 통하여 국가는 상품 가격에 대해 계획적이고 합리적인 조절을 할 수 있게 되었는데 기업의 입장에서 매상고세는 기업으로 하여금 원가를 낮추도록 하는 자극으로 작용하였다. 원가를 낮출수록 기업의 순수입은 증가하고 기업이 지배할 수 있는 유동 자금이 증가하고 이러한 기업 내부의 자금의 증가는 생산 발전 기금과 노동자에 대한 물질적 장려금, 복지 기금으로 쓰이는 것이었다. 국가는 이러한 매상고세를 통해 기업이 너무 높은 이윤을 추구하는 것을 제한할 수 있었고 원가 절감을 통한 이윤 획득을 자극할 수 있었다.[9] 매상고세에서 드러나는 국가와 국유 기업의 이러한 관계를 통해, 사회주의의 국유 기업에서는 이윤이, 자본주의 기업과 달리 기업의 1차적 목적이 아니게 되며, 단지 기업의 효율성을 평가하는 하나의 지표로 전환된다는 것을 확인할 수 있다.

---

9) 같은 책, p. 82.

1차 5개년 계획 기간의 임금 정책에서 두드러진 것은 누진성과급제의 채택이다. 1927-28년도 당시는 임금을 평균적으로 지급하는 것이 일반적이었는데 그에 따라 더 높은 임금을 지급하는 사업장과 공장으로 노동자들이 이동하는 현상이 심화되었다. 즉, 이직률이 1920년대에는 매우 높았다. 이러한 현상에 대응하고 노동 생산성을 제고하기 위해 일정 목표량을 초과하는 성과를 낼 경우 초과분에 대한 임금을 누진적으로 증가시켜 지급하는 것이 누진성과급제였다. 이러한 누진성과급제의 도입은 즉각적으로 효과를 발휘했는데 노동 생산성이 급속히 향상되고 이직률이 떨어지는 성과를 내었다. 그리고 경공업에 비해 임금이 낮았던 제철, 기계제조, 채탄 공업 등에서 임금이 급격히 상승하여 중공업의 급속한 발전이라는 5개년 계획의 목표의 실행을 뒷받침하였다. 이 시기에 노동자의 생활 수준과 복지 수준도 급속히 향상되었는데 이윤에서 10%를 공제하여 복지 기금으로 쓰고 재료 절약분의 50%, 사회주의 경쟁에서 취득된 절약분의 40%를 장려금으로 쓰게 되었다. 이러한 장려금을 받는 노동자는 행정 당국, 공장위원회, 생산회의가 추천하고 노동자 대회의 토론을 통해 최종 결정되었다.[10]

노동자 내부의 구성도 크게 변화했는데 "기술이 모든 것을 결정한다"는 구호 아래 기술 숙련의 문제가 강조되었다. 그리하여 1929-1939년까지의 기간에 기술 노동자는 9배 증가하였고 엔지니어는 5배가 증가되었다. 이러한 기술 숙련의 문제는 공업화의 과정에서 절박한 것이었다. 거대한 공장을 완공하고서도 그것을 가동할 충분한 기술을 가진 인력이 부족하여 공장 가동이 1년 이상 늦추어지는 일이 1차 5개년 계획 기간에 다반사로 발생했던 것이다. 이러한 문제를 해결하

---

10) 같은 책, p. 85.

기 위해 쏘비에트 정부는 다양한 접근을 했는데 기술을 중심으로 하는 중등교육 기관을 대대적으로 확대하고 또 노동자가 공장에서의 생산을 떠나지 않은 상태에서 생산과 기술 교육을 병행하는 학습 과정을 강화하였다. 또 하나 주목할 만한 것은 공업화 과정에서 1930년에 실업이 소멸하였다는 점이다. 자본주의에서 실업자의 존재는 자본 축적의 하나의 필수적인 조건인데, 사회주의에서는 이와 달리 경제 발전의 조건으로 실업자의 존재를 필요로 하지 않는다. 그리하여 경제의 계획적인 조직화 과정에서 실업자는 소멸하게 되는데, 쏘련은 1차 5개년 계획 기간에 이를 달성하였다. 이러한 실업의 소멸은 사회주의의 위대한 성취, 위대한 승리를 나타내는 표지였다.[11]

한편, 1920년대 내내 지속되었던 사적 자본과의 투쟁, 소부르주아적인 수공업의 협동조합화의 과정이 1차 5개년 계획 기간에 일단락되어 공업과 상업, 제조업의 영역에서 사회주의 생산관계의 수립이 완성되게 되었다. 사적 자본이 고용하는 노동자의 비중은 1925-26년도에는 전체 노동자의 18.8%였는데 1차 5개년 계획 말기에는 0.8%에 지나지 않게 되었다. 1927년 말 개최된 15차 당 대회는 사적 자본을 배제하는 결정을 채택했는데, 쏘비에트 정부는 이 결정에 근거하여 사적 자본을 제한하고 배제하는 다양한 정책을 취하였다. 그런데 이러한 배제 정책은 직접적인 수탈이 아니라 경제적 관계, 경제적 조치를 통한 것이 주를 이루었다. 예를 들면, 가격 정책에서 쏘비에트 정부는 국영 상업에서 판매하는 상품의 가격을 인하하는 정책을 폈는데, 1927-28년도에 국영 상업과 협동조합 상업의 상품 가격은 사적 자본주의 상업의 상품 가격에 비해 33% 저렴하였다. 그에 따라 사적인 상업 자본은 경쟁에서 더 이상 버틸 수가 없게 되었다. 그리고 신용 공급 측면

---

11) 같은 책, p. 634.

에서 1929년 국가가 사적 자본에 대여한 신용은 전체의 1%에 불과하였다. 신용을 이렇게 제한한 것은, 사적 자본의 유동 자금을 압박하고 고정 자본의 확대를 제어하는 것이었다. 또한 상품을 실어 나르는 운수 운임에서 국유 기업은 우대된 반면에, 사적 자본은 몇 배의 운수 운임을 지불해야 했다. 세금 정책의 측면에서 네쁘맨들은 노동자보다 1.5배가 높은 세금을 국가에 납부해야 했다. 그리하여 도시의 공업과 상업에서 자본가들은 그 존재와 확대재생산의 물질적 기초가 사라졌고 자본가가 착취를 통해 취득한 대부분의 잉여가치는 쏘비에트 국가에 귀속되었다. 그리하여 1차 5개년 계획 기간에 네쁘맨들, 사적 상인들, 자본가들은 서서히 소멸하는 길을 걸었다. 또한 1920년대 신경제정책 당시 도입한 국가자본주의의 형식의 하나였던, 중소형의 국유 기업을 사적 자본가에게 임대했던 임대 기업들은 대부분 임대 기간을 연장하지 않음을 통해 국가에 회수되었다. 국가자본주의의 또 하나의 형식이었던 외국 자본가에 대한 이권 부여 기업들은 대부분 투기성과 계약 위반, 쏘비에트 법률 위반 등으로 청산되었고 1936년 1월 1일 아직 11개의 이권 부여 기업이 영업하는 정도로 축소되었다.

소공업과 수공업자들은 협동조합화를 통한 사회주의 생산관계로의 전환의 길을 걸었다. 쏘비에트 국가는 수공업자들이 협동조합을 결성하면 세금에서 우대하고 또 각종 신용을 제공하는 등의 정책으로 수공업의 협동조합화를 촉진했다. 자본주의에서 수공업은 대자본과의 경쟁 과정에서 몰락의 길을 걸을 수밖에 없는 존재이지만, 사회주의 건설 과정에서 수공업은 협동조합화를 통한 대공업으로의 변신의 길을 걸은 것이다. 수공업은 본격적인 사회주의적 공업화가 시작되기 전에 인민에게 필요한 일용품의 생산을 주로 담당하였다. 그리하여 쏘비에트 정부는 대공업을 통해 이들 수공업을 밀어내고 몰락시키는 것이 아니라, 협동조합화를 통한 대공업화의 길을 추진한 것이었다.

제1차 5개년 계획 전야에 소공업, 수공업에 종사하는 인구는 전체 취업 인구의 57.1%였고 공업 총생산의 22.4%를 차지하였다. 협동조합화의 결과 1933년 1월 1일 수공업 협동조합은 14,811개로 증가하였고 그에 소속된 인원은 160만여 명에 이르렀다. 그리고 수공업은 단지 형태상에서만 협동조합화를 달성한 것만이 아니라 내용상에서, 생산의 내용에서 비약을 했다. 예를 들면 과거에는 주로 농기구를 만들던 수공업이, 협동조합화 이후에는 사회주의 대공업과 연계를 맺고 그를 보조하는 역할로 변신했는데, 예를 들면 자동차와 트랙터 부품의 생산, 농업 기기의 생산, 수입 대체품의 생산, 염료, 실험 기기, 정밀계측기 등의 생산으로의 전환이 그러하다. 이와 같이 자본주의에서는 대공업에 의해 수공업이 파산의 길을 걷게 되지만, 사회주의에서는 수공업이 협동조합화의 과정을 거쳐 대공업화를 이룬 것이었다.[12] 그리하여 1932년 말에 이르면 수공업 협동조합의 72%가 대규모의 집단적인 공장에서 노동을 하였다. 이러한 협동조합화를 통해 수공업 노동자의 노동 조건은 크게 개선되었는데, 하루 12-14시간 노동에서 7-8시간 노동으로 노동 시간이 크게 감소되었다. 노동 생산성을 보면, 가내 노동보다 수공업 협동조합의 노동 생산성이 50-100% 증가하였다. 이리하여 자본주의에서는 변방에 위치했던 수공업자가, 사회주의하에서는 협동조합화를 통해 사회주의 생산관계의 하나로서 확고히 자리 잡게 되었다.

1차 5개년 계획의 기간은 이렇게 경제의 모든 부문에서 사회주의 생산관계를 확립하는 과정이었다. 그런데 그 과정에서 쏘련의 생산력 또한 비약을 했는데 과거 기계를 수입해야만 하는 후진적인 농업국에서 기계를 생산하는 대공업의 국가로 변신한 것이다. 그에 따라 이

---

12) 같은 책, p. 370.

기간에 쏘련에서 기계제조업의 건설은 특히 중시되었다. 기계제조 공업의 핵심인 선반 제조에 있어서, 과거 거의 전적으로 선반을 수입하던 상태에서 자체적으로 선반을 제조하는 것이 가능해졌다. 그에 따라, 1932년에는 선반의 수입 의존도가 58.7%로 낮아졌다. 그리고 각종 기기와 설비의 생산이 이 기간에 3.3배 증가하였고, 최초로 자동차와 트랙터의 대량 생산이 이루어지게 되었다. 특히 트랙터의 대량 생산은 정치적으로 중요한 의미가 있는데, 이를 통해 비로소 농업 집단화의 물적 조건이 확보되는 것이었기 때문이었다. 1차 5개년 기간에 쏘련의 기계제조업은 약 10만대의 트랙터를 농촌에 공급할 수 있었다.

그리고 이 시기에 경공업은 1928년에 비해 생산량이 50% 증가하였고 식품 공업은 58% 증가하였다. 특히 쏘련 자체적으로 기계를 제조할 수 있게 됨에 따라 경공업과 식품 공업에 필요한 기계 설비를 자체적으로 제작하게 되어 경공업과 식품 공업의 발전이 촉진되었다. 그리하여 식품 공업이 생산하는 식품의 종류도 수백 종이나 증가하게 되어 쏘련 인민의 먹고사는 문제의 해결에 크게 기여하였다. 이러한 경과는 쏘련이 중공업 우선 정책을 폄에 따라 인민의 소비를 등한시하였고 쏘련 인민은 제대로 소비를 할 수 없었고 내핍 정책을 폈다고 주장하는 부르주아들, 제국주의자들, 뜨로쯔끼주의자들의 주장을 반박하는 것이다. 왜냐하면 사회주의 경제는 자본주의 경제의 자연 발생적인 성장과 달리 계획적이고 의식적인 성장을 본질로 하는데, 그에 따라 소비재 생산을 가능하게 하는 생산 수단의 생산, 중공업의 발전에 우선 점을 둘 수밖에 없기 때문이다. 1차 5개년 기간에 쏘련이 소비재 생산에서 달성한 성취는 웬만한 자본주의 나라들은 따라오기 힘든 것이다. 자본주의 나라에서 불과 5년도 안 되어 나라 전체에서 소비를 50% 이상 증가시키는 것이 가당키나 한 것인가!

이 기간에 노동자의 1인당 임금은 배 이상 증가되었고 또 노동자의 수가 배로 증가함에 따라 전체적인 임금 기금의 규모는 4배로 되었다. 이는 경제 전체에서 노동자계급이 차지하는 비중이 폭발적으로 증가되었다는 것을 분배의 영역에서 보여 주는 것이다. 그리고 이러한 임금의 증가는 상품 가격의 실제적인 인하의 추세 속에서 달성된 것이어서 노동자의 구매력은 크게 늘어나게 되었다(볼쉐비끼 당 중앙위원회는 1927년 1월 소매가격의 10% 인하, 농산품 수매가격의 4.5% 인상을 결정하였다). 그리하여 소비재 판매량을 가리키는 국영 상업의 유통액은 1929-30년도에 1926-27년도에 비해 1.1배 증가하였고 협동조합 상업의 상품 유통액은 2.2배 증가하였다. 이렇게 모든 영역에서 1930년대 초 1차 5개년 기간에 노동자와 인민의 소비 수준이 크게 향상되었다는 것이 드러난다. 이 기간에 쏘련은 배급제를 도입하는데 처음에는 식량에 대해서, 이후에는 여타의 식품에 대해서 도입하였다. 그러나 이러한 배급제의 실시는 이전의 전시 공산주의 시기에 생산력이 파괴되고 식량이 부족하던 상태에서 실시되었던 배급제와 달리, 소비재의 생산이 **빠른** 속도로 증가하던 상황을 조건으로 하는 것이었다. 즉, 1929년 1월부터 실시된 배급제는 노동자와 인민의 구매력의 성장이 소비재의 생산의 증가를 앞섰기 때문에 실시된 것이었다. 그렇기 때문에 소비재 생산이 인민의 수요의 증가를 따라가는 것이 어느 정도 가능해졌던 2차 5개년 계획의 시기에 대부분의 배급제는 폐지되게 된다.

  이렇게 제1차 5개년 계획의 실시를 통해 인민과 나라 전체가 풍요로워지는 길이 시작되었다. 주민의 저축을 보면 예금자 수가 1926년 10월 1일에 120만 명에 지나지 않았으나 1933년 1월 1일에는 그 수가 2,390만 명으로 크게 증가하였다. 또 저축액도 크게 증가되었는데 같은 시기에 6,400만 루블에서 9.74억 루블로 증가하였다. 이러한 부의 증가는 나라 전체의 예산에도 반영되었는데 1932년의 국민 경제 예산은 1925-26년도에 비해 19배 증가하였고 중공업 예산은 49배가 증가하였다.

이 시기에 7시간 노동제가 실시되기 시작했다. 7시간 노동제는 2차 대전의 발발 전까지 실시되었는데 전쟁으로 인해 노동 시간은 다시 늘어날 수밖에 없었고 쏘련이 다시 7시간 노동제로 돌아간 것은 1950년대 말이었다. 노동 시간은 1913년에 9.9시간, 1928년 7.8시간, 1932년 6.98시간으로 각각 감소하였다. 이 시기에 여성의 경제 참가도 증가하였는데 1932년 여성의 경제 참가율은 27.4%에 이르렀다. 사회보험도 크게 발전했는데 사회보험금 수령자가 1925-26년에 810만 명에서 1932년 2,070만 명으로 크게 증가하였다. 주택 건설도 상당히 진척되었는데 1932년 노동자가 집세로 지불해야 되는 액수는 총지출의 5.8%에 지나지 않았다. 그러나 혁명 전에 노동자는 총지출의 18-20%를 집세로 지불해야 했었다. 그리고 사망률은 보건 상황의 개선으로 저하했는데, 1932년에는, 혁명전인 1913년에 비해 31.5%가 감소하였다.

이와 같이 1차 5개년 계획의 실시는 쏘련의 생산력을 한 단계 상승시키며 쏘련을 농업국에서 공업국으로 전환시키는 것이었다. 또한 공업과 상업에서 사적 자본이 소멸되었고, 한편으로 수공업자의 협동조합화를 통한 사회주의 생산관계로의 전환이 이루어졌다. 이러한 발전은 임금, 노동 조건, 사회보험, 주택, 소비 수준, 교육, 사망률 등 사회적인 모든 부문에서 획기적인 진보를 가져오는 것이었다. 그런데 공업과 도시에서는 발전이 순조로웠던 반면에 농업과 농촌에서는 격동을 가져오게 되는데, 이는 공업에서는 사회주의적 생산관계가 이미 수립되어 있었던 반면에, 농업에서는 소농 생산이 지배적이었고, 그에 따라 농업의 전반적인 집단화를 통한 사회주의 생산관계의 수립이 우선적으로 이루어져야 하는 상황이었기 때문이었다.

3. 농업의 전반적인 집단화 과정

신경제 정책은 전시 공산주의에서의 왜곡을 시정하고 또 농민에게 일정한 양보를 포함하는 것이었다. 그리하여 전체 경제는 국유화된 사회주의 공업 부문, 국가자본주의 부문, 소농민 등 소부르주아 부문, 사적 자본주의 부문, 전(前) 자본주의적 자연 경제로 구성되게 되었다. 이러한 신경제 정책은 노동자계급의 사회주의 부문이 사적 자본주의와 농민의 획득을 놓고 투쟁하는 것이었다. 그리하여 노동자계급이 농민을 획득하고 사회주의 건설에 성공할 것인가, 아니면 사적 자본주의 부문이 농민과 연합하여 자본주의를 복고할 것인가가 각축하고 있었다. 즉, '누가 누구를'이라는 것이 당시의 관건적 요소였다. 그리하여 노동자계급은 제1차 세계 대전 그리고 제국주의 세력의 간섭과 내전으로 피폐해진 사회주의 공업 부문을 서서히 회복해 나가는 것을 기초로 사적 자본주의 부문을 제한하고 서서히 배제해 나가는 정책을 폈는데, 여기서 부하린은 신경제 정책을 우익적으로 해석하였다.

부하린은 이미 1925년에 '부자가 되라(enrich yourself)'라는 구호를 내걸었는데 이는 사실상 농민들에게 부농이 되라고 촉구하는 것이었다. 신경제 정책으로의 전환 전에 부하린은 좌익 공산주의의 대표자였는데 좌익 공산주의는 심지어 화폐의 소멸을 주장하는 입장이었다. 그런데 내전이 승리로 끝나고 신경제 정책이 실시되자 부하린은 과거의 초좌익적 입장을 접고 쏘련의 경제를 사회주의 부문과 자본주의 부문이 장기간 공존하는 것으로 해석하는 것으로 방향 전환을 하였다. 부하린은 뜨로쯔끼의 초공업화 주장을 비판하면서도, 쏘련에서 부농 등 사적 자본주의 요소가 평화적으로 사회주의적 부문으로 전화할 것이라는 주장을 폈다. 특히 부농이 판매와 신용 협동조합의 형식으로 조직되어 가는 것을 통해 사회주의로 점진적으로 이행할 것이라고 했다.13) 여기서 부하린은 협동조합의 수준이 판매와 신용, 소비 협동조합을 넘어서서, 생산의 영역에서 협동조합의 조직화가 필요하다는 점에 대해서는 외면하고 있었다. 1928년에 곡물 위기가 발생하였을 때, 곡물을 쏘비에트 국가에 팔기를 거부하는 부농의 곡물 파업이 전 사회적인 쟁점이 되었을 때, 부하린은 공개적으로 부농을 옹호하고 쏘비에트 정부를 비난하는 입장을 취하였다. 부하린은 곡물 위기의 발생은 부농 때문이 아니라 계획의 오류 때문이라 주장했다. 부농의 투기 행위는 곡물 위기의 원인의 하나이지만 중요한 원인은 아니며, 쏘비에트 정부가 정책에서 오류를 범할 때 부농은 위험한 세력이 되며, 농업에서 협동조합, 집단 농장을 발전시키면서도 동시에 개인농의 축적을 폐지해서는 안 된다고 했다.14) 부하린의 이러한 주장은 집단 농장 운동을 추진하되 부농의 자본 축적을 건드려서는 안 된다는 것이었다. 그러나 현실에서 쏘비에트 정부는 곡물 위기에 대해 부농의 투기 행위를 단속하고 법령에 근거하여 투기적 곡물 비축분을 몰수하여 곡물 위기를 타개하는 길을 걸었다. 농촌은 풍년이 들지만 도시와 노동자는 굶주려야 하는 상황은 프롤레타리아 독재 국가하에서 비정상적인 것이었다. 따라서 1928-1929년 당시 최대의 쟁점은 농업에서의 위기를 극복하는 문제였다. 공업이 사회주의적으로 빠른 속도로 발전함에 따라 노동자 등 도시 인구가 급팽창하고 있어서 상품성 곡물의 증대가 절실하였고 또 공업 원료를 공급하는 농업의 발전이 절실한 상태였다. 그러나 농업에서는 소농 생산이

---

13) 周尚文·叶书宗·王斯德, ≪苏联兴亡史(쏘련 흥망사)≫, 上海人民出版社, 1993, p. 298.
14) 같은 책, p. 312.

다수를 차지하고 있었고, 부농이라는 농촌 부르주아들은 소농 생산에 기대어 곡물 투기와 곡물 판매의 사보타주, 고리대금업, 고농과 빈농에 대한 착취 등을 통하여 부를 축적하고 있었다.

이러한 상황에서 볼쉐비끼 당은 이미 1927년 말의 15차 당 대회에서 농업의 집단화를 대중적 운동으로 전개할 것을 결의한 바 있었다. 공업에서의 사회주의적 생산관계와 농업에서의 소농 체제가 더 이상 병존하기 어려운 상태, 특히 농업에서 생산력 발전이 한계에 도달하고 있었던 상태에 대해 볼쉐비끼 당은, 모범적 사례로서 농업 집단화를 제시하는 것을 넘어 대중적 운동으로 농업 집단화를 추진하기로 결정한 것이었다. 이것이 이른바 반우파 투쟁, 부하린과 쓰딸린의 논쟁의 배경이었다.

부하린은 1928년 5월에 볼쉐비끼 당 정치국에 서신을 보내 쏘비에트 정부의 곡물 정책이 부농만이 아니라 중농 또한 쏘비에트 정부를 반대하게 했다고 비난했다. 이에 대해 쓰딸린은 곡물 위기의 원인은 곡물 수요의 증가에 비해 상품성 곡물 생산의 성장이 늦은 것이 문제의 근원이라고 답을 했다. 부하린은 1928년 9월 30일 ≪어느 경제학자의 일기≫를 발표하여 쓰딸린을 격렬하게 비난하였다.[15] 부하린은 1929년 1월 말의 당 중앙위원회 연석회의에서 쓰딸린을 비난하는 성명을 발표했지만 패배하고 직책의 사임을 당에 요청했지만 받아들여지지 않았다. 이후 부하린은 당내 분파 투쟁에서 패배했던 까메네프와 비밀 회동을 하여 세력 연합을 모색했다. 이러한 세력 연합은 쓰딸린 등에 의해 비판을 받았고 1929년 11월 부하린은 정치국 내에서의 직위가 해제되었다. 이후 부하린, 리꼬프, 똠쓰끼 등 우파 지도부들은 성명을 발표하여 자신들의 오류를 인정하였고 이로써 당내

---

15) 같은 책, p. 315.

논쟁은 일단락되고 볼쉐비끼 당은 농업 집단화의 대중적 전개에 본격적으로 나설 수 있게 되었다.

이러한 당내 논쟁에서 부하린이 오류를 범한 근본 원인은 신경제 정책을 우익적으로 해석했다는 점이다. 그러나 신경제 정책은 사적 자본의 허용, 농민에 대한 양보가 본질이 아니며, 농민을 가운데 두고 노동자계급과 자본가계급이 총이 아니라 화폐를 무기로 경쟁하고 투쟁하는 정책이라는 점, 계급 투쟁의 또 하나의 형식이라는 점을 부하린은 놓치고 있었던 것이다. 그리하여 근거도 없이 사적 자본주의 요소가 협동조합의 형식을 통해 사회주의로 자연스럽게 성장·전화할 것이라는 장밋빛 전망―그러나 노동자계급을 무장 해제시키는 전망―을 제시했던 것이다. 그러나 농업에서 자본주의 요소의 극복, 생산의 영역을 포함하는 농업에서의 협동조합화, 집단화는 단순한 행정적 정책의 문제 혹은 경제적 정책의 문제가 아니라 사회주의 생산관계의 수립의 문제이며, 따라서 그것은 곧 계급 투쟁의 문제가 되는 것이었다. 부하린의 오류의 모든 점은 바로 이 점에 있었다. 농업에서 집단화는 사회주의 생산관계 수립의 문제라는 점에서 결코 자연 성장적으로, 진화적 방법으로 이루어질 수 없으며 농민과 농업에 있어 그것은 새로운 질적인 도약의 문제였다. 여기서 부하린에 대한 레닌의 평가, 즉 부하린은 변증법을 이해하지 못한다는 레닌의 평가가 정확했다는 것을 확인할 수 있다.

레닌은 농업에서 집단화, 협동조합화의 문제에 대해 자발성의 원칙을 강조했다. 자발성의 원칙은 첫째, 농업의 사회주의 개조 과정에서 폭력을 사용하지 않을 것, 둘째, 자발적 참가 원칙을 위배하지 않는 조건에서만 비로소 농업의 사회주의 개조가 가능하다는 것이었다. 그러나 자발성의 원칙이 자유방임을 의미하는 것은 아니었으며 프롤레타리아 국가와 당이 농민의 자발적 연합을 위한 조건, 특히 물질적 조건을 창출해야 함을 레닌은 강조했다. 프롤레타리아 국가와 당이 농민과 농업에 제공해야 하는 이러한 도움은 크게 세 가지로 나뉘는데 첫째, 물질적 원조(농기계, 신용 대출, 비료 등), 둘째, 조직적 원조(노동자계급이 대형의 국영 농장을 건설하는 과정에서 얻었던 경험의 전수 등), 셋째, 정치적, 문화적 원조(부농과의 투쟁, 문맹 퇴치 등 문화적 수준의 제고) 등이었다.16) 농업 집단화에 대한 레닌의 이러한 방침은 농업 집단화와 관련한 거의 모든 부분을 포괄하는 것이었다. 특히 자발성의 원칙, 그리고 트랙터 등 물질적 원조를 통한 집단화 운동의 원조는 그중의 핵심적인 정책이었고 쓰딸린 또한 레닌의 이러한 방침에 따라 1929년 말까지 집단화 운동의 대중적 전개를 이끌어 나갔다. 1930년대 초반의 급격한 집단화의 고양 전까지는 한편으로 부농을 제한하고 배제해 가면서 국영 농장의 모범적 사례를 통한 집단화의 자극, 그리고 트랙터 등 현대적 농업 기계의 도입을 통한 집단화의 자극을 조건으로 집단화를 대중적 운동으로 전개하는 것이었다.

농업의 집단화에 커다란 영향을 준 것은 사회주의 부문이었다. 특히 국영 농장은 주변의 농민들에게 커다란 자극으로 작용했다. 현대적인 농업 기계를 대량 보유하고 현대적인 농업 기술로 대규모의 농업을 시행하는 것 자체가 소농민들에게 자극으로 작용한 것이다. 그리하여 국영 농장 중심으로 주변에서 원을 그리며 집단 농장들이 형성되어 갔다.17) 국영 농장이 집단화의 구심으로 작용한 것이다. 또한 쏘비에트 국가가 농민들에게 실시한 예약 매입제도 집단화의 커다란 자극으로 작용하였다. 1928-1929년도에 농가의 약 1/3 이상이 예약

---

16) 苏联科学院经济研究所 编, 앞의 책, p. 423.
17) 같은 책, p. 444.

매입제에 참여했다.[18] 쏘비에트 국가는 예약 매입제에 참여한 농가에 대해 높은 가격으로 수매하였고 수매량을 낮추어 주어 농민이 시장에 내다 팔 수 있는 여지를 만들어 주었다. 이러한 과정을 통하여 농민들은 농업에서 계획이 가능하다는 것, 농업의 사회화가 가능하다는 것을 배워서 이 과정에서 집단 농장이 15,000개가 증가하였다.[19] 그리고 주로 수입에 의존하는 것이었지만 농기계의 보급이 늘어나면서 농민들에게 커다란 자극이 되었다. 중세 이래 수백 년 동안 나무쟁기로 농사짓던 농민들에게 트랙터의 등장은 새로운 세계, 새로운 시대를 알리는 것이었다. 쏘비에트 국가는 농기구 임대소, 트랙터대(隊), 기계·트랙터 기지(Machine Tractor Station, MTS)를 농촌에 대량으로 설치하기 시작했는데, 이 트랙터대와 기계·트랙터 기지는 농업 집단화의 지렛대로 작용하였다. 이것들은 농민들에게 소생산을 탈피한 현대적인 대규모 농업의 장점을 선전하고 농민들을 집단 농장으로 끌어들이는 구심이었다.

또한 농업 집단화를 대중적으로 전개하기 위해 볼쉐비끼 당은 약 25만 명의 선진 노동자를 농촌에 파견하여 집단화 운동을 원조했다. 이들 노동자 그리고 군대에서 제대한 적군(赤軍) 출신의 농민들은 이후 집단 농장에서 지도적 역할을 수행하게 된다. 그리고 이러한 과정에서 빼놓을 수 없는 것은 1928-1929년의 곡물 위기에 대한 투쟁이었다. 부농들이 곡물 투기를 하고 곡물 판매를 사보타주하는 것에 대해 당시 쏘비에트 국가는 징발대를 농촌에 보냈는데 징발대는 빈농, 중농과 연합하여 부농의 곡물을 몰수하는 투쟁을 하였다. 그리고 이 과정은 1920년대 농민에 대한 양보 정책으로 인하여 강화되어 갔던,

---

18) B. N. 포노말료프 편, 앞의 책, p. 68.
19) 苏联科学院经济研究所 编, 앞의 책, p. 438.

농촌에 대한 부농의 지배력을 전복하는 것이었다.[20] 농촌에서 부농의 지배력의 이러한 전복은 농업 집단화가 대중적 운동으로 전개되기 위한 조건의 하나로 작용하였고 중농이 집단화 운동에 참여하는 계기로 작용했다.

볼쉐비끼 당이 15차 당 대회 결의를 통해 대중적인 집단화 운동을 결의하고 또 행정적, 경제적, 정치적 노력을 기울임에 따라 집단화 운동은 빈농 이외에 중농까지 끌어들이는 수준으로 발전하였다. 1929년 7월부터 9월까지 100만 호의 농민이 집단 농장에 가입했는데 이는 중농이 움직이기 시작했다는 것을 의미했다. 그리고 그 뒤 3개월 기간에는 이미 240만 호의 농가가 집단 농장에 가입했다.[21] 또한 예약 매입제에 기초하여 파종을 협동하여 수행하는 파종 협동조합이 광범하게 발전했다. 예약 파종 면적은 1929년 전체 파종 면적의 22%에 달하였고 1930년에는 70.2%에 달하였다. 그리하여 600-700만 호의 농가, 즉 전체 농가의 1/4이 가장 간단한 생산 협동조합의 형식으로 조직되어 농촌에 집단주의의 요소가 인입되고 있었다.[22] 전반적 집단화의 전야에 집단화 운동은 이미 이렇게 대중적 운동의 궤도에 올라 있었다. 이러한 것이 1930년 집단화 운동이 전반적으로 전개되기 전까지 농업 집단화 운동의 대중적 전개의 대략적인 상이다.

그런데 이렇게 집단화 운동이 대중적으로 전개되고 성과를 내기 시작했을 때, 볼쉐비끼 당은 집단화 운동에서 중대한 정책의 전환을 결의한다. "공산당은 농촌의 계급 역량의 대비와 농업 경제의 근본적 변화를 고려하여, 1930년 초에 부농을 제한하고 배제하는 정책으로부

---

20) B. N. 포노말료프 편, 앞의 책, p. 69.
21) 같은 책, p. 70.
22) 苏联科学院经济研究所 编, 앞의 책, p. 440.

터 전반적인 집단화에 기초하여 부농계급을 소멸시키는 새로운 정책으로 전환했다."23) 그리하여 1930년 1월 5일 당 중앙위원회는 ≪집단화의 속도와 국가가 집단 농장을 원조하는 방법에 대하여≫라는 결의를 통과시킨다. 이 결의에서 볼쉐비끼 당은 "5개년 계획 기간에 원래 5개년 계획에서 규정되었던 파종 면적의 20%의 집단화를 완성할 뿐만 아니라 절대다수의 농가의 집단화라는 임무를 완성할 수 있다"24)고 판단하였다. 이러한 정책의 전환은 1차 5개년 계획이 확정되었을 당시 향후 5년 동안 전체 파종 면적의 20%를 집단화한다는 방침을 수정하여, 집단화 운동의 대중적 전개의 성공에 기초하여 1차 5개년 계획 기간에 대부분의 농가를 집단화하는 것으로 변경한다는 것이었다. 그리하여 볼가강 중류와 하류, 북까프까쓰 등 주요 식량 생산 지구는 1930년 가을부터 1931년 봄까지, 기타 식량 생산 지구는 1931년 가을부터 1932년 봄까지, 여타의 지구는 1933년까지 집단화를 완성한다는 결정을 하였다.25)

집단화 운동의 대중적 고조와 당의 이러한 결정이 상호 맞물리면서 1930년 초반에 집단화 운동은 폭발적으로 전개된다. 그리하여 1930년 3월경에는 전체 농가의 57.6%가 집단화에 참여하였다.26) 그러나 이 과정에서 집단화에서의 자발성의 원칙을 중대하게 침해하는 일이 다반사로 발생하였다. 강제로 주택과 가축, 가금을 공유화하고 농민들에게 부농으로 간주하여 수탈한다고 위협하고 중농들에게 선거권을 박탈하겠다고 위협하는 일이 발생하였다.27) 또한 많은 지역에

---

23) 같은 책, p. 472.
24) 같은 책, p. 473.
25) 같은 곳.
26) 알렉 노브, ≪소련경제사≫, 창작과 비평사, 1998, p. 193.
27) 苏联科学院经济研究所 编, 앞의 책, p. 474.

서는 집단 농장이 서류상에서만 존재하는 상황도 비일비재하였다. 그리고 부농들은 중농의 상당수를 선동하여 가축을 도살하기 시작했다. 이때 말, 소 등 가축 수천만 마리가 도살되었다. 이렇게 상황이 악화해 가자 쓰딸린은 1930년 3월 2일 "성공에 현혹되어"라는 글을 ≪쁘라브다≫에 발표하여 상황을 교정하는 작업에 나섰다.28) 이 글에서 쓰딸린은 집단화에서 자발성의 원칙이 침해되고 있고 행정적 강제가 행해지고 있다는 점을 비판하고 서로 다른 지역들의 특성이 무시되고 있다는 점을 비판하며 농민들에게 집단 농장에서 탈퇴의 자유를 보장한다는 것을 밝혔다. 쓰딸린이 이 글을 발표하고 나서 집단 농장에 참여했던 농민들의 약 절반이 집단 농장에서 탈퇴를 하였다. 그리하여 집단화율은 전체 농가의 23.6%로까지 떨어졌다. 이러한 상황은 집단 농장의 대중적 전개에 고무된 볼쉐비끼 당 중앙위원회가 원래의 계획을 수정하여 1차 5개년 계획 기간에 집단화를 완성한다는 방침으로 전환한 것이 각 지방 공화국과 지역들에서 행정적 강제를 수반하는 무리한 집단화로 귀결되었다는 것을 의미한다. 즉, 쓰딸린 자신이 "성공에 현혹되어"라는 글을 발표하여 자발성 원칙의 침해를 비판했지만, 오류를 범한 것은 각 지역의 행정 당국, 집단화 활동가들만이 아니며, 무리한 계획으로의 전환을 결정했던 볼쉐비끼 당 중앙위원회 또한 오류를 범한 당사자라는 것을 보여 주는 것이다.

집단 농장에 참여했던 농가 중에서 약 절반의 농가가 탈퇴했다는 것은 중농들이 집단 농장에 참여할 수 있는 조건이 충분히 확보되지 않았다는 것을 의미했다. 실제로 쏘련에서 트랙터의 대량 생산은 1930년 말에 쓰딸린그라드의 트랙터 공장의 완공, 1931년에 또 하나의 트랙터 공장이 완공된 이후에 가능해졌다. 레닌은 농업 집단화에

---

28) 같은 책, p. 475.

서 자발성의 원칙과 트랙터를 포함하는 농기계 등 물질적 원조를 강조한 바 있었는데, 볼쉐비끼 당 중앙위원회는 트랙터의 대량 생산이 담보되지 않은 상태에서, 1929년 말까지의 집단화의 일정한 성공에 도취되어 급작스레 1차 5개년 계획을 변경하여 무리하게 집단화를 밀어붙인 것이었다. 그런 점에서 "성공에 도취"된 것은 지방의 행정 당국과 집단화 활동가들만이 아니라 볼쉐비끼 당 중앙위원회 자체였던 것이다.

1929년 말까지 약 240만 호의 농가가 집단화에 참여한 것은 중대한 성공을 의미했다. 특히 중농이 집단화에 참여하기 시작했다는 것의 명백한 징표였다. 그러나 중농이 집단화에 부분적으로 참여하는 것을 넘어서서, 계급으로서 중농이 집단화에 전반적으로 그리고 자발적으로 참여하기 위해서는 물질적 조건, 특히 트랙터의 대량 생산이 전제되어야 했다. 그러나 1930년 초 당시에 트랙터의 대량 생산은 1-2년이 걸리는 문제였다. 1-2년의 시간 차이는 역사적 맥락에서 보면 사소한 것이고 종이 한 장의 차이이지만, 문제는 그러한 종이 한 장의 차이로 인해 농업 집단화에서 자발성 원칙이라는 맑스-레닌주의의 원칙이 침해되었다는 점이다.

그렇지만 볼쉐비끼 당은 이러한 오류를 범하였지만 쓰딸린의 "성공에 현혹되어"라는 글의 발표를 기점으로 신속히 자신의 오류, 집단화 운동에서의 오류를 극복해 가기 시작했다. 쓰딸린의 글이 발표되었던 1930년 3월 2일 같은 날에 집단 농장의 장정(章程)을 발표하여 주택, 가축 등을 공유하는 꼬뮌형 집단 농장을 비판하면서 농기구와 노동을 집단화하는 아르쩰형 집단 농장을 집단 농장의 보편적인 형태로 채택하였다. 아르쩰형 집단 농장에서는 농민들이 우유를 생산할 수 있는 암소를 비롯한 일정한 가축과 가금을 개인적으로 소유하고 또 1헥타르 미만의 일정한 양의 텃밭을 개인적으로 사용하는 것을 허용하였다. 이는 집단적 이익과 농민의 개인적 이익의 통일을 도모하는 것이었다. 그리고 농민들이 대거 집단 농장에서 탈퇴한 이후 볼쉐비끼 당의 오류의 교정에 따라 집단 농장 운동은 1930년 가을부터 다시 상승세를 타기 시작했다. 이 시기에 농민의 자발성 원칙이 특히 강조되었는데 농민으로 하여금 집단 농장 가입 신청서를 직접 작성하게 하고 농장 관리위원회의 토론을 거치고 농장원 대회를 거쳐 가입이 결정되게끔 가입 절차를 강화하였다.29) 이러한 과정을 거쳐 집단 농장은 서서히 확대되었는데, 1933년에는 1520만 호, 전체 농가의 60%가 가입하였고 2차 5개년 계획 시기인 1937년에는 1850만 호, 전체 농가의 93%, 경작 면적의 99.1%가 집단화되었다.

이러한 집단화 과정에서 부농에 대한 제한, 배제의 정책에서 계급으로서 부농의 소멸 정책으로의 전환이 검토될 필요가 있다. 도시의 공업과 상업의 영역에서 사적 자본가들, 네쁘맨들은 볼쉐비끼 당의 사적 자본에 대한 제한과 배제 정책에 따라 1차 5개년 계획 기간에 소멸의 길을 걸었다. 그러나 농촌에서 꿀라크들, 부농들은 이렇게 조용히 소멸의 길을 걸은 것이 아니라 격렬한 저항을 하였다. 부농들은 집단화 활동가를 살해하고 집단 농장의 건물에 방화하고 국유 재산과 집단 농장 재산을 파괴하고 절취하는 등의 테러 활동과 말과 소 등 가축 수천만 마리를 도살하는 등의 행위를 하였다. 부농들이 이렇게 집단화에 대해 이렇게 격렬하게 저항한 것은 집단 농장 운동의 전개와 부농의 계급적 이익이 적대적으로 대립했기 때문이었다. 부농들, 꿀라크들은 농촌에서 유지로 행세하며 곡물 투기, 고리대금업, 농기구를 빈농과 중농에 비싸게 대여하는 것, 고농과 빈농을 고용하여 착취하는 것 등을 통해 부를 축적하고 있었다. 그런데 빈농과 중농이

---

29) 周尚文·叶书宗·王斯德, 앞의 책, p. 351.

집단화되어 더 이상 부농에게 농기구를 임차하지 않고 돈을 빌릴 필요가 없게 되고 부농에 고용될 필요가 없게 된다면 부농의 자본 축적의 기반은 허물어지게 되는 것이었다. 그리고 부농의 격렬한 저항은 부농을 집단 농장에 가입시키는 것이 불가능하게 되었다는 것, 부농을 집단 농장에서 배제하는 것이 불가피해졌다는 것을 의미했다.

부농에 대한 볼쉐비끼 당의 대응은 부농의 종류를 3가지로 나누는 것이었다. 먼저 집단화 운동가를 살해하는 등의 테러를 한 부농은 쏘비에트 법률의 심판을 받고 그 가족은 변경 지구로 추방되었다. 그리고 두 번째의 유형은 집단화를 공개적으로 반대하는 부농과 과거 지주 출신들이었는데 이들은 변경 지구로 추방되었다. 세 번째의 유형은 부농 중 가장 다수를 차지하는데 이들은 집단 농장에서 배제된 상태에서, 변경 지구로의 추방이 아니라 일정한 주거에 모여서 '부농촌'을 형성하여 집단 거주하게 되었다. 첫 번째 부류의 부농은 7.7만 호였으며 두 번째 부류의 부농은 15만 호였고 세 번째 부류의 부농은 81.5만 호였다.[30] 변경 지구로 추방된 부농은 약 24만 호였는데, 변경 지구로 추방된 부농에 대해 쏘비에트 정부는 생활을 보장하여, 추방된 부농은 그 지역에서 임업, 건축, 광산업에 종사하게 되었고 서시베리아와 카자흐스탄 지역에서는 국영 농장의 노동자로 새로운 삶을 살게 되었다.[31]

부농에 대한 쏘비에트 정부의 이러한 대응을 검토해 본다면 부농을 3종류로 나누어서 대응했다는 점은 적절한 것이다. 쏘비에트 법률을 위반했는가 아닌가를 기준으로 부농을 나누어 분리 대응하는 것은, 구체적 혐의에 대해 구체적으로 대응하는 것으로서 사회주의적

---

30) 같은 책, p. 346.
31) 苏联科学院经济研究所 编, 앞의 책, p. 483.

법치주의에 합치하는 것이다. 그런데 상당수의 부농을 변경 지구로 추방하는 것이 사회주의적 법치주의에 합치하는가는 의문의 여지가 있다. 물론 형사법적 처벌의 한 유형으로서 추방 혹은 유형(流刑)은 존재할 수 있다. 과거 짜르 시대에 유형은 형벌의 공공연한 한 종류였다. 그러나 쏘비에트 법률을 명백히 위반한 당사자를 제외한 그 가족, 그리고 정치적으로 집단 농장을 반대하는 견해를 표명했다고 하여도 쏘비에트 법률을 직접적으로 위반하지 않은 부농을 변경 지구로 추방하는 것은 사회주의적 법치주의에 합치하지 않을 수도 있는 것이다. 집단화가 사회주의 생산관계의 확립 과정이라는 점에서 그것은 계급 투쟁의 문제이며, 따라서 부농에 대한 수탈과 진압이 수반될 수밖에 없지만, 이미 프롤레타리아 독재 국가가 성립하여 통치하고 있었다는 점에서 수탈, 진압과 통치, 행정, 관리를 적절히 결합시키는 문제에 있어서는 검토의 여지를 남기는 것이다.

제1차 5개년 계획 시기 농업 집단화는 이러한 격동 속에서 그리고 오류를 극복하는 과정을 거치며 서서히 발전해 갔다. 농업 집단화에서 농민들을 견인하는 결정적 역할, 구심적 역할을 한 것은 사회주의적 부문인데, 기계·트랙터 기지(MTS)와 국영 농장이 그것이다. 트랙터, 연합수확 기계, 파종기, 탈곡기 등 다량의 농기계를 보유한 MTS[32]는 한 곳당 주변 집단 농장 34곳을 맡아 복무하였다. 1차 5개년 기간에 MTS 사업에 15억 루블이 투자되었고 집단 농장에는 32억 루블이 투자되었다. 1932년에 이르면 전국적으로 MTS는 2,446개로 늘어났다. 집단 농장은 그 구성에 있어서 노동 조직을 생산대로 나누어 구성했

---

32) 苏联科学院经济研究所 编, ≪苏联社会主义经济史(쏘련 사회주의 경제사)≫ 第四卷, pp. 477-479. 한 곳의 MTS는 1936년 말에 70대의 트랙터, 16대의 연합 수확기, 15량의 자동차, 50대의 탈곡기를 보유하고 있었고 전체 MTS에 소속된 인원은 200만여 명이었다.

는데 생산대는 농민이 과거 개인농 시기와 달리 계절성에 구애받지 않고 안정적으로 노동을 할 수 있는 고정적 단위였고 또 개인적 영농이 아니라 집단적 영농을 하는 데 있어서 세포와 같은 것이었다. 또 생산대는 분배에 있어서 기준이 되는 단위였다. 생산대에서 행한 공동 경작이 노동일 단위로 평가되어 수확 시에 곡물 등 현물과 화폐 수입 중에서 개인 몫을 분배받게 되는 단위였다. 또한 집단 농장에서는 부농의 가축 도살로 인한 손실을 회복하기 위한 노력이 경주되었는데 가축의 상당수를 개인적인 부업의 몫으로 돌렸다. 그리하여 1932년에 소의 38.4%, 양의 37.8%가 개인적 부업의 형태로 존재했고 나머지는 집단 농장과 국영 농장의 공유 부문의 형태로 존재했다. 집단 농장은 1932년에 이르면 21.06만 개로 늘어났다.

국영 농장은 1928년 1,407개에서 1932년 4,337개로 증가하였다. 국영 농장이 보유한 농기계는 1932년 국영농장 한 곳당 100대의 트랙터, 50대의 연합수확기, 20량의 화물차 등이었다. 국영 농장은 처음에는 곡물 농장, 면화 농장 등 대규모의 경작을 지나치게 전문적으로 추진했는데, 이후 운영의 기술과 방법이 개선되면서 곡물 국영 농장이 가축을 기르는 축산업을 같이 하는 종합적 국영 농장으로 발전했다. 이는 농업의 특성에 따른 것인데 곡물 재배를 잘하기 위해서는 가축의 거름이 필요하고 또 가축을 사육하기 위해서는 사료 작물 재배가 필요하다는 점에서, 농업은 한편으로 전문성을 추구할 필요가 있지만 다른 한편으로 종합적으로, 유기적으로 연관을 맺으면서 발전할 필요가 있었던 것이다. 1차 계획 기간의 말기인 1932년 사회주의적 부문은 곡물 생산의 76%, 원면의 84%, 사탕의 84%를 점유했고, 특히 사회주의적 공유 부문이 상품성 곡물 생산의 84%를 차지하게 되어 도시에 공급하는 식량 공급의 안정성이 확보되게 되었다. 공업 원료에 있어서는, 1927-28년도에 공업에 필요한 면화의 46.5%를 수입해야 했지만 1차 5개년 계획 기간을 거치며 대부분 자체적으로 국내에서 생산하는 것으로 대체되었다.

1933년 7월 1일 집단 농장 돌격대 1차 대회가 개최되어 그동안 집단 농장 운영에 있어 문제점을 토론하여 새로운 결의를 이끌어 내었다. 노동력의 이용에서 안배가 적절하지 않았고 노동 과정에서 책임질 사람이 없는 현상이 나타나서 작물 재배와 목축업의 질이 떨어졌다는 것이 평가되었다. 또 집단 농장 재산의 등기가 잘 되지 않아 재산의 횡령 가능성이 존재한다는 것이 지적되었다.[33]

집단화 과정이 쏘련 농업에 미친 영향을 보여 주는 것으로서 쏘련 농업 전체의 생산고를 살펴볼 필요가 있다. 1933년의 농업 총생산고는 1932년의 94.4%였는데 이는 기후 등 객관적인 조건을 제외하면 집단 농장 운영의 미숙함, 그리고 집단화 과정에서 자발성 원칙의 침해에 따른 노동 생산성의 저하 등으로 인한 것이다. 그리고 1934년에는 생산고가 소폭 증가했는데 축산업이 10.8% 증가하였고 곡물 재배가 3.3% 증가하였다. 이는 집단화 과정 초기의 오류와 어려움을 서서히 극복하면서 집단 농장의 생산성이 향상되기 시작했다는 것을 보여 준다. 그리고 1935년은 집단 농장 운동에 있어서 '전환의 해'로 불리는데 집단 농장 운영이 안정화되고 곡물 재배가 10.4% 증가하고 축산업에서 19.4%의 증가가 있었다. 그리고 기술 작물 생산이 크게 성장했는데 면화가 45%, 사탕이 43% 증가하였다. 이리하여 1935년을 기점으로 집단 농장의 생산은 안정적으로 발전하기 시작한다. 2차 5개년 계획 말기인 1937년의 경우 농업 총생산이 1차 5개년 말기인 1932년에 비해 곡물은 20% 증가하고 축산업은 45.3% 증가한다. 전체적으로 보면 2차 5개년 계획의 시기는 농업 생산이 1차 5개년 계

---

33) 같은 책, p. 409.

획 시기보다 4.8% 높았고 3차 5개년 계획 시기는 2차 5개년 계획 시기보다 농업 생산이 8.3% 높았다.[34] 이러한 수치는 집단 농장이라는 생산관계가 안정화되어 생산력이 안정적으로 발전하고 있다는 것을 드러내는 것이다. 또 중요한 점은 농업 전체가 기계화된 생산으로 전환함에 따라 약 1,000만 명 이상의 노동력이 절감되어 그 노동력이 공업의 성장의 필요에 따라 도시 노동자로 전환될 수 있었다는 점이다.

집단 농장의 운영이 초기에 미숙한 상태에서, 쏘비에트 국가는 집단 농장 간부들의 발굴과 훈련, 지도력의 상승을 위해 MTS에 정치부를 설치했다. MTS 정치부는 1933년 5월 1일에 출범하여 집단 농장의 공고화라는 임무를 완수하고 이후 지역의 구(區) 당 조직과 통합된다. MTS는 단순히 농기계를 집단 농장에 대여하는 역할을 넘어서서 작물 재배와 축산업의 기술 전반을 끌어올리고 또 MTS의 기계 대여와 기술자의 노동에 대한 대가로 집단 농장이 보수로 제공하는 곡물을 국가에 납입함에 의해 국가가 곡물을 획득하는 주요 원천이 되었다.

집단 농장 운동의 전환의 해인 1935년 2월에 제2차 집단 농장 돌격대 대회가 열렸다. 대회에서는 집단 농장의 장정(章程)을, 그동안의 집단 농장 운영의 경험을 반영하여 수정, 보완하였다. 집단 농장 공유 재산의 1/2-1/4은 공적 적립금으로 하고, 나머지 공유 재산은 집단 농장 성원의 지분에 따른 기금으로 하여 집단 농장 탈퇴 시 탈퇴 성원에게 반환하는 것으로 하고, 가입비는 공적 적립금에 귀속시키는 것으로 하는 등 집단 농장의 체제를 정비하였다. 그리고 분배의 체제도 정비되었는데, 화폐 수입의 경우 공제분을 빼고 공유 부문에서의

---

34) 같은 책, p. 503.

노동일에 따라 분배하였다. 집단 농장에서의 노동일은 공업에서 생산 노르마와 같은 보수 지급의 기준으로서 역할했는데, 노동일을 7종으로 분류하고 그 최고와 최저 비율은 4:1로 하여 평균주의를 극복하고 물질적 자극을 강화하였다. 즉, 노동의 양과 질에 따른 차등적인 보수 지급을 강화하여 노동 생산성의 향상을 자극한 것이었다.

집단 농장이 안정화됨에 따라 농장원들은 개인 부업에 대한 의존도를 점차 줄이고 공유 부문에서의 노동일을 증가시켰다. 공유 부문의 노동일은 1932년에 148일이었는데, 1937년에는 194일로 증가하였다. 이는 농장원의 수입의 비중 면에서 개인 부업의 비중이 줄어들고 공동 작업, 공유 부문에서의 비중이 늘어난다는 것을 의미하였다. 분배의 측면을 구체적으로 보면, 1937년의 경우, 집단 농장 총생산물 중에서 26.1%는 국가에 납부하고 29%는 생산 기금으로 사용하고 35.9%를 노동일에 따라 농장원과 트랙터 기사에게 분배하였다. 그리고 화폐 수입의 경우, 20%는 생산 기금으로, 14%는 공적 적립금으로, 1/2 정도가 노동일에 따라 농장원과 트랙터 기사에게 분배되었다. 노동일당 곡물 분배량은 1932년 2kg에서 1937년 3.9kg으로 증가하였다. 화폐 수입도 농가당 1932년 108루블에서 1937년 376루블로 증가하였다. 그리하여 개인 부업에서 얻는 소득을 합하면 농장원들은 집단화 이전보다 훨씬 높은 소득을 얻게 되었다.

개인 부업은 텃밭 경작 외에 소 등 가축의 사육이 큰 비중을 차지했는데 개인 부업으로 소유하는 소의 숫자가 1932년 1,020만 두에서 1938년 2,510만 두로 증가했고, 돼지의 경우 300만 두에서 1,280만 두로 증가했다. 그리하여 개인 부업 소유의 가축과 공유 부문의 소유의 가축은 대략 각각 절반의 비중을 차지하게 되었다. 축산에 대한 이러한 정책을 통하여 쏘련은 1930년대 후반에 이르러, 1930년 초 부농의 가축 대량 도살로 인하여 발생했던 축산업의 어려움을 타개할 수 있게 되었다. 집단 농장의 안정적 발전은 그 인원 구성에 있어서 변화를 가져왔는데 트랙터 기사, 연합수확기 기사, 운전사, 수리공 등 기술 인원의 비중이 크게 증가하였다. 이는 쏘련의 농촌이 중세의 모습에서 벗어나 현대적인 사회주의 농촌으로 변모했다는 것을 의미했다. 1932년에서 1937년에 이르는 2차 5개년 계획 시기에 트랙터의 공급은 3배로 늘어났는데, 트랙터의 수가 14.8만 대에서 56.1만 대로 증가하였고 그에 따른 기술 인원의 증가도 상당하였다.

국영 농장의 경우 그 구성 노동자에게 개인 텃밭과 가축의 보유를 허용하고 있었다. 1937년에 국영 농장 노동자의 64%가 자신의 가축을 보유하고 있었고 60%가 자신의 텃밭을 보유하고 있었다. 국영 농장이 전체 농업 생산고에서 차지하는 비중도 꾸준히 증가했는데 1928년 1.5%에서 1937년 12.8%로 증가하였다. 혁명 직후 국영 농장이 대지주의 토지를 몰수한 것에 기반하여 창설되었다면 1930년대 이후 국영 농장의 꾸준한 증가는 노는 땅을 개간하는 경우가 많았다. 그리하여 집단화 과정에서 국영 농장과 집단 농장의 비중의 증대는 전체 파종 면적의 확대를 가져왔다. 러시아 공화국의 경우 1937년 파종 면적이 1913년에 비해 34.1% 증가하였고 그루지야는 35.4%, 카자흐스탄은 39.0%가 증가하였다.[35]

이러한 집단 농장과 국영 농장의 성장은 그 설비와 고정 기금의 증가를 가져오는 것이었는데, 농업에서 고정 기금은 1928년 11억 루블에서 1937년 90억 루블로 증가하였다. 그리고 그 고정 기금들에서의 비중을 보면 1937년 MTS는 19.9%, 국영 농장은 20.0%, 집단 농장은 60.1%의 비중을 차지하였다. 기계, 건물 등 고정 기금이 이렇게 증가한다는 것은 농촌과 농업의 모습이 급격히 변화했다는 것을 의미

---

35) 같은 책, p. 468.

한다. 그러나 전력의 경우 그렇지 못했는데, 농촌의 전기화는 부진하여 1936년 3%의 집단 농장, 30%의 MTS, 10%의 국영 농장만이 전기화된 상태였다. 그럼에도 농업의 기계화, 집단화로 인해 농업의 노동 생산성은 크게 증가하였다. 곡물 재배의 경우 집단 농장의 노동 생산성이 소농 체제하에서보다 2배 이상 증가하였다. 1노동일당 수확량을 보면 개인농의 경우 30kg이었지만, 집단 농장은 100kg, 국영 농장은 590kg에 달하였다. 이러한 노동 생산성의 증가는, 기계의 도입과 집단화의 요소 때문만이 아니라 화학 공업의 발전으로 비료의 공급이 가능해졌던 것과 무관하지 않다. 광물성 비료는 이 시기에, 혁명 전과 비교하여 16배 증가하였다. 화학 비료 생산은 1927-1928년도에 17.5만 톤에 불과했으나 1932-1933년도에는 800만 톤에 달하였다.

농업 집단화는 1937년 2차 5개년 계획이 마무리되던 시점에 이미 확고한 안정적 발전의 길을 걷고 있었다. 그러나 1930년 초의 급격한 집단화로의 방향 전환, 그에 따른 행정상의 강제와 자발성 원칙의 침해는 쏘련 농업에 중대한 손실을 가져오는 것이었고, 축산업의 경우 거의 10년의 노력을 통해 부농에 의해 도살된 가축을 보충할 수 있었다. 그런데 이러한 경제적 측면의 문제보다 더 중요한 것은 농업 집단화에서 자발성 원칙의 침해에 따른 정치적 파장의 문제였다. 노동자계급과 중농의 동맹이 공고하지 않다는 것이 1930년 초 농민들의 집단 농장으로부터 대거 탈퇴에 의해 드러났다. 그런데 브레쥐네프 시대의 당의 공식적 입장을 보여 주는 ≪쏘련 사회주의 경제사≫의 저자들은 1930년 초 집단화 운동에서의 오류를 에피소드라고 치부한다. "사실상, 당과 중앙위원회가 완성한, 집단화를 실현하고 건립하는 것과 연관되어 있는 거대한 적극적인 사업과 비교해 보면, 오류와 지나친 행위는 단지 하나의 에피소드일 뿐이다."[36] 그러나 이는 철저히 잘못된 입장이다. 집단화에서 농민의 자발성 원칙이라는 맑스-레닌주의 원칙을 위반하고 침해한 사건을 단지 에피소드라고 평가하는 데서, 1930년대 당시 볼쉐비끼 당 중앙위원회가 범했던 오류가 브레쥐네프 시대에 이르기까지 제대로 교정되지 않았다는 것을 알 수 있다.

엄격히 평가해 보면, 볼쉐비끼 당 중앙원회가 1929년 말까지의 집단화 운동의 성공에 고무되어 1930년 초에 부농의 제한, 배제 정책에서 계급으로서 부농의 소멸 정책으로 전면 전환한 것은 오류였다. 그에 따라 온갖 행정적 강제가 자행되고 농민, 특히 중농들은 깊은 상처를 입게 되었고, 표면적으로는 수년 동안 노동 생산성이 저하되는 영향을 끼쳤다. 그리고 이 과정에서 노농 동맹은 깊이 균열되었다. 노농 동맹의 균열은, 단지 집단 농장 체제하에서의 농업 생산고가 소농 체제보다 더 상승한다고 해서 온전히 회복될 수 있는 성질의 것이 아니다. 이것은 경제적인 문제를 넘어서서 정치적인 문제로 전화되는 것이었다. 즉, 노농 동맹이 균열되고 타격을 입었다는 것은 프롤레타리아 독재가 침식되었다는 것과 같은 의미를 띠는 것이며, 볼쉐비끼 당에 대한 반대 세력, 반쏘비에트, 반체제적인 세력이 음으로, 양으로 활동할 수 있는 틈이 생겼다는 것을 의미했다. 실제로 1920년대 노선 투쟁에서 패배했던 뜨로쯔끼 세력과 부하린 세력은 1930년대 음모적이고 비밀 결사적인 반쏘비에트 활동으로 나아갔는데, 이들이 이런 비합법적인 비밀 결사를 할 수 있었던 정치적 조건이, 1930년대 초반의 농업 집단화에서 볼쉐비끼 당 중앙위원회의 오류로 말미암아 형성될 수 있었던 것이다. 물론, 쓰딸린의 1920년대 뜨로쯔끼와 부하린에 대한 노선 투쟁은 정확하고 정교한 것이었다. 그러나 농업 집단화 운동의 대중적 전개에 고무되어 1930년 초 급격한 방향 전환을 하여 집단

---

36) 苏联科学院经济研究所 编, ≪苏联社会主义经济史(쏘련 사회주의 경제사)≫ 第三卷, p. 477.

화에서 자발성 원칙의 침해를 초래한 것은 쓰딸린의 오류이다. 그리고 이 오류는 노농 동맹의 균열, 프롤레타리아 독재의 침식을 가져왔다는 점에서 중대한 것이며, 쓰딸린에 대한 평가에서 그의 첫 번째 실책으로 평가될 수 있을 것이다.

4. 제2차 5개년 계획

제2차 5개년 계획은 국민 경제의 개조를 완성하는 시기였다. 즉, 사회주의 생산관계의 수립을 완성하는 시기였다. 농업에서 집단화가 절대다수 농민을 포괄하게 되었으며, 공업과 상업에서 사적 자본이 완전히 사라지고 또 수공업자의 협동조합화를 통한 사회주의 생산관계로의 인입이 완성되었다. 이러한 생산관계에서의 완성은 생산력의 고도의 발전을 기초로 하는 것이었고, 역으로 사회주의 생산관계의 완성은 생산력 발전을 추동했다.

그런데 2차 5개년 계획의 시기는 국제 정세에서 악화를 조건으로 한 것이었다. 파씨즘이 등장하여 배외주의적 정책을 실시하고 있었고 쏘련에 대한 침략을 공언하고 있었다. 그리하여 나라의 국방력을 강화하는 것이 절실해졌던 시기이기도 하다. 이로 인해 소비재 생산과 주택 건설에 들어가는 자금의 상당 부분이 국방력 강화에 돌려졌고 또 공업에 있어서도 국방력의 강화하기 위한 기계제조 공업의 건설에 심혈을 기울이게 되었다.

기계제조와 전기화는 기술 개조의 중요 요소였다. 1934년에 개최된 17차 당 대회는 공업 생산을 연 16.5% 증가로 잡았는데 이는 1차 5개년 계획의 시기보다 낮은 수치였다. 이는 기술을 효과적으로 장악하는 것이 무엇보다 필요하다는 인식 때문이었다. 그리하여 1차

5개년 계획은 투자 증대와 노동력 투입의 증대를 통한 조방적(粗放的) 성장을 추구한 것이었다면, 2차 5개년 계획의 시기는 최신 기술의 장악을 통한 노동 생산성 제고와 원가의 절감을 통해 성장을 추구하는 것이었다.[37]

1차 5개년 계획에서는 국민 소득이 82% 증가했는데, 2차 5개년 계획에서는 국민 소득이 112% 증가하였다. 소비재 생산은 배로 증가했는데 혁명 전인 1913년에 비해 5배가 증가한 수치였다. 노동 생산성은 꾸준히 향상되어 1933-1937년의 기간에 연평균 12.7%가 증가하여 기간 전체적으로 82% 증가했다. 반면에 1차 5개년 기간에 노동 생산성은 전체적으로 41% 증가에 그쳤었다. 2차 5개년 계획의 시기에 공업 생산은 1.2배 증가했고 농업 생산은 50% 증가하였다. 축적과 소비를 보면 소비의 경우 국민 소득에서 그 비중이 72.9%를 차지했는데 1차 5개년 계획의 소비 수준보다 배 이상 증가하였다. 이러한 노력의 결과 전체 경제에서 사회주의 부문이 차지하는 비중은 확고해졌는데 공업은 99.8%, 농업은 98.5%가 사회주의 부문에서 생산이 이루어졌다.

1차 5개년 계획 당시 중공업은 적자를 면치 못하는 기업이 많았다. 거대한 설비를 효과적으로 운영할 기술을 가진 인력이 부족한 것이 그 이유 중의 하나였는데 그에 따라 중공업 기업은 초기에 노동 소모량이 많았다. 그러나 차츰 기술을 익히고 숙련화되면서 노동 소모량은 크게 낮아지고 원가 절감이 이루어지게 되었다. 예를 들면 CT3 트랙터 공장은 노동력 소모량이 1932년 329.0이었는데 1937년에는 105.5로 크게 낮아졌다.[38] 그리하여 중공업 기업들이 원가를 절

---

[37] 苏联科学院经济研究所 编, ≪苏联社会主义经济史(쏘련 사회주의 경제사)≫ 第四卷, p. 10.

감하고 적자를 벗어남에 따라 국가의 중공업 기업에 대한 보조금 지급이 철폐되었다. 1937년이 되면 중공업 기업의 이윤이 전체 공업이윤의 40%를 차지하게 되었다. 그리고 중공업 기업의 상품의 가격이 가치에 접근하게 되어 전체 경제에서 경제계산제를 시행하는 데 획기적인 계기가 되었다.

사회주의 경제가 이렇게 안정적으로 발전하자 밑으로부터 새로운 움직임이 발생하게 되었는데 사회주의 경쟁이 그것이다. 자본가를 위한, 타인을 위한 노동이 아니라 자기 자신과 사회를 위한 노동을 하게 된 사회주의 노동자는 사회주의적 경쟁을 통해 노동 영웅주의를 발휘하기 시작했다. 1935년 8월 31일 돈바쓰의 탄부 쓰따하노프는 102톤이라는 목표액을 13배를 초과하는 성과를 내었다. 이러한 혁신적인 성과는 노동 조직과 노동 도구를 개선하여 전문적인 분업화를 강화한 결과였는데, 쓰따하노프의 뒤를 이어 돈바쓰의 탄부들이 앞다투어 쓰따하노프의 성취를 넘어서는 성과를 내었다. 그리하여 사회주의적 경쟁이 불붙었는데, 이러한 경쟁은 돈바쓰 탄전을 넘어서서 전국으로, 전 부문으로 확산하여 수백만 명의 노동자들이 쓰따하노프 운동에 참가하였다. 이러한 쓰따하노프 운동은 노동 생산성을 결정적으로 향상시켰으며, 2차 5개년 계획이 성공하는 데 있어서 커다란 역할을 하였다.

공업 내적인 구조도 변화를 겪었는데, 생산 수단을 생산하는 1부문의 생산에 있어서도, 생산 수단을 생산하기 위한 생산 수단의 생산에 강조점이 두어졌다. 또 이를 위해 필요한 기계제조업의 발전, 특히 선반 제조에 있어서 획기적 진전이 있었는데, 약 172종의 새로운 종류의 선반 제작이 이루어졌다. 선반에 있어서 수입 의존도는 1928

---

38) 같은 책, p. 184.

년 66.4%였는데 1937년에 이르면, 단지 10%에 지나지 않게 되었다. 기계제조업에 대한 투자가 공업 전체에서 차지하는 비중이 1차 5개년 계획 시기의 18.1%에서 2차 5개년 계획에서는 29.5%로 증가하였다. 이는 기계제조업의 급속한 발전이 국방력의 강화와 밀접히 연관된다는 것 때문이었다. 1937년 기계제조업의 생산고는 전체 공업의 25.5%를 차지하였다. 이러한 노력의 결과 국민 경제에서 필요로 되는 기계의 공급에서, 수입품의 비중은 1932년 12.7%에서 1937년에는 0.9%로 낮아졌다. 이러한 기계제조업, 중공업의 발전에 기초하여 경공업도 빠른 속도로 발전했는데, 1937년 경공업의 생산고는 1932년에 비해 73%가 증가하였다. 특히 방직품의 생산은 1932년의 수준을 1.7배 초과하였다.

2차 5개년 계획에서 두드러지는 것은 기계제조업의 발전에 기초하여 러시아의 민족 공화국들과 지구에서 중공업과 경공업의 배치를 체계적으로 전개하기 시작했다는 것이다. 그동안은 레닌그라드, 모쓰끄바 등 중앙 러시아를 중심으로 하는 공업 발전이 지배적이었는데, 2차 5개년 계획 시기에는 중앙아시아, 카자흐스탄, 우랄, 시베리아 등 변방 지역에 경공업뿐만 아니라 중공업이 배치, 발전되기 시작하여, 나라 전체의 균형 있는 발전을 도모하고 민족 지구들에서 사회주의 경제 부문을 강화하고 노동자계급의 대오를 강화하게 되었으며, 또한 국방의 측면에서 보면 우랄에 제2의 철강, 석탄 기지를 건설하여 서부 지역에서 전쟁이 발발할 경우 후방에서 경제의 건설과 유지, 무기와 군수품의 생산 등 국방력 강화를 도모하는 것이 가능하게 되었다. 이 점은 2차 세계 대전에서 결정적인 의의를 지니는 것이었는데, 쏘련이 개전 초기 열세에 있다가 차츰 전세를 역전시킬 수 있었던 저력은 전선 후방에 강력한 공업 기지들이 있었다는 것에 기인하는 것이었다.

2차 5개년 계획의 사회적인 측면을 보면, 1932-1937년 기간에 소매 상업 유통액이 404억 루블에서 1,259억 루블로 3배 이상이 되었다. 이는 쏘련 인민의 소비 수준이 2차 5개년 계획 시기에 폭발적으로 증가했다는 것을 의미한다. 소매 상업에서 국영 상업의 비중은 77%를 차지하였고 협동조합 상업의 비중은 23%로 저하되었다. 이는 상업의 영역에서도 사회주의적 경향성이 지속적으로 강화되고 있다는 것을 의미했다. 그리고 집단 농장 농민들이 생산물을 내다 파는 집단 농장 시장은 1933-1934년에 전체 상품 유통액의 1/5을 차지하였다.

2차 5개년 계획 기간의 국가 예산은 3,835억 루블이었는데 1차 5개년 계획 시기의 913억 루블에 비하면 4배 이상 증가한 액수였다. 예산에서 사회 문화 시설에 대한 투자액은 1차 때의 202억 루블에서 2차 때는 937억 루블로 증가하였다. 국가의 수입을 보면 1937년에 소비재 상품에 붙이는 매상고세가 759억 루블인 반면에, 국유 기업들이 상납하는 이윤 액은 93억 루블이었다. 이는 국가의 수입에서 매상고세가 절대적 비중을 차지한다는 것을 보여 준다. 매상고세의 의미를 보면, 한편으로 중공업 등에서 생산하는 생산 수단의 가격을 비교적 저렴하게 하여 경제 전체적으로 생산의 증가를 촉진하고 다른 한편으로 기업이 이윤을 너무 높게 잡는 것을 억제하면서, 그로부터 비롯되는 가격과 가치의 차이에 대해 소비재 상품의 판매 단계에서 매상고세를 매겨서 가격을 가치에 접근하게 하는 것이 쏘련의 조세 정책이었던 것이다.

교육 예산은 1933년에 49.3억 루블에서 1937년 164.5억 루블로 증가하였고 보건 관련 예산은 같은 기간에 9.6억 루블에서 69.2억 루블로 증가하였다. 국방 예산은 1933-1938년의 기간에 286%가 증가하였다. 국방 예산의 이러한 증가는 1930년대 후반 국제 정세의 긴장이 격화되고 전쟁의 기운이 높아져 갔던 것과 연관이 있다.

1932-1937년간 임금 기금의 총액은 327억 루블에서 823억 루블로 1.5배가 증가했다. 그렇지만 그 기간에 노동자 수는 18.1% 증가에 그쳐 노동자 1인당 임금 증가는 배가 넘게 증가한 것이었다. 그런데 이러한 임금의 증가는 식품과 공업 제품의 가격 인하, 낮은 세금, 저렴하면서도 불변하는 주택 비용을 전제로 증가한 것이었다.[39] 그에 따라 노동자의 소비 수준은 크게 향상되었는데, 고품질 빵의 소비, 육류, 소시지, 계란, 과일과 버터 등 음식 소비 구조의 변화가 일어났다. 임금 이외에 사회적 소비 기금도 증가했는데, 체육, 보건, 교육, 사회보장 및 사회보험 지출이 1932년 83억 루블에서 1937년 308억 루블로 증가했다. 사회적 소비 기금은 노동자와 인민이 실질적으로 그 소비의 혜택을 누리는 것이지만, 임금을 통한 개인적 지출이 아니라 국가 예산 등의 사회적 지출로 이루어지는 것이다. 이러한 사회적 소비 기금의 액수가 커지는 것은 실질 임금이 상승한다는 것을 가리키는데, 쏘련에서 사회적 소비 기금의 비중은 전체 임금액의 약 절반 정도였다. 그리고 사회적 소비 기금의 성격을 사회주의 발전 전망과 관련해서 평가해 보면, 사회적 소비 기금은 노동에 따른 분배라기보다는 필요에 따른 분배의 측면이 강한 것이다. 임금과 사회적 소비 기금의 관계를 보면, 생산력의 발전을 기초로 노동에 따른 분배로서의 임금보다 필요에 따른 분배로서의 사회적 소비 기금의 비중이 커지는 것을 통해 높은 단계의 공산주의에 서서히 접근해 가는 것을 전망할 수 있다.

　이러한 2차 5개년 계획의 실시로 쏘련은 사회주의 생산관계를 완성할 수 있었고 생산력의 수준에서 비약을 했다. 그리하여 1936년 대공업의 생산고는 1931년의 6.3배에 달하였다. 이는 유럽에서 1위,

---

[39] 같은 책, pp. 611-613.

세계적으로는 미국 다음으로 2위를 차지하는 것이었다. 그리고 이 시기에 특기할 것은 1936년에 사회주의 생산관계의 완성을 반영하여 새로운 헌법이 제정되었다는 것이다. 이 헌법의 채택은 사회주의의 승리를 상징하는 것으로 평가되었고 실제로 그러했다. 그러나 이 과정에서 새로운 헌법의 채택과 연관된 중대한 오류가 범해졌는데, 쏘비에트 대의원의 선거를 생산 단위로서의 공장을 선거구로 하여 선거를 진행하는 것에서, 지역구를 중심으로 선거를 하는 것으로의 변경이 이루어진 것이다. 그러나 이는 쏘비에트의 형식을 부르주아 의회제적 형식으로 변화시키는 것이었다. 공장 단위 선거에서 지역구 선거로 바뀌면 대의원이 오류를 저질렀을 경우 소환, 파면되는 것이 거의 불가능해진다. 실제로 지역구 선거를 하는 부르주아 의회에서 선거민이 의원을 소환, 파면하는 것은 거의 불가능하다. 이렇게 선거구가 변경되면서 쏘비에트 대의원들이 노동자계급에 대해 책임지고 노동자계급에 의해 규정되는 측면이 약화되었다. 그리하여 "그때 이후로, 노동 집단으로 조직된 유권자들의 믿음을 배신했던 대표들을 소환할 가능성이 실질적으로 청산되었기 때문에, 관료주의와 출세주의에 의한 국가 기구의 더욱더 강력한 오염의 과정이 시작되었다. 당과 국가의 기구가 흐루쇼프 같은 사람들과 고르바쵸프 같은 사람들을 키운 것은 또한 이러한 과정의 틀 내에서였다."[40] 이 인용문은 현재 자본주의화된 러시아에서 뿌찐과 맞서면서 흐루쇼프의 수정주의를 비판하면서 투쟁하고 있는 러시아 공산주의 노동자당의 글에서 인용된 것이다. 쏘련 당시를 살았던 인민으로서 그들은 쏘비에트가

---

[40] V. A. 튤킨·M. V. 포포프, "레닌주의와 수정주의. 사회주의 이론과 실천의 근본 문제(프롤레타리아 독재, 그것의 조직적 형식과 경제적인 실체)", ≪노동사회과학 제7호: 과학적 사회주의의 어제와 오늘≫, 노사과연, 2014, p. 295.

부르주아 의회제와 형태상에서 차별성을 잃어 가고 있던 과정을 몸소 체험했던 것이다. 그런데 문제는 단순한 형태상의 차이, 즉 공장 등 생산 단위 선거구인가 아니면 지역 단위 선거구인가의 문제가 아니며, 쏘련에서 국가 권력 기관으로 작동하는 쏘비에트가 차츰 프롤레타리아적 성격을 상실하고 관료주의화되는 과정의 시작이 바로 생산 단위 선거구의 포기를 기점으로 한다는 점이다. 실제로 쏘비에트는 대의원들의 구성을 보면 노동자 출신이 점점 줄어들고 당 관료와 지식인 출신이 점차 늘어나는 경향을 보였다. 그리하여 관료주의와 출세주의의 토양이 강화되어 갔고 흐루쇼프를 대표로 하는 수정주의는 바로 이러한 토양에서 자라나기 시작했던 것이다. 전 인민 국가론을 통해 프롤레타리아 독재를 청산하고 관료들의 무사태평한 지배를 꿈꾸었던 흐루쇼프, 브레쥐네프의 수정주의는 이렇게 자라나기 시작한 것이다. 그리고 이것은 쓰딸린의 두 번째 실책이 된다. 쏘비에트에서 프롤레타리아적 계급적 성격의 약화를 가져오는 선거구의 변경을 통해 당과 쏘비에트에서 수정주의가 자라날 수 있는 토양을 제공했다는 것! 이것이 쓰딸린의 두 번째 실책이다.

  1차와 2차에 걸친 두 번의 5개년 계획의 실시는 그 과정에서 일정한 한계와 오류가 있었지만 당시 쏘련 국내외적으로 커다란 영향을 미치는 것이었다. 인간에 의한 인간의 착취의 폐지를 핵심으로 하는 사회주의 생산관계의 완성, 생산력의 거대한 발전, 농업국에서 공업국으로의 전환, 인민 생활에서 개선, 소비 수준의 향상 등 거대한 성취는 쏘련 국내적으로 사회주의의 승리를 선언하는 것을 가능하게 했다. 또한 쏘련이 두 번에 걸친 5개년 계획을 통해 거둔 성취는 쏘련 국내만이 아니라 전 세계의 노동자계급과 피억압 인민 그리고 피억압 민족을 고무하는 것이었다. 지주와 자본가가 없어도 사회를 능히 유지하고 발전시킬 수 있다는 것의 생생한 사례로서 쏘련의 발전,

억압과 소외, 착취를 강요하는 계급 대립이 현실적으로 폐지될 수 있다는 것의 생생한 사례로서의 쏘련의 현실, 쏘련 내의 피억압 민족들의 평등한 발전 등 쏘련이 10년 동안 거둔 성취는 인류로 하여금 19세기와 다른 20세기의 삶을 사는 것을 가능하게 하였다. 이러한 성취는 세계 노동자계급의 해방 운동의 고양, 세계 피억압 민족의 민족해방 투쟁의 고양을 불러왔고 세계 정치의 지형을 변동시키는 것이었다. 더구나 이러한 성취는 자본주의 세계가 경제 대공황으로 인해 실업자의 격증, 생산의 감소를 겪던 시기에 달성된 것이었다.

   쓰딸린과 볼쉐비끼 당은 이러한 성취를 이루는 데 있어서 핵심적 지도 역량이었다. 인류가 한 번도 걸어 본 적이 없던 길을 걸어가면서 이룬 성취라는 점에서, 그것은 일정한 오류를 수반할 수밖에 없었다. 그리고 그러한 오류는 곤란에서 비롯된 오류가 아니라 성취에서, 승리에서 비롯된 오류라는 점에서 많은 시사점을 던진다. 곤란을 극복하고 성공과 성취를 이루었을 때, 볼쉐비끼 당은 과도한 판단을 하거나 일정한 자만을 하여 오류를 범했고 그러한 오류의 누적은 향후의 사회주의 건설에 장애로 작용하는 것이 되었다. 이 점은 앞으로 규명되고 분석될 것인데, 하나의 과정, 하나의 단계가 끝나고 새로운 단계, 새로운 과정이 시작된다는 것은 새로운 모순의 발생과 전개를 의미한다는 점을 정확히 인식할 때 오류를 범할 가능성이 줄어들 것이다. 쓰딸린과 볼쉐비끼 당, 나아가 20세기 사회주의가 범했던 오류는 지금 21세기의 조건에서 그에 대한 정확한 평가를 통해 사회주의 운동의 자산으로 전환되어야 할 것이다.

제5장
제2차 세계 대전과 사회주의 세계 체제의 성립

1. 파씨즘의 등장과 전쟁 위기의 격화

쏘련에서 1차와 2차 5개년 계획이 실시되어 사회주의 건설이 이루어지던 시기에 국제 정세는 매우 엄혹하게 전개되었고 파씨즘의 등장으로 전쟁 위기가 직접적으로 격화되어 갔다. 1차 5개년 계획의 말기인 1933년에 독일에서는 히틀러의 나찌당이 집권하였다. 나찌는 극우 이데올로기를 공공연히 표방했는데 게르만 민족 우월주의를 기초로 세계를 지배하겠다는 야욕을 드러내고 있었고 특히 쏘련을 침략하여 식민지화, 노예화하겠다는 의도를 공언하고 있었다. 이러한 파씨즘의 등장에 대해 쏘련의 볼쉐비끼 당은 파씨즘은 금융자본의 공공연한 테러 독재라고 규정했는데 1920년대 말의 세계 대공황의 발발에 대한 금융자본의 대응 양식의 하나로 파악한 것이었다.

그리하여 1935년에 개최된 코민테른 7차 대회에서는 반파쑈 인민전선 전술이 채택되었는데 파씨즘에 반대하는 모든 세력을 결집하여 반파쑈 전선을 구축하자는 것이었다. 이러한 반파쑈 인민전선 전술은 노동자계급을 구성하는 공산당과 사회민주당의 연합에 기초하여 연합의 범위를 파씨즘에 반대하는 부르주아 민주주의 세력에게까지 확장한 것이었다. 이러한 반파쑈 인민전선 전술은 부침은 있었지만 지속적으로 강화되어 갔고 결정적으로는 2차 대전에서 나찌에 반대하는 영국과 미국, 쏘련의 연합을 통해 군사적 차원으로까지 관철되어 2차 대전의 승리에 결정적으로 기여하였다. 그런데 뜨로쯔끼주의자들은 이러한 반파쑈 인민전선 전술에 대해 계급 협조 노선이라고 규정하고 스페인에서는 파씨스트 군대의 반란으로 공화국이 위험에 처한 순간에 공화국에 대한 반란을 일으키는 극좌적 행동을 보였다. 그러나 이는 뜨로쯔끼주의자들이 통일전선 전술의 참된 계급적 의미를 파악하지 못한 때문이었다. 통일전선은 자본가계급과 협조 노선을 걷는 사회민주당을 비판하면서 그들이 계급 협조를 멈추고 노동자계급의 통일을 이루는 데 동참할 것을 요구하는 노선이었고 그것이 1920년대 코민테른이 제시한 노동자 통일전선이었다. 즉, 계급 협조를 비판하며 노동자계급의 통일과 단결을 추구한 것이 통일전선의 알맹이였던 것이며 반파쑈 인민전선은 이러한 통일전선의 범위를 파씨즘에 반대하는 모든 세력으로 확장한 것이었다. 즉, 계급 협조가 아니라 노동자계급의 통일에 기초하여 때로는 반파쑈 인민전선으로, 때로는 반제 민족통일전선 등으로 다양하게 관철된 것이 통일전선 전술의 실제였다.

독일의 나찌, 이탈리아의 무쏠리니, 일본의 군국주의 등 유럽과 세계적 차원에서 파씨즘 세력이 확대되어 가는 상황은 국제 정세를 긴장시키고 전쟁 위기를 격화시키는 것이었다. 독일과 일본은 1933년 국제연맹을 탈퇴하여 자신들의 패권적 행보를 시작했다. 이에 대해 서유럽 제국주의 국가들은 쏘련을 국제연맹에 끌어들여 독일을 견제하고자 했고 쏘련 또한 국제연맹이 제국주의 세력의 도구에서 전쟁을 억지하고 평화를 보존하는 도구로 변화될 수 있다고 보고 1934년 국제연맹에 가입하였다. 이후 쏘련은 유럽의 집단 안전 보장 체제의 구축을 일관되게 주장하였다.

1933년 미국과 쏘련 사이에 외교 관계가 수립되었는데 주요 국가들 중에서 미국은 쏘련에 대한 외교 관계 수립을 거부해 온 마지막 국가였다. 그러나 독일과 일본의 군국주의적 행보에 따라 미국은 쏘련과의 외교 관계 수립을 더 이상 거부할 수 없는 처지에 몰렸던 것이다. 1935년 이탈리아는 에티오피아를 침략하여 점령하였다. 또한 1936년 7월 파씨스트 프랑꼬가 스페인 공화국에 대해 반란을 일으켜 내전이 시작되었고 독일과 이탈리아는 프랑꼬 세력에 대해 무기와 병력을 보내 지원을 하였다. 이에 대해 쏘련은 공화국을 지원하여 무기를 원조하고 스페인 공화국에 대한 국제 여론에 호소하여 세계 각국에서 반파쏘 세력이 결집하여 스페인 공화국을 지원하는 국제여단을 창설하여 내전에 참가하기도 했다. 그런데 영국과 프랑스는 스페인 내전에 대해 불개입주의를 천명하여 독일의 스페인 내전에 대한 무력 개입을 사실상 방조하였고 쏘련의 스페인 공화국에 대한 무기 수송 등을 방해하였다. 그리하여 스페인 내전은 향후 발발하는 제2차 세계 대전의 축소판, 리허설이 되었다.

이러한 상황에서 반파쏘 인민전선 전술은 서서히 관철되기 시작했는데 1934년 프랑스에서 공산당과 사회당 사이에 반파쏘 통일행동에 관한 협약이 체결되었다. 그리하여 1936년 선거에서 인민전선 측이 승리하여 인민전선 정부가 수립되어 프랑스에서 파씨즘 세력의 집권을 일정 기간 저지할 수 있었다. 이때 독일과 일본은 반공협정, 즉, 반코민테른 협정을 체결하여 자신들이 쏘련과 공산주의에 반대하는 세력임을 내세워 자신들의 패권적, 군국주의적 행보를 정당화하고자 했다. 그리하여 파씨즘 세력과 반파쏘 인민전선 세력이 세계 정치의 양대 구도로 서서히 형성되게 되었고 중간에 영국, 프랑스, 미국 등의 세력이 자리 잡는 형국이 되었다.

쏘련은 유럽의 집단 안전 보장 체제에 대한 자신들의 주장이 받아들여지지 않는 상황에서 개별 국가와의 협정을 맺었는데 1935년 프랑스, 체코슬로바키아와 상호 조약을 체결하여 독일을 견제하고자 했다. 그러나 이후 프랑스와 체코슬로바키아에서 히틀러와 야합하는 세력이 강화되면서 조약은 유명무실하게 되었다. 1937년 동아시아에서는 중-일 전쟁이 발발하였고 중국 측에서는 일본에 대항하기 위하여 공산당과 국민당이 연합하는 제2차 국공합작이 성립하였는데 이는 다름 아니라 반제 민족통일전선의 형성을 의미하였다. 유럽에서도 스페인 내전이 격화하는 가운데 독일은 1938년 오스트리아를 병합하였고 이어서 독일은 체코슬로바키아를 위협하여 영토의 할양을 요구하였다. 독일인이 많이 거주하는 체코슬로바키아의 수데텐 지역의 할양이 그것이었는데 이에 대해 쏘련은 체코슬로바키아와의 협정에 따라 군사적 원조를 포함한 원조를 제의하였으나 체코슬로바키아 측이 이에 대해 소극적이었고 또 쏘련군이 체코슬로바키아에 가기 위해 경과해야만 하는 폴란드 또한 쏘련군의 통과를 거부하였고 이에 대해 영국과 프랑스는 폴란드를 설득하고자 하는 노력이 전혀 없었다. 그리고 영국과 프랑스는 체코슬로바키아의 주권을 지지하는 것이 아니라 1938년 뮌헨에서 독일과 회담하여 수데텐 지역의 합병을 용인하는 성명을 발표하였다.

이 뮌헨 회담은 2차 대전의 역사에 있어서 독일의 침략 야욕을 용인하여 부추긴 회담으로 악명이 높은데 영국과 프랑스가 이러한 행보를 하였던 것은 히틀러와 타협을 통해 영국과 프랑스의 기득권을 지키는 것이 가능하다고 보았고 또 독일의 침략의 예봉을 동쪽으로, 쏘련으로 향하도록 하기 위함이었다. 그러나 수데텐 지역을 합병한 독일은 1939년 3월 체코슬로바키아 전역을 무력으로 점령했다. 또한 비슷한 시기에 스페인에서는 프랑꼬의 파씨스트 세력이 마드리드에 입성하여 공화국을 전복하고 파씨스트 체제를 수립하였다. 쏘련의 동쪽에서도 상황은 긴박해졌는데 1938년 하싼호 지구에서 일본의 관동군이 쏘련 측을 무력으로 공격했다가 격퇴되었다. 또 1939년에는 쏘련과 동맹 관계였던 몽고에 대해 일본군이 대규모 공격을 감행했으나 쏘련군에 의해 참패하고 퇴각하였다. 그런데 이러한 상황은 쏘련의 입장에서 서쪽의 유럽 지역과 동쪽의 아시아 지역에서 동시에 두 개의 전선이 형성될 수도 있다는 것, 독일과 일본의 협공을 받을 수 있다는 것을 의미하였다. 그리하여 쏘련은 전쟁의 발발을 늦추고 두 개의 전선이 형성되는 것을 저지하기 위한 외교적, 정치적 노력에 혼신의 힘을 다하게 되었다.

    1939년 3월 10일 제18차 당 대회가 열렸는데, 이 대회에서 쓰딸린은 제국주의 세력의 술책으로 인해 쏘련이 전쟁에 끌려 들어가는 상황을 결코 용납하지 않겠다는 보고를 하였다. 그리하여 이 시기를 전후하여 쏘련은 영국과 프랑스에 대해 최후의 담판을 하게 되었는데 히틀러에 대항하는 연합전선의 형성에 대해 영국과 프랑스는 소극적이었고 히틀러를 자극하여 쏘련을 침공하게 하려는 의도가 명백해지는 상황에 이르게 되었다. 이러한 상황에서 쏘련은 독일과 비밀 교섭에 들어갔는데 그 결과 1939년 8월 쏘련과 독일 간에 불가침 협정이 체결되었다. 독일의 입장에서는 쏘련으로부터의 공격 가능성이 있는 상태에서는 서유럽에 대한 본격적인 침략에 나서기 어려운 상황이었고 쏘련으로서는 영국과 프랑스가 독일에 맞선 집단 안전 보장 체제의 형성을 사실상 거부하고 독일의 공격 방향을 동쪽으로 돌리려고 하는 시도에 맞서 쏘련과 독일과의 전쟁 발발을 최대한 늦추고자 함이었다. 한편 쏘련은 동쪽 아시아에서 일본과의 군사적 충돌을 방지하기 위해 일본과의 교섭에 들어갔는데 그 결과 1941년 4월 25일 쏘-일 중립 조약이 체결되었다. 조약 당사자 일방이 전쟁 상태에 들어갈 경우 상대국은 중립을 지킨다는 것이었는데 이는 아시아 쪽에서 전선이 형성되는 것을 저지한 것으로서 쏘련 측이 유럽 쪽의 전쟁 발발에 집중할 수 있는 조건을 형성한 것이었다. 그런데 쏘련은 일본과 이러한 조약을 맺었지만 일본에 대항하는 중국 측의 항일 투쟁에 대한 지원을 지속하였다. 이에 대해 마오쩌둥은 일본에 맞선 중국 인민의 투쟁에 대해 세계 여러 나라 가운데 쏘련만이 충심 어린 지원을 하였다고 서술한 바 있었다.

체코슬로바키아를 병합한 독일은 1939년 9월 1일 폴란드를 침공하였다. 이에 대해 영국과 프랑스는 독일에 대해 선전 포고를 하여 제2차 세계 대전이 공식적으로 시작되었다. 그런데 영국과 프랑스는 독일에 대해 선전 포고를 한 후에도 군사 작전을 전개하지 않고 방관하는 태도를 취하였다. 즉, 폴란드를 공격한 독일이 이어서 쏘련을 공격하기를 기다렸던 것이다. 그러나 독일은 쏘련을 공격하는 것이 아니라 공격을 방향을 서유럽으로 돌렸고 벨기에, 네덜란드를 거쳐 프랑스를 침략하여 점령했다. 그리하여 나찌 독일은 영국을 제외한 거의 전 유럽을 석권하는 상태가 되었다. 이러한 독일의 군사적 행동에 대해 쏘련은 기민하게 대응했는데 독일이 폴란드를 침공했을 때 쏘련군은 폴란드 영내로 진격하여 쏘련의 서부 국경 지역을 군사적으로 강화하는 조치를 취하였다. 즉 독일의 군사적 행동에 대응하여 서벨라루스와 서우크라이나를 쏘련은 확보하였는데 이는 쏘련의 국경에서 독일군과 직접적으로 대치하는 상황을 피하고자 하는 군사적 조치의 성격을 띠는 것이었다. 또한 1939년 11월 30일 쏘련과 핀란드와의 전쟁이 발발했는데 이는 핀란드와 인접한 레닌그라드 지역의 안전을 담보하고 또 부르주아 핀란드가 독일 측에 가담하는 것을 견제하기 위한 것이었다. 그리고 독일군이 프랑스 빠리에 입성했을 때 쏘련 측은 라트비아, 에스토니아, 리투아니아 등 발트 3국에 대해 정치적, 군사적 조치를 취했는데 이들 나라에 대한 독일의 영향력을 차단하여 이들 나라가 대쏘 침략의 발판이 되는 것을 저지하기 위한 것이었다. 그리하여 발트 3국에서 인민들의 투쟁과 쏘련 측의 지원이 결합되어 부르주아 정부가 전복되고 쏘비에트 공화국이 성립되어 이후 쏘연방에 가입하게 되었다. 프랑스를 점령한 히틀러는 공격의 방향을 발칸반도로 돌려 1941년 4월 유고슬라비아와 그리스를 점령하였다. 그리하여 유럽 대륙 전역이 파씨즘 세력하에 놓이게 되었는데 독일은 이후 병력을 대거 동쪽으로 이동하여 쏘련에 대한 침략을 준비하였다.

2. 1930년대 후반 쏘련 내부의 계급 투쟁과 3차 5개년 계획

제1차 5개년 계획의 실행 과정에서 쏘련 내의 부농계급은 소멸하였다. 그리하여 쏘련에서 착취계급은 사라졌고 사회주의 생산관계가 완성되어 쏘련은 사회주의 건설에 매진할 수 있었다. 그러나 농업 집단화 과정에서 부농계급의 격렬한 저항은 커다란 정치적 파장을 낳는 것이었는데 이로 인해 1920년대 노선 투쟁에서 패배한 뜨로쯔끼, 지노비예프, 부하린 세력이 다시 비밀 결사로 결합하여 사회주의 건설에 반대하는 반체제 활동을 하였다. 1930년대 후반의 재판 과정에서 밝혀진 바에 의하면 이들 반대파 세력의 비밀스런 결집은 1932년 경에 이루어졌으며 이들은 이후 나찌 독일과 결탁하여 나찌의 쏘련 침공이 이루어질 경우 나찌와 연합하여 쏘련의 쏘비에트 정부를 전복하는 것을 목표로 하여 활동을 하였다.

1934년에 쏘련 공산당의 지도부의 한 사람이었던 끼로프가 레닌그라드에서 암살되었다. 당시 대부분의 이전의 반대파들은 자신들의 오류를 공개적으로 자기비판하고 공개적인 직책에서 활동을 하는 모습을 취하였다. 그러나 끼로프 암살 배후에 대한 조사의 결과 뜨로쯔끼-지노비예프 블록이 깊이 관여되어 있음이 밝혀졌고 이들 세력은 1936년의 재판을 거쳐 심판을 받았다. 이에 대해 흐루쇼프는 후에 비밀 연설을 통해 끼로프의 암살에 쓰딸린이 관여되어 있다는 식의 암시를 하였으나 그것은 근거가 없는 것이며 뜨로쯔끼-지노비예프 블록의 재판에서 피고인들은 공개된 재판에서 자신들의 죄를 인정하였고 또 재판에 참관했던 서방측 인사와 대사관원들 등은 재판 과정이 공정했다고 증언한 바 있다.[1] 그리고 1937년에는 뚜하체프쓰끼 등 군 장성들이 관련된 쿠데타 음모가 발각되어 재판이 진행되어 심판받았다. 이들 군 인사들은 나찌의 침공이 시작될 경우 쏘련 내에서 군사 쿠데타를 일으켜 쏘비에트 정부를 전복한다는 계획을 세운 것으로 재판 결과 밝혀졌다. 이에 대해 흐루쇼프는 후일의 비밀 연설에서 이들 군 장성들의 혐의가 쓰딸린에 의해 조작되었다고 주장했으나 그것은 근거가 없는 것이었고 이들 피고인들은 재판에서 자신들의 죄를 인정하였고 또 이들의 유죄를 입증하는 많은 증거들이 있었다.[2]

  그리고 뜨로쯔끼-지노비예프 블록, 그리고 뚜하체프쓰끼 재판과 성격이 다른 숙청이 1937년에 이루어졌는데 이는 각 지역의 주요 당 지도자를 대상으로 한 것이었다. 혁명 후 있었던 많은 숙청의 경우는

---

[1] 이들 재판 과정에 대한 서방측 증언은 마리오 소사가 지은 ≪진실이 밝혀지다—쏘련 역사에 대한 거짓말≫(노사과연, 2010)을 참조하시오.
[2] 뚜하체프쓰끼 등 군사 반란 모의에 대한 증거의 존재에 대해서는 Grover Furr가 지은 *Khrushchev Lied* (LLC Corrected Edition), Erythros Press and Media, July 2011을 참조하시오.

밑으로부터 대중들의 비판을 통해 출세주의자와 관료주의자들을 걸러 내는 것이었는데 대부분 하급 당 관료를 대상으로 한 것이었다. 그러나 지역의 당 지도부들, 당의 고급 관료들은 이러한 숙청의 흐름을 피해 나가는 데 능숙했는데, 사회주의 건설이 일정하게 이루어지고 사회주의 생산관계가 수립되어 사회 전체의 사회주의적 지향이 강화되어 가던 흐름을 기초로 거물급 관료주의자들을 밑으로부터 비판을 통해 숙청하였던 것이다. 그러나 이때의 숙청은 관료주의에 대한 투쟁이라는 점에서 정치적 재판과는 성격이 다르며 밑으로부터 대중들의 비판을 통해 교정 가능한 관료주의자들은 교육 등을 통해 교정하고 교정 불가능한 관료주의자들은 직책에서 물러나는 방식으로 이루어진 것이었다. 그런데 이에 대해 서방측의 제국주의자들은 숙청의 성격을 구분함이 없이 한데 몰아서 1930년대의 대숙청이라고 선동하고 있는데 이는 사회주의 사회에서 숙청의 의미를 왜곡하는 것이다.

그런데 이런 관료주의자들에 대한 숙청과 다른 또 다른 반역 사건이 재판되었는데 그것은 1938년의 부하린 그룹에 대한 재판이었다. 부하린, 라데크 등은 표면적으로는 자신들의 오류를 인정하고 공개적인 직책을 맡아 활동하는 모습을 취하였으나 비밀스럽게 조직을 결성하고 뜨로쯔끼-지노비예프 그룹과 연계를 갖고 나아가 나찌 등장 이후에는 나찌의 침략의 경우 쏘비에트 정부를 전복하는 것을 계획한 것으로 재판 결과 밝혀졌다. 이 재판의 피고인들은 공개된 재판에서 자신들의 유죄를 인정하였고 재판의 공정성은 서방측 참관자들에 의해 인정된 바가 있었다.

그런데 이렇게 대외적으로 국제 정세가 악화되어 가고 전쟁 위기가 고조되어 가는 상황에서 국내적으로 반체제, 반역을 도모하는 음모들이 발각되고 재판이 진행되자, 이는 쏘비에트 사회에 심대한 영향을 끼치는 것이었고 과거의 반대파 전력이 있는 사람들에 대한 검거와 조사, 재판 등의 거대한 바람이 되었다. 특히 지방 공화국들의 제1 서기들의 주도에 의해 대량 검거와 재판, 그리고 심지어 처형이 진행되었는데 흐루쇼프 또한 우크라이나 공화국 제1 서기로서 당시에 대량의 체포와 진압, 처형을 주도한 것으로 알려져 있다. 그런데 1938년에 격화된 이러한 체포와 재판, 처형의 흐름은 비정상적이고 불법적인 측면이 상당한 것이었다. 그리하여 상황이 왜곡되고 있다는 것을 인식한 당 지도부에 의해 숙청을 주도하던 내무인민위원회(NKVD)의 책임자인 예조프가 베리야로 교체되어 상황을 바로잡게 되었다.

베리야가 NKVD의 책임자가 되어 진상을 조사한 결과 상당수의 사람들이 무고하게 혐의가 조작되어 재판을 받고 감옥에 갇힌 것으로 파악되었다. 그리하여 1939년, 1940년 2년간에 걸쳐 10만 명이 넘는 사람들이 감옥에서 석방되었다.[3] 그리고 추후 조사에서 이러한 무모하고 불법적인 조사 혹은 조작을 자행한 NKVD의 전(前) 책임자인 예조프가 부하린의 우익 그룹의 음모의 가담자이었음이 재판 결과 밝혀졌다. 예조프 하에서 많은 사람들이 불법적인 고문을 받아 혐의가 조작되었다는 것이 재판 결과 드러났고 불법적인 고문을 자행한 자들 또한 재판을 받아 심판받았다.

이러한 것이 1930년대 모쓰끄바 재판과 대량 숙청이란 일컬어지는 것의 실제 내용이다. 그런데 이에 대해 서구의 제국주의자들은 이 시기에 수백만 명이 무고하게 숙청, 처형되고 감옥, 노동수용소에 갇혔다고 조작을 하여 반쏘 선전을 하였다. 그러나 스웨덴에 거주하는 망명 활동가인 마리오 소사는 ≪진실이 밝혀지다―쏘련 역사에 대한 거짓말≫에서 자신이 직접 조사, 분석한 바를 다음과 같이 말하고 있

---

3) Grover Furr, *Khrushchev Lied* (LLC Corrected Edition), Erythros Press and Media, July 2011, p. 75.

다. "1939년 노동수용소와 노동이주지, 구치소 전체에는 약 2백만 명의 수형자가 있었다. 이 중 정치적 범죄로 형을 선고받은 사람은, 콘퀘스트가 주장하는 9백만 명이 아니라, 약 45만 4천 명이었다. 그리고 1937-39년 사이에 노동수용소에서 죽은 사람은, 그가 주장하는 3백만 명이 아니라, 16만 명이었다."[4] 즉, 마리오 소사에 의하면 1939년 당시 정치범의 숫자는 제국주의자들이 주장하는 것처럼 수백만 명이 아니라 45만 4천 명이라는 것이다. 이러한 조사는 쏘련의 형사법적 자료에 대한 조사에 근거한 것으로 신빙성이 높다고 할 수 있다. 그리고 마리오 소사는 각종 자료에 대한 분석을 통해 "1937-38년 사이에 사형을 선고받은 사람의 수는, 서방의 선전이 주장해 온 것처럼 수백만 명이 아니라, 대략 1십만 명 정도"[5]라고 밝히고 있다. 그리고 사회주의 사회에서 사형을 선고받은 사람 전부가 사형 집행이 되는 것이 아니라 후에 감형이 상당수 이루어진다는 것을 고려해 보면 실제 1930년대 후반 정치적 이유로 사형이 이루어진 사람은 10만 명 미만일 것으로 추정할 수 있다.

그런데 10만 명이라는 이 숫자는 상당한 정치적 의미를 내포하는 숫자이다. 이와 같이 반역 혐의로 사형을 선고받은 사람이 많다는 것은 당시의 정세가 극도로 긴장이 격화되고 있던 시점이라는 것을 말하는 것이며, 다른 한편으로는 쏘련이 사회주의 생산관계의 수립에 성공하고 사회주의 건설에서 나날이 성취를 이루어가고 있었음에도 불구하고, 쏘련 내부적으로 사회주의 건설에 회의하고 심지어 나찌와 결탁하려던 세력이 상당했음을 알 수 있다. 이는 쏘련이 자본주의에

---

[4] 마리오 소사, ≪진실이 밝혀지다―쏘련 역사에 대한 거짓말≫, 노사과연, 2010, p. 47.
[5] 같은 책, p. 54.

포위된 유일한 사회주의 국가였다는 당시의 현실의 반영일 것이다.

여기서 1930년대 후반 정치적 이유로 사형 선고를 받아 사망한 사람의 숫자는, 1939년, 1940년에 베리야에 의해 무고함이 입증되어 석방된 사람이 10만 명이 넘는다는 점을 고려하면 재조사되고 확인될 필요가 있을 것이며 이는 또 다른 차원의 연구, 조사를 필요로 하는 것이다. 그럼에도 예조프 하에서 무고한 사람들이 혐의가 조작되어 처벌을 받았다는 것, 그리고 사형을 선고받은 사람이 10만 명에 달한다는 것은 당시의 프롤레타리아 독재 권력의 행사가 정확성과 정교함에서 일정하게 부족함이 있었다는 것을 말한다. 여기에서 어디까지가 당시 쏘련 사회와 프롤레타리아 독재 권력의 한계이고, 어디까지가 오류인지는 보다 정확한 연구와 조사를 필요로 하는 것이다.

이러한 1930년대 후반의 모쓰끄바 재판과 숙청은 쏘련 사회 내에 존재하는 반역 세력을 제거함을 통해 제2차 세계 대전에서 내부적으로 통일된 대응을 가능하게 했다는 점에서 긍정성을 갖는다. 실제로 나찌가 침공한 대부분의 나라에서는 그 나라 내부의 친나찌 세력이 호응하여 나찌는 쉽게 점령을 할 수 있었다. 그러나 쏘련은 1930년대 후반의 반역 세력의 제거로 인하여 이것이 불가능하였다는 점이 쏘련이 전쟁 초반의 열세를 극복하고 전세를 역전시킬 수 있었던 주요한 조건의 하나이었음은 분명하다. 그리고 1930년대 후반 모쓰끄바 재판과 숙청의 부정적 영향을 보면, 쏘련 사회 전체를 경직화시켰다는 점, 특히 당내에서 자유로운 사상적 토론과 견해의 표출, 이견의 존재에 대해 두려움을 갖게 하는 등 당을 경직화시켰다는 점을 들 수 있다. 특히 이러한 경직된 상태가 제2차 세계 대전으로 인하여 더욱 강화될 수밖에 없었다는 점을 고려하면 그 부정적 영향은 클 수밖에 없다. 또한 제2차 세계 대전 후에 전후 복구 시기 그리고 1950년대 초반 쓰딸린의 사망을 전후하여 볼쉐비끼 당이 새로운 상황에 맞는 새로운 노선을 정립하여 사회주의 건설을 더욱더 높은 수준으로 개혁해 나가지 못하고, 그로 말미암아 보수적인 관료들의 반동을 허용한 결과 흐루쇼프의 수정주의가 발생했다는 점에서 특히 그러하다. 즉, 당원들, 당 활동가들은 관료형 인간이 아니라 사회주의와 공산주의의 대의에 헌신하는 사람들이며 당은 그러한 사람들의 집합체로서 사상에 기초한 노선의 정립을 자신의 생명으로 하는데, 2차 대전을 전후한 시기에 당 활동가의 전형은 경제를 비롯한 행정에 관여하는 기능적 인간으로 어느덧 변모하고 있었던 것이다.[6] 그리고 이러한 흐름에 숙청의 부정적 측면이 일정하게 영향을 미쳤던 것이다.

이와 같이 2차 대전 발발 전까지의 국제 정세와 쏘련 내의 정세는 긴장의 연속이었고 전쟁의 발발을 최대한 늦추면서, 그럼에도 불가피한 전쟁에서 승리하기 위해 모든 노력이 경주되던 시기였다. 경제의 영역에서 쏘련은 3차 5개년 계획을 수립하여 시행했는데 시간이 지나면서 전쟁에 대비하기 위한 국방력의 강화에 혼신의 힘을 쏟아부었고 국가 예산에서 국방비의 비중, 그리고 전체 경제에서 군수 산업의 비중이 급격하게 증가한 시기였다. 제3차 5개년 계획은 화학과 특수강의 5개년 계획이라 불렸다. 지난 1차와 2차 5개년 계획이 중공업, 특히 기계제조업의 건설을 강조했다면 산업의 새로운 흐름을 반영하여 화학 산업의 건설이 강조되고 있었고 또한 무기의 제조에 쓰이는 특수강 산업의 건설이 중시되었다.

1941년 6월 전쟁이 발발하기 전까지 쏘련의 경제 건설은 순조롭게 전개되었다. 전쟁이 발발하기 전까지 3차 5개년 계획의 3년간에 쏘

---

[6] 이 부분의 필자의 서술은 *Khrushchev Lied*, pp. 194-195에서 Grover Furr 가 흐루쇼프가 쓰딸린을 왜 공격했는가라는 주제에 대해 서술한 것을 기초로 한 것이다.

련의 공업 총생산은 45% 증가하였고 소매상품 유통액은 1937년 144억 루블에서 1940년 204억 루블로 증가하였다. 또 7시간 노동제가 중지되고 하루 8시간 노동으로 전환하고 주 7일 노동이 되었다. 또 공장과 작업장에서 자의적인 이탈, 이직이 금지되었고 병사의 수가 늘어남에 따라 부족한 노동력을 여성과 청소년의 참가를 늘려 보충하였다. 여성의 경제 참가율은 1937년 36%에서 1940년 39%로 증가하였다. 18세 이하 청소년의 노동 참가는 1939년 6%에서 전쟁이 발발하고 난 직후인 1942년에는 15%로 증가하였다. 1940년에 전체 경제에서 군수 산업의 비중은 15%였지만 전쟁이 발발하고 나서 1942년에는 국민소득의 57-58%가 군사용으로 사용되었다. 이 기간에 국가 예산에서 국방비의 비중은 18.6%에서 32.6%로 증가하였다.

그런데 쏘련은 독일과 불가침 협정을 맺고 있어서 독일의 쏘련에 대한 침공의 시기를 늦추어 잡고 있었다. 그러나 독일은 예상보다 빠른 1941년 6월에 전격전을 감행하여 침공했는데 이때는 쏘련의 대부분의 산업이 전시 생산으로 전환하고 있었으나 아직 그러한 전환이 완료되지 않은 상태였다. 쏘련과 독일의 경제적 실력을 비교하면 독일은 자체만으로도 철강과 석탄 등에서 쏘련을 앞서고 있었고 또 유럽 전역을 석권한 상태에서 그들 나라의 자원을 지배하고 있어서 경제적 실력 면에서는 쏘련이 객관적으로 열세였다. 그러나 쏘련은 전쟁이 발발하자 수많은 기업, 대공장들의 설비와 인원을 동부 지역으로 소개하여 생산력을 보존하였고 또 전시임에도 불구하고 동부 지역에 수많은 공장 등을 건설하여 군수 산업을 조직하였다. 그리하여 쏘련은 독일에 비해 적은 물자로 더 많은 무기를 만들어 내었고 시간이 지남에 따라 질적으로도 독일보다 우수한 무기를 대량으로 생산하게 되어 1943년부터는 무기에 있어서 독일을 압도하는 상황이 되었다. 이러한 결과는 전시 경제의 조직화에 있어서 단지 자원이 많은가 아닌가로 판단해서는 안 되며 결정적 의의를 갖는 것은 생산 방식, 사회 제도, 국가 제도의 성질과 특징, 각 계급 간의 관계라는 점을 보여 주는 것이다.7) 실제로 독일은 전시 경제에 있어서조차 독점자본들에게 이윤을 보장해야 했지만 쏘련은 그렇지 않았던 것이다.

3. 제2차 세계 대전의 발발과 전시 경제의 조직화

1941년 6월 22일 새벽 4시 독일군은 발트해로부터 흑해에 이르는 수천 킬로미터의 전선에서 쏘련에 대한 전면적인 공격을 감행했다. 전격전이라 불리는 독일군의 공세는 탱크 등 기계화 사단을 앞세워 빠른 속도로 진격하여 적진 깊숙이 침투하여 상대방의 방어선을 허물어뜨리는 것이었다. 개전 초기에 독일군의 기습 공격으로 쏘련은 비행장에 있는 비행기 수백 대가 그대로 폭격을 받아 파괴되었고 또 전선에 비축해 놓았던 수많은 무기와 군수 물자들이 독일군의 손에 들어갔다. 제2차 세계 대전에서 한 번도 패배한 적이 없어서 불패의 신화를 자랑했던 독일군은 쏘련과의 전쟁에서도 처음에는 불패의 모습을 보였다. 그러나 한 달이 지난 7월 하순 독일군은 쓰몰렌쓰크에서 쏘련군과 맞붙었는데 이 전투는 무려 2개월간이나 전개되었고 독일군의 전격전이 최초로 저지된 전투였다. 이로 인해 쏘련군은 전열을 정비하고 전선을 꾸릴 수 있었고 독일과의 전쟁에 대한 전략과 전술, 군수 지원 등 전쟁에 따른 대비를 완수할 수 있었다.

독일군의 기습적인 공격이 있고 나서 며칠 후인 1941년 6월 30일

---

7) 苏联科学院经济研究所 編, ≪苏联社会主义经济史(쏘련 사회주의 경제사)≫ 第五卷, 北京: 生活·读书·新知三联出版, 1979, p. 235.

쓰딸린을 위원장으로 하는 국방위원회가 수립되어 전쟁에 관련된 모든 권한을 집중하고 물자의 집중과 분배, 병력의 동원, 군수 산업의 조직화 등을 수행해 가기 시작했다. 그리고 1941년 7월 3일 쓰딸린이 라디오에서 쏘련 인민에게 연설을 하였고 볼쉐비끼 당은 "모든 것을 전선을 위하여, 모든 것을 승리를 위하여"라는 슬로건을 제기하였다.

쓰몰렌쓰크 전투에서 독일군은 25만 명의 병력을 상실하는 등 일차로 저지되었지만 탱크 등 기계화 사단을 앞세우고 또 수백만 명에 이르는 독일군의 기세는 쉽게 꺾이지 않았고 독일군은 북쪽으로는 레닌그라드로 진격하여 레닌그라드를 포위하기에 이르고 중앙에서는 모쓰끄바로 진격하였고 남쪽에서는 우크라이나로 치고 들어가고 있었다. 레닌그라드는 독일군에 포위된 상태에서 500일간의 나날을 견디어 내었는데 호수 하나를 통해 간신히 식량과 물자가 보급되는 상황이었다. 그러나 레닌의 도시를 독일군에게 내어줄 수 없다는 볼쉐비끼 당과 레닌그라드 시민의 결의는 독일군에 대한 인민 전쟁을 가능하게 했다. 레닌그라드 시민은 식량이 부족하여 기아에 허덕이는 가운데에서도 폐허 속에서 노동을 하여 무기를 만들어 내었고 독일군과 맞섰다.

독일군의 주력은 중앙부의 모쓰끄바로 집중되고 있었다. 1941년 10월 10일 독일군의 주력 부대는 모쓰끄바로부터 100km 부근까지 진격하였다. 독일군은 수도인 모쓰끄바를 점령하여 쏘련군과 인민의 저항 의지를 꺾고 연말까지 쏘련 점령을 마무리한다는 계획이었다. 이른바 전격전에 따른 전쟁의 신속한 수행과 승리의 획득이 독일군의 원래의 계획이었던 것이다. 독일군의 선두 부대는 모쓰끄바 근교 20km까지 진격하여 모쓰끄바의 함락이 곧 이루어질 것 같았지만 독일군의 진격은 여기까지였다. 쏘련군은 후방에서 군대를 보충하였고 또 모쓰끄바 시민 50만 명은 민병 사단 12개를 결성하여 결사 항전을 결의하였고 탱크의 진격을 저지할 반(反)탱크 참호를 수없이 건설하였다. 병력을 집중한 쏘련군은 독일군에게 반격을 가하여 독일군 38개 사단을 격파하였고 독일군은 병력 50만 명의 손실을 입고 100-250km를 후퇴하여야만 했다. 이 모쓰끄바 근교 전투는 독일군이 제2차 세계 대전이 시작되고 나서 최초로 겪은 참패였다. 이에 대해 히틀러는 자신이 직접 육군 총사령관을 겸임하고 전투를 독려했으나 쏘련군에 밀린 독일군은 후퇴하지 않을 수 없었다.

이 모쓰끄바 방어전의 승리는 제2차 세계 대전의 역사에서 거대한 의의를 갖는 것이었다. 이 전투로 인해 쏘련이 독일의 전격전을 저지할 힘이 있다는 것이 입증되었고 쏘련은 쉽게 무너지지 않는다는 것이 전 세계에 알려졌다. 독일이 쏘련을 무너뜨리고 그 과정에서 독일과 함께 쏘련을 분할 점령할 계획까지 세웠던 영국은 모쓰끄바 근교 전투에서 쏘련이 승리하자 전략을 바꾸지 않을 수 없었다. 또한 1941년 12월 7일 일본의 진주만 공습으로 태평양 전쟁이 발발하자 미국 또한 파씨즘 블록에 맞서는 연합에 가담하지 않을 수 없었다. 그리하여 미국과 영국, 쏘련 등 26개국이 1942년 1월 1일 워싱턴에 모여 "연합국가 선언"을 발표하였다.[8] 이로써 독일과 일본에 맞서는 연합국 진영이 형성되었고 이로 인해 제2차 세계 대전의 성격은 제국주의 전쟁에서 파씨스트 세력과 반파씨스트 세력의 전쟁으로 전환되게 되었다.

사회주의 국가에서 전쟁은 인민 전쟁의 성격을 가지게 된다. 계급이 철폐된 사회에서 국유 기업, 집단 농장 하나하나는 그 자체로 꼬뮌의 성격을 일정하게 띠게 되고 사회는 하나의 거대한 공동체로 되

---

8) 周尚文·叶书宗·王斯德, ≪苏联兴亡史(쏘련 흥망사)≫, 上海人民出版社, 1993, p. 480.

는 것이다. 그리하여 사회주의 국가의 병사와 인민은 자신의 공동체를 지키기 위해 목숨을 걸고 결사 항전하는 양상이 나타나게 되는데 제2차 세계 대전에서 이러한 양상이 최초로 확인된 것이다. 개전 초기 유럽 전역에서 쉽게 승리하고 점령을 달성했던 독일군은 쏘련군과의 전투에서는 양상이 다르다는 것을 곧 깨닫게 되었다. 개전 초기 전선의 독일군 부대가 상급에 보고한 것에 따르면 쏘련군은 죽기 살기로 싸운다는 내용이 있었다. 실제로 개전 초기 독일군이 파죽지세로 밀고 들어와서 전선이 쓰몰렌쓰크에 이르렀을 때에 독일군 후방 깊숙이 있었던 브레쓰트 요새의 쏘련군은 항복을 거부하고 결사 항전하고 있었다. 그리고 그 요새를 지키던 쏘련군은 모두 전사했는데 그 요새의 벽에는 다음과 같은 글귀가 새겨져 있었다. "죽어도 항복할 수 없다. 잘 있거라 조국이여."9) 그리고 모쓰끄바 근교의 공방전이 한창일 때 빤필로프가 지휘하는 28명의 병사들은 독일군 탱크 50대와 맞섰는데 이 부대의 정치 지도원 꼬로치꼬프는 다음과 같이 말했다. "러시아는 넓지만 한 치도 물러서지 말라. 우리 뒤에는 모쓰끄바가 있지 않은가."10) 이러한 결사 항전의 자세는 단지 기층의 병사들에게만 국한된 것이 아니었다. 독일군이 모쓰끄바의 코앞까지 밀어닥쳤을 때 정부의 기관들, 연구 기관, 외교 사절 등은 후방으로 소개되었지만, 국방위원회, 볼쉐비끼 당 중앙위원회 그리고 쓰딸린 등의 지도부는 모쓰끄바에 남아서 결사 항전을 독려하고 있었다. 그리고 10월 혁명 24주년이었던 1941년 11월 6일 마야꼬프쓰끼 지하철역에서 기념집회가 거행되었고 쓰딸린이 연설을 하였다. 그리고 다음 날

---

9) B. N. 포노말료프 편, ≪소련공산당사≫ 제5권, 편집부 역, 거름, 1991, p. 32.
10) 같은 책, pp. 37-38.

제5장 169

모쓰끄바의 붉은 광장에서 전통적인 열병식이 거행되었고 열병식을 마친 부대는 곧바로 전선으로 투입되었다. 독일군이 코앞에 닥친 상황에서 이러한 것이 가능했던 것은 모쓰끄바의 대공 방어망이 우수했기 때문인데 독일군 전투기들은 출격을 해도 목표 지점에는 단지 3%만이 도달할 수 있었다. 그렇기 때문에 10월 혁명 기념집회와 열병식이 가능했던 것이다.

또한 쏘련의 전쟁이 인민 전쟁이었다는 것의 또 하나의 사례는 독일군의 전격전으로 인해 독일군 후방에 비교적 광범한 점령지가 형성되었을 때 약 100만 명이 넘는 쏘련 인민이 독일군 후방에서 무기를 들고 빨치산 투쟁을 전개했다는 점이다. 독일군의 수송을 방해하기 위해 철도와 교량을 파괴하고 식량을 불태우고 쏘련 정규군의 작전을 지원하는 등의 활동이 빨치산 투쟁의 사례인데 이에 대해 독일군은 민간인들에게 가혹한 보복을 하였다.

전쟁 초기 특기할 만한 것은 쏘련의 서부 지역의 대공장과 발전소들에 대한 소개 작전이었다. 1941년 7월에서 11월에 이르기까지 1523개의 공업 기업의 설비와 인원이 동부의 우랄과 시베리아, 카자흐스탄 등의 지역으로 소개되었고 그중 1360개는 대공장이었다.[11] 공장의 거대한 기계 설비와 발전소의 발전기를 분해하여 기차에 실어 동부로 소개하고, 소개한 지 불과 3-4주 만에 설비를 재조립하여 공장을 가동하고, 심지어는 트랙터를 만들던 공장이 탱크를 제조하는 생산의 전환까지 이루어졌다. 미처 공장 건물을 건축하지 못해 허허벌판에서 눈보라에 맞서며 공장을 가동하는 영웅적 투쟁이 전쟁 초기에 이루어졌던 것이다. 이러한 과정을 통해 쏘련은 주요한 생산력을 보존할 수 있었고 또 동부 지역의 기존의 공장을 개선하고 또 전

---

11) 苏联科学院经济研究所 编, 앞의 책, p. 219.

시임에도 수천 개의 대공장을 동부 지역에 건립하여 독일군에 맞서는 군수 산업을 조직하고 무기를 개량하여 서서히 독일군과의 전세를 역전시킬 수 있었다.

모쓰끄바 근교 전투에서 패배한 독일군은 1942년 봄 정비 기간을 가진 후에 전선의 주공을 남동쪽으로 바꾸어 진격해 오기 시작했다. 바꾸의 석유 공업 지역을 장악하고 볼가강 유역의 곡창 지대를 수중에 넣고 모쓰끄바를 남쪽에서부터 공격하기 위한 것이었다. 1941년 우크라이나 지역을 점령할 당시 독일군은 도시 하나하나를 점령하는 데 수개월이 걸릴 정도로 쏘련군의 치열한 저항을 경험했는데, 쓰딸린그라드를 중심으로 하는 남동부를 공략함으로써 전략적 우위를 확보하려는 것이었다. 이에 대해 쏘련은 쓰딸린그라드를 최후까지 방어한다는 결정을 내리고 도시 방위전을 준비해 갔다. 100만이 넘는 독일군이 쓰딸린그라드로 몰려오는 상황에서 쓰딸린그라드의 인민은 폭격으로 폐허가 된 공장에서 노동을 하여 무기를 생산하고 또 직접적으로 전투에 참가하는 인민 전쟁을 전개했다. 쓰딸린그라드 전투는 제2차 세계 대전의 역사, 인류의 전쟁사에 길이 남을 전투인데 독일군은 골목 하나를 빼앗기 위해 한 달을 소모해야 했을 정도였다. 시가전에서 독일군과 쏘련군 및 쓰딸린그라드 시민이 한데 엉키게 되어 전후방이 없는 상태에서 공방전이 지속되었다. 빠블로프 중사가 지휘하는 그룹은 하나의 가옥을 58일간 방어하기도 했다.[12] 1942년 여름경에 시작된 쓰딸린그라드 전투에서 11월이 되어 겨울이 시작되었을 때 독일군들은 여름옷을 입고 있었다. 이렇게 쓰딸린그라드가 방위되고 있는 것에 기초하여 쏘련군은 쓰딸린그라드 전역의 독일군 전체를 포위하는 작전을 은밀히 폈고 기습 돌격으로 독일군 33만 명

---

12) B. N. 포노말료프 편, 앞의 책, p. 46.

을 포위하는 데 성공했다. 이에 대해 히틀러는 포위된 독일군이 항복하지 말 것을 명령했고 포위망을 풀기 위한 지원군을 보냈지만 이 지원군 부대는 쏘련군에 의해 격퇴되었다. 그리하여 포위된 독일군은 쏘련군에 의해 대부분 섬멸되고 항복하게 되었는데 쓰딸린그라드에서 독일군이 섬멸된 직후 독일의 수도 베를린에서는 장송곡으로 베토벤의 5번 교향곡 "운명"이 방송되었다. 쓰딸린그라드 전투 전체에서 독일군이 입은 병력 손실은 150만여 명에 이르렀고 탱크 3,500대가 상실되었다.

쓰딸린그라드 전투에서 쏘련군의 승리는 제2차 세계 대전의 전세를 근본적으로 변화시키는 전기가 되었다. 독일과 쏘련의 전쟁에서 독일이 쏘련을 이길 수 없다는 것, 심지어 독일이 쏘련에 의해 패망할 수도 있다는 것이 전 세계적으로 인식되기 시작하였고, 이로 인해 세계적 차원에서 반파쑈 세력의 투쟁을 고양시키고 독일 내에서는 전쟁에 대한 회의론이 고개를 들고 반히틀러 움직임이 나타나게 되었다. 독일과의 전쟁에 소극적이었던 영국과 미국에서도 쓰딸린그라드 전투에서 쏘련의 승리 이후 쏘련의 실력을 인정하지 않을 수 없었고 영국과 미국 내의 반파쑈 세력의 압력하에서 영국과 미국은 쏘련과의 연합을 강화하게 되었다.

쓰딸린그라드 전투에서 패배한 후에 독일은 전세를 만회하기 위해 1943년 여름에 꾸르쓰크 지역에서 100만 명 이상의 대규모 병력을 동원하여 공격을 해 왔다. 쏘련 또한 대규모 병력을 동원하여 이에 맞섰는데 쏘련과 독일 각각 탱크 수천 대를 동원한 탱크전이 전개되었다. 이 전투에서 독일군은 참패하였는데 이후 쏘련은 독일에 대한 전략적 우위를 확고히 하게 되었고 2차 대전은 쏘련의 승리로 기울기 시작했고 이탈리아가 이때 연합국 측에 항복을 하였다. 이렇게 쏘련의 승리가 다가오기 시작하자 1943년 11월 28일 이란의 수도 테헤란에서 쏘련과 영국, 미국의 수뇌가 모여 회담을 하였다. 쓰딸린, 처칠, 루즈벨트는 유럽에 제2의 전선을 열어서 독일을 압박하는 문제, 독일에 대한 분할 점령, 쏘련의 대일 참전, 폴란드 독립과 국경선의 조정, 평화를 위한 국제 조직의 문제 등을 논의하였다.

1944년에는 쏘련이 독일에 대해 유명한 10차례의 타격을 가하여 독일군을 쏘련의 국경선 밖으로 몰아내고 잃었던 국토를 회복하였다. 그리고 여기서 쏘련군은 국경선을 넘어 남쪽에서는 발칸반도의 루마니아, 유고슬라비아 등으로 진격하고 서쪽에서는 폴란드로 진격하였다. 1944년 하반기부터 1945년 상반기에 걸쳐서 쏘련군은 동부 유럽, 발칸반도를 각각의 나라의 빨치산들과 협력하여 해방하였고 1945년 4월 30일 쏘련군은 독일의 수도 베를린을 점령하고 독일 국회 의사당 지붕에 붉은 기를 꽂을 수 있었다. 며칠 후에 독일군은 정식으로 항복을 하였고 유럽 지역의 전쟁은 막을 내리게 되었다.

연합국 측의 수뇌 회담의 결과에 따라 쏘련은 유럽에서의 승리 이후 아시아 지역에서 일본과의 전쟁에 돌입했다. 1945년 8월 초 쏘련은 대일 선전 포고를 하고 중국의 동북 지역으로 물밀듯 진격하여 일본 관동군을 격파했다. 일본군은 대부분 쏘련군에 항복하고 포로가 되었다. 미국이 일본에 두 차례 원자탄을 투하하고 나서, 일본의 천황이 1945년 8월 15일 항복 선언을 라디오 방송을 통해 함으로써 2차 세계 대전은 정식으로 막을 내리게 되었다.

독일과의 전쟁에서 쏘련은 약 2,700만 명의 인민이 사망하였다. 그중 1,000만 명은 병사였고 1,700만 명은 민간인이었다. 이는 히틀러의 나찌가 유태인만 대량 학살한 것이 아니라 쏘련에서 민간인을 대량 학살했다는 것을 말해 주는 것이다. 나찌 당은 2차 대전 종전 후에 해체되었고 전범들은 재판을 받고 처벌을 받았다. 그리고 독일은 군대를 보유할 수 없게 되었고 군수 산업은 해체되었다.

쏘련이 2차 대전에서 영웅적 투쟁을 전개하고 승리할 수 있었던 요인으로, 후방에서 전시 경제가 효과적으로 전개되어 우수한 무기와 군수 물자를 생산하여 전선의 병사들을 뒷받침하였다는 점을 들 수 있다. 쏘련은 독일에 비해 더 적은 자원으로 더 많은 군수 물자와 무기를 생산하였고 시간이 지남에 따라 독일보다 우수한 탱크와 비행기, 야포, 기관총 등을 생산할 수 있었다. 이러한 점은 사회주의 경제가 자본주의 경제보다 우월하다는 점을 잘 나타내는데 이 점을 좀 더 살펴보도록 하자.

쏘련은 전쟁이 발발했을 때 독일보다 강철은 2/3-3/4이 적었고 석탄은 2/3-5/7가 적었지만 배 이상의 무기와 전투 기술 장비를 생산했다.[13] 또 2차 대전 후에 서방의 제국주의자들은 쏘련의 승리는 미국 등 서방의 지원에 의한 바가 크다고 주장했지만 실제로는 그렇지 않았다. 전시에 쏘련에서 생산된 대포는 49만 문이었지만 연합국 측의 지원은 9,600문, 즉 2% 이하에 지나지 않았고 탱크와 자동화포는 쏘련에서 10.4만 대가 생산되었지만 연합국 측의 지원은 1.08만 대에 지나지 않았다. 비행기는 쏘련에서 13.7만 대가 생산되었지만 원조는 1.87만 대에 지나지 않았다.[14] 이러한 점은 미국 등 연합국 측의 쏘련에 대한 원조가 전쟁의 승리에 일정하게 기여하였지만 그 정도는 미미한 수준이며 결정적인 것은 쏘련 자체 내에서 생산한 무기들이었다는 점을 말하는 것이다. 따라서 이는 쏘련의 전시 경제의 효율성과 우수성을 말하는 것이다.

전시에 수많은 노동자와 집단 농장 농부가 병사로 전쟁에 참가함에 따라 노동력의 상당 부분은 여성과 청소년 그리고 노인, 심지어

---

13) 苏联科学院经济研究所 编, 앞의 책, p. 235.
14) 같은 책, p. 236.

장애인들에 의해 대체되었다. 공업에서 여성의 비중은 1940년 41%에서 1944년 52.9%에 이르렀고 심지어 탄광의 갱도 작업자 중에서 여성의 비중은 1942년 3월 1일 26.8%에서 1943년 1월 1일 35.5%로 증가하였다.[15] 여성의 이러한 경제 참가의 증대는 유치원과 탁아소 등 생활 시설이 확대된 것을 기초로 한다는 점에서 사회주의 경제 체제의 특성의 하나를 드러내는 것이다. 후방의 전시 노동에서 인민들의 열정과 희생은 노동 생산성의 증가로 표현되었는데 1942년 4월에서 1943년 10월까지의 1년 반 동안 노동 생산성은 39.2%가 증가되었다.

쏘련은 국토가 넓고 또 사회주의 경제의 계획성과 집중성으로 인해 전시에도 수많은 공장을 건설할 수 있었는데 이러한 점은 군수 물자 생산에서 쏘련이 초반의 열세를 극복하고 독일을 점차 앞설 수 있었던 요인이다. 탱크의 생산량을 보면 개전 초기인 1941년 4,649대에서 1942년 2.47만 대로 증가하였고 1943년에는 3.49만 대로, 1944년에는 4.03만 대로 증가하였고, 1945년에는 2.65만 대를 생산하였다. 그리고 양적인 측면에서 증가만이 아니라 전투를 거치며 쏘련의 탱크는 점차 개량되어 독일의 탱크보다 우수한 모델이 대량으로 생산되었다.

이러한 전시 경제의 조직은 쏘련이 전쟁 발발 전에 3차 5개년 계획에 따라 후방에 해당하는 우랄과 시베리아, 그리고 카자흐스탄 등지에 수많은 중공업 기지, 기계제조 공장들을 건설한 것에 따라 가능했던 것이다. 이 점 역시 사회주의 계획 경제의 우월함을 드러내는 것인데 이는 단지 경제 체제의 우월함만을 드러내는 것이 아니며, 변방의 각 민족 공화국에서도 중앙 러시아와 평등하게 중공업을 발전시킨다는 전략, 각 민족의 평등한 발전을 도모한다는 정치적 노선에 의해 규정된 것이기도 하다.

---

[15] 같은 책, p. 257.

그리고 농업을 보면 독일군의 점령 지역이 곡창 지대로 확대됨에 따라 1943년 쏘련 농업의 파종 면적은 전전의 63%에 지나지 않았고 실제적인 생산량은 전전의 37%에 지나지 않았다.[16] 이는 상당수의 트랙터가 전시 징발되었고 집단 농장원 상당수가 병사로 전쟁에 참가하여 인력과 장비가 부족한 것에 기인하는 것이다. 그러나 집단 농장의 노동력 이용은 매우 효율적으로 이루어졌는데 1인당 파종 면적이 제1차 세계 대전 당시에 비해 3배 이상이나 증가했다. 1944년 전체 농업 생산은 전전의 54%에 이르렀고 1945년에는 60%에 이르렀다. 이는 쏘련이 곡창 지대의 상당 부분을 상실했음에도 불구하고 상당한 양의 식량을 생산하여 전선에 식량을 효과적으로 지원하고 또 전시 산업에서 노동하는 노동자와 인민들을 먹여 살릴 수 있었다는 것을 의미했다. 농업에서 부족한 노동력은 수확기에 도시의 노동자와 시민이 농촌에 내려가 집단적으로 수확을 거두는 등으로 보충할 수 있었던 것도 전시 농업의 특징이다. 그리고 1941-1942년간에 원조법에 의해 미국과 영국, 캐나다로부터 획득한 식량은 254.5만 톤이었는데 이는 전체 식품 중에서 미미한 양이었다.

소비재 생산은 모든 물자가 군수 지원에 맞추어져 있었다는 점에서 커다란 한계가 있었지만 전선의 상황이 호전되었던 1943년부터 증가하기 시작했다. 이는 동부로 소개된 경공업 기업의 생산, 동부 지구의 기존의 기업의 확대, 점령에서 해방된 지구의 기업의 회복으로 인한 것이었다. 또한 소비재의 유통액도 서서히 증가했는데 1945년 국영 상업과 협동조합 상업의 유통액은 1940년의 43%였다.

1943년부터 독일군이 열세에 몰리고 쏘련군이 진격하여 피점령 지구의 해방이 이루어짐에 따라 해방 지구의 경제 회복이 시작되었다.

---

16) 같은 책, p. 496.

쏘련군이 진격할 때 해방 지구의 경제적 부흥을 조직할 인원들도 따라서 같이 진격하여 해방과 동시에 부흥이 시작되었다. 그리하여 1944년에 이르면 한편으로 전시 경제가 절정을 이룬 동시에, 다른 한편으로 전시 경제의 평화 경제로의 전환이 시작되었으며 이 시기에 공업 생산은 이미 전전의 수준을 4% 초과한 상태가 되었다.[17]

이와 같이 쏘련이 2차 대전에서 승리할 수 있었던 경제적 토대는 곧 사회주의 계획 경제를 전시에 맞추어 조직하는 것이었다. 독일의 전시 독점자본주의 경제보다 우월한 쏘련의 사회주의 전시 계획 경제는 쏘련의 군사적 승리의 물질적 토대가 되었다. 그리고 전시 경제는 전후 복구 시기에 신속히 평화 경제로 전환되었고 그리고 이를 기초로 동구에서 인민민주주의 혁명, 사회주의 혁명이 전개되어 사회주의 세계 체제가 형성될 때 그것을 물적으로 뒷받침할 수 있었다.

4. 전후 복구와 사회주의 건설의 새로운 조건

전쟁이 종료되었던 당시 쏘련의 경제는 철저한 파괴와는 거리가 있었다. 이는 동부 지구에서의 경제 건설, 그리고 전쟁 과정에서 피점령 해방 지구에 대한 신속한 경제 부흥의 결과였다. 그리하여 전쟁이 종료한 1945년 당시 생산 수단을 생산하는 1부문은 전전 수준을 12% 초과하고 있었고, 소비재를 생산하는 2부문은 전전의 59%, 농업 생산은 전전의 60%, 소매 유통액은 전전의 45%를 나타내고 있었다. 이것이 제4차 5개년 계획의 전제가 되는 당시의 경제 상태였다.

제4차 5개년 계획의 목표는 전후 회복을 이루어내고 전전 수준을

---

[17] 같은 책, p. 432.

상당히 초과하는 발전을 한다는 것이었다. 이러한 목표하에 쏘련의 노동자와 인민의 영웅적인 노동이 전개되었다. 그리하여 1946년에 이미 군수 산업의 민수 산업으로의 개조가 대체로 완료되었고 1948년에 이르면 공업 생산고가 이미 전전 수준을 18% 초과하게 된다. 그리고 4차 5개년 계획이 끝나는 1950년에 이르러서는 공업 생산고가 전전 수준을 73% 초과하게 된다.

그런데 공업에서는 전후 회복과 경제의 발전이 순조로웠던 반면에 농업은 상황이 좋지 않았다. 전쟁 기간 중에 농업에 대한 투자는 매우 감소되어 있었고 농업은 노동력의 감소, 그리고 트랙터 등 농기계의 징발과 완전한 소모로 인해 한계에 부딪혀 있었다. 그리고 1946년에 대규모의 가뭄이 닥쳐서 농촌은 어려움에 처하게 되었다. 이러한 상황에서 트랙터 등 농기계를 시급히 생산하여 농촌에 보급하는 것이 급선무가 되었다. 그리하여 파괴된 트랙터 공장을 복구하고 새로운 트랙터 공장을 건설하여 1940년 당시 농촌이 보유하였던 수준의 트랙터가 1950년까지 새로 공급되었다. 이러한 노력의 결과 1950년 4차 5개년 계획이 종결될 즈음에 농업의 생산고는 1940년의 99%에 이르게 되었다.

농업에 대한 투자는 전전에 전체 투자의 13% 수준이었고 전쟁 기간 동안은 11% 수준이었는데 4차 5개년 계획의 기간에는 15%로 상승하였다. 특기할 것은 농촌의 전기화가 이 시기에 본격적으로 추진되었다는 점인데 이 시기에 농촌의 발전소가 2배로 증가하였고 농촌이 소비하는 전력량은 3배로 증가하였다. 1948년-1950년 사이에 38,500개의 집단 농장, 4,300개의 MTS, 3,210개의 국영 농장, 514개의 농업부 직속 육종장에 전기화가 실시되었다.

그리고 전쟁을 거치며 일정하게 흐트러진 집단 농장의 체제를 다시 복구하는 작업이 경주되었는데 1946년 9월 11일 집단 농장의 장정(章程) 위반에 대한 당 중앙의 결의를 통해 공유 토지 낭비, 집단 농장 재산을 헤프게 쓰는 것, 부적절한 노동일의 사용, 집단 농장 민주주의의 파괴, 행정 당국의 지나친 간섭, 번잡한 규정 등을 비판하였다.[18] 그리고 전쟁 과정에서 개인 부속지로 돌려졌던 토지가 공유 재산으로 원상 복구되는 조치들이 시행되었다. 이러한 조치들을 통하여 집단 농장은 전쟁 기간에 흐트러졌던 체제를 정비하면서 다시금 발전을 도모하게 되었는데 4차 5개년 계획 말기에 집단 농장이 안정화되고 농업 생산고가 수준에 오른 것을 기초로 집단 농장의 합병 운동이 전개되었다. 그리하여 1951년 1월 1일 집단 농장은 12.3만개가 존재하게 되었는데 이는 합병 전보다 절반 정도 줄어든 수치였다. 이러한 합병 운동은 생산력의 발전에 기초하여 생산관계를 개선한다는 성격을 띠는 것이었는데 새로 개량된 트랙터들을 효과적으로 사용하기 위해서는 집단 농장의 규모를 키우는 것이 필요하다는 점이 많이 작용한 것이었다.

그리고 4차 5개년 계획 시기는 제2차 세계 대전을 전후하여 쏘연방에 새로 가입한 공화국들에서 농업 집단화가 이루어지던 시기였다. 리투아니아, 라트비아, 에스토니아 등의 발트 3국 그리고 서벨라루스와 서우크라이나, 그리고 몰도바 등에서 토지 개혁이 실시되어 지주 소유제를 제거하고 농민들에게 토지를 분배하는 단계를 거쳐 1949년 경이면 이들 신생 쏘비에트 공화국에서 집단화가 대체로 완료되게 된다. 이 과정에서 1930년대 초의 쏘련과 같은 부농의 격렬한 저항은 존재하지 않았는데 이는 쏘련의 국가적 위상이 제2차 세계 대전의 결과 자본주의에 의한 포위를 풀고 사회주의 세계 체제의 형성을

---

[18] 苏联科学院经济研究所 编, ≪苏联社会主义经济史(쏘련 사회주의 경제사)≫ 第六卷, p. 142.

주도하는 것으로 변모되었다는 점, 그리고 쏘련에서 집단 농장 운동의 실제적 발전이 신생 공화국의 농민들에게 커다란 모범적 사례로 작용했다는 점에 근거한 것이다.

이 시기에 화폐 개혁과 가격 개혁 또한 이루어졌는데 1947년 신화폐가 발행되어 구화폐와 10:1의 비율을 기준으로 교환되었는데 그 교환 비율에서 화폐를 적게 소유한 인민에게 유리한 비율이 적용되었다. 또 전쟁 기간에 중공업은 원가가 인상됨에도 가격을 올리지 못하고 국가 보조로 지탱되었으나 1948년 7월 8일 중공업 제품의 도매가격을 인상하면서 국가 보조금을 폐지하였다. 그러나 중공업 기업들은 원가 절감 노력을 경주했고 이에 따라 중공업 제품의 가격은 다시 인하 추세를 보였다. 이러한 가격 개혁의 흐름 속에서 1947년 12월 14일 배급제가 폐지되었고 1947년부터 1950년까지 3차례 소비재의 가격이 인하되었다.[19] 이러한 가격 인하는 전쟁 기간에 가격이 일정하게 인상되었던 것을 원상태로 돌린다는 점, 그리고 4차 5개년 계획 기간을 거치며 노동 생산성의 증가로 인해 원가 인하 요소가 발생했다는 점을 근거로 한 것이었다. 이러한 가격 인하로 인해 노동자와 인민의 실질적 구매력은 높아졌고 이는 역으로 농업과 소비재 공업의 발전을 촉진하는 것이었다.

이 시기에 쏘련 내부의 정치적 측면을 보면 전후에 이데올로기 투쟁이 강조되었다. 전쟁 기간에 파씨즘 세력의 점령으로 인한 파쑈 이데올로기와 자본주의 이데올로기의 유입에 맞서 사회주의 이데올로기를 강조하는 당의 노력이 경주되었다. 이 시기에 당의 지도부 중 한 명이었던 쥐다노프는 쏘련 내부의 저작이었던 ≪서양 철학사≫가 유물론과 관념론의 대립의 문제 등에서 오류가 있음을 비판하여 커다란

---

19) 같은 책, p. 22.

반향을 일으키기도 했다.

쓰딸린은 언어학에서 잘못된 편향을 비판하는 글을 저술하여 쏘련의 언어학에 대해 커다란 영향을 미쳤다. 언어가 계급적 성향을 띤다는 좌편향적 견해를 비판하며 언어는 민족어로서의 성질을 띠는 보편적인 것임을 강조하여 쏘련의 학문에서 과학적 발전의 방향을 일정하게 제시하였다. 또한 1952년에 쏘련에서 30년간의 사회주의 계획 경제를 총괄하는 대규모 토론회가 열렸다. 10여 일이 넘게 진행된 토론회에는 경제 계획의 담당자들, 이론적 연구자들, 지방 연구기관들 등 대규모 인원이 결집하여 열띤 토론을 하였는데, 쓰딸린은 이 과정에서 몇몇 사람들의 질문에 답하는 글을 작성했는데 이 답변들을 모아 출판한 것이 유명한 ≪쏘련에서 사회주의의 경제적 문제들≫이었다. 이 저작은 쏘련의 계획 경제를 총괄한 것으로서 각종 편향을 극복하고 쏘련에서 가치 법칙의 존재, 사회주의 사회에서 경제 법칙의 객관성, 사회주의 경제의 기본적 경제 법칙의 존재, 사회주의 사회에도 생산력과 생산관계의 모순이 존재한다는 점을 밝혔다는 점[20]에서 매우 중요한 이론적, 정치적 의미를 띠는 것이었다.

1951년 10월 제19차 당 대회가 개최되었다. 이 대회에서 쏘련 공산당(볼)이라는 명칭에서 볼쉐비끼라는 명칭이 삭제되어 당명은 쏘련 공산당으로 개칭되었다. 멘쉐비끼와의 대립을 나타내는 볼쉐비끼라는 명칭이 역사성을 다했다는 판단 때문이었다. 그런데 19차 당 대회를 전후한 시기에 쏘련 사회에 있어서, 그리고 당에 있어서 가장 중요한 것은 쏘련 사회의 정치, 프롤레타리아 독재와 프롤레타리아 민주주의의 발전의 문제, 나아가 당과 국가의 관계의 문제 등이었고 이는 제2차 세계 대전 후의 새로운 정세에 맞는 새로운 노선의 정립의 문제

---

20) 周尚文·叶书宗·王斯德, 앞의 책, p. 565.

였다. 브레쥐네프 시대의 공식적 입장을 보여 주는 ≪소련공산당사≫ 제5권(거름 출판사)에서는 이 시기 당의 활동 방식의 문제에 대해 다음과 같이 서술하고 있다. 다소 길지만 당시의 문제의식이 잘 드러나 있으므로 그대로 인용해 보자. "중앙위원회와 당 협의회는 조직 활동과 정치 활동이 부진한 당 위원회를 비판했다. 비판을 받은 당 위원회는 자기가 맡을 것이 아닌 직무를 맡아서 경영 활동가의 일을 알선해 주는 역할을 하고 있었다. 이러한 위원회는 콜호스와 소프호스, 기계 트랙터 기지, 공업 기지 등의 지도자들이 모든 경제 문제를 당 기관에만 의논해 당 기관의 지도만을 받는 관습을 버리지 못하고 있었던 것이다. 지방 소비에트의 역할이 작아지고 있었다. 이러한 여러 사정 때문에 일부 당 활동가는 자신도 모르는 사이에 정치 지도자에서 관료형 인간으로 변하기 시작했고, 일부 당 기관은 전투적 당 조직에서 색다르게 바뀌어 행정 처리 기관으로 변하기 시작했다. 이러한 당 조직은 지방주의적인 욕구와 협소한 소집단주의적 욕구에 반드시 저항할 수도 없었다."[21] 이러한 인용문의 요지는 당원, 당 활동가가 정치 지도자에서 행정을 처리하는 관료형 인간으로 변모하고 있다는 것을 비판하는 것이다. 쏘련에서 사회주의 경제의 건설이 이루어지고 경제 규모가 거대해지면서 그와 관련된 행정적 처리의 문제에 당 기관과 각급의 당 지도자들이 매달리면서 어느새 관료형 인간으로 변해 가고 있다는 것을 지적하고 있는 것이다.

그런데 여기서 정치 지도자인가 아니면 관료형 인간인가라고 제기되어 있는 문제는 실은 1940년대 후반과 50년대 초반 쓰딸린에 의해 제기되고 주도되었던 것이다. 이에 대해 그로버 퍼(Grover Furr)는 자신의 저서 ≪흐루쇼프가 거짓말을 했다(*Khrushchev Lied*)≫(LLC

---

21) B. N. 포노말료프 편, 앞의 책, p. 141.

Corrected Edition, Erythros Press and Media, July 2011)에서 이 문제를 비교적 상세히 다루고 있다. 다소 길지만 당시의 정치적 상황과 쟁점 그리고 쓰딸린의 정치적 입장이 상세히 드러나 있으므로 그로버 퍼의 서술을 자세히 인용해 보자.

역사학자 유리 주꼬프는 제3의 이론을 제기하고 있다. 그의 견해에 따르면 흐루쇼프의 목표는, 쓰딸린이 관여되어 있는, 그리고 간부회(1952년 10월까지는 정치국으로 불렸던)에서 쓰딸린의 이전의 동맹자들이, 특히 말렌꼬프가 여전히 촉진하고자 애쓰고 있던 민주주의적 개혁에 대해 결정적으로 문을 걸어 닫는 것이었다. 그 개혁들은 당을 정치, 경제 그리고 문화에 대한 통제로부터 떼어 놓는 것이었으며 이것들을 선출된 쏘비에트들의 손에 맡기는 것이었다. …

주꼬프는 당을 권력의 지렛대로부터 떼어 내기를 원하는 쓰딸린과 그의 동맹자들과, 이에 대해 확고히 맞섰던 정치국의 나머지 사람들 간의 투쟁의 수많은 순간들에 대해 상세히 묘사를 하고 있다. 1953년 5월, 쓰딸린의 사망 직후에, 쏘비에트 정부의 집행 부문, 쏘비에트 각료회의는 당의 지도적 인물들에게서 그들의 "봉투들" 혹은 별도의 수입을 제거하는, 그리하여 그들의 수입을 그들과 상응하는 정부 인물들보다 한두 단계 낮은 수준으로 감축하는 결의를 통과시켰다. 주꼬프에 따르면, 말렌꼬프는 이 개혁을 촉진하고자 했다. 그것은 권력을 쏘비에트 정부로 넘겨주고 당의 역할을 격하하면서, 당으로 하여금 나라의, 경제와 정치의 운영으로부터 벗어나게 한다는 계획에 부합하는 것이었다. …

주꼬프는 결론을 내린다: "20차 당 대회의 진정한 의미는 바로 당 기구들의 권력으로의 복귀에 있다는 것이 나의 확고한 확신이다. 동시대의 사건들로부터 관심을 떼어 내고 사람들이 '비밀 연설'의 도움으로 과거에 집중하도록 하는 것을 필요로 한 것은 … 이 사실을 숨기고자 하는 필요성 때문이었다."

쓰딸린과 그의 지지자들은 경쟁 선거를 통하여 쏘련을 민주화시킨다는 계획을 옹호했다. 그들의 계획은 쏘련에서 권력의 소재를 흐루쇼프 같은 당 지도자들로부터 선출된 정부 대표자들로 옮긴다는 것이었다. 이것을 하는 것은 당을, 출세주의 혹은 개인적 이득을 위하기보다는 공산주의를 위해 투쟁하는 헌신적인 사람들의 조직으로 복구하기 위한 토대를 놓는 것이었다. 흐루쇼프는 당의 제1 서기들의 지지를 받은 것으로 보이는데, 그들은 이 계획을 사보타주하고 자신들의 특권적 지위를 영구화할 결의가 되어 있었다. ...[22]

여기서 그로버 퍼가 역사학자 유리 주꼬프의 견해를 들어 서술하고 있는 것은 수많은 쟁점을 내포하고 있는 것이다. 앞서 ≪소련공산당사≫ 제5권(거름 출판사)에서 단순히 당원, 당 활동가가 정치 지도자인가 아니면 관료형 인간인가라고 제기되어 있는 범위를 넘어서서, 그로버 퍼는 권력의 소재를 당에 둘 것인가 아니면 선출된 쏘비에트 대표자들에 둘 것인가로 쓰딸린파와 반대파가 대립했다는 것을 서술하고 있다. 그리고 쓰딸린파는 쏘비에트 대표자들에게 권력을 넘겨주기 위해 쏘비에트 대표자들에 대한 경쟁 선거를 도입할 것을 계획했다는 것을 서술하고 있다. 여기서 쟁점은 쏘련의 정치 체제와 사회주의 건설 노선에 있어서 근본적 지점으로 다가서고 있다. 사회주의 사회에서 당과 국가의 관계는 무엇인가, 사회주의 건설에서 당의 본질적 역할은 무엇인가, 사회주의 사회에서 민주주의는 어떻게 발전되어야 하는가, 프롤레타리아 독재와 프롤레타리아 민주주의는 사회주의 사회에서 어떤 관계이고 어떻게 발전해 나가야 하는가 등등이 바로 그것들이다.

 이에 대해 쓰딸린파는 사회주의 건설에서 당의 역할은 통치, 행정

---

[22] Grover Furr, *op. cit.*, pp. 194-195.

이 아니라 사회주의, 공산주의의 대의에 헌신하는 것, 즉 사상을 바탕으로 한 노선의 정립에 있다는 것을 주장한 것이고 당원은 관료형 인간이 되어서는 안 되며 정치, 경제, 문화 등에 대한 통제, 행정, 관리, 통치는 선출된 쏘비에트 대표자들, 쏘비에트 기구들에 넘겨서 권력을 이양해야 함을 주장하고 있는 것이다. 그리고 쏘비에트 기구들이 실제적인 권력을 가지기 위한 조건으로서 경쟁 선거를 통한 선출을 주장한 것이다.

이에 대해 지방 공화국들의 당 제1 서기들의 지지를 받은 당시 중앙당 서기였던 흐루쇼프는 이러한 민주적 개혁에 대해 반대하고 당이 여전히 권력의 소재가 되어야 하며 당 서기들이 행정을 직접 통제해야 함을 주장한 것이다. 이러한 흐루쇼프의 입장은 전형적으로 당 관료들의 입장을 대변하는 것으로서 쏘련이 사회주의 건설 과정에서 경제의 규모가 거대해지고 국가 기구가 팽창한 것에 기인하는 당 관료 집단의 성장에 기초한 관료주의 국가를 주장한 것이다. 실제로 이러한 흐루쇼프의 입장은 20차 당 대회 이후 프롤레타리아 독재의 폐기와 그것의 전 인민 국가로의 전환을 통해 현실화되었다. 전 인민 국가는 곧 전 인민에 대한 국가가 될 수밖에 없다는 점에서 그것은 전형적인 관료주의 이데올로기였던 것이다. 쓰딸린 사후 흐루쇼프가 당시 보안 기관을 책임지고 있던 베리야를 군을 동원하여 쿠데타적으로 체포하고 이후 처형하고 정적들을 하나하나 제거한 것은 당 관료주의 집단의 쿠데타의 과정, 반동의 과정으로 파악될 수 있다. 이러한 관료주의 국가를 만들기 위해, 무사태평한 관료들의 지배 체제를 만들기 위해서는 쓰딸린에 대한 탄핵, 즉, 프롤레타리아 독재의 부정이 반드시 필요했던 것이고 그렇기 때문에 흐루쇼프는 20차 당 대회에서 소위 개인숭배를 비판한다는 구실로 쓰딸린 하의 30여 년의 혁명적 노선을 전복시켰던 것이다.

사실 10월 혁명 이후 권력의 소재가 당에 있었던 것은 당과 국가가 직접적으로 밀접하게 통일되어야만 했던 대내외적인 정치적 상황에 기인한 것이었다. 혁명 후 제국주의의 간섭과 내전 그리고 경제의 재건의 시기를 거치자마자, 히틀러의 파씨즘이 등장하여 쏘련에 대한 침략을 공언하고 제2차 대전을 겪고 전후 복구를 마치는 등 쓰딸린 하의 30여 년은 비상 시기의 연속이었다. 이러한 비상한 상황에서 당의 결정의 공고한 집행을 위해 당은 국가 기구를 강하게 통제할 수밖에 없었다. 그러나 전쟁 등의 상황을 제거한다면, 즉, 일종의 추상을 한다면, 사회주의 생산관계가 성립되고 나서 당은 새로운 상황에 맞는, 사회주의 건설을 위한 새로운 노선의 정립에 혼신을 힘을 기울이는 것이 타당하며 당은 이를 위해 행정으로부터, 통치로부터 자유로워질 필요가 있는 것이다. 쓰딸린은 바로 이 점을 인식하고 있었기 때문에 권력의 소재를 당이 아니라 선출된 쏘비에트 기구에, 즉 국가에 두고자 했던 것이다.

그러면 여기서 민주주의 문제를 다루어 보자. 프롤레타리아 민주주의는 프롤레타리아 독재와 통일된 하나의 전체이다. 먼저 민주주의에 대한 레닌의 고전적 정의를 인용해 보자. "민주주의는 다수에 대한 소수의 복종과 동일하지 않다. 민주주의는 다수에 대한 소수의 복종을 승인하는 하나의 국가, 다시 말해서 하나의 계급이 다른 계급에 대항하여 강제력을 체계적으로 행사하기 위한, 대중의 한 부류가 여타 다른 부류에 대하여 권력을 체계적으로 행사하기 위한 하나의 조직체 이상이 결코 아닌 것이다."[23] 여기서 레닌의 견해는 민주주의에 대한 형식적 접근을 넘어서서 내용적인 접근, 실질적 접근을 보여 주고 있고 계급을 떠난 민주주의는 존재하지 않는다는 것을 보여 주고

---

23) V. I. 레닌, ≪국가와 혁명≫, 논장, 1988, p. 99.

있다. 또한 민주주의는 곧 조직체, 즉 국가라고 보는 레닌의 견해는 민주주의와 독재의 통일을 가리키고 있다. 즉, 노동자계급의 국가는 프롤레타리아 독재와 프롤레타리아 민주주의의 통일임을 레닌은 제기하고 있다. 예를 들면 자본가계급의 선거권을 제한하고 프롤레타리아들이 다수가 되어 실시하는 선거 과정을 통해 권력의 담당자를 선출하는 것은 프롤레타리아 민주주의에 기초한 프롤레타리아 독재의 성립을 의미한다. 또한 국가 권력의 핵인 군대의 문제에 있어서 부르주아적인 관료적인 상비군을 해체하고 그것을 노동자계급 대중으로 구성된 민병대 혹은 자치 병력으로 대체하는 것은 프롤레타리아 민주주의가 곧 프롤레타리아 권력, 프롤레타리아 독재로 전환되는 사례이다. 이와 같이 사회주의 사회에서 노동자계급의 국가는 프롤레타리아 민주주의와 프롤레타리아 독재의 통일로서 존재한다.

1930년대 후반 숙청 과정에서 프롤레타리아 독재 권력의 행사가 정확하지 못하여 무고하게 조작되고 고문받고 희생된 사람들이 많았다. 여기서 우리는 프롤레타리아 독재 권력이 정확히 행사되기 위한 조건은 무엇인가를 생각하지 않을 수 없다. 그런데 프롤레타리아 독재 권력이 그 행사에 있어서 오류를 줄이고 정확성과 정교함에 있어서 제고된다는 것은 프롤레타리아 독재의 고도화를 의미한다. 그런데 이렇게 프롤레타리아 독재가 고도화되기 위해서는 그 전제로 프롤레타리아 민주주의가 고도화되어야 한다. 왜냐하면 프롤레타리아 독재와 프롤레타리아 민주주의는 통일되어 있는 하나의 전체이고 함께 가는 것이기 때문이다. 그리고 프롤레타리아 민주주의가 고도화되기 위해서는 프롤레타리아 대중의 문화 수준의 제고, 행정적 참여 능력의 제고, 사회주의 사회에도 여전히 존재하는 시민 사회 차원의 다양한 대중 조직의 발달, 자유로운 사상적 토론의 확산, 과학적 연구 수준의 제고와 대중적 확산 등등 수없이 많은 항목과 조건들이 있을 것이다.

그러면 1940년대 후반 쓰딸린파와 흐루쇼프 등 당 관료주의자들의 대립에서 드러난 당과 국가의 관계를 정리해 보면, 당은 사상을 기초로 새로운 상황에 맞는 노선을 정립하고 그것을 끊임없이 변화하는 상황에 맞춰 혁신하고 개선하고 적용하는 것을 자신의 본질로 한다는 것을 알 수 있다. 반면에 국가는 권력의 소재이고 또 폭력의 담지자로서 계급적 억압을 수행하고 또 사회주의 건설에서 행정의 역할을 해야 함을 알 수 있다. 이러한 당과 국가의 관계에서 당은 권력의 담지자로서의 강제가 아니라 사상에 기초한 노선의 올바름으로 국가 기구들을 지도하는 역할을 해야 하는 것이다.

수정주의화된 현대 중국의 공산당은 흐루쇼프적인 관료주의화된 당의 전형을 보여 준다. 현대 중국의 공산당의 당원과 당 활동가, 당 지도부는 사회주의, 공산주의의 대의에 헌신하는 모습을 보여 주는 것이 아니라 행정적 통제와 통치, 관료형의 기능적 인간으로 작동하고 있다. 예를 들면 베이징 시나 상하이 시에서 시장은 그 시의 당의 제2 서기이고 제1 서기는 실질적인 권력자로서 그 시의 국가 기구를 통제하고 행정을 관리하는 역할을 하고 있다. 여기서 사상에 기초한 노선의 정립 역할은 찾아볼 수 없고 관료적 조정을 통한 행정의 수행만이 있을 따름이다. 그리고 당과 국가의 관계에서 중국은 소위 집권당이라는 개념을 내세워 자신들의 관료주의적 통치를 합리화하고 있는데 이는 스스로 혁명당으로서의 성격을 부정하는 것이고 흐루쇼프적인 관료주의적 당, 당 관료들의 당임을 드러내는 것이다. 그리하여 선거를 통해 선출된 인민대표자 대회는 형식적으로는 헌법에서 최고 권력 기관이지만 이 기관은 공산당의 결정을 통과시키는 거수기에 지나지 않게 되어 중국에서 민주주의는 형해화되고 있는 것이다.

5. 사회주의 세계 체제의 형성

제2차 세계 대전의 과정에서 쏘련군은 독일군을 쏘련 영토 밖으로 쫓아냈을 뿐만 아니라 동유럽과 발칸반도로 진격하고 독일의 수도 베를린을 점령하였다. 이 과정에서 쏘련군은 동유럽 각 나라의 반파쑈 인민전선 세력과 연합하여 독일군과 반동 세력을 축출하였다. 그리고 제2차 세계 대전이 끝난 이후의 상황에서 나찌를 축출하는 데 앞장섰던 동유럽 각국의 반파쑈 인민전선 세력이 새로운 나라를 건설하는 데 주도적 역할을 하게 되었다.

불가리아의 경우 조국전선이 새로운 국가 창설의 주역이 되었으며 유고슬라비아, 폴란드 등 동유럽 각국에서는 쏘련군의 지원하에서 이들 전선체들의 주도로 자본주의에서 이탈하는 인민민주주의 혁명이 전개되었다. 그 과정에서 많은 나라에서는 공산당 혹은 노동당이, 사회민주주의 세력과 연합하거나 합당하였다. 그러나 이 과정은 미국과 서유럽의 제국주의 세력의 방해와 국내의 반동 세력의 저항을 극복하는 과정을 거칠 수밖에 없었다. 그리하여 동유럽의 나라에서는 일차적으로 파씨즘 세력, 반동 세력의 제거가 이루어졌으며 이후 토지개혁을 수행하는 단계에 접어들었다. 지주 소유제를 제거하고 토지를 농민들에게 분배하여 노동자계급과 농민의 동맹을 구축했으며 서서히 이러한 개혁은 사회주의적 개혁으로, 즉, 사회주의 혁명 단계로 이행하게 되었다.

이 과정에서 쏘련군의 존재는 제국주의 세력과 국내 반동 세력의 음모와 기도를 저지하는 역할을 했고 동유럽 나라들은 사회주의적 생산관계의 수립으로 나아갔다. 쏘련은 국내에서 전후 복구의 어려운 처지에 있었지만 1940년대 후반 동유럽 각국에 약 150억 루블의 원조를 하였고 전후 피폐해진 상황에서 산업을 일으키는 데 필요한 설비와 원자재, 그리고 인민들의 식량을 지원하였다. 그리하여 사회주의 세계 체제가 서서히 형성되어 갔는데 이 과정은 언제나 순탄한 것은 아니었다.

무엇보다도 서방의 제국주의 세력과 쏘련 사이에 향후 유럽의 질서를 구축하는 문제에 있어서 틈이 벌어지기 시작했다. 가장 문제가 되었던 것은 독일 문제였는데 미국과 영국, 프랑스 등은 자신들의 독일 점령지에서 독자적인 화폐 개혁을 단행하여 독일을 분단시키려는 행보를 시작하였다. 특히 베를린은 쏘련군 점령 지역에 있었으나 쏘련군과 서방의 군대가 공동으로 점령하고 있는 상태에서 서독일의 새로운 화폐가 유입되어 경제를 혼란시키는 상황이 되었다. 이로 인해 베를린 위기가 발생하게 되었는데 쏘련은 베를린과 서독일의 교통을 차단하여 베를린의 혼란을 수습하려 했고 이에 대해 서방측이 반발하여 긴장 상태가 발생했던 것이다. 서방의 이런 행보는 독일을 분단시키려는 목적과 계획하에 이루어진 것이었고 1949년 8월 14일 서독에서 총선거가 치러졌고 1949년 9월 20일 독일연방공화국이 선포되었다. 즉, 서독이 분단국가로 성립하였다. 이에 맞서 사회주의 세력은 1949년 10월 7일 독일민주공화국, 즉 동독의 성립을 선포하게 되었다. 이로써 독일은 군사적인 분할 점령 상태에서 정치적인 분단국가의 상태로 이행하게 되었다.

서구 제국주의 세력의 이러한 행보는 제2차 세계 대전 과정에서 이루어졌던 반파쇼 연합을 해체하는 것이었고 쏘련과 사회주의 진영에 대한 대결을 시작하는 것이었다. 이미 1947년 3월에 미국의 트루먼은 쏘련을 전체주의라 비난하는 연설을 한 바 있었다. 그리고 1947년 6월에 미국의 국무장관 마셜이 유럽에 대한 원조 계획, 즉, 마셜 계획을 발표하여 서유럽을 미국의 세력권에 두고 미국에 종속시키려는 행보를 하기 시작했다. 이에 대해 쏘련은 마셜 계획이 쏘련을 배제하고 고립시킨다는 점을 인식하고 동유럽 국가들과 공통의 사회주의적 경제 관계의 형성을 추진했으며 1949년 1월에 쏘련과 동유럽의 경제 관계를 포괄하는 경제상호원조위원회(코메콘)가 성립하여 세계 시장은 2개로 분열하게 되었다.

미국은 또한 쏘련을 적대시하고 대결을 추구하는 군사적 블록을 형성했는데 미국과 서유럽 국가들이 주축이 되는 북대서양조약기구(NATO)를 결성하여 쏘련에 대한 군사적 대결 태세를 갖추었다. 이에 대해 쏘련과 동유럽은 NATO를 반대하면서 유럽에서 집단적인 안전 보장 체계를 갖출 것을 주장하였다. 쓰딸린은 NATO에 대항하는 사회주의 진영의 군사적 블록을 만들지 않았는데 이는 쓰딸린이 제2차 세계 대전 이후의 국제 정세에 대한 인식과 전략에 있어서 상이한 제도를 가진 국가들 간의 평화 공존이 가능하다고 보아 유럽에서의 집단적 안전 보장 체제 노선을 고수했기 때문이었다.[24] 그리고 쓰딸린이 사망하고 일정한 시점이 흐른 1955년 5월에 이르러서야 쏘련과 동유럽 국가들은 바르샤바조약기구를 창설하여 NATO에 대항하는 태세를 갖추게 되었다.

쏘련은 미국의 원자탄 독점을 깨뜨리기 위한 연구에 착수하여 핵 실험에 성공하여 원자핵 무기를 가진 나라는 미국만이 아니게 되었다. 이리하여 세력 균형이 이루어진 상태에서 1949년 중국에서 마오쩌뚱이 이끄는 공산당의 홍군이 국민당군을 패배시켜 국민당 세력을 중국 대륙에서 몰아내고 중화인민공화국을 성립시켰다. 중화인민공화국 성립 당시 국가의 성립을 선언한 주체는 정치협상회의였는데 이는 반제 민족통일전선 조직이었으며 이는 동유럽에서 국가 창설의 주역이 조국전선 등 통일전선 조직이었다는 점과 맥을 같이 하는 것

---

24) 周尚文·叶书宗·王斯德, 앞의 책, p. 527.

이었다. 쏘련은 제2차 세계 대전 직후에 중국에서 국민당 정부가 성립할 것이라 예상했으나 국민당이 공산당과의 연합 정부를 거부하고 내전을 도발함에 따라 약 3년간의 내전이 이어졌고 그 결과 중국 공산당의 홍군이 승리했던 것이다. 이는 중국 공산당과 중국 민족의 저력을 보여 주는 것으로서 제2차 세계 대전에서 쏘련의 승리, 동유럽에서 인민민주주의 혁명의 전개 등의 세계정세가 중국에 있어서 중국 공산당에게 유리하게 작용한 결과였다. 이러한 중국 혁명의 성공은 전 세계적인 세력 관계를 바꾸는 것이었으며 또한 중국 혁명이 민족 해방 투쟁의 승리라는 성격을 띤다는 점에서 이후 제국주의 세력의 약화와 세계 식민지 체제의 붕괴를 촉진하는 것이었다.

제2차 세계 대전 이전에 전 세계 노동자계급의 단결의 구심이었던 제3 인터내셔날, 즉 코민테른은 1943년 전쟁 과정에서 해소되었다. 이는 전쟁에서 승리를 위해 반파쑈 연합전선의 강화가 절실했다는 점에 기인하는 것이다. 영국과 미국이 쏘련과의 연합에 참가하고 또 세계적으로 반파쑈 인민전선이 강화되기 위해 코민테른의 해소가 이루어진 것이었다. 그리고 이에 대해서는 논쟁의 여지가 있다. 반파쑈 연합이라는 전술적 목표를 위해 노동자계급의 최고의 대의인 프롤레타리아 국제주의가 유보되어야 하는가는 논쟁의 여지를 남기는 것이다. 그런데 프롤레타리아 국제주의는 이론적 측면만 있는 것이 아니라 현실적, 실천적, 정치적 측면 또한 존재하는 것이다. 그렇게 본다면 제2차 세계 대전에서 프롤레타리아 국제주의를 구체적으로 구현하는 것은 세계적 차원에서 반파쑈 연합을 강고하게 건설하는 것이었다고 볼 수 있다. 그리고 이러한 방침은 정확했고 그 결과는 제2차 세계 대전에서 쏘련의 승리와 동유럽의 인민민주주의 혁명, 중국 혁명의 성공이었고 그로 인한 사회주의 세계 체제의 형성이었다.

전쟁 직후에 쏘련은 코민테른을 재건한다는 계획을 갖지 않았다.

전쟁 과정에서 형성되었던 반파쇼 연합의 성과를 유지하고 쏘련의 전후 복구를 위해 필요로 되는 국제적 평화를 확보하고 유지하는 것이 일차적인 목표였다. 그러나 미국과 영국이 사회주의 진영에 반대하는 대결, 냉전을 개시하고 세계가 제국주의 진영과 사회주의 진영으로 형성되는 것이 불가피하다는 것이 확인되었을 때, 결정적으로는 독일의 분단을 기점으로 사회주의 진영, 사회주의 국가의 연합을 위한 조직이 필요함이 제기되었다. 특히 이러한 필요성은 인민민주주의 혁명을 수행하고 사회주의 건설에 나서던 동유럽 국가 측에서 더욱 더 요구되는 편이었다. 그리하여 과거 코민테른과 같이 전 세계 공산당과 노동자당에 대해 규정력을 가진 인터내셔날이 아니라 사회주의 국가를 중심으로 하는 공산당, 노동자당이 교류하고 정보를 교환하는 조직체로서 공산주의 정보국(코민포름)이 형성되게 되었다. 코민포름은 자신의 기관지를 갖고 정보를 교류하는 형태였다. 그런데 이렇게 순조롭게 사회주의 세계 체제가 형성되어 갈 때, 커다란 갈등이 형성되기 시작했다. 유고슬라비아의 찌또(티토)와 쏘련 공산당 간의 갈등이 불거지고 심화된 것이 그것이었다.

찌또는 전쟁 과정에서 나찌에 맞서는 빨치산 투쟁을 하였고 쏘련군이 진주하기 전에 유고슬라비아에서 봉기를 일으켜 자주적으로 나찌를 몰아낸 인물이었다. 그리하여 1940년대 후반 찌또와 쏘련 공산당은 긴밀한 협력 관계를 구축했으나 상황이 진전되면서 갈등의 요소가 쌓여갔는데, 다음과 같다. 첫째, 전쟁 과정에서 아드리아해에 접한 드리야스트를 찌또의 인민해방군이 해방하고 점령했으나 이에 대해 영국과 프랑스가 그 지역은 이탈리아에 귀속되어야 한다고 주장하고 쓰딸린에게 영향력을 행사해 줄 것을 요청했다. 이에 대해 쓰딸린은 영국과 프랑스와 협의하여 해결했는데 이에 대해 찌또가 불만을 가졌다. 둘째, 찌또는 유고슬라비아가 중심이 되어 주변의 나라들과 함께 발칸 연방공화국을 수립하고자 했고 이 과정에서 인접한 소국인 알바니아와 갈등 관계를 빚었다. 이에 대해 쓰딸린은 발칸 연방이 당시로서는 적절치 않다는 입장을 가졌고 실제로 발칸 연방 문제는 수면 밑으로 가라앉았다.[25] 그런데 연방공화국의 수립은 매우 높은 수준의 프롤레타리아 국제주의를 필요로 하는 것이며 또한 각 나라의 자발적 연합을 조건으로 하는 것인데, 혁명 직후 발칸 연방을 추진하는 것은 유고슬라비아 민족의 소(小)패권주의를 추구한 것으로 볼 수도 있다. 이외에도 쏘련과 유고의 무역 문제, 경제적 관계에서 일정한 갈등이 있었다. 그리하여 갈등이 심화되었고 쏘련 공산당과 유고슬라비아 간에 몇 차례의 문서로 된 서신이 교환되었고 갈등이 폭발한 결과, 유고슬라비아 공산당은 코민포름에서 제명되게 된다. 그리고 동유럽 국가들에서는 공산당 내 민족주의적 경향으로 분류되는, 찌또주의자들로 간주된 사람들이 제거되는 과정이 있었다.

그런데 문제는 이후의 과정인데 코민포름에서 제명된 찌또는 이후 최악의 길을 걸었다. 유고는 1951년 미국과 군사조약을 맺어 제국주의 진영에 가담하였다. 그리고 당시 내전 중이었던 그리스의 빨치산들에게 국경을 봉쇄하여 타격을 입혔고 한국(조선) 전쟁에서 미 제국주의를 지지하였고 베트남 전쟁에서 미국의 편을 들었으며, 인접한 소국인 알바니아의 정부를 전복하려 했다. 그리고 유고슬라비아가 해체되기 전까지 견지하였던 노동자 자주관리 기업 또한 실제로는 국가자본주의 기업에 지나지 않았고 기업에서 노동자의 권력은 존재하지 않았다. 이른바 시장 사회주의라 불렸던 유고의 체제는 실제로는 거대한 국가자본주의 체제에 지나지 않았다.[26]

---

25) 같은 책, p. 549.
26) 문영찬, "쏘련 수정주의의 등장과 중-쏘 논쟁", ≪노동사회과학 제4호≫:

이러한 경과는 프롤레타리아 국제주의가 과연 무엇인가를 다시 사고할 것을 요구하는 것이다. 그런데 프롤레타리아 국제주의는 자본에 맞선 노동자계급의 이익의 통일성, 보편성을 표현하는 것이다. 그리하여 자본가계급을 폐지하는 사회주의 혁명과 사회주의 건설에서 노동자계급은 연대하게 된다. 그런데 이러한 점은 이론적 측면에서 프롤레타리아 국제주의를 접근하는 것이다. 그렇지만 프롤레타리아 국제주의는 이론적 측면과 더불어 실천적, 정치적 측면을 동시에 갖고 있다. 즉, 당시의 정세에서 프롤레타리아 국제주의의 구체적 표현은 무엇인가를 사고해야 하는 것이다. 이렇게 볼 때 1940년대 후반, 전쟁 직후의 상황에서 프롤레타리아 국제주의는 동유럽 국가들의 인민민주주의 혁명의 성공을 지원하고 그 혁명의 사회주의 혁명으로 발전을 지지하고 또 대외적으로는 냉전을 개시하고 있던 제국주의 진영에 맞서서 사회주의 국가들의 연대를 발전시키는 것이었다. 이것이 당시 정세에 있어서는 진정한 의미의 프롤레타리아 국제주의였는데, 반면에 찌또가 쏘련 공산당과 갈등을 빚게 되었던 쟁점인 영토 문제, 발칸 연방의 문제, 쏘련과의 무역과 경제적 관계의 문제 등은 프롤레타리아 국제주의의 아래에 존재하는 하위 범주의 문제들이었다. 그런 점에서 찌또는 작은 것을 탐하다가 큰 것을 놓치게 된 것이었다.

민족 문제와 프롤레타리아 국제주의의 관계는 고도의 이론적, 정치적 판단과 분석을 요구하는 것이다. 이에 대해 10월 혁명 전에 레닌은 "민족 자결권"이라는 논문에서 원칙적 접근을 한 바 있다. 당시 유럽에서 폴란드 등 약속 민족의 민족 자결권을 인정하는 것에 대해 폴란드인이었던 로자 룩셈부르크는 격렬히 반대했다. 이러한 반대는 민족 자결권의 승인이 폴란드에서 민족주의 세력을 강화시킨다는 것

20세기 사회주의와 반혁명》, 노사과연, 2011, pp. 48-67을 참고하시오.

을 근거로 한 것이었다. 이에 대해 레닌은 약소민족의 민족 자결권, 즉, 대(大)민족의 국가로부터 분리의 자유와 독립적인 민족 국가 형성의 자유를 승인할 때만, 약소민족의 노동자계급과 대(大)민족 국가의 노동자계급 간에 진정한 의미의 연대, 프롤레타리아 국제주의에 입각한 연대가 가능하다고 주장하여 로자 룩셈부르크를 반박하였다. 그리고 레닌의 이러한 견해는 프롤레타리아 국제주의와 민족 문제의 관계에 대한 고전적 정의를, 원칙을 형성한다. 프롤레타리아 국제주의는 각 민족의 노동자계급 간의 자유로운 연대이며 또 그 연대의 수준은 최고도의 높은 수준의 연대이고 진정한 연대임을 가리키는 것이다.

찌또의 행보, 이후 유고가 보인 노동자 자주관리와 시장 사회주의는, 혁명을 수행하는 과정도 어렵지만 사회주의 건설을 성공적으로 진행하는 것은 더욱더 고도의 이론적, 정치적 판단과 내용을 요구한다는 것을 보여 준다. 향후 21세기 새로운 혁명이 발발하고 사회주의 건설이 이루어질 때, 사회주의를 건설하는 국가들 간의 관계를 규율하는 프롤레타리아 국제주의는 20세기의 교훈을 분석하면서 한편으로 원칙적이면서도 다른 한편으로 당시 정세에 조응하는 구체화의 길을 걸어야 할 것이다.

제6장
쏘련에서 수정주의의 발생과 전개

1. 흐루쇼프 수정주의의 발생

흐루쇼프가 권력을 장악하는 과정은 쿠데타의 과정이었다. 그러나 그것은 단 한 차례의 쿠데타가 아니라, 연속하는, 단계를 밟아 나가는 쿠데타였다. 쓰딸린이 1953년 3월 4일 사망한 이후 말렌꼬프가 국가의 최고 지도자로 선출되었고 국가보안부와 내무부를 합병한 내무부의 부장에 베리야가 선출되었다. 당시 흐루쇼프는 당의 중앙의 서기 중의 한 명에 불과했다. 이 당시 베리야는 국가의 부주석, 당 중앙의 간부회(이전의 정치국에 해당) 성원이었을 뿐만 아니라, 그가 부장을 맡은 내무부는 단순한 행정 기관의 성격을 넘어서서 사법, 보안 기관을 관장하고, 수도 모쓰끄바의 안전을 책임지는 기관이었다. 즉, 베리야는 중앙의 쏘비에트 권력과 당 중앙의 안전을 책임지는 자리에 있었다. 이 상황에서 쓰딸린의 장례식이 끝나고 새로운 권력의 형성이 완료되고 난 후에 흐루쇼프에 의한 쿠데타, 즉 흐루쇼프가 군을 동원하여 베리야를 불법적으로 체포하는 사건이 발생했다. 2차 대전의 과정에서 전리품을 개인적으로 빼돌려 착복했다는 이유로 쓰딸린에 의해 비판받고 강등되었던 주꼬프가 이 쿠데타에 가담했다. 흐루쇼프 측은 모쓰끄바에서 하계 군사 훈련이 열려 모쓰끄바 군구의 부대가 움직이고 또 시베리아의 군대가 합법적으로 모쓰끄바에 진입하는 시기를 노려, 즉 베리야의 경계심이 느슨해진 틈을 타서 불법적으로 베리야를 체포했고 이후 베리야가 반당분자라는 발표를 하였다 (≪흐루쇼프가 거짓말을 했다≫의 저자 그로버 퍼(Grover Furr)는 베리야의 체포 과정에서 그가 현장에서 살해당했을 가능성을 제기하고 있다). 이것은 명백한 쿠데타의 과정인데 이 과정을 통해 흐루쇼프는 실권을 장악하고 말렌꼬프를 허수아비로 만드는 과정을 밟아 갔다.

흐루쇼프는 당의 제1 서기직을 다시 만들어 취임하여 당의 최고 지도자가 되었는데, 쓰딸린 말년에 당으로부터 쏘비에트로 실권을 이양하던 경향을 역전하여 당 기구에 다시 실권을 부여하는 과정을 밟아 나갔다. 이는 흐루쇼프가 쓰딸린과의 논쟁 과정에서, 그리고 베리야를 제거하는 쿠데타의 과정에서 지방 공화국의 당의 제1 서기들의 지지를 받았던 것과 일맥상통하는 것이다. 흐루쇼프는 말렌꼬프를 압박하기 시작했는데, 말렌꼬프가 소비재 생산을 늘리려고 하는 방침을 비판하며 중공업 우선 정책을 주장했고, 또 당시 부진한 상태에 있었던 농업 문제에 관하여 말렌꼬프를 비판하고 스스로는 카자흐스탄 등지의 처녀지를 개간하여 농업 생산을 늘릴 것을 주장하였다. 이 처녀지 개간 운동은 흐루쇼프가 권력을 공고히 하는 데 크게 기여했는데, 광활한 쏘련 영토에서 방치되었던 토지들을 개간하여 경작 면적을 30% 가까이 늘리고 개간 초기에는 개간지에서 획득된 농산물이 쏘련 전체 곡물 생산의 40%가량을 차지하는 성과를 내기도 했다. 이를 통해 음모적 방식, 쿠데타적 방식으로 권력을 잡았던 흐루쇼프는 대중적 기반을 강화할 수 있었고, 말렌꼬프를 무력화하는 데 성공할 수 있었다. 그러나 농업 문제를 처녀지 개간이라는 양적 방식, 조방적(粗放的) 방식으로 해결하려 한 흐루쇼프의 정책은 곧 한계를 드러냈는데, 개간지에서 3-4년이 지나자 토질이 급격히 악화하여 생산성이 낮아졌고 또 모래 폭풍 등의 영향으로 인해 개간된 토지 수백만 헥타르가 사라지기도 했다. 당시 몰로또프 등은 쏘련이 집약 농법으로 이행할 것을 주장했는데, 이에 대해 흐루쇼프는 집약 농법을 위해서는 선진적인 노동력과 거대한 물자가 필요하지만 쏘련에서는 이것이 결여되어 있다고 주장하면서 처녀지 개간을 강행했었다.[1)]그러나 흐루쇼프의 이러한 피상적이고 즉흥적인 정책 결정은 이후 쏘련 농업을 오랜 기간 침체에 빠뜨리는 데 일정한 역할을 했다.

이후 흐루쇼프는 1956년 20차 당 대회 전까지 쓰딸린 시기 재판을 받고 사망했거나 감옥에 있는 사람들을 석방하고 명예를 회복하는 조치들을 취하기 시작했다. 그러나 이 당시의 조치들은 부분적이고 임의적인 것이었고 쓰딸린 시기 노선 자체를 부정하는 것은 아니었다. 그런데 1955년 말렌꼬프가 흐루쇼프의 압력에 밀려 국가 주석의 직에서 사임하고 흐루쇼프의 권력이 가일층 공고화되었을 때, 흐루쇼프는 비밀리에 준비 작업을 거쳐 20차 당 대회에서 소위 비밀 연설을 통해 쓰딸린과 쓰딸린 노선을 전면 탄핵하는 일종의 쿠데타를 감행했다. 베리야의 제거 과정이 군을 동원한 쿠데타의 과정이었다면, 20차 당 대회에서의 비밀 연설은 당원들과 당 지도부 간에 사전 토론과 합의에 기초한 과정을 결여한 상태에서, 음모적 방식으로 쓰딸린 하에서 쏘련의 30여 년의 혁명적 노선을 전복하고 수정주의적 노선을 내리꽂는 쿠데타의 과정의 하나였다.

---

1) 陆南泉, ≪苏联经济体制改革史论(쏘련 경제 체제 개혁사론)≫, 人民出版社, 2007, p. 167.

비밀 연설에서 흐루쇼프는 쓰딸린에 대한 개인숭배를 비판한다는 명목으로 쓰딸린을 전면 탄핵하는 과정을 밟았다. 비밀 연설의 내용은 쓰딸린이 권력욕에 사로잡혀서 무고한 사람들을 증거도 없이 자의적으로 체포, 고문, 처형했다는 것이었다. 비밀 연설의 내용이 사실이라고 가정한다면, 쓰딸린은 세계 공산주의 운동의 지도자이기는커녕, 한 사람의 공산주의자로도 볼 수 없는 것이었다. 이 비밀 연설에서 흐루쇼프는 1930년대 후반 재판을 통해 심판되었던 뜨로쯔끼-지노비예프 블록, 부하린 우익 그룹의 음모, 뚜하체프쓰끼 등 군부의 쿠데타 음모 등이 쓰딸린에 의해 조작된 것이며 권력욕에 사로잡힌 쓰딸린의 타인에 대한 의심증이 심해져서 사건들이 조작된 것이라고 하였다. 그러나 이러한 비밀 연설에서 그리고 이후 과정에서 흐루쇼프는 자신의 주장에 대한 증거를 제출하지 못했다. 증거에 의한 판단과 분석, 재판의 과정을 밟는 것이 아니라 음모적인 비밀 연설을 통해 쓰딸린 노선에 대한 탄핵을 시도한 것이 비밀 연설의 실체였던 것이다.[2)]

  이러한 흐루쇼프의 비밀 연설은 당시에 당 대회에 참석했던 대부분의 사람들에게 충격을 주었는데 비밀 연설은 며칠이 지나지 않아 자본주의 국가들에도 널리 알려졌고 제국주의 세력은 이를 계기로 사회주의 국가와 진영을 약화시키려는 음모에 착수했다. 또 당 대회에는 해외의 공산당과 노동자당의 대표들이 참가했는데 이들을 통해 비밀 연설의 내용이 알려졌고 이를 접한 많은 공산당과 노동자당들의 지도부는 한편으로 개인숭배 비판이라는 점을 인정하면서도 다른 한편으로 쓰딸린이 과오보다는 공적이 크다는 입장을 표명했는데 중

---

2) 흐루쇼프의 비밀 연설 원문은 인터넷을 참고하거나, 그로버 퍼의 저작 ≪흐루쇼프가 거짓말을 했다(*Khrushchev Lied*)≫를 참고하시오.

국 공산당이 대표적으로 그러한 입장이었다. 그런데 흐루쇼프의 비밀 연설이 단순히 개인숭배를 바로잡는 것이 아니라 혁명적 노선 자체에 대한 탄핵이었기 때문에 세계 사회주의 진영은 균열되기 시작했고 중국과 쏘련 간에는 간극이 벌어지면서 논쟁이 시작되었다. 비밀 연설로 인한 세계 사회주의 진영의 균열, 분열을 봉합하기 위해 1957년과 1960년 두 차례에 걸쳐 세계 공산당·노동자당 국제회의가 열려 선언과 성명을 발표하기도 했으나 1963년, 64년에 이르면 중국 공산당과 쏘련 공산당 간에 격렬한 공개적 논전이 전개되는 상황이 되었다.

흐루쇼프는 20차 당 대회 이후 비밀 연설에 반대하는 동유럽의 공산당, 노동자당의 지도부를 전복하여 수정주의적 지도부로 교체하기도 했다. 20차 당 대회 이후 동유럽은 격랑에 휩싸였는데, 폴란드와 헝가리에서 사회주의 제도를 전복하려 하거나 반쏘련적인 시도가 발생하였다. 폴란드의 당 제1 서기는 20차 당 대회의 기간에 쏘련에서 돌연 사망했었는데, 이후 폴란드에서 쏘련으로부터 이탈하려는 움직임이 있었다. 폴란드 당에서 민족주의 경향으로 비판되어 실각했던 고무우까가 다시 당 제1 서기가 되자 흐루쇼프는 폴란드의 초청도 받지 않은 상태에서 폴란드를 방문했고 군을 동원하여 폴란드를 압박하는 가운데 담판을 하여 폴란드가 바르샤바조약기구에 남겠다는 서약을 받은 후 물러났다.[3] 헝가리에서는 흐루쇼프의 비밀 연설 이후 제국주의 세력이 개입한 폭동이 발생했다. 대중들은 쏘련의 영향력으로부터 벗어날 것을 요구했고 시위가 확대되는 가운데 정부가 교체되어 점차 무정부 상태로 접어들었다. 이에 대해 쏘련과 헝가리

---

3) 周尚文·叶书宗·王斯德, ≪苏联兴亡史(쏘련 흥망사)≫, 上海人民出版社, 1993, pp. 678-681.

측의 교섭이 결렬되었을 때 쏘련군은 헝가리의 수도 부다뻬슈트를 무력으로 점령하고 상황을 종식시키게 되었다.[4] 이러한 폴란드와 헝가리에서의 정치적 위기는 흐루쇼프 스스로의 비밀 연설의 결과 발생한 것이었는데, 이에 대해 흐루쇼프는 무력을 동원하거나 무력에 의한 압박을 통해 해결을 도모한 것이었고 이후 쏘련과 동유럽의 관계에서 프롤레타리아 국제주의는 왜곡되기 시작했다.

흐루쇼프의 비밀 연설은 제2차 세계 대전 이후 사회주의 진영에 밀리고 있던 제국주의 세력을 자극했는데, 영국과 프랑스는 이집트의 나세르 정권이 수에즈 운하를 국유화한 것을 계기로 이스라엘과 함께 이집트를 침공하여 무력 점령하였다. 이에 대해 이집트 인민이 항전하는 가운데 쏘련은 성명을 발표하여 영국과 프랑스가 이집트에서 철수하지 않는다면 쏘련은 핵미사일을 동원하여 영국과 프랑스를 공격할 수 있다고 선언하였다. 이에 영국과 프랑스는 이집트에서 철수하였고 이스라엘도 수에즈 운하로부터 철수하였다. 이는 2차 대전 전에 세계 자본주의에서 헤게모니 세력이었던 영국의 헤게모니가 쇠퇴하고 세계 질서가 미국과 쏘련의 양대 세력에 의해 좌우되는 새로운 양상으로 변화하는 계기가 되었다.

20차 당 대회에서 흐루쇼프는 비밀 연설을 통해 쓰딸린 노선을 탄핵했는데, 이는 대내외 정책에서 개량주의 노선으로의 방향 전환을 포함하는 것이었다. 흐루쇼프는 20차 당 대회에서 3가지의 평화를 주장했다.[5] 첫째는, 제국주의 국가와 사회주의 국가 간의 평화 공존, 둘째는, 양 체제 간의 평화적 경쟁, 셋째는, 자본주의에서 사회주의로의 이행에서 의회제적 방식을 포함하는 평화적 이행이 그것이었다.

---

4) 같은 책, pp. 681-683.
5) 같은 책, p. 700.

이러한 노선은 쓰딸린 하의 30여 년에 걸친 혁명적 노선, 레닌주의적 노선을 전복하는 것이었다. 먼저 자본주의에서 사회주의로의 평화적 이행은 명백히 개량주의적 노선을 천명하는 것이었다. 흐루쇼프가 이러한 방향 전환의 근거로 든 것은 2차 대전 이후 세계적 차원의 역관계가 변화하여 세계 사회주의 진영이 제국주의 진영을 압도하고 있어서 의회에서 다수를 차지하는 방식을 통해서도 사회주의로의 이행이 가능해졌다는 것이었다. 물론 당시 세계정세는 세계 사회주의 진영이 제국주의 진영을 압박하고 있었고 세계 식민지 체제가 붕괴되면서 제국주의 진영이 수세에 몰리던 상황이었다.

그러나 제국주의 내부에 존재하는 적대적 계급 모순이 평화적으로 해소되어 사회주의로 이행할 것이라는 전망은 근거가 없는 주관주의적 낙관에 지나지 않았다. 자본가계급과 노동자계급 간의 적대적인 계급 모순은 그것이 무력을 동반한 격렬한 형태를 취하든, 아니면 평화적 형태를 취하든 그것은 사회구성체의 질적인 전환, 즉, 혁명 없이는 해결이 불가능하다는 점은 명백한 것이었는데 흐루쇼프는 이러한 기본적인 변증법적 인식이 결여되어 있었던 것이다. 즉, 흐루쇼프는 혁명의 변증법을 진부한 진화적인 사고로 대체하고 있었던 것이다. 아니나 다를까 흐루쇼프의 이러한 주장은 서유럽의 각국의 공산당들에게 심대한 영향을 주어, 그들이 프롤레타리아 독재 노선을 폐기하고 개량주의적인 유러꼬뮤니즘으로의 길을 걷게 했다. 프랑스 공산당과 이탈리아 공산당 등 서유럽의 공산당들은 2차 대전 직후에는 제1 당의 위치에 있었으나 서서히 혁명성을 상실해 갔고, 결정적으로는 1960년대, 70년대에 프롤레타리아 독재 노선을 폐기하여 이빨 빠진 호랑이가 되어 지리멸렬한 상태에 내몰렸던 것이다. 그리고 쏘련이 해체되어 20세기 사회주의 진영이 붕괴한 21세기 지금의 현실에서 볼 때, 그리고 극단으로 심화되고 있는 세계적 차원의 계급적 모순을 볼 때, 자본주의에서 사회주의로의 의회를 통한 평화적 이행이 얼마나 허망한 환상이었는가는 명백하며, 이러한 관점과 노선을 세계 사회주의 진영과 운동에 내리꽂은 흐루쇼프 수정주의의 해악이 얼마나 컸던가를 명백히 알 수 있다.

그리고 양 체제 간의 평화 공존과 평화적 경쟁 또한 자세히 살펴보면 심각한 오류를 포함하는 것이었다. 이는 현실로 존재하는 자본주의와 사회주의 간의 진영 모순을 왜곡하여 그 해결을 가로막는 것이었다. 자본주의와 사회주의 간의 모순은 평화적 경쟁을 통하여 해결 혹은 해소될 수 있는 성질의 것이 아니다. 자본주의와 사회주의 간의 진영 모순은 오직 계급 투쟁을 통해서만 해소, 혹은 해결이 가능할 따름이다. 자본주의가 자본주의이기를 멈추지 않는 한, 사회주의와의 모순은 해결될 수 없다. 여기서 진영 모순의 해결은, 자본주의 나라에서 반제 민족 해방 혁명과 사회주의 혁명의 승리를 통해 자본주의에서 이탈하는 나라가 늘어나고, 다른 한편으로는 프롤레타리아 국제주의의 고도화에 기초한 세계 사회주의 진영의 단결의 강화와 그러한 단결을 정치 노선으로 구체화하는 세계 변혁 전략의 정립에 의해 이루어지는 것이다. 흐루쇼프는 안이하게 사회주의와 자본주의 간의 평화적 경쟁, 예를 들면 누가 경제적으로 더 발전하는가, 누가 강철을 더 많이 생산하는가, 누가 과학 기술을 더 발전시키는가 등으로 진영 모순이 해결될 수 있다고 생각한 것인데, 이는 평화적 전술 또한 계급 투쟁의 하나의 형태이며 진영 모순의 해결 자체는 반드시 혁명이라는 질적인 전환을 거칠 수밖에 없다는 점을 간과한 것이었다.

사회주의와 자본주의 간의 모순에 대한 흐루쇼프의 이러한 잘못된 인식은 평화 공존에 대한 관점에서 절정에 이르고 있다. 흐루쇼프는 평화 공존이 쏘련의 대외 정책의 근간이라고 선언했는데 이는 철저히 잘못된 것이었다. 레닌도, 쓰딸린도 제국주의 국가와 사회주의 국가 간의 평화 공존이 가능하다고 보았고 이를 절실히 추구하였다. 그러나 레닌과 쓰딸린은 평화 공존을 쏘련의 대외 정책의 근간으로 놓지 않았다. 레닌과 쓰딸린 당시 쏘련의 대외 정책의 제1 원칙은 프롤레타리아 국제주의였다. 그렇기 때문에 레닌과 쓰딸린은 제3 인터내셔날을 심혈을 기울여 결성하고 지지, 지원했던 것이다. 즉, 사회주의 국가들 사이 그리고 자본주의 국가의 노동자계급 사이에는 프롤레타리아 국제주의를 원칙으로 하고 평화 공존은 단지 제국주의 국가와 사회주의 국가 간의 관계의 문제로 국한하는 것이 레닌과 쓰딸린 당시의 대외 정책이었던 것이다. 그러나 흐루쇼프는 평화 공존을 대외 정책의 제1 노선, 총노선으로 삼음에 따라 곧바로 개량주의 노선으로 미끄러져 들어갔다. 그리하여 제3 세계 약소국, 식민지에서의 민족 해방 투쟁을 희생하면서 제국주의 국가와의 협력을 추구하고 제국주의 국가 내의 노동자계급의 계급 투쟁에 대한 지지와 원조를 외면하는 상황이 벌어졌던 것이다. 그리고 이러한 점은 1960년대 초반 중-쏘 논쟁 당시에 중국 측이 쏘련에 대해 격렬히 항의했던 내용이기도 하다.[6]

그런데 대외 정책에서 이러한 오류는 보다 근본적인 문제, 맑스-레닌주의의 원칙에서의 수정을 수반하는 것이었다. 20차 당 대회 이후 흐루쇼프는 당과 국가의 노동계급적 성격을 타격하는 공격을 감행했고 이로써 이후 수정주의라 불리게 되었다. 먼저 당의 성격을 보면, 흐루쇼프는 노동자계급의 전위당이라는 쏘련 공산당의 성격을 전 인

---

[6] 중-쏘 논쟁의 쟁점들과 그에 대한 평가는, 문영찬, "쏘련 수정주의의 등장과 중-쏘 논쟁", ≪노동사회과학 제4호: 20세기 사회주의와 반혁명≫, 노사과연, 2011을 참조하시오.

민당으로 바꾸었다. 이는 당의 본질적 역할인, 노선의 정립에 있어서 과학적 관점의 지표가 되는 노동자계급적 관점을 거세하여 당을 무당파적인 당으로 전환하여 당의 전위적 역할을 무력화하는 것이었다. 쏘련 사회에서 요구되는 노선의 정립에서, 노동자계급과 전체 인민의 선두에 서서 이끌고 싸워 나가는 전위로서의 당의 성격이 거세된다면, 쏘련 사회의 노동자계급과 인민은 뇌사 상태에서 노동하고 생활하고 투쟁하는 것이 된다. 이는 비단 노선 차원의 문제만이 아니며 당장의 경제 건설에서도 계획의 마비를 불러오는 것이 되었다. 실제로 20차 당 대회 이후 얼마가 지나지 않은 1957년 경제 지도에 있어서 부문 원칙에서 지역(지구) 원칙으로 전환하여 중앙의 성(省)들을 폐지하고 지방의 각 지구별로 105개의 국민경제회의(쏘브나르호쓰)를 설치하여 지역 중심의 경제 지도로 전환했는데[7] 이는 업종별 전문성과 협업을 파괴하는 것이었다. 그리하여 쏘련 경제에 거대한 충격파가 일어났는데 이는 쏘련에서 경제 계획의 마비를 의미하는 것이었고, 그에 따라 쏘련에서 계획 경제가 실시되고 난 후 최초로 계획이 완수되지 못하고 1959년 제21차 임시 당 대회를 긴급히 소집하여 6차 5개년 계획을 7개년 계획으로 변경하는 상황에까지 이르렀다.

　이러한 상황은 사회주의 사회의 본질, 사회주의 건설의 본질과 관련되는 것인데, 사회주의 건설은 자본주의의 무정부적, 자연 발생적 발전과 달리 의식적, 계획적 지도와 건설을 필요로 하는데, 수정주의는 사회주의 건설에 필요한 이러한 의식성과 계획성을 담보하지 못하고 거꾸로 그러한 의식성과 계획성을 파괴하는 역할을 하는 것이다. 그리고 이러한 점이 당의 노선에 반영되어 당의 성격이 노동자계급의 전위당에서 무당파적인 전 인민당으로 변경된 것이었다.

---

7) 陆南泉, 앞의 책, pp. 184-185.

국가의 성격에서 프롤레타리아 독재에서 전 인민 국가로의 전환은 더욱더 심각한 것이었다. 쏘련에 더 이상 계급이 존재하지 않는다는 것을 근거로 전 인민 국가로의 전환을 선언한 것인데, 이는 사실상 프롤레타리아 독재 노선의 폐기와 관료주의 국가로의 전환을 선언한 것에 다름 아니었다. 당시 쏘련에서 자본가계급과 부농계급 등 착취계급은 폐지되었지만 노동자계급과 농민계급의 구분이 생산관계 차원에서 국유(전 인민 소유)와 집단적 소유의 차이로 남아 있었으며, 또한 자본-임노동의 착취 관계는 폐지되었지만 상품-화폐 관계가 온존하는 것을 기초로 계급 사회의 유물, 잔재가 강하게 남아 있는 상태였다.

우선 계급의 지배 도구로서 국가가 대내외적인 조건에 의해 사멸되지 못하고 있었고 정신노동과 육체노동의 대립이 의연히 존재했고 도시와 농촌의 대립과 차이는 심각한 상태였다. 예를 들면 1950년대 당시 집단 농장의 농민 중 12%가 전기를 사용하지 못하는 상황이었고 농촌의 사회적 편의 시설들은 도시와 비교할 때 매우 낙후된 상태였다. 쏘련의 농업이 공업에 비해 지속적으로 낙후되어 있었던 것은 이러한 도시와 농촌의 모순이 제대로 해결되지 못하고 있었던 것의 반영이었다. 특히 상품-화폐 관계가 잔존한다는 것은 사회주의 사회의 인민일지라도 소유자적 관점을 배양하는 것을 가능하게 하는 토대가 되었고, 심지어 상품과 화폐의 집적을 통해 자본이 불법적이나마 소생할 수 있는 토대가 되는 것이었다. 실제로 이후 브레쥬네프 시기에는 국유 기업의 공장장이 자재와 인원을 빼돌려 공장을 사기업처럼 운영하는 사례도 발생했는데 이는 불법적 형태로, 체제 바깥에서 자본-임노동 관계가 복고된다는 것을 의미하는 것이었다.

이와 같이 착취계급이 폐지되고 난 후 국가는 곧바로 소멸할 수 없는데, 제국주의 세력의 위협이라는 대외적 조건과 국내에서 계급 사회의 잔재가 존재한다는 점, 특히 상품-화폐 관계가 존재하여 자본주의 복고의 위험이 남아 있다는 점이 계급적 억압 도구로서 국가의 즉각적인 소멸을 불가능하게 하는 것이었다. 그런데 이러한 상황 속에서 흐루쇼프는 국가의 계급적 억압 도구로서의 성격을 거세하고 사회적 관리 기구로서의 국가의 성격을 갖는 전 인민 국가론을 제기했던 것이다. 그러나 이는 오류이다. 사회주의 사회가 발전하면 사회의 관리 역할은 국가로부터 시민 사회 영역의 대중 조직들로 이관되게 된다. 그리고 국가는 계급적 억압 기능이 줄어드는 것에 비례하여 점차 그 영역이 축소되고 궁극적으로는 소멸하는 것이다. 흐루쇼프가 제기한 전 인민 국가는 실제로는 전 인민에 대한 국가, 전 인민 위에 군림하는 국가, 관료주의 국가가 될 수밖에 없다. 국가에게서 계급적 성격을 거세하면 남는 것은 사회의 관리이기 때문에 그것은 곧 전문적으로 사회의 관리를 수행하는 관료들이 지배하는 국가가 될 수밖에 없다.

따라서 사회주의 생산관계를 수립한 이후 사회주의 건설이 더욱더 고도화되는 상황에서, 국가는 한편으로 프롤레타리아 독재라는 계급적 성격을 유지하면서, 다른 한편으로 사회의 관리에 해당하는 영역을 시민 사회의 조직으로, 대중 조직으로 점차 이관하고, 계급적 억압의 기능의 측면에서는, 잔존하는 상품-화폐 관계에 기초하여 자본주의 복고를 시도하는 경향을 억압하고 또 관료주의를 프롤레타리아 민주주의의 발전에 기초하여 제어하는 역할을 해야 하는 것이다. 그리고 이러한 과정에서 노동자계급의 전위당은 프롤레타리아 독재 국가가 정확한 방향으로 발전할 수 있도록 올바른 노선을 수립하는 데 주요한 역할을 해야 하는 것이다.

이와 같이 흐루쇼프 수정주의는 당과 국가에 있어서 그 노동자계급적 성격을 타격함에 의해 쏘련 사회주의를 내부에서 균열시키고 해체하는 길을 열었다. 즉, 수정주의는 사회주의 운동과 사회주의 사회에 있어서 단순한 편향을 넘어서는 것이며, 계급성 자체를 타격하여 사회주의 사회와 운동을 해체하는 역할을 한다. 이러한 수정주의에 대한 투쟁은 맑스-레닌주의 운동의 발전과 뗄 수 없이 연관되어 있는데, 일찍이 레닌은 "맑스주의와 수정주의"라는 논문에서 수정주의는 "맑스주의 그 자체의 내부에서 맑스주의에 적대적인 조류"이며 과학적 사회주의가 노동 운동에서 다수가 됨에 따라, 이전에 맑스주의에 적대적이었던 조류들이 형태를 바꾸어 "더 이상 자신의 독립적인 기반 위에서가 아니라, 맑스주의의 일반적 토대 위에서, 수정주의로서, 투쟁을 계속하고 있다"[8]고 분석한 바 있다. 즉, 수정주의의 본질적 특징은, 맑스주의에 반대하는 조류가 맑스주의 외부에서 맑스주의를 비판하고 반대하는 것에 실패하자, 맑스주의 진영 내부에 들어와서 내부에서 철학, 정치학, 경제학, 세계관 등에서 부르주아적 요소를 주입함에 의해 사회주의 사회와 운동을 내부에서 해체시키는 것이다.

이러한 수정주의는 사회주의 운동 내에 있을 수 있는 편향과 구별되는 것이다. 자본주의의 발전은 중간층으로서 소부르주아들의 몰락을 가져오며, 이들 몰락하는 소부르주아들이 노동자계급의 대열 내에 편입됨에 의해 노동 운동과 사회주의 운동에서 각종 좌, 우편향이 발생하는 것이다. 그리고 이때 이들 편향에 대한 맑스주의 당의 방침은 비판을 통해 '교정'하는 것이다. 그런데 수정주의는 이러한 편향의 수준을 넘어서는 것이다. 베른쉬타인 수정주의는 철학에서 신칸트주의라는 부르주아 철학, 경제학에서 카르텔 등 독점에 의해 공황의 발생이 저지된다고 하는 주장, 심지어 운동이 전부이고 궁극적 목표는

---

8) Lenin, "Marxism and Revisionism", *Selected Works(Three Volumes)*, Vol. 1, Moscow: Progress Publishers, p. 50.

아무것도 아니라는 주장까지, 독일 사회의 부르주아 요소를 사회주의 운동에 이식시켜 운동을 해체시키려는 것이었다. 흐루쇼프 수정주의는 당과 국가에 있어서 단순한 편향이 아니라 노동자계급성 자체를 거세하여 사회주의 사회를 내부에서 해체시키는 것이었다. 중국의 덩샤오핑은 단순히 사회주의 사회에서 상품 경제를 강화하는 차원이 아니라 자본-임노동의 착취 관계를 전면 도입하면서 그 계급적 본질을 가리기 위해 사회주의 시장 경제라는 수식어를 붙이는 기만책을 폈다. 이와 같이 수정주의는 사회주의 사회와 운동 내부에서 부르주아적 요소를 주입하고 노동자계급성 자체를 타격함에 의해 사회주의 사회와 운동을 내부에서 해체시키는 조류이며, 운동 내의 단순한 좌, 우편향을 넘어서는 해체적 요소라는 점에서 수정주의로 규정되는 것이다.9)

바로 이러한 점 때문에 중-쏘 논쟁에서 중국은 처음에는 흐루쇼프를 수정주의로 규정하는 데 신중했으나 이후 논쟁이 심화되고 논쟁의 쟁점이 공산주의 운동의 총노선, 세계 변혁 전략의 수준에 이르면서 흐루쇼프를 수정주의로 규정했던 것이다.

20차 당 대회에서 흐루쇼프의 비밀 연설이 있은 지 몇 개월이 안되어 쓰딸린 생전에 그와 함께했던 주요 당 지도자들은 흐루쇼프 노선의 심각한 오류를 인식하고 흐루쇼프를 경질하려고 했다. 1956년 6월 18일 당 중앙의 간부회에서 다수는 흐루쇼프의 오류를 비판하고 흐루쇼프를 당 제1 서기에서 경질하려는 시도를 했다.10) 그런데 이에 대해 흐루쇼프가 반발하여 제1 서기는 중앙위원회 전체 회의에서

---

9) 사회주의 사회와 운동 내의 편향과 수정주의의 동일성과 차이성에 대해서는, 문영찬, "20세기 사회주의에서 수정주의의 발전", ≪노동사회과학 제6호: 그리스 공산당과 프롤레타리아 국제주의≫, 2013을 참조하시오.
10) 周尚文·叶书宗·王斯德, 앞의 책, p. 629.

선출하므로 경질 또한 중앙위 전체 회의를 소집하여 결정해야 한다고 주장하고 이러한 비상한 상태가 며칠간 이어지면서 흐루쇼프 친위 세력이 결집하여 쏘련 전역에서 당 중앙위원들을 긴급 소집하여, 역으로 흐루쇼프에 반대한 세력들을 반당분자로 규정하는 결의를 통과시켰다. 이때 몰로또프, 불가닌, 까가노비치 등 주요 세력이 반당분자로 몰려 숙청되고, 전국의 중앙위원을 긴급 소집하여 흐루쇼프를 구원하는 데 결정적 역할을 했던 브레쥐네프는 이후 흐루쇼프의 오른팔로 역할을 한다. 이러한 과정을 통해 흐루쇼프의 쿠데타적 권력 장악의 과정은 최종 완성되고 이후 쏘련 공산당은 수정주의적 노선을 거리낌 없이 전개하게 된다.

흐루쇼프는 미국을 방문하는 등 화려한 외교를 전개했으나 오히려 핵, 미사일 프로그램 등 국방비는 증대했고, 또 경제에서 계획이 마비되고 농업이 위기에 처하여 중앙은행의 금 보유를 동원하여 외국에서 식량을 수입하는 상황에 이르게 되고, 또 당 조직을 공업 당 조직과 농업 당 조직으로 이원화하는 등으로 당과 국가가 혼란한 상태에 이르자 권력의 지반이 급속히 약화되었다. 또한 중국과의 노선 논쟁이 격화되어 중국 측에서 10차례의 공개서한을 발표하는 상황에 이르게 되자, 1964년 10월 브레쥐네프 주도의 궁정 반란이 일어나 흐루쇼프는 사임을 강요당하고 사퇴하게 된다.

2. 흐루쇼프 수정주의의 경제적 측면

1951년부터 1955년까지의 5차 5개년 계획은 순조롭게 달성되었다. 국민 소득이 68% 증가하였고 소매가격이 인하[11]되고 화폐 수입이 증가하면서 실질 임금은 39%가 증가하였다.[12] 그러나 1956년부터

1960년까지에 이르는 6차 5개년 계획은 원래의 계획대로 완수되지 못하고 1959년에 7개년 계획으로 수정되어 실시되게 된다. 이는 1957년에 실시되었던 계획 관리 기구의 개편, 즉 중앙의 성(省) 중심의 부문 관리 지도에서 지역(지구) 중심 지도로의 전환이 쏘련 경제에 혼란을 가져오면서 비롯된 것이었다. 이러한 개편의 명목은 경제에 대한 관리를 간소화하고 지역과 밀착된 경제 지도를 한다는 것이었지만 실제로는 지구 국민경제회의(쏘브나르호쓰)가 지역별로 105개나 설치되고 또 그 산하에 수많은 기구가 설치되어 과거에 비해 관리 기구가 3배나 증가하게 되었다.13) 또한 지역 중심의 경제 지도로 전환하자 지방주의가 발전하여 국가의 이익을 무시하고 지방의 이익에 몰두하는 현상이 발생하였다. 예를 들면 육류 수매 계획이 전체적으로 111% 달성되었지만 국가의 육류 수매는 계획의 28%만 달성되었고 반면에 지방 공화국의 계획은 95%가 달성되기도 했다. 이러한 현상은 부문 중심의 경제 지도에서 지역 중심의 경제 지도로의 전환이 사실상 중앙의 통일적인 계획의 마비를 불러왔다는 것을 의미한다. 이러한 계획의 마비는 건설에 있어서 심각한 결과를 가져왔는데, 야금과 화학 공업의 경우, 단지 23%만이 건설이 완료되었고 대부분의 건설 공정이 지연되어 미완성된 상태가 되었다. 이러한 결과가 빚어지게 된 것은 건축 자재가 기한 내에 공급되지 못하고, 도착한 자재도 완전한 제품이 아니라 모자라거나 불량인 제품이 많아 공사 기한이 연장되고 공사 비용이 증가했기 때문이었다.14) 이러한 현상은

---

11) 苏联科学院经济研究所 编, ≪苏联社会主义经济史(쏘련 사회주의 경제사)≫ 第六卷, 东方出版社, 1979, p. 703. 1947년부터 1954년까지 쏘련에서는 7차례 소매가격이 인하되어 전체적으로 소매상품의 가격이 56.3% 인하되었다.
12) 같은 책, p. 285.
13) 陆南泉, 앞의 책, p. 191.

전형적으로 계획의 부실화, 마비로 인한 것이었고, 흐루쇼프 시기에 계획 경제에 심각한 균열이 발생하기 시작했다는 것을 의미하였다. 그럼에도 쏘련의 공업 생산량은 1950년부터 1960년까지의 10년의 기간에 160% 증가하였고 농업의 생산량은 60% 증가하였다. 공업에서 일정한 생산의 증가가 달성된 것은 흐루쇼프에 의한 혼란에도 불구하고 기존의 계획 경제의 체계가 여전히 일정하게 작동한 결과로 파악될 수 있다. 그러나 농업에서는 상황이 다른데 흐루쇼프의 농업에 대한 정책은 심각한 결과를 낳았으며 이후 흐루쇼프 실각의 주요한 원인의 하나가 되었다. 그러면 흐루쇼프 시기 농업 정책에 대해 살펴보도록 하자.

쏘련에서 전후 농업 생산이 전전 수준으로 회복된 것은 1950년에 이르러서였다. 이는 전쟁에 의해 파괴된 농업의 회복과 발전이 공업과 달리 매우 더디게 진행되었기 때문인데, 흐루쇼프는 말렌꼬프와 권력 투쟁을 하면서 농업의 긴급한 문제에 대응하기 위해서는 장기적 계획보다 처녀지를 개간하여 경작 면적을 늘려야 함을 주장했다. 그리하여 1954년부터 4-5년간 대대적인 처녀지 개간 운동이 전개되었는데 경작 면적이 30% 증가하는 성과를 내었다. 그러나 새로 개간된 토지는 토질이 열악하여 몇 년이 지나자 생산량이 급격히 감소하였고 이후 처녀지 개간 운동은 자취를 감추게 되었다.

흐루쇼프는 집단 농장의 농민들에게 수매하는 농산물의 가격을 인상하는 조치를 취하여 농민들의 소득이 일정하게 늘어났다. 그러나 이는 농업 생산력의 발전에 기초한 것이 아니라 국가가 농민과 농업에 대한 보조금을 늘려서 이루어진 결과였다. 즉, 흐루쇼프 시대에 농업은 생산력 발전이 매우 더디거나 거의 이루어지지 못하였다. 흐

---

14) 苏联科学院经济研究所 编, 앞의 책, 第七卷, p. 291.

루쇼프는 집단 농장의 농민이 생산한 농산물 중 20% 정도를 국가에 의무적으로 교부하는 의무 수매제를 1958년 폐지하였다.[15] 의무 수매제는 국가가 정한 비교적 낮은 가격으로 국가에 의무적으로 교부하는 것인데 이는 세금의 성격과 지대 납부의 성격을 갖는 것이었다. 그런데 흐루쇼프는 의무 수매제를 폐지하는 대신에 지역별로 수매가에 차이를 두어 국가와 집단 농장 간에 경제적 거래의 성격을 갖는 수매제로 전환하였다. 또한 흐루쇼프는 집단 농장 농민의 개인 부업 —일정한 텃밭에서 야채를 재배하거나 제한된 규모의 가축과 가금을 키우는 것 등—을 장려하는 정책을 폈는데 이 당시 집단 농장 농민이 개인 부업을 통해 얻는 소득은 전체 수입의 26% 정도였다. 그러나 개인 부업의 확대가 집단 농장의 공유 경제를 약화시키는 문제가 드러나자 흐루쇼프는 다시 개인 부업을 제한하는 정책으로 돌아섰다. 그리고 집단 농장은 규모의 경제를 위하여 합병한 결과 그 수가 많이 줄어들었고 또 1957-58년에 사이에 7,000여 개의 집단 농장이 국영 농장으로 개조되기도 했다. 집단 농장의 국영 농장으로의 개조는 집단 농장의 생산력 발전에 기초해야 하는데 이렇게 급격히 많은 수의 집단 농장을 국영 농장으로 개조한 것은 무리한 측면이 있었다. 왜냐하면 1957년 이전에는 단지 1,500개의 집단 농장이 국영 농장으로 개조된 것에 지나지 않았기 때문이다.[16]

한편 농업 정책에서 중대한 의미를 갖는 것은 집단 농장의 형성기에 만들어졌던 MTS(기계·트랙터 기지)의 해체였다. 흐루쇼프는 생산 수단인 토지에 2명의 주인이 있어서 농업 발전이 더디다고 파악했다. 즉, 집단 농장 농민과 MTS를 각각 토지의 주인으로 간주하고

---

15) 陆南泉, 앞의 책, pp. 146-147.
16) 苏联科学院经济研究所 编, 앞의 책, 第六卷, p. 532.

이들의 불협화음이 농업 발전을 가로막는다고 본 것이다. 그리하여 1958년 MTS를 해체하고 MTS 소유의 트랙터와 기계들을 집단 농장에 매각하는 결정이 내려졌다. 이로 인해 집단 농장은 기계와 트랙터 대금 지불에 어려움을 겪으면서 다른 긴급한 사업을 유보하는 사태가 벌어졌다. 또 MTS에서 일했던 트랙터 기사들 중 절반은 집단 농장에 머무는 것이 아니라 도시로 일자리를 찾아 떠났다. 트랙터 기사의 입장에서는 국영의 MTS에서 일하는 것과 집단 농장에서 일하는 것은 근로 조건과 사회적 위치에서 커다란 차이가 있다고 느꼈기 때문이었다. 또한 MTS의 해체는 농업 생산력 발전에 손실을 가져오는 것이었다. 농민들은 트랙터 등의 수리에 골머리를 앓아야 했다. 원래는 MTS를 농기계 수리점으로 변경한다는 계획이 있었는데, 이 계획은 실현되지 못했고 집단 농장 스스로 농기계를 수리해야 했다. 그리고 1964년에 이르러서야 농업 기술 써비스점을 설치하기 시작하여 농기계 수리 수요의 절반 정도를 만족시키게 되었다.[17] 그리고 농민들의 자금 부족으로 농기계에 대한 수요가 줄어들자 쏘련에서 농기계 산업의 발전 자체가 위축되게 되었고, 이는 역으로 농업에서 농기계 부족 현상을 심화시켰고 쏘련에서 농업 생산력 발전이 정체하는 요인의 하나가 되었다.[18]

사실 MTS는 해체되어서는 안 되는 것이었다. 집단 농장의 형성기에 만들어진 MTS는 쏘비에트 국가와 집단 농장의 농민이 연결되는 핵심 고리였다. 집단 농장은 소유의 측면에서 보면 협동조합적 관계이다. 그런데 협동조합적 소유는 자본주의에서는 자본주의에 봉사하는 것이며 그러한 협동조합적 소유가 사회주의 사회에서 사회주의

---

17) 陆南泉, 앞의 책, pp. 163-164.
18) 같은 책, p. 163.

생산관계가 되기 위해서는 반드시 노동자계급의 국가와 긴밀한 연관을 맺고 정치적, 경제적, 사회적 연대를 강화하는 것이 필요했다. 노동자계급은 MTS, 그리고 국가를 통해 집단 농장 농민을 지지하고 연대하는 것이 필요했다. 나아가 협동조합적 소유인 집단 농장이 공업과 같이 국유, 즉 전 인민 소유로 발전하기 위해서는 MTS의 강화를 조건으로 하는 집단 농장의 생산력 발전이 필요한데, 흐루쇼프는 소위 토지에 대한 2명의 주인이라는 부르주아적 관점을 도입하여 집단 농장의 국유로의 발전의 매개가 되는 MTS라는 고리를 끊은 것이었다. 이에 따라 집단 농장의 입장에서 쏘비에트 국가와의 관계는 사회주의적 관계라기보다는 거래의 상대방에 지나지 않게 되고 농업 생산력 발전의 전체적 전망은 흐려졌던 것이다.

농업 문제에서 흐루쇼프의 거듭된 실책은 시간이 지나자 농업 생산량의 급격한 감소를 초래했다. 1955년-1959년 사이 농업 생산 증가율은 연평균 7.6%였지만 1960년-1964년의 기간은 연평균 1.9%에 불과했다. 특히 1963년에는 곡물 수확이 20억 푸드나 감소하여 외국에서 식량을 긴급히 수입하는 사태가 벌어졌다. 이를 위해 중앙은행에 비축해 두었던 황금 860톤을 동원하여 식량을 수입하게 되었고 이것만으로는 부족하여 국방용으로 비축되었던 비상식량을 동원한 후에야 식량에 대한 배급제의 실시를 면할 수 있었다.[19]

농업에 있어서 흐루쇼프의 즉흥성을 보여 주는 또 하나의 실책은 쏘련에 옥수수 심기 캠페인을 광범히 벌였으나 실패한 사실이다. 미국을 방문한 흐루쇼프는 미국에서 옥수수가 널리 재배되어 축산업 발전을 지지하는 것을 목격하고 쏘련에서도 옥수수를 널리 재배할 것을 주문하였다. 그리하여 대대적인 캠페인이 벌어졌으나 몇 년 만에 다

---

19) 같은 책, p. 234.

실패하고 옥수수 심기 캠페인은 사라졌다. 이는 옥수수가 쏘련의 토양과 기후에 맞지 않았기 때문이었다. 그리고 옥수수 캠페인으로 인하여 쏘련에 맞는 전통적인 목초의 재배가 방기되면서 쏘련은 사료작물의 부족에 시달려야 했다.[20] 옥수수 캠페인의 이러한 실패는 흐루쇼프의 위신을 깎아내리며 그의 실각의 하나의 요인이 되었다.

흐루쇼프의 즉흥성은 조직의 문제에서 심각한 결과를 낳았는데 흐루쇼프는 1962년에 농업 문제를 해결한답시고 당 조직을 공업 당 조직과 농업 당 조직으로 이원화하였다. 그러나 이는 생산 원칙에 따른 기구의 재편이라는 명분을 내세웠지만, 관료주의를 전제로 하고 관료주의를 심화시키는 것으로서 경제 문제에 있어서 사업의 중복과 기구의 중첩을 불러오는 것이었다.[21] 예를 들면 농산물 가공과 관련하여 농업 당 조직과 논의할지, 아니면 공업 당 조직과 논의할 것인지가 불분명했다. 그리고 이는 지구와 촌의 쏘비에트의 통일적인 사업을 가로막고 약화시키는 것이었다. 사실 생산 원칙에 따라 분할되어야 하는 것은 당 조직이 아니라 국가 기구의 경제 지도 기관일 텐데, 흐루쇼프는 당과 국가를 혼동하고, 당이 행정을 대신해야 한다고 사고하면서 당 조직을 생산 원칙에 따라 분할하는 어이없는 악수를 둔 것이었다. 이 또한 흐루쇼프의 실각의 원인의 하나가 되었는데 흐루쇼프가 실각한 직후 당 조직을 공업과 농업 당 조직으로 이원화하는 방침은 폐지되었다.

그런데 흐루쇼프 하에서 경제에 있어 자본주의적 방향으로의 근본적인 변화를 도모하는 이론적 시도가 시작되었다. 1962년 9월 9일 ≪쁘라브다≫에 "계획, 이윤, 상여금"이라는 리베르만의 논문이 실린

---

20) 周尚文·叶书宗·王斯德, 앞의 책, p. 645.
21) 같은 책, p. 649.

것이 바로 그것이다. 이 논문은 1965년 실시되어 쏘련 경제를 균열시키는 데 결정적 역할을 한 꼬씌긴의 수정주의적 경제 개혁의 이론적 원형이 되는 것이므로 비교적 자세히 인용할 필요가 있다.

우리들의 견해로는, 품목별 생산고와 납입 기한에 관한 계획만 기업이 철저히 수행하게 하면, 이것은 달성할 수 있는 것이다. … 기업은 수령한 품목별 생산고의 과제를 토대로 하여, 노동 생산성, 종업원 수, 생산물 원가, 축적, 투자, 신기술에 관한 계획을 포함하는 완전히 일관된 계획을 스스로 작성하지 않으면 안 된다. … 그 원칙은 첫째로는, 수익률이 높으면 높을수록 보상 금액도 커진다는 점이다. … 이것에 의해 수익률을 높이려는 강력한 물질적 자극이 기업에 보장된다. … 이것에 의해 사회적 부를 한층 더 급속히 증대시키는 것이 보장된다. … 그 기업은 즉, 계획 수익률과 실제 수익률의 평균에 의해 보상을 받게 된다. 요컨대 계획을 낮게 작성하면 기업에게는 현저하게 불이익이 된다. … 높은 수익률을 얻기 위해서 기업은 계획을 작성하는 데 있어서, 우리나라의 제 조건과 계획 가격의 토대 위에서, 능력과 설비를 최대한 가동하는 노력을 하지 않으면 안 된다. 요컨대, 기업은 스스로의 이익을 고려하여, 현존 설비의 가동 교대율과 조업률을 높여서, 여분의 투자와 기계를 요구하는 것을 멈추고, 불필요한 스톡을 만드는 것을 멈추게 될 것이다. … 수익률(이윤을 생산 기금으로 나눈 비율)[22]

이러한 리베르만의 구상은 품목별 생산 총량과 국가에 대한 이윤 상납액을 빼고는, 쏘련의 국유 기업에게서 국가로부터의 지령적 계획에 따른 구속을 제거하여 기업 자율로 경영 계획을 수립하고 수행하

---

[22] 리베르만, "계획·이윤·상여금", ≪ソヴェト經濟と利潤(쏘비에트 경제와 이윤)≫, 日本評論社, pp. 54-62.

게 한다는 것이었다. 즉, 이 구상은 개별 국유 기업을 이윤 추구를 중심에 놓는 기업으로 전환시키는 것이며, 이를 위해 기업이 계획상 작성한 이윤율과 실제 달성한 이윤율의 평균을 토대로 기업의 종업원들에게 상여금을 지급하는 기준을 세운다는 것이었다. 계획상 작성한 이윤율과 실제 달성한 이윤율의 평균으로 상여금의 기준을 삼으면 기업이 계획을 가능한 높게 잡으려 할 것이라고 주장한 것이다. 이는 기존의 계획 경제에서(특히 흐루쇼프 하에서) 개별 기업이 계획 목표를 낮춰 잡던 경향을 제어하고 또 기업 자체의 잠재력(인원과 설비)을 최대한 가동하게 한다는 구상이었다. 그리고 이를 위해 수익률(이윤율)의 개념 규정을 변경했다. 즉, 기존에 이윤율 개념은 총이윤을 총상품의 생산 원가로 나누던 것(이 방식에서는 고정 기금의 상당 부분은 생산 원가에서 제외된다)이었다면, 새로운 이윤율 개념은 총이윤을 총생산 기금(즉 고정 기금과 유동 기금의 합)으로 나눈 비율로 변경된 것인데, 이는 이윤율 개념을 자본주의에서와 동일한 방식으로 규정하는 것이었다. 이윤율을 단순한 생산 원가가 아니라 고정 자본을 포함하는 총자본(생산 기금)으로 나누어 구하는 것은, 그렇게 해야 고정 기금과 유동 기금을 절약하고 잠재력을 최대한 가동하게 되기 때문이라는 것이었다. 즉, 리베르만이 제안하고 있는 것은 사회주의 기업의 설비와 인원을 자본으로 간주하고 최대한의 이윤을 획득하는 것을 목표로 국유 기업을 운영해야 한다는 것이다. 이는 사실상 국유 기업을 자본주의적으로 운영해야 한다는 구상과 제안에 다름 아니었다.

또 다른 쏘련 학자는 직설적으로 다음과 같이 말한다. "기업 활동의 모든 측면을 개선하기 위해서는 하나의 지표—기업의 이윤—를 높이는 것만이 필요하며, 또한 그것으로 충분하다."[23] 이 또한 사회주의의 국유 기업을 자본주의와 같이 이윤 추구를 중심에 놓는 기업으로 탈바꿈시키겠다는 것에 다름 아니었다. 사실 쏘련의 계획 경제에서 계획이 지령적(구속적) 성격을 갖는 것은 사회주의 생산관계의 본성에서 비롯되는 것이다. 사회주의 생산관계하에서 계획은 통일성을 가져야 하고 각 부문의 비례적 발전을 보장하는 것이어야 한다. 즉, 자본주의와 같은 생산의 무정부성을 제거하기 위해 사회주의에서 경제 계획은 지령적 성질을 갖는 것이다. 그리하여 노동 생산성, 종업원 수, 임금, 투자 등에서 전국적인, 전 계급적인 통일적인 계획이 요구되는 것이다. 그러나 이를 전부 개별 기업의 자율로 맡겨 버리면 아무리 품목별 총생산고를 규정한다 해도 생산의 무정부성이 점차로 확대되는 것은 불가피하며 이는 사회주의 생산관계를 균열시키는 작용을 하게 된다. 리베르만의 방식을 채택한 1965년의 꼬쐬긴 개혁 이후 쏘련 경제가 균열되는 과정은 사회주의 생산관계와 개별 기업의 자본주의적, 무정부적 운동이 충돌하는 과정에 다름 아니었다.

사실 리베르만의 제안은 1961년 22차 당 대회의 결정에 의한 새로운 경제 방향에 따른 것이었다. 즉, 쏘련 경제의 이윤 중심으로의 재편이라는 리베르만의 구상은, 흐루쇼프 수정주의로 인한 중앙의 경제 계획의 마비 사태, 농업의 위기 등 경제 전반의 위기에 대한 대안으로 제출된 것인데, 문제는 그것이 사회주의 생산관계를 희생하는, 중앙의 통일적인 경제 계획을 희생하는, 수정주의적 대안으로서 제출되었다는 점이다. 사실 사회주의 사회의 국유 기업이 이윤 추구를 활동의 중심에 놓는다면 그것은 자본주의의 기업과 차이가 없게 된다. 그러나 사회주의 사회에서는 비록 기업 활동에서 이윤 개념이 있었지만 이윤 자체가 기업 활동의 중심은 아니었다. 기업 활동의 중심은 이윤이 아닌 계획이었고 그 계획은 전 인민의 늘어나는 복지

---

23) 같은 책, p. 162.

요구의 충족(사회주의의 기본적 경제 법칙)을 목표로 하여 각 부문의 비례적 발전(균형 있는 발전 법칙)을 보장하는 것이었다. 그리고 이윤은 단지 기업 활동의 효율성을 평가하는 지표에 지나지 않았고 결코 기업 활동의 중심이 아니었다. 실제로 기업이 계획을 달성한다면 비록 적자가 나더라도 그것은 문제가 없는 것이며, 기업의 적자는 국가의 예산에 의해 보충되었던 것이다.

그런데 리베르만의 제안, 그리고 1965년의 꼬씨긴 개혁은 이윤을 기업 활동의 중심에 놓는 방향으로의 전환이었고, 개별 국유 기업이 자본주의적으로 운영되고 쏘련 경제 전체가 거대한 국가자본주의 체제로 전환하는 발걸음의 시작이었다. 이러한 전환의 결과, 처음에는 기업 간의 경쟁으로 인해 얼마간의 생산의 증가, 경제 성장률이 담보되었지만 사회주의 생산관계 자체가 균열되면서, 불법적인 자본주의적 기업이 출현하고 상당수의 건설 공정이 한없이 늘어져서 거대한 자금이 미완성된 건설 사업에 잠기게 되고, 부패와 독직, 특권층의 발생 등 쏘련 사회주의 자체를 침몰시키고 해체시키는 요소의 성장으로 귀결되게 되었던 것이다.

3. 흐루쇼프의 연속으로서 브레쥐네프 수정주의

브레쥐네프는 1964년 10월 궁정 반란을 통해 흐루쇼프를 실각시키고 권력을 장악하였다. 흐루쇼프가 휴가를 간 틈을 노려 당 지도부 회의를 소집하여 흐루쇼프 실각을 결정하고 이후 흐루쇼프에게 통보하는 식이었다. 흐루쇼프는 이후 풍족한 연금 생활자로 살아가다 생을 마쳤다.

브레쥐네프는 권력을 장악하고 나서 초기에 흐루쇼프 하에서 혼란스러웠던 당과 국가 그리고 경제를 수습하는 일에 전력을 기울였다. 공업 당과 농업 당으로 당 조직을 분리한 결정을 폐지하였고 1965년에는 꼬쒸긴 개혁을 실시하여 경제를 이윤 중심으로 운영하는 새로운 체제, 이른바 '신경제 체제'를 수립하기 시작했는데, 쏘련 경제의 이윤 중심의 '신경제 체제'로의 이행은 1972년경에 마무리되었다.

그런데 흐루쇼프의 실각 이후 중국 공산당은 쏘련 공산당의 노선에 변화가 있을 수 있다고 보고 1964년 10월 혁명 47주년 기념식에 저우언라이 총리를 대표로 하는 대표단을 파견하여 쏘련의 입장을 탐색하려 했다. 그러나 중국의 기대는 빗나갔는데, 쏘련 측은 쏘련 공산당의 입장은 흐루쇼프 당시의 20차 당 대회부터 21, 22차 당 대회에 걸쳐 결정된 노선을 고수하는 것임을 밝혔다. 심지어 쏘련 측은 중국 대표단에게 마오쩌둥이 하야해야 한다고 주장하기조차 했다. 이러한 경과를 거쳐 중국과 쏘련의 대립은 더욱더 격화되었고 중국 측은 쏘련이 '흐루쇼프 없는 흐루쇼프주의'라고 비난하는 성명을 발표하였다. 이후 중국과 쏘련의 대립은 이데올로기적, 정치적 차원을 넘어 군사적 갈등으로까지 나아갔다. 중국이 자체적으로 핵무기를 개발한 직후 마오쩌둥이 문화대혁명을 발동하면서 쏘련과의 갈등은 심화되었는데, 쏘련 측은 중국과 쏘련의 국경에 병력을 10배 증강하여 40개 사단을 배치하였다. 1969년 3월에는 중-쏘 국경 지역에서 무력 충돌이 발생했는데, 이후 쏘련은 중국의 핵 시설에 대한 핵 공격 계획을 세우고 미국의 입장을 타진하는 상황으로까지 발전하였다.[24] 이것은 브레쥐네프 수정주의가 패권주의적 양상을 띠기 시작했다는 것을 의미하는데, 브레쥐네프의 외교 정책은 그가 생을 마감하는 1982년에 이르기까지 미국과 세계 패권을 다투는 양상을 보였다. 실제로

---

24) 周尚文·叶书宗·王斯德, 앞의 책, pp. 771-772.

쏘련은 브레쥐네프 시기에 제3 세계 국가와 군사적 합작을 통해 해외에 40여 개의 군사 기지를 두기도 했다. 또한 브레쥐네프 시기에는 군사비의 지출이 1965년 326억 달러(전체 국민 소득의 15.2%)에서 1981년 1550억 달러(전체 국민 소득의 21%)로 격증하기도 했다.[25] 이러한 군사비의 격증은 한편으로 브레쥐네프의 패권 정책을 뒷받침하는 것이었지만, 다른 한편으로 쏘련 경제 전체에 커다란 압력으로 작용하는 것이었다.

브레쥐네프에게서 이론적으로 의미를 갖는 것은 '발달한 사회주의'라는 개념이다. 브레쥐네프는 1967년 11월 10월 혁명 50주년 기념일에 쏘련이 '발달한 사회주의'에 진입했다고 선언했다. 그리고 1977년의 브레쥐네프 헌법은 '발달한 사회주의' 개념을 담기도 했다. 발달한 사회주의 단계라는 개념은 사회주의 건설이 일정하게 완료되고 발전되어 적대계급이 소멸하고 따라서 계급 투쟁이 소멸하는 사회이며, 노동자와 농민, 지식인이 일치하고 전체 사회는 단일한 사회로 되었다는 이론이다. 브레쥐네프는 이러한 인식에 기초하여 전 인민 국가는 발달한 사회주의의 상부 구조이며 프롤레타리아 독재의 계승자라고 주장하였다. 또한 발달한 사회주의 진입 이후 민족의 구분이 없는 통일적인 경제체가 형성되었고 민족의 경계가 없는 신문화가 형성되어 인류의 새로운 역사공동체가 생겨났다고 주장했다.[26] 이러한 이론이 18년간에 이르던 브레쥐네프의 시기에 관료주의적 통치를 뒷받침했던 내용이다.

그러나 브레쥐네프의 주장과 달리 노동자와 농민, 지식인은 계급, 계층적으로 구분되고 있었다. 노동자의 국유, 전 인민적 소유관계와

---

25) 陆南泉, 앞의 책, pp. 392-393.
26) 周尚文·叶书宗·王斯德, 앞의 책, pp. 735-736.

농민의 집단적 소유는 계급적 구분을 가져오는 것이었으며 또한 정신노동과 육체노동의 대립으로 인해 노동자와 지식인의 구분 또한 상당했으며, 도시와 농촌의 대립은 말할 것도 없었다. 따라서 노동자, 농민, 지식인이 일치하는 단일한 사회라는 것은 희망 사항을 객관적 현실로 오인하는 주관주의적 주장이었다. 또한 단일한 사회, 민족을 넘어서는 인류의 새로운 역사적 공동체의 형성이라는 인식은 실제로는 민족 문화, 민족 감정을 억누르는 역할을 함으로써 민족 문제가 브레쥐네프 시대에 새롭게 악화되는 역할을 했다. 실제로 브레쥐네프는 러시아가 전체 인민의 큰형이라고 주장했는데 이는 대러시아 민족주의적 관점을 드러낸 것이었다.[27] 또한 경제적 측면을 보면 중앙 러시아와 지방의 민족 공화국 간의 경제적 격차는 여전히 상당한 편이었다. 1960년-1970년 사이에 1인당 국민 소득의 공화국 간 격차는 매우 컸는데, 대략 1 대 2.2-2.6의 비율이었다.[28] 이러한 상태에서 민족적 차이를 넘어서는 단일한 사회, 새로운 역사적 공동체 운운하는 것은 기만적인 것이었고 소수 민족 공화국의 발전을 억누르는 구실이 되는 것이었다.

　브레쥐네프의 '발달한 사회주의' 개념 그리고 민족을 넘어서는 새로운 인류 역사공동체의 형성이라는 인식은, 국제적으로는 사회주의 국가, 사회주의 진영의 일체화, 국제적 분업이라는 개념으로 확대되어 전체 사회주의 진영을 포괄하는 역할을 한다는 주장으로 이어졌다. 그러나 이는 관념적인 헛소리인데 수정주의화된 쏘련과 동유럽의 현실을 잘 드러낸 것은 1968년의 체코슬로바키아 사태였다. 1968년 4월 5일 두브체크가 체코슬로바키아 당 제1 서기로 선출되었고 이후

---

27) 같은 책, p. 755.
28) 苏联科学院经济研究所 编, 앞의 책, 第七卷, p. 603.

체코슬로바키아는 시장 친화적인 개혁과 쏘련의 영향력으로부터의 이탈이라는 방향으로 움직이기 시작했다. 두브체크는 인간이 중심이 된 사회주의라는 관념적인 이론을 들고나왔는데, 실제로는 시장의 역할 확대, 노동력의 배치 또한 시장에 의할 것 등을 추진하였다.29) 이는 체코슬로바키아 사회가 자본주의로 역전된다는 것을 의미하였다. 그리고 1968년 6월 27일 체코슬로바키아 지식인들의 "2000인 선언"이 발표되었는데 이는 사실상 자본주의 복고 프로그램이었다. 이러한 상황 전개에 대해 쏘련은 바르샤바조약기구 국가들과 함께 체코슬로바키아를 무력으로 침공하여 진압하였다. 이후 브레쥬네프가 내세운 것이 주권 제한론이며 국제적 독재 이론이었다. 그러나 이는 프롤레타리아 국제주의를 심각하게 왜곡하는 것이었다. 쏘련 스스로의 수정주의로 인해 동유럽에서 자본주의 복고 경향이 발생하는 것에 대해, 그리고 쏘련의 영향력으로부터 이탈을 방지하기 위해, 무력을 동원한 것이 객관적 현실이며 이는 프롤레타리아 국제주의와는 무관한 것이었다. 주권 제한론은 이론적으로 프롤레타리아 국제주의에 위배되는 것이다. 프롤레타리아 국제주의는 각 민족의 주권을 존중하는 것을 기초로 한다. 또한 각 민족의 민족 국가의 형성의 권리, 민족적 주권의 승인의 기초 위에서 이루어지는, 각 민족의 노동자계급의 자유로운 연합이 프롤레타리아 국제주의의 실체인 것이다. 따라서 주권 제한론은 브레쥬네프의 패권주의를 합리화하는 궤변에 지나지 않으며 프롤레타리아 국제주의에 위배되는 것이었다. 하물며 소위 국제적 독재라는 것은 궤변에 지나지 않으며 노동자계급의 대외 원칙, 대외 정책의 근본은 국제적 독재가 아니라 프롤레타리아 국제주의라 할 수 있다. 따라서 체코슬로바키아 내에서 발생하는 반혁명, 자본주의 복

---

29) 周尚文·叶书宗·王斯德, 앞의 책, pp. 766-770.

고 경향의 대두에 대해서는 체코슬로바키아 내의 노동자계급과 연대하고 지원하는 방식으로 제어하고 대처하는 방식이 타당하며, 그 과정에서 민족적 주권은 제한되는 것이 아니라 완전히 존중되는 방식으로 이루어져야 하는 것이었다.

흐루쇼프 이후 쏘련과 동유럽의 관계는 정상적인 프롤레타리아 국제주의에 입각한 관계가 아니라, 쏘련이 쏘련군의 동유럽 주둔을 토대로 하여 경제적으로는 국제적 분업이라는 명목하에 각 국가의 경제적 발전을 통제하는 측면이 강했다. 물론 쏘련은 동유럽 각국에 많은 경제적 원조를 하였고 또 석유 등 주요 원자재를 보급하는 역할을 했다. 그러나 그러한 경제적 관계는 대민족 국가에 약소민족 국가가 종속되는 토대가 되어서는 안 되며, 사회주의 국가 간의 관계는 각 민족 노동자계급의 자유로운 연대를 의미하는 프롤레타리아 국제주의에 입각해서 형성, 발전되어야 할 것이다. 그런 점에서 1968년의 체코슬로바키아 사태에 있어서 주권 제한론, 그리고 브레쥐네프의 '발달한 사회주의' 개념, 인류의 새로운 역사공동체라는 개념은 실제로는 수정주의가 초래하는 국내외적인 모순을 은폐하고 대중을 기만하는 역할을 하는 것이었다.

브레쥐네프 하에서 이루어진 꼬쓰긴의 수정주의적 경제 개혁은 초기에는 기업 간의 경쟁, 그리고 그동안 역사적으로 형성된 사회주의적 자산을 갉아먹으면서 일정한 경제 성장률을 보였지만, 1970년대 후반에 이르면 공업과 농업 모두에서 위기 상태에 놓이게 된다. 공업에서는 경제 성장률이 1970년대 후반 거의 제로 상태로 정체하게 되고 농업에서는 외국에서 수천만 톤의 식량을 수입해야만 하는 상황이 지속되었다. 이러한 상황은 꼬쓰긴의 수정주의적 경제 개혁 이래, 중앙의 경제 계획이 겉핥기에 머물고 사실상 마비된 상태에서 개별 기업의 자본주의적 운동이 사회주의적 생산관계, 국유, 전 인민 소유와 충돌하면서 발생한 것이다. 그리고 사회적으로는 암시장, 그림자 경제가 성행하여 불법적인 자본주의적 관계가 발생하고 있었으며, 부패와 향락주의가 성행하고 특권층이 형성되어 인민의 사회주의에 대한 신뢰를 갉아먹고 있었다. 그러면 이러한 상황의 직접적 원인이 된 1965년의 꼬쒸긴의 수정주의적 경제 개혁 내용에 대해 살펴보도록 하자.

4. 1965년 꼬쒸긴의 수정주의적 경제 개혁과 쏘련 경제의 균열

1965년 9월 쏘련 공산당 중앙위원회 전체 회의는 "공업 관리 개선, 계획 사업의 완성과 공업 생산에 대한 경제적 자극을 강화하는 것에 대하여"라는 결의를 통과시켰다. 그리고 같은 해 10월 4일 쏘련 공산당 중앙위원회와 각료회의는 "계획 사업의 완성과 공업 생산의 경제적 자극을 강화하는 것에 대하여"라는 결의를 통과시켰다.[30] 이 두 결의는, 당시 수상이었던 꼬쒸긴이 주도하였다 하여서 이후 꼬쒸긴 개혁이라 불렀던, 쏘련에서 수정주의적 경제 개혁의 출발점이 되었다.

꼬쒸긴 개혁은 사회주의 사회의 생산물 모두를 상품으로 간주하는 이론적 전환을 토대로 하고 있었다. 이전에 쓰딸린은 ≪쏘련에서의 사회주의 경제의 문제들≫에서 생산 수단은 쏘련에서 상품이 아님을 밝혔었다. 이는 생산 수단의 생산이 사적 생산자가 아닌 국유 기업의 생산물이며, 또한 생산 수단은 화폐를 매개로 하지 않고 국유 기업에서 국유 기업으로 직접 이전된다는 점에 근거한 것이었다. 그러나 리베르만의 제안, 그리고 수정주의적 이론은 계획이 아니라 가

---

30) 苏联科学院经济研究所 編, 앞의 책, 第七卷, p. 94.

치 법칙을 경제 규율의 주요 지렛대로 파악하고 소비재만이 아니라 생산 수단 또한 상품이라는 주장을 하였고 꼬씨긴 개혁은 이러한 이론적 바탕에서 이루어진 것이었다.

그리하여 품목별 생산량과 국가에 대한 이윤 상납액만 중앙의 계획에서 결정하고 노동 생산성, 종업원 수, 임금 기금, 투자 등에 대해 개별 국유 기업에서 자율적으로 결정하는 이른바 '신경제 체제'로의 이행이 시작되었다. 국유 기업의 이윤 중심으로의 이러한 전환은 사실상 국가자본주의 체제로의 전환의 시작이었는데, 왜 그러한가, 어떠한 것이 자본주의적 요소였는가를 좀 더 자세히 살펴보도록 하자.

먼저 1965년 이전에 국유 기업이 필요로 하는 생산 수단, 설비, 그리고 유동 자금은 국가가 직접 국유 기업에 제공 혹은 조달하는 것이었고 그러한 제공 혹은 조달은 대가 없이 무상으로 이루어지는 것이었다. 쏘비에트 국가는 기업에 생산 계획, 투자 계획, 노동 생산성, 임금 기금 등을 계획상의 지표로 지령의 방식으로 내려보냈는데, 이는 생산 기금(고정 기금, 유동 기금의 합)의 무상 제공을 수반하는 것이었다. 그리하여 생산에 필요한 기계 설비만이 아니라 원료, 재료 또한 국가의 조달 계획에 따라 무상으로 제공되는 것이었고 노동자에 대한 임금 기금 또한 국가의 계획에 의해 무상으로 지급되는 것이었다. 그런데 이러한 원칙이 꼬씨긴 개혁 이후 전면적으로 변화했다. 국가는 더 이상 국유 기업에 무상으로 기계·설비와 원료, 임금 기금을 제공하지 않게 되었고 국유 기업은 은행으로부터의 대출을 통해 고정 기금과 유동 기금을 충당하게 되었다. 기업의 투자 자금 또한 더 이상 국가로부터 무상으로 제공되는 것이 아니라 기업 스스로 계획을 세우고 자금을 충당해야 했으며, 단지 투자 규모가 5년 이상의 자금 회수 기간을 필요로 하는 대형 투자만 국가가 자금을 제공하는 것으로 변경되었다.[31] 즉, 생산 수단, 생산 기금의 무상제가 유상제로 변경된 것이었다. 이는 경제 원칙에서의 중대한 변경이었다. 그리고 이러한 유상제로의 전환은 국유 기업의 자재와 설비, 기계 등의 생산 수단만이 아니라 노동자 또한 자본으로 간주한다는 것을, 자본으로 전환된다는 것을, 즉 노동자가 단순한 피고용자로 전락한다는 것을 내포하는 것이었다.

자재와 설비, 기계 등 생산 수단의 유상제로의 전환을 통해, 생산 수단이 자본으로 전환되면서, 국가는 고정 기금에 대한 사용료를 국유 기업으로부터 징수하기 시작했다. 국유 기업은 대략 이윤의 6%를 고정 기금 사용료의 명목으로 국가에 지불했다.32) 고정 기금에 대한 사용료를 국유 기업이 국가에 지불한다는 것은 자재와 설비, 건물, 기계 등의 고정 기금이 자기 중식하는 자본이라는 것을 전제로 하는 것이다. 즉, 고정 기금 사용료의 징수는 국유 기업이 자본주의적 기업으로 전환된다는 것을 전제로 하는 것이며, 이로 인해 이른바 '신경제 체제'가 수정주의적 혹은 자본주의적 개혁이라고 규정되게 되는 것이다. 또한 유동 기금이 무상제에서 유상제로 변경된다는 것은, 전 인민 소유제에 따라 국유 기업의 주인이었던 노동자가 피고용자로, 임금 노동자로 전락한다는 것을 의미했다. 실제로, 꼬쐬긴 개혁에 따라 기업이 고용하는 노동자의 수, 지불하는 임금의 크기를 기업 자율로 결정(실질적으로는 기업의 경영층이 결정)하게 되면 기업 내에서 노동자의 권력, 현장 권력은 무력화되는 것이었다. 1965년 꼬쐬긴 개혁 이전에 노동력의 배치, 임금 기금의 크기 등은 국가의 통일적인 계획에 따른 것이었고, 또 기업 내에서 노동자는 공장 쏘비에트를 통해 실질적으로 기업을 지배하는 주체였다. 그러나 이러한 노동자 민

---

31) 같은 책, pp. 128-129.
32) 陆南泉, 앞의 책, p. 301.

주주의를 꼬쐬긴 개혁은 전복시킨 것이며 노동자는 실질적인 피고용자로 전락하게 되었던 것이다. 사회주의는, 자본이 노동 위에 서서 노동을 착취하는 관계를 전복시켜서 노동이 자본 위에 서는 관계이며, 이에 따라 자본은 더 이상 자본이 아니라 인간을 위한 단순한 생산 수단이 되는 것을 의미하는데, 꼬쐬긴 개혁은 이러한 자본과 노동의 관계를 자본주의적 방향으로 재역전시켰던 것이다.

고정 기금을 자기 증식하는 자본으로 간주하여 국가가 국유 기업에서 고정 기금 사용료를 징수하게 되었을 때, 그것은 생산력의 발전에 역행하는 것임이 드러났다. 국유 기업은 새로운 기술에 입각한 설비의 채용을 꺼리게 되었는데, 왜냐하면 새로운 기술 설비를 채용하면 고정 기금의 양이 늘어나 국유 기업이 국가에 더 많은 고정 기금 사용료를 지불해야 했기 때문이었다.[33] 또한 은행 대출에 대해 대출금을 상환하기 전에는 국유 기업에게 고정 기금 사용료를 면제해 주었는데 기업들은 이러한 면제를 받기 위해 은행에 대한 대출 상환을 회피하게 되었다. 또한 새롭게 공장을 건설할 경우 기업의 경영과 설비의 가동이 공장의 설계 능력에 도달하지 못했을 때 기금 사용료를 면제했는데, 이는 기업이 설계 능력에 빠르게 도달하는 것을 방해하였다.[34] 이와 같이 고정 기금의 사용료를 징수하는 전환은 생산력 발전에 역행하는 반동적인 개혁임이 드러나고 있었다.

또한 기업이 고정 기금 사용료를 지불하는 것을 가능하게 하기 위해 당시까지 매우 낮은 가격을 형성하고 있었던 중공업 기업의 생산물의 가격을 인상하게 되었다. 1967년의 도매가격 인상이 그것인데, 1966년에 비해 공업 기업의 도매가가 9% 인상되었고 그중에 중공업

---

33) 같은 곳.
34) 같은 책, p. 302.

제품은 17.5% 인상되었다. 이러한 인상은 중공업 기업이 사회주의 기업이 아니라 자본주의적으로 운영되기 위한 필요조건을 확보하기 위한 것이었다. 그리고 1973년 1월 경공업 제품의 도매가가 5% 인상되었다.35) 이로써 이른바 '신경제 체제'는 완성되게 되었다. 인민의 입장에서 볼 때 쓰딸린 시기는 한 번의 5개년 계획을 거칠 때마다 임금이 거의 배로 증가하고 또 물가가 지속적으로 인하되어 인민의 구매력이 높아졌었다. 그런데 흐루쇼프 수정주의 이후로는 임금의 인상 폭이 줄어들었고 또 물가도 인상되었던 것이다. 실제로 1962년에는 식료품 가격이 강압적으로 인상되어 몇몇 도시에서 폭동이 발생하고 이는 전국적 사태로 발전되기도 했다. 1965년의 꼬씨긴 개혁 그리고 도매가격 인상은 인민이 물가 인상을 감수해야 하는 처지가 되었다는 것을 의미했다.

꼬씨긴 개혁이 생산력 발전에 역행하는 반동적 성격임은 미완성된 건설 공사의 규모가 거대하게 증대했다는 사실에서도 확인할 수 있다. 쏘련에서 미완성된 건설 공사에 투입된 자금의 규모는 1965년 296억 루블에서, 1975년 767억 루블, 1982년 1089억 루블로 증가하였다.36) 이렇게 미완성 건설 공사의 규모가 증대한 것은 건축 자재와 설비 조달의 문제라는 기술적 측면도 있지만, 보다 더 중요한 것은 기업이 건설 계획을 입안하여 자재, 자원, 자금을 획득하고는 고의적으로 건설의 완공을 늦추었기 때문이었다. 기업에서 무엇보다도 이윤이 1차적이 되면서 국가로부터 자금과 자재를 획득하기 위한 유력한 수단으로 건설 공사를 계획하고 동시에 공사의 완공을 미루어 자금 유통의 여지를 확보하기 위해 공사의 미완성이라는 방법이 널

---

35) 苏联科学院经济研究所 编, 앞의 책, 第七卷, pp. 219-220.
36) 陆南泉, 앞의 책, p. 407.

리 활용되고 있었던 것이다. 이는 전형적으로 사회주의적 생산관계와 개별 국유 기업의 자본주의적 운동이 충돌하는 사례이며, 꼬쒸긴 개혁이 생산력 발전에 역행한다는 것의 증거였다.

또한 기업이 이윤 추구를 1차적 원칙으로 삼게 됨에 따라 "이 시기에 단순히 이윤 추구를 위해 계획, 계약을 파괴하고 가격을 높이 올리는 혼란한 상황이 비교적 많이 출현했다."[37] 이러한 상황은, 꼬쒸긴 개혁으로 인해 기업이 이윤 추구 중심으로 활동과 체계를 재편하면서 자본주의의 기업과 같이 이윤 추구가 지상 목표가 되고, 이를 위해 자의적으로 생산물의 가격을 올리게 되고, 사회주의적 계획은 이윤 추구를 저해하는 요소로 간주하여 계획 수행을 방기하고 또 국유 기업 상호 간에 맺었던 계약조차 이윤 추구를 위해 서슴없이 파괴하는 경향이 증대했다는 것을 의미한다. 즉, 꼬쒸긴 개혁 이후 '신경제 체제'하에서 국유 기업은 자본주의적 운동을 하고 있었던 것이다. 그리고 이에 따라 품목별 생산물 총량을 규정하는 중앙의 계획은 사실상 무력화의 길을 걸었던 것이며 쏘련 사회에서 생산력 발전의 동력과 그 기준은 개별 기업의 이윤 추구의 욕구가 되었다. 그리고 이 점은 자본가가 지배하는 자본주의 사회의 기업과 본질적으로 차이가 없는 것이었다.

그런데 꼬쒸긴은 1971년 24차 당 대회에서 보고를 하면서 "지령성 계획은 주요하고 결정적 의의가 있다. ... 시장의 조절을 이용하여 국가의 집중적 계획의 지도적 작용을 대체하려는 각종의 잘못된 관점을 비판해야만 한다"[38]고 하였다. 이는 꼬쒸긴이 수정주의적 경제 개혁을 했지만 당시 유고슬라비아와 같은 시장 사회주의는 부정한 것으로

---

37) 같은 책, p. 291.
38) 같은 책, p. 367.

볼 수 있다. 그러나 꼬쒸긴의 이러한 관점은, 스스로의 수정주의적 개혁으로 인해 개별 기업으로 하여금 자본주의적으로 운동하게 만들었지만, 그 결과로 나타났던 중앙의 구심력, 중앙의 계획 자체가 이완되고 균열되는 현상은 용납하지 않겠다는 모순적인 입장을 보여 주는 것이다. 꼬쒸긴의 이러한 입장은 지금의 중국의 사회주의 시장 경제와 비교해 볼 때, 당시 쏘련에서 관료들의 관료주의적 지배를 합리화하는 중앙 계획의 존재를 고수하겠다는 것으로 해석될 수 있다. 즉, 국가가 여전히 국유 기업으로부터 고정 기금 사용료뿐만 아니라 이윤의 상당액을 상납받는 경제적, 정치적 근거를 유지하겠다는 입장으로 볼 수 있다. 또한 이데올로기적으로 볼 때 수정주의는 사회주의 사회를 내부적으로 해체하는 것이지만, 그러한 해체적 작용을 사회주의의 토대 위에서 수행하는 것이며, 또한 맑스주의의 해체를 맑스주의의 틀 안에서 수행하는 것이기 때문에, 쓰딸린 이래 확립되었던 중앙의 경제 계획의 존재 자체를 부정할 수는 없었던 것이다. 그러나 꼬쒸긴의 이러한 관점에도 불구하고 쏘련 경제 전체적인 통일적인 경제 계획은 균열되고 있었고 나아가 각 부문의 비례적인 발전은 점차 생산의 무정부성에 의해 침식되고 균열되고 있었던 것이다.

실제로 쏘련의 경제는 꼬쒸긴 개혁 이후 잠깐 반짝하다가 이후 하강 곡선을 그리고 1970년대 말이면 완전히 정체하고 균열된 양상을 보인다. 경제 성장률은 1961년-65년에 연평균 6.5%, 1966년-70년에 7.7%, 1971년-75년에 5.7%, 1976년-79년에 4.4%로 하강하였다. 즉, 1966년부터 꼬쒸긴 개혁의 영향으로 기업 간 경쟁이 심화되고 이윤 추구 동기가 강화되면서 경제 성장률이 상승했지만 1970년대 들면서 경제 성장률이 지속적으로 하강했다. 특히 노동 생산성 증가율은 1960년-65년의 연평균 5.6%에서 1976년-79년에는 3.3%로 저하되었다. 이는 이윤 추구 동기의 강화에도 불구하고 사회주의 생산관계 자체가 균열하기 시작했다는 것을 의미한다. 또한 여기에서 짚어야 할 것은 1970년대가 되면서 자본주의 세계가 공황에 접어들고, 특히 석유 위기로 인해 국제적인 석유 가격이 몇 배나 인상되어 쏘련이 석유를 높은 가격으로 몇 배나 많은 물량을 수출하여 많은 이익을 얻고 있어서 1970년대의 쏘련 경제의 침체의 실상이 가려지고 있었다는 점이다. 쏘련의 경제가 1970년대 말에 거의 정체 상태로 균열되고 있었다는 것은, 이 시기에 투자 증가율이 급격히 저하하여 1979년에 단지 0.7%의 투자 증가를 기록했다는 사실에서 알 수 있다.[39] 즉, 쏘련 경제는 확대 재생산이 멈추고 내적 균열 상태에 있었던 것이다. 또한 농업의 상황을 보면 더욱더 심각하여 농업 생산 증가율이 지속적으로 저하하여 1982년에는 마이너스 2%를 기록하기도 했다. 그리고 1973년에 1,904만 톤의 곡물을 해외에서 수입한 것을 시작으로 1981년-82년에는 거의 3,000만 톤의 식량을 수입해야만 하는 상황이 되어 세계 시장에 충격을 주었다.[40] 꼬쓰긴 개혁을 필두로 한 브레쥐네프 수정주의의 경제 정책은 1970년대 말, 1980년대 초에 이렇게 파산하고 있었다.

수정주의적 경제 개혁으로 인한 쏘련 경제의 이러한 균열은 쏘련 사회주의 자체를 위기에 처하게 했다. 그런데 흐루쇼프, 브레쥐네프 수정주의 세력의 지배는 경제를 균열시켰을 뿐만 아니라 사회를 부패하게 하고 특권층이 형성되게 하고 나아가 사회주의 제도를 전복하려 하는 반체제 세력까지 배양하였는데, 이제 이 점에 대해 자세히 살펴보도록 하자.

---

39) 苏联科学院经济研究所 编, 앞의 책, 第七卷, p. 213.
40) 陆南泉, 앞의 책, p. 274.

5. 특권층(노멘끌라뚜라)의 대두, 그리고 쏘련 사회주의 해체 요소의 성장

브레쥐네프는 '발달한 사회주의' 단계에 쏘련이 진입했다고 선언했는데, 이는 쏘련에서 노동자계급이 압도적 다수가 되었다는 사실에 근거한 것이었다. 1980년대 중반이면 쏘련에서 국유 기업의 직원과 노동자가 전체의 88.5%를 차지하고 집단 농장의 농민은 단지 11.5%에 지나지 않게 되었다. 그리고 이러한 현실이 쏘련 사회에서 계급 구분이 사라지고, 사회는 단일성의 사회로 변화했다는 브레쥐네프의 '발달한 사회주의'론의 근거가 되었던 것이다. 그러나 국유의 노동자계급이 압도적 다수가 되었다 해도 집단 농장의 농민이 10% 넘게 존재하여 노동자계급과 농민의 계급 구분이 존재했고 또 노동자계급과 지식인은 정신노동과 육체노동의 대립에 기초하여 계층적으로 구분되고 있었다.

그런데 흐루쇼프에 의해 시작되고 브레쥐네프에 의해 계승된 전 인민 국가론은 실제로는 당 관료들의 관료주의적 지배를 합리화하는 이론에 불과했다. 전 인민 국가는, 곧 전 인민에 대한 국가, 관료주의 국가로 작동했던 것이다. 브레쥐네프 하에서 관료들의 지배가 안정적으로 실현됨에 따라 관료들에 대한 대중의 감독과 파면이 소멸하고, 관료들은 간부 종신제에 기초하여 인민 위에 군림하게 되고, 사회 전체적으로는 보수적 사고가 지배하고 관료주의가 성행하였고 이로부터 이익 집단과 특권 계층이 형성되었다.[41]

노멘끌라뚜라라고 쏘련에서 불렸던 특권층은 흐루쇼프 시기에 맹

---

41) 黄立茀, ≪苏联社会阶层与苏联剧变研究(쏘련 사회 계층과 쏘련 급변 연구)≫, 社会科学文献出版社, 2006, p. 274.

아가 형성되기 시작하여 브레쥐네프 시기에 완전한 세력으로 형성되고 완성되게 되었다. 그런데 이러한 특권층과 쏘련 사회에 존재하는 일반적 격차를 구분할 필요가 있다. 예를 들면 노동자 간의 임금 격차의 문제가 그러하다. 1930년대-1950년대 초반까지 쓰딸린 시대에는 임금에서 평균주의를 제거하였다. 그리하여 1931년-35년간의 시기에 업종 간, 업종 내부에서 임금 격차는 평균 1 대 2 정도에서 1 대 3으로 확대되었다. 이러한 임금 격차의 확대는 노동에 따른 분배 원칙에 의한 것이었다. 노동에 따른 분배 원칙은 숙련노동과 비숙련노동, 고급 기술 노동과 저급 기술 노동을 구분하여 숙련노동과 고급 기술 노동을 우대하는 것을 포함하는 것이다. 이러한 방침은 생산력 발전의 방향에 부합하는 것이며 그 과정에서 착취는 존재하지 않는다는 점에서 이 원칙은 사회주의적 제도가 되는 것이다.

그런데 흐루쇼프와 브레쥐네프 시기에 표면상의 임금 격차는 줄어들었다. 임금액에서 최저 10%의 노동자와 최고 10%의 노동자 간의 격차가 1946년 7.24배에서 1956년 4.44배, 1966년 3.26배로 축소되었다. 그리고 이러한 임금 격차의 축소로 인해 숙련, 고급 기술 노동자는 노동 의욕을 상실하게 되었고, 기업에서 전력을 다해 노동하는 노동자는 전체의 1/3에 지나지 않게 되었다. 또한 노동 규율이 이완되어 이유 없이 결근하거나 조퇴하는 현상이 광범하였다.[42]

흐루쇼프와 브레쥐네프 하에서 임금 격차는 줄어들었지만 임금, 수당과는 차원이 다른 부패가 확산되었는데 그것은 권력을 지렛대로 하여 사적 이익을 도모하는 것이었다. "쏘련 공산당 20차 대회는 이후 탐오 수뢰의 전환점이 되었다. 중앙의 경제 관리 권한을 하방하는 개혁을 진행하였기 때문에, 지도 간부 중에서 이익 집단이 출현하였

---

42) 같은 책, p. 269.

다. 동시에 지도 간부가 권력으로써 사적 이익을 도모하여 경제적 수입을 획득하는 방식이 출현했다. 브레쥐네프 시기 지도 간부가 독점적으로 향유하는 수입의 방식은 더욱더 많아졌다. 직무와 관련이 있는 특수한 생활상의 대우의 확대와 더불어, 권력으로써 사적 이익을 도모하는 것이 대규모로 범람하여 임금, 수당과는 비교할 수 없는 수입을 제공했다. 비록 1950년대 하반기 이후 지도 간부와 대중 사이의 임금 격차는 줄었지만, 지도 간부는 특수한 생활상의 대우와 권력으로써 사적 이익을 도모하는 것을 통해 대량의 경제적 이익을 획득했고, 대중과의 경제적 격차를 확대시켰다."[43]

이러한 분석은 수정주의가 출현했던 20차 당 대회를 기점으로 이데올로기가 변질되기 시작하고 또 경제적 권한이 지방, 지역으로 많이 하방됨에 따라 권력을 이용하여 수뢰하고 이권을 챙기는 권력형 비리가 만연하기 시작했다는 것을 의미한다. 그리하여 서서히 이익 집단이 특권층으로서 형성되기 시작했고, 이러한 특권층은 브레쥐네프 시기 완성되어 공고한 위치를 차지하게 되었다.

"흐루쇼프의 "위대한 십년"의 개혁의 말기에, 정권을 지렛대로 이용하는 이익 집단들이 수없이 이미 생겨났다."[44] 이러한 분석은 흐루쇼프의 10년이 노멘끌라뚜라라 불리는 특권층의 형성기였음을 말하는 것이다. 쏘련의 경제 규모가 거대해지고 또 국가의 성격 자체가 전 인민 국가론에 의해 관료주의 국가로 규정되면서 권력이 곧 돈이 된다는 인식이 광범하게 확산하기 시작했던 것이다. 그리고 "브레쥐네프 시기 상품-화폐관계를 이용하는 개혁은 간부의 사욕을 자극했다. … 위에서 말한 여러 가지 요소의 작용하에서, 특권 계층이 "흐

---

43) 같은 책, pp. 124-125.
44) 같은 책, p. 286.

루쇼프의 사임 이후 강대한 정치적 세력으로 최종 형성되었다.'"45) 이는 흐루쇼프 수정주의, 브레쥐네프의 수정주의적 경제 개혁이 권력으로써 사적 이익을 도모하는 부패 현상을 자극했으며 이로 인해 꼬 쎄긴의 수정주의적 경제 개혁 이후 특권층, 노멘끌라뚜라가 최종 형성되었다는 것이다.

"흐루쇼프-브레쥐네프 시기에 시작되어, 쏘련은 기층에서부터 중앙까지, 생산, 써비스, 교육, 위생 보건, 문화, 체육, 예술, 문학, 과학, 관리 등 각각의 사회 영역에서 크고 작은, 형형색색의 이익 집단이 형성되기 시작했다. … 이들 이익 집단은 규모가 다르고, 집단의 이익을 구하는 방식이 다르지만, 그 성원들은 3가지의 공통점을 드러냈다. 첫째, 이념의 측면에서, 그들은 몸은 공산당원이었지만, 이미 맑스주의와 사회주의에 대한 신념을 잃었다. 맑스주의적인 이데올로기는 이미 습관적으로 감동을 받지만 흘려버리는 공허한 이야기가 되었다. 동시에, 몸은 공산당의 지도자였지만, 공산주의를 위해 분투한다는 목표와 인민을 위해 이익을 도모한다는 사회적 책임감을 이미 상실했다. … 둘째, 인민이 부여했고 인민의 이익을 도모해야 하는 권력은 개인과 집단의 이익을 위한 특권으로 변질되었다. … 그리하여 이익 집단의 대표적 인물이 담당하는 사업은 종종 자신의 능력에 부합하지 않았고, 자신의 재능에 부합하지 않는 직무를 차지하고 있었다. 그들은 서로 간에 집단 성원들을 비호했다. … 이외에 이들 소집단은 다른 사람이 최선을 다해 일하는 것을 허용하지 않았고, 다른 사람의 재능이 발휘되는 것을 방해하고 그 일이 중도에 멈추도록 하였다."46) 이러한 분석과 서술은 쏘련에서 수정주의가 자리 잡으면

---

45) 같은 책, p. 287.
46) 같은 책, pp. 282-283.

서 사회가 부패하는 현상을 보여 주는데 수많은 영역에서 형형색색의 이익 집단이 형성되어 마치 마피아처럼 서로 비호하면서 특권을 누리고 타인의 사업을 방해하는 모습을 보여 주고 있다. 이러한 이익 집단은 일반적인 관료주의자와는 차이가 있는 것이다. 일반적인 관료주의적 부패는 권력을 통해 이익을 도모하더라도 그것이 일시적이고 임의적인 것이지만, 이익 집단으로서, 특권층으로서, 이들은 권력으로써 사적 이익을 도모하는 것이 일상화되고 정형화되는 단계로 발전하여 인민과 괴리된 배타적인 집단으로 형성되는 단계에 이른 것이다.47)

흐루쇼프 하에서 형성되기 시작하여 브레쥐네프 시기에 완성된 이익 집단, 노멘끌라뚜라는 1980년 무렵에는 이미 정권의 기본 주체가 되었고 스스로를 쏘련 공산당의 정치국 위에 놓는 지경에 이르렀다.48) 이는 마치 자본주의 사회에서 독점자본들이 자신들을 사회의 지배자로 규정하면서 인민들 위에 군림하며 인민과 괴리된 사회 집단을 형성하는 것과 다름이 없는 것이었다. 이들의 부패의 사례를 들어 본다면 브레쥐네프의 사위를 들 수 있는데, 브레쥐네프 사망 후 부패 혐의로 체포된 브레쥐네프의 사위는 당시 노동자의 평균 연봉의 수백 배에 해당하는 뇌물을 받은 혐의로 체포되어 재판을 받았다. 이러한 이익 집단, 특권층, 노멘끌라뚜라의 숫자는 대략 50-70만 명 정도로 추정되었는데 가족까지 합하면 300만 명에 이르는 수치였다.49) 이들은 호화 별장, 특권층만이 이용할 수 있는 상점, 각종 편의 시설 등을 향유했다. 이러한 특권층의 형성, 부패 현상의 확산 속

---

47) 같은 책, p. 280.
48) 같은 책, p. 289.
49) 陆南泉, 앞의 책, p. 384.

에 브레쥐네프 시기에 향락주의가 성행했는데 브레쥐네프 스스로가 사냥과 자동차 수집에 열중했다.[50)]

노멘끌라뚜라의 형성, 사회적 부패 현상과 함께 경제 영역에서 암시장, 그림자 경제의 형성이 쏘련 사회주의 해체 요소의 성장으로서 주목할 만하다. 국유 기업 자체가 이윤 중심으로 돌아가면서 암시장 혹은 그림자 경제는 독버섯처럼 자라났다. 그림자 경제는 3가지 부분으로 나뉠 수 있다. 첫째, 비교적 가벼운 부분으로서 당국의 통제를 받지 않고 또 법률을 공공연하게 위반하지는 않으면서 법률 언저리에서 일정하지 않은 활동을 하는 것, 둘째, 쏘비에트 법률을 파괴하는 활동을 하지만 자본주의에서는 불법이 아닌 활동, 셋째, 쏘비에트 법률도 파괴하고 자본주의에서도 불법인 활동이 그것이다.[51)] 이러한 그림자 경제의 성장은 쏘련 내에서 체제 외적인 경제 활동이 증가하고 있다는 것을 의미하며 이들 세력의 성장은 1980년대 고르바쵸프 시기에 자본주의적 개혁을 요구하는 세력의 경제적 기반으로 작용했다.

이외에 수정주의가 각종 모순을 발생시키면서 배양된 반체제 세력이 쏘련 사회주의 해체의 요소로서 성장해 갔다. '상이한 정치적 견해를 가진 사람들'이라고 불렸던 이들 반체제 세력은 흐루쇼프의 쓰딸린 탄핵 이후 발생하기 시작했다. 그리고 1968년 체코슬로바키아 사태에 대해 브레쥐네프가 무력으로 진압한 이후, 이에 항의했던 싸하로프가 중심이 되어 반체제 세력이 하나의 정치 세력으로 발전하기 시작했다. 이들은 인권 운동, 민주주의 쟁취, 언론·출판의 자유 등을 요구하면서 저변을 넓혀 갔다. 이는 일종의 부르주아 민주주의 운동으로 볼 수 있을 것이다. 이외에 브레쥐네프의 잘못된 민족 정책

---

50) 黃立茀, 앞의 책, p. 287.
51) 같은 책, p. 309.

으로 말미암아 소수 민족들의 불만이 높아져 갔고, 주요하게는 우크라이나, 발트 3국, 그루지야, 아르메니야, 끄림의 따따르인 등이 민족주의 운동을 전개했는데 이들은 종교의 자유와 문화적 자치를 요구하고 있었다. 이들 민족주의 세력은, 1980년대 말, 90년대 초 쏘련의 해체에서 연방의 붕괴 및 민족 공화국들의 독립이 직접적 계기가 되었다는 점을 고려하면, 이들이 쏘련 사회주의 해체의 요소로 성장하는 조류였음을 알 수 있다.[52]

---

52) 周尙文 · 叶书宗 · 王斯德, 앞의 책, pp. 729-731.

제7장
쏘련의 해체 과정

1. 고르바쵸프의 우편향적 개혁 노선

브레쥐네프가 사망하고 안드로뽀프가 쏘련 공산당의 총서기가 되어 일정한 개혁을 추진하였다. 집단 농장과 국영 농장에서 청부생산제를 실시하고 공업과 건축업에서 작업대를 조직하여 분권화된 노동 조직을 추구하였다. 그리고 금주 등 노동 기율을 강화하는 조치를 취하기도 했다. 그러나 안드로뽀프는 1년여 만에 건강이 급속히 악화되어 사망하게 되고 이어서 체르넨꼬가 뒤를 이었지만 체르넨꼬도 얼마 못 가 건강이 악화되어 사망하였다. 당시 쏘련 지도부 대부분이 고령이었는데 이는 브레쥐네프 시기 간부종신제로 인하여 지도부의 연령이 급속히 높아졌기 때문이었다. 그리하여 안드로뽀프, 체르넨꼬의 뒤를 이은 사람은 당시 지도부로서는 젊은 연령이었던 고르바쵸프였다.

고르바쵸프가 처음 당 총서기로서 등장했을 때 그는 사회주의 경제 건설의 가속화 전략을 추구했다. 이는 브레쥐네프 시기가 이른바 정체의 시기로 불리며, 경제 건설이 벽에 부딪혀 있었던 당시 상황에 기인한 것이었다. 이러한 방침은 1986년 2월 25일 개최된 27차 당 대회에서 공식적으로 승인되었다. 고르바쵸프는, 브레쥐네프가 발달한 사회주의가 이미 건설되었다고 선언한 것을 비판하며, 쏘련은 발달한 사회주의의 완성을 위해 노력해야 하는 단계에 있다고 주장했다. 이는 당시 쏘련의 현실 때문이었는데 1981-1985년 연평균 경제 성장률은 단지 3.2%에 지나지 않았다. 이러한 상황에서 고르바쵸프가 가속화 전략을 채택한 것은, 브레쥐네프 시기의 수정주의적 경제 건설 전략 자체는 문제가 없으며, 문제는 사회적으로 느슨해져 있는 기율과 상태를 재차 강화하여 사회주의 건설을 다그치는 것이라고 파악한 것이었다. 그러나 가속화 전략하에서 경제 건설은 여전히 침체를 벗어나지 못하고 악화되었다. 1986-1988년의 연평균 경제성장률은 2.8%로 저하되었는데 이는 가속화 전략의 파탄을 의미하는 것이었다.

이렇게 사회주의 경제 건설이 벽에 부딪히고 있는 상황에서 고르바쵸프는 브레쥐네프 시기의 수정주의적 경제 건설 노선을 비판하고 사회주의 계획 경제를 재건하는 길을 간 것이 아니라, 정반대로 사회주의 계획 경제를 약화시키고, 사실상 경제에서의 계획을 방기하고 시장 경제, 즉 자본주의적 경제로의 개혁을 추구하는 길을 채택했다. 1986년 11월 9일 개인의 경제 활동을 보장하는 "개인 노동법"이 제정되었다. 개인 노동은 생활 써비스 등의 영역에서 개인의 독자적인 경제 활동을 의미하는 것이었는데, 당시는 개인 경제에서 노동자를 고용하는 것은 허용되지 않는 것이었다. 이러한 법령의 채택을 통해 쏘련은 국유 기업의 주변에서 개인적인 경제 활동이 번성하는 양상으로 변모되었다. 그리고 "개인 노동법"보다 더욱더 중요하고 결정적인 의미를 갖는 것은 "국영 기업법"이 1987년 7월 1일 제정되어 국유 기업의 경제 활동에서 근본적인 변화가 일어나게 되었다는 점이다. "국영 기업법"은 기업의 매년의 연도계획의 작성을 기업이 스스로의 책임으로 담당하게 함으로써, 중앙의 경제 관리 부문이 지령성 계획을 통해 기업 경영에 개입하는 것을 차단한 것이었다. 이는 사실상 중앙 차원의 계획을 폐지하는 것으로서 브레쥬네프 시기에 일정하게 남아 있던 중앙에서의 계획의 기능을 무력화시키고 개별 기업이 전면적으로 이윤 추구 단위로서 활동하게 하는 것이었다. 고르바쵸프의 이러한 조치는, 명목은 중앙의 관료주의적 기업 지배를 종식시키고 기업의 자율성을 강화하여 경제를 활성화한다는 것이었지만, 실은 이러한 조치를 통하여 국유 기업의 경영층은 전면적인 이윤 추구의 길로 들어서게 되었고, 나아가 기업의 시설, 자재, 인원을 빼돌려 기업을 사적으로, 자본주의적으로 지배하는 길을 걷게 되었다.

또한 1988년 5월에는 "협동조합법"이 제정되었는데 협동조합은 당시 명목적으로는 사회주의적 생산관계의 틀 내에 존재하는 것이었지만, 실은 국유 기업의 재산을 횡령하고 절취하는 통로와 수단이 되는 것이었다. 협동조합법 자체는 생산 협동조합과 소비 협동조합을 내용으로 하는 것이었지만, 고르바쵸프 하에서 협동조합은, 중앙의 계획이 마비 혹은 무력화됨에 따라 국유 기업의 경영층이 국유 기업의 재산을 협동조합으로 빼돌리고 협동조합을 사실상 사기업처럼 운영함으로써, 국유 기업의 전 인민 소유를 형해화시키고 그로부터 사적 자본주의적 기업을 형성하는 수단이 되었다. 이것은 이른바 자연 발생적 사유화(私有化), 즉 전 인민 소유의 사적인 탈취를 의미하였다.

고르바쵸프는 가속화 전략의 실패를 경제 개혁으로 만회하려 했지만 경제 개혁하에서 경제 성장은 오히려 악화되고 있었고, 한편으로는 쏘련 경제를 지탱해 왔던 사회주의적 생산관계 자체가 균열되고 침식되고, 다른 한편으로는 사적, 자본주의적 경제가 독버섯처럼 솟아나고 있었다. 중앙의 사회주의적 경제 계획의 마비 혹은 무력화,

개별 국유 기업의 자본주의적 운동, 그리고 전 인민 소유의 국유 기업 재산의 횡령과 절취, 탈취에 의한 사적 자본주의적 축적의 발생, 이것이 1980년대 후반 고르바쵸프 하에서 이루어진 경제 개혁의 현실적인 내용과 모습이었다.

고르바쵸프가 처음 등장했을 때 내세웠던 것은 개혁(뻬레쓰뜨로이까)과 공개성(글라쓰노쓰찌)이었다. 이러한 고르바쵸프의 기치는 다수 대중의 환영을 받았는데 이는 브레쥐네프적인 노선과 사회적 상태가 더 이상 유지될 수 없다는 인식이 광범하게 확산되어 있었기 때문이었다. 그러나 고르바쵸프는 브레쥐네프의 수정주의 노선의 오류를 전혀 파악하지 못하고, 사실상 맑스-레닌주의적인 사회주의적 원칙을 방기하는 길을 걸었고 이를 화려하게 개혁 노선이라 포장한 것이었다. 고르바쵸프는 정치 노선만이 아니라 사상 자체에서 우편향적인 노선을 걸었다. 1987년 11월 고르바쵸프의 저서 ≪개혁과 신사고≫가 출판되었는데, 그 책에서 고르바쵸프는 "인류의 이익이 다른 어떤 것보다 높고 인류의 생존이 다른 어떤 것보다 높다"[1]는 견해를 표방하였다. 이러한 고르바쵸프의 견해는 사실상 계급적 접근을 부정하는 것으로서, 신사고가 노동자계급의 이익을 방기하고 인류 보편이라는 기치하에 자본가계급과의 화해를 주장하는 노선임을 보여 주는 것이었다. 고르바쵸프의 이러한 견해는 흐루쇼프, 브레쥐네프 하에서 프롤레타리아 독재 노선이 폐기되고, 그것이 무당파적인 전 인민 국가론으로 전환되었던 것의 연장선상에 있는 것이며, 나아가 그것을 더욱더 심화시켜 계급적 접근, 계급적 관점을 완전히 폐기하는 단계에 이르렀다는 것을 보여 주는 것이다. 이러한 고르바쵸프의 관점에 대

---

1) 周尚文·叶书宗·王斯德, ≪苏联兴亡史(쏘련 흥망사)≫, 上海人民出版社, 1993, p. 820.

해 많은 논자들은 고르바쵸프가 사실상 사회민주주의로의 전환을 이루었다고 평가하고 있다.

고르바쵸프는 1987년 10월 중앙위원회 전체 회의를 통해 역사 결의를 이끌어 냈는데, 그것은 쓰딸린의 개인숭배에 대한 비판, 즉 쓰딸린에 대한 탄핵을 다시 한 번 수행하는 것이었다. 그리고 이러한 역사적 인식의 연상선상에서 고르바쵸프는 1988년에 부하린과 지노비에프를 복권시켰다. 이러한 고르바쵸프의 방침은 프롤레타리아 독재의 원칙을 철저히 무력화하는 것이었고, 따라서 쏘련이라는 국가, 쏘비에트 연방의 정치적 힘을 무력화시키는 길을 걷는 것이었다. 그리하여 향후 사회주의에 반대하는 수많은 세력, 맑스-레닌주의 자체에 반대하고 공산당을 부정하는 많은 반체제 세력, 자본주의 복고 세력의 등장의 길을 열어 준 것이었다. 고르바쵸프가 이러한 길을 걸었던 것의 원인을, 사상의 영역을 제외하고 정치적 측면에서 본다면, 이른바 경제 개혁에도 불구하고 경제가 지속적으로 악화되고 있었다는 점을 들 수 있다. 즉, 고르바쵸프는 경제 개혁만으로는 상황을 개선할 수 없으며, 정치적 개혁을 통해 사회를 일신해야 한다는 인식에 도달하고 있었던 것이다.

그리하여 고르바쵸프의 행로는 ① 브레쥐네프 시기의 정체 상태를 비판하는 개혁(뻬레쓰뜨로이까)의 제기 단계, ② 사회주의 경제 건설의 가속화 전략, ③ 가속화 전략의 실패와 경제 개혁의 제기, ④ 경제 개혁의 실패와 정치 개혁으로의 이행이라는 단계를 밟아 갔다. 그리고 정치 개혁의 실패는 곧바로 쏘련 자체의 해체, 쏘비에트 연방 체제의 해체와 각 민족 공화국의 독립으로 귀결되게 되었다.

1987년 10월 중앙위원회 전체 회의에서 정치국 후보위원이었던 옐찐이, 개혁의 속도가 늦고 성과가 없다고 비판하며 정치국 후보위원 직에서 사임을 발표하였다. 이는 쏘련 지도부 내에서 개혁의 속도와 방향을 둘러싸고 노선의 분화가 이루어지기 시작했다는 것을 의미했다. 또한 1988년 3월 13일 ≪쏘비에트 러시아 신문≫에 레닌그라드 공학원 교사였던 안드레예바가 "우리는 원칙을 포기할 수 없다"는 글을 발표하여 고르바쵸프의 10월 혁명 70주년 기념 연설의 내용을 비판하였다. 이 글은 고르바쵸프 노선의 우편향에 반대하여 사회주의 원칙을 고수하는 세력이 형성되는 시발점이 되었다.

1988년 6월 28일 개최된 쏘련 공산당 19차 대표회의는 정치 체제의 개혁을 전면화할 것을 결정하였다. 이 회의에서는 기존의 쏘비에트 선거와 달리 복수 후보의 경쟁 선거를 허용하는 쏘비에트 인민 대표 대회 선거를 실시할 것을 결정했다. 그리하여 이 선거를 통하여 쏘련은 정치 개혁의 시대로 접어들었고 반체제 세력, 자본주의 복고 세력을 포함하여 각 세력이 각축하는 격동의 시대가 시작되었다. 인민 대표 대회 선거는 1989년 3월에 실시되었는데, 당선자의 80%가 공산당원이었지만 선거 과정에서 공산당원임을 내세우지 않아야 당선이 가능할 정도로 상황이 악화하고 있었고 전략적인 30여 개의 주요 지구에서 당 지도부들이 대거 낙선하였다. 이들 당선자 중 이른바 민주파, 즉 자본주의 복고 지향의 (부르주아) 민주파들 400여 명이 옐찐을 대표로 하는 연합 조직을 결성하여 이른바 급진 개혁 세력이 공식적으로 모습을 드러내게 되었다. 그리하여 쏘련 공산당은 고르바쵸프의 주류 개혁파, 옐찐 등의 급진 개혁파, 그리고 전통적인 사회주의 고수파로 갈리게 되었다.

2. 쏘비에트 연방의 해체 과정

1988년부터 쏘련 경제는 위기 상황에 돌입해 있었다. 1990년에는 경제가 마이너스 성장을 했는데, 전체 국민 소득은 4% 감소하였고 국민 총생산은 2% 감소, 노동 생산성은 3%가 감소하였다.[2] 또한 1989년 7월에는 시베리아에서 광부들의 파업이 발생했는데, 상품의 부족에 항의하고 생활 조건의 개선을 요구하는 것이었다. 이 파업은 시베리아만이 아니라 우크라이나, 카자흐스탄 등지로 확대되었고 50만여 명이 참가했다. 최고 쏘비에트에서는 15개월간 파업 금지를 결의했지만 소용이 없었고 파업은 지속되었다. 1990년 1월-4월의 기간에는 124개 도시에서 파업이 발생했다. 이러한 파업의 확산은 기존의 질서의 급격한 변동을 자극하는 것이었으며 각축하는 세력 중에서 옐찐 등 급진 개혁파에게 유리하게 작용하는 것이었다. 그리고 1988년부터 인가받지 않은 조직이 수없이 결성되었는데, 인민전선, 민주연맹 등 반체제 세력이 우후죽순처럼 생겨났으며, 그중에는 10월 혁명 후에 불법화되었던 입헌민주당, 사회혁명당 등도 있었다. 또한 민족 문제가 표면화되기 시작했는데, 1989년 9월 아제르바이쟌과 아르메니야 사이에 나고르노-까라바흐 자치주의 귀속 문제를 둘러싸고 민족 분쟁이 격화되었다.[3] 이렇게 경제가 악화되어 가는 가운데 개혁의 방향이 여러 갈래로 갈라지고, 또한 개혁에 대한 대중의 불만이 성장하고 반사회주의적인 각종 세력이 등장하는 가운데 쏘련 공산당의 구심적 역할은 약화되고 있었고 쏘련 사회는 점차 와해의 길로 접어들고 있었다.

1990년 2월 5일 쏘련 공산당은 중앙위원회 전체 회의를 열어서 당의 혁신을 논의했지만 당의 지도를 강화해야 한다는 주장과 다당제를 실시해야 한다는 주장이 대립되고 있었다. 이 회의에서는 부르

---

2) 같은 책, p. 843.
3) 같은 책, p. 828.

주아적인 삼권 분립을 실현하는 대통령제를 실시할 것을 결정하였고 1990년 3월 15일 고르바쵸프가 인민 대표 대회에서 쏘련 대통령으로 선출되었다. 이러한 과정은 부르주아적인 삼권 분립을 통해 정치 위기의 해소가 가능할 것이라는 주류 개혁파의 판단 때문이었다. 그러나 권력 분립 제도의 시도는 실제로는 공산당의 약화와 균열을 가져오는 것이었다.

옐찐을 선두로 하는 급진 개혁파는 1990년에 쏘련 공산당의 지도적 역할을 규정한 쏘련 헌법 6조의 폐기를 요구하기 시작했다. 이 헌법 조항은 1977년 브레쥐네프의 헌법에 삽입된 것인데 당의 지도적 역할을 헌법에 명시하는 것은 사실 부적절한 것이었다. 왜냐하면 이것은 당과 국가의 통일을 전제로 하는 것으로서 관료주의 체제를 당의 권위를 빌려 정당화하는 것이었기 때문이었다. 그러나 당은 국가 기구가 아니라는 점에서 당의 지도적 역할은 헌법에 삽입될 성질의 것이 아니며, 당은 권력의 담당자가 아니라 사상에 기초한 노선의 정립을 통해 국가 기구를 지도해야 하며, 나아가 국가 자체의 소멸을 이끌어 가야 한다는 점에서 브레쥐네프 헌법 6조의 존재는 부적절한 것이었고, 이 점이 자본주의 복고를 지향하는 급진 개혁파의 공격의 대상이 된 것이었다.

이에 대해 쏘련 공산당은 1990년 7월 2일 28차 당 대회에서 쏘련 공산당의 헌법상의 지위를 포기한다는 결정을 내렸다. 이 결정은 단순히 당의 헌법상의 지도적 역할만 포기하는 것이 아니라 쏘련에서 공산당의 유일당 체제가 종식되고 다당제가 시작된다는 것을 의미하였다. 그리고 이 당 대회에서 또 하나 주목되는 것은 '인도적, 민주적 사회주의'라는 개념을 제기하여 사회주의 개념을 맑스-레닌주의적 개념에서 사회민주주의적 개념으로 전환시킨 것이었다. 또한 이 대회는 쏘련 공산당의 마지막 당 대회가 되었는데 사회주의 개념의 전환과 더불어 다양한 형식의 소유제의 병존을 승인하였다.4) 이는 생산수단에 대한 사적 소유를 승인한다는 것을 내포하는 것이었는데, 이로써 쏘련은 자본가계급의 계급적 존재를 승인하는 사회가 되었다.

28차 당 대회에서 선출된 중앙위원들은 고르바쵸프를 제외하고는 대부분 정부 직책이 없는 상황이었다. 이는 쏘련 공산당의 국가 기구에 대한 영향력이 현격하게 축소되었다는 것을 의미했다. 옐찐은 당 대회에서 당명을 민주사회주의당으로 변경할 것을 주장했는데, 이 대회에서 옐찐은 쏘련 공산당으로부터 탈당을 결행했고, 이는 급진 개혁파들 전체의 공산당 탈당으로 이어졌다. 옐찐 등 급진 개혁파들이 공산당에서 탈당한 것은, 급진 개혁파들이 이전까지는 공산당 내에서 체제 변화를 도모했다면, 이제는 공산당 밖에서 공산당을 타도하고 체제를 변화시키겠다는 노선으로 전환한 것을 의미했다. 그리하여 이들은 1990년 10월에 이르면 고르바쵸프 정부의 사퇴를 요구하며 시민 불복종 운동을 전개하게 되었다.

이렇게 쏘련 공산당의 정치적 위상과 역할이 균열되고 급격히 약화되면서 쏘련의 각 공화국들을 묶어 주고 있던 연방제 또한 흔들리는 상황이 되었다. 그리하여 고르바쵸프는 1990년 12월 소집된 제4차 인민 대표 대회에서 기존의 연방을 주권 쏘비에트 공화국 연방으로 개조할 것을 제시했는데 이에 대해 발트 3국, 그루지야, 아르메니야가 신연방조약에 참가할 것을 거부했다.5) 그리하여 이 대회에서는 연방의 존속 여부에 대해 투표했는데, 1657표가 찬성했고, 70표가 반대했으며, 61표가 기권했다. 이러한 표결 결과는 당시까지는 쏘련 공산당과 쏘비에트 연방이 흔들리고 있었음에도 불구하고, 전체적으로

---

4) 같은 책, p. 834.
5) 같은 책, p. 838.

는 사회주의적 방향을 견지하고 쏘비에트 연방을 유지하려는 흐름이 다수라는 것을 보여 주는 것이었다. 그러나 이때 옐찐은 연방 권력의 존속에 반대한다는 성명을 발표하여 쏘비에트 연방의 균열을 부채질하였다.

한편 1990년 경제 위기 상황에서, 공산당의 주류 고르바쵸프 세력 그리고 옐찐 등 급진 개혁파 모두 쏘련 경제의 시장 경제로의 이행, 즉 자본주의 방향으로의 개혁을 추진하고 있었다. 1990년 10월 8일 쏘련 공산당은 "쏘련 국내 정세와 시장 경제로의 과도 시기의 임무에 관한 결의"를 채택하여 시장 경제로의 이행을 공식화하였다. 그리고 이 과정에서 고르바쵸프와 옐찐은 시장 경제로의 이행의 속도와 방식을 둘러싸고 대립했다. 고르바쵸프는 1990년 10월 19일 시장 경제로의 이행을 4단계로 나누어 점진적으로 실시하는 방안을 발표하였다. 이에 대해 옐찐은 고르바쵸프의 안을 거부하고 단독으로 "500일 계획"을 발표하고 러시아 공화국 의회에서 비준을 받았다. 옐찐의 안은 500일의 단기간 내에 대부분의 생산물의 가격 자유화(즉, 물가의 대폭적인 인상), 주요 국유 기업들의 사유화를 완료한다는 것이었다.

한편 1991년에는 1990년보다 더욱 심한 마이너스 경제 성장의 국면이 전개되어 경제적 위기가 심화되고 있었다. 이러한 경제 위기 상황에서 민족 문제, 쏘비에트 연방의 존속을 둘러싼 대립이 격화되어 갔다. 1991년 1월 11일 리투아니아에서 연방 이탈 움직임이 발생했을 때, 연방군이 리투아니아를 무력으로 점령하는 사태가 벌어졌고, 이에 대해 옐찐은 고르바쵸프의 사임을 요구하였다. 이러한 상황에서 쏘비에트 연방의 존속 여부를 묻는 전 쏘련 국민 투표가 1991년 3월 17일 실시되었는데, 투표자의 76.4%가 연방의 존속에 찬성표를 던졌다. 그러나 이후 쏘련에서 현실적인 정세의 전개는 이러한 인민들의 바람과는 정반대로 진행되었는데, 이는 노동자계급과 인민의 민주주의적 요구가, 그러한 요구를 담보할 정치 세력과 국가 조직이 없다면 언제든지 배반당할 수 있다는 것을 보여 주는 것이었다.

　1991년 6월 12일 옐찐이 러시아 공화국 대통령 선거에서 대통령으로 당선되었다. 그리고 옐찐은 같은 해 6월 18일에 러시아 공화국 정부가 연방의 내년 경제 계획을 집행하지 않겠다는 것을 러시아 최고 쏘비에트에 의해 승인받았다. 그리고 7월 20일 옐찐은 대통령령을 발동하여 러시아의 군대와 국가 기관에서 정당이 활동을 하는 것을 금지했다. 이는 공산당의 당 조직이 군대와 국가 기구에서 활동하지 못하도록 하여 공산당의 활동을 무력화시킨 것이었다. 7월 24일 쏘련을 구성하는 15개 공화국의 대외 경제 부문 대표가 회동하여 각 공화국이 쏘련의 대외 부채를 분담하고 연방의 황금 비축분, 외환 보유고, 유가 증권을 분할한다는 결정을 하였다. 이러한 상황에서 8월 20일 신연방조약이 서명될 예정이었다. 신연방조약은 명칭을 쏘비에트 주권 공화국 연방으로 하였는데, 연방의 중앙은 각 구성 공화국 법률보다 하위에 있게 되었다. 이는 사실상 연방의 실질을 상실하는 것으로서 쏘비에트 연방이 사실상 와해되고 단지 명칭으로만 존재하게 되는 것이었다.

　이러한 것이 8·19 정변(政變)의 배경이 되는 상황이었다. 8·19 정변은 쏘비에트 연방이 사실상 와해되고 단지 껍데기만 남게 되는 상황에서 이에 대해 불만을 품은 전통적 세력이 상황의 역전을 시도한 것이었다. 고르바쵸프는 신연방조약의 준비 작업을 마무리하고 8월 5일 휴가를 떠났다. 이 상황에서 부통령, 국방부 부장, KGB 의장, 내무부 부장 등이 모의하여 휴가지의 고르바쵸프에게 사람을 보내어 계엄 실시를 요구하였다. 이에 대해 고르바쵸프가 계엄의 선포를 거부하자, 이 세력은 국가긴급상태 위원회를 구성하고 부통령이 성명을 발표하여 고르바쵸프가 건강상의 이유로 대통령직을 사임하였으며 자신이 대통령직을 대행한다는 것과 계엄을 선포한다는 것을 발표하였다. 그리하여 8월 19일 새벽 탱크와 공수 부대가 모쓰끄바에 진입하였다. 그러나 이 부대들은 주요 인물과 세력을 즉각 체포하거나 진압하는 행동을 취하지 않았으며, 19일 저녁 무렵에야 옐찐의 근거지였던 러시아 최고 쏘비에트 건물과 러시아 대통령궁을 포위하였다. 옐찐은 상황을 분석한 후 전면적인 대항을 결정했고 기자 회견을 열어 긴급 사태가 반헌법 행동이라고 주장하였다. 이에 호응하여 광부 노조가 파업에 들어갔고 수만 명이 러시아 대통령궁을 둘러싸고 옐찐을 지지하는 시위를 하였다. 옐찐은 또한 서방측이 자신을 지지할 것을 요구했는데, 미국의 부시 대통령은 쏘련의 국가긴급상태 위원회를 승인하지 않는다는 것을 발표하였다. 군부 내의 분열 또한 발생했는데, 공군과 공수 부대, 해군과 전략 로케트 부대가 국가긴급상태 위원회를 승인하지 않았다. 그리고 모쓰끄바 군구의 참모장이 옐찐 지지로 돌아서면서 상황은 기울기 시작했다. 이 상황에서 국가긴급상태 위원회 측은, 21일 새벽 옐찐이 있는 러시아 대통령궁을 점령한다는 결정을 내렸지만, 실제 진입 임무를 맡은 돌격 부대가 진입을 거부하는 사태가 발생하였다. 부대를 교체하여 다시 진입을 시도하였지만 이 부대 또한 진입을 거부하였다. 이러한 상황에 처하자 국방부장은 모쓰끄바 시내에 동원하였던 부대들의 원대 복귀를 지시하였고 8·19 정변은 실패로 귀결되게 되었다. 이후 국가긴급상태 위원회를 구성했던 주요 인물들은 체포되어 재판을 받았고 쏘련의 정세는 급변하게 되었다.

　모쓰끄바로 돌아온 고르바쵸프는 성명을 발표하였는데, 새로운 연방조약과 시장 경제의 길로 매진할 것이라는 입장을 발표하였다. 그러나 8·19 정변의 실패의 결과 고르바쵸프가 주도하는 혹은 관여하는 새로운 연방조약의 길은 물 건너가게 되었고, 이후 정세는 옐찐 주도하의 쏘비에트 연방의 해체로 귀결되게 되었다. 옐찐은 공산당의 청산, 공산주의 사상 체계와 실천의 통치의 종식, 그리고 비공산주의화 임무를 선언하였다.6) 8월 22일 옐찐은 쏘련 군대 내의 공산당 기층 조직을 불법화하였으며, 23일에는 러시아 공산당 활동의 중지 명령을 내렸다. 그리고 25일에는 쏘련 공산당의 모든 재산을 러시아 공화국에 귀속시키는 조치를 발동하였다. 8월 24일 고르바쵸프는 쏘련 공산당 총서기직을 사임하였다. 그리고 쏘련 공산당 중앙의 해산을 제안하고 지방당의 당 조직들은 스스로 운명을 결정할 것을 제안하는 성명을 발표하였다. 8월 29일 쏘련 최고 쏘비에트 비상회의는 쏘련 공산당의 활동을 정지시키는 결의를 하였고 지방당 조직들은 쏘련 공산당으로부터 이탈하거나 혹은 당명을 개정하거나 혹은 활동을 금지당하게 되었다. 이러한 흐름 속에서 1991년 11월 7일 러시아 혁명 성공 이후 최초로 10월 혁명 기념식이 붉은 광장에서 열리지 않게 되었다. 그러나 비공식적인 집회들이 열렸는데 이 집회들에서 고르바쵸프와 옐찐은 반동 집단이라는 구호가 외쳐졌다.7)

이리하여 연방은 유명무실화되었는데, 1991년 9월 11일 옐찐은 쏘련의 석탄 공업부, 석유, 천연가스, 원자력 공업부 등의 활동을 정지시키고 그 재산을 러시아 공화국에 귀속시켰다. 1991년 8월 30일 우크라이나에서는 경내의 모든 쏘련 기업을 우크라이나에 귀속시키는 조치를 취하였다. 이러한 과정 속에서 1991년 연말까지 쏘비에트 연방을 구성하는 각 공화국들의 독립 선언이 이어졌다. 1991년 12월 7일 러시아 공화국, 우크라이나 공화국, 벨라루스 공화국의 수뇌들이 회동하여 독립 국가 연합안을 발표하였고, 쏘비에트 연방이 법적으로

---

6) 같은 책, p. 856.
7) 같은 책, p. 857.

정지되었고 1922년의 쏘비에트 연방 건립 조약이 폐기되었음을 선포하였다. 12월 12일 중앙아시아 5개 공화국 수뇌가 회동하여 독립 국가 연합에 가입 의사를 표명하였다. 12월 18일 러시아 의회는 쏘련의 재산이 러시아에 귀속되고 쏘련 의회가 종결되었음을 선포하였다. 12월 21일 11개 공화국 수뇌들이 회동하여 독립 국가 연합안에 서명하였고 UN에서 쏘련의 지위는 러시아 공화국이 계승한다고 발표하였다. 12월 25일 고르바쵸프가 쏘련 대통령직의 사임을 발표했다. 그리고 이날 저녁, 즉 1991년 12월 25일 저녁 7시 38분, 끄레믈 궁에서는 70년간 나부끼던 낫과 망치가 그려진 쏘련의 국기가 하강되었다.8) 다음 날 12월 26일 쏘련 최고 쏘비에트가 최후의 회의를 열어 쏘련이 법률상 존재하지 않는다는 것을 확인하였다.

3. 사회주의 생산관계의 해체 과정

위와 같은 쏘비에트 연방의 해체 과정은 단순한 정치적 실수 혹은 오류, 나아가 정치 노선의 문제로 발생한 것이 아니라 사상 자체가 변질되었기 때문에 가능한 것이었다. 고르바쵸프 등 주류 개혁파는 수정주의에서 사회민주주의로 사상이 변질된 결과, 소위 시장경제, 즉 자본주의로의 방향으로 쏘련 사회를 이끌었다. 흐루쇼프, 브레쥐네프 수정주의는 프롤레타리아 독재를 전 인민 국가론으로 전환하는 등 계급적 관점을 무당파적 관점으로 대체했었다. 그러나 이들 수정주의는 외면상으로는 맑스-레닌주의의 견지를 표방했었다. 그러나 고르바쵸프 단계에 이르면 이들 수정주의가 단순한 무당파적 관점을

---

8) 같은 책, p. 926.

넘어서서 계급적 관점을 완전히 포기하고 사회민주주의라는 자본주의 이데올로기로 방향 전환을 하기에 이르렀던 것이다. 그렇기 때문에 고르바쵸프는 중앙의 경제 계획을 마비 혹은 무력화시키는 정책을 공공연히 수행했고, 나아가 시장 경제로 즉, 자본주의로 방향을 틀었던 것이다. 사실 사회주의 운동은 사상을 먹고 자라는 것이며, 나아가 사회주의 건설은 의식성, 계획성을 본질로 하는 것이다. 그렇기 때문에 사상에 기초하여 노선을 정립해 가는 당의 역할이 결정적 의미를 지니는 것이며, 쏘련의 노동자계급과 인민대중이 당에 대해 거의 무한의 신뢰를 보냈던 사실, 그리고 쏘련의 해체가 공산당의 해체와 거의 동시적으로 이루어졌다는 점을 보더라도 사회주의 운동과 사회주의 건설에서 사상은 결정적 역할을 수행하는 요소라는 점을 알 수 있다.

쏘련의 해체를 이끌었던 사상의 변질의 시작은 흐루쇼프 수정주의로부터 비롯되는 것이다. 이른바 쓰딸린에 대한 개인숭배를 비판한다는 명목으로 프롤레타리아 독재 노선을 부정한 것이 쏘련 공산당의 사상적 변질의 시작이었다. 이러한 사상적 변질에 기초하여 수정주의 세력은 계획 경제 체제를 좀먹어 갔고 브레쥬네프에 이르면 이윤 추구를 중심으로 하는 자본주의적 경제 개혁을 수행하고 관료주의 체제를 완성시켰다. 그리고 그 결과는 사회주의 생산관계와 국유 기업의 이윤 추구 운동의 충돌이었고, 그 결과 쏘련 경제 전체가 균열되었던 것이다. 고르바쵸프는 이에 대해 개혁을 내세웠지만, 사회주의 계획 경제를 가능하게 하는 사회주의적 의식성을 상실한 결과 고르바쵸프의 개혁 노선은 계획 경제를 해체하고, 나아가 우편향적 정치 개혁으로 인해 쏘비에트 연방 자체를 해체하는 것으로 귀결되었다.

그러면 여기서 이러한 사회주의 계획 경제의 해체, 그리고 쏘비에트 연방의 해체가 인민들에게 어떠한 결과를 가져왔는가를 살펴보자.

그것은 여러 차원의 접근이 가능하겠지만, 핵심적인 것은 노동자계급의 착취로부터의 해방을 가능하게 했던 사회주의적 생산관계가 해체되어 노동자와 인민이 다시금 착취의 사슬에 매이게 되었다는 점인데, 사회주의 생산관계 해체의 각각의 단계를 살펴봄으로써 고르바쵸프 개혁의 의미, 옐찐의 급진 개혁과 반공산주의 노선의 현실적 의미를 파악할 수 있다.

사회주의 생산관계 해체의 핵심은 전 인민 소유의 국유 기업이 국유 기업을 지배하던 경제 관료들과 국유 기업의 경영층 등에 의해 사적으로 횡령, 절취, 탈취당하여 사적 자본주의적 소유와 축적이 발생했다는 점이다. 고르바쵸프의 이른바 개혁 노선은 전 인민 소유에 대한 이러한 사적인 탈취를 통한 자본주의적 축적의 발생을 조장하고 나아가 합법화하는 것이었다. 그러면 사회주의 생산관계의 해체, 즉 전 인민 소유의 국유 기업의 사유화(私有化)를 단계를 나누어 하나하나 살펴보도록 하자.

먼저 국유 기업의 사유화의 첫 번째 단계는 자연 발생적 사유화 단계이다. 그것은 1970년대부터 1980년대 중반까지의 15년의 기간인데, 이 시기에 국유 기업의 경영층에 의해 불법적으로 국유 기업의 재산이 유용되고 횡령되어 국유 기업이 마치 개인 기업처럼 운영되는 상황이 발생했다.9) 이는 권력으로써 사적 이익을 도모하는 것(以權謀私)으로서 꼬쓰긴의 수정주의적 경제 개혁으로 인해 국유 기업이 이윤 추구를 지상 목표로 삼게 됨에 따라 기업 경영층의 탈선과 부패가 조장되었던 시기이다. 처음에는 국유 기업의 유동 자금과 동산을 개인 재산인 양 유용했다. 예를 들면 기업의 자금으로 개인의 주

---

9) 陆南泉, ≪苏联经济体制改革史论(쏘련 경제 체제 개혁사론)≫, 人民出版社, 2007, p. 688.

택을 건축하거나 보수하는 식이었다. 그러나 이 단계를 지나면 국유 기업의 자재와 인원을 빼돌려 기업을 사적, 자본주의적으로 운영하는 사례도 증가하였다. 그러나 이 시기의 이러한 양상은 아직은 제한적이었는데, 왜냐하면 빼돌린 재산을 유통하고 합법화할 수 있는 시장이 존재하지 않았고, 나아가 부동산 재산의 주요한 부분인 토지는 모두 국유로서 거래의 대상이 될 수 없었기 때문이었다.

국유 기업 사유화의 두 번째의 단계는 고르바쵸프의 개혁이 이루어지던 1980년대 후반의 상황이다.[10] 이 시기에 고르바쵸프는 "개인 노동법"을 제정하여 개인의 영업 활동을 허용하였고 "국영 기업법"을 제정하여 중앙의 지령성 계획을 폐지하고 개별 국유 기업이 전적으로 이윤 추구 단위로서 활동하도록 하여 사실상 국유 기업의 자본주의화의 길을 열어 주었고, 이에 따라 국유 기업 경영층의 권력이 비대해지면서 해당 국유 기업을 사적, 자본주의적으로 운영하는 사례가 증가하였다. 특히 "협동조합법"이 제정된 1988년부터는 거의 80%의 국유 기업이 산하에 협동조합을 설립했는데 이 협동조합들은 국유 기업의 자산을 경영층이 사적으로 빼돌리는 창구가 되었다. 예를 들면 협동조합이 국유 기업의 자재와 시설, 원료, 인원을 갖고 영업 활동을 하면서도 그 이윤은 전적으로 협동조합에 귀속시키는 식이었다. 그리하여 국유 기업은 껍데기만 남게 되고 협동조합은 국유 기업 경영층의 사적 기업처럼 운영되었다. 이후 주식회사 설립이 자유화되면서 협동조합이 주식회사화되거나 주식회사 산하 기업으로 부속됨으로써 국유 기업 경영층의 횡령과 불법적인 사유화는 합법적 형식을 띠게 되었다. 이러한 협동조합 형식의 사유화 이외에도, "임대제법"이 제정되어 국유 기업을 개인이나 협동조합에 임대하는 임대제를 통해

---

10) 같은 책, p. 692.

서도 광범한 사유화가 이루어졌다. 그러나 쏘련이 존재하던 당시의 이러한 사유화는 공공연한 사유화가 아니라 은폐된 사유화였으며 그 중 상당수는 불법적인 것으로서 이른바 지하 경제, 그림자 경제를 형성하는 것이었다. 또한 고르바쵸프의 경제 개혁이 실시되던 시기는 경제 관료들의 부패가 극에 달한 시기였는데 과거 지령성 계획을 통해 경제를 통제하던 시기에는 권력으로 사적 이익을 도모하는 것이 한계가 있었고, 소소한 선물, 뇌물, 써비스 등의 획득에 그쳤지만 고르바쵸프 개혁 이후에는 시장이 형성됨으로써 거액의 뇌물을 받거나 횡령해도 그 재산을 쉽게 유통시키고 합법화시킬 수 있었다.[11]

국유 기업 사유화의 세 번째 단계는 1990년 3월의 "소유제법" 제정 이후부터 1991년 6월 "사유화법" 제정까지의 시기이다. "소유제법"은 다양한 소유제를 인정하면서, 특히 생산 수단이 개인 소유의 대상이 됨을 명시하여 자본가계급이 쏘련 사회에서 합법적으로 존재할 수 있는 길을 열었다. 그에 따라 "소유제법" 제정 이후 사유화의 규모가 크게 확대되었다. 특히 국가 기구인 관료들이 권력으로써 사유화를 한다고 하여 '국가가 국가를 사유화한다'는 말이 유행하기도 했는데, 이것의 사례로는 국가 기관인 부(部)가 통째로 사적 기업인 콘쩨른으로 전환된 것이 있다. 1990년-91년 기간에 중앙의 20개의 부가 폐지되고 그 기초 위에 연합체, 주식회사, 콘쩨른이 설립되었다. 예를 들면 야금 공업부가 폐지되고, 그것이 서방의 지주회사와 같은 지주주식회사로 전환되었다. 이와 같은 지주회사 혹은 콘쩨른은 부의 산하 국유 기업을 사유화 기업으로 전환시키면서 부의 수장이 콘쩨른의 최대 주주가 되는 것이었다. 이것은 그야말로 국가 기구 자체가

---

11) 黃立茀, ≪苏联社会阶层与苏联剧变研究(쏘련 사회 계층과 쏘련 급변 연구)≫, 社会科学文献出版社, 2006, pp. 399-400.

권력으로써 국가 기구 자체를 사유화하는 것이었다. 이외에도 이 시기에 사유화는 그 영역이 광범해졌는데, 경공업, 지방 공업, 소매 상업, 공공 음식업, 생활 써비스 영역의 국유 기업이 매매, 임대 계약을 통해 해당 노동 집단에 이전되었는데 사실상은 개인에게 넘어간 것이었다. 이외에도 주식제를 통한 사유화, 관리자에 의한 사유화 등 다양한 방식으로 사유화가 전개되었다.12)

국유 기업 사유화의 네 번째 단계는 "사유화법"이 제정된 1991년 7월 1일부터 쏘련이 공식적으로 해체되던 1991년 말까지의 시기이다. 이 시기는 "광적인" 자연 발생적 사유화13)의 시기라고 불리며 합법, 불법을 가리지 않고 전 인민의 재산인 국유 기업들이 경제 관료와 기업 경영층, 그리고 지하 경제의 자본가들에 의해 뜯기고 탈취당하던 시기이다. 이 시기에 옐찐이 이끄는 러시아 공화국은 연방의 "사유화법"과 다른 독자적인 "사유화법"을 제정했는데, 독특한 점은 매 개인에게 7,000루블을 지급하여 사유화되는 기업의 주식을 구입하도록 하는 방식을 취했다는 점이다. 이것은 "사유화법"이 인민의 민심을 얻지 못해 인민을 기만하는 방법을 취할 수밖에 없었다는 것을 말해 준다. 즉, 모든 개인이 사유화 과정을 승인하고 동참한다는 형식을 갖추기 위해 7,000루블을 지급한 것이다. 그러나 실제로는 국유 재산이 관료와 그림자 경제의 자본가들에게 귀속되어 인민은 무산자로 전락한 것이었다. 인민은 자신의 주식 대부분을 매도했고 그 주식은 기업의 새로운 주인에게 집중되었다.14) 더구나 이 시기는 통화 팽창으로 인플레이션이 급격하게 일어나던 시기15)로서, 인민들이 실

---

12) 같은 책, pp. 522-523.
13) 같은 책, p. 524.
14) 같은 책, pp. 576-578.
15) 陸南泉, 앞의 책, p. 632. 1991년의 소비재 물가 상승률은 101.2%였다.

제로 얻은 이익은 미미한 것이었고, 대신에 전 인민 소유의 수많은 국유 기업의 자산을 상실하고 무산 프롤레타리아로, 피고용의 임금 노동자로 전락한 것이었다.

쏘비에트 연방이 해체되고 옐찐이 러시아 공화국의 대통령으로서 추진한 사유화는 몇 가지 단계로 나누어 볼 수 있다. 이 시기는 은폐된 사유화가 아니라 공개된 사유화로서, 공산당의 해체, 쏘비에트 연방의 해체라는 조건에서 옐찐이 거리낌 없이 국유 기업의 사유화를 진행하고 러시아에 광범한 자본가계급을 창출한 시기였다.

옐찐이 쏘련 해체 후 진행한 국유 기업 사유화는 크게 3단계로 나뉜다. 첫 번째 단계가 증권에 의한 사유화 단계이고, 두 번째 단계가 현금에 의한 국유 기업 사유화이며 이로써 국유 기업 사유화는 일단락된다. 그리고 세 번째 단계는 대규모 사유화가 아니라 개별적, 선택적 사유화 단계이다.

그러면 먼저 첫 번째의 증권에 의한 사유화 단계부터 살펴보자. 증권에 의한 대기업의 사유화가 본격 시작되기 전에 옐찐은 우선 소기업을 사유화시켰다. 1992년 1월 1일 고정 자산 100만 루블 이하, 종업원 200인 이하의 기업을 사유화했는데, 그 방식은 i) 공개적인 경매, ii) 임대, iii) 판매의 3가지였다. 소기업의 사유화는 2-3년 내에 완료되었고 1994년 러시아의 소매 유통액 중 85%가 비국유였다.

증권에 의한 대기업의 사유화는 1992년 7월부터 1994년 6월까지 이어졌다. 이 사유화는 모든 공민에게 성별, 나이, 민족의 구분 없이 액면가 1만 루블의 사유화 증권을 발행하여 제공하는 것이었다. 사유

그리고 인플레이션은 이후 기하급수적으로 증가했는데, 1994년에는 인플레이션이 1991년의 83,200배로 증가되어 쏘련 인민의 저축액을 사실상 '0'으로 만들었다.

화 증권 소지자는 그 증권으로 해당 기업의 주식을 구입하거나 아니면 사유화 증권을 경매하거나 판매할 수 있었다.16) 당시 이 사유화 증권의 가치는 암시장 시세로 150달러 정도였으며 4개월 치 임금에 상당하는 것이었다. 그러나 통화 팽창으로 이 가치는 지속적으로 저하되어 처음에는 소형 자동차 1대의 가치였다가 이어서 맥주 1박스의 가치로, 나중에는 보드카 1병의 가치인 5달러 상당으로 축소되었다.17) 즉, 쏘련 인민은 보드카 한 병에 사회주의 인민으로서 향유하던 수많은 전 인민 소유의 국유 기업들을 사적 자본가에 팔아넘기고 피고용 임금 노동자로 전락한 것이었다. 이는 대단히 기만적인 과정인데 옐찐이 이러한 과정을 취한 것은 사유화에 정당성의 형식을 부여하기 위한 것으로서, 사유화 과정의 반동성을 은폐하고 사유화에 민주주의의 옷을 입히려는 술책에 지나지 않았다. 그리고 이러한 과정을 통하여 사유화 증권 대부분은 헐값으로 기업가와 투기꾼들에게 집중되어 이들이 폭리를 취하는 수단이 되었다.

옐찐 하에서 국유 기업 사유화의 제2 단계는 화폐를 통한 사유화였다. 이 단계는 1994년 7월 1일부터 1996년 말까지에 걸친다. 이는 시장 가격에 의한 국유 자산 매각으로서 기업이 점유하는 토지를 포함하는 매각이었다. 그러나 이 과정은 소수 자본가에 의한 국유 재산 탈취의 적나라한 과정이기도 했는데, 예를 들면 이 단계에서 저당물이 되었던 기업에 대한 경매가 실시되었는데 경매 절차는 투명성을 상실하여서 내부자 간 거래를 포장하는 것에 지나지 않았고, 해당 국유 기업에 관련된 관료 혹은 경영층, 사적 자본가들이 헐값으로 폭리를 취하는 과정이었다.18)

---

16) 같은 책, p. 695.
17) 같은 책, p. 711.

이러한 과정을 거쳐 국유 기업 사유화는 1996년에 기본적으로 완료되었고 사유화된 기업은 GDP의 70%를 점하게 되었다. 이후 사유화의 3단계는 대규모의 사유화가 일단락된 상태에서 개별적, 선택적 사유화의 방식으로 진행되었다. 그리고 전략적 산업 부문과 기업은 국유 기업으로 유지되기도 했다.

이러한 사유화 과정은 러시아에서 신흥 자본가계급을 창출하는 과정이었다. 벼락부자가 된 이들 자본가계급의 출신은 i) 이전의 특권층(노멘끌라뚜라)과 그들의 자녀들, ii) 그림자 경제의 사장들, iii) 부분적인 임차인과 청부생산자들이었다.[19] 그런데 자본가계급 중 대자본가들은 대부분 관료 출신들이었다. 즉, 1993년 대기업가의 61%가 관료 출신이었고 39%는 본인이 관료는 아니었지만 대부분 관료 집안 출신이었다.[20] 이러한 사실은 쏘련의 해체라는 역사적 반동의 주역이 바로 쏘련 관료들이었다는 것을 말하는 것이다. 이는 흐루쇼프 수정주의의 등장이 당 관료들에 의한 반동에 기초하며 프롤레타리아 독재의 부정(쓰딸린에 대한 탄핵)을 핵심으로 한다는 사실, 또 흐루쇼프와 브레쥐네프의 전 인민 국가론은 관료주의 체제를 정당화하는 관료주의 이데올로기였다는 사실과 맥을 같이하는 것이다. 그리고 이러한 대기업가 중 은행 자본과 공업 자본의 융합에 의한 금융 자본 그룹들이 생겨났는데, 그중에서 7대 금융 자본 그룹이 러시아 경제의 절반을 장악하고 있고, 그중에 4개 그룹의 지배자는 쏘련 당시의 관료 출신이었다.[21]

한 가지 특이한 것은 쏘련 해체 이후 집단 농장과 국영 농장의 추

---

18) 같은 책, p. 700.
19) 같은 책, p. 716.
20) 黃立茀, 앞의 책, p. 420.
21) 같은 책, p. 417.

이인데, 쏘련 해체 후에 공업과 상업, 은행 등에서는 거침없는 사유화의 과정이 이루어졌지만 농업에서는 집단적 경영 형태가 일정하게 유지되었다는 점이다. 즉, 1999년 당시 사적인 개인 농장은 식량 생산의 7.1%, 축산업에서는 암소 1.9%, 돼지 2.2% 보유에 지나지 않았고 전체 농업 생산에서는 2.5%의 생산고를 차지하는 것에 지나지 않았다.22) 이는 집단 농장과 국영 농장의 대부분이 집단적 경영 형태를 유지하고 있었다는 것을 의미하는데, 토지를 세분화하는 것의 어려움, 그리고 쏘련에서 수십 년간 이어져 온, 대량의 기계에 의한 집단적 생산의 장점을 쉽게 폐기하기 어려웠다는 점 때문이며, 농민들 또한 이 점을 인식하고 있었다는 것을 의미한다. 그러나 농업과 농민을 사적 개인농 경영으로 전환하려는 옐찐의 정책은 실패했지만, 2002년 6월 26일 "러시아 연방 농업용지 유통법"이 제정되어 농업용 토지의 거래가 자유화되어, 여전히 남아 있던 집단적 농업을 해체하는 요소로 작용하고 있다.23)

이러한 사회주의 생산관계의 해체의 과정은, 전 인민 소유의 국유 기업이 쏘련 당시의 경제 관료들, 기업 경영층, 그리고 그림자 경제의 자본가들에 의해 탈취되고 약탈당하는 과정이었고, 이 과정을 고르바쵸프, 옐찐은 법으로 보장하였다. 그리고 그 결과는 자본가계급의 착취에서 해방되어, 생산 수단 앞의 평등을 이루었던 쏘련의 노동자계급과 인민이 다시 피착취 임금 노동자로, 피고용자로 전락되었다는 사실이다. 여기서 한 가지 주목되는 것은 사회주의 사회에서 국유의 성질이다. 자본주의 사회에도 국유 기업은 존재한다. 그러나 자본주의에서 국유는 자본주의 국가의 배타적 소유를 의미하며 자본주의

---

22) 陆南泉, 앞의 책, p. 720.
23) 같은 책, p. 765.

사회의 인민, 시민, 국민은 국가의 그러한 배타적 소유를 침해할 수 없다. 즉, 자본주의 사회에서 국유 기업은 전 인민 소유가 아니라 국가 조직의 소유이다. 그러나 사회주의 사회에서 국유는 사회주의 국가 자체의 배타적 소유가 아니라 전 인민 소유이다. 즉, 전체 인민이 생산 수단 앞에서 평등을 누리고 그 과실을 향유하는 소유이다. 그런 점에서 사회주의 사회에서 국유의 형식을 띠는 전 인민 소유는 소유를 지양하는 소유 형태이다. 즉, 소유권이라는 제도, 개념, 가치가 지양되는 공산주의 사회로 이행하는 과도적 형태의 소유이다. 그리고 농업에서 생산력이 발전되어 농업의 집단적, 협동조합적 소유가 공업과 같이 전 인민 소유로 발전하면, 상품-화폐 관계가 소멸하면서 소유 자체가 소멸하는 높은 단계의 공산주의로 진입하게 되는 것이다.

쏘비에트 연방의 해체, 그리고 그 결과로서 사회주의 생산관계의 해체의 과정은 많은 교훈을 우리에게 던지고 있다. 그중에서 몇 가지 교훈을 짚어 보면 다음과 같다. 첫째, 사회주의 사회는 공산주의의 낮은 단계로서 상품-화폐 관계가 존재하는 사회이다. 즉, 사회주의 혁명 후에 자본-임금 노동의 착취 관계는 가능한 한 즉각적으로 폐지되는 것이지만, 상품-화폐 관계는 사회주의 사회의 생산력의 한계로 인해 즉각적으로 폐지될 수 있는 성질의 것이 아니다. 다시 말하면 생산력의 한계로 인하여 사회주의 사회의 모든 생산물이 즉각적으로 상품으로서의 성질을 탈각할 수는 없으며, 그에 따라 화폐 또한 존재하게 되는 것이다. 그런데 쏘련의 역사를 보면 잔존하는 상품-화폐 관계가 자본주의 복고의 가능성을 키우는 요소로 작동한다는 점을 알 수 있다. 화폐, 돈은 상품의 등가물로서 무엇이든지, 상품이 되는 것을 구매할 수 있는 힘으로 작용하며, 또 생산력의 한계로 인해 존재하는 노동자계급 내부의 임금(보수)의 차이, 그리고 노동자계급과 농민의 수입의 차이로 인해 사회주의 사회에서도 화폐는 강력한 작용을 하며, 그로 인해 소유자적 태도, 관습, 사고방식을 쉽게 극복할 수 없는 것이다. 따라서 자본주의 복고의 가능성을 줄이고 극복하기 위해서는 좌익 공산주의자들과 같이 화폐를 즉각적으로 폐지하는 것이 아니라, 가능한 한 생산력을 급속히 높여서, 특히 농업의 생산력을 급속히 높여서 상품-화폐 관계의 소멸의 조건을 확보하는 노력과 투쟁이 중요하다. 그리하여 생산력 발전에 기초하여 농업의 집단적, 협동조합적 생산관계가 공업과 같이 전 인민 소유로 발전할 때 상품-화폐 관계는 사라질 수 있을 것이며 더불어 자본주의의 복고 가능성 또한 사라질 것이다.

둘째, 쏘련에서의 반혁명, 사회주의 생산관계의 해체는 전 인민 소유의 국유 기업을 유지하고 발전시키기 위해서는 반드시 강력한 프롤레타리아 독재 국가가 유지, 발전되어야 한다는 것을 보여 준다. 쏘련에서 쓰딸린 탄핵에 의해 프롤레타리아 독재가 부정되고 그것이 전 인민 국가로 변형되어 관료주의 체제가 성장하자, 사회주의 경제는 균열되기 시작하였고, 그 관료들은 사회주의 생산관계를 의식적으로 해체하고 국유 기업을 약탈하여 사적 자본주의적 착취를 부활시키는 주역이 되었다. 또한 쏘련에서 사회주의 생산관계의 해체는, 사회주의 계획 경제의 핵은 전문적인 기술의 문제가 아니라 사회주의적 의식성과 계획성이라는 것을 보여 준다. 그리고 이는 그러한 의식성과 계획성을 담보하는 조직을 필요로 하는데, 그것은 다름 아니라 사회주의 건설을 선두에서 이끌어 나가는 노동자계급의 사회주의 전위당이다. 노동자계급의 전위당이 사상에 기초한 노선을 굳건히 정립하여 국가 기구를 정확히 지도해 간다면, 사회주의 계획 경제는 흔들림 없이 발전할 수 있다는 것을 쏘련의 역사는 보여 주고 있다. 쓰딸린 시기 계획 경제의 위력적인 성과, 즉 나라 전체의 생산력의 급속한 성장, 제 부문과 영역의 균형 있는 발전, 노동자 임금의 급속한 증가와 물가의 지속적 하락 등을 향후 21세기의 조건에서 더욱더 높은 수준으로 구현하는 것이 가능하다는 것을, 쏘련의 사회주의 생산관계의 해체 과정은 역으로 우리에게 보여 주고 있다. 사실 21세기의 사회주의 건설의 물질적 조건은 쓰딸린 시기와 비교할 수 없을 정도로 높은 수준이기 때문에, 21세기의 새로운 사회주의 혁명의 승리를 이끌어 낸다면 사회주의 건설, 계획 경제의 발전은 쓰딸린 시기보다 훨씬 용이할 것이다.

셋째, 쏘련에서 사회주의 생산관계의 해체는 사회주의 사회에서도 국가가 존재하는 한 여전히 존재할 수밖에 없는 관료들의 관료주의를 극복하는 문제를 우리에게 던지고 있다. 레닌은 10월 혁명 후에 사회주의 건설을 시작하면서 관료주의 문제를 평가한 바가 있는데, 관료주의의 극복은 단기간의 정치적 혁명의 방식으로 이루어질 수 없다고 진단했었다. 즉, 인민 스스로의 행정 참여 능력이 발전하고 사회 전체의 문화적 수준이 높아지면서 관료주의는 서서히 극복될 수 있을 것이라고 예상했었다. 그러나 쏘련의 역사는 사회주의 계획 경제가 발전하면서 경제 규모가 거대해지고 또 국가 기구가 팽창하면서 관료층이 비대해지면서, 이들이 사회의 혁명적 발전, 사회주의 건설의 방향을 왜곡한다는 점을 보여 주고 있다. 그런데 이러한 관료주의의 대두에 대해 대응하는 것은 사회주의 생산관계를 확립한 후에 프롤레타리아 민주주의를 가능한 한 광범하고 급속히 발전시키는 것 이외에는 답이 없다. 따라서 이를 위해, 관료에 대한 인민의 선출, 소환, 파면권을 광범위하게 실시하고, 특히 쏘비에트 혹은 인민대표자 **대회**를 부르주아 의회적인 지역구 중심으로 선출하는 것이 아니라, 공장, 집단 농장 등 생산 단위를 기준으로 경쟁 선거를 통해 선출하여 국가 기구의 프롤레타리아적 성격을 유지하고 강화시키는 것이 필요하다. 또한 노동자계급의 전위당은 사상에 기초한 노선을 정립해 가면서, 매 시기, 매 단계에 맞는 사회주의 건설 전략을 발전시키고 스스로는 당의 프롤레타리아적 성격을 유지, 강화하려는 노력을 수행하고 그것을 위한 조건을 확보해 가야 한다. 왜냐하면 사회주의 건설 전략과 노선의 과학성을 보증하는 것은 당의 프롤레타리아적 성격이기 때문이다. 이렇듯 쏘련의 역사는 당의 관료주의화를 저지하고 당의 프롤레타리아적 성격을 유지, 강화하는 것이 사회주의 건설의 성패를 좌우하는 결정적 요소라는 것을 보여 준다. 그리고 당과 국가의 프롤레타리아적 성격을 유지, 강화하는 것은 일국적 차원에서는 한계가 있기 때문에, 전 세계 노동자계급과의 연대를 강화하고 제국주의 진영에 맞서는 공동 전선을 형성하는 것을 통해 프롤레타리아 국제주의를 발전시키는 것이 사회주의 건설의 필수 불가결한 조건이 될 것이다.

제8장
쏘련의 농업 문제와 농업 정책

쏘련의 해체라는 관점에서 쏘련의 사회주의 건설을 평가할 때 농업은 사회주의 건설에서 약한 고리였다. 물론 쏘련 역사 전체에 걸쳐서 농업이 약한 고리는 아니었지만, 흐루쇼프, 브레쥐네프를 거치며 쏘련의 농업은 심각한 문제를 노정하고 정체하였으며 쏘련 경제 전체의 경제 성장률을 갉아먹고 쏘련 경제를 균열시키는 데 일정한 역할을 하였다.

브레쥐네프 시기 쏘련의 농업에 대한 투자는 미국을 4배 넘게 초과하고 있었지만, 그러한 막대한 투자에도 불구하고 쏘련의 농업 생산성은 1976-1980년에 미국의 20-25%에 지나지 않았다. 이에 대해 반공주의자들은 '계획 경제 자체가 문제다'라고 주장하지만 필자의 견해로는 계획 경제 자체의 문제라기보다는 쏘련에서 수정주의적 경제 개혁에 따른 농업에서의 계획의 균열 그리고 또 농업의 발전을 농업의 공업화로 파악한 쏘련의 농업 정책의 한계와 오류로 보는 것이 적절할 것이다. 그리고 쏘련의 농업은 이러한 한계와 오류가 있었지만 미래 사회주의 건설에 대해 많은 영감을 주는 성과를 이룩하기도 했다. 예를 들면 국영 농장, 집단 농장의 사회주의 생산관계에 기초하여 농업과 공업이 융합하는 농공복합체가 1950년대 이후 광범하게 출현하였는데, 이러한 농공복합체는 농업 발전의 미래상을 보여 줄 뿐만 아니라 사회주의 건설 과정에서 사회의 기초 단위로 농공복합체가 기본이 되는 꼬뮌이 형성되어 갈 것임을 보여 주는 것이다.

약 70년에 걸친 쏘련의 농업사는 각각의 시기마다 성격이 판이하다. 이는 사회주의 건설 자체가 혁명의 과정이라는 점에서 그러하고, 또 쏘련에서 쓰딸린 사후 흐루쇼프 수정주의가 발생하여 이전의 혁명적 노선을 전복하고 수정주의적 노선을 실행함에 따라 농업에서도 그 영향을 받을 수밖에 없었기 때문이다. 따라서 쏘련의 농업을 고찰함에 있어서 일정하게 단계를 나누는 것이 불가피한데, 크게 보면 혁명적 노선이 관철되는 시기와 수정주의적 노선이 관철되는 시기로 나눌 수 있을 것이다.

1. 10월 혁명과 혁명적 농업 정책

10월 혁명이 승리한 다음 날, 전 러시아 쏘비에트 2차 대표자 대회는 레닌이 기초한 토지법령을 통과시켰다. 그 내용은 모든 토지를 국유화하고 지주의 토지를 몰수하고 농민들에게 무상으로 토지를 사용하도록 하는 것이었다. 농민들에게는 토지를 평균적으로 분배했는데, 토지의 평균적 분배는 그 자체로는 사회주의적인 정책은 아니었다. 이에 대해 레닌은 다음과 같이 말한 바 있다. "'정권을 노농정부의 수중에 장악하면,' 그리고 가장 중요한 혁명적인 경제 조치를 실행하면, "토지의 평균적 사용 등의 방법은 절대로 사회주의에 해가 되지 않고", 이러한 조건하에서 토지의 평균적 사용은 "완전한 사회주의에 도달하는 일종의 과도적 방법이 된다.""[1] 이러한 레닌의 견해는 토지의 평균적 분배라는 사회혁명당의 강령의 채용이 그 자체로는 소부르주아적인 것이지만, 프롤레타리아 독재가 견지된다면 그러한 평균적 분배로 인하여 노동자계급과 농민의 동맹이 강화될 것이며, 나아가 농민들을 집단적 생산이라는 사회주의적 생산관계로 점차 이행시켜 갈 수 있는 토대가 된다는 것을 의미하였다.

이러한 토지 혁명은 크게 보면 부르주아 민주주의적 단계와 사회주의적 단계로 나뉜다. 즉, 1917년 10월 혁명부터 1918년 말까지의 단계는 민주주의적 단계로서 반(反)봉건적 성질을 지니며, 토지의 지주 소유제를 소멸시키는 데 중점을 두는 단계였다. 그리고 1918년 여름, 가을부터 사회주의적 단계가 시작하는데, 이 시기는 부농의 부분적 수탈, 즉 평균 이상의 토지를 소유하고 또 이전 단계의 토지혁명에서 많은 토지를 차지했던 부농의 토지의 일부를 몰수하여 토지가 없거나 적은 농민들에게 분배하는 단계였다. 이 과정에서 부농의 토지 중 62.5%가 몰수되었고 이로써 계급으로서 부농은 그 수가 크게 감소하였다.

이러한 토지 혁명은 지주 소유의 토지를 몰수하고 토지의 국유화를 이룩했지만 그 자체로 사회주의 생산관계의 성립을 의미하는 것은 아니었다. 즉, 농업에서 사회주의 생산관계를 성립시키려면 토지의 국유화만으로는 부족하고 반드시 생산의 영역에서 공동 경작이 시행되어야 했다. 그러나 10월 혁명 직후에 농업에서 공동 경작은 일정에 올라 있지 않았고, 공업과 상업, 운수에서는 사적 소유의 폐지를 통한 사회주의 생산관계의 수립이 급속하게 이루어졌지만, 농업

---

1) 苏联科学院经济研究所 编, ≪苏联社会主义经济史(쏘련 사회주의 경제사)≫ 第一卷, 北京: 生活·读书·新知三联出版, 1979, p. 84.

에서 사회주의 생산관계의 수립은 아직은 먼 미래의 일이었다. 그럼에도 불구하고 토지 국유화는 중대한 진보적 조치였는데, 왜냐하면 토지 국유화로 인하여 절대지대가 소멸하여 지대가 소멸한 만큼 농산물의 가격 인하가 가능하게 되어, 생산력의 발전을 촉진할 수 있었기 때문이었다. 그리고 차액지대는 토지 국유화에도 불구하고 존재할 수밖에 없었는데, 토지의 비옥도, 교통 여건의 차이에 따른 차액지대는 국가가 세금으로 거두거나 지역별로 농산물 수매가에 차등을 두는 방식으로 쏘비에트 국가에 귀속되게 되었다.[2]

이 시기에 토지 혁명과 더불어 농업 정책의 핵심은 제국주의의 간섭과 내전의 발발로 인한 식량 조달의 문제였다. 쏘비에트 국가는 식량 거래를 국가가 독점하고 식량에 대한 투기 세력과 단호한 투쟁을 하였다. 쏘비에트 국가의 식량 정책은 초기에는 곡물을 공업의 제품과 상품 교환의 형식으로 조달하는 것이었다. 이를 위해 쏘비에트 국가는 내전 중임에도 불구하고 농촌의 곡물과 교환할 공업 제품의 생산에 전력을 다하였다. 그러나 내전이 확대되고 전선의 상황이 악화됨에 따라 쏘비에트 정부는 1919년 1월에 잉여식량 징발제로 이행하였다. 잉여식량 징발제는 부농, 중농 등 자신이 먹고살 만한 양을 넘어서는 잉여식량을 가진 농민들에게 통화 팽창으로 인하여 그 가치가 크게 떨어지고 있던 화폐와 강제로 교환하는 것이었다. 이는 사실상 농민들에게서 무상으로 일체의 잉여식량을 징발하는 것이었다. 이에 대해 레닌은 잉여식량 징발은 농민들이 노동자계급에게 무상으로 식량을 대여하는 것이라고 말한 바 있었다. 즉, 농민은 자신들에게 토지를 가져다주었던 쏘비에트 정권을 지키기 위해 무상으로 잉여식량을 노동자계급과 병사들에게 제공한 것이었다. 잉여식량 징발제의

---

2) 같은 책, p. 82.

이러한 계급적 성격은, 내전에서 백위군이 자신들의 점령지에서 토지 소유를 토지 혁명 이전으로 원상 복귀시키는 것을 농민들이 목도하면서 현실화되었다. 즉, 백위군의 정책이 농민들, 특히 중농들로 하여금 쏘비에트 정권을 지지하게끔 만든 것이었다. 그리하여 농민들은 한편으로 노동자계급에게 식량을 제공하고 다른 한편으로 자신들의 토지를 지키기 위해 병사로서 내전에 참가하여 백위군에게 맞섰던 것이다. 이 과정에서 볼쉐비끼 당은 중농에 대해 '중립화시킨다'는 정책에서 전환하여 중농과의 동맹 정책으로 나아갔는데, 이는 내전의 과정에서 중농들이 토지를 지키기 위해 쏘비에트 정권의 지지로 전환한 것을 기초로 한 것이었다.

　잉여식량 징발의 과정은 일정하게 강제성을 띤 것이었다. 1918년 12월부터 쏘비에트 정권은 모쓰끄바, 뻬뜨로그라드 등의 공업 지구에서 노동자 약 8만 명을 식량 징발대로 조직하여 농촌에 파견하였다. 이 과정에서 부농들은 격렬하게 저항했는데 수백 명의 노동자가 부농에게 살해되기도 했다. 이러한 과정을 거쳐 식량을 조달한 쏘비에트 정권은 도시의 노동자와 전선의 병사들에게 식량을 배급했는데, 노동자가 배급받는 식량은 필요로 되는 식량의 절반 정도였고 나머지 절반은 암시장으로부터 구매해야 했는데 암시장의 식량 가격은 배급 가격의 9배가 넘는 것이었다.

　한편, 토지 혁명의 과정에서 1918년 여름부터 농촌에 빈농위원회가 건립되기 시작했다. 빈농위원회는 부농에게서 평균 이상의 토지를 몰수하고 또 잉여식량 징발에서 노동자와 연합하여 활동했는데, 빈농위원회의 성립은 농촌에서의 혁명이 부르주아 민주주의 단계를 지나 사회주의적 단계로 진입한다는 것을 의미하였다. 그리하여 빈농위원회가 농촌 곳곳에서 성립한 이후 빈농들이 연합한 집단 농장이 크게 증가하였는데 1918년 6월 202개였던 집단 농장이 1918년 말이면

1501개로 늘어났고 1920년에는 1만 500개로 증가하였는데 전체 농가의 0.5% 정도였다. 그러나 이때의 집단 농장은 규모도 작았고 또 농기구에서 트랙터 등 농기계를 기초로 한 것이 아니라 수공업적 도구에 기초한 것이었다. 따라서 이때의 집단 농장은 현실적인 경제적 역할을 했다기보다는 상징적인 것이었고 모범적인 선전의 기지로 역할한 것이었는데, 장차 발전할 농업에서의 사회주의적 생산관계의 맹아였다고 할 수 있다.

이 시기 집단 농장은 아직은 맹아적 상태였기 때문에 집단 농장의 성격은 자연 발생적으로 여러 가지 형태를 띠었다. 1919년 당시, 생산에서 공동 경작할 뿐만 아니라 토지를 공동으로 소유하고 가축과 가금 그리고 주택과 식당까지 공동 소유하는 꼬뮌 형태가 집단 농장의 31.7%였다. 그리고 토지를 공동 소유하고 생산에서 공동 경작을 하지만 가축과 가금 그리고 주택을 개인 소유하는 아르쩰형(노동조합) 집단 농장이 58.3%를 차지했다. 그리고 토지를 개별 소유하고 단지 노동만 공동으로 하는 공동경작사가 10%를 차지했다.[3] 이렇게 집단 농장의 성격과 형태가 다양한 것은 역사성과 주체의 차이에 따른 것이었다. 무산의 노동자와 빈농의 경우 꼬뮌형을 선호하였고 다수의 농민은 아르쩰형을 선호하였다. 꼬뮌형을 선호한 노동자와 빈농의 경우 경작할 농기구와 역축이 부족하여 전면적 연합, 꼬뮌화를 통해 생산의 유지와 발전을 도모한 것이었다. 집단 농장의 이러한 다양한 형태는 1920년대 말까지 이어지다가 전면적 집단화 운동이 시작되면서 아르쩰형의 집단 농장이 보편적 형태로 채택되게 되었다.

그런데 이러한 집단 농장은 그 소유의 성격을 보면, 특히 아르쩰형의 경우 일종의 협동조합적 소유였다. 즉, 이러한 소유는 공업의 국

---

[3] 같은 책, p. 393.

유, 전 인민 소유와 달리 해당 집단의 배타적 소유였다. 따라서 이러한 협동조합적 소유는 그 자체로는 사회주의적 생산관계가 되는 것이 아니다. 왜냐하면 협동조합적 소유는 자본주의하에서는 자본주의에 봉사하는 것이 되기도 하기 때문이다. 따라서 이러한 협동조합적 소유가 사회주의적 생산관계가 되기 위해서는 반드시 프롤레타리아 국가와 긴밀한 연계를 맺어야 하고, 집단 농장의 생산관계에 대한 노동자 계급의 지지, 지원, 지도가 필수적이었다. 이에 대해 볼쉐비끼 당의 지도자 중의 한 명이었던 깔리닌은 다음과 같이 말한 바 있다. "만약 집단 농장이 국가의 지도하에 연합하지 않는다면, 그러면 완전히 독립된 꼬뮌과 노동조합은 사회주의적 성질을 상실하고, 꼬뮌의 성원과 집단 농장 농민은 점차 "보통의 소생산자로 변해 갈" 것이다."[4] 이러한 깔리닌의 지적은 당시 막 생성되고 있던 집단 농장 운동의 계급적 성격에 대한 정확한 묘사인데, 이 점은 이후 흐루쇼프 등에 의한 집단 농장과 국가의 관계의 약화에 대한 비판으로 작용하는 것이다.

2. 농업에서 사회주의 생산관계의 확립

내전이 종식되었던 1920년 무렵 쏘련의 경제 상태는 참혹한 것이었다. 1920년의 파종 면적은 1913년에 비해 7.4%가 줄어든 상태였다. 면화의 경우 파종 면적이 85.8%가 줄어들었다. 이러한 상황에서 혁명의 요새였던 끄론쉬따트 해군 기지에서 군사 반란이 일어나 '볼쉐비끼 당 없는 쏘비에트'를 요구하였다. 이는 군복을 입은 농민이 볼쉐비끼 당에 대해 반란을 일으킨 것이었고, 농민층 상당수가 볼쉐

---

4) 같은 책, p. 391.

비끼 당으로부터 이반하기 시작했다는 것을 가리키는 것이었다. 그리하여 레닌은 노동자계급과 농민의 동맹을 회복하기 위하여 농민의 불만이 높았던 잉여식량 징발제를 폐지하고 대신에 현물세로 전환하는 신경제 정책을 수립했다. 현물세는 잉여식량 징발제에 비해 농민으로부터 약 절반이 적은 곡물을 현물로 세금으로 징수하고 나머지 잉여곡물은 시장에 내다 팔 자유를 부여하는 것이었다. 이는 '거래'가 경제의 주요 수단이 된다는 것, 전시 공산주의하에서 사실상 폐지되었던 상품-화폐 관계가 사회주의 건설의 주요 매개가 된다는 것을 의미하였다. 그리하여 쏘련 경제는 점차 상품-화폐 관계에 기초한 계획 경제로 이행하게 되었다.

신경제 정책을 실시한 결과 농업은 서서히 회복되기 시작했다. 국가가 획득한 농산물이 1921/22년에 2.33억 푸드에서 1925/26년에 4.96억 푸드로 증가하였다. 그리고 공업 원료가 되는 면화는 27.5배가 증가했고 가죽은 0.9배가 증가했다. 그런데 농업의 회복은 빨랐던 반면에 공업의 회복은 속도가 느려 농산물의 낮은 가격에 비해 공산품의 높은 가격의 격차가 가위 모양으로 벌어지는 협상(鋏狀) 가격차가 발생했다. 이에 대해 볼쉐비끼 당은 1923년 농산품 가격의 인상과 공산품 가격의 인하를 결의하고 실행에 옮겼다. 그리하여 협상 가격차에 대한 농민들의 불만을 진정시키고 또한 공산품의 판매 위기를 넘기고 전후 경제의 회복을 지속할 수 있었다.

그리하여 1926년에 이르면 농업 생산이 전전(戰前)인 1913년에 비해 118%로 증가하고 1928년에는 124%로 증가하였다. 그러나 회복기 이후 농업 생산 성장률은 느려지기 시작했는데, 1926년에는 5.6% 성장, 1927년과 1928년에는 각각 2.5%를 기록하였다. 이러한 현상은 기후가 불리하고 부농 생산이 감소했다는 점 이외에, 농업이 근본적으로 사회·경제적, 기술적으로 낙후한 상태였다는 점에서 기인하는 것이었다. 즉, 소농 생산 체제, 소상품 경제 자체의 잠재력이 고갈되어 국가의 곡물 수요의 증대를 따라가지 못하는 것이었다.5) 그리하여 기계와 원자재를 수입하기 위해 필요한 곡물의 수출이 감소되었고 심지어 곡물을 일부 수입해야 하는 상황에까지 이르렀다. 또한 부농들이 잉여곡물을 국가에 판매하지 않는 곡물 파업의 결과 도시의 노동자는 굶주려야 하는 상황이 되었다. 이에 대해 볼쉐비끼 당은 농업의 전면적인 집단화를 결의하였고 1928년, 1929년에 이르면 농업 집단화를, 모범적인 선전 기지로 역할하는 것을 넘어 대중적 운동으로 전개하게 되었다.

농업 집단화의 대중적 전개는 1929년 말까지 순조롭게 진행되었다. 국영 농장을 중심으로 주변에 집단 농장들이 형성되어 갔고 또 국가와 농민이 파종을 예약제로 하는 것, 농산물 수매를 예약제로 하는 것 등을 통해 농촌에서 계획과 집단화의 기운이 높아져 갔고 집단 농장이 크게 증가하기 시작했다. 그러나 집단화가 이렇게 대중적으로 고조되고 성공을 거두자 볼쉐비끼 당은 1930년 초에 급격한 방향 전환을 했는데, 부농에 대한 제한, 배제 정책에서 계급으로서 부농의 소멸로의 전환을 결의했고, 또 1933년의 1차 5개년 계획의 말기까지 전체 파종 면적의 20%를 집단화한다는 계획을 변경하여 대부분의 농가와 농지를 1933년까지 집단화하는 것으로 전환했다. 이러한 결의 직후 농촌에서는 집단화율이 급격히 증가하여 전체 농가의 50%가 넘게 집단 농장에 가입했는데, 이러한 집단화의 급격한 고조는 실은 행정적 강제를 수반한 것이었다. 집단 농장에 가입하지 않으면 부농으로 간주하여 재산을 몰수하거나 선거권을 박탈하겠다는 위협 등이 있었고

---

5) 苏联科学院经济研究所 编, ≪苏联社会主义经济史(쏘련 사회주의 경제사)≫ 第三卷, p. 417.

또 서류상으로만 존재하는 집단 농장도 많았다. 이러한 상태에서 부농들은 중농들을 선동하여 소, 말 등의 가축 수천만 마리를 도살하고 집단 농장을 파괴하고 집단화 활동가를 살해하는 테러를 하기도 했다. 이렇게 상황이 악화해 가자 쓰딸린은 1930년 3월 2일 "성공에 현혹되어"라는 글을 ≪쁘라브다≫에 발표하여 각 지역의 특성을 무시하는 점, 행정적 강제가 자행된 점을 비판하고 집단 농장에서 탈퇴의 자유를 보장한다는 것을 밝혔다. 이 글이 발표된 이후 약 절반의 농민이 집단 농장에서 탈퇴했는데, 이후 볼쉐비끼 당과 집단화 활동가들은 집단화에서 자발성 원칙을 강조하며 서서히 집단화 운동을 회복시키고 발전시키기 시작했다. 그리하여 2차 5개년 계획 말기인 1937년에 이르면 99% 이상의 농민이 집단 농장으로 조직되었다.

쏘련에서 농업 집단화는 이렇게 농민의 자발성이 일정하게 침해된 상태에서 완료되게 되었고 이는 이후 쏘련의 농업이 일정 기간 어려움에 처하게 되는 요인이 되었다. 즉, 1932년, 1933년의 경우 농산물의 생산의 감소가 일정하게 있었는데 이는 집단화에서 자발성의 억압으로 인해 농민들의 노동 생산성이 떨어진 것이 주요 원인이었다고 볼 수 있다. 그러나 쏘비에트 국가는 집단 농장의 농민에 대한 정치적, 경제적, 물적 지원을 아끼지 않았고 집단 농장 운동은 이러한 쏘비에트 국가의 지원, 노동자계급의 지지와 연대 속에 서서히 생산량을 회복하고 발전의 길을 걸었다. 그리하여 1935년은 집단 농장 운동의 전환의 해로 불리었는데, 집단 농장의 체계가 정비되고 생산량이 현저히 증가하기 시작했다.

집단 농장이 자리를 잡으면서 국가와 집단 농장의 관계는 사회주의적인 것으로 발전했다. 기계·트랙터 기지(MTS)를 수천 개 농촌 곳곳에 설치하여 파종, 수확 등 농업 노동을 기계화하였는데, MTS는 농업과 농민에 대한 국가의 기술적 지원을 기초로, 농민들에 대해 쏘비에트 국가가 정치적 지도를 하는 고리가 되었다. 즉, 협동조합 관계인 집단 농장의 생산관계가 사회주의적 생산관계가 되는 주요 고리로서 MTS는 역할했던 것이다. 집단 농장의 농민들은 MTS의 기계, 기술 지원에 대해 수확 후 일정량의 곡물을 MTS의 노동에 대한 대가로 지불하였고 MTS가 획득하는 곡물은 국가가 곡물을 획득하는 주요 원천의 하나가 되었다.

이외에도 국가는 집단 농장의 수확물에 대해 일정량의 의무교부제를 실시하였다. 비교적 낮은 가격으로 농산물의 일정량을 국가에 의무적으로 납부하게 하는 것이었는데, 이는 세금의 성격과 지대 납부의 성격을 갖는 것이었다. 1938년의 경우 집단 농장은 총곡물 수확에서 약 15%를 의무교부로 국가에 납부하였다. 국가는 의무교부제의 성격을 갖는 곡물 이외에, 거래의 성격을 갖는 것으로서 비교적 높은 가격으로 집단 농장으로부터 곡물을 수매하였고 집단 농장은 이외의 농산물을 집단 농장 시장에서 자유롭게 판매할 수 있었다.

한편 국영 농장 또한 꾸준히 발전했는데, 1937년 3,992개에서 1941년 4,159개로 증가하였다. 국영 농장 1곳당 12,200ha의 농업 용지와 2,800ha의 파종 면적을 보유했으며, 24대의 트랙터, 592마리의 소, 459마리의 돼지, 1,420마리의 양을 보유하고 있었다. 이는 집단 농장에 비해 파종 면적은 4.6배, 소의 보유는 6배가 많은 것이었다.[6] 또한 국영 농장은 곡물 국영 농장, 축산 국영 농장 등의 협소한 전문화에서 변화하여 여러 부문을 가진 생산 단위, 유기적이고 종합적인 생산 단위로 발전했다.

이러한 집단화의 결과, 즉 농업에서 사회주의적 생산관계가 성립

---

6) 苏联科学院经济研究所 编, ≪苏联社会主义经济史(쏘련 사회주의 경제사)≫ 第五卷, p. 147.

한 것에 기초하여 농업 생산은 안정적으로 발전하기 시작했다. 1929-1933년까지의 1차 5개년 계획 기간에 농업 생산은 1909-1913년의 기간의 생산량보다 26% 초과하였고, 1933-1937년의 기간, 즉 2차 5개년 계획 기간에는 32% 초과하였고, 3차 5개년 계획 기간인 1938-1940년에는 54%가 초과하였다. 즉, 쏘련에서 농업은, 집단화의 결과, 10년 만에 짜르 시대보다 농업 생산량이 50% 넘게 증가한 것이었다. 그리고 농민의 자가소비 이외에 도시에 공급하는 상품성 농산물의 비중이 높아졌는데, 농업의 상품화율은 1913년에 30%, 1928-1932년 30%, 1933-1937년에 35%, 1938-1940년에 41%로 증가하여 도시와 공업에 대해 식량과 공업 원료의 안정적인 공급을 담보하게 되었다. 또한 농업의 질적 구성 요소가 일정하게 변화했는데, 파종 면적의 구성이 1913년에는 곡물 90.0%, 면화 등 기술작물 4.3%, 사료작물 2.0%이었지만, 1940년에는 파종 면적이 곡물 73.8%, 기술작물 8.1%, 사료작물 11.8%로 구성이 변화되었다.[7] 이러한 변화는 농업에서 식량 생산의 비중이 줄어들고 축산업의 비중이 증가하고 또 공업 원료로 쓰이는 작물들의 재배가 크게 증가했다는 것을 의미한다. 이는 한편으로 농업 생산력의 발전을 의미하고 다른 한편으로 농업의 질적 구성이 고도화되기 시작했다는 것을 의미했다. 실제로 1938-1940년의 곡물 생산의 증가는 파종 면적의 증가로 인한 것이 아니라 단위 면적당 생산량의 증가로 인한 것이었다.[8]

이러한 것이 2차 대전 전에 정점에 달했던 쏘련 농업의 생산력과 생산관계의 대략적인 상황이다. 그러나 2차 대전의 발발은 쏘련 농업의 순조로운 발전을 파괴했고 이후 쏘련 농업은 전후 5년까지 포함

---

7) 같은 책, p. 154.
8) 같은 책, p. 156.

하여 10년 동안 고난의 시기에 처하게 되었다. 독일군은 쏘련에 침입했을 때, 집단 농장 체제가 쉽사리 허물어질 것으로 예상했으나 상황은 정반대로 전개되었다. 쏘련은 후방에 해당하는 우랄과 시베리아, 카자흐스탄 등지에서 파종 면적을 늘렸고 또 서부 지역의 집단 농장과 국영 농장에서 트랙터, 말, 소 등을 후방으로 소개했다. 미처 소개하지 못한 집단 농장의 경우 트랙터를 분해하여 부품 상태로 은밀히 보관하여 트랙터 수만 대가 독일군에 징발되는 상황을 피할 수 있었다. 이외에도 독일군 점령지의 집단 농장은 '독일군에게 한 톨의 식량도 넘겨주지 말자!'는 슬로건하에 파업과 태업을 하였고 또 독일군을 피해 전선 너머의 쏘련군에게 보관하고 있던 식량을 공급하기도 했다. 무엇보다도 독일군 점령지의 60% 가까이가 쏘련 인민이 결성한 빨치산에 의해 사실상 통제되고 있어서 집단 농장의 농부들은 빨치산을 통해 독일군에 대한 적극적, 소극적 저항을 할 수 있었다. 독일군은 처음에는 점령지의 집단 농장을 유지하여 식량을 조달하려 했으나 이러한 목적이 실현되지 못하자, 1942년 2월 우크라이나와 기타 지역에서 집단 농장을 폐지하였다.

전쟁 동안에 쏘련의 농업은 곡창 지대가 독일군에게 점령됨에 따라 파종 면적이 크게 줄어들었고 또 트랙터 등 농기계가 전시 징발되고 남성 노동력이 전선에 징발됨에 따라 큰 어려움에 처했다. 그러나 여성과 청소년이 대거 노동에 참가하고 또 노인, 장애인까지 노동에 참가하여 생산력을 일정하게 유지할 수 있었다. 집단 농장에서 여성의 비중은 1940년에 56%였지만 1943년에는 73%로 높아졌다. 전선의 상황이 호전됨에 따라 농업에 대한 투자도 서서히 증가했는데, 1943년 47억 루블에서 1945년 92억 루블로 증가하였다. 그리하여 전쟁이 종식된 1945년 말 파종 면적은 1940년의 75.6% 수준이었고 곡물 생산은 49.5% 수준이었다.

전쟁이 끝나고 4차 5개년 계획이 실시되었을 때, 목표는 전후 복구를 완료하고 생산의 수준에서 전전 수준을 상당 수준 넘어서는 것이었다. 공업에서는 5개년 기간에 순조롭게 복구가 완료되고 또 전전 수준을 73% 초과하였지만, 농업은 상황이 그렇지 못하였다. 전후 농업은 1946년에 커다란 가뭄이 찾아왔고 또 농기계의 징발과 완전한 소모, 농업 노동력의 부족에 시달리고 있었다. 그리하여 1950년까지 트랙터 등 농기계의 생산과 보급에 전력을 다하여 대략 1940년 수준을 약간 넘는 트랙터를 보급할 수 있었고 1950년에는 1940년의 99% 정도의 농업 생산을 회복할 수 있었다. 즉, 전쟁은 쏘련의 농업에 10년의 희생을 강요한 것이었다. 그리고 무형의 손실도 막대한 것이었는데 1930년대 집단화 이후 농업 생산력의 순조로운 발전의 흐름과 템포를 상실하고 처음부터 다시 시작해야만 했다는 점이 그러하다. 그리하여 쏘련의 농업 생산이 전전 수준을 회복한 것은 1952년에 이르러서였다.

전후 복구에서 쏘련은 독일 파씨스트들에 의해 파괴된 집단 농장, 국영 농장을 복구하고 또 흐트러진 집단 농장 체제를 재정비하는 데 혼신의 노력을 기울였다. 집단 농장의 공유 토지를 개인 부속지로 돌려서 사적으로 유용하는 것을 바로잡고 집단 농장에 대한 행정적 규제를 줄이고 집단 농장 민주주의를 발전시키기 위한 노력이 경주되었다.

3. 흐루쇼프의 농업 정책

흐루쇼프 농업 정책에서 초기에 두드러진 것은 처녀지 개간 운동이었다. 경작 면적을 늘려서 쏘련이 당면한 농업 생산의 한계를 넘어서자는 것이었다. 이에 대해 몰로또프 등 상당수 당 지도부는 반대하고 집약 농법을 실시할 것을 주장했으나, 흐루쇼프는 쏘련은 집약 농법을 실시할 노동력과 자금이 부족하다는 것을 이유로 들면서 처녀지 개간 운동을 강행했다. 그리하여 카자흐스탄 등지에서 개간 운동이 대대적으로 벌어져 30% 이상의 경작 면적 증대를 이루기도 했고 개간지에서 재배하는 곡물이 쏘련 전체 곡물 생산의 40%를 차지하기도 했다. 그러나 개간지의 토질은 열악하여 몇 년이 지나자 생산량이 급감하고 또 모래 폭풍의 영향으로 수백만 헥타르의 농지가 사라지기도 했다. 그리하여 1950년대 말이 지나면 처녀지 개간 운동은 자취를 감추었다. 사실, 처녀지 개간 운동은 일정하게 타당한 면이 있다. 흐루쇼프 이전에도 휴경지, 목초지, 노는 땅을 개간하여 국영 농장을 설립하는 사업이 추진되기도 했다. 그러나 그 규모는 대대적인 것이 아니라 소규모적인 것이었고 점차적인 방식으로 추진되는 것이었다. 그러나 흐루쇼프는 처녀지 개간 운동에서 생태적인 요소에 대한 고려가 부족했고 자신의 권력의 지반을 강화하기 위한 일종의 정치적 운동으로 처녀지 개간을 밀어붙였다. 그리하여 1955-59년까지는 처녀지 개간으로 인해 농업 생산이 연평균 7.6%가 증가했지만 처녀지 개간의 문제점이 드러나기 시작한 1960-64년에는 농업 생산 증가율이 연평균 1.9%로 급감하였다.9)

이런 점을 평가해 보면 처녀지 개간 운동은 흐루쇼프와 같이 쏘련 농업 발전의 관건적 요소로 파악해서는 안 되며 주변 생태적 요소를 고려하여 점진적으로 추진했어야 했다. 그리고 쏘련 농업은 기계화, 전기화를 기초로 생태적 요소를 고려하는 집약적 농법으로 이행했어

---

9) 苏联科学院经济研究所 编, ≪苏联社会主义经济史(쏘련 사회주의 경제사)≫ 第七卷, 东方出版社, p. 425.

야 했다. 실제로 쏘련은 토지가 광대하고 또 기후가 지역마다 천양지차이어서 토질과 토양의 상태가 상이한 곳이 많았다. 따라서 기후 조건에 맞는 토양 개량 사업이 농업 생산력 발전에 주요한 것이었는데, 이는 상당한 자금의 투입을 요구하는 것이었다. 이에 대해 흐루쇼프는 반대의 입장을 가졌으나 경작 면적의 확대라는 조방적(粗放的) 방식은 한계가 명백한 것이었고, 농업 집단화를 통해 사회주의 생산관계가 성립한 이후에는 집약 농법으로 이행하는 것이 타당한 것이었다. 집약 농법으로의 이행은 첫째, 농업에서 자금 동원을 포함한 계획의 강화, 둘째, 농업에서 기술 수준의 향상을 위하여 농업 과학, 생태 과학을 발전시키는 것, 셋째, 프롤레타리아 국가와 집단 농장의 관계라는 생산관계의 고도화를 포함하는 것이다. 이러한 생산관계의 고도화는 MTS의 역할의 제고, 집단 농장 관리 체계의 발전, 집단 농장 민주주의의 강화를 의미하는 것이었다. 그러나 흐루쇼프는 농업 발전의 이러한 과학적 전망을 수립하고 발전시키는 것이 아니라 당장의 손쉬운 처녀지 개간 운동을 벌인 것인데, 이로 인하여 쏘련 농업은 발전의 전망이 흐려졌고 농업에서 노동 생산성 향상은 더디기만 했고, 흐루쇼프 후반기인 1960년대 초반 쏘련 농업은 위기 상태에 처하게 된 것이었다. 그리하여 1963년에는 대량의 곡물을 해외에서 수입해야만 했고 이를 위해 중앙은행의 금 보유를 동원하고 심지어 국방용 비축 곡물까지 풀어야만 하는 상태에 이르렀던 것이다. 흐루쇼프의 이러한 오류는 향후 21세기 사회주의 건설이 이루어진다면 농업에서 어떤 길을 걸어야 하는가에 대해 많은 시사점을 던진다.

　흐루쇼프는 농업 발전에 대한 과학적 전망을 수립하기보다는 농업에 대해 정치적으로 접근했다. 그리하여 그동안 쓰딸린 하에서 농산물 수매 가격이 생산 원가에 비해 낮았다고 주장하며 농산물의 수매 가격을 인상하는 조치를 취했다. 수매 가격의 인상으로 1953년에서

1960년까지 생산량은 0.6배 증가하였지만 농민들의 수입은 2배 이상 증가했다.[10] 이러한 가격 인상 조치는 일정하게 농민들의 생산 의욕을 증대시키고, 생산관계의 개선 차원에서 생산력 발전에 자극을 주는 것이었다. 그러나 이러한 가격 인상 조치는 농업 발전의 과학적 전망이 결여된 상태에서 이루어진 것이었고 임시적인 미봉책에 지나지 않았다. 따라서 농산물 생산 원가를 반영하는 가격 인상은 필요한 것이지만, 그보다 더 근본적인 것은, 농업 생산력을 발전시켜 농산물의 생산 원가를 낮추기 위한 근본적 조치들, 예를 들면 농기계 가격의 인하, 농업 비료 가격의 인하, 토양 개량, 농촌의 전기화의 빠른 완성 등이었으나 흐루쇼프는 이 점들에 대해 제대로 된 정책을 펴지 못했다. 그런 점에서 흐루쇼프의 농업 정책은 농업 생산력 발전이라는 근본적인 전망을 수립하는 길이 아니라 가장 손쉽고 피상적인 가격 정책을 통한 발전의 길을 추구한 것이었다.

농업의 발전에 대한 흐루쇼프의 과학을 결여한 정치적 접근은 집단 농장의 의무교부제의 폐지로도 드러났다. 흐루쇼프는 집단 농장 수확물의 상당량을 국가에 낮은 가격으로 의무적으로 교부하는 제도가 쓰딸린의 농민들에 대한 수탈의 성격을 갖는다고 주장하며 이를 폐지했다. 그러나 의무교부제는 쓰딸린 당시에 세금의 성격, 지대 납부의 성격을 갖는 것이었고 또 프롤레타리아 국가가 식량을 확보하는 유력한 수단이었다. 그리고 쏘비에트 국가는 집단 농장으로부터 세금의 성격으로 의부교부를 받지만, 그 반대급부를 보면 쏘비에트 국가의 농업에 대한 투자는 막대한 것이었고 이외에 농업과 농민에 대한 사회적, 물질적 지원도 상당한 것이었다. 따라서 의무교부제의

---

10) 苏联科学院经济研究所 编, ≪苏联社会主义经济史(쏘련 사회주의 경제사)≫ 第六卷, 东方出版社, p. 524.

성격을 왜곡하여 쓰딸린 비판의 쟁점으로 흐루쇼프가 악용한 것은 타당한 것이 아니었다. 따라서 2차 대전 이후에 생산력의 발전으로 의무교부제를 폐지하고 화폐를 통한 납세로 전환할 수는 있었지만, 프롤레타리아 국가와 집단 농장의 관계가 사회주의적 성격을 점차 상실하고 거래 관계로 변모하게 되는 점은 커다란 문제로 작용하는 것이었다. 왜냐하면 집단 농장이 사회주의적 생산관계로서 유지되고, 발전하기 위해서는 반드시 집단 농장과 프롤레타리아 국가의 관계가 강화되어야 했기 때문이었다.

이 점과 관련하여 특별히 짚어야 하는 것은 MTS의 폐지였다. 흐루쇼프는 1958년 MTS를 폐지하고 MTS의 농기계를 집단 농장에 매각하는 조치를 취했다. MTS의 트랙터 등 농기계의 집단 농장에 대한 매각은 원래 2-3년간에 걸쳐 점진적으로 이루어지는 것으로 계획되었으나 실제로는 1년도 안 되어 마무리되었고 농민들은 그 대금을 지급하느라 다른 긴급한 사업을 유보하는 상황까지 빚어졌다. 그리고 MTS는 농기계 수리점으로 전환될 예정이었으나 계획대로 실행되지 못하고 농민들은 트랙터 등 농기계의 수리에 골머리를 앓아야 했다. 사실 MTS의 폐지는 단지 기술적인 문제가 아니라 농업에서 생산관계의 변화의 문제였다. 왜냐하면 MTS는 협동조합 관계인 집단 농장이 사회주의적 생산관계의 성격을 갖기 위해 필요한, 프롤레타리아 국가와 집단 농장의 관계를 연결하고 강화하는 주요 고리였기 때문이었다. 그런데 흐루쇼프는 MTS와 집단 농장의 관계를 이렇게 상호 보완적으로 파악한 것이 아니라 상호 대립적인 것으로 파악했다. 즉, 토지에 MTS와 집단 농장이라는 2명의 주인이 있어서 갈등을 빚고 주인 의식이 결여되어 있어서 농업 발전이 더디다는 것이었다. 그리고 그동안 집단 농장의 규모가 커지고 또 생산력이 발전하여 집단 농장 스스로 농기계를 소유해도 문제가 될 것이 없다는 것이 또 하나의 이유였다.

그러나 이것은 두 가지 점에서 잘못된 것이었다. 집단 농장의 규모가 커지고 생산력이 발전했더라도 집단 농장은 여전히 협동조합적 소유관계였다. 따라서 집단 농장의 생산관계가 사회주의적 성격을 갖기 위해서는 반드시 프롤레타리아 국가와 집단 농장의 관계의 강화가 필요했고 이를 위한 유력한 고리가 되는 MTS는 강화되어야만 했던 것이다. 사실 MTS는 그동안 집단 농장에 대해 트랙터 등 기계적, 기술적 지원을 하고 집단 농장의 농업 기술 전반을 끌어올리는 역할을 했을 뿐만 아니라, 집단 농장의 사회주의적 성격을 강화하기 위해 프롤레타리아 국가가 농민들에게 정치적 지도를 수행하는 주요 고리였다. 따라서 이러한 성격을 갖는 MTS를 폐지하는 것은 프롤레타리아 국가와 집단 농장의 사회주의적 관계를 파괴하는 조치였다고 할 수 있다. 이에 따라 국가와 집단 농장의 관계는 사회주의적 성격이 약화되고 점차 거래 관계의 성격으로 변모하게 되었던 것이다. 이는 프롤레타리아 국가가 농업과 농민, 집단 농장에 대한 사회주의적 지지와 원조, 지원을 약화시킬 수 있는 상황이 되었다는 것을 의미했다. 둘째, MTS는 협동조합적 소유인 집단 농장의 생산관계가 공업과 같이 전 인민 소유로 발전하기 위한 유력한 조건이자 고리였다. 즉, 집단 농장의 생산력과 생산관계의 발전은 국유, 전 인민 소유인 MTS와의 협력 관계의 발전을 전제로 하는 것이었다. 따라서 MTS의 폐지는 집단 농장이 전 인민 소유로 발전하기 위한 전망을 상실하게 되었다는 것을 의미하며, 이는 쏘련 사회 전체의 사회주의 건설 전망을 약화시키는 것이었다. 그런 점에서 MTS의 폐지는 명백히 흐루쇼프의 수정주의적 노선의 관철이었다. 실제로 쓰딸린은 생전에 일부 경제학자의 MTS 기계의 집단 농장에 대한 매각 건의를 역사의 후퇴라고 하며 거부했던 적이 있었다. 이를 정리하면 MTS는 폐지되어야 하는 것이 아니라 집단 농장의 생산력 발전에 기초하여 집단 농장이 MTS

와 융합하는 것을 통해 전 인민 소유로 발전하는 전망의 조건이자 고리라고 할 수 있다.

이외에도 흐루쇼프는 농업 정책에서 오류가 많은데 예를 들면 집단 농장을 대대적으로 국영 농장으로 개조한 것이 그러하다. 1950년대 초반 트랙터 등 농기계의 성능의 향상에 기초하여 집단 농장을 합병하는 운동이 벌어져서 집단 농장의 수는 1950년 12.37만 개에서 1960년 4.49만 개로 줄어들었다. 그리고 집단 농장 중 선진적 농장은 생산력의 발전에 기초하여 점차적으로 국영 농장으로 개조되고 있었다. 그리하여 1954년, 55년 초 85개의 집단 농장이 국영 농장으로 개조되었고 1955년 말, 56년 초에는 62개의 집단 농장이 국영 농장으로 개조되었다. 그런데 흐루쇼프는 1957년-58년 사이에 무려 7,000개의 집단 농장을 국영 농장으로 개조하는 무리한 정책을 실시하였다.[11] 이는 집단 농장의 생산력의 발전에 기초하여 생산관계를 국영 농장으로 개조하는 것이 아니라 정치적 욕심에서 국영 농장 수를 무리하게 확대한 것이었다. 사회화 정도가 높을수록 선진적이라는 것은 맞는 것이지만, 그러한 사회화의 형식은 내용에 있어서 생산력의 발전을 담보해야 하는 것인데, 흐루쇼프는 이러한 기본적인 변증법적 인식이 결여되어 있었던 것이다. 이는 중국 고사(古事)에 한 농민이 벼를 빨리 자라게 하기 위해 벼를 뽑아 올려 벼의 키를 키운 결과 벼가 모두 말라 죽었다는 것(拔苗助長)을 생각나게 하는 것이다. 이와 같이 흐루쇼프는 농업 문제에서 내용의 실질에 접근하지 못하고, 심지어 내용의 실질을 파괴하면서 정치적 치적을 쌓아 올리려 했다. 과학이 아닌 속류 정치적 접근이 농업에 있어서 수정주의적 노선의 알맹이였던 것이다.

농업 정책에 있어서 흐루쇼프의 악수의 하나는 옥수수 심기 캠페

---

11) 같은 책, p. 532.

인이다. 미국을 방문하여 미국 축산업의 발전을 목도하고 미국에서는 옥수수가 가축의 사료로 광범하게 쓰이는 것을 보고서는 이것을 그대로 쏘련에 적용하여 대대적인 옥수수 심기 캠페인을 벌였다. 그러나 옥수수는 쏘련의 토양과 기후에 맞지 않아 옥수수 심기 캠페인은 실패하였고, 그 과정에서 쏘련에서 전통적인 목초의 재배를 방기하여 쏘련 농업은 상당 기간 사료의 부족에 시달려야 했다. 이 사례 역시 흐루쇼프가 농업 문제에 있어서 과학적 접근이 결여되어 있고, 즉흥적이며 속류 정치적 접근을 했다는 것을 보여 주는 것이다.

흐루쇼프의 농업 문제에 대한 잘못된 접근은 집단 농장의 개인 부업 문제에서도 잘 드러난다. 집단 농장 농장원의 개인 부속지 생산, 혹은 개인 텃밭 생산은 쏘련에서 사회주의 건설에서 일정한 경향성을 드러내는 것이었다. 즉, 개인 부속지 생산을 장려하고 확대할 것인가, 아니면 집단 농장의 공유 부문의 생산을 강화할 것인가는 노선 투쟁의 주요 쟁점이었고, 중국에서는 1960년대 초반 류샤오치, 덩샤오핑이 실권을 쥐고 있을 때, 마오쩌뚱파가 류샤오치, 덩샤오핑의 개인 텃밭 확대에 대해 격렬히 반발하여 이후 문화대혁명의 하나의 원인이 되기도 했다. 그러나 개인 부속지 생산의 역사성과 계급적 성격을 명확히 하면 이것은 충분히 해소될 수 있는 쟁점이기도 하다. 개인 부속지는 역사적으로 쏘련에서 농업 집단화의 과정에서 생성된 것이다. 즉, 집단화 과정에서 모든 생산 수단을 집단화할 것인가(꼬뮌형) 아니면 공유 부문 이외에 개인 부속지를 두어 농장원의 사적, 개인적 생산을 일정하게 유지하게 할 것인가(아르쩰형)의 문제에서 다수 농민은 아르쩰형을 선호했고, 약 10여 년의 경과를 두어 관찰, 분석, 판단한 결과 쏘련의 집단 농장은 개인 부속지를 일정하게 보장하는 아르쩰형으로 발전했던 것이다. 이러한 역사성 이외에 쏘련의 집단 농장이 개인 부속지를 보유하게 된 근본적 원인은 쏘련 농업의 생산력이 전일적인 공유 경제로 발전하기에는 한계가 있었다는 점이다. 당시 쏘련 농업의 생산력으로는 공유 경제만으로는 쏘비에트 사회와 국가가 필요로 하는 농산물을 생산할 수 없었고 농민 또한 공유 경제만으로는 충분한 소득을 담보할 수 없었던 것이다. 그리하여 공유 부문 이외에 개인 부속지가 각각의 농장원에게 주어졌고 농민들은 개인 부속지에서 감자, 야채 등을 생산했고 또 우유를 생산할 수 있는 암소와 송아지를 보유하고 닭, 오리, 돼지, 양 등 일정한 양의 가축을 보유할 수 있었다. 이러한 개인 부속지에서 농민들은 자신의 소득 중 약 20% 조금 넘는 소득을 올릴 수 있었다.

쏘련은 영토가 광활하고 또 토지가 풍부하여 개인 부속지의 규모가 컸다. 때로는 1ha(3025평) 미만으로 개인 부속지의 규모를 규정했고, 브레쥐네프 시대에는 0.5ha 미만으로 규모가 축소되기도 했다(농지가 부족한 여타의 사회주의 국가에서는 보통 200-300평의 개인 텃밭을 보유하였다). 이렇게 넓은 개인 부속지에서 집단 농장의 농장원들은 공유 부문의 노동보다 개인적, 사적 노동을 통해 소득을 증대시키려는 경향을 가질 수밖에 없었고 그리하여 집단적 의식이 약한 농민들의 경우 공유 부문의 노동에는 거의 참가하지 않고 개인 부속지의 노동에 주로 종사하기도 했다. 그리하여 집단 농장의 체계가 정비되면서 농장원들이 공유 부문에서 일해야 하는 최소 노동일이 농장원 자격의 유지 조건으로 규정되기도 했다. 쏘련에서는 농업에서 생산력이 점차 발전함에 따라 농장원의 소득 중 공유 부문이 차지하는 비중이 점차 증가하였고 1970년대 말이면 개인 부속지의 노동의 비중은 현저하게 줄어들게 된다.

흐루쇼프는 처음에는 개인 부속지의 생산을 장려하였다. 이는 개인 부속지의 생산이 집단 농장이라는 사회주의적 생산관계의 하나이며 그 과정에 착취가 개입되지 않는다는 점에서 타당한 것이었다. 그러나 농장원들이 공유 부문의 노동을 소홀히 하고 개인 부속지 노동에 열중하는 현상이 심화되고, 또 1960년대 초 쏘련 농업에 위기 상황이 발생하자, 다시 개인 부속지 노동을 제한하는 정책을 폈다. 즉, 흐루쇼프는 개인 부속지 생산의 문제에서 일관성을 결여하고 있었다.

개인 부속지는 쏘련의 농업 생산에서 일정한 기여를 했다. 감자, 야채, 우유 생산의 약 절반을 차지했고 계란의 경우 거의 100%의 생산을 담당했다. 또 가축의 경우 1930년대에는 소와 말, 돼지 등의 보유에 있어서 공유 부문과 개인 부속지의 보유가 각각 절반을 차지하는 정도였다. 이와 같이 쏘련 농업에 있어서 개인 부속지 생산은 단순한 부업이 아니라 생산의 주요 영역이었다. 이는 근본적으로 당시 쏘련 농업의 생산력의 한계 때문이었고 이후 생산력이 점차 상승함에 따라 농업 생산에서 개인 부속지의 비중은 점차 줄어들었던 것이다.

사실 개인 부속지는 집단 농장이라는 사회주의 생산관계의 보완물로서 그 과정에 착취가 존재하지 않고 사회주의 국가와 사회에 식량과 농산물을 제공한다는 점에서 적절하게 보장되어야 하는 성격을 띤다. 그런 점에서 개인 부속지의 생산은 사회주의 건설의 한 부분으로서 기능하는 것이다. 따라서 공유 부문을 강화하기 위해 무리하게 개인 부속지 생산을 제한할 필요가 없으며 공유 부문의 생산력이 발전함에 비례하여 개인 부속지 생산이 자연 발생적으로 축소되도록 하는 방향이 옳을 것이다.

흐루쇼프는 쓰딸린을 탄핵하면서 프롤레타리아 독재 원칙을 폐기하고 국가의 성격을 전 인민 국가로 전환하여 관료주의 국가를 공식화한 바 있었다. 그런데 흐루쇼프는 1960년대 초반 쏘련 농업이 위기 상태로 빠져들자 이에 대처하는 방안으로 1962년 당 조직을 농업당 조직과 공업당 조직으로 분리시켰다. 그러나 이는 당과 국가를 혼동하는 것으로서 관료주의를 전제로 하고 관료주의를 심화시키는 것이었다. 농업의 위기에 대처하기 위해서는 농업의 전문성을 높이고 농업 행정을 개혁하는 것이 필요하며, 이는 쏘비에트 국가의 행정의 전문성을 높이는 것이어야 했다. 그러나 흐루쇼프는 행정의 주요 담당자로서 당을 설정하고 당이 전문적인 농업 행정을 맡아야 한다고 사고한 것이다. 그러나 이는 철저히 잘못된 것이었다. 당은 행정의 기관이 아니라 사상에 기초한 노선의 정립을 통해 사회주의 건설을 강화하는 정치적 전위로서의 성격을 가지며, 반대로 쏘비에트 국가는 통치 기구로서 전문적으로 행정을 담당해야 하는 것이었다. 따라서 농업 행정은 국가의 영역이며 당의 영역이 아닌 것이다. 흐루쇼프가 이를 혼동한 것은 당과 당원이 사회주의 건설의 정치적 전위가 아니라 행정 관료로 변질되었다는 것을 전제로 하는 것이다. 또한 농산물 가공이 농업당 조직의 영역인지, 아니면 공업당 조직의 영역인지 등 많은 혼란이 불가피했으며 말단의 구(區)와 촌의 쏘비에트의 역할이 약화되었다. 그리고 각종 기구가 중첩되는 양상이 빚어졌다. 이는 당을 정치적 전위가 아닌 관료 기구로 상정하지 않았다면 있을 수 없는 악수였던 것이다. 이러한 흐루쇼프의 엉터리 같은 조치는 흐루쇼프가 하야하고 브레쥐네프가 권력을 잡자마자 즉각 폐지되었다.

1950년대 그리고 1960년대 초반 흐루쇼프의 시기, 쏘련의 농업은 수정주의적 노선으로 말미암아 발전의 중요한 계기를 상실하고, 끝내 농업의 위기가 초래되었다. 그러나 수정주의 노선에도 불구하고 생산 관계 차원에서는 여전히 국영 농장, 집단 농장 체제가 유지되고 있었고 이러한 사회주의적 생산관계에 기초하여 주목할 만한 전진이 이루어지고 있었다. 그것은 국영 농장, 집단 농장 각각의 개별 생산 단위를 넘어서는 협력의 발전이었는데, 농장들 공동으로 발전소를 건설하고 공동으로 관개 사업, 토양 개량 사업을 하고 농산물 저장과 가공을 공동으로 하는 기업들을 설립하고 농장에 필요한 건축과 건축 재료 생산을 담당하는 공동의 기업, 연합 기업을 설립하기 시작했다는 점이다.12) 그리고 사회주의 생산관계 위에서의 이러한 농업과 공업의 결합은 점차 농공복합체의 형성으로 나아갔는데 이는 사회주의 농업의 발전 방향을 가리키는 것이었다. 그리하여 이는 미래의 사회주의 건설이 농공복합체를 토대로 하는 꼬뮌의 형성으로, 그리고 꼬뮌을 기초 단위로 하는 사회의 건설로 나아갈 것임을 시사하는 것이었다.

4. 브레쥬네프의 농업 정책

1960년대 초반의 쏘련 농업의 위기는 흐루쇼프 실각의 원인의 하나였는데, 궁정 반란으로 권력을 잡은 브레쥬네프는 농업 위기의 타개에 나섰다. 그리하여 브레쥬네프 시기 쏘련 농업은 집약 농법으로 이행하게 되었고 농업에서 막대한 투자가 이루어졌다. 농업에 대한 투자는 1961-1965년에 480억 루블, 1966-1970년에 810억 루블, 1971-1975년에 1300억 루블이었다. 전체 투자에서 농업이 차지하는 비중도 1961-1965년의 7차 5개년 계획 시기의 20%에서 1976-1980년의 10차 5개년 계획 시기에는 27%로 상승하였다. 이는 적어도 자금의 면에서는 집약적 농업으로의 이행의 조건이 마련된 셈이었다.

그러나 쏘련은 농업에 대한 태도, 관점, 정책에서 근본적 문제가 있었다. "공업 노동과 농업 노동 간의 사회 경제적 차별을 없애려면, 농업 노동을 공업 노동의 변종으로 만들어야 한다. 즉, 농업 생산의 기금장비율이 공업 생산의 기금장비율에 도달하거나, 가능하다면 초과하게 해야 한다."13) "농업의 공업화는 이 부문을 기계제 대생산의

---

12) 같은 책, pp. 534-536.

궤도에 올려놓는 것, 작물 재배와 축산업의 노동 과정이 전반적인 기계화를 실현하는 것으로 이해될 수 있다."14) "공업화를 실현하는 것은, 농업이 전반적으로 기계화되고 자동화되고, 고도로 발달되고 높은 생산고의 안정적으로 발휘되는 작용의 생산 부문으로 변화한다는 것을 의미한다. 그것은 농업을 위하여 생산 수단을 제공하고 농산품을 가공하고 농산품을 소비자의 공업 부문으로 운송하는 것과 유기적으로 연결된 하나의 전체이다."15) 이러한 서술에서 확인되는 것은 쏘련이 농업의 발전을 농업의 공업화로 파악하고 농업 노동이 공업 노동의 변종으로 발전하는 것을 상정하고 있었다는 점이다. 언뜻 보면 맞는 것 같은 이러한 서술에서 빠진 것은 생태학적 관점이며, 또 중요한 것은 농업 노동과 공업 노동의 본질적 차이가 간과되고 있다는 점이다. 20세기 사회주의 건설에서, 그리고 많은 자본주의 나라에서 나라를 농업국에서 공업국으로 전환시키는 것은 중대한 발전, 획기적 전환을 의미하는 것이었다. 그러나 21세기 지금의 관점에서 보면, 이러한 관점은 생태학적 관점이 결여된 것이었다. 생태학적 관점에서 보면 농업은 공업과 달리 자연의 재생산을 수행하는 산업이라는 점이 강조될 필요가 있고, 또 자연의 재생산, 생태학적 관점을 고려하지 않는 농업은 약탈적 농업에 지나지 않는 것으로 평가될 수 있다. 쏘련은 중앙아시아의 농업과 면화 재배를 발전시키기 위해 많은 생태학적 오류를 범했는데, 그 결과 까쓰삐해와 더불어 쏘련의 내해(內海)를 구성했던 아랄해가 다 말라붙어서 사라져 버리는 생태학적 비극이 발생했다. 농업의 공업화의 추구가 생태학적 비극을 부른

---

13) 苏联科学院经济研究所 编, ≪苏联社会主义经济史(쏘련 사회주의 경제사)≫ 第七卷, p. 400.
14) 같은 책, p. 406.
15) 같은 책, p. 411.

것이다. 그리고 이는 자연의 재생산이라는 농업의 특성을 고려하지 않은 결과였다.

그러면 농업 노동을 공업 노동의 한 변종으로 변화시킨다는 관점이 타당한지 검토해 보자. 기존에 농업과 구분되는 공업의 특성은 기계화, 자동화, 그리고 나아가 화학화를 의미하는 것이었다. 그러나 이러한 접근은 각종 공해와 오염, 생태학적 문제에 대해서는 대처할 수 없게 한다. 그리고 농업이 조방적 농업에서 집약적 농업으로 발전하면 이러한 오염의 문제, 생태학적 문제는 기하급수적으로 증폭될 수밖에 없다. 따라서 바로 이 지점에서 사고의 전환이 필요하다. 농업은 그 본질이 생명의 재생산이다. 그리고 그를 통해 자연의 재생산도 수행하게 된다. 그런데 생명의 재생산은 역학적 운동, 기계적 운동, 화학적 운동보다 훨씬 더 고차원적인 생물학적 운동을 통한 것이다. 원시적인 농업에서는 씨를 뿌리고 적당히 돌보고, 수확하면 되지만 집약 농업이 고도로 발달하기 위해서는, 그리고 생태학적 요소를 고려한 자연의 재생산을 수행하기 위해서는 고도의 생물학적 이론과 기술, 내용이 필요하다. 즉, 농업에 필요로 되는 과학의 수준은 기계화, 자동화, 화학화와는 비교할 수 없이 높은 것이다.

현재 일부 왜곡된 과학적 흐름은 소위 생명 공학이라는 이름으로 유전자변형 농산물(GMO)이나, 아니면 인공장기 등의 생산에 나서고 있지만, 이러한 흐름은 생명 과학의 본질을 일정하게 왜곡하는 지엽적인 것에 지나지 않는다. 생물학적 운동은 위치 이동의 과학, 즉 역학적 운동, 기계적 운동보다 훨씬 고차원적 운동이며 화학적 운동보다도 훨씬 고차원적인 운동이다. 이는 생태학적 관점에서 농업의 생산력을 고도화하는 것, 지속 가능한 집약 농법을 발전시키는 것이 인류가 경험해 보지 못한 고도의 생물학적인 과학 기술을 요구한다는 것을 의미한다. 그런 점에서 농업의 공업화 혹은 농업 노동의 공업 노동의 변종으로의 전화라는 관점은 잘못된 것이다. 농업 노동은 아무리 기계화, 자동화된다고 하더라도 공업 노동의 변종이 될 수 없으며, 생태학적 특징, 자연의 재생산이라는 특징, 생명의 재생산이라는 특징을 내부에 가지는 고유한 성격을 유지, 발전시키게 될 것이다. 그런 점에서 농업은 공업화되는 것이 아니며, 농업과 공업이 유기적으로 결합하는 양상이 발전할 수밖에 없으며, 이러한 농업과 공업의 결합의 흐름은 농공복합체로 발전할 것이며, 이는 실제로 1950년대 이후 쏘련에서 광범하게 출현했던 양상이기도 했다.

쏘련은 경지 면적의 확대는 한계가 있으며 집약화가 필요하다는 것을 브레쥐네프 시대에 인정하기 시작했다. 그리고 쏘련은 농업 생산의 집약화는 현대적 조건하에서 농업 생산기술상의 장비의 개선이 결정적 요소라고 파악했다.[16] 이러한 접근은 일정한 합리성이 있으나 결정적으로 생태학적 관점이 결여되어 있고 농업을 공업화한다는 잘못된 관점에 입각한 것이었다.

쏘련에서 농업에 대한 투자가 증대되면서 농업 생산은 일정하게 증가하는 추세를 보였다. 식량 생산을 보면, 1961-1965년에 연평균 1.303억 톤, 1966-1970년에 1.676억 톤, 1971-1975년 1.816억 톤, 1976-1980년에 2.051억 톤이 생산되었다.[17] 점진적이지만 꾸준히 식량 생산이 증가하고 있었던 것이다. 그러나 성장 속도는 서서히 감속을 하고 있었다. 1966-1970년에 21% 성장, 1971-1975년에 13.3% 성장, 1976-1980년에 9% 성장, 그리고 1981년에는 마이너스 2% 성장을 보였다.[18] 그리고 쏘련은 1979년부터 1982년까지 4년 연속 흉작을

---

16) 같은 책, p. 394.
17) 陆南泉, ≪苏联经济体制改革史论(쏘련 경제 체제 개혁사론)≫, 人民出版社, 2007, p. 274.
18) 같은 책, p. 275.

겪어서 매년 3,000만 톤의 식량을 수입해야만 했다.

이러한 브레쥐네프 시대의 쏘련 농업을 평가해 보면, 농업의 공업화라는 잘못된, 근본적인 오류 이외에도 상당한 한계와 오류가 있었다. 먼저 브레쥐네프 시대에 공업에서 꼬쎄긴의 수정주의적 경제 개혁이 농업에까지 영향을 미쳤다. 그리하여 쏘련은 공업과 유사하게 국영 농장에서 고정기금에 대한 사용료로 고정기금의 1%를 징수하였다. 이는 국영 농장의 설비와 기계, 자재, 가축 등을 자본으로 간주한다는 것을 전제로 하는 것이며 국영 농장이 이윤 추구를 제1의 목적으로 삼게 되었다는 것을 의미한다. 이를 통해 쏘련 농업에서 계획은 균열되기 시작했다. 그 단적인 예가 농업에 투자할 것으로 예정되었던 자금이 농업 이외의 용도로 유용되는 것이 상당했다는 점이다. 그리하여 1978년 7월 20일 당 중앙이 농업 투자자금의 유용을 시정할 것을 결의했을 정도이다.[19] 또한 수정주의적 개혁으로 인한 농업에서 계획의 균열은 점차 심각해졌는데, 수확용 농기계가 부족하여 수확하는 데 2달 넘게 소요되어 그 과정에서 많은 곡식이 손실되기도 했고, 운송 도구의 부족으로 제때 수송하지 못해 농산물의 1/4이 유실되는 경우도 있었다. 또 1980년에는 농장의 50%가 적자를 기록했는데 적자를 기록한 농장의 상당수는 농장과 도시를 연결할 도로가 결여되어 있거나 부족한 것이 원인으로 작용했다. 이와 같이 쏘련은 농업에 거대한 투자를 하고 있었지만 계획의 균열, 사회주의 생산관계의 균열로 말미암아 거대한 투자액이 적재적소에 쓰이지 못하고 있었다. 이러한 상황에서 쏘련은 농민들에게 막대한 액수의 보조금을 지급하는 데 재정을 소모하고 있었다.

---

19) 苏联科学院经济研究所 编, ≪苏联社会主义经济史(쏘련 사회주의 경제사)≫ 第七卷, p. 396.

브레쥐네프 시대에 쏘련은 농업 생산력과 직결되는 농업의 생산 수단인 농기계, 원자재, 사료, 비료 등의 가격을 인하하는 것이 아니라, 농업용 생산 수단으로 쓰이는 공업 제품의 가격을 높이 유지하여 농산물 생산 원가가 상승하고 있었다. 그러나 농산물 가격은 도시 소비자들에게 직접적으로 영향을 미치기 때문에, 농산물을 국가가 비교적 높은 가격으로 수매한 후에 국가가 도시 소비자에게 공급하는 소비자 가격은 낮게 유지하고 있었다. 그리하여 심지어 농민들은 도시에 가서 빵을 구입하여 그것을 자신이 키우는 돼지의 사료로 사용하는 상황이 벌어지기도 했다. 이러한 가격차를 유지하기 위해 쏘련 정부는 막대한 재정을 사용했는데 1961-1965년에는 5년간 87.9억 루블로 전체 재정의 2% 수준이었으나 이 액수는 기하급수적으로 증가하여, 1983년에는 1년간 425억 루블로 전체 재정의 12%를 차지하는 사태로까지 발전하였다.[20] 이는 쏘련이 농업 생산력의 향상이라는 어렵지만 올바른 길을 간 것이 아니라, 농업 보조금으로 농민과 인민의 불만을 잠재우는 식으로 농업의 문제를 임기응변의 방식으로 대처했다는 것을 의미한다. 그리고 그 결과는 농업 생산력 발전의 전망의 상실, 쏘련 경제 전체의 정체와 균열이었다.

사실 농업 보조금이 이렇게 막대한 것은 농업 생산력 발전에 돌파구를 열어서 농산물 생산 원가를 낮추지 못했기 때문이다. 즉, 농업에 기계와 원자재, 비료 등을 제공하는 농업 관련 공업 부문에서 생산력의 발전, 노동 생산성의 향상이 이루어져서 제품을 낮은 가격으로 농업에 제공해야만 했지만, 꼬씨긴의 수정주의적 경제 개혁 이후 공업 기업들이 이윤 추구를 일차적 과제로 삼게 됨에 따라, 노동 생산성을 높여서 제품의 원가와 가격을 인하한다는 쓰딸린 시기에 통

---

20) 陆南泉, 앞의 책, p. 257.

용되었던 과정이 더 이상 불가능해졌던 것이다. 그리하여 브레쥐네프 시기는 재정을 동원하여 농업의 생산력 발전의 부진을 땜빵하는 부실한 과정, 임기응변이 주요하게 되었던 것이다.

  농업을 공업화한다는, 농업의 본질적 특성을 고려하지 못하는 근본적으로 잘못된 관점, 농업 노동을 공업 노동의 변종으로 만든다는 비과학적 관점, 그리고 수정주의적 경제 개혁으로 인한 농업에서 계획의 균열, 농업에서 생산력 발전의 전망을 확보하지 못하고 농업 보조금 등 임기응변적인 대응책으로 생산력 발전의 계기를 유실한 점 등이 브레쥐네프 시기 수정주의적 농업 정책의 현실이었다. 그리고 그러한 잘못된 관점과 정책의 누적이 1970년대 말, 1980년대 초 쏘련 농업의 위기, 정체와 균열을 불러왔던 것이다. 그리고 이는 1980년대 고르바쵸프의 이른바 개혁이 우편향적으로 흘러가고 쏘련 사회주의 자체가 균열되고 해체되게 하는 물질적 조건의 하나로 작용하였다.

제9장
프롤레타리아 독재의 사상과 쏘련에서의 현실

1. 맑스, 엥엘스의 프롤레타리아 독재 사상

맑스와 엥엘스의 프롤레타리아 독재 사상은 한 번에, 일거에 완성된 것이 아니었다. 맑스와 엥엘스는 1848-1851년의 유럽 혁명을 목도하면서 서서히 프롤레타리아 독재론을 수립해가기 시작했고, 1871년의 빠리 꼬뮌의 경험을 평가하면서 프롤레타리아 독재의 사상을 완성할 수 있었다. 그리고 맑스와 엥엘스의 이러한 국가론, 프롤레타리아 독재의 사상은 1917년 러시아의 볼쉐비끼 혁명에 결정적으로 영향을 주었고, 레닌이 "모든 권력을 쏘비에트로!"라는 구호를 제기하여 현실로서, 실천적으로 프롤레타리아 독재 권력이 수립되게 하는 데 사상적 원천으로 작용하였다. 그러면 맑스와 엥엘스의 국가론의 형성, 프롤레타리아 독재 이론의 형성 과정을 추적해 보자.

맑스와 엥엘스의 국가론은 사적 유물론에 기초하는 것이다. 사회가 경제적 토대와 그에 기초하는 상부 구조로 이루어져 있고 그 상부 구조는 국가와 이데올로기 등으로 구성된다는, 사회에 대한 유물론적 인식이 맑스주의 국가론의 기본 바탕이었다. 그리고 사적 유물론적 차원을 넘어서서, 맑스주의 국가론이 형성되기 시작한 것은 ≪공산주의당 선언≫부터였다. 맑스와 엥엘스는 ≪공산주의당 선언≫에서 "노동자 혁명의 첫걸음은 프롤레타리아트의 지배계급으로의 고양, 민주주의의 쟁취"[1]라고 파악하였다. 이는 노동자 혁명이 민주주의를 쟁취해야 한다는 것, 그리고 노동자의 민주주의 쟁취는 노동자계급이 지배계급으로 올라서는 것임을 지적한 것이다. 그리고 맑스와 엥엘스는 "국가, 즉, 지배계급으로 조직된 프롤레타리아트"[2]라는 주목할 만한 정식화를 이루었다. 이는 노동자계급이 지배계급이 되기 위해서는 국가를 통해 조직되어야 한다는 것을 말하는 것이며, 국가의 본질은 프롤레타리아트가 지배계급으로 조직된 것 이상도 이하도 아니라는 것을 의미하는 것이다. 그리고 이러한 파악은 노동자 혁명 이후에, 프롤레타리아트가 지배계급으로 조직된 이후에도, 자본가계급과 노동자계급의 대립은 즉각적으로 소멸하는 것이 아니라 일정한 단계 동안 지속될 것임을 전제로 하는 것이다.

국가에 대한 이러한 인식에 도달한 맑스와 엥엘스는 프롤레타리아 국가의 성격과 역할에 대해 다음과 같이 파악한다. "발전 과정 속에서 계급적 차이들이 소멸되고 모든 생산이 연합된 개인들의 수중에 집중되면, 공권력은 그 정치적 성격을 상실하게 될 것이다. 본래의 의미에서의 정치권력이란 다른 계급을 억압하기 위한 한 계급의 조직된 폭력이다. 만일 프롤레타리아트가 부르주아지에 대항하는 투쟁에서 필연적으로 계급으로 단결되고 혁명을 통해 스스로를 지배계급으로 만

---

[1] 맑스·엥겔스, ≪공산주의당 선언≫(≪칼 맑스 프리드리히 엥겔스 저작선집≫(이하 ≪저작 선집≫) 제1권), 박종철 출판사, p. 420.
[2] 같은 곳.

들고, 또 지배계급으로서 낡은 생산관계들을 폭력적으로 폐기하게 된다면, 그들은 이 생산관계들과 아울러 계급 대립의 존립 조건들과 계급 일반을 폐기하게 될 것이고, 또 이를 통해 계급으로서의 자기 자신의 지배도 폐기하게 될 것이다."3) 아직 프롤레타리아 독재라는 정식화는 이루고 있지 못하지만 여기에는 맑스, 엥엘스의 국가론 사상이 간결하면서도 명료하게 표현되어 있다. 지배계급으로 조직된 프롤레타리아트 하에서 공권력이 정치적 성격을 상실한다는 것은 자본주의에서의 부르주아 국가 권력과 사회주의에서의 프롤레타리아 국가 권력의 성격의 차이를 정확히 드러내는 것이다. 국가의 본질은 계급 지배의 도구라는 것이 선명히 나타나 있고, 또 프롤레타리아트가 권력을 장악하여 낡은 생산관계를 폐기하여 계급 대립을 소멸시킨다면 국가는 정치적 성격을 상실하게 된다는 뛰어난 정식화를 이루고 있다. 그리고 이것은 프롤레타리아 국가가 이른바 준(準)국가, 본래적 의미의 국가가 아닌 국가로 불리는 이유를 가리키는 것이다. 즉, 맑스와 엥엘스는 계급 대립, 계급의 폐지와 국가의 문제를 연관시켜서 국가의 본질, 프롤레타리아 국가의 성격에 접근하고 있는 것이다. 그리고 계급 일반이 폐기되면 프롤레타리아트가 "계급으로서 자기 자신의 지배도 폐기하게 될 것"이라고 한 것은 국가의 소멸을 가리키는 것이다. 이러한 ≪공산주의당 선언≫에서의 정식화는 아직 맑스주의 국가론의 완성은 아니지만, 그 국가론의 제반의 요소를 포함하는 것으로서 맹아적 형태의 맑스주의 국가론이라 할 수 있다.

맑스와 엥엘스의 국가론의 사상은 1848년 발발한 유럽 혁명의 과정을 분석하면서 구체화의 길을 걸으면서 획기적인 진전을 보인다. 맑스는 프랑스에서 노동자계급의 계급 투쟁이 비록 패배했지만 "부르

---

3) 같은 곳.

주아지의 전복! 노동자계급의 독재!"4)라는 혁명적인 전투 구호를 내놓았다고 분석하였다. 프롤레타리아트가 혁명 과정에서 부르주아 공화국에 대한 환상 속에서 많은 오류를 범한 결과 패배했지만, 그 과정에서 노동자 혁명은 부르주아지의 전복을 이루어야 하며, 노동자계급의 독재를 실현해야 함을 노동자계급이 깨우쳤다는 것을 맑스는 제기하고 있는 것이다. 그리하여 맑스는 1848년 혁명의 패배의 분석 속에서 다음과 같이 프롤레타리아트의 계급 독재라는 정식화를 끌어내고 있다. "프롤레타리아트는 점점 더 혁명적 사회주의의 주변에, 즉 부르주아지 자신이 블랑끼라는 이름을 고안하여 붙여 준 공산주의의 주변에 집결하고 있다. 이 사회주의는 혁명의 영속 선언이며 프롤레타리아트의 계급 독재이다. 프롤레타리아트의 계급 독재는 계급 차별 일반의 철폐로 가기 위한, 이 계급 차별이 근거하고 있는 전체 생산관계들의 철폐로 가기 위한, 이 생산관계들에 조응하는 전체 사회적 연관들의 철폐로 가기 위한, 이 사회적 연관들로부터 기인하는 전체 이념의 변혁으로 가기 위한, 필연적 경과점이다."5) 계급 대립의 철폐로 가기 위한 경과점으로서 프롤레타리아트의 계급 독재! 이것이 혁명의 패배 속에서 맑스가 건져 올린 혁명의 교훈이며, 맑스주의 국가론의 정식화였다.

또한 맑스는 1848년의 프랑스 혁명 과정에서 노동자계급이 계급 투쟁을 수행하기 위해서는 대외적 평화가 필요함이 드러났다는 것, 그리고 러시아, 오스트리아, 프로이센 등 열강이 유럽의 약소민족들을 침해하는 것을 분석하면서 민족 혁명과 프롤레타리아 혁명의 관계에 대한 주목할 만한 분석을 하였다. "그러나 동시에, 이러한 민족

---

4) 칼 맑스, ≪1848년에서 1850년까지의 프랑스에서의 계급 투쟁≫(≪저작선집≫ 제2권), p. 30.
5) 같은 책, p. 94.

혁명의 운명은 프롤레타리아 혁명의 운명에 종속되었으며, 민족 혁명의 외관상의 자립성, 거대한 사회적 변혁으로부터의 독립성은 사라졌다. 노동자가 노예로 머물고 있는 한, 헝가리인도 폴란드인도 이탈리아인도 결코 자유로울 수 없는 운명이다!"[6] 이러한 분석은 일국 내의 계급 투쟁, 프롤레타리아 독재의 성립과 발전이 대외적 평화, 대외적 조건과 긴밀히 연관되어 있다는 것을 시사하는 것이다. 또한 이것은 19세기 중반 당시의 유럽의 정치 지형에 대한 분석이지만, 중요한 것은 민족 문제, 나아가 민족 혁명이 프롤레타리아 혁명과 분리되지 않고 연관되어 있다는 통찰로서, 이러한 통찰은 21세기 지금도 보편적 성격을 갖는 것이다. 그리고 민족 혁명이 프롤레타리아 혁명의 운명에 종속되었다는 맑스의 분석은, 분단 사회로서 민족적 과제와, 자본주의를 지양하는 프롤레타리아 혁명, 사회주의 혁명의 과제를 중첩적으로 안고 있는 한국 사회의 변혁의 전망의 문제에 대해 많은 시사점을 던지는 것이다.

맑스는 1848년부터 진행된 프랑스 혁명을 총괄한 ≪루이 보나빠르뜨의 브뤼메르 18일≫에서 다음과 같은 주목할 만한 정식화를 이루고 있다. "끝으로 의회 공화제는 혁명에 맞서 투쟁하는 과정에서, 탄압 수단들을 강화함과 아울러 정부 권력의 수단을 강화하고 더욱 강력한 중앙 집권화를 실현하지 않으면 안 되었다. 모든 변혁들은 이 기구를 파괴하는 대신에 그것을 완성하였다. 앞서거니 뒤서거니 지배권을 다투던 당파들은 이 거대한 국가 건물의 점유를 승리자의 주요 전리품으로 간주하였다."[7] 여기서 맑스는 기존의 모든 변혁, 즉 혁명들이

---

[6] 같은 책, p. 31.
[7] 칼 맑스, ≪루이 보나빠르뜨의 브뤼메르 18일≫(≪저작 선집≫ 제2권), p. 381.

이 기구, 즉, 국가 기구들을 파괴하는 대신에 그것을 완성하였고 지배권을 다투는 당파, 정치세력들은 기존의 국가 기구를 파괴하는 대신에 국가 기구들을 전리품으로 획득하려고 했다는 것을 분석하고 있다. 이러한 분석을 통해 맑스는, 프롤레타리아트는 부르주아 정치세력과 달리, 기존의 국가 기구를 혁명의 전리품으로 획득할 수 없으며, 우선적으로 기존의 국가 기구를 파괴해야 한다는 인식에 도달했던 것이다. 즉, 프롤레타리아트의 계급적 독재는 기존의 국가 기구를 인수하고, 획득하는 방식으로 이루어질 수 없으며, 기존의 국가 기구를 철저히 파괴하는 기초 위에 수립되어야 한다는 것을 제기한 것이었다. 사실, 관료제와 상비군을 핵으로 하는 부르주아 국가 기구는 그 자체로 부르주아지의 계급 지배의 도구라는 점에서, 그것은 프롤레타리아트의 계급적 이익에 봉사할 수는 없으며, 정반대로 반혁명 세력의 집결의 도구가 될 가능성이 큰 것이다. 따라서 이러한 인식, 즉, 프롤레타리아트는 기존의 국가 기구를 인수하는 방식으로 자신의 계급 지배를 실현할 수 없다는 인식은 맑스주의 국가론, 프롤레타리아 독재론의 발전에 있어서 한 획을 긋는 것이었다.

그리하여 맑스는 1848년 혁명의 파고가 지나간 후 바이데마이어에게 보내는 편지(1852년 3월 5일 자)에서 다음과 같이 정식화된 표현을 하고 있다. "그런데 나에 관해서 말하자면, 현대 사회에서 계급들의 존재를 발견한 공로도, 그 계급들 사이의 투쟁을 발견한 공로도 나에게 속하는 것이 아니네. 부르주아 역사 서술가들은 나보다 훨씬 앞서 이러한 계급 투쟁의 역사적 발전을 서술하였고, 부르주아 경제학자들은 이 계급들의 경제적 해부학을 서술하였네. 내가 새로이 한 일은 다음과 같은 것들을 증명한 것이네. 1. 계급들의 존재는 생산의 특정한 역사적 발전 단계들과 연결되어 있을 뿐이라는 것; 2. 계급투쟁은 필연적으로 프롤레타리아 독재로 귀결된다는 것; 3. 이러한 독재 자체는 단지 모든 계급의 지양으로 가는, 그리고 계급 없는 사회로 가는 이행기를 이룰 뿐이라는 것."[8]

이러한 맑스의 정식화는 계급의 존재와 그 개념 그리고 계급 대립과 계급 투쟁에 대한 승인만으로는 맑스주의를 온전히 이해하고 실천하는 것이 아니며 계급 투쟁이 프롤레타리아 독재의 성립으로 귀결된다는 것을 승인할 때만 온전히 맑스주의를 이해하고 실천하는 것임을 말하는 것이다. 19세기 말 제2 인터내셔날의 개량주의화, 20세기 쏘련에서 흐루쇼프 수정주의에 의한 프롤레타리아 독재의 부정과 전 인민 국가론의 출현, 20세기 유러꼬뮤니즘에서 프롤레타리아 독재의 포기와 개량주의화 등을 볼 때, 혁명의 근본 문제인 국가 권력의 문제에서 프롤레타리아 독재의 승인 여부는 개량주의, 수정주의인가, 아니면 혁명적 세력인가를 가르는 분수령이 되는 것이다. 또한 이 점은 앞으로 21세기의 사회주의 운동에서도 마찬가지의 시금석으로 작용할 것이다.

그러면 맑스의 프롤레타리아 독재론이 완성되는 계기가 되었던 빠리 꼬뮌의 경험에 대한 맑스의 견해를 살펴보도록 하자. 맑스는 빠리 꼬뮌의 성격에 대해 다음과 같이 규정한다. "그것은 국가 권력을 지배계급의 한 분파로부터 다른 한 분파로 이전시키기 위한 혁명이었던 것이 아니라, 계급 지배의 이 무시무시한 기구 자체를 부수기 위한 혁명이었다."[9] 이것은 맑스가 ≪루이 보나빠르뜨의 브뤼메르 18일≫에서 파악한 점, 즉, 프롤레타리아 혁명은 기존의 국가 기구를 단순히 인수할 수 없으며 우선적으로 기존의 국가 기구를 파괴해야 한다는 점을 빠리 꼬뮌이 실행했다고 파악한 것이었다. 그리하여 "꼬뮌—그것

---

8) 칼 맑스, "맑스가 뉴욕의 요제프 바이데마이어에게", ≪저작 선집≫ 제2권, p. 497.
9) 칼 맑스, "프랑스에서의 내전 첫 번째 초고", ≪저작 선집≫ 제4권, p. 16.

은 사회를 통제하고 제압하는 대신에 사회 자신의 살아 있는 힘으로서 사회가 국가 권력을 다시 흡수하는 것이다; 그것은 억압의 조직된 힘 대신에 자기 자신의 힘을 형성하는 인민대중 자신이 국가 권력을 다시 흡수하는 것이다"10)라고 맑스는 꼬뮌의 성격을 파악하고 있다. 엥엘스는 ≪가족, 사유재산, 국가의 기원≫에서 국가는 사회로부터 나왔지만 사회 위에 서서, 사회로부터 멀어지는, 소외되는 조직이라고 파악한 바 있었는데, 맑스는 빠리 꼬뮌에 대한 분석에서 사회가 국가 권력을 다시 흡수하는 것이라고 파악하고 있는 것이다. 그리고 사회가 다시 국가를 흡수한 결과로서의 빠리 꼬뮌이기에, 그것은 준(準)국가 즉, 더 이상 국가가 아닌 국가가 되는 것이며 계급 대립의 철폐의 결과, 소멸의 길을 걷는 국가가 되는 것이다.

이러한 꼬뮌의 성격에 대해 맑스는 "사회적 해방의 정치적 형태"라는 뛰어난 정식화를 이루고 있다. "이러한 것이 꼬뮌이다―사회적 해방의 정치적 형태, 즉 노동자 자신에 의해 창조되었거나 자연의 선물인 노동 수단의 독점자들에 의한 찬탈(노예제)로부터의 노동 해방의 정치적 형태."11) 맑스는 ≪유태인 문제에 대하여≫에서 사회적 해방과 정치적 해방의 관계를 심도 깊게 분석한 바 있었다. 그리하여 정치적 해방을 이루는 것이 곧 사회적 해방은 아니라는 것, 국가 차원의 정치적 해방은 시민 사회 차원의 사회적 해방, 즉, 계급의 철폐로 이어져야 한다는 것을 주장한 바 있었다. 바로 이러한 인식에 따라 맑스는 정치적 해방을 목표로 하는 혁명적 민주주의자에서 사회적 해방을 목표로 하는 공산주의자로 변모해 갔던 것이다. 그리고 빠리 꼬뮌은 자본과 임금 노동의 착취관계를 철폐하는, 계급을 철폐하

---

10) 같은 책, p. 18.
11) 같은 책, p. 20.

는 사회적 해방을 내용으로 하며, 꼬뮌이라는 형식은 이러한 사회적 해방을 이루는 정치적 형식이라고 맑스는 정식화하고 있는 것이다.

맑스는 "노동자계급은 기존의 국가 기구를 단순히 접수하여 이것을 자신의 목적을 위해 움직이게 할 수는 없다"[12]라고 파악하면서, 빠리 꼬뮌이 기존의 국가 기구를 파괴한 후 무엇을 건설했는가를 분석한다. "따라서 꼬뮌의 첫 번째 훈령은, 상비군을 폐지하고 그것을 무장 인민으로 대체한다는 것이었다. 꼬뮌은 빠리의 다양한 구에서 보통 선거권을 통해 선출된 시 의원들로 구성되었다. 그들은 책임이 있었고 언제든지 소환될 수 있었다. 그들의 대다수는 당연히 노동자들이거나 노동자계급의 공인된 대표자들로 이루어져 있었다. 꼬뮌은 의회 단체가 아니라 행정과 입법의 업무를 겸하는 단체이어야 했다. 이제까지 국가 정부의 도구였던 경찰은 즉시 자신의 모든 정치적 속성을 벗어버리고 언제든지 소환될 수 있는 꼬뮌의 도구로 전환되었다. 다른 모든 행정 부문의 관리들도 마찬가지였다. 꼬뮌 의원들로부터 아래에 이르기까지, 공직은 노동자의 임금으로 수행되어야 했다. ... 꼬뮌은 교회가 재산 소유 단체인 한에서 모든 교회의 해산과 교회 재산의 몰수를 포고하였다. ... 모든 교육 기관은 인민에게 무상으로 개방되었고, 동시에 국가와 교회의 간섭으로부터 깨끗해졌다."[13] 이러한 맑스의 분석으로부터 우리는 교회를 포함한 기존의 국가 기구가 철저히 파괴되었다는 것, 그리고 그 자리를 대신한 것은 선출된 꼬뮌의 대표들이며, 그들은 노동자의 임금으로 꼬뮌의 일을 수행하였고, 꼬뮌 자체는 부르주아 의회와 달리 입법의 기능과 행정의 기능이 통일되었다는 것을 알 수 있다.

---

12) 같은 책, p. 61.
13) 같은 책, pp. 64-65.

그리고 "꼬뮌은 군대와 관료라는 양대 지출 원천을 중지시킴으로써 모든 부르주아 혁명의 슬로건—값싼 정부—을 현실로 만들었다."14) 또한 "꼬뮌은 본질적으로 노동자계급의 정부였으며, 전유계급에 대한 부를 가져다주는 계급의 투쟁의 결과였으며, 노동의 경제적 해방이 완성될 수 있음이 마침내 발견된 정치 형태였다."15) 이러한 맑스의 분석은 빠리 꼬뮌이 자본과 임금 노동의 착취관계를 철폐하는, 계급 대립을 철폐하는 정치 형태이며, 노동자계급의 정치적 지배를 실현하는 정부가 어떠한 성격과 형태의 정부인가를 마침내 발견했다는 것을 의미한다. 실제로 러시아 혁명의 경우도 그 과정에서 일정한 변형은 있었지만 쏘비에트 권력은 기본적으로 빠리 꼬뮌형의 정부였던 것이다. 빠리 꼬뮌에서 노동자계급의 경제적 해방의 완성된 정치 형태를 발견함으로써 맑스는 자신의 프롤레타리아 독재론을 완성할 수 있었다. 그리고 이론으로서 프롤레타리아 독재는 러시아 혁명을 통하여 실천적 형태로, 쏘비에트 권력으로 전화될 수 있었다.

맑스는 "고타 강령 초안 비판"에서 다음과 같이 프롤레타리아 독재의 정식화를 완성하고 있다. "자본주의 사회와 공산주의 사회 사이에는 전자에서 후자로의 혁명적 전환의 시기가 놓여 있다. 또한 이 시기에 상응하는 정치적 이행기가 있으니, 이때의 국가는 프롤레타리아트의 혁명적 독재 이외에 다른 것일 수 없다."16) 이것은 맑스의 원숙한, 완성된 형태의 정식화이다. 여기에는 자본주의 사회에서 공산주의 사회로의 정치적 이행기라는 개념이 나타나 있다. 1960년대 중-쏘 논쟁에서 이 이행기가 사회주의 생산관계의 수립까지의 시기인

---

14) 같은 책, p. 67.
15) 같은 곳.
16) 칼 맑스, "고타 강령 초안 비판", ≪저작 선집≫ 제4권, p. 385.

가, 아니면 높은 단계의 공산주의에 도달하기까지의 시기인가가 논쟁되었을 정도로 이 이행기라는 개념은 중요하다. 그리고 이행기라는 개념은, 프롤레타리아 혁명 후에 즉각적으로 공산주의 사회로 진입하는 것은 불가능하다는 것을 나타내고 있고, 그리고 자본주의의 유물이 남아 있는 낮은 단계의 공산주의인 사회주의 사회와, 자본주의의 유물을 청산하고 자신의 두 발로 서는 무계급 사회, 높은 단계의 공산주의 사회라는 단계 구분을 전제하는 것이다. 그리하여 이 이행기라는 개념을 포착함으로써, 맑스주의의 과학성은 한층 정교하고 풍부하게 되었으며, 이후 러시아 혁명과 20세기 사회주의 건설에 있어서 지대한 영향을 끼쳤던 것이다.

엥엘스는 국가의 문제에 있어서 중요한 공헌을 했는데 그것은 '자유로운 인민 국가'라는 제2 인터내셔날의 개념에 대한 비판을 통해서였다. 이 개념은 20세기 중반 흐루쇼프의 '전 인민 국가론'과 사실상 동일한 성질의 것이기 때문에, 자유로운 인민 국가론에 대한 엥엘스의 비판은 흐루쇼프의 전 인민 국가론에 그대로 적용되는 비판이기도 하다. 엥엘스의 자유로운 인민 국가에 대한 비판을 그대로 인용해 보자. "자유로운 인민 국가가 자유로운 국가로 변합니다. 문법적으로 볼 때, 자유로운 국가는 국가가 그 시민들에 대해서 자유로운 것, 따라서 전제 정부를 가진 국가입니다. 국가에 대해서는 단 한 마디도 입 밖에 내서는 안 되며, 특히 더 이상 본래의 의미에서의 국가가 결코 아닌 꼬뮌 이래로는 그렇습니다. 프루동에 반대하는 맑스의 저술과 그 후의 ≪공산주의당 선언≫이 사회주의적 질서의 도입과 함께 국가는 저절로 해소되며 소멸된다고 이미 직접적으로 말했음에도 불구하고, 인민 국가는 무정부주의자들에 의해 넌더리가 나도록 우리 면전에 던져졌습니다. 국가는 사람들이 투쟁에서, 혁명에서, 적을 폭력적으로 억압하기 위해 쓰이는 일시적인 장치일 뿐이기 때문에, 자유로운 인민 국가에 대해 이야기한다는 것은 순전히 난센스입니다: 프롤레타리아트가 여전히 국가를 사용하는 한, 그것은 자유를 위해 사용하는 것이 아니라 자신의 적을 억압하기 위해 사용하는 것이며, 자유가 화제로 될 수 있게 되자마자 국가로서의 국가는 현존하기를 중단합니다."[17]

국가는 계급적 억압의 도구이기 때문에 억압이 아닌 자유를 이야기할 수 있게 되면, 국가는 인민 국가로 존재하는 것이 아니라 국가이기를 멈추게 된다는 점이 엥엘스에 의해 설득력 있게 논증되고 있다. 그렇기 때문에 인민 국가라는 단어에 자유라는 단어를 수백 번 갖다 붙이더라도 그 개념의 비과학성이 사라지는 것은 아니다. 자유로운 인민 국가는 개념적으로 엄밀히 분석하면 인민이라는 수식어를 가진 국가가 인민에 대해 자유로운 국가, 즉, 전제적인 국가라는 점이 엥엘스의 논리에 의해 도출되는 것이다. 그리고 흐루쇼프의 전 인민 국가는 전 인민 위에 군림하는 국가, 즉, 전 인민 위에 서서, 전 인민으로부터 멀어지는 국가이며, 결국은 관료주의 국가 이데올로기가 된다는 점이 엥엘스의 논리에 의해 도출되는 것이다. 왜냐하면 국가는 계급 억압의 도구이기 때문에 전 인민 국가는 인민과 구분되는 관료 집단이 전 인민을 억압하는 국가가 될 수밖에 없기 때문이다. 쏘련에서 흐루쇼프 이후 관료 집단을 중심으로 한 특권층(노멘끌라뚜라)의 발생, 그리고 쏘련의 해체에서 관료 집단의 주도적 역할은 전 인민 국가론이 엥엘스의 비판과 같이 전 인민에 대한 억압 국가였음을 실증한 것이다.

엥엘스는 ≪반듀링론≫에서 맑스주의 국가론을 대중적으로 평이하게 그리고 간결하게 정식화하는 공헌을 했다. "프롤레타리아트는 국가

---

17) 프리드리히 엥겔스, "엥겔스가 쯔비까우의 아우구스트 베벨에게", ≪저작선집≫ 제4권, pp. 458-459.

권력을 장악하여 생산 수단을 우선 국가 소유로 전화시킨다. 그러나 이렇게 함으로써 프롤레타리아트는 프롤레타리아트로서의 자기 자신을 지양하며, 그리하여 모든 계급 차이와 계급 대립을 지양하고, 그리하여 국가로서의 국가도 지양한다. … 국가는 마침내 실제로 사회 전체의 대표자가 되면서 자기 자신을 불필요한 존재로 만든다. … 국가가 실제로 사회 전체의 대표자로서 취하는 최초의 행동—사회의 이름으로 생산 수단을 점유 획득하는 것—은 동시에 국가로서의 최후의 자립적 행동이다. 사회관계에 대한 국가 권력의 개입은 한 분야 한 분야에서 차례로 불필요하게 되어 나중에는 저절로 잠들게 된다. 사람들에 대한 통치 대신에 물건들의 관리와 생산 과정의 지휘가 등장한다. 국가는 "폐지되는" 것이 아니라 사멸한다."[18] 국가가 사회 전체를 대표하게 되면, 즉, 전 인민을 대표하게 되면 국가는 소멸의 길을 걷게 된다는 것—이 점에서도 흐루쇼프의 전 인민 국가론의 비과학성을 알 수 있다—이 엥엘스에 의해 명료하게 표현되고 있다. 그리고 국가가 사회 전체를 대표하여 자본가계급의 생산 수단을 수탈하는 것은, 계급 억압 도구라는 의미의 국가로서 행하는 최후의 자립적 행동이며, 이후 존재하는 프롤레타리아 독재의 과정은 자본가계급의 잔재와 그 유물에 대한 억압이 본질이며 여타의 사회관계, 즉, 시민 사회 차원에서는 국가의 개입이 점차 불필요하게 되며, 억압해야 할 자본가계급의 잔재, 유물이 사라지는 것에 비례하여 국가는 점차 잠들게 된다는 것, 즉, 소멸의 길을 걷게 된다는 것이 엥엘스에 의해 정식화되고 있다.

이와 같이 자유로운 인민 국가 혹은 흐루쇼프류의 전 인민 국가는 비과학적이며 그것이 현실화될 경우 관료주의 이데올로기로 작동한다

---

[18] 프리드리히 엥겔스, ≪오이겐 듀링 씨의 과학변혁(반듀링)≫(≪저작 선집≫ 제5권), pp. 308-309.

는 것이 논리적으로, 역사적으로 입증되었다. 국가의 발생을 보면, 원시공동체에서 사회의 생산력의 발전으로 사적 소유가 발생하여 사회가 계급으로 분열하고 그 계급 분열이 치유될 길이 없을 정도로 심화되었을 때, 계급 대립의 비화해성의 결과로, 사회와 구분되는 특수한 도구, 계급 억압 도구로서 국가가 발생했던 것이다. 이러한 국가의 계급적 본질은 자본주의 사회, 나아가 사회주의 사회에도 의연히 관철되는 것이며, 사회주의 건설이 일정 단계 이루어져 더 이상 억압해야 할 자본주의의 잔재가 없게 된다면, 국가는 프롤레타리아 독재에서 전 인민 국가로 전환되는 것이 아니라 소멸하게 되며, 사회는 국가가 없는 상태에서 인민 스스로의 자치에 의해 운영되고 발전하게 되는 것이다.

이 점을 조금 더 분석해보자. 엥엘스는 《반듀링론》에서 다음과 같이 말한다. "사회에 의한 생산 수단의 점유 획득과 함께 상품 생산은 제거되며, 그럼으로써 생산자에 대한 생산물의 지배도 제거된다. 사회적 생산의 무정부성은 계획적이고 의식적인 조직화에 의해 대체될 것이다."[19] 생산 수단이 자본가계급으로부터 탈취되어 사회화되면, 상품 생산은 그 존재 기반이 사라지게 된다. 왜냐하면 상품 생산은 사적 생산자의 생산물이 화폐를 통해 교환되는 것이기 때문이다. 사회주의 사회에서 생산은 사적 생산이 아니라 직접적인 사회적 생산이며 또 생산 수단의 경우 화폐를 매개로 하지 않고 직접 국유 기업에서 국유 기업으로 이전되기 때문에 상품이 아니다. 그런데 쏘련의 경우 화폐가 존재했는데, 이는 쏘련에서 상품 생산이 잔존했다는 것을 의미한다. 쓰딸린은 쏘련에서 가치 법칙이 존재한다는 점을 승인했고 또 노동자계급의 공업에서의 국유, 전 인민 소유의 생산물과

---

19) 같은 책, p. 311.

농민의 집단 농장의 협동조합적 소유의 생산물의 교환은 상품 교환의 성격을 띤다고 파악했다.

그러나 쏘련에서 가치 법칙은 자본주의에서와 같이 생산을 규제하는 조절자 역할을 한 것이 아니라 단지 잔존하는 것이었다. 쏘련에서, 계획 경제에서 생산의 조절자 역할을 한 것은 가치 법칙이 아니라 프롤레타리아 국가의 경제 계획이었고 가치, 가격, 신용 대출, 화폐, 임금 등의 범주는 계획의 하위에 있는 범주였다. 그런 점에서 쏘련에서, 나아가 낮은 단계의 공산주의인 사회주의 건설 단계에서는 잔존하는 상품-화폐 관계를 전제로 하는 계획 경제라는 점이 도출된다. 그러나 그때의 상품-화폐 관계는 자본주의와 달리 잔존하는 것에 지나지 않으며 그로부터 비롯되는 경제적 범주들은 계급성을 탈각하고 사회주의적으로 변형된다. 예를 들면 임금이라는 범주는 사회주의 사회에도 존재하지만 노동력 자체가 이미 상품이 아니기 때문에, 임금은 노동력 재생산 비용이라는 규정에 의해 제한되지 않으며 사회주의 사회의 노동자의 임금은 노동력 재생산 비용을 넘어서게 되며 노동자는 임금으로 잉여노동의 상당 부분도 수취하게 되고 나아가 무상 교육, 무상 의료, 저렴한 주택 비용 등 필요에 의한 분배도 상당 부분 수취하게 된다.

이와 같이 맑스가 자본주의에서 공산주의 사회로의 이행기로서 논한 낮은 단계의 공산주의인 사회주의 사회는 자본주의의 유물이 광범하게 존재하는 사회이며, 자본주의적 사적 소유, 소생산적 사적 소유가 극복된 이후에도 잔존하는 상품-화폐 관계의 영향을 일정하게 받게 된다. 따라서 사회주의 사회에서 프롤레타리아 독재가 유지되어야 하는 이유는, 제국주의에 의한 반혁명의 가능성 이외에도, 사회주의 사회에서 사회주의 생산관계가 수립된 이후에도 잔존하는 상품-화폐 관계로 인해 사회주의 사회가 이행기의 사회라는 성격을 갖는다는 점 때문이다. 그런 점에서 흐루쇼프의 주장과 같이, 사회주의 생산관계가 성립한 이후에 프롤레타리아 독재가 종식되고 전 인민 국가로 전환해야 할 이유는 없는 것이다. 또한 이행기는, 생산력의 발전으로 집단 농장의 협동조합적 소유가 공업과 같이 전 인민 소유로 발전하여 상품-화폐 관계가 소멸하는 높은 단계의 공산주의에 이르기까지의 시기로 보아야 할 것이다.

2. 레닌의 프롤레타리아 독재의 이론과 실천

레닌은 맑스, 엥엘스의 프롤레타리아 독재 사상을 제국주의 시대에 맞게 심화하고 발전시켰다. 레닌이 유명한 ≪국가와 혁명≫에서 프롤레타리아 독재의 이론을 정리하고 심화시켰던 것은 1917년 10월 혁명 직전 께렌쓰끼 정권의 체포령을 피해 도피하고 있을 때였다. 즉, 레닌은 10월 혁명을 목전에 두고 혁명과 국가의 문제, 노동자계급의 국가론을 총괄했던 것이다. 그런 점에서 ≪국가와 혁명≫은 노동자계급의 국가론, 특히 프롤레타리아 독재와 프롤레타리아 민주주의의 문제가 심화되어 있고 직접적인 행동의 지침이 되는 것이었다.

레닌은 국가에 대해 다음과 같이 개념 규정한다. "국가란 계급 적대감의 화해불가능성을 나타내 주는 것이며, 그러한 계급 적대감의 산물이기도 하다. 국가란 계급 사이의 대립이 객관적으로 바라보았을 때 결코 화해할 수 없는 경우에, 그리고 화해될 수 없기 때문에 발생한 것이다. 그 반대로 국가라는 존재는 계급 간의 적대감이 화해불가능하다는 것을 증명해주는 것이기도 하다."[20] 국가에 대한 레닌의

---

20) 레닌, ≪국가와 혁명≫, 논장, 1988, p. 18.

이러한 규정은 엥엘스의 ≪가족, 사유재산, 국가의 기원≫에서 전개되었던 국가의 발생에 대한 이론을 기초로 한 것이다. 여기서 레닌은 엥엘스의 견해에 기초하여 '계급 적대감의 화해불가능성'의 산물로서 국가를 강조하고 있다. 이러한 레닌의 견해는 타당한데, 국가는 사적 소유의 발생으로 인한 계급의 발생과 동시에 발생한 것이 아니라, 발생한 계급들의 대립이 화해 불가능한 상태에 도달했을 때 비로소 발생한 것이기 때문이다. 따라서 계급의 발생과 국가의 발생 사이에는 장구한 기간이 존재하며 중국의 경우 그 기간은 약 천 년에 달하기도 한다(曾宪义 主编, ≪中国法制史≫, 北京大学出版社·高等教育出版社, 2001). 그런 점에서 계급의 대립이 화해할 수 없는 상태에 이르렀을 때 국가가 발생했다는 레닌의 분석은 논리적으로, 역사적으로 타당한 것이다. 한국의 경우, 국가 권력의 존재는 자본가계급과 노동자계급의 대립이, 독점자본과 민중의 대립이 화해할 수 없는 상태라는 것의 반증이기도 하다.

레닌은 프롤레타리아 독재의 성립의 논리를 다음과 같이 전개한다. "대규모 생산에서 담당하게 되는 경제적 역할 덕분에 오직 프롤레타리아트만이 모든 노동 대중과 피착취 대중의 지도자가 될 수 있다. 왜냐하면 프롤레타리아트 이외의 노동 대중과 피착취 대중은 프롤레타리아트보다도 어떤 때는 더 많은 착취와 탄압과 억압의 대상이 되면서도 자신의 해방을 위한 독자적인 투쟁을 수행해낼 수 없기 때문이다. ... 부르주아지를 타도하는 것은 지배계급으로 되어가면서, 부르주아지의 필연적이고 결사적인 저항을 억누를 능력을 지니고, 새로운 경제 체제로 모든 노동 대중과 피착취 대중을 조직화할 수 있는 프롤레타리아트에 의해서만 쟁취할 수 있다. ... 이러한 프롤레타리아트의 혁명적 역할 중의 최고점은 프롤레타리아 독재, 즉 프롤레타리아트의 정치적 지배이다."[21] 노동자계급은 모든 민중들 가운데 생산에서의 지위에 의해 부르주아지를 타도하는 투쟁에서 처음부터 끝까지 혁명적일 수 있다는 점, 그로 인해 노동자계급이 여타 민중의 지도자가 될 수 있다는 점, 프롤레타리아트의 혁명 투쟁 중 최고점은 프롤레타리아트의 권력의 장악, 정치적 지배이며 이는 프롤레타리아 독재를 통해 실현된다는 것이 레닌의 프롤레타리아 독재론의 기본 골간이다.

레닌의 이러한 프롤레타리아 독재론은 러시아만의 상황에만 기인한 것이 아니라 유럽 전체에 걸치는 제2 인터내셔날의 기회주의와 싸우면서 정립되어간 것이다. 그리하여 레닌은 "단지 계급 투쟁에 대한 인식을 프롤레타리아 독재에 대한 인식으로까지 확장하는 사람만이 마르크스주의자라고 할 수 있다."[22]고 결론을 내린다. 이러한 레닌의 주장은 제2 인터내셔날의 기회의주의적 조류가 프롤레타리아트의 혁명적 독재라는 맑스와 엥엘스의 사상을 흐리면서 부르주아 국가 기구의 혁명적 파괴를 회피하던 것과 연관이 있다. 레닌은 10월 혁명 전야에 이러한 제2 인터내셔날의 조류와 선을 그으면서 맑스와 엥엘스의 프롤레타리아 독재론을 복원했던 것이다.

레닌은 맑스가 "고타 강령 비판"에서 정식화했던, 자본주의에서 공산주의로의 이행기에서 프롤레타리아 독재의 필연성이라는 주장을 다음과 같이 응용하고 있다. "모든 부르주아 국가는 그들의 형태가 아무리 다양하더라도 끝까지 그 본질을 분석해 보면 부르주아지의 독재라는 동일한 본질이 드러난다. 자본주의에서 공산주의로의 이행은 풍부하고 아주 다양한 정치적 형태들을 창출하는 것과 밀접하게 관련되어 있지만, 그 본질은 필연적으로 동일하게 될 것이다. 즉, 프롤레타리아트의 독재이다."[23] 이러한 레닌의 주장은, 한편으로 맑스의

---

21) 같은 책, p. 40.
22) 같은 책, p. 49.

주장을 계승하면서도, 다른 한편으로 이행기에 있어서 다양한 정치적 형태의 창출을 제기한다는 점에서 의미가 있다. 사실 20세기 사회주의만 보더라도 프롤레타리아 독재는 쏘련의 쏘비에트 권력이라는 형태, 동유럽 사회주의 여러 나라의 다양한 형태, 중국의 인민민주독재 등 다양하게 관철되었는데, 이 모든 형태상의 다양성에도 불구하고 그것의 본질은 프롤레타리아 독재였던 것이다.

≪국가와 혁명≫에서 두드러지는 레닌은 공헌은 프롤레타리아 독재와 민주주의의 문제를 통일시켜서 다루었다는 점이다. "민주주의는 다수에 대한 소수의 복종과 동일하지 않다. 민주주의는 다수에 대한 소수의 복종을 승인하는 하나의 국가, 다시 말해서 하나의 계급이 다른 계급에 대항하여 강제력을 체계적으로 행사하기 위한, 대중의 한 부류가 여타 다른 부류에 대하여 권력을 체계적으로 사용하기 위한 하나의 조직체 이상이 결코 아닌 것이다."[24] 이러한 레닌의 접근은 민주주의를 그 내용을 떠나, 즉, 어느 계급의 민주주의인가와 무관하게, 다수에 대한 소수의 복종과 동일시하는 속류적인 접근과는 차이가 있는 것이다. 레닌은 어느 계급의 민주주의인가를 전제로, 민주주의는 다수에 대한 소수의 복종을 가능하게 하는 국가라고 정식화하고 있는 것이다. 그리하여 부르주아 민주주의는 부르주아 국가를 전제로 하고 또 부르주아 국가를 산출하게 되며, 프롤레타리아 민주주의는 프롤레타리아 국가를 산출하게 되는 것이다. 그리고 이러한 접근은 프롤레타리아 독재와 민주주의를 대립시키는 속류적 견해(예를 들면 카우츠키의 민주주의론)를 비판하고 프롤레타리아 독재와 프롤레타리아 민주주의의 통일성에 대한 접근을 가능하게 하는 것이다.

---

23) 같은 책, pp. 50-51.
24) 같은 책, p. 104.

즉, 프롤레타리아 독재와 프롤레타리아 민주주의는 상호 간에 서로를 전제하고 서로를 규정한다는 점이 레닌의 위의 언급에서 논리적으로 추론되는 것이다.

레닌의 민주주의론은 형식적 평등에서 실질적 평등의 문제로 전진하는 것이다. 레닌은 민주주의는 평등을 의미하지만 그 평등이 형식에 머물지 않으려면 계급의 폐지를 의미하는 것으로 해석되어야 함을 제기한다. 또한 계급이 폐지되어 생산 수단과 관련되어 평등이 실현되자마자 '각자는 능력에 따라, 각자에게는 필요에 따라'라는 실질적 평등의 문제가 제기된다고 한다. 그런데 이때의 실질적 평등은 민주주의의 틀을 넘어서는 것이다. 따라서 문제는 민주주의의 구호 아래 형식적 평등에 머무는 것이 아니라 내용으로, 실질적 평등으로 전진할 수 있는 조건을 확보하는 것이 된다. 그리하여 "민주주의가 완전해지면 완전해질수록 민주주의가 불필요하게 되는 순간은 점점 더 가까워진다."[25] 이와 같이 민주주의의 발전은 그 극한에서 소멸의 길을 걷게 되는데, 이는 프롤레타리아 독재 국가가 계급적 억압과 계급 사회의 잔재의 청산이라는 역사적 사명을 다한 후에 소멸의 길을 걷게 되는 것과 마찬가지의 이치이다.

레닌은 《국가와 혁명》에서, 즉, 10월 혁명 전에 혁명 후 과제의 주요한 것으로서 회계(account)와 통제(control)의 문제를 제기하고 있다. "회계와 통제―이것은 최초 국면의 공산주의 사회에서 '순탄한 노동'과 적절한 기능을 위해 필요한 주된 것이다."[26] 회계와 통제는 10월 혁명 후에 레닌이 가장 긴급하고 절박한 과제로 제기한 것이었다. 왜냐하면 회계가 정확해야 생산의 조직화가 가능하기 때문이며,

---

25) 같은 책, p. 125.
26) 같은 책, p. 124.

노동자 통제는 자본가들의 사보타주를 분쇄하고 생산에서 노동자의 지배를 실현하는 주요 고리가 되기 때문이었다. 이처럼 레닌은 10월 혁명 전에 이미 혁명 승리 이후의 긴급한 과제에 대한 주요한 상을 그리고 있었다.

 레닌이 ≪국가와 혁명≫에서 분석하고 구상한 프롤레타리아 독재의 상은 10월 혁명을 통해 러시아 전역에서 실현되게 되었다. 레닌과 볼쉐비끼 당은 10월 혁명 직후에 토지를 무상몰수하고 국유화하여 지주계급을 폐지하였고, 이어서 은행, 철도, 공장 등 자본가들이 장악하고 있던 생산 수단과 주요 관제고지를 몰수하고 사회화하여 농촌을 제외한 대부분의 지역에서 자본가계급을 폐지하였다. 그리고 이어지는 제국주의의 간섭과 내전에서 노동자계급은 농민계급과 동맹하여 백위군에 맞서게 되었다. 이에 대해 레닌은 "프롤레타리아 독재의 최고 원칙은 노동자계급과 농민의 동맹이다"[27]라고 파악했다. 이는 프롤레타리아 독재 자체는 프롤레타리아트라는 단일 계급의 권력임을 의미하지만, 그것이 여타 계급과의 동맹을 배제하는 것은 아니며, 반대로 피억압 근로대중과의 동맹을 전제로 하여 성립하여 작동하는 체계임을 말하는 것이다.

 사실 제국주의의 간섭과 백위군과의 내전에서 프롤레타리아트가 농민과의 동맹을 실현하지 못했다면 볼쉐비끼 당이 내전에서 승리하는 것은 불가능했을 것이다. 레닌은 혁명 첫날부터 농민과의 동맹에 심혈을 기울였는데, 그것은 사회혁명당 좌파에게 양보하여 토지의 농민에 대한 평균적 분배를 실현했다는 것에서도 잘 드러난다. 그리하여 토지의 평균적 분배 자체는 사회주의적 조치가 아니지만, 노동자

---

27) 레닌, B. N. 포노말료프 편, ≪소련공산당사≫ 제3권, 거름, p. 165에서 재인용.

계급의 헤게모니, 프롤레타리아 독재가 전제된다면, 사회주의로 가는 매개가 될 수 있다고 레닌은 파악했다. 그리고 내전 과정에서 볼쉐비끼 당은 농민들에게서 잉여식량을 징발하면서도, 전시 중임에도 불구하고 공장에서 농민들이 필요로 하는 일용품과 농기구 등을 생산하여 잉여식량과 일용품의 교환을 실현하려 노력했었다. 그리고 결정적으로는 백위군의 점령지가 확대되면서 백위군이 토지 혁명의 성과를 무력화하고 토지를 이전의 원소유주에게 반환하는 조치를 시행함에 따라, 농민들은 이전의 관망하던 태도에서 전환하여 자신의 토지를 지키기 위해 볼쉐비끼 당 지지로 돌아서게 되었던 것이다. 이는 노동자계급의 농민에 대한 동맹 정책이 내전의 승리에 있어서 결정적 역할을 한 것으로 파악될 수 있다.

혁명 후 사회주의 건설을 시작한 레닌의 노선은 1918년 4월에 쓴 ≪쏘비에트 정부의 당면 과제≫라는 글에서 잘 드러난다. 레닌은 ≪국가와 혁명≫에서 정립했던 회계와 통제의 문제를 사회주의 건설 과정에서 전면에 내세웠다. "결정적인 것은 재화의 생산과 분배에 대한 가장 엄격하고 전국적 규모의 회계와 통제의 조직화이다."[28] 이러한 레닌의 견해는 혁명 후에 가장 긴급한 것은 자본가계급을 폐지하고 자본가계급의 저항을 분쇄하는 것이지만 그에 못지않게 중요한 것은 생산과 분배의 조직화라는 점을 강조하는 것이다. 생산과 분배를 노동자계급이 조직하는 데 성공할 때만 노동자계급은 비로소 명실상부한 지배계급으로 역할할 수 있기 때문이었다.

레닌은 자본가계급에 대한 수탈이라는 과제와 회계와 통제의 조직화라는 과제의 관계에 대해 다음과 같이 파악했다. "만약 우리가 지

---

28) Lenin, *The Immediate Tasks of The Soviet Government*, *Selected Works (Three Volumes)*, Vol. 2, Progress Publishers, p. 592.

금까지 해온 것과 동일한 속도로 자본을 계속해서 수탈한다면, 우리는 틀림없이 패배하고 말 것이다. 왜냐하면 프롤레타리아적인 회계와 통제가 명백하게―모든 사람들에게 명백하게―직접적으로 "수탈자를 수탈하는" 사업보다 뒤쳐져 있기 때문이다."29) 이러한 레닌의 견해는 혁명이, 한편으로 수탈자를 수탈하는 사업을 지속해야 하지만, 그것만으로는 혁명이 승리할 수 없으며 생산과 분배의 조직화를 위한 회계와 통제의 문제와 수탈자에 대한 수탈의 문제가 상호 균형을 맞추면서 전개되어야 함을 제기한 것이다. 왜냐하면 수탈자를 수탈하더라도 생산과 분배의 문제에서 실패한다면, 그것은 곧바로 반혁명의 승리로 이어질 수 있기 때문이었다. 그리하여 레닌은 "우리는 억압의 방법에 의해 승리를 얻었다; 우리는 또한 관리(행정, administration)의 방법에 의해 승리를 얻어야 한다."30)고 제기했던 것이다.

레닌은 이러한 관점에서 부르주아 전문가를 배척하는 것이 아니라 반대로 노동자 임금보다 높은 봉급을 주면서 활용하고자 했다. 이에 대해 레닌은 "예를 들자면, 빠리 꼬뮌의 원칙들로부터 후퇴하고 이탈하는 이러한 조치는 많은 부르주아 전문가에 대한 높은 봉급이었다. … 이러한 종류의 타협은 프롤레타리아 정부가 자신의 발로 전국적 규모의 회계와 통제를 굳건하게 세울 때까지 필요할 것이다"31)라고 말했다. 또한 레닌이 빠리 꼬뮌의 원칙으로부터 이탈하는 타협의 또 하나의 사례로 든 것은 인민무장과 구별되는 상비군, 정규군을 창설한 점이었다. 제국주의의 간섭과 내전에서 쏘비에트 권력은 점차 정규군을 창설하게 되었는데, 그것은 백위군, 자본가계급의 저항을 분쇄하는

---

29) *Ibid.*, p. 593.
30) *Ibid.*, p. 594.
31) *Ibid.*, p. 621.

데는 인민무장으로 충분하지만, 제국주의의 간섭과 맞서는 데는 인민무장만으로는 부족하며, 정규군을 창설해야만 제국주의 군대와 맞설 수 있다는 점 때문이었다. 그리하여 쏘비에트 권력의 성격이 문제되었을 때 레닌은 다음 세 가지로 쏘비에트의 사회주의적 성격을 제기했다. 첫째, 선거권자가 노동, 피착취 인민이며, 부르주아지는 선거에서 배제된다는 것, 둘째, 선거에 대한 모든 관료적 형식과 제한이 폐지되고 인민 스스로가 선거의 절차와 시기를 결정하며, 자유롭게 선출된 자를 소환할 수 있다는 점, 셋째, 노동인민의 전위, 즉, 대규모 산업에 종사하는 프롤레타리아트의 최상의 대중적 조직이 창출되었다는 점 등이 쏘비에트의 사회주의적 성격의 근거로 제시되었다.[32]

레닌은 ≪프롤레타리아 혁명과 배신자 카우츠키≫에서 프롤레타리아 독재론을 심화, 발전시켰다. "쏘비에트들은 프롤레타리아 독재의 러시아적 형식이다."[33] 이러한 레닌의 규정은 쏘비에트가 빠리 꼬뮌형의 국가 권력이라는 점을 명확히 하고 쏘비에트의 성격이 노동자계급의 독재, 정치적 지배의 형식이라는 점을 밝힌 것이다. 그리고 레닌은 이를 기초로 프롤레타리아 독재에 대해 민주주의 일반을 대립시키는 카우츠키의 주장을 폭로하면서 계급을 떠난 민주주의는 존재하지 않는다는 것을 주장했다. 그리하여 프롤레타리아 독재와 프롤레타리아 민주주의의 관계를 분석하면서 자본에 맞서 싸우는 노동자계급의 대중 조직인 쏘비에트가 왜 국가 기구로 전화되면 안 되는지에 대해 카우츠키가 외면하고 있는 점을 비판하고 있다. 즉, 민주주의를 내세우는 카우츠키가 노동자계급의 최상의 민주주의 조직인 쏘

---

32) *Ibid.*, pp. 613-614.
33) Lenin, *The Proletarian Revolution and The Renegade Kautsky*, *Selected Works(Three Volumes)*, Vol. 3, p. 40.

비에트 조직의 국가 기구로의 전화, 프롤레타리아 독재 기구로의 전화에 대해 모른 체한다는 것을 폭로하고 있다.34) 여기에서 레닌은 프롤레타리아 민주주의의 프롤레타리아 독재로의 전화라는 정식화를 이루어내고 있다.

레닌은 계급을 떠난 민주주의는 없다는 전제 하에, 볼쉐비끼에 의한 제헌의회의 해산을 비난하는 카우츠키를 반박하고 있다. 레닌은 혁명의 이익이 부르주아 의회인 제헌의회의 형식적 권리보다 높다고 주장하며, 러시아에서 제헌의회는 어느 계급의 기관인가에 대해 카우츠키가 회피하고 있음을 폭로했다.35) 또한 레닌은 부르주아들의 선거권을 박탈하는 것이 프롤레타리아 독재의 불가피한 특징은 아니며 그것은 러시아적 상황에 의한 것이었다고 분석하면서, 부르주아에 대한 선거권의 허용 문제는 향후 발발할 각국의 혁명의 특수성에 따라 해결될 성질의 것임을 제기했다.

레닌은 프롤레타리아 민주주의를 심도 깊게 분석하는데, 부르주아 의회의 지역 단위 선거구와 다른, 공장 등 생산 단위 선거구의 문제를 다음과 같이 파악하고 있다. "쏘비에트 권력, 즉, 프롤레타리아 독재는 다른 한편으로 노동인민이 정부 기구에 가깝게 다가서도록 조직되어 있다. 국가의 쏘비에트 조직 하에 입법과 집행의 권위를 결합시키고, 지역 선거구를 생산 단위—공장—선거구로 대체한 것은 이러한 목적을 위한 것이다."36) 이러한 레닌의 언급은 지역 선거구를 공장 등 생산 단위 선거구로 변경한 것이, 쏘비에트의 계급적 성격을 규정하는 입법과 집행의 통일과 같은 성격의 조치임을 말하는 것이

---

34) *Ibid.*, p. 43.
35) *Ibid.*, p. 49.
36) *Ibid.*, p. 105.

다. 즉, 생산 단위 선거구는 쏘비에트의 프롤레타리아적 성격을 보장하기 위한 계급적 정책이었던 것이다. 그런 점에서 쓰딸린이 1936년 헌법을 개정하면서 생산 단위 선거구를 지역 선거구로 변경한 것은 실책이었다고 평가될 수 있다.

레닌은 관료주의의 문제에 대해 다음과 같이 평가한다. "우리는 전체 인민이 정부의 사업에 참여할 때만, 관료주의에 대해 가장 철저하고 완전한 승리를 할 수 있다. … 법률과 별도로, 어떤 법률에도 종속될 수 없는, 문화 수준의 문제가 여전히 존재한다. 이러한 낮은 문화 수준의 결과는, 강령 상으로는 노동인민에 의한(by) 정부 기관인 쏘비에트들이 사실상 전체로서의 노동인민이 아니라, 프롤레타리아트의 선진적 부문에 의한 노동인민을 위한(for) 정부 기관이라는 점이다."[37] 관료주의에 대한 레닌의 이러한 견해는 첫째, 관료주의가 노동인민의 민주주의의 철저한 발전에 의해서만 완전히 극복될 수 있는 성질이라는 점을 말하며, 둘째, 노동인민의 민주주의, 프롤레타리아 민주주의가 철저히 발전하려면 단기간의 사업이 아니라 장기간에 걸쳐 노동인민의 문화 수준을 제고해야만 한다는 점을 말하는 것이다. 그런 점에서 관료주의에 대해 단기간의 정치 혁명의 방식으로 극복하고자 했던 뜨로쯔끼의 견해는 레닌의 견해와 상반되는 것이다. 또 쏘련에서 수정주의가 발생하여 관료주의 국가가 성립하고 끝내 관료들에 의해 쏘련이 해체되었지만, 프롤레타리아 독재 하에서 관료들에 대해 정치 혁명의 방식을 통하여 관료주의를 극복하려는 것은 좌편향적인 것이며, 사회주의 생산관계의 성립을 전후하여 당시 조건에 맞게 관료에 대한 노동대중의 선출, 소환, 파면을 철저히 시행하고 그 범위를 확대하는 노력, 즉, 프롤레타리아 민주주의의 고도화를

---

37) *Ibid.*, p. 127.

통하여 관료주의를 극복해 가는 것이 타당할 것이다.

레닌의 프롤레타리아 독재론은 사회주의 사회에서 계급 투쟁의 문제, 사회주의 건설과 계급 투쟁의 연관의 문제에까지 미치고 있다. 레닌은 "사회주의는 계급의 폐지를 의미한다"[38]고 정식화하고 있다. 이러한 레닌의 견해는 사회주의 건설의 입장에서 사회주의를 어떻게 정의해야 하는가에 대한 답변이다. 즉, 사회주의 건설은 계급의 폐지를 실현해 가는 과정에 다름 아니라는 것을 레닌은 주장하고 있는 것이다. 이는 자본가계급의 부활을 통해 생산력 발전을 도모하는 현대 중국의 사회주의 시장 경제론이 얼마나 허구에 찬 것인가를 폭로하는 것이기도 하다. 사회주의 건설의 관점에서 레닌의 프롤레타리아 독재론은 중국 수정주의와는 정반대되는 견해인 것이다.

레닌은 "계급은 한 방의 타격으로 폐지될 수 없다. 그리고 계급들은 프롤레타리아 독재 시대에 여전히 남아 있으며 남아 있을 것이다. 그 독재는 계급이 사라질 때 불필요하게 될 것이다. 프롤레타리아 독재가 없다면 계급들은 사라지지 않을 것이다. 계급들은 남아 있지만 프롤레타리아 독재 시대에 모든 계급은 변화를 겪고 있으며, 계급들의 관계 또한 변화하고 있다. 계급 투쟁은 프롤레타리아 독재 하에서 사라지지 않는다; 그것은 단지 다른 형태를 띨 뿐이다"[39]라고 분석했다. 계급 투쟁이 프롤레타리아 독재 시대에 사라지지 않으며 단지 다른 형태를 띨 뿐이라는 레닌의 견해는 계급 투쟁의 종식을 근거로 전 인민 국가론을 선언한 흐루쇼프와 또 계급 투쟁의 시대는 지나갔다며 사회주의 시장 경제로 건너뛴 중국의 덩샤오핑을 반박하는 것

---

38) Lenin, *Economics and Politics in Era of Dictatorship of Proletariat*, *Selected Works(Three Volumes)*, Vol. 3, p. 234.
39) *Ibid.*, p. 236.

이다. 또한 향후 21세기 사회주의 건설이 이루어질 경우 프롤레타리아 독재 시대에도 존재하는 계급 투쟁의 다양한 내용과 형식에 대한 준비와 노력이 이루어질 때, 사회주의 건설은 순조로울 것이다.

한편, 브레쥐네프 시대의 공식적 입장을 반영하는 ≪소련공산당사≫ 제3권(거름 출판사)에서는 '프롤레타리아 독재의 체계'에 대한 주목할 만한 서술이 있다. "새로운 임무를 해결하기 위해서는 소비에트 국가에서 당의 지도적 역할을 강화하고, 근로자의 국가적 단체나 그 밖의 사회단체와 당의 정확한 관계를 정립할 필요가 있었다. 1918년 봄에는 프롤레타리아 국가의 권력 기구가 거의 완성되었다. 프롤레타리아 독재 체계는 당, 소비에트, 노동조합으로 구성되었다. 특히 중요한 의의를 가지는 것은 당과 소비에트의 올바른 관계였다. 당은, 국가 권력인 소비에트에 자주적으로 활동할 여지를 주면서, 프롤레타리아 독재 체계 안에서 당의 지도적 역할을 보장하는 형태로 서로의 관계를 완성했다."[40] 프롤레타리아 독재의 체계라는 개념은 레닌에게서 비롯된 것이며 쓰딸린에 의해 계승된 것인데 그것에는 당, 쏘비에트, 노동조합이 포괄되며, 그중에서도 당과 쏘비에트의 관계가 중요한 의의를 가진다는 것이다. 그런데 국가 기구는 쏘비에트이며, 따라서 쏘비에트 권력은 곧 프롤레타리아 독재의 현실태가 된다. 그러면 당은 무엇인가? 위 인용문에서는 당의 지도적 역할의 보장을 말하고 있다. 그렇다면 프롤레타리아 독재의 체계 안에서 당은 권력 기관이 아니라, 국가 기구인 쏘비에트와 대중 조직인 노동조합에 대한 지도적 역할을 하는 지도 기관으로 정식화될 수 있다. 즉, 당의 본질은 권력 기관이 아니라 지도 기관인 것이다. 그리고 프롤레타리아 독재의 실제 내용은 쏘비에트 기구에서 수행하는 것이며, 이를 위해 쏘비에트는 강제력

---

[40] B. N. 포노말료프 편, 앞의 책, p. 57.

을 담보하는 권력 기구로서의 성격을 띠게 된다. 그리고 노동조합은 국가 기구가 아니라 대중 조직으로서의 본질을 가지며, 프롤레타리아 독재 체계에서 국가 기구인 쏘비에트와 구분되는 시민 사회의 조직으로서 당이 결정하고 프롤레타리아 국가가 권력으로써, 강제력으로써 수행하는 사안과 내용을 시민 사회의 영역에서 헤게모니적으로 수행하고 실행하는 위상을 갖는 것이다. 그런 점에서 프롤레타리아 독재의 체계에서 당은 지도적 역할, 쏘비에트는 권력을 통한 실행, 노동조합은 시민 사회에서 헤게모니적으로 프롤레타리아 독재의 과제를 수행하는 것으로 파악될 수 있다.

여기서 당과 쏘비에트의 관계를 정리하면, 특히 쓰딸린 말년에 당과 쏘비에트 중에서 어디에 실제적인 권력의 소재를 둘 것인가의 논쟁을 고려하면, 다음과 같이 정리할 수 있을 것이다. 즉, 어떤 당원이 권력을 갖는 것은 그가 당원이기 때문이 아니라, 프롤레타리아 독재 체계 하에서 노동자계급의 일원이라는 점 때문이며, 또 한편으로 그 당원이 국가 기구의 성원이라면 당원이기 때문이 아니라 국가 기구의 성원이라는 점 때문에 권력을 갖는 것으로 파악되어야 하는 것이다. 그리고 그가 당원으로서 역할하는 것은, 노동자계급의 전위로서 사상에 기초하여 사회주의 건설을 이끌고 지도할 수 있는 노선의 정립에 기여하고 또 그 노선을 관철시키는 데 있는 것이다. 그런 점에서 당과 쏘비에트, 즉 국가의 관계를 정리하면, 당은 사상에 기초한 노선을 정립하고 관철하는 지도 기관이며, 쏘비에트 국가는 권력 기구로서 자본가계급과 그 유물에 대한 계급적 억압을 중심으로 하는 프롤레타리아 독재의 내용과 원칙을 관철하는 것이다. 그리고 당이 이렇게 국가와의 관계를 정립해 가는 것은 결정적 의미가 있는데, 왜냐하면 그럴 때만 국가 기구가 계급적 원칙에서 벗어나고 관료주의화되는 것을 저지할 수 있고, 또 당 스스로는 출세주의분자, 관료주의분자들이 당에 스며들어 성장하는 것을 저지할 수 있기 때문이다. 즉, 당원의 관료화, 당의 관료주의화가 저지될 수 있기 때문이다.

3. 쓰딸린의 프롤레타리아 독재의 이론과 실천

쓰딸린은 30여 년간 쏘련의 지도자로 있으면서 많은 성과를 거두었고 또 일정한 오류도 있었다. 그런 점에서 쓰딸린은 이론보다도 실천이 주목되는 인물이다. 그러나 쓰딸린의 실천은 이론과 분리된, 이론과 무관한 실천이 전혀 아니었으며, 특히 프롤레타리아 독재의 이론은 쓰딸린만이 아니라 볼쉐비끼 당 전체, 그리고 쏘비에트 국가 기구의 활동을 규정하는 것이었다는 점에서 쓰딸린 당시의 프롤레타리아 독재 이론을 살펴보는 것은 큰 의미가 있다.

쓰딸린의 프롤레타리아 독재 이론은 레닌의 이론을 계승하는 것으로 시작되었다. 쓰딸린은 뜨로쯔끼에 맞서 레닌주의를 수호하는 가운데 프롤레타리아 독재 이론을 발전시켰다. 쓰딸린의 주요 저작 가운데 하나인 ≪레닌주의의 기초≫에는 프롤레타리아 독재의 성격이 세 가지로 분석되고 있다. 첫째, 프롤레타리아 혁명의 도구로서 프롤레타리아 독재. 이에 대해 쓰딸린은 혁명이 특정 단계에서 프롤레타리아 독재의 형태를 지닌 기관을 창출하지 않으면 부르주아지의 저항을 분쇄할 수 없다는 점을 들고 있다. 둘째, 부르주아지에 대한 프롤레타리아트의 지배로서 프롤레타리아 독재. 이에 대해 쓰딸린은 쏘련의 민주주의가 부르주아지를 배제한다는 점과 프롤레타리아 독재는 부르주아 민주주의의 평화로운 발전의 결과 생성될 수 없다는 점, 즉, 부르주아 국가가 파괴되어야 한다는 점을 들고 있다. 셋째, 프롤레타리아 독재의 국가 형태로서의 쏘비에트. 쏘비에트는 모든 노동자 대중이 포괄되고 있고 참여하고 있다는 점을 들고 있다.[41] 여기서 앞의 두 가지는 프롤레타리아 독재의 계급적 내용을 말하며 마지막 셋째는 프롤레타리아 독재의 형식을 의미한다. 또한 쏘비에트를 프롤레타리아 독재의 형태라고 한 것은 쏘련의 쏘비에트 권력의 계급적 성격을 규정한 것이다.

쓰딸린은 레닌의 관점을 계승하여, 부르주아 혁명은 대개 권력의 장악으로 완수되지만, 프롤레타리아 혁명에서 권력의 장악은 시작일 뿐임을 제기했다. 그리하여 프롤레타리아 독재는 계급 투쟁의 끝이 아니라 새로운 형태의 지속이라고 하였다. 이 또한 레닌의 관점을 그대로 계승한 것이다. 그러나 쓰딸린이 레닌의 이 관점을 수용, 계승한 것은 커다란 의미를 갖는데, 바로 이 점으로 인하여 1920년대, 1930년대에 걸친 쏘련 내에서의 계급 투쟁, 농업 집단화와 숙청 등이 이론적 근거를 갖는 것이었기 때문이다.

레닌은 "프롤레타리아 독재란 근로인민의 전위인 프롤레타리아트와 수많은 비프롤레타리아 계층의 근로인민(소부르주아지, 소소유자, 농민, 인쩰리겐찌야 등) 또는 이들의 다수 사이의 계급동맹의 특수한 형태이다"[42]라고 말한 바 있었다. 레닌의 이러한 규정은 당시 쏘련의 현실에서 프롤레타리아 독재의 성립과 발전은 노동자계급과 농민의 동맹을 기초로 할 때만 가능하다는 것 때문이었다. 그러나 그것이 노동자, 농민의 연합 독재가 아니라 프롤레타리아 독재로 규정되는 것은 그 동맹의 지도력이 노동자계급의 단일한 지도력이었기 때문이다. 이에 대해 쓰딸린은 다음과 같이 말한다. "이러한 특수한 동맹 형태

---

41) 스탈린, ≪레닌주의의 기초≫(≪스탈린 선집≫ 제1권), 전진, 1988, pp. 99-106.
42) 레닌, "'자유와 평등이란 슬로건들로 인민을 기만함에 관하여'의 서문", ≪스탈린 선집≫ 제1권, p. 206에서 재인용.

는 동맹의 지도력이 프롤레타리아트라는 점이다. 이러한 특수한 동맹 형태는 국가의 지도자, 프롤레타리아 독재 체제의 지도자가 하나의 당, 프롤레타리아 당, 공산주의자들의 당으로서 다른 당들과 지도력을 공유하지 않으며, 또 공유할 수 없다는 점이다."[43] 프롤레타리아 독재는 쏘련의 현실에서 노동자계급과 농민의 계급동맹의 특수형태로 기능하지만, 그 동맹의 구성에서 지도력이 노동자계급의 단일한 지도력, 즉, 볼쉐비끼 당의 지도력이라는 점에서, 다른 계급, 다른 당들과 지도력을 공유하지 않는다는 점에서, 노동자계급과 농민의 연합 독재가 아니라 여전히 프롤레타리아 독재로 규정된다는 것이다. 쓰딸린은 유사한 맥락에서 다음과 같이 정식화한 바가 있다. "프롤레타리아 독재는 동맹의 지도세력이 프롤레타리아트라는 조건 아래서, 자본을 타도하고 사회주의의 최종 승리를 획득하는 것을 목적으로 하는 프롤레타리아트와 농민의 근로대중들 사이의 동맹이다."[44] 이와 같이 쏘련에서 쏘비에트 권력은 노동자계급과 농민의 동맹을 근간으로 하고 그 동맹을 조건으로 프롤레타리아 독재가 성립하고 작동하였지만, 그 동맹의 지도력은 단일한 계급으로서 프롤레타리아트라는 점, 당시의 조건에서는 볼쉐비끼 당의 지도력이었다는 점이 그 동맹의 특수한 성격을 규정했던 것이다.

쓰딸린은 《레닌주의의 문제에 관하여》에서 프롤레타리아 독재의 주요한 세 측면을 다음과 같이 규정한다. "따라서 프롤레타리아 독재의 주요한 세 측면은 다음과 같다. 1) 착취자들의 억압, 조국의 방어, 다른 나라 프롤레타리아트와의 유대의 강화, 모든 나라에서 혁명

---

43) 스탈린, 《레닌주의의 문제에 관하여》(《스탈린 선집》 제1권), p. 206.
44) 스탈린, 《10월 혁명과 러시아 공산주의자들의 전술》(《스탈린 선집》 제1권), p. 207에서 재인용.

의 발전과 승리를 위한 프롤레타리아 지배의 활용. 2) 피착취 근로대중을 즉시 부르주아지로부터 분리시키고, 프롤레타리아트의 이러한 대중들과의 동맹을 강화하며, 이러한 대중들을 사회주의 건설의 사업에 끌어들이며, 이러한 대중들에 대한 프롤레타리아트의 국가적 지도력을 보장하기 위한 프롤레타리아트 지배의 활용. 3) 사회주의의 조직화, 계급의 폐지, 계급 없는 사회, 사회주의 사회로의 이행 등을 위한 프롤레타리아 지배의 활용."45) 이러한 쓰딸린의 프롤레타리아 독재의 주요 측면에 대한 분석은 쏘련에서 프롤레타리아 독재의 실천적 운용의 경험을 녹여서 정리한 것이다. 이전에 ≪레닌주의의 기초≫에서는 단지 레닌의 견해를 계승하면서 이론적 개념으로서 프롤레타리아 독재의 성격을 분석했다면, ≪레닌주의의 문제에 관하여≫에서는 프롤레타리아 독재의 성격이 한층 더 풍부한 형태로 제출되고 있다. 쓰딸린의 위의 규정 중에서 첫 번째는, 계급 투쟁의 도구로서 프롤레타리아 독재를 말하며, 두 번째는, 프롤레타리아트와 여타의 피착취 근로대중의 동맹의 도구로서, 그리고 그 동맹에서 근로대중에 대한 프롤레타리아트의 지도력의 도구로서 프롤레타리아 독재를 말하며, 세 번째는, 사회주의 건설의 무기로서 프롤레타리아 독재를 말한다. 이러한 쓰딸린의 규정은, 레닌의 프롤레타리아 독재에 대한 규정을 넘어서서 쏘련의 사회주의 건설 경험을 녹여서 프롤레타리아 독재론을 한층 더 발전시킨 것이었다.

그러면 당의 지도적 역할과 프롤레타리아 독재의 연관에 대한 쓰딸린의 견해에 접근해 보자. 앞서 레닌의 프롤레타리아 독재론에서 프롤레타리아 독재의 체계에서 당과 쏘비에트의 관계를 논한 바 있는데, 쓰딸린 또한 그 연장선상에서 당과 국가의 관계를 논하고 있

---

45) 스탈린, ≪레닌주의의 문제에 관하여≫(≪스탈린 선집≫ 제1권), p. 209.

다. "그러나 이것은 프롤레타리아 독재와 당의 지도적 역할(당의 "독재") 사이에 등호(=)가 놓여 질 수 있으며, 전자가 후자와 동일시될 수 있고, 전자는 후자로 대체될 수 있다고 이해되어서는 안 된다."[46] 이러한 쓰딸린의 언급은 당의 독재라는 규정이 제기되고 있고 또 프롤레타리아 독재가 아니라 실제로는 당 독재가 아닌가 하는 제기가 존재했다는 것을 말한다. 즉, 지노비예프 등은 프롤레타리아 독재가 아니라 당 독재이어야 한다고 주장했는데, 쓰딸린은 이러한 견해와 선을 긋고 있는 것이다. 지노비예프의 주장은 프롤레타리아 독재 체계 하에서 당의 지도적 역할을 곧 당의 독재로 인식하는 것이었는데, 쓰딸린은 이를 반박하면서 당의 독재라는 개념은 당의 지도적 역할을 잘못 인식하는 것으로서 당의 지도적 역할과 프롤레타리아 독재는 구분되어야 함을 주장한 것이다. "프롤레타리아 독재가 그 영역에서 당의 지도적 역할보다 보다 광범하고, 보다 풍부하다는 것을 굳이 증명할 필요는 없다. 당은 프롤레타리아 독재를 수행하지, 어떤 다른 종류의 독재를 수행하지 않는다. 프롤레타리아 독재를 당의 지도적 역할과 동일시하는 사람은 누구나 프롤레타리아 독재를 당의 "독재"로 대체한다."[47] 이러한 쓰딸린의 언급은 당과 프롤레타리아 독재 국가와의 관계를 정확히 정리한 것이다. 당은 프롤레타리아 독재 체계 하에서 단지 지도적 역할, 지도 기관으로 작동하는 것이며 권력 기관이 아니다. 그리고 국가는, 쏘비에트는 권력 기관으로서 프롤레타리아 독재의 내용을 수행하는 것, 자본가계급과 그 유물, 잔재에 대한 계급적 억압을 수행하는 것이다.

그러나 현실에서 제국주의의 간섭과 내전, 그리고 경제의 재건, 파

---

46) 같은 책, p. 214.
47) 같은 책, p. 215.

씨즘의 등장과 전쟁 위기의 격화, 그리고 2차 대전의 발발 등으로 쓰딸린 시기의 쏘련은 비상한 시기의 연속이었으며 이로 인해 당과 국가는 정확히 분리되는 것이 아니라 일정하게 융합될 수밖에 없었다. 특히 제2차 세계 대전을 전후한 시기에 당은 숙청과 전쟁으로 인해 경직화될 수밖에 없었고, 이는 새로운 상황에 맞는 새로운 노선의 정립이라는 당의 본질적 역할의 수행을 가로막는 것이었다. 그리하여 당원들이 노동자계급의 정치적 전위로서 사회주의, 공산주의의 대의에 헌신하기보다 관료형 인간으로 서서히 변모해 갔던 것이다. 그리고 이러한 역사적 현실은 향후 21세기 혁명과 사회주의 건설에서 당과 국가의 관계에 대한 정확한 노선의 정립이 관건적 요소로 작용할 것임을 의미한다. 그리고 당과 국가의 관계의 문제에서 당은 사상을 본질로 한다는 점, 그리고 국가는 계급적 폭력의 조직화를 본질로 한다는 점을 출발점으로 하여 당과 국가의 관계의 정립에 다가설 수 있을 것이다.

쓰딸린은 프롤레타리아 독재의 화신으로 불릴 수 있다. 러시아의 자본가계급을 폐지하고 자본가계급의 저항을 분쇄한 주역이라는 점, 그리고 나아가 러시아와 쏘련에서 사회주의 건설 노선을 정립해가고 사회주의 생산관계의 확립을 주도한 인물이라는 점에서 그러하다. 또 세계적 차원에서는 제2차 세계 대전에서 파씨즘 세력을 궤멸시켜 사회주의 세계체제의 성립을 주도한 인물이기도 하다. 그러나 쓰딸린과 쏘련의 노동자계급이 걸었던 사회주의 건설의 길은 인류가 한 번도 걸어본 적이 없는 길이었다는 점에서 일정한 오류를 수반할 수밖에 없었다. 따라서 쓰딸린의 프롤레타리아 독재의 실천을 평가해 보면서 일정한 교훈을 끌어내는 것은 의미가 있다.

쓰딸린은 러시아 혁명과 내전 과정에서 주도적 역할을 했다. 러시아에서 반동기가 끝나고 1912년부터 새로운 고양기가 시작되었을 때,

쓰딸린은 스위스에 망명하고 있던 레닌을 대신하여 러시아 국내의 볼쉐비끼 당의 비합법 조직을 이끌었다. 이것이 이른바 러시아 국내 뷰로서 쓰딸린은 이 뷰로에서 주도적 역할을 했다. 그리하여 일간 신문으로서 ≪쁘라브다≫를 발간하면서 짜르 정권의 폐간에 맞서 재발간 투쟁을 지속하였다. 그리고 쓰딸린은 짜르가 대중을 기만하기 위해 치른 두마 선거에 볼쉐비끼 당이 참여했을 때, 선거 투쟁을 주도하여 대부분의 노동자 지구에서 볼쉐비끼 당 후보들을 당선시키는 데 커다란 역할을 했다. 그리고 1917년 2월 혁명이 발발하고 난 후 10월 혁명에 이르는 기간에 쓰딸린은 주도적 역할을 했는데, 레닌이 께렌쓰끼 정권의 체포령을 피해 은신해 있을 때, 쓰딸린은 께렌쓰끼 정권에 맞선 무장봉기를 결정했던 제6차 당 대회에서 중앙위원회를 대표하여 정치 보고를 하였다. 이 점은 쓰딸린이 1917년 2월에서 10월에 이르는 혁명적 정세에서 레닌 다음 가는 주도적 역할을 했다는 것을 의미했다. 그리고 10월 혁명 이후 내전이 발발했을 때 혁명군사위원회 의장은 뜨로쯔끼가 맡았지만, 쓰딸린은 짜리쯴 전투 등 내전의 고비마다 결정적 전투에서 승리를 이끌었다. 그리하여 짜리쯴이라는 도시는 이후 쓰딸린그라드로 불리게 되었다.

  1920년대 뜨로쯔끼, 부하린에 대한 쓰딸린의 노선 투쟁은 직접적으로는 프롤레타리아 독재의 문제와 무관한 것이다. 즉, 1920년대 노선 투쟁은 당내 분파 투쟁으로서의 성격을 갖는다. 그리하여 뜨로쯔끼가 당 규율을 위반하면서 분파 투쟁을 전개했을 때, 쓰딸린과 볼쉐비끼 당 중앙위원회의 방침은 뜨로쯔끼에 대해 '비판을 통한 교정'을 한다는 것이었다. 그러나 뜨로쯔끼의 분파 투쟁이 정도를 더해 가고 지속적으로 당 규율을 위반해 갔을 때, 볼쉐비끼 당은 뜨로쯔끼의 당원 자격을 유지시킨 상태에서 혁명군사위원회 의장직에서의 해임, 이후에는 중앙위원직에서의 해임 등의 조치를 취하였다. 그러나 이것은 여전히 당내 분파 투쟁으로서의 성격을 가지고 있었으며 그에 따라 뜨로쯔끼의 당원 자격은 유지된 상태였다. 그러나 뜨로쯔끼 등 반대파가 당의 규율을 위반하면서 난폭하게 가두로 진출하여 10월 혁명 기념식에서 그 참가자들과 충돌했을 때, 이것은 뜨로쯔끼 세력이 당내 분파에서 당 자체에 반대하는 반체제 세력으로 전화했다는 것을 의미했다. 그리하여 볼쉐비끼 당은 비로소 뜨로쯔끼의 당원 자격을 박탈하는 조치를 취하였다. 뜨로쯔끼가 당원 자격을 박탈당하기 전에 뜨로쯔끼의 분파 투쟁은 기본적으로 당내 문제로서 당 내부의 토론과 정치적 결의에 의해 극복되어야 하는 대상이었다. 그러나 뜨로쯔끼가 당에서 제명된 이후는 당내의 토론과 결의가 아니라 반체제 세력으로서 프롤레타리아 독재의 억압의 대상이 된 것이었다. 그리고 이러한 성격의 전환은 1936년의 뜨로쯔끼-지노비예프 블록에 대한 재판을 통하여 드러났다. 뜨로쯔끼-지노비예프 블록은 나찌 독일이 쏘련을 침공할 경우 나찌와 협력하여 쏘비에트 정부를 전복하려는 계획을 세운 것으로 재판 결과 밝혀졌다. 뜨로쯔끼가 당내 투쟁에서 철저히 패배했음에도 불구하고 자신의 오류를 교정하지 못하고 끝내 프롤레타리아 독재의 억압 대상으로 전락한 것은 뜨로쯔끼가 쏘련에서 사회주의 건설의 가능성을 불신한 결과였다. 이러한 뜨로쯔끼의 행로는 사회주의 사회에서 당과 프롤레타리아 독재의 관계에 대한 하나의 반면교사를 보여 주는 것이다.

쓰딸린은 프롤레타리아 독재가 농민 등 근로대중과 노동자계급의 동맹을 이끌어내는 도구라고 파악한 바 있었다. 농업 집단화는 바로 이러한 프롤레타리아 독재의 성격이 관철되는 과정이었다. 한편으로는 농촌의 부르주아지인 부농을 제한, 배제하면서 다른 한편으로 빈농만이 아니라 중농계급을 노동자계급의 주위로 결집시키면서 농업 집단화는 1929년 말까지 순조롭게 이루어졌다. 그러나 집단화의 성공에 도취된 볼쉐비끼 당은 노선을 급격히 전환하여 부농의 제한, 배제 정책에서 계급으로서 부농의 소멸 정책으로 전환하였다. 그러나 그 결과 농업 집단화 과정에 폭력과 협박 등 강제력이 사용되고 부농의 격렬한 저항으로 소와 말 등 가축 수천만 마리가 살해되어 쏘련 농업을 장기간 침체시키는 사태가 벌어졌다.

이러한 농업 집단화의 과정을 프롤레타리아 독재와 연관시켜 본다면, 쏘비에트 국가는 부농만이 아니라 노동자계급의 동맹 세력인 중농에게까지 일정하게 강제력을 행사한 것이었다. 이는 프롤레타리아 독재가 근로대중, 농민에 대해 동맹 관계를 유지, 발전시키고, 그 과정에서 동맹에 대한 프롤레타리아트의 지도력을 발휘하는 도구로 역할한다는 쓰딸린의 방침에 어긋나는 것이었다. 즉, 쏘련의 프롤레타리아트는 지주와 자본가계급에 대한 수탈은 정확히 수행했지만, 중농을 부농으로부터 분리시키고 프롤레타리아트와의 동맹으로 견인하는 점에서는 지도력을 충분히 발휘하지 못한 것이었다. 이러한 오류가 빚어진 근본 원인은 당시 쏘련에서 농업의 현실 때문이었다. 자본주의적 생산과 달리 소생산자들이 다수를 점하는 쏘련의 농업과 농촌에서는, 급격한 정치 혁명의 방식이 아니라 트랙터의 대량 생산 등 생산력의 발전에 기초하여 점차적으로 부농을 배제하면서 중농을 노동자계급의 편으로 끌어들여 집단화의 정도를 확대하는 장기적 과정이 필요했던 것이다. 이 점은 쓰딸린이 근로대중과의 동맹의 도구로서 프롤레타리아 독재라는 점을 이론적으로는 올바로 정식화했지만 실천의 과정에서는 일정한 오류를 범한 것으로 볼 수 있다.

1936년부터 이어지는 1930년대 후반의 정치 재판은 쏘련의 프롤레타리아 독재의 현실을 잘 보여준 것이었다. 뜨로쯔끼-지노비예프 블록에 대한 재판, 그리고 뚜하체프쓰끼 장군 등의 쿠데타 음모의 적발, 그리고 부하린 그룹의 음모의 적발은 프롤레타리아 독재의 권력을 정확하게 행사한 것이었다. 이들 음모적 블록들은 나찌와 협력하여 쏘련의 쏘비에트 권력을 전복하려했다는 것이 재판의 결과 드러났다. 그런데 문제는 1930년 후반 당시의 정세가 극도로 긴장되어 있었다는 점이다. 나찌가 등장하여 쏘련에 대한 침략을 공언하고 있었고 이탈리아의 무쏠리니, 그리고 일본의 군국주의 등 파씨즘 세력의 패권적 행보가 전 세계를 전쟁 위기로 몰아넣고 있었다. 스페인에서는 2차 대전 발발 전에 이미 파씨즘 세력과 공화국 세력 간의 내전이 발발하고 있었다. 그리하여 쏘련 내에서는 과거의 반대파들에 대한 일제 검거와 재판의 돌풍이 불었는데, 이 과정에서 무고한 사람이 많이 체포되고 고문을 받고 희생되었다. 이에 대해 볼쉐비끼 당이 교정에 들어가 숙청을 주도하던 내무인민위원회(NKVD)의 책임자 예조프를 베리야로 교체하여 진상조사를 한 결과, 많은 사람들이 무고하게 체포되었다는 것을 밝혀내어, 1939년과 1940년 2년간에 걸쳐 10만 명이 넘는 사람들이 감옥에서 석방되었다. 그리고 이러한 무모한 체포 그리고 심지어 고문을 자행한 책임자인 예조프가 부하린 음모 그룹의 가담자였음이 밝혀지기도 했다. 이러한 과정은 쏘련의 프롤레타리아 독재 권력의 행사가 충분히 과학적이지 못하고 정확하지 못했다는 것을 말하는 것이다. 프롤레타리아 독재는 자본주의적 요소에 대한 억압을 본질로 하는데, 정세가 극도로 긴장된 탓으로 그리고 숙청의 조직화에서의 오류로 말미암아 무고한 희생자들이 다수 발생했던 것이다. 프롤레타리아 독재 권력의 행사 과정에서의 이러한 오류는 많은 후과를 남겼는데, 흐루쇼프의 수정주의가 쓰딸린을 전면 탄핵하는 구실이 되었고, 또 쏘련 사회와 볼쉐비끼 당을 경직화시켰다는 점이 주요하다. 특히 볼쉐비끼 당이 경직화된 점은 커다란 후과를 남겼는데, 전쟁으로 인하여 당의 대열이 크게 흐트러지고 당이 경직화된 결과, 2차 대전 후의 새로운 정세 속에서 새로운 사회주의 건설 노선을 정립하여 사회주의 건설을 더욱 높은 수준으로 고양시키지 못하고, 쓰딸린 사후에 관료들의 반동을 허용한 결과, 흐루쇼프의 수정주의가 등장하게 되었던 것이다.

당원은 경제 문제나 행정의 문제에 시시콜콜 개입하여 지도 혹은 간섭하는 관료형 인간이 되어서는 안 되며, 당은 정세의 변화, 사회의 변화에 기민하게 대응하여 사회주의 건설의 새로운 노선을 정립하여 사회주의 건설을 높은 수준으로 끌어올려야 하는데, 2차 대전 이후 쏘련의 볼쉐비끼 당은 이 점에서 한계를 보였던 것이다. 이러한 볼쉐비끼 당의 한계의 원인으로, 당과 프롤레타리아 독재 국가의 관계를 정확히 정립하지 못했던 것을 주요하게 들 수 있다. 쓰딸린 말년의 논쟁, 즉, 실제적인 권력의 소재를 당에 둘 것인가, 아니면 쏘비에트에 둘 것인가의 논쟁은 쏘련 사회와 볼쉐비끼 당이 비약의 순간에 있었지만 끝내 비약하지 못하고 좌초하는 길로 들어서게 되었다는 것을 보여준다. 프롤레타리아 독재 체계에서 지도 기관으로서의 당, 권력 기관으로서의 쏘비에트, 시민 사회에서 프롤레타리아 독재를 수행하는 대중 조직으로서의 노동조합, 청년 조직, 여성 조직 등등의 관계를 정확히 정립하는 것은 향후 21세기 사회주의 건설에 있어서 사활적인 과제가 될 것이다.

4. 흐루쇼프, 브레쥬네프의 프롤레타리아 독재의 폐기와 전 인민 국가로의 전환

흐루쇼프가 권력을 장악하는 과정, 그리고 이후의 행로는 프롤레타리아 독재를 내부에서 파괴하는 과정이었다. 흐루쇼프는 당시 중앙의 쏘비에트 권력과 당 중앙의 안전을 책임지고 있던, 보안 기관을 관장하던 베리야를 쿠데타적 방식으로 불법적으로 체포하고 제거하는 과정을 통해 권력을 장악하였다. 이러한 과정을 통해 실권을 장악한 흐루쇼프는 당시 당과 국가의 최고 지도자였던 말렌꼬프를 무력화시키면서, 당 제1서기 직을 다시 신설하고 그 직에 취임하여 당의 최고 지도자로 올라섰다. 흐루쇼프가 권력을 장악하는 이러한 과정은 프롤레타리아적이지 않고, 부르주아적, 음모적인 것이었고 프롤레타리아 독재를 내부에서 파괴하고 약화시키는 방식으로 권력을 장악하는 것이었다.

말렌꼬프를 밀어내고 쏘련의 최고 지도자가 된 흐루쇼프가 이후 보인 행보는 어이없는 수준으로 매우 속류적 방식으로 프롤레타리아 독재의 체계를 파괴하는 것이었다. 흐루쇼프는 1956년의 20차 당 대회에서 이른바 비밀 연설을 통하여 쓰딸린을 전면 탄핵했는데, 이는 프롤레타리아 독재를 전면 부정하는 것이었다. 1930년대 뜨로쯔끼, 뚜하체프쓰끼, 부하린의 음모에 대한 쏘비에트 국가의 정당하고 정확한 대응, 재판의 결과를 뒤집고 이러한 사안들이 쓰딸린의 권력욕에서 비롯된 것으로 악선전을 한 것이었다. 그러나 흐루쇼프의 이러한 쿠데타적 행위는 쏘련에서 거대하게 성장한 관료 집단의 이익을 반영하는 것이었다. 프롤레타리아 독재 노선이 폐기되어야, 관료주의적인 관료들에 대한 숙청이 사라져야만, 관료집단은 쏘련에서 안정적인 지배를 실현하고 또 권력을 향유할 수 있었기 때문이었다.

흐루쇼프를 대표로 하는 쏘련의 관료 집단의 이러한 이해관계는 이론적으로 프롤레타리아 독재의 폐기와 전 인민 국가론으로 표현되었다. 쏘련에는 더 이상 억압해야할 자본가계급이 존재하지 않는다는 것이 그 논거였다. 그러나 쏘련에는 여전히 상품-화폐 관계가 존재하여 자본주의의 복고 가능성이 남아 있었고 또 제국주의 세력의 냉전은 외부로부터 자본주의 복고를 시도하는 것이었다. 즉, 대내외적 조건 모두를 보아도 프롤레타리아 독재가 폐기되어야 할 근거는 없었던 것이다. 그러나 관료주의적 통치를 이론적으로 뒷받침하려면 반드시 프롤레타리아 독재가 폐기되어야 했고 이를 위한 전제로서 소위 개인숭배 비판이라는 명목으로 쓰딸린 하에서의 30여 년에 걸친 프롤레타리아 독재 노선을 전복시켰던 것이다.

흐루쇼프의 전 인민 국가 노선이 프롤레타리아 독재의 전복이고 파괴라는 점은 이후의 흐루쇼프의 실천에 의해 드러났다. 흐루쇼프는 1957년 당시 경제에서 계획을 책임지고 있던 중앙의 성(省)들을 폐지하고 경제 지도를 지역 중심으로 전환하여 전국에 걸쳐 100여 개가 넘는 지역중심의 국민경제회의(쏘브나르호쓰)를 설치하였다. 그러나 중앙의 계획이 약화되자 쏘련의 경제는 심각한 문제를 드러냈는데, 계획 경제가 실시되고 난 후 최초로 5개년 계획이 예정대로 진행되지 못하고 1959년 긴급 당 대회를 소집하여 5개년 계획을 7개년 계획으로 변경해야만 했다. 그리고 100여 개가 넘는 지역 중심의 국민경제회의는 그 산하에 수많은 기구를 설치하여 과거에 비해 경제 지도 기관이 3배나 팽창하게 되었다. 이러한 흐루쇼프의 정책은 중앙의 계획을 통한 사회주의 경제 건설이라는 프롤레타리아 독재의 기능을 무력화시키고 그 기구를 파괴하고, 대신에 관료들의 이익을 위한 수많은 국가 기구의 팽창을, 즉, 관료들의 자리 보장을 위한 국가 기구의 팽창을 시도한 것이었다. 여기서 흐루쇼프의 수정주의는 사회주의 사회를 내부에서 파괴한다는 점, 그리고 그것은 곧 관료주의 통치였다는 점을 알 수 있다. 겉으로는 사회주의를 내걸지만 현실적으로는 사회주의 운동과 사회주의 사회의 내부에서 사회주의를, 프롤레타리아 독재를 파괴하는 역할을 하는 수정주의의 본질을 흐루쇼프 수정주의는 유감없이 보여 주었다.

흐루쇼프가 프롤레타리아 독재를 내부에서 파괴한 것의 또 하나의 사례는 1958년 프롤레타리아 국가와 집단 농장을 연결하는 고리인 기계·트랙터 기지(MTS)를 폐지한 것이었다. 집단 농장은 생산력이 발전해도 그 소유관계가 협동조합적 수준에 머무는 것이었다. 따라서 MTS는 집단 농장의 협동조합적 소유를 공업의 노동자계급의 전 인민 소유로 끌어올리기 위한 주요 조건이었고, 또한 노동자계급과 농민의 동맹을 실현하고 보장하기 위해 프롤레타리아 국가와 농민이 연결되는 주요 고리였는데, 이 고리를 폐기하여 프롤레타리아 독재의 기본 조건인 노동자계급과 농민의 동맹을 약화시키고 경제적으로는 쏘련 농업의 발전의 전망을 흐린 것이었다. 흐루쇼프가 MTS 폐지의 이유로 든 것은 생산 수단인 토지에 MTS와 집단 농장이라는 두 명의 주인이 있어서 농업 발전이 이루어지지 않는다는 것이었는데, 이 것은 국유, 전 인민 소유와 협동조합적 소유라는 사회주의 사회에서 두 개의 상이한 소유관계를 부르주아적으로 해석한 것이었다. 소유의 성격의 차이가 있기 때문에 MTS와 집단 농장 사이에서 일정한 갈등 관계, 모순 관계가 있을 수 있지만, 그 모순의 해결 방향은 국유, 전 인민 소유의 MTS를 폐지하는 것이 아니라 협동조합적 소유인 집단 농장을 MTS와 같은 전 인민 소유로 끌어올리는 것이었다. 그리하여 점차적으로 농업의 생산력이 발전하고 농업과 공업이 융합하는 농공복합체가 출현하면서, 농공복합체를 기초로 하는 꼬뮌의 형성과 발전이 쏘련에서 사회주의 건설의 방향이 되어야 했던 것이다. 그럼에도 흐루쇼프가 토지에 두 명의 주인이 있다는 부르주아적 관점에서 MTS를 파괴한 것은 전 인민 소유를 유지하고 발전시키려는 프롤레타리아적 관점을 상실했다는 점을 보여 주는 것이다.

흐루쇼프가 프롤레타리아 독재의 체계를 파괴한 또 하나의 사례는 자신의 수정주의로 인해 초래되었던 농업의 위기에 대해 당을 농업

당 조직과 공업당 조직으로 분할하여 대처하려 했다는 점이다. 당을 농업당 조직과 공업당 조직으로 분할했다는 것은 당이 프롤레타리아 독재의 체계에서 이미 지도 기관으로서의 성격을 상실하고 관료주의적 권력 기구로 변모되었다는 것을 의미했다. 그리고 이는 농업의 문제, 공업의 문제에 대해 쏘비에트 기구가 아니라 당이 시시콜콜하게 간섭하고 행정을 처리해야 하는 것으로 이미 당과 쏘비에트의 관계가 변화했다는 것을 전제로 하는 것이다. 즉, 이는 전 인민 국가 하에서 당이 전면적으로 관료화되었다는 것, 대중이 선출하는 권력 기관인 쏘비에트의 역할이 약화되었다는 것을 의미했다. 사실 농업 문제에 대해 정확히 진단하고 그에 대한 올바른 정책을 내오는 것은 당이 아니라 연구기관과 전문적인 국가 기구가 해야 할 몫이다. 그리고 당은 농업 문제에 대해 사회주의 건설 노선이라는 관점에서 전략적으로 판단하고 분석하여 전체 사회주의 건설 노선 속에 농업의 위상을 정확히 배치하는 것이 농업 문제에 대한 당의 역할일 터인데, 흐루쇼프는 농업 문제에 대해 당의 전문적 역할, 행정적 역할을 요구했던 것이다. 이는 흐루쇼프가 프롤레타리아 독재 체계에서 당과 쏘비에트의 관계를 망치고 파괴하고 오도하는 것이었다. 이러한 엉터리 접근으로 인해 쏘련 농업은 흐루쇼프 이후 오랜 기간 정체하고 어려움에 처하게 되었던 것이다.

브레쥐네프는 흐루쇼프의 수정주의로 인한 파괴적 영향을 수습하고 통치 체계를 정돈했지만 근본적으로는 흐루쇼프의 수정주의적 노선을 계승했다. 이미 흐루쇼프 당시인 1961년 22차 당 대회에서, 프롤레타리아 독재 국가로 발생한 국가는 현대에서 전 인민 국가로 전화된다는 것으로 강령이 개정되었다. 또한 규약 상으로 당은 노동자계급의 전위당이 아니라 전 인민당으로 전화된다는 것으로 개정되었다. 그리고 브레쥐네프는 이러한 흐루쇼프의 노선을 그대로 계승하였다.

브레쥐네프는 쏘련이 이미 발달한 사회주의 단계에 진입했다고 하였는데, 발달한 사회주의에서 국가는 프롤레타리아 독재에서 전 인민 국가로 전화하며, 전 인민 국가는 프롤레타리아 독재의 계승자라고 주장하였다. 이는 사실상 브레쥐네프 하에서 관료주의 통치를 이론적으로 뒷받침하는 것에 지나지 않았다. 흐루쇼프가 주요 쟁점이 되는 사안에 대해 파괴적인 수정주의적 정책을 폈다면, 브레쥐네프는 쏘련 경제를 구조적으로 수정주의화하여 쏘련 경제를 침몰시켰다. 1965년 당시 수상이었던 꼬쒸긴이 주도한 경제 개혁은 중앙의 경제 계획에 대한 역할을 대폭 약화시키고 개별 국유 기업을 이윤추구 단위로, 즉, 자본주의적 방식의 활동으로 재편하는 것이었다. 이러한 수정주의적 경제 개혁은 사회주의 건설의 도구로서 프롤레타리아 독재라는 점을 파괴하는 것이었고, 쏘련 사회를 거대한 관료주의 체제, 국가자본주의 체제로 재편하려 시도하는 것이었다. 쓰딸린에 대한 탄핵, 프롤레타리아 독재에 대한 부정과 전 인민 국가로의 전환이 끝내 쏘련의 경제를 파탄시키는 지경에까지 이르렀던 것이다. 그리고 이는 1980년대에 쏘련 자체의 해체, 쏘비에트 연방의 해체, 사회주의 생산관계 자체의 해체로 이어졌는데, 이는 수정주의가 단순한 편향이 아니라 노동자계급성 자체를 타격하여 사회주의 사회를 내부에서 해체시킨다는 점을 보여 주는 것이었다.

제10장
맑스주의 민족 이론과 쏘련의 민족 문제

민족 문제는 쏘련의 해체에 있어서 외형상 결정적인 역할을 하였다. 1991년 쏘련 해체의 과정에서 직접적인 발단은 까프까쓰 지역의 나고르노-까라바흐 지구에서 민족적 분규가 폭발한 것이었다. 그리고 이어서 쏘연방을 구성하는 각 공화국에서 민족주의 세력이 우위에 서고, 각 공화국의 독립 선언이 이어지면서 쏘연방이 해체되었던 것이 쏘련 해체의 직접적인 모습이었다. 여기서 직접적인 모습이라고 규정하는 것은 민족 문제에 있어서도 흐루쑈프, 브레쥐네프의 수정주의가 영향을 미쳤기 때문이다. 즉, 수정주의는 쏘련의 해체에 있어서 전방위적 영향을 끼친 본질적 요소이며, 민족 문제는 그러한 본질적 요소가 나타나는 하나의 영역이었다.

그럼에도 민족 문제는 그 자체로 고찰될 필요가 있는데, 왜냐하면 지금 시대는 여전히 제국주의 시대이고 세계 각국의 약소민족들은 형식적으로는 독립적인 민족 국가를 형성하고 있지만, 제2차 세계 대전 이후 나타난 신식민지주의로 인해 제국주의 세력에 의한 민족적 억압을 받고 있기 때문이다. 또한 한국 사회의 경우 분단 사회로서 미 제국주의의 신식민지적 지배를 직접적으로 받고 있고, 정치, 경제, 문화 등 제반의 영역에서 미국의 헤게모니하에 놓여 있고, 따라서 분단의 극복과 민족의 통일은 미 제국주의의 신식민지주의적 지배와의 대결을 필요로 하기 때문이다. 즉, 한국 사회는 여전히 민족 문제가 사활적인 문제이며, 민족 문제에 대해 올바로 대처하는 것이, 민족 문제에 있어서 과학적인 노선을 수립하는 것이 긴요한 상황이다. 그렇기 때문에 맑스주의 민족 이론의 원형이 어떠한가, 제국주의 시대에 민족 문제는 어떠한 변형을 겪어 왔는가, 쏘련의 민족 문제는 어떠한 왜곡을 겪어 왔는가를 고찰함을 통해, 지금 시기 한국 사회에서 필요로 되는 민족 문제에 대한 이론을 정립하는 길로 갈 수 있다.

1. 맑스, 엥엘스의 민족 이론

맑스와 엥엘스가 활동을 하던 1800년대 중, 후반의 시기는 독일, 이탈리아 등에서 민족 국가가 형성되던 시기였다. 이 시기는 자본주의가 상승하던 시기였는데, 따라서 이 시기에 민족 문제는 봉건적 관계와 수십 개의 작은 공국으로 나뉘어 있던 상태를 극복하고 민족의 통일을 이루어 독립적인 민족 국가를 형성하는 문제였다. 그리고 맑스와 엥엘스의 관심은 주로 유럽 내의 민족 문제에 집중되었는데, 이는 당시 자본주의가 아직 제국주의 단계로 발전하지 못했던 상황이었기 때문이었다.

이 시기에 폴란드는 약소민족으로서 러시아, 독일 등에 의해 분할되어 있어서, 유럽 내의 민주주의자들과 사회주의자(공산주의자)들에 의해 주목을 받고 있었다. 폴란드의 민족 통일과 민족 국가의 수립이 유럽 내 진보적 세력의 기치가 되었던 것이다. 맑스와 엥엘스는 "폴란드에 대한 연설들"에서 유럽 내의 민족 문제에 대한 기본적인 관점을 개진했다. "민족들이 현실적으로 단결하기 위해서는 그들의 이해가 공통의 것이어야만 합니다. 그들의 이해가 공통적일 수 있기 위해서는 현재의 소유관계들이 폐지되어야만 하는데, 왜냐하면 현재의 소유관계들이 민족들의 상호 간의 착취를 조건 짓고 있기 때문입니다."[1] 여기서 맑스는 민족들이 대립하는 것은 경제적 이해관계가 대립하고 있기 때문이며 따라서 경제적 이해관계의 공통성을 확보해야 민족 간의 대립이 사라진다는 점을 피력하고 있다. 당시 유럽에서 민족 간의 대립이 존재하는 것은 자본주의적 혹은 봉건적 소유관계들 때문이며, 따라서 착취를 배제하는 사회주의적 소유의 수립이 민족 문제 해결의 근본적 방안이라는 것을 맑스는 주장하고 있는 것이다. 당시에 민족 문제에 대해 지배적인 견해들은 민족 문제가 민족성, 민족적 특질 때문이라고 보고 있었지만, 맑스는 유물론의 입장에서 공통의 (물질적인, 경제적인) 이해를 확보해야만 민족 문제의 해결이 가능하다고 보았던 것이다. 그리고 맑스의 이러한 입장은 20세기를 관통하는, 그리고 21세기 지금도 마찬가지로 적용되는, 민족 문제에 대한 맑스주의의 근본적인 입장이라 할 수 있다.

"부르주아지에 대한 프롤레타리아트의 승리는 동시에, 오늘날 다양한 민족들을 적대적으로 서로 대립시키는 국민적, 산업적 분쟁들에 대한 승리이기도 합니다. 따라서 부르주아지에 대한 프롤레타리아트의 승리는 동시에 모든 피억압 국민들의 해방의 신호이기도 한 것입니다."[2] 여기서 맑스는 민족 문제와 계급 문제의 통일성을 직접적으

---

1) 칼 맑스, "폴란드에 대한 연설들", ≪칼 맑스 프리드리히 엥겔스 저작 선집≫(이하 ≪저작 선집≫) 제1권, 박종철 출판사, p. 340.
2) 같은 곳.

로 제기하고 있다. 부르주아지에 대한 프롤레타리아트의 승리가 피억압 민족들의 해방의 신호가 된다는 것은 사회주의 혁명이 피억압 민족의 민족 해방 투쟁을 고무한다는 점을, 그리고 부르주아지에 맞서는 노동자계급의 사회주의 운동과 약소민족의 민족 해방 운동의 동맹의 가능성을 가리키는 것이다. 이러한 맑스의 입장은 민족 문제의 발생이 이해관계의 대립에서 비롯되며 적대적 이해관계를 극복하는 사회주의 혁명에 의해서 민족 문제는 근본적으로 해결될 수 있고, 그렇기 때문에 사회주의(공산주의) 운동과 민족 (해방) 운동은 동맹이 가능하다는 점을 정식화하고 있는 것이다. 민족 문제에 대한 맑스의 이러한 입장은 레닌에 의해 제국주의 시대의 민족 문제에 대한 입장으로 전면적으로 계승, 발전되었다.

"한 국민이 자유롭게 되면서 동시에 다른 국민들을 계속해서 억압할 수는 없습니다. 그러므로 독일이 행하는 억압으로부터 폴란드의 해방이 이루어지지 않고서는 독일의 해방은 이루어질 수 없습니다. 그리고 그런 까닭에 폴란드와 독일은 공동의 이해를 지니고 있으며, 또 그런 까닭에 폴란드와 독일의 민주주의자들은 양 국민들의 해방에 공동으로 복무할 수 있습니다."[3] 스스로 자유로운 자는 다른 사람을 억압할 수 없다는 것! 타인에 대한 억압은 스스로가 자유롭지 못하기 때문이라는 것! 독일 민족이 폴란드 민족을 억압하는 한 독일 민족 또한 해방될 수 없다라는 통찰이 엥엘스에 의해 피력되고 있다. 이는 독일이 폴란드를 억압하는 한, 독일 내의 노동자계급의 해방은 이루어질 수 없다는 것, 따라서 독일의 노동자계급은 폴란드의 민족 해방을 지지해야만 하는 것을 가리키는 것이다. 이러한 견해 또한 민족 문제와 계급 문제의 긴밀한 상호 연관을 가리키는 것으로서 두

---

3) 프리드리히 엥겔스, "폴란드에 대한 연설들", 같은 책, p. 341.

문제에서 근본적인 것은 계급 문제이지만 양자가 상호 연관되어 있다는 점에서 민족 문제의 해결, 민족 해방의 문제는 노동자계급 해방에 막대한 영향을 미친다는 점을 엥엘스는 정식화하고 있는 것이다. 이러한 점을 가리켜 "독일은 이웃 민족들을 자유롭게 하는 그만큼 그 자신 자유로워진다"[4]고 엥엘스는 정식화하고 있다.

맑스는 영국의 인도 지배에 대해 그러한 지배가 인도에서의 혁명을 야기하는 경향이 있음을 다음과 같이 서술하고 있다. "영국이 힌두스탄에서 사회 혁명을 불러일으키는 행동을 하게 된 동기로 작용한 것이 천하기 그지없는 이익일 뿐이었고 또 그 이익을 달성하기 위해 취한 방법도 우둔하였던 것은 사실이다. 그러나 이것이 문제가 아니다. 문제는 아시아의 사회 상태의 근본적 혁명 없이 인류가 그 사명을 다할 수 있겠는가 하는 것이다. 그렇다면, 영국이 저지른 죄가 아무리 크다 하더라도, 그러한 혁명을 일으킴으로써 영국은 역사의 무의식적인 도구 노릇을 하였던 것이다."[5] 영국의 인도에 대한 식민지 지배가 인도의 기존의 봉건적 사회의 해체를 촉진함으로써 인도 사회의 모순을 격화시키고, 그것이 끝내 인도의 사회 혁명으로 이어질 수 있다는 것을 맑스는 가리키고 있다. 물론 영국의 인도에 대한 식민지 지배는 봉건적 질서를 해체하면서도 동시에 봉건적 질서를 온존시키고 인도의 봉건적 지배계급과 결탁하는 것을 통해 식민지 지배를 강화하는 것이었다. 따라서 영국의 지배는 인도의 자본주의의 급속한 발전을 가져온 것이 아니라 자본주의 발전을 늦추고, 방해하는 것이었지만, 그럼에도 기존의 사회를 해체함으로써 인도에서 사회 혁명의 가능성을 객관적으로 키우고 있었던 것이다. 이러한

---

4) 프리드리히 엥겔스, "독일의 대외 정책", 같은 책, p. 469.
5) 칼 맑스, "영국의 인도 지배", ≪저작 선집≫ 제2권, p. 417.

맑스의 견해 또한 식민지 지배, 민족 문제를 그 사회에서의 계급적 혁명의 문제와 연관 지어 고찰한 것으로서 민족 문제에 대한 사적 유물론적 접근을 한 것이다.

　이와 같이 맑스와 엥엘스에 있어서 민족 문제는 절대적인 것이 아니라 상대적인 것이었다. 즉, 민족 문제 지상주의가 아니라, 민족 문제가 그 사회의 계급 문제와 사회 혁명에 있어서 어떠한 의미를 지니는가가 그들이 민족 문제에 접근하는 방법론이었던 것이다. 엥엘스는 '민족체의 원리'에 대해 분석하면서 민족 문제의 상대성에 대해 접근한다. "민족체의 원리는 두 가지 종류의 문제를 제기합니다: 첫째는 이들 역사적으로 중요한 거대한 인민들 사이의 경계선 문제이며, 둘째는 역사의 무대에 긴 기간 동안 혹은 짧은 기간 동안 등장하였다가 결국은 더 큰 생활력으로 인해 더 큰 장애들을 극복할 수 있었던 더 강력한 민족들의 하나 혹은 그 이상의 구성 부분으로 흡수된 인민들의 수많은 작은 잔해들이 독립하여 민족으로서 존재할 권리에 관한 문제입니다."[6] 민족체는 하나의 민족 국가로 수립되기에는 너무 작은 소수 민족들, 역사의 발전 과정에서 소멸의 길을 걸어서 현재는 단지 그 잔존물만 남아 있는 민족들을 가리키는 것으로 엥엘스에 의해 파악되고 있다. 그리고 민족체의 원리는 그러한 민족체들이 모두 하나의 민족 국가로 수립되어야 한다는 주장으로서 엥엘스는 이러한 주장과 선을 긋고 있다. 즉, 엥엘스는 민족 지상주의 혹은 민족 절대주의와 명확히 선을 긋고 있는 것이다. 그리하여 당시 러시아 주도로 제기되었던 범슬라브주의는 동유럽 각국, 터키와 독일에 잔존하는 슬라브인들을 한데 묶자는 것으로서 반동적 성격을 띠

---

[6] 프리드리히 엥겔스, "노동자계급은 폴란드에 대해 무엇을 해야 하는가?", ≪저작 선집≫ 제3권, p. 125.

고 있다는 것을 엥엘스는 폭로하고 있다. 이 또한 맑스주의의 창설자들이 민족 문제의 진보적 측면과 민족 문제의 반동적 측면을 엄격히 구분하고 있었다는 것을 말해 준다. 즉, 민족 문제는 언제나 동일한 성격의 것이 아니며, 그 사회가 어떠한 발전 단계에 처해 있는지, 어떠한 혁명을 앞두고 있는지에 따라 그 성격이 변화하는 것이며, 특히 그를 위해 민족 문제와 해당 시기의 계급 문제를 통일적으로 파악하는 것이 맑스와 엥엘스가 민족 문제에 대해 접근하기 위한 기본 전제였던 것이다.

민족 문제에 대한 반동적 접근의 하나의 사례로서 엥엘스는 범슬라브주의를 들었지만 반유태인주의 또한 민족 문제에 대한 반동적 접근의 하나의 사례로서 엥엘스는 분석하고 있다. "그러므로 반유태인주의는, 주로 자본가와 임금 노동자로 구성되는 현대 사회에 저항하는 몰락해 가는 중세적 사회 계층들의 반동 이외에 아무것도 아닙니다. 그러므로 반유태인주의는, 겉보기로는 사회주의적인 가면을 쓰고 있긴 하지만 사실은 반동적 목적들에만 봉사하는 것입니다."[7] 유태인들은 카톨릭이 지배적이던 중세 유럽에서 유태교를 가짐으로써 봉건적 질서에 편입되지 못하고 주로 상업 등에 종사하면서 중세 유럽의 농촌 공동체의 변경에서 존재해 왔는데, 자본주의 등장 이후 화폐가 주요한 경제적 권력이 되면서, 인민들이 자본주의에 대한 반대, 자본가에 대한 분노를 주로 유태인을 표적으로 삼아 분출해 왔고, 이에 대해 몰락해 가는 봉건적 당파들이 반유태인주의로써 자본주의 발전에 저항했던 것이다. 그런 점에서 반유태인주의는 겉으로는 공동체, 자본주의 비판 등을 담고 있지만 실제로는 자본주의 발전에 대해 저항하는 반

---

7) 프리드리히 엥겔스, "반유태인주의에 관하여", ≪저작 선집≫ 제6권, p. 312.

동적 목적에 봉사하는 것이라고 엥엘스는 비판하고 있는 것이다. 이것 또한 민족 문제가 반동적 목적에 봉사하는 하나의 사례이다.

이와 같이 맑스와 엥엘스의 민족 이론은 당시 상승하던 자본주의의 발전기에 민족의 통일과 민족 국가의 수립이 당면 과제였던 시기에 정립된 것이었다. 그리고 그 이론의 특징은 민족 문제를 경제적 이해관계, 계급 관계와 연관 지어 고찰하여 사적 유물론의 토대 위에서 민족 이론을 정립하고 발전시켰다는 점이다. 그리하여 민족 문제는 고정된 것이 아니라 사회의 발전 단계, 혁명의 성격에 의해 변화하는 것으로서 그 진보적 측면과 반동적 측면이 구분되어야 함을 맑스와 엥엘스는 제기하였다.

2. 레닌의 민족 이론과 실천

레닌의 민족 이론은 레닌의 활동 초기부터 형성, 발전되어 왔다. 이미 1903년의 러시아 사회민주노동당 제2차 당 대회에서 약소민족의 분리와 독립적인 민족 국가 형성의 자유를 의미하는 민족 자결권이 강령상에서 승인되고 있었다.

레닌의 민족 이론의 주요한 내용은 "민족 자결권"이라는 논문에 압축되어 있다. 폴란드의 사회주의자였던 로자 룩셈부르크가 민족 자결권의 승인이 폴란드 민족주의자들을 강화시킬 것을 이유로 들면서 민족 자결권을 반대하였던 것을 비판하는 내용 등을 담고 있다. 이 논문에서 레닌의 관점의 특징은 민족 자결권의 개념에 대해 법률적 정의 차원의 접근이 아니라 "오히려 민족 운동들에 대한 역사-경제적 연구"[8]로부터 접근한다는 것이었다. 민족 자결권은 형식적으로는 권리의 형태를 띠고 있지만, 실제로는 민족 (해방) 운동의 강령의 성격을 띠는 것으로서 일종의 정치 운동의 슬로건이기도 했던 것이다. 맑스주의자가 이러한 민족 자결권을 지지해야 하는 근거로서 레닌은 민족 운동의 역사적, 경제적 기초를 들고 있다. "전 세계에 걸쳐, 봉건제에 대한 자본주의의 결정적 승리의 시기는 반드시 민족 운동과 연결되어 왔다. 상품 생산의 완전한 승리를 위해, 부르주아지는 국내 시장을 획득해야 하며, 단일한 언어를 발전시키고 문헌 속에 단일한 언어를 고정시키는 데 대한 온갖 장애가 제거되고 주민들이 단일 언어를 사용하는, 정치적으로 통일된 영토가 있어야 한다. 바로 여기에 민족 운동의 경제적 기초가 있는 것이다."[9] 자본주의의 발전 자체가 봉건적 관계하에서 흩어져 있던 인민들을 하나의 민족으로 통합시킬 것을 요구한다는 점, 그에 따라 자본주의 발전은 반드시 민족 운동을 발전시키고 독립적인 민족 국가의 성립으로 나아간다는 점이 레닌이 말한 "민족 운동들에 대한 역사-경제적 연구"인 것이다. 그리고 이러한 민족 운동의 발생의 필연성을 인식하면서, 민족 운동이 노동자계급의 해방 운동과 어떠한 관계를 가지는가를 분석하고, 이로부터 맑스주의자들은 민족 자결권에 대해 어떠한 입장을 취해야 하는가가 도출되는 것이다.

레닌은 "민족 자결권"이라는 논문에서 한편으로는 민주주의자로서, 다른 한편으로는 맑스주의자로서 접근하고 있다. 민주주의자로서 레닌은 각 민족들의 보편적이고 민주주의적인 평등의 원리라는 관점에서 민족 자결권에 접근하고 있다. 그리하여 "다른 민족들을 억압할 때 그 민족은 자유로울 수 있는가? 그럴 수 없다"[10]고 하고 있다.

---

8) 레닌, "민족 자결권", ≪맑스-레닌주의 민족운동론≫, 벼리, 1989, p. 65.
9) 같은 곳.
10) 같은 책, p. 80.

이는 맑스와 엥엘스가 독일 민족과 폴란드 민족의 관계에 대해 논한 것과 동일한 관점으로서 민주주의적 평등의 관점에서 민족 문제를 접근한 것이다. 이러한 관점에서 민주주의자로서 레닌은 민족적 억압을 반대하고 피억압 민족의 분리와 독립적인 국가 형성의 자유를 지지해야만 한다고 보고 있다.

    그런데 레닌은 여기서 더 나아가 노동자계급의 해방 운동의 관점에서, 프롤레타리아 국제주의의 관점에서 민족 자결권에 접근하고 있다. 레닌은 로자 룩셈부르크가 민족 자결권을 반대하는 논리를 비판하고 있는데, 다름 아니라 프롤레타리아 국제주의, 노동자계급의 해방 운동의 관점에서 비판을 하고 있다. 즉, 로자 룩셈부르크는 민족 자결권의 승인이 폴란드 민족주의자들을 강화시킨다고 주장하고 있지만, 그것은 피억압 민족 내부의 사정에만 시야가 국한된 것으로서 억압 민족의 노동자계급의 입장을 고려하지 못하는 것임을 레닌은 비판하고 있다. 억압 민족의 노동자계급의 입장에서 피억압 민족의 분리와 독립 국가 형성의 자유를 승인하지 않으면, 피억압 민족의 노동자계급과의 진정한 연대, 프롤레타리아 국제주의에 입각한 연대가 불가능하다는 점에서 레닌은 러시아의 노동자계급이 폴란드의 민족 자결의 권리를 승인해야 함을 주장한 것이다. 또한 러시아 노동자계급의 입장에서 폴란드의 민족 자결의 권리를 거부하는 것은 러시아 노동자계급이 러시아의 민족주의 세력에게 굴복하는 것과 같아지기 때문이었다.

    레닌은 1905년 스웨덴으로부터 노르웨이의 분리를 예로 들면서 스웨덴의 노동자는 노르웨이의 분리의 자유를 인정해야만 프롤레타리아 국제주의의 입장에 서는 것이며, 만약 스웨덴의 노동자가 노르웨이의 분리의 자유를 거부했다면, 그것은 스웨덴의 반동적인 귀족과 자본가 계급에게 굴복하는 것과 동일한 것임을 지적했다. 그러나 노르웨이 노동자의 입장에서는 반드시 분리를 주장해야 하는 것은 아니며 때로는 스웨덴과의 통합(예를 들면 스웨덴에서 노동자계급이 권력을 잡는 경우에)을 주장할 수도 있다는 것을 레닌은 지적하고 있다. 마찬가지로 레닌은 부부 사이에 이혼의 권리를 승인하는 것이 구체적인 부부의 이혼을 권하는 것과는 다른 것이라고 파악했다.

    이러한 레닌의 입장은 제국주의 시대에는 민족 자결은 불가능하거나 반동적이라는 견해들을 반박하면서 발전한 것이었다. 사회주의자를 자칭하면서도 유럽에서는 민족 문제가 이미 해결되었고 식민지들은 제국주의 시대에 독립하여 민족 국가를 수립하는 것이 불가능하다는 견해들이 민족 자결권을 부정하고 있었던 것이다. 레닌은 "맑스주의의 희화와 제국주의적 경제주의"라는 논문에서 이러한 견해를 논박하고 있다. "만일 위와 같은 법칙이 공식적으로 표현되고 소생산이 대생산에 의해 구축된다는 법칙과 나란히 소규모 국가가 대규모 국가에 의해 구축된다는 또 다른 '법칙'(첫 번째 법칙과 연관되었거나 그것과 나란히 존재하는)이 제시된다면, 모든 사람들이 이 놀라운 제국주의적 경제주의에 조소를 보낼 것이다!"[11] 원래 경제주의는 경제적 토대가 상부 구조를 규정한다는 사적 유물론의 명제를 기계적으로 적용하여 정치 투쟁은 경제적 투쟁에 기초해서만 전개해야 한다는 것으로서, 이러한 경제주의는 레닌의 ≪무엇을 할 것인가?≫에서 철저히 비판받은 적이 있었다. 그런데 민족 문제를 논하면서, 경제의 영역에서 소생산이 대생산에 의해 구축되는 것이 필연적이므로, 정치의 영역에서 작은 국가들은 큰 제국주의 국가에 의해 구축당하거나 종속될 수밖에 없으므로 제국주의 시대에 민족 자결권을 논하는 것은 적당하지 않다는 견해가 출현했던 것이다. 레닌은 이러한 견해에 대해, 정치적 영역(민족 자결의 가능성과 불가능성)이 경제적 영역(대생산이 소생산을 구축

---

11) 레닌, "맑스주의의 희화와 제국주의적 경제주의", 같은 책, p. 255.

하는 것)과 마찬가지의 법칙에 의해 규정당한다고 주장한다는 점에서 제국주의적 경제주의라고 조소를 보낸 것이었다.

한편 1917년의 러시아 혁명이 발발하기 전에 오스트리아에서는 맑스주의자들이 민족 자결권을 왜곡하여 '문화적-민족적' 자치를 주장하고 있었다. 오토 바우어 등이 중심이 된 이러한 견해는 민족 문제의 범위를 문화적인 문제나 교육의 문제에 국한시키는 것이었다. "하나의 국가에서 살아가는 다양한 민족들이 경제적 끈으로 묶여 있다면 '문화적인' 문제와 특히 교육의 문제에서 그들을 영구히 분리하려는 어떠한 시도도 불합리하고 반동적인 것이다."12) 즉, 문화적 자치 견해의 주창자들은 약소민족들의 민족 자결의 범위를 독립 국가 형성의 권리로까지 밀고 나가지 못하고, 단지 문화적 측면에서만 자결을 실시하자는 것이었다. 그리고 자치 공화국이나 자치주 등의 지역적 자치가 아니라 여러 지역에 흩어져 살고 있는 약속민족 구성원들에 대해 민족적 지구의 형성을 단념하고, 단지 민족 성원으로만 정부 기관에 등록되어 행정의 대상이 되게 하자는 것이었다. 이는 오스트리아가 당시 다민족 국가로서 복잡한 민족 구성을 갖고 있다는 현실을 일정하게 반영한 것이었지만, 자결의 범위를 문화에 국한하고 지역적 자치를 포기했다는 점에서 민족 자결권을 심대하게 왜곡하는 것이었다. 그리고 이는 실제로는 소수 민족, 약소민족들에 대한 통제와 억압을 지속하려는 오스트리아의 지배계급의 입장에 부합하는 것이었다.

레닌은 이와 같이 민족 자결권의 승인이라는 맑스주의적 민족 강령을 반대하거나 왜곡하는 입장들에 맞서서 민족 자결권의 개념을 옹호하고 심화시키는 길을 걸었다. 레닌은 자신의 민족 이론을 실천에 그대로 반영하여 러시아 10월 혁명의 승리 이후 사회주의 건설에 적용

---

12) 레닌, "'문화적-민족적' 자치", 같은 책, pp. 13-14.

하였다. 러시아 10월 혁명이 승리한 직후인 1917년 11월 2일(러시아 구력) 쏘비에트 정부는 "러시아 각 민족 인민의 권리 선언"을 발표하였다.13) 이 선언에는 민족적 억압의 소멸, 각 민족의 평등과 자유, 민족 자결의 실시 등이 담겨 있었다. 또한 쏘비에트 정부의 민족 정책의 주요 원칙이 개진되었는데, i) 각 민족의 평등과 주권 ii) 각 민족의 자유로운 자결과 독립 국가 수립의 권리 iii) 민족적 및 민족 종교적인 일체의 특권과 제한의 폐지 iv) 러시아 영토에서 소수 민족과 민족 집단의 자유로운 발전 등이 선언되었다. 1917년 11월 20일(구력)에는 "러시아와 동방의 전체 이슬람 노동인민에게 고하는 서"가 발표되었다.14) 여기에는 이슬람 인민의 신앙, 풍속, 민족 및 문화 제도는 자유롭고 불가침이라는 것이 선언되었다.

또한 민족 자결권은 단지 선언만 된 것이 아니라 구체적으로 실행되기도 했다. 1917년 12월에 핀란드의 독립이 승인되었고 1918년 7월에는 짜르 러시아의 폴란드에 대한 분할 조약이 폐기되어 폴란드의 독립이 승인되었다. 그리고 우크라이나에 대해서도 독립이 승인되었고 우크라이나가 자주적으로 분리 혹은 연방 관계의 건립에 참여할 수 있다는 것이 승인되었다. 그리하여 1920년 내전이 종식될 당시 러시아 공화국, 우크라이나 공화국, 백러시아 공화국, 그루지야 공화국, 아제르바이쟌 공화국, 아르메니야 공화국이 각각 쏘비에트 공화국으로서 존재하고 있었고 폴란드와 핀란드는 부르주아 국가이지만 이미 독립 국가로서 승인된 상태였다. 그리고 라트비아, 리투아니아, 에스토니아 등 발트 3국의 독립이 승인되어 각각 부르주아적인 민족

---

13) 周尚文·叶书宗·王斯德, ≪苏联兴亡史(쏘련 흥망사)≫, 上海人民出版社, 1993, p. 110.
14) 같은 곳.

국가를 형성하였다. 그리고 러시아 공화국 내에 존재했던 많은 소수 민족들은 민족 자결의 권리에 입각하여 자치 공화국을 형성하거나 자치적인 조직을 구성했다(바쉬끼르, 따따르, 끼르기쓰 등 19개). 그리고 러시아 혁명 직후 내전이 발발했음에도 러시아의 소수 민족들에서 자신들의 언어로 된 신문과 자신들의 민족어로 수업하는 학교가 대대적으로 증가하였다. 그런데 주목할 만한 것은 국가 차원, 정부 차원, 행정의 차원에서는 민족 자결에 입각하여 독립하거나 자치 공화국 등을 형성하였지만, 볼쉐비끼 당 내부에서는 국제주의 원칙이 적용되어 각 민족 공화국의 볼쉐비끼 당 조직은 독립된 조직이 아니라 러시아 공산당(볼)의 중앙과 통합된 단일한 당으로 존재하였다는 점이다. 이는 당은 국가와는 조직 원리를 달리한다는 것으로서, 노동자계급의 전위당의 조직 원리는 민족 자결이 아니라 프롤레타리아 국제주의임을 보여 주는 것이었다.

한편 내전이 종식되고 1922년에 이르면 러시아를 비롯한 각 쏘비에트 공화국들은 연방의 형성의 문제에 직면하였다. 정치적으로, 경제적으로 단일한 노선을 걷고 있던 러시아 공화국, 우크라이나 공화국, 백러시아 공화국, 까프까쓰의 여러 공화국들이 통합된 연방 국가 형성에 뜻을 같이하였던 것이다. 그리하여 1922년 말에 연방 조약이 채택되어 쏘연방이 정식으로 성립하게 되었다. 그런데 이 과정에서 와병 중이었던 레닌과 민족 문제를 담당했던 쓰딸린 사이에 이견이 발생했다. 쓰딸린은 러시아 공화국에 다른 공화국들이 자치 공화국으로 참여하자는 안을 내었지만 레닌은 대민족이 양보해야 한다는 것을 주장하며 다른 공화국들이 자치 공화국이 아니라 독립된 국가로서 쏘연방에 참여할 것을 주장하였다. 쓰딸린은 곧 자신의 안을 철회하였고 다른 공화국들은 러시아 공화국과 대등한 조건에서 쏘연방에 참여하게 되었다. 그러나 까프까쓰 지역의 아르메니야, 아제르바이쟌,

그루지야는 자까프까쓰 연방을 구성하고 그 연방이 쏘연방에 참여하게 되었다. 이에 대해 그루지야에서는 반대 의견이 강하였고 일정한 갈등이 있었지만 결국 자까프까쓰 연방이 쏘연방에 참가하는 것으로 귀착되었다. 그리하여 1924년 1월 제2차 쏘비에트 대회에서 헌법이 비준되어 연방 체제가 확정되었다. 그러나 이후 러시아 공화국의 자치 공화국이었던 중앙아시아 국가들이 1920년대 중, 후반에 독립된 국가로서 쏘연방에 참여하게 되었고 자까프까쓰 연방도 1930년대 후반에는 해소되어 그 구성 공화국들이 각각 독립된 국가로서 쏘연방에 참여하게 되었다.

3. 쓰딸린의 민족 이론과 실천

쓰딸린은 1917년 러시아 혁명 전에 레닌과 협력하여 "맑스주의와 민족 문제"라는 논문을 썼다. 이 논문은 민족 문제에 대한 맑스주의적 관점을 총괄한 것으로서 이후 러시아와 전 세계의 민족 (해방) 운동의, 그리고 노동자계급의 해방 운동과 민족 운동의 관계에 대한 이론적 지침이 되었다. 이 논문에는 민족에 대한 정의가 규정되어 있다. "민족이란 공통의 언어, 지역, 경제적 생활, 그리고 공통의 문화 속에서 발현되는 공통의 심리적 기질에 기초하여 역사적으로 형성된, 사람들의 안정된 공동체이다."[15] 이 정의에는 자본주의 발전으로 인하여 형성되고 있던 민족들의 공통적 특징이 압축되고 있다. 경제적 공통성이 전제되어야만 민족이라 할 수 있다는 점은 봉건적 관계 속에서의 종족적 공동체와 구별되는 지점이며, 민족이 자본주의 발전의

---

[15] 스탈린, "맑스주의와 민족 문제", ≪맑스-레닌주의 민족운동론≫, p. 308.

산물이라는 것을 가리키는 것이다. 또 공통의 언어가 민족의 구성 요소로 되어 있는데, 이는 자신의 독자적 언어를 가지지 못한 민족체의 경우 하나의 민족으로 규정될 수 없다는 것을 전제로 하는 것이다. 또한 이것은 민족 문제의 해결에 있어서 소수 민족의 민족어의 사용을 보장하고 장려하는 정책을 취해야 한다는 입장으로 이어지는 근거가 된다. 그리고 지역적 공통성은 유태인과 같이 지역적 공통성이 없는 상태에서는 유태교라는 고유의 종교를 가지고 있다고 하더라도 하나의 민족으로 볼 수 없다는 인식으로 이어진다. 또한 오토 바우어와 같이 문화적-민족적 자치라는 구실하에 하나의 민족으로서의 지역적 자치 혹은 자결을 회피하는 견해에 대한 비판을 담고 있는 것이기도 하다. 문화적-민족적 자치는 당시 오스트리아에서 다양한 지역에 흩어져 살고 있는 소수 민족들이 단지 정부 기관에 민족으로 등록되어 행정적 통제의 대상이 되고 자치 지역을 확보하지 못하는 것을 정당화하는 논리가 되기도 하였다. 공통의 문화에 기초한 공통의 심리적 기질은 흔히 민족성이라고 불리는 것을 가리키는 것이다. 하나의 민족은 역사적으로 형성된 일정한 심리적 특질이 있는데, 민족의 심리적 특질을 인정해야만, 해당 소수 민족을 존중하게 되고 민족적 분쟁을 회피할 수 있게 된다. 이와 같이 쓰딸린이 "맑스주의와 민족 문제"에서 규정한 민족의 정의는 민족 운동의 역사성을 반영하고 있고, 당시 논쟁되고 있던 민족 문제에 있어서의 여러 쟁점들에 대해 일정한 답변을 담고 있는 것이었다.

쓰딸린은 위 논문에서 레닌과 같이 민족 문제에 대해 한편으로 민주주의적 측면에서, 그리고 다른 한편에서 노동자계급의 해방 운동의 관점, 프롤레타리아 국제주의의 관점에서 접근하고 있다. "따라서 모든 형태(언어, 학교 등)에서의 민족들의 동등한 권리는 민족 문제의 해결에서 본질적인 요소이다. 결국, 예외 없이 모든 민족적 특권을 금지하고 소수 민족의 권리에 대한 어떠한 종류의 무력화나 제한도 금지하는, 나라의 완전한 민주화에 기초한 국가법이 요구된다."16) 이러한 쓰딸린의 언급은 민주주의적 평등의 관점에서 민족 문제에 접근한 것이다. 평등의 관점에서 특권의 금지, 차별의 금지를 주장하고 있는 것이다. 그런데 쓰딸린은 프롤레타리아 국제주의의 관점에서 민족 문제에 대해 다음과 같이 접근하고 있다. "우리는 민족체에 따른 노동자의 구분이 어디로 귀결되는지 알고 있다. 통일된 노동자당의 붕괴, 민족체에 따른 노동조합의 분열, 민족적 불화의 심화, 민족적인 파업 파괴 행위, 사회민주주의 대오 내의 완전한 도덕적 타락 ─ 이러한 것들이 조직적 연방주의의 결과이다. 이것은 오스트리아 사회민주주의의 역사와 러시아에서의 분트파의 행위에 의해서 웅변적으로 확증되고 있다. 이에 대한 유일한 치유책은 국제주의에 입각한 조직뿐이다. 러시아의 모든 민족체들의 노동자들을 단일하고 통합적인 집단적 조직체로 지역적으로 결합시키는 것, 이러한 집단적 조직체들을 단일한 정당으로 결합시키는 것 ─ 이것이 임무이다. ... 따라서 우리는 두 개의 근본적으로 상이한 유형의 조직에 직면한다: 국제적 연대에 기초한 유형과 민족체에 따른 노동자들의 조직적 '구분'에 기초한 유형."17) 이러한 쓰딸린의 언급은 민주주의적 관점에서 민족 간 평등을 실현해야 하지만 노동자계급의 단결은 민족적 구분에 따른 것이 아니라 국제주의적 관점에서 단일한 조직, 단일한 당으로 실현되어야 한다는 것을 가리키는 것이다. 즉 민족 자결은 민족적 차원, 국가적 차원의 문제이며, 노동자계급 내부의 단결의 문제는 민족 자결의 범주를 뛰어넘어 국제주의 원칙에 입각해야 한다는 것이다. 이

---

16) 같은 책, p. 357.
17) 같은 책, pp. 358-359.

는 러시아 사회민주당에서 민족적 구분에 따른 유태인의 분파 조직이었던 분트파에 대한 비판을 담는 것이며, 다민족 국가인 러시아에서 노동자계급의 해방 운동의 발전, 당 건설을 위한 기본적인 조건을 규정하는 것이었다.

한편 쓰딸린은 현실적으로 사회주의 건설을 이끌어 간 주요 지도자라는 점에서 러시아 혁명 이후 사회주의 건설 과정에서 민족 문제에 대해 어떠한 이론을 세우고 어떠한 민족 정책을 취했는가가 주목의 대상이 된다. 러시아 혁명 이후 쓰딸린은 사회주의 건설을 이끌어 가면서 그 경험과 성과에 기초하여 민족 문제에 대해 새로운 내용을 정리하는 논문을 썼다. 그것이 "민족 문제와 레닌주의"라는 논문인데, 1929년에 쓰였다. 이 논문에서 쓰딸린은 두 가지 유형의 민족을 구분하고 있는데, 자본주의에서의 부르주아적 민족과 사회주의 사회에서 쏘비에트 유형의 민족이 그것이다. 자본주의에서 부르주아 민족은 부르주아지에 의해 주도되는 것으로서 본질적으로 자본주의적 성격을 띠고 있음에 반해, 사회주의 사회, 쏘비에트 사회에서 민족은 새로운 유형의 민족 개념을 체현하고 있고 부르주아지가 아닌 노동자계급이 주도하는 민족 개념이라는 것이 그 내용이다. 이에 대해 쓰딸린은 "낡은 부르주아적 민족의 폐허 위에서 새로운 사회주의 민족이 발생하여 발전하고 있지만, 그것은 어떠한 부르주아적 민족보다도 강하게 단결하고 있다"[18]고 규정하고 있다. 이러한 쓰딸린의 주장은 사회주의 혁명 이후에 민족적 구분이 즉각적으로 소멸하는 것이 아니라 일정한 시기 동안 민족적 구분이 유지되며, 오히려 짜르 러시아에서 억압받던 민족들이 민족적 억압이 제거됨에 따라 비로소 참다운 민족적 발전을 하게 되었다는 인식을 바탕에 깔고 있는 것이다. 쓰딸린은

---

18) 스탈린, "민족 문제와 레닌주의", 같은 책, p. 367.

이러한 관점을 다음과 같이 표현하고 있다. "그리고 나는, 일국에서의 사회주의 승리의 시기는 민족과 민족어의 융합에 필요한 조건을 제공하는 것이 아니라 반대로 이전에는 짜르의 제국주의에 의해 억압받고 있었지만 지금은 쏘비에트 혁명에 의해 민족적 억압으로부터 해방된 민족들의 부활과 번영에 유리한 조건을 만들어 낸다고 말했던 것이다."[19] 즉, 사회주의 혁명이 민족을 즉각적으로 해소시키는 것이 아니라 일정 기간(공산주의로의 이행기 혹은 낮은 단계의 공산주의인 사회주의 단계 동안)에는 민족적 억압으로부터 해방된 민족의 발전의 길이 열리고 사회주의 건설은 그러한 다양한 민족들의 발전을 보장하는 가운데 이루어진다는 것이다. 실제로 쓰딸린 시기 쏘련에서는 다양한 민족들이 쏘연방 내의 독립 공화국 혹은 자치 공화국, 자치주를 형성하여 지역적 자결을 보장받았고, 또 수많은 민족어의 발전이 이루어져서 신문, 학교 등등이 민족어를 사용하고 민족어로 수업을 하게 되었고 민족어로 된 출판물들이 급격히 증가하여 쏘련에서 문맹 퇴치에 커다란 공헌을 하였다.

계급의 구분이 완전히 사라지는 높은 단계의 공산주의에 이르면 민족적 구분이 소멸하고 민족 간 융합이 실현될 것이지만, 낮은 단계의 공산주의인 사회주의 단계에서는 민족적 구분이 사라지는 것이 아니라, 거꾸로 억압받던 민족들이 비로소 참다운 발전을 하게 되는 것이다. 그리고 사회주의 건설은 이러한 다양성을 전제하고 조장하는 것을 기초로 이루어지는 것이다. 이러한 문제에 대해 쓰딸린은 이론적으로 다음과 같이 정식화하고 있다. "당신들은, 일국에서의 사회주의 승리의 시기와 세계적 규모에서의 사회주의 승리의 시기를 동일시하고, 세계적 규모에서의 사회주의 승리의 시기뿐만 아니라 일국에

---

[19] 같은 책, p. 370.

서의 사회주의 승리의 시기에도 민족적 차이와 민족어의 소멸, 민족들의 융합과 단일한 공통어의 형성이 가능하고 또 필요하다고 함으로써 중대한 오류를 범하고 있다. … 세계적 규모에서의 사회주의 승리의 시기는, 우선 모든 나라에서 제국주의를 일소하고, 타민족을 정복하려는 의도나 민족적 노예화의 위협에 대한 공포를 없애며, 민족적 불신이나 민족적 적의를 근본적으로 타파하고, 단일한 세계 사회주의 경제 체제 속으로 민족들을 통합시킴으로써, 모든 민족이 점차적으로 단일하게 융합되는 데 필요한 조건을 만들어 낸다는 점에서, 일국에서의 사회주의 승리의 시기와는 다르다."[20] 이러한 쓰딸린의 정식화는 사회주의 건설의 조건에서 민족 문제에 대해 근본적인 관점을 제공하는 것이다. 세계적 차원에서 사회주의 혁명이 승리할 때, 세계적 차원의 사회주의 경제 체제가 성립할 때, 비로소 민족어가 소멸되고 세계 공통의 언어가 형성될 수 있으며, 민족적 구별이 소멸하고 민족들이 융합될 수 있는 조건이 창출된다는 것이다. 그것은 세계적 차원의 사회주의 경제 체제가 성립될 때만 민족적 구별을 넘어서는 국제적 교류가 전면화되고 일상이 될 수 있기 때문이다. 그리고 그때까지는 사회주의 건설의 조건에서 민족적 구별을 유지하고 또 민족적 다양성을 장려하면서 사회주의 사회의 건설이 풍요롭고 다면적으로 이루어지도록 하는 방향이 타당하다는 것이 쓰딸린의 위의 정식화에서 도출되는 것이다.

이러한 관점에서 쓰딸린은 20세기 사회주의 건설에서 민족 정책의 기본적 관점이 되었던 정식화를 다음과 같이 수행하고 있다. "… 우리의 새로운 쏘비에트 민족의 민족 문화가 그 내용면에서 사회주의적 문화라는 것을 이해하지 못하기 때문이다."[21] 이러한 쓰딸린의 언

---

20) 같은 책, pp. 368-369.

급은 사회주의 사회에서 민족 문화는 그 형식에서는 민족적이지만, 그 내용면에서는 사회주의적이라는 것을 의미한다. 이를 다른 말로 하면 사회주의 사회의 민족들의 문화는 형식에서는 민족적 전통과 특질을 담고 있지만, 그 내용면에서는 세계 노동자계급 공통의 국제주의적 내용을 담는 것이어야 함을 말하는 것이다. 그리고 쓰딸린의 이러한 정식화는 쏘련의 현실에서 민족 문제의 해결을 사회주의 건설의 관점에서 이해하고 관철시키는 것이었다.

이러한 관점에서 쓰딸린은 쏘련에서 볼쉐비끼 당의 민족 정책을 다음과 같이 총괄하고 있다. "그것을 위해서는, 당이나 노동조합에서부터 국가나 경제 기관에 이르기까지의 모든 행정 기관을 민족화하는 것, 즉 그 구성을 민족적으로 하는 것이 필요하다."[22] 여기서 "그것을 위해서는"은 당시 쏘련에서 문맹의 비율이 70-80%가 되는 현실에서 문화혁명을 이루어내면서, 모국어, 민족어를 사용하는 간부를 양성하는 것을 가리키는 것이다. 즉 쓰딸린은 사회주의 건설에서 절대적으로 필요한 문화혁명의 관점에서, 문맹을 퇴치하기 위해서는 소수 민족 자신의 민족어의 광범한 보급 이외에는 길이 없다는 결론을 내리고 있으며, 이를 위해 학교, 경제 기관, 행정 기관 등에서 민족적 간부의 양성과 민족어 사용의 장려를 주장하고 있는 것이다. 이를 쓰딸린은 "그 구성을 민족적으로 하는 것"이라고 표현하고 있는 것이다.

쓰딸린의 이러한 주장은 그렇지만 민족주의적 접근과는 거리가 있다. 민족주의는 해당 민족의 배타적 이익을 주장하는 것이지만, 쓰딸린은 사회주의 건설의 관건적 요소인 문화혁명의 관점에서, 문화혁명을 이루기 위한 현실적 수단으로 민족어의 보급과 민족적 간부의 양

---

21) 같은 책, p. 376.
22) 같은 책, p. 377.

성을 들고 있는 것이다. 이 점에서도 쓰딸린은 내용은 사회주의, 형식은 민족적 문화라는 정식화를 적용하고 있다. 그리고 이러한 정확한 민족 정책을 취하였기 때문에 쏘련에서 문화혁명은 거대한 성취를 이루었고 10여 년이 지난 1930년대 후반에 이르면 쏘련에서 문맹은 자취를 감추게 되었다.

한편 쓰딸린에 대해 악마화하는 제국주의자들이 쓰딸린을 공격하는 하나의 쟁점이 되는 것은 2차 대전을 전후한 시기에 일부 소수 민족들을 거주지에서 다른 곳으로 이주하게 한 정책이다. 연해주에 거주하던 조선인들이 카자흐스탄 등 중앙아시아로 이주한 것, 끄림반도의 따따르족, 까프까쓰의 체첸-잉구쉬족이 중앙아시아로 이주한 것 등이 그 사례들이다. 이에 대해 제국주의자들, 반공주의자들은 쓰딸린의 강제 이주 정책이라고 보면서 쓰딸린이 소수 민족을 탄압한 사례로 들고 있다. 그러나 이에 대해서는 다른 관점을 주장하는 이들도 있다. 대표적인 사람이 ≪흐루쇼프가 거짓말을 했다≫라는 책을 쓴 그로버 퍼이다.

쓰딸린에 대한 이러한 비판의 시작은 흐루쇼프의 비밀 연설에서 비롯된 것이다. 1956년 20차 쏘련 공산당 대회에서 흐루쇼프는 비밀 연설을 통해 쓰딸린이 까라차이족, 깔미끄족, 체첸-잉구쉬족, 발까르족을 강제 이주시켰다고 고발을 하였다. 그러나 이에 대해 그로버 퍼는 그것들이 민족 정책 차원에서 이루어진 것이 아니라 2차 대전이라는 전쟁 상황하에서 독일군에 가담한 사람들, 그러한 소수 민족에 대하여 쏘련군에 대한 군사적 위협을 제거하기 위한 군사적 차원의 조치였다고 분석하고 있다.[23] 그로버 퍼는 체첸-잉구쉬족과 끄림반도

---

23) Grover Furr, *Khrushchev Lied* (LLC Corrected Edition), Erythros Press and Media, July 2011, pp. 97-101.

의 따따르족의 경우 대규모적으로 심지어 주민의 절반이 넘는 사람들이 독일군에게 가담했다는 것을 증거를 들어 입증하고 있다. 끄림반도의 따따르족은 1939년 인구가 218,000명이었고 그중 징집 연령의 인구는 22,000명이었는데, 쏘련군에서 탈영하여 나찌 군대에 가담하여 쏘련군에 맞서 전투를 한 따따르족이 20,000명에 이르렀다고 그로버 퍼는 분석하고 있다. 그런데 이들을 모두 감옥에 보낼 경우 따따르족은 젊은 세대 전체가 사라지게 되어 젊은 세대의 결혼과 인구의 재생이 불가능하게 되어 민족 자체가 소멸할 수밖에 없었다. 그에 따라 쏘비에트 정부는 끄림반도의 따따르족을 이주시켜 쏘련군에 대한 군사적 위협을 제거하고 따따르족을 민족체로서 보전하게 하였던 것이다. 그리고 쏘련 정부는 이주한 소수 민족들에게 생활이 가능하도록 물자를 지원하였고 수년 동안 세금을 면제해 주었다.

체첸-잉구쉬족의 경우 1943년 자치 공화국의 인구가 450,000명이었다. 징집 가능 연령의 숫자는 40,000-50,000명이었는데 1942년 독일군의 공세가 절정에 이르렀을 때, 14,576명의 징집자 중에서 93%인 13,560명이 쏘련군에서 탈영하여 반쏘비에트적인 반란에 가담하거나 도적 떼가 되었다. 이러한 상황은 체첸-잉구쉬족이 민족 차원에서 반쏘비에트로 돌아서서 독일군에게 가담하는 상황이 되었다는 것을 의미했다. 그리하여 이들을 중앙아시아로 이주시키게 되었는데, 이주 과정에서 사상자는 전체의 0.25%였다(자세한 내용은 그로버 퍼의 저작을 참조하시오).

이러한 내용이 이른바 쓰딸린의 강제 이주 정책이라고 악선동되는 것의 실제적인 내용이다. 여기서 확인할 수 있는 것은, 연해주의 조선인, 끄림반도의 따따르족, 까프까쓰의 체첸-잉구쉬족 등의 이주는 정상적인 민족 정책 차원에서 이루어진 것이 아니라 전쟁의 발발 가능성 혹은 실제적인 전쟁 상황에서 군사적 위협을 감소시키기 위해 취해진 군사적 조치였다는 점이다. 그리고 쏘련 정부는 소수 민족들을 무차별적으로 이주시킨 것이 아니라, 독일군에 대한 가담 정도, 쏘련군에 대한 위협 정도 등을 고려하여 예외를 두면서 이주 정책을 폈고 또 이주한 소수 민족들은 중앙아시아 등의 이주지에서 집단 농장 등을 꾸리면서 평온하게 생활하였다. 그리하여 흐루쇼프에 의한 쓰딸린 탄핵 이후 이들 이주한 소수 민족들에게 원래의 거주지로 돌아갈 것이 허용되었을 때 실제 원래 거주지로 돌아간 사람들은 소수에 지나지 않았다.

연해주의 조선인들은 중-일 전쟁이 발발하면서 일본군이 언제 연해주를 비롯한 쏘련 영토를 침략할지 모르는 상황에서 군사적 차원에서 이주하게 된 것이었다. 당시 조선은 일제의 식민지로 영락하고 있었고 조선의 민족주의자들 대부분은 일제의 동화 정책에 굴복하여 민족개량주의로 돌아서서 독립을 포기하고 일본 지배하에서 상태의 개선을 추구하고 있었다. 그런 상황에서 연해주의 조선인들은 일제가 쏘련을 침략할 경우 활용할 표적이 되고 있었다. 쏘련의 입장에서는 연해주의 조선인들이 일본과 합세하는 최악의 상황을 피하고자 할 수밖에 없었던 것이다. 그리고 중앙아시아로 이주한 조선인들은 그곳에서 집단 농장을 꾸리면서 안정적인 생활을 하였다. 후에 고려인들이라 불린 이들은 쏘련 사회 곳곳에서 많은 활약을 하였고 민족적 차별이나 억압과는 거리가 먼 생활을 지속할 수 있었다.

4. 흐루쇼프, 브레쥐네프에 의한 맑스주의 민족 이론의 수정

흐루쇼프는 20차 당 대회에서 쓰딸린을 탄핵하여 수정주의적 행보를 노골화하였다. 이어서 경제 정책에 있어서 성(省) 중심의 부문별

관리를 지역 중심으로 개편하여 100여 개의 국민경제회의(쏘브나르호쓰)를 설치하였다. 그러나 이러한 개편은 지방주의를 강화할 수밖에 없었고 경제에서 계획은 균열되기 시작했다. 지방주의는 그 자체로 민족주의를 의미하는 것은 아니지만 각 지방 공화국에서 지방의 이익을 우선하고 배타시하는 민족주의로 발전할 가능성을 매우 크게 띠는 것이었다.

이어서 브레쥐네프 하에서 수상 꼬쒸긴의 1965년 수정주의적 경제 개혁은 개별 국유 기업들을 이윤 추구 중심의 자본주의적 방향으로 운영하게 한 것으로서 각 지방에서 부르주아적인 민족주의 세력이 성장할 수 있는 조건을 형성하는 것이었다. 그리고 1968년 체코 사태에 대한 브레쥐네프의 진압은 주권 제한론을 명분으로 한 것이었지만, 이에 반발하여 쏘련 내에서 싸하로프 등의 반체제 운동이 발생하기 시작하였고, 지방 공화국에서는 민족주의 그룹의 운동도 발생하기 시작했다.

뿐만 아니라 흐루쇼프, 브레쥐네프의 수정주의는 전 인민 국가, 전 인민당 노선하에서 당의 혁명적 성격을 거세하고 당이 관료들의 집단으로 전화하게 했는데, 이러한 흐름을 기초로 중앙에서 지방의 말단 기업과 기관에 이르기까지 이른바 노멘끌라뚜라라고 불리는 특권층이 발생하였다. 그리하여 쏘련은 내적으로 균열되고 있었고, 특히 경제에서 계획의 마비는 1970년대 후반 쏘련 경제를 완전히 균열시키는 상황에까지 이르렀다.

이러한 상황은 민족 문제에 있어서도 일정한 영향을 끼칠 수밖에 없었는데, 쓰딸린 시기에 각 민족의 평등을 엄격히 지켰던 바에 비하여 대러시아 민족주의적 경향이 서서히 성장해 갔다. 특히 브레쥐네프에 이르러서는 흐루쇼프에 의해 왜곡된 맑스주의 민족 이론을 더욱더 노골적으로 수정하여 민족 문제가 악화할 가능성을 키우고 있었고, 이는 1980년대 고르바쵸프 시기에 민족 문제의 폭발을 예비하는 것이었다.

"브레쥐네프가 정권을 잡은 후에, 민족 문제상에서 흐루쇼프의 '새로운 역사공동체—쏘련 인민이 형성되었다'라는 관점을 이어받았고, 가일층 발전시켜서 '브레쥐네프주의'적인 민족관을 형성하였다."[24] 즉, 브레쥐네프는 흐루쇼프를 하야시키고 권력을 잡은 후에 흐루쇼프의 민족관 즉, 쏘련 인민이라는 새로운 역사적 공동체가 형성되었다는 관점을 계승하였다. 여기서 '쏘련 인민이라는 새로운 역사공동체'에 대해 브레쥐네프는 "쏘비에트 애국주의가 민족 감정을 초월하였다"고 하였고 또 현실 생활에서 발생하는 민족 감정의 문제를 일괄하여 "지방 민족주의"라 칭하였다.

이러한 브레쥐네프의 민족관은 그의 사회주의 건설 노선에 따른 것이었다. 즉, 브레쥐네프는 쏘련 사회가 이미 "발달한 사회주의"에 진입하였다고 선언하였는데, 발달한 사회주의 단계에서는 이미 적대적 계급과 계급 투쟁이 존재하지 않게 되었으며, 전체 사회는 갈수록 "단일한 사회"가 되었다는 내용이었다. 그리하여 프롤레타리아 독재는 "전 인민 국가"로 되었으며, 전 인민 국가는 발달한 사회주의의 정치적 상부 구조라고 선언되었다.

이러한 사회주의 건설 노선은 민족 문제에도 심대한 영향을 미쳤는데, 쏘련의 각 민족은 민족 구분이 없는 통일적인 경제체를 건설했으며, 민족적 경계가 없는 "신문화"가 형성되었고, 민족 간의 결혼이 증가하고 언어와 문자의 교류 확대에 따라 "인류의 새로운 역사공동체"가 생겨났다는 것이었다.[25] 이러한 브레쥐네프의 민족관은 민족

---

24) 周尙文·叶书宗·王斯德, 앞의 책, p. 753.
25) 같은 책, pp. 735-736.

문제가 사실상 소멸하고 있으며, 민족 감정, 민족적 경계가 무의미해졌다는 주장이었다. 그러나 실제로는 당과 정부의 관료주의화가 진행되면서 대러시아 민족주의적 경향이 발생하고 있었고 브레쥐네프 스스로 러시아를 쏘련 전체의 맏형이라 칭하기도 했다. 브레쥐네프는 민족 구분 없는 통일적인 경제체, 민족 경계를 넘어서는 신문화를 주장했지만, 브레쥐네프 사망 후 10년이 못 되어 쏘련은 민족 문제가 폭발하여 쏘연방 자체가 해체되는 지경에 이르렀다.

브레쥐네프는 쏘련에서 민족적 구분과 경계가 사실상 사라지고 있다고 주장했지만, 이것은 관념과 현실을 혼동하는 주장이었다. 브레쥐네프 당시 쏘련은 사회주의적 정책으로 인해 민족 간 경제적 격차가 줄어들고 있었지만 여전히 변방의 지방 공화국은 중앙 러시아에 비해 경제적으로 후진적인 상태였다. 즉, 민족 구분 없는 통일적인 경제체는 전혀 아니었던 것이다. 그리고 민족 구분 없는 신문화를 주장했지만, 이것은 실제로는 소수 민족의 민족 문화에 대한 억압의 구실로 작용하는 것이었다. 실제로 1970년대 후반 브레쥐네프가 소수 민족에게 러시아어 보급 확대 정책을 폈을 때 곳곳에서 소수 민족의 반발이 일어나기도 했다. 뿐만 아니라 브레쥐네프 시기에 잘못된 민족관과 민족적 정책을 편 결과, 쓰딸린 시기 소멸의 길을 걸었던 민족주의 세력이 다시 부활하고 있었고 변방의 공화국을 중심으로 민족적 갈등이 재연되고 있었던 것이다.

이러한 브레쥐네프의 민족관은 쓰딸린 시기의 정확한 민족 노선에 대한 수정주의적 수정을 의미하는 것이었다. 쓰딸린은 일국에서 사회주의 혁명이 승리한 이후에도 세계적 차원에서 사회주의 혁명의 승리 이전까지는 민족적 구별이 사라지는 것이 아니라 오히려 소수 민족들의 참다운 발전이 이루어지는 것으로 파악했었다. 반면에 브레쥐네프는 여전히 세계 제국주의 질서가 강고한 상황에서 쏘련 내에서 이미 민족적 구분이 사라지고 있다고 관념적으로 민족 문제에서의 승리를 선언한 것이었다. 이는 흐루쇼프에서 비롯된 수정주의가 브레쥐네프에 이르러 더욱더 심화되어 상황을 근본적으로 그르치는 단계로까지 발전했다는 것을 의미했다.

5. 쏘련에서 민족 문제의 폭발과 쏘연방의 해체

고르바쵸프는 브레쥐네프 하에서의 정체 혹은 상황의 왜곡을 극복하려 개혁을 내세웠지만 흐루쇼프, 브레쥐네프의 수정주의적 노선과 그 결과를 전혀 건드리지 않고 반쓰딸린을 기치로 하여 우편향적 개혁을 추진하였다. 그 결과 경제에서 상황이 악화하고, 이를 정치에서의 개혁으로 만회하려 했지만, 정치에서도 개혁이 실패하면서 쏘련 자체의 해체를 가져오게 되었다.

그 과정에서, 즉 쏘련의 해체 과정에서 직접적 발단이 된 것은 아르메니야와 아제르바이쟌 사이에서 나고르노-까라바흐 지구의 민족 분규가 폭발한 것이었다. 나고르노-까라바흐 지구는 아제르바이쟌에 속해 있었지만 그 지구의 주민은 아르메니야인이 다수였다. 특히 아제르바이쟌인은 이슬람을 신봉하고 아르메니야인은 기독교를 신봉한 것이 민족 갈등에 많은 영향을 미쳤다. 1988년 12월 민족 분규는 유혈 충돌로까지 확대되었고 이후 간헐적 충돌이 이어지다가 1990년 1월 20일 아제르바이쟌의 바꾸에 계엄령이 선포되는 상황에 이르렀다. 이 사태는 쏘련 전역에서 민족적 감정, 민족주의를 고조시키는 역할을 했는데, 1989년 8월 23일에는 발트 3국에서 자신들의 쏘련에의 통합의 계기가 되었던 독-쏘 불가침 조약 50주년에 항의하는 대중 시위가 발생했다. 이는 발트 3국에서 쏘련으로부터 분리와 독립을 주장하는 민족주의 세력의 등장을 의미하는 것이었다. 1989년 4월에는 그루지야에서 대중 시위가 발생하여 독립 문제를 토론하였다. 그해 4월 8일에는 쏘련에서 그루지야의 탈퇴를 요구하는 대중 시위가 발생하여 무력 진압되었는데 16명이 그 과정에서 사망하였다. 1990년 2월에는 따쥐끄에서 대중 시위가 발생했고, 6월에는 우즈베끄에서 대중 소요가 발생하여 방화를 하기도 했다. 6월에 끼르기쓰에서는 경내에 거주하는 우즈베끄족과의 충돌이 발생하였다. 9월에는 우크라이나 개혁 쟁취 인민 운동이 쏘련으로부터 탈퇴를 요구하였다. 10월 하순 몰도바에서는 쏘련으로부터의 탈퇴와 루마니아와의 합병을 요구하는 시위가 발생했다.

이러한 일련의 흐름은 1988년 나고르노-까라바흐에서 민족적 충돌 이후 쏘련 전역에서 민족주의의 물결이 일어나면서 지방의 민족 공화국들에서 민족적 분규가 급증했다는 것을 보여 준다. 그리고 이러한 흐름은 다음 해인 1991년에 이르면 쏘연방을 구성하는 각각의 지방 공화국들이 쏘연방으로부터 독립을 선언하는 사태로 이어졌고, 결국 1991년 하반기에 쏘연방은 정식으로 해체되게 되었다. 즉, 쏘연방 해체의 직접적인 양상은 민족주의의 물결이 고조되어 각 지방의 공화국들이 독립하면서 결국 연방의 해체로까지 이어진 것이었다. 물론 그 과정에서 보다 근본적인 것은 흐루쇼프, 브레쥐네프의 수정주의의 결과 경제에서 계획이 균열되고 정치에서 관료주의가 지배적이 되면서, 사회적으로는 특권층이 만연하여 쏘련 사회를 내적으로 해체하고 있었다는 점이다. 고르바쵸프는 이에 대해 개혁을 내세웠지만 문제를 전혀 잘못 짚었고, 그 결과 쏘련 사회를 해체하고 자본주의로 전환하는 반혁명을 앞장서서 추진한 주역이 된 셈이었다.

제11장
쏘련의 대외 정책과 프롤레타리아 국제주의

1. 10월 혁명과 쏘비에트 러시아의 대외 정책

 10월 혁명이 승리한 다음 날인 1917년 10월 26일(구력) 쏘비에트 러시아는 평화에 관한 포고를 발표하였다. 무병합, 무배상의 민주주의적 강화 제안이었지만, 쏘비에트 러시아의 이러한 제안은 협상국 측에 의해 거부당했다.[1] 그리하여 쏘비에트 러시아는 독일과의 단독 강화 협상에 들어갈 수밖에 없었다. 쏘비에트 러시아는 전쟁에서 철수하여 평화를 쟁취하여 휴식기를 갖고, 또 혁명을 수호할 적군(赤軍)을 창설할 수 있는 여유를 갖기 위해 독일과의 강화가 절실한 상태였다. 물론 독일의 강화 조건은 가혹한 것이었다. 독일은 폴란드와 발트 3국의 할양을 주장하고 있었다. 이에 대해 레닌 등 볼쉐비끼 당 지도부는 쏘비에트 러시아가 전쟁을 수행할 무력이 없다는 점을

---

1) B. N. 포노말료프 편, ≪소련공산당사≫ 제3권, 편집부 역, 거름, 1991, p. 34.

들어 굴욕적이지만 독일에 양보하여 강화할 것을 강화 협상의 대표인 뜨로쯔끼에게 지시한 상태였다. 그러나 뜨로쯔끼는 이러한 지시를 거부하고 1918년 1월 28일 단독으로 성명을 발표하였다. 뜨로쯔끼는 쏘비에트 러시아는 싸우지도 않고 강화하지도 않는다, 일방적으로 전쟁 상태의 종결을 선언한다는 입장을 발표하고 러시아 병사들의 동원 해제를 선언하였다. 이에 대해 독일은 2월 18일 전면적 공세를 재개하였고 레닌은 러시아의 노동자와 인민에게 조국이 위험에 처해 있으며, 조국을 보위하여 일어설 것을 호소하였다. 2월 23일 독일군은 최후통첩을 보내왔는데, 이는 이전보다 더욱더 가혹한 강화 조건을 포함한 것이었다. 즉, 쏘비에트 러시아가 우크라이나와 핀란드, 까프까쓰의 일부를 포기할 것을 요구하는 것이었다.

  이에 대해 레닌은 혁명의 수호를 위해 이러한 요구를 수용할 것을 주장했다. 처음에는 레닌의 안이 소수였고 부하린 등의 좌익 공산주의자들을 중심으로 이른바 혁명전쟁을 수행할 것을 주장하는 안이 다수였으나, 레닌의 끈질긴 설득으로 2월 24일 전 러시아 쏘비에트 중앙집행위원회는 강화 협상을 결정하였고 3월 3일 독일과의 강화가 성립되어 브레쓰트-리또프쓰크 조약이 발효되게 되었다. 이를 통해 쏘비에트 러시아는 많은 손실을 입었음에도 불구하고 혁명을 수호할 수 있었고, 인민들에게 휴식기를 가져다줄 수 있었고, 또 혁명 무력인 적군(赤軍)을 창설할 수 있는 조건을 확보할 수 있었다. 브레쓰트-리또프쓰크 조약은 3월 14일-16일 전 러시아 쏘비에트 4차 비상 대표자대회에서 비준되었다. 그런데 이에 대해 당시 혁명정부에 참여하고 있었던 사회혁명당 좌파가 반발하여 인민위원회를 탈퇴하고 반(反)볼쉐비끼로 입장을 전환하였다. 그러나 사회혁명당 좌파의 이러한 입장 전환은 소부르주아 세력이 위기의 시기에 동요한다는 것을 보여 주는 것에 지나지 않았다. 볼쉐비끼 당은 브레쓰트-리또프쓰크 조약을 통해 평화를 쟁취하여 러시아 내의 혁명을 밀고 나갈 수 있었고, 독일이 1차 대전에서 패배하고 독일 내에서 혁명이 발발함에 따라 브레쓰트-리또프쓰크 조약은 사실상 무효화되었고 쏘비에트 러시아는 잃었던 국토를 회복할 수 있었다.

이후 쏘비에트 러시아는 제국주의의 간섭과 내전을 겪으며 절체절명의 위기에 몰렸으나, 빈농, 중농 등 농민과 노동자계급의 동맹을 공고히 하면서 내전의 전세를 서서히 역전시킬 수 있었다. 이 시기에 쏘비에트 러시아는 제국주의 국가의 노동자계급에게 제국주의 국가의 러시아에 대한 무력간섭의 부당성을 호소하였고, 이들 국가에서는 쏘비에트 러시아에 대한 무력간섭을 반대하는 노동자계급의 운동이 광범위하게 일어났다. 이러한 국제적 연대와 지지를 조건으로 하면서, 다른 한편으로 제국주의 군대에 대항할 수 있는 적군(赤軍)을 수백만명 창설하면서 볼쉐비끼 당과 쏘비에트 국가는 약 3년간에 걸친 내전에서 승리자가 될 수 있었다.

내전 승리 후 쏘비에트 러시아는 대외적으로 평화 공존을 제창하였다. 레닌은 상이한 체제 간에도 평화적인 공존이 가능하다는 사상을 피력하였는데, 이는 부하린 등 좌익 공산주의자들의 혁명전쟁 노선을 비판하는 가운데 도출된 것이었다. 그리고 서방의 제국주의 국가들에서도 1차 대전의 결과 경제 상태가 피폐해졌기 때문에 러시아라는 시장이 필요하게 되었고, 서방과 쏘비에트 러시아 간에는 서서히 무역 관계가 재정립되게 되었다. 1921년 영국에서 경제 위기가 폭발하여 대외 무역이 1/2로 감소하였다. 그리하여 1921년 3월 16일 영국과 쏘비에트 러시아 간에는 통상 협정이 체결되었다.[2] 그리고

---

[2] 周尚文 · 叶书宗 · 王斯德, ≪苏联兴亡史(쏘련 흥망사)≫, 上海人民出版社, 1993, p. 236.

이 협정은 쏘비에트 러시아가 서방의 대국과 맺은 최초의 협정이었다. 1921년 5월 6일 독일과 쏘비에트 러시아 간의 무역 협정이 체결되었고 이어서 1921년 1년 동안 쏘비에트 러시아는 12개국과 무역 협정을 체결하게 되었다.

　한편 이렇게 쏘비에트 러시아가 대외 무역 관계를 회복함에 따라 대외 무역에 대한 쏘비에트 러시아의 방침이 주요 쟁점으로 떠오르게 되었다. 부하린 등은 대외 무역에 대한 국가독점은 전시 공산주의의 산물이며, 따라서 대외 무역에 대해 관세를 통해 조정하는 것으로 족하다고 보면서 대외 무역에 대한 국가독점을 반대하였다. 이에 대해 레닌 등 볼쉐비끼 당 다수는 외국 자본에 맞서 쏘비에트 러시아의 경제를 보호하고 쏘비에트 경제의 독립성을 유지하기 위해 대외 무역에 대한 국가독점이 필요하다는 입장을 견지하였다. 그리하여 1922년 12차 당 대회에서 대외 무역의 국가독점 원칙은 변경 불가능하다고 천명하는 결의가 통과되었다. 사실 사회주의 국가에서 대외 무역에 대한 국가독점이 필요한 것은 사회주의 경제 자체가 계획 경제라는 성질을 띨 수밖에 없기 때문이다. 생산과 교환에서 자본주의적 무정부성을 극복하고 나라의 경제 전체가 계획적으로 조직되기 위해서는 대외 무역에서도 '계획적 조직화'가 필요하며 이는 대외 무역에 대한 국가독점을 통해 실현되는 것이다. 대외 무역에 대한 국가독점은 외환에 대한 국가독점을 포함하는 것이며, 이를 통해 사회주의 국가의 경제는 대외적으로도 무정부성을 극복하고 질서 정연하고 계획적으로 대외적 관계를 발전시키게 된다. 물론 사회주의 경제의 발전이 성숙하게 되면 대외 무역의 국가독점의 구체적 정책은 한층 유연하고 다면적이고 다양하게 발전할 수 있으나, 그럼에도 대외 무역 전체에 대한 국가의 통제와 계획적인 조직화는 사회주의 계획 경제의 발전이라는 전략적 목표에 의해 규정되는 것이다.

쏘비에트 러시아의 대외 정책의 근간은 프롤레타리아 국제주의였다. 10월 혁명의 승리는 세계적 차원에서 자본주의 국가의 노동자계급의 혁명 운동이 고양되는 계기였으며, 다른 한편으로 식민지, 반식민지 국가의 민족 해방 운동이 고양되는 계기이기도 했다. 중국, 조선, 인도, 터키 등에서는 10월 혁명 후에 민족 해방 운동이 고양되어 제국주의 질서를 위협하고 있었다. 그리고 이는 레닌의 민족 자결권 테제에 입각한 것이었는데, 레닌의 민족 자결권 테제는 제국주의 시대에는 민족 (해방) 운동이 불가능하다는 견해를 비판하면서 제국주의에 맞서는 세계 노동자계급의 해방 운동과 약소민족의 민족 해방 운동의 동맹을 기초 지우는 것이었다.

그리하여 세계적 차원에서 혁명 운동이 발전함에 따라 전 세계 노동자계급의 해방 운동을 총괄하는 제3 인터내셔날이 창립되게 되었다. 그전의 제2 인터내셔날은 사회민주당 대부분이 제1차 세계 대전에서 조국 방위 노선을 걸음으로 인해서 파산했는데, 10월 혁명의 성과와 볼쉐비끼 당의 노선에 기초하여 세계적 차원의 인터내셔날이 결성되게 되었던 것이다. 제3 인터내셔날, 약칭하여 코민테른은 1919년 3월 30개국의 공산당과 사회주의 좌파 조직이 모쓰끄바에 모여 창설했다. 그리고 1920년 7월에는 코민테른 2차 대회가 열렸는데 볼쉐비끼 당의 경험으로 신생 공산당들을 무장시키고 과거의 사회민주당 유형과 다른 새로운 유형의 당 건설을 제시하였고 코민테른의 가입 조건을 규정한 21개항을 채택했다. 그리고 이 시기에 레닌은 이들 신생 공산당들의 발전을 위해 볼쉐비끼 당의 경험을 총괄한 ≪공산주의에서의 좌익 소아병≫을 썼다.

이 시기 레닌과 볼쉐비끼 당은 공산당들의 전술 노선의 주요한 것으로 노동자 통일전선 전술을 제창했다. 이는 사회민주당이 제1차 세계 대전과 10월 혁명 이후 많이 약화되었고 심지어 자본주의의 주요한 한 축으로 전락한 상태였음에도 불구하고, 제국주의 국가에서 노동자계급의 상당 부분에 영향을 끼치고 있음을 고려하여 공산당과 사회민주당의 연합을 통한 노동자계급의 대오의 통일을 제창한 것이었다. 즉, 사회민주당이 자본가계급과의 협조 노선을 버리고 노동자계급의 대오의 통일에 함께할 것을 제창한 것이었다. 이는 한편으로 사회민주당에 대한 비판이면서 동시에 공산당들의 헤게모니를 강화시키는 것이었고, 결과적으로 노동자계급의 대오 전체를 강화시키는 것이었다. 이러한 통일전선 전술은 공산당이라는 혁명적 주체를 전제로 하는 것이었으며, 당 건설에 기초한 전선의 강화를 꾀한 것이었다. 즉, 노동자 통일전선은 당과 전선의 관계에 대한 고전적인 성격을 보여 주는 사례인데, 이는 1930년대 파씨즘의 등장 이후 반파쑈 인민전선 전술이 성립하게 한 주요한 토대가 되는 것이었다. 당과 전선의 관계에 대한 볼쉐비끼 당의 이러한 방침은 21세기 지금의 현실에 있어서도 시사하는 바가 크다. 즉, 21세기 지금의 현실에 있어서도 노동자계급의 당파성을 체현하는 당 건설의 문제를 한편으로 하고, 이와 달리 노동자계급의 단결, 나아가 전 인민의 단결에 기초한 전선(체)을 성립시키는 문제는 상호 간에 긴밀한 연관을 가지면서 전개될 수밖에 없다. 당 건설이 전선의 건설의 근본적 전제 조건이 된다는 것, 그리고 전선의 성립과 발전은 당의 활동에 지대한 영향을 끼치고 당의 정치적 영향력을 근본적으로 개선하고 발전시킨다는 점에서 당과 전선의 관계는 노동자계급의 해방 운동의 주요한 이론적, 정치적 고리가 되는 것이다.

  10월 혁명 후의 쏘비에트 러시아의 대외 정책은 첫째, 프롤레타리아 국제주의를 근간으로 하며 이는 코민테른의 성립과 발전으로 표현되었다. 둘째, 쏘비에트 러시아는 제국주의 국가에 대해 평화 공존을 제창하였는데, 이는 혁명전쟁 혹은 혁명의 수출이라는 노선에 반대하는 것이며, 제국주의 국가와 사회주의 국가 간의 평화가 쏘련 내부의 사회주의 건설에 필요하고 또 제국주의 국가 내의 혁명 발전에도 도움이 된다는 것 때문이었다. 제국주의 국가와의 평화 공존 노선은 1930년대 파씨즘의 등장 이후 유럽에서 집단 안전 보장 체계의 구축이라는 노선으로 구체화되었는데, 이 노선은 2차 대전 이후에도 마찬가지로 견지되었다. 즉, 쓰딸린은 2차 대전 이후 미국과 영국 등의 제국주의 국가들이 냉전을 개시하고 또 NATO라는 군사 기구를 창설했음에도 불구하고, 그에 대응하는 군사 기구를 창설하지 않고 서유럽, 미국 등 자본주의 국가들과 쏘련 및 동유럽의 사회주의 국가 간의 집단적 안전 보장 체계 구축을 주장했던 것이다. 사회주의 국가와 자본주의 국가의 평화 공존과 집단 안전 보장 체계라는 20세기 사회주의의 유산은 21세기 지금도 시사하는 바가 큰데, 만약 한국 등에서 사회주의 혁명이 발발하고 사회주의 건설이 이루어진다면, 프롤레타리아 국제주의를 근간으로 하면서도 혁명 수출이 아니라 평화 공존을 제창하면서, 예들 들면 동아시아 집단 안전 보장 체계의 구축을 대외적인 정치, 군사 노선으로 삼을 수 있을 것이다.

셋째, 쏘비에트 러시아의 대외 정책의 주요한 한 축은 세계 노동자계급의 해방 운동과 약소민족의 민족 해방 운동의 동맹이었다. 이러한 동맹이 가능한 경제적 기초는 레닌의 ≪제국주의론≫에서 해명된 바가 있으며, 그러한 동맹의 정치적 근거는 레닌의 '민족 자결권' 테제에서 확인된 바가 있다. 즉, 제국주의 시대는 생산의 사회적 성격과 소유의 사적 성격 간의 모순이 극대화되고 독점이 발달한 결과 사회주의 혁명의 전야가 된다는 점, 그리고 약소민족에 대한 제국주의의 억압과 착취, 수탈이 식민지의 민족 혁명을 야기한다는 점이, 제국주의 시대의 노동자계급의 사회주의 혁명과 약소민족의 민족 해방 운동의 동맹을 가능하게 하는 객관적 조건으로 작용하는 것이다.

그리고 이 점은 21세기 지금도 형태를 달리하지만 본질적으로 동일하게 적용되는 것이다. 21세기 지금의 제국주의 시대 또한 여전히 사회주의 혁명의 전야이며 자본주의의 모순을 극대화하고 있고, 전 세계의 약소민족들은 제국주의의 신식민지주의적 억압으로 인해 제국주의에 종속되어 있는 것이 현실이기 때문이다.

이와 같이 쏘비에트 러시아의 대외 정책은 프롤레타리아 국제주의를 근간으로 하면서도, 제국주의 국가에 대해서는 평화 공존을, 약소민족들에 대해서는 그들의 민족 해방 운동을 지지하고 민족 해방 운동과 노동자계급의 사회주의 운동과의 동맹을 추구하는 것이었다.

2. 2차 대전 전 사회주의 건설 시기의 쏘련의 대외 정책

1922년 4월 쏘비에트 러시아와 독일과의 외교 관계가 회복되었다. 이는 쏘비에트 러시아가 자본주의 열강과 최초로 맺은 수교였다. 그 이전 1921년에는 아프가니스탄, 이란, 터키와 쏘비에트 러시아의 조약이 체결되었는데, 이는 이들 동방 국가가 대국과 맺은 최초의 평등한 조약이었다. 쏘비에트 러시아는 짜르 러시아가 이들 국가 내에서 가졌던 이권과 특권을 포기했다.

그런데 쏘비에트 러시아의 대외 관계가 언제나 순탄한 것은 아니었으며 세계정세와 제국주의 국가 측에서의 상황에 의해 악화와 회복을 반복하였다. 1923년 영국 정부는 쏘비에트 정부에 최후통첩을 보내 이란과 아프가니스탄에서 쏘비에트 대표를 소환할 것을 요구하였다. 이는 제국주의 영국이 이란과 아프가니스탄은 자신들의 세력권이라는 주장을 한 것이었다. 그런데 1924년 영국에서 노동당 정부가 들어섰을 때 영국은 쏘련과 국교를 수립했다. 그리고 이어서 이탈리아, 노르웨이, 그리스, 오스트리아, 스웨덴 등이, 그리고 동방에서는 중국이 쏘련과 국교를 수립했다. 1925년에는 쏘련과 일본이 외교 관계를 수립하여, 주요 열강 중에서는 미국만이 쏘련과의 외교 관계를 거부하는 국가로 남았다.

1924년 6월 코민테른 5차 대회가 열렸는데, 10월 혁명 이후 서유럽에서 불붙었던 혁명 운동이 실패로 귀결되었으며, 1924년부터 자본주의가 상대적 안정기로 접어들었다는 정세 보고가 있었다. 이 대회에서는 자본주의 국가의 공산당들의 볼쉐비끼화와 통일전선 전술을 견지할 것을 결의하였다.

한편 이 시기에 중국 혁명이 성장하고 있었으며, 인도, 인도네시아, 모로코, 이집트 등에서 민족 해방 운동이 발전하고 있었다. 이러한 민족 해방 운동의 성장은 제국주의 측에 위기의식을 불러왔는데, 영국은 베이징과 텐진의 쏘비에트 대표부를 습격했으며, 바르샤바에서는 쏘비에트 대표를 살해했다. 그리하여 1927년 영국과 쏘련의 외교 관계는 단절되었다.

그 이전에 1925년에는 영국, 프랑스, 독일, 이탈리아, 벨기에 등이 로카르노 협정을 맺어 반(反)쏘련 블록을 형성하였다. 이는 쏘련에서의 사회주의 건설에 대해 위기의식을 느낀 제국주의 국가들이 동맹을 맺고 쏘련에 대한 정치적, 군사적 압박을 강화하는 것이었다. 이에 대해 쏘련은 1926년 독일과 중립 조약을 맺어 제국주의 국가 측의 대쏘련 봉쇄망에 대해 파열구를 내었다. 뿐만 아니라 쏘련은 1925년-1927년에 걸쳐 쏘련과 국경을 맞대고 있던 터키, 아프가니스탄, 이란, 리투아니아 등과 중립 및 불가침 조약을 맺어 중대한 외교적 성과를 거두었다. 상황이 이렇게 쏘련에 유리하게 전개되자 영국은 1929년에 쏘련과의 외교 관계를 재개하지 않을 수 없었다.

1928년 8월에 코민테른 6차 대회가 열렸는데, 자본주의 국가들에서 계급 투쟁이 성장하고 있으며 식민지에서 민족 해방 운동이 성장하고 있다는 정세 보고가 있었고, 중국 혁명에 대한 지지가 결의되었다. 또한 대회는 자본주의 국가와 사회주의 국가 간의 모순이 격화하고 있는 상황에서 쏘련을 방위할 것을 전 세계 노동자계급에게 호소하였다.

이러한 상황에서 1929년 자본주의 국가들에서는 미국을 시작으로 대공황이 발발하여 세계정세가 급격하게 변동하게 되었다. 독일에서는 1932년 공산당이 선거에서 600만 표를 획득하여 비약적인 성장을 하기도 했는데, 대공황과 공산당의 성장에 대해 독일의 독점자본가계급은 히틀러의 나찌를 내세우게 되었다. 1933년에 독일에서 나찌가 집권하였고 이후 전 세계는 전쟁 위기의 격화를 겪고 끝내 제2차 세계 대전이 발발하게 되었다.

1933년 파씨즘과 군국주의의 길을 걷고 있는 독일과 일본이 국제연맹에서 탈퇴하였다. 이는 일본과 독일이 전 세계에 대해 침략의 길을 걸을 것임을 예고하는 것이었다. 이에 대해 제국주의 열강은 쏘련을 국제연맹에 가입시켜 힘의 균형을 유지하려 했고, 쏘련 측에서도 국제연맹이 제국주의 연합이었으나 이제는 세계 평화를 위해 기여할 수 있는 도구가 될 수 있다고 보고 1934년 국제연맹에 가입하였다. 쏘련은 나찌가 집권했던 1933년에 이미 유럽에서 집단 안전 보장 체계를 구축할 것을 제안하기도 했었다.[3] 미국 또한 나찌 집권이라는 새로운 상황에 대응하여 1933년 쏘련과 외교 관계를 수립했다.

이렇게 나찌의 등장 이후 유럽과 전 세계는 반파쑈 연합을 통하여 전쟁을 저지할 것인가, 아니면 새로운 세계 전쟁의 발발인가의 갈림길에 처하게 되었는데, 영국, 프랑스 등과 쏘련과의 연합이, 즉, 반파쑈

---

3) 같은 책, p. 427.

연합이 끝내 무산되었을 때 제2차 세계 대전은 발발하게 되었다.

쏘련과 볼쉐비끼 당은 나찌의 등장 이후 각국에서 반파쑈 연합의 성립을 위해 노력을 기울였다. 그리하여 1934년 프랑스에서는 공산당과 사회당 간에 반파쑈 통일행동 협정이 체결되었고 이후 프랑스의 반파쑈 연합은 선거에서 승리하여 프랑스에서 파씨즘 세력의 집권을 일정 기간 저지하기도 했다. 그리고 1935년 제7차 코민테른 대회가 열렸을 때 세계적 차원에서 반파쑈 인민전선 전술을 전개할 것이 결의되었다. 반파쑈 인민전선은 1920년대 초 노동자 통일전선 전술의 성과에 기초하여 통일, 단결의 범위를 파씨즘에 맞서는 전 인민으로 확장한 것이었다. 이러한 전술이 가능했던 것은 10월 혁명 이후 세계 각국에서 볼쉐비끼적인 공산당 세력이 성장했다는 점, 그리고 파씨즘의 등장과 전쟁 위기의 격화가 세계 각국에서 노동자계급과 인민의 단결의 기운을 높였다는 점 때문이었다. 반파쑈 인민전선 전술은 부침은 있었지만, 2차 대전이 발발했을 때, 영국 및 미국과 쏘련의 연합을 통해 군사적 차원으로까지 관철되어 2차 대전에서 쏘련과 연합국 측의 승리에 대해 결정적 기여를 했다. 이러한 반파쑈 통일전선은 중국의 경우 반제 민족 해방 전선으로 변형되어 관철되었는데, 실제로 1937년 중-일 전쟁이 발발했을 때, 중국 공산당과 국민당의 국공합작의 형태로 관철되어 중-일 전쟁에서 중국의 인민이 일본을 물리치고 승리하는 데 결정적 기여를 하였다.

쏘련은 반파쑈 연합을 통해 전쟁의 발발을 억지하는 정책을 취했는데, 1935년 프랑스, 체코슬로바키아와 상호 조약을 체결하여 독일이 이들 나라를 침공할 경우 군사적 지원을 포함한 원조를 하기로 했다. 스페인에서는 1936년부터 공화국 측과 프랑꼬의 파씨스트 군대 간에 내전이 발발했는데, 스페인 내전은 한편으로 쏘련과 반파쑈 세력이 공화국 측을 지원하고 독일과 이탈리아의 파씨즘 세력이 프랑꼬의 파씨스트 반란군을 지원하면서 제2차 세계 대전의 리허설이 되었다. 영국과 프랑스는 스페인 내전에 대해 불간섭 정책을 취하면서 독일과 이탈리아의 반란군에 대한 지원을 방조하였고, 쏘련 측이 보내는 무기 등 원조 물자가 스페인에 반입되는 것을 차단하는 조치를 취하기도 했다. 그리하여 1939년 프랑꼬의 파씨스트 군대가 스페인의 수도 마드리드에 입성하여 스페인 공화국은 전복되었다.

영국과 프랑스는, 독일의 나찌의 등장과 전쟁 위기의 격화에 대해 유럽의 집단 안전 보장 체계의 구축을 통해 대응하여 전쟁 발발을 막을 것을 제안하는 쏘련 측에 대해 무시하고 보이콧하는 입장을 취하였다. 특히 영국의 경우 독일의 총구를 동방으로, 쏘련 측으로 돌리게 하려는 목적을 갖고 유럽에서 반파쑈 연합 혹은 집단 안전 보장 체계의 구축을 사실상 거부하였다.

1935년 이탈리아가 에티오피아를 침략하여 점령하였다. 그리고 1938년 3월 독일은 오스트리아를 합병하였다. 그리고 이어서 독일은 체코슬로바키아에 대한 야욕을 드러냈는데, 체코슬로바키아의 수데텐 지역에 독일인이 많이 살고 있다는 점을 들어 수데텐 지역을 독일에 할양할 것을 체코슬로바키아에 요구하였다. 이에 대해 쏘련 측은 체코슬로바키아와의 조약을 근거로 군사적 원조를 포함한 원조를 제공하겠다는 의사를 표명했으나, 쏘련의 군대가 체코슬로바키아를 원조하기 위해 반드시 지나가야만 하는 폴란드가 쏘련군의 통과를 거부하였고, 이에 대해 영국 등은 폴란드를 설득하려는 노력이 없었다.

영국과 프랑스는 체코슬로바키아를 원조하는 대신에 최악의 외교적 사례를 만들어 냈는데, 그것이 악명 높은 뮌헨 회담이다. 1938년 10월 28일 영국, 프랑스, 이탈리아, 독일은 독일 뮌헨에서 회담하여 체코슬로바키아의 수데텐 지역을 독일에 할양하는 합의를 하였다.[4] 즉, 영국과 프랑스의 독일 파씨즘에 대한 용인 정책이, 나찌에 양보하여 독일의 총구를 쏘련 측으로 돌리게 하려는 정책이, 약소국인 체코슬로바키아의 희생을 가져왔던 것이다. 이를 통해 쏘련이 나찌 등장 이후 주창해 왔던, 집단 안전 보장 체계의 구축을 통하여 전쟁을 억지한다는 전략은 커다란 타격을 받았고 유럽에서 반파쑈 세력은 중대한 패배를 당하게 되었다. 그리하여 독일은 수데텐 지역을 손에 넣은 후 얼마 안 가서 체코슬로바키아 전역을 무력으로 점령하였고 이어서 폴란드를 넘보게 되었다.

이러한 상황에서 쏘련과 영국, 프랑스는 최후의 담판을 하게 되었다. 영국과 프랑스가 쏘련과 손을 잡아 독일의 침략을 방지하자는 쏘련의 제안에 대해 영국과 프랑스는 무성의한 태도로 일관하여 이 담판은 몇 개월을 끌다가 무산되게 되었다. 이로써 유럽에서 반파쑈 연합의 구축을 통한 전쟁 억지는 최종적으로 무산되게 되었으며 제2차 세계 대전의 발발은 기정사실화되었다. 이러한 상황에서 쏘련 측은 전쟁의 발발을 최대한 늦추기 위해 독일과 비밀 회담에 들어갔다. 그리하여 쏘련과 독일 측은 1939년 8월 23일 쏘-독 불가침 협정을 체결하게 되었다. 히틀러의 경우 쏘련과의 불가침 협정을 체결하여 유럽에서의 전선에 집중할 수 있는 조건을 확보하려는 것이었고, 쏘련은 서부 국경에서 전쟁의 발발을 일정하게 늦추어서 서쪽의 독일과 동쪽의 일본의 양면 협공의 위험에서 벗어나고자 한 것이었다. 그리하여 쏘련은 1941년 4월 25일 쏘-일 중립 조약을 체결하여 동쪽에서 전쟁의 발발 가능성을 일정하게 감소시킬 수 있었다. 일본의 입장에서는 쏘-독 불가침 협정의 결과 일본 단독으로 쏘련을 침략하는 것은 위험 부담이 컸고, 또 유럽에서 전쟁의 기운이 높아져서 동남아시아에 대한 유럽 제국주의 세력의 지배력이 공백 상태가 되어 일본이

---

4) 같은 책, p. 441.

쏘련 등 북쪽이 아니라 중국과 동남아 등 남진 전략을 펴는 것이 유리했던 사정이 있었다.

한편 쏘련은 2차 대전의 발발 전에 1차, 2차, 3차 5개년 계획을 실시하여 경제에서 생산력의 비약적인 성장과 국민 경제의 자립, 인민의 사회 복지 수준, 문화 수준의 비약적 성장을 이룰 수 있었다. 1920년대 초반 내전에서 승리하고 신경제 정책을 실시하여 경제를 회복하면서 쏘련의 대외 무역은, 중공업의 우선적 발전과 수입 의존도를 줄이기 위한 공업 부문의 성장을 초점으로 하는 것이었다. 1920년대 말과 1930년대 초의 1차 5개년 계획 시기 쏘련의 대외 무역은 기계와 원료의 수입에 중점을 둔 것이었다. 그리하여 1931년 전 세계에서 수출되는 기계의 1/3이 쏘련을 향했고, 1932년에는 수출되는 기계의 1/2이 쏘련을 향했다.[5] 이를 통해 쏘련은 기계 제조업을 발전시켜서 경제적 자립의 길로 갈 수 있었다. 기계를 수입하는 농업국에서 기계를 자체 생산하는 공업국으로의 전환이, 그리고 대외적 의존을 줄이고 경제적 자립의 물질적 기초를 놓는 것이, 1차와 2차 5개년 계획 시기에 달성되었다. 또한 원료 수입의 비중도 크게 줄어들고 쏘련 자체적으로 공업 원료를 생산하게 되었다.

쏘련 경제의 비약적 성장이 가능했던 것은 계획적인 경제의 조직화라는 요인 이외에, 1929년 자본주의 세계의 대공황이 발발하여 쏘련에 대한 경제 봉쇄망이 느슨해지고 자본주의 국가들이 시장을 필요로 함에 따라 각종의 기계와 전략적 물자들이 쏘련으로 대거 반입될 수 있었던 것이 커다란 요인으로 작용했다. 즉, 쏘련은 혁명 초기 자본주의 국가들의 봉쇄를 이겨냈으며, 그 이후에는 결코 경제적 고

---

5) 苏联科学院经济研究所 編, ≪苏联社会主义经济史(쏘련 사회주의 경제사)≫ 第三卷, 北京: 生活·读书·新知三联出版, 1979, p. 399.

립 상태에 처해 있지 않았으며, 대외 무역을 활발하게 전개하여 경제 계획의 달성을 뒷받침할 수 있었다. 그리고 이러한 역사적 사례는 향후 21세기에 사회주의 혁명이 발발하고 사회주의 건설이 이루어질 경우, 내적으로는 프롤레타리아 독재 권력을 유지, 발전시키고, 대외적으로는 프롤레타리아 국제주의와 평화 공존 노선에 입각하여 정확한 대외 무역 전략을 편다면, 능히 고립을 탈피하고 사회주의 건설을 이루어 갈 수 있다는 것을 시사한다.

쏘련의 대외 무역은 크게 세 종류로 나뉜다. 첫째, 사회주의 국가들 간의 형제적 연대에 기초한 대외 무역, 둘째, 자본주의 열강들과 평화 공존에 입각한 대외 무역, 셋째, 제3 세계의 개발도상국과의 대외 무역이 그것이다. 이 중 첫 번째의 사회주의 국가 간의 대외 무역은 2차 대전 후에 크게 발전했는데 쏘련과 동유럽 사회주의 국가 간의 대외 무역은 프롤레타리아 국제주의에 입각한 것으로서 이들 국가들에게 있어서 전체 무역의 50% 이상을 차지했다. 그리고 이들 사회주의 국가들은 상호 간에 국제적 분업을 실시하고 나아가 '국제적 생산관계'의 정립을 도모하는 상태로까지 발전했다.

둘째, 자본주의 열강과의 평화 공존에 입각한 대외 무역은 자본주의 열강 스스로의 필요에 기초한 것이었다. 영국이 경제 위기 발발로 인해 쏘련과 통상 협정을 체결할 수밖에 없었다는 사실, 이후 제국주의 열강들이 앞다투어 쏘련과 무역 관계, 나아가 외교 관계를 수립할 수밖에 없었다는 사실은 쏘련이 자본주의 국가들에 취한 평화 공존 노선이 성공한 사례이다. 그리고 세 번째의 제3 세계, 개발도상국과의 대외 무역은 21세기 현재 중요한 의미가 있다. 한국 등에서 사회주의 혁명이 발발하고 사회주의 건설이 이루어질 경우, 제3 세계의 주요 국가들과 연대하여 대외 무역을 발전시킨다면 사회주의 건설에 필요한 원료와 물자 등을 획득하는 것은 어렵지 않을 수도 있다. 특히 향후 세계정세의 변화에 따라 세계적 차원에서 반(反)제국주의 전선이 발전한다면 한국 등에서의 사회주의 건설은 순조로울 수 있다. 그리고 21세기 지금의 조건에서 특이한 것은 수정주의 국가와의 대외 관계이다. 사회주의 건설이 역전하여 자본주의 혹은 시장 경제로 된 나라들의 경우 이데올로기 차원에서, 당적 차원에서 비판을 견지하면서도 경제에서, 대외 무역에서는 얼마든지 협력자가 될 수 있다. 이들 국가와는 사회주의 건설 전망에 있어서는 대립할 수 있지만, 대외 무역에서는 제국주의 열강과 마찬가지로 평화 공존에 입각한 협력의 대상이 될 수 있을 것이다.

3. 제2차 세계 대전과 사회주의 세계 체제 성립 시기의 쏘련의 대외 정책

1941년 6월 22일 독일군은 발트해에서 흑해에 이르는 수천 킬로미터의 전선에서 쏘련에 대한 전면 침략을 감행했다. 전격전이라 불린 독일군의 진격은 기계화 사단을 앞세워 빠른 속도로 전선을 돌파하여 적진 깊숙이 침투하여 전선을 무너뜨리는 것이었다. 쏘련은 전쟁 초기 독일군의 기습 공격에 밀릴 수밖에 없었으나 개전 후 1개월이 지나 쓰몰렌쓰크에서 최초로 독일군의 진격을 저지하고 약 2개월간 전투를 벌였다. 그러나 독일군의 기세는 쉽게 꺾이지 않았고 독일군은 북쪽으로는 레닌그라드를 포위하고, 중앙에서는 수도 모쓰끄바를 향해 진격하고 남쪽으로는 우크라이나로 치고 들어가고 있었다. 독일군은 전격전을 통해 수도 모쓰끄바를 점령하고 1941년 말까지 쏘련 점령을 마무리한다는 계획이었다.

그러나 모쓰끄바 근교 수십 킬로미터까지 진격하여 모쓰끄바 함락을 눈앞에 둔 것 같았던 독일군은 쏘련군의 반격에 밀려 100-200킬로미터를 후퇴해야 했다. 이 모쓰끄바 근교 전투에서 쏘련군의 승리는 쏘련이 쉽게 무너지지 않는다는 것을 대내외에 알린 것이었다. 이로 인해 독일군이 쏘련을 점령할 때, 함께 쏘련을 분할 점령할 계획을 세웠던 영국은 전략을 바꾸지 않을 수 없었고, 1942년 1월 1일 미국 워싱턴에서 쏘련, 미국, 영국 등 26개 국가의 대표들이 모여 "연합국가 선언"을 발표하여 2차 대전의 구도는 제국주의 전쟁에서 파씨즘 세력 대 반파씨즘 세력의 전쟁으로 재편되게 되었다. 이러한 전쟁 구도의 전환은 1938년 뮌헨 회담과 이어지는 영국, 프랑스와 쏘련 간의 담판의 결렬 이후 무너졌던 반파쑈 연합이 다시 복구되었다는 것, 뿐만 아니라 미국의 합류로 인해 반파쑈 연합이 더욱더 강해졌고 정치적 차원을 넘어 군사적 차원으로까지 발전했다는 것을 의미하는 것이었다. 즉, 1935년 코민테른 7차 대회에서 제창되었던 반파쑈 인민전선 전술이 2차 대전에서 군사적 차원으로까지 관철되었다는 것을 의미하는 것이었다.

  2차 대전의 전세를 근본적으로 전환시킨 것은 1942년 여름부터 겨울까지 이어진 쓰딸린그라드 전투였다. 이 전투에서 독일군은 참패하여 150만 명 이상의 손실을 입었다. 쏘련군은 이후 독일군에 대해 전략적 우위를 점하고 꾸르쓰크 전투에서 승리하고 이어서 10차례의 대대적 타격을 독일군에게 가하여 독일군을 쏘련 영토에서 몰아내었다. 이후 쏘련군은 국경을 넘어서 서쪽으로는 폴란드로 진격하고 남쪽으로는 루마니아, 유고슬라비아로 진격하여 동유럽을 파씨즘에서 해방하고 1945년 4월에는 독일의 수도 베를린을 점령할 수 있었다.

  2차 대전이 쏘련 측의 승리로 기울기 시작했을 때 1943년 쏘련, 미국, 영국의 수뇌들은 이란의 수도 테헤란에서 회담을 하여 유럽에서 제2 전선을 여는 문제, 독일에 대한 분할 점령 등을 논의하였다.

그리고 이어지는 얄타와 포츠담 회담은 2차 대전 이후 세계의 질서를 논의하고 확정한 것이었으며, 발칸반도에서 그리스에 대한 영국의 점령, 한(조선)반도의 분할 점령 등이 이때 논의, 결정되었다. 이러한 논의와 결정이 가능했던 것은 쏘련군이 독일군에 대해 우위를 보이고 쏘련의 독일에 대한 승리가 점차 가까워지고 있었다는 점, 그리고 이에 기초하여 쏘련의 헤게모니하에 영국, 미국이 반파쑈 연합에 가담하고 있어서, 상이한 체제 간에도 일시적으로 연합 질서, 동맹이 성립했다는 점에 있었다.

영국과 미국은 개전 초기인 1941년 여름과 가을에 쏘련 측에 대해 원조다운 원조를 거의 하지 않았고 모쓰끄바 방어전에서 쏘련이 승리한 이후 비로소 원조다운 원조를 하기 시작했다. 영국과 미국의 군수 물자의 원조는 북쪽의 무르만쓰크항을 통해 주로 이루어졌고, 이는 독일 해군의 공격을 피해가면서 이루어진 것이었다. 또 남쪽으로는 이란을 통해 쏘련군에 대한 원조가 이루어졌는데, 이 루트는 수송의 어려움으로 인해 대규모적 원조가 이루어지기는 어려웠다. 1942년 6월 11일 쏘련과 미국 간에 상호 원조를 규정하는 협정이 체결되었다. 이후 쏘련과 미국 간에는 4차에 걸친 의정서가 교환되어 전쟁 기간 동안 원조가 이루어졌다.6) 미국을 중심으로 한 연합국 측의 이러한 원조는 쏘련군의 전투력의 유지와 발전에 일정하게 도움이 되었으나, 쏘련군에 있어서 원조 물자의 비중은 제한된 것이었고 무기와 식량 등 군수 물자의 대부분은 쏘련이 자체적으로 생산, 조달한 것이었다.

쏘련의 전시 경제의 조직화는 매우 효율적인 것이었고, 1945년 전쟁이 끝날 무렵 쏘련 경제는 이미 상당히 복구된 상태였다. 그리하여

---

6) 苏联科学院经济研究所 编, ≪苏联社会主义经济史(쏘련 사회주의 경제사)≫ 第五卷, p. 698.

쏘련은 2차 대전 종전을 전후하여 동유럽 국가들과 협정을 맺어 전후 복구를 위한 원조를 할 수 있었다. 쏘련은 1945년 3월 3일 체코슬로바키아와 우호 원조 조약을 체결하여 식량과 원료, 기계 설비 등을 제공하였다. 1945년 4월 11일에는 유고슬라비아와 우호 원조 조약을 맺었고 1945년 4월 21에는 폴란드와 우호 원조 조약을 맺었다. 1945년 8월 27일에는 헝가리와 우호 원조 조약을 맺었고 1945년 9월 22일에는 알바니아와 협정을 체결하였다. 2차 대전 후 동유럽에 대한 쏘련의 원조 중에서 큰 비중을 차지한 것은 폴란드에 대한 원조였는데, 이는 폴란드가 전쟁에 의해 가장 막대한 피해를 보았기 때문이었다.

* * *

2차 대전 후에 쏘련의 대외 정책의 근간은 2차 대전 과정에서 형성되었던 연합국 측과의 동맹을 유지하여 제국주의 진영과 평화 공존을 이루어 쏘련의 전후 복구를 달성하고 동유럽의 인민민주주의 혁명을 지원하는 것이었다. 그러나 영국과 미국은 2차 대전의 결과 형성되어 가는 세계 사회주의 진영의 확장과 발전에 위협을 느끼고 이른바 냉전을 개시하게 된다. 1946년 3월 5일 처칠은 쏘련과 동유럽을 철의 장막으로 묘사하는 연설을 하여 세계 사회주의 진영에 대한 적대감을 드러냈다. 그리고 1947년 3월 12일 미국 대통령 트루먼은 냉전적 관점을 표현하는 연설을 하였다. 그러나 이에 대해 쏘련은 상응하는 대응을 하지 않았다. 쏘련의 입장에서는 연합국 측과의 동맹을 깨지 않고 평화 공존을 이루는 것이 유리하다고 판단한 것이었고, 이를 위해 유럽에서 집단 안전 보장 체계의 구축을 자신의 전략으로 갖고 있었기 때문이었다.

그런데 2차 대전 후의 구도의 변화, 냉전의 실질적인 개시를 가져온 것은 미국의 국무장관 마셜이 발표한 미국의 유럽에 대한 원조 계획이었다. 이것이 이른바 마셜 플랜이었다. 1947년 6월 5일 마셜은 연설을 통하여 전후 유럽의 부흥을 위한 미국의 원조 계획을 발표했다. 그런데 마셜 계획은 유럽 질서에서 쏘련의 배제를 겨냥한 것이었고, 나아가 원조를 받는 국가들의 미국에 대한 종속을 시도하는 것이었다. 체코 등의 동유럽 국가들은 처음에는 마셜 계획에 대해 호의적이었으나 마셜 계획이 동유럽 국가들에서 자본가계급을 고무하여 동유럽의 인민민주주의 혁명에 장애가 된다는 점을 인식하고 마셜 계획에 대한 참여를 거부했다. 이후 동유럽은 쏘련과 연합하여 사회주의 진영 공동의 시장을 형성하는 길로 나아갔는데, 그것이 1949년 1월 성립한 경제상호원조위원회(코메콘)이었다. 이로써 세계 시장은 2개로 분할되게 되었고 냉전적 질서가 경제의 영역에서 모습을 드러내게 되었다.

한편 정치의 영역에서 2차 대전 과정에서 형성되었던 연합 질서가 서서히 깨지고 있었다. 2차 대전 후 프랑스와 이탈리아의 공산당들은 연합정부 노선에 따라 내각에 참여하고 있었다. 프랑스와 이탈리아의 공산당들은 2차 대전 과정에서 레지스땅스 등 반파쇼 투쟁을 통해 전 국민적인 지지를 받고 제1 당의 지위에까지 오른 상태였다. 그러나 영국과 미국이 냉전 노선을 채택하면서 프랑스와 이탈리아의 연합정부 내에서 공산당들이 다른 당들과 불화를 겪게 되고 이어 연합정부로부터 축출되는 사태가 발생했다. 그리고 이 과정에서 쏘련은 프랑스, 이탈리아 공산당 등과 제대로 된 협의를 하지 못했고 사태를 사후에 확인하는 상황이었다. 이에 따라 유럽의 공산당들 간의 협의 조직이 필요함이 제기되었고 쏘련과 동유럽의 공산당, 노동자당, 서유럽의 프랑스 공산당, 이탈리아 공산당을 포괄하는 국제 조직이 모색되었다. 그리하여 1947년 9월 28일 각국 공산당의 경험을 교류하고 행동을 협의하는 조직으로서 정보국(코민포름)이 결성되게 되었다.7) 코민포름은, 2차 대전의 과정에서 해소되었던 제3 인터내셔날이 세계 혁명을 기치로 각국 공산당, 노동자당에 대해 구속력을 가진 것과 달리, 유럽의 공산당을 중심으로 한 정보 교류와 협의를 주된 내용으로 한 것이었다.

  미국과 영국은 마셜 플랜을 기초로 유럽에서 냉전 질서를 구축하는 작업에 속도를 내었는데, 그 결과가 미국과 유럽의 주요 국가 간의 군사 동맹으로서 북대서양조약기구(NATO)의 결성과 독일의 분단이었다. NATO는 1949년 4월 4일 결성되었는데, 이는 사실상 쏘련과 동유럽 국가들에 대해 서방 제국주의 진영이 군사적 대결을 선언하고 유럽에서 새로운 전쟁의 불씨를 만드는 것이었다. 이에 대해 쓰딸린은 NATO와 대결하는 새로운 사회주의 진영의 군사 기구를 만들지 않고 기존의 평화 공존 노선과 유럽에서 집단 안전 보장 체계의 구축을 주장하였다. 즉, 서방 제국주의 진영이 군사적 대결을 선언하고 NATO를 결성하였음에도 그에 대해 맞대응하는 것이 아니라, 2차 대전의 교훈을 고려하고 전후 질서의 안정을 위해 미국, 서유럽과 동유럽, 쏘련의 연합 질서인 집단 안전 보장 체계의 구축이라는 전략 노선을 고수한 것이었다. 그리고 사실 쓰딸린의 이러한 전략은 정확한 것이었는데, 서방 제국주의 진영의 군사적 대결 노선에 대해 평화 노선으로써 대응한 것은 이데올로기적, 정치적 측면에서 쏘련과 동유럽이 서방에 비해 우위에 있다는 것을 보여 주는 것이었다.

  영국과 미국은 NATO의 결성으로써 냉전의 군사적 태세를 갖추는 것과 거의 동시에 독일에 대한 분단에 착수하여 1949년 8월 14일 서

---

7) 沉志华, ≪冷战时期苏联与东欧的关系(냉전 시기 쏘련과 동구의 관계)≫, 北京大学出版社, 2006, p. 19.

독 단독의 의회 선거를 실시하고 같은 해 9월 20일 서독 정부를 수립했다. 이에 대해 동독에서는 같은 해 10월 7일 동독 정부가 수립되었다.[8] 독일의 이러한 분단은 잠정적인 군사적 분할 점령이 영구적인 정치적인 분단으로 전화한 것인데, 이는 영국과 미국이 독일 민족을 희생하여 유럽에서 냉전적 대결 구도를 수립한 것이었으며, 이로써 유럽에서 분쟁의 불씨가 구조화되었다. 쏘련은 독일의 분단에 반대하면서 독일 내에서 파씨즘 세력을 숙청하는 것을 기초로 독일을 쏘련, 동유럽과 서유럽, 미국 간의 중간 지대로, 중립국으로 만들려는 계획을 갖고 있었다. 그러나 미국, 영국은 냉전적 대결 구도를 만들기 위해 독일의 분단을 강행한 것이었다.

한편 동유럽에서는 인민민주주의 혁명이 전개되고 있었다. 쏘련은 동유럽에 쏘련군이 진주한 상태에서 동유럽에 정치, 군사적 원조와 경제적, 물질적인 원조를 통하여 동유럽의 인민민주주의 혁명의 발전을 지원하였다. 그런데 유럽에서 냉전이 개시되면서 동유럽의 인민민주주의 혁명 또한 곡절을 겪게 되었는데, 마셜 계획의 거부에 대해 동유럽의 자본가 정당들이 반발하면서 정치 위기가 발생하였으며 일부 국가에서는 반혁명으로 발전하기도 했다. 이에 대해 동유럽의 공산당, 노동자당들은 대중의 궐기를 호소하여 정치 위기를 극복하고 동유럽에서 공산당, 노동자당의 헤게모니를 확립하면서, 동유럽의 인민민주주의 혁명은 파씨즘 세력의 제거, 주요 기간산업의 국유화, 지주 소유 제도의 폐지 등의 민주주의 단계를 넘어서 사회주의 변혁으로 성장, 전화해 갔다.

그런데 이 과정에서 동유럽에서 중대한 균열이 발생했는데, 그것은 쏘련과 유고슬라비아의 불화의 발생이었다. 유고슬라비아의 찌또

---

8) 周尚文·叶书宗·王斯德, 앞의 책, p. 539.

(티토)는 2차 대전의 과정에서 쏘련과 협력하여 반파쑈 투쟁을 수행했고 전후에는 쏘련의 지원에 기초하여 유고슬라비아에서 인민민주주의 혁명을 전개했다. 그런데 찌또는 전쟁 직후인 당시 정세에 맞지 않게 유고슬라비아와 불가리아의 연방공화국의 수립을 추진했고 이 과정에서 쏘련과 불화를 빚었다. 특히 유고슬라비아와 인접한 소국인 알바니아와의 관계를 제대로 풀지 못하고 알바니아와 불화를 빚었다. 당시 동유럽의 발칸반도에서 연방공화국을 수립하는 것은 매우 높은 수준의 프롤레타리아 국제주의를 요구하는 것이었는데, 찌또는 이를 매우 조급하게 추진한 것이었고 그 과정에서 유고슬라비아의 소(小)패권주의를 드러낸 것이었다. 그리하여 쏘련 공산당과 유고슬라비아 공산당 간에 문서를 통한 논쟁이 이어졌는데, 그 결과 쏘련이 유고슬라비아에 대한 군사 원조와 차관 제공 등을 철회하였고, 1948년 3월 18일에는 쏘련이 유고슬라비아를 지원하기 위해 파견했던 전문 기술자들과 작업 인원을 철수하는 사태로까지 발전했다. 이후 찌또는 쏘련과 유고슬라비아의 불화 문제를 논의하려 한 1948년 6월 8일의 코민포름 회의 참석을 거부했고, 이후 유고슬라비아 공산당은 코민포름에서 제명되게 되었다.

  쏘련과 불화를 빚고 끝내 코민포름에서 제명된 찌또는 이후 매우 반동적인 입장으로 전환했는데, 당시 영국 제국주의에 맞서 싸우던 그리스의 빨치산에 대해 국경을 봉쇄하여 타격을 가했고 미국으로부터 원조와 차관을 받기 시작했고 심지어 1951년 11월에는 미국과 군사 원조 협정을 체결하여 막대한 원조를 받기도 했다. 그리고 제국주의 군사 기구인 NATO에 서독이 가입하는 것을 환영한다는 성명을 발표하기도 했다. 찌또는 1950년대에 네루, 나세르 등과 비동맹 운동을 하기도 했지만, 실제로는 한국(조선) 전쟁에서 미 제국주의를 지지하고 베트남 전쟁에서 미국을 지지하는 행보를 보이기도 했다.

찌또는 또한 국내적으로 사회주의 건설을 역전시켰는데, 1953년 연방계획위원회를 해산하고 연방경제계획연구소로 전환하여 사실상 경제에서 계획을 방기하였다. 그리고 농업에서 집단화를 중지 내지는 철회하였는데, 생산 영역에서의 집단화를 방기하고, 단지 유통과 가공에서만 농업 협동조합을 추진하였다. 그리하여 유고슬라비아는 혁명의 중지와 후퇴를 겪게 되었는데, 찌또는 이를 노동자 자주관리, 시장 사회주의라고 합리화했지만, 실제로는 유고슬라비아가 거대한 국가자본주의로 전환한 것에 지나지 않았다.

4. 흐루쇼프, 브레쥐네프 시기의 쏘련의 대외 정책

쓰딸린 당시 쏘련의 유럽에 있어서의 정치, 군사 노선은 미국, 서유럽의 제국주의 진영과 평화 공존의 길을 걷고 이를 집단 안전 보장 체계의 구축을 통해 뒷받침한다는 것이었다. 그러나 1953년 쓰딸린의 사망 이후 쏘련의 대외 정책은 일정한 변화를 겪게 된다. 1954년 10월 서독이 NATO에 가입하게 되었다. 이는 전범국으로서 서독이 새로운 군사 동맹에 가입하는 것으로서 쏘련과 동유럽의 커다란 반발을 사는 것이었다. 이에 대응하여 쏘련과 동유럽은 1955년 5월 바르샤바조약기구를 결성하여 NATO에 대항하는 군사적 대응을 하게 되었다.

그런데 2차 대전의 과정에서 쏘련군과 영국, 미국 등의 군대가 분할 점령하고 있던 오스트리아가 쟁점으로 떠오르게 되었다. 독일 문제와 오스트리아 문제를 연동시켜 서방과 동방의 중립 지대를 창설하려 했던 쏘련 측은 양보를 하여 오스트리아가 외국 군대의 기지를 허용하지 않고 또 영세 중립국으로 남는 것을 조건으로 미국, 영국,

쏘련의 군대를 철수시키는 것에 합의하였고, 1955년 5월 15일 조약을 체결하여 군대 철수가 완료되어 중부 유럽의 분쟁의 불씨 하나가 사라지게 되었다.9) 이러한 대결 완화의 분위기를 기초로 1955년 9월 13일 쏘련과 서독이 수교를 하였고 쏘련 측은 2차 대전 당시의 전범들을 서독 측에 석방하였다. 그러나 당시까지 서독은 동독을 국가로서 인정하지 않았고 동독과의 대결 정책을 유지하고 있었다.

흐루쇼프의 대외 노선은 1956년 2월에 열린 20차 당 대회에서 명료하게 표명되었다. 쓰딸린 노선을 개인숭배를 명목으로 탄핵하고 수정주의적 노선을 공식화한 20차 당 대회의 노선은 대외 정책에도 수정주의적인 변화를 가져오는 것이었다. 흐루쇼프는 자본주의에서 사회주의로의 이행이, 2차 대전 이후 세계 사회주의 진영이 제국주의 진영을 압도하면서 의회를 통한 평화적 방식으로 가능해졌다는 것을 천명하였다. 또한 핵무기가 등장하면서 평화 공존은 쏘련의 대외 정책의 제1 원칙이 되었다고 천명하였다. 이러한 흐루쇼프의 노선은 쓰딸린 당시와 비교해서 중대한 수정을 포함하는 것이었다. 러시아 10월 혁명 이후 쓰딸린 사망의 시기까지 쏘련의 대외 정책의 제1 원칙은 평화 공존이 아니라 프롤레타리아 국제주의였다. 그러나 흐루쇼프는 핵무기의 존재로 인하여 인류 절멸이 문제되고 있는 상황에서 평화 공존이 다른 모든 쟁점을 압도한다고 주장하였다. 이에 대해 중-쏘 논쟁에서 중국 공산당은 흐루쇼프의 평화 공존 노선이 레닌주의적 평화 공존 노선이 아니며 평화 공존은 제국주의 진영과의 관계에서만 적용되는 것이며, 사회주의 국가의 대외 정책의 근본은 프롤레타리아 국제주의임을 주장했다. 또한 중국 공산당은 흐루쇼프가 평화 공존을 대외 정책의 제1 원칙으로 삼게 됨에 따라 약소민족의 민족

---

9) 같은 책, p. 690.

해방 투쟁을 희생하게 된다고 비판했다. 예를 들면 1950년대 전개되었던 알제리의 민족 해방 투쟁에 대해 흐루쇼프는 그것은 내정 문제라고 하여 종주국인 프랑스의 입장을 사실상 지지하는 견해를 표명하여 중국 측의 비판을 받기도 했다.

또한 흐루쇼프가 자본주의에서 사회주의로 이행에서 의회를 통한 평화적 경로를 상정한 것은 서유럽의 공산당들이 개량주의 노선으로 전환하게 되는 촉매제가 되었다. 프랑스 공산당, 이탈리아 공산당은 2차 대전의 과정에서 레지스땅스 등 반파쑈 투쟁을 통하여 제1 당의 위치에까지 올라섰는데, 흐루쇼프의 사회주의로의 평화적 이행 노선은 이들 당들에게 심대한 영향을 주어 이들이 개량주의적인 유러꼬뮤니즘으로 전락하게 했던 것이다. 프랑스 공산당은 1970년대 초 프롤레타리아 독재 노선을 포기하여 사실상 혁명 노선을 폐기했으며, 이후 쏘련의 해체 과정에서 지리멸렬한 존재로까지 전락했다. 즉, 흐루쇼프의 사회주의로의 의회를 통한 평화적 이행 노선은 서유럽 공산당들의 변절과 몰락의 길을 닦은 것이었다.

20차 당 대회에서 흐루쇼프의 쓰딸린 노선에 대한 탄핵과 수정주의 노선의 공식화는 대외적으로 심각한 파장을 몰고 왔다. 헝가리와 폴란드에서 정치 위기가 발생하였고, 영국과 프랑스는 이스라엘과 합세하여 이집트를 침략하였다. 헝가리에서는 미 제국주의가 개입하여 대중 시위가 발생하였는데, 이 시위는 정부 지도자의 퇴진, 쏘련군의 철수 요구 등으로 발전하였다. 헝가리는 2차 대전에서 나찌에 적극적으로 가담한 나라였는데, 그에 따라 파씨즘의 뿌리가 깊고 파씨즘의 잔당들이 많았는데, 흐루쇼프의 쓰딸린 탄핵을 계기로 헝가리에서의 사회주의를 전복하려 한 것이었다. 이에 대해 쏘련 측은 최초에는 정치적 해결 방안을 모색하다 결국 2번에 걸쳐 쏘련군을 투입하여 반혁명적 시위를 진압하게 되었다.

폴란드에서는 20차 쏘련 공산당 대회에 참석했던 폴란드 당 총서기가 병으로 급사한 상태에서 1956년 6월 뽀즈난에서 임금 인상 등을 요구하는 대중 시위가 발생하였고 새로 등장한 당 지도부가 쏘련과 갈등을 빚게 되면서 정치 위기가 발생하였다. 1956년 10월 19일 폴란드 당 대회에서는 쏘련 출신의 국방부장을 경질하는 등 탈쏘련 정책을 취했는데, 이에 대해 흐루쇼프가 군대를 동원하여 폴란드를 압박하는 가운데 폴란드 당 지도부와 담판을 벌여 폴란드가 바르샤바조약기구에 남겠다는 서약을 받은 후 군대를 철수시켰다.[10] 이러한 폴란드의 정치 위기는, 한편으로 폴란드의 사회주의 건설 과정에서 일정한 한계와 오류가 드러난 것이었으며, 다른 한편으로 흐루쇼프의 20차 당 대회에서의 수정주의 노선이 불러온 국제적 파장의 성격을 갖는 것이었다.

이러한 것이 사회주의 진영 내부의 문제였다면 영국과 프랑스의 이집트 침략은 쏘련의 20차 당 대회의 쓰딸린 탄핵이 제국주의 진영과 자본주의 세계에 불러온 파장의 성격을 띠는 것이었다. 1956년 7월 26일 이집트의 나세르는 수에즈 운하의 국유화를 선언하였다. 이에 대해 영국과 프랑스는 이스라엘과 합작하여 이집트를 무력으로 침략하였다. 이에 맞서 이집트 인민이 항전하는 가운데 쏘련은 성명을 발표하여 영국과 프랑스가 군대를 이집트에서 철수하지 않는다면 핵미사일로 영국과 프랑스를 공격할 수 있다고 선언하였다. 이에 대해 영국과 프랑스는 군대를 철수시키지 않을 수 없었고 이스라엘 또한 군대를 철수시키게 되었다. 헝가리 사건, 그리고 이집트에 대한 침략은 제국주의 진영이 쏘련 공산당 20차 당 대회에서의 쓰딸린에 대한 탄핵을 활용하여 은밀히 혹은 노골적으로 제국주의적으로 개입

---

10) 같은 책, pp. 679-681.

한 사례로서의 성격을 갖는다.

흐루쇼프의 수정주의 노선은 사회주의 진영 자체를 분열시키게 되었는데, 중-쏘 논쟁이 바로 그것이다. 20차 당 대회 다음 해인 1957년 11월 모쓰끄바에서 공산당, 노동자당 국제회의가 열려 중국 공산당과 쏘련 공산당 간에는 사회주의로의 이행 경로를 두고 논쟁을 벌였다. 그럼에도 이 대회는 견해차를 봉합하여 공동의 선언을 발표했다. 그러나 이후 논쟁이 심화되었고 1960년 7월 쏘련은 중국과 합작하여 건설 중이던 많은 계약을 파기하고 1390명에 이르는 전문가들을 철수시켰다. 이후 중국 측과 쏘련 측은 상호 간에 공개적인 논전을 하게 되었는데, 중국 공산당은 1963년 9월 6일부터 1964년 7월 14일 사이에 ≪인민일보≫와 ≪홍기≫에 9편의 평론을 발표하여 쏘련 공산당의 수정주의적 노선을 비판하였다.[11] 이후 흐루쇼프가 실각하였지만 그 뒤를 이은 브레쥐네프는 중국 측에 의해 흐루쇼프 없는 흐루쇼프주의라고 비판받았고, 중국과 쏘련의 대립은 이데올로기적 성격을 넘어 국경에서의 무력 충돌로까지 발전하였다. 심지어 쏘련은 중국의 핵 시설에 대한 핵공격 계획을 수립하고 이에 대한 미국 측의 입장을 타진하기도 했다.

흐루쇼프는 1959년 9월 15일 미국을 방문하여 화려한 외교 행보를 보였다. 그러나 1961년 베를린 위기가 발생하여 동독에서 서독으로 많은 사람들이 월경하게 되자 쏘련과 동독 측은 이른바 베를린 장벽을 건설하여 베를린을 동서로 분단하게 되었다. 이러한 베를린 장벽의 건설은 사실상 흐루쇼프 대외 정책의 한계를 드러내는 것이었으며, 2차 대전 후 쓰딸린 시기에 쏘련과 동유럽 측이 미국과 서유럽의 제국주의 진영을 압도하던 형세가 역전하여 쏘련과 동유럽 측이

---

11) 같은 책, pp. 685-688.

수세에 몰리는 상황을 극적으로 표현한 것이었다.

당시 쏘련과 미국 등 서방과의 관계를 잘 보여 주는 것은 쿠바 위기였다. 1959년 까스뜨로 등이 중심이 된 혁명이 성공하자 미국 측은 쿠바 망명자들을 훈련시켜 쿠바를 침공했으나 실패했다. 쿠바로서는 미국으로부터 자신의 나라와 혁명을 보위하는 것이 필요했고, 쏘련으로서는 쿠바에 (핵)미사일을 설치하여 미국에 대한 군사적 우위를 확보하려 했다. 그런데 쿠바의 미사일 기지가 미국에 의해 포착되고 이후 케네디가 쿠바를 해상 봉쇄하자 위기가 표면화되었다. 미국은 쿠바에 대한 폭격 계획을 세우고 쏘련 측에 대해 미사일 철수를 요구했고 흐루쇼프는 미국의 요구를 수용하여 미사일을 철수시켰다. 그리고 이것은 쿠바에 대한 미국의 침략 포기 약속을 조건으로 한 것이었다. 이러한 과정은 흐루쇼프의 대외 정책이 과학성을 결여하고 일관성을 견지하지 못한 결과, 미국을 중심으로 한 제국주의 진영에 밀리기 시작했음을 보여 주는 것이었다.

브레쥐네프 시기 쏘련의 대외 관계는 사회주의 진영 내에서 중국과의 대립, 체코슬로바키아의 1968년 위기에 대한 진압으로 대표되며, 제국주의 진영과의 관계는 미국과의 핵무기 경쟁과 핵 감축 협상 등으로 표현되었다. 쏘련은 브레쥐네프 시기에 1965년 꼬씌긴의 자본주의적 경제 개혁으로 국유 기업들이 이윤 추구 중심으로 전환하면서 1970년 말 경제가 완전히 균열하게 되는데, 그전의 1970년대 중반까지는 비교적 높은 경제 성장률을 기록하고 있었다. 그리하여 1970년대 중반 쏘련의 GDP는 서유럽의 영국, 프랑스, 독일, 이탈리아, 네덜란드를 합친 것을 초과하고 있었다.[12] 브레쥐네프는 이러한 괄목할 만한 경제적 성장을 기초로 미국과의 군비 경쟁에 열을 올리

---

12) 같은 책, p. 762.

고 이를 통해 쏘련을 이른바 초강대국의 지위에 올려놓았다. 브레쥐네프 시기 쏘련의 군사비 지출은 1965년 370억 불에서 1981년 2000억 불로 증가하였는데, 군사비 지출은 전체 재정의 1/3을 차지하였다.[13] 이는 브레쥐네프 또한 흐루쇼프를 계승한 수정주의 노선으로 말미암아, 대외 정책에서 레닌주의적인 평화 공존 노선이 아니라 패권적인 대외 노선을 추구했음을 보여 주는 것이다.

브레쥐네프는 미국에 대해 핵 감축 협상을 제기했다. 1969년 바르샤바조약기구 회의에서 데땅트 정책을 제기하여 NATO와 바르샤바조약기구의 양대 군사 기구를 포함하는 집단 안전 보장 체계의 건설을 제기했다. 그리하여 1969년 브레쥐네프는 미국을 방문하였고 1972년 5월 미국의 닉슨과 키신저가 쏘련을 방문하여 전략핵탄두 제한 문제를 논의하였다. 이후 미국과 쏘련 양국의 수뇌 회담이 빈번해졌고 1975년 7-8월에 헬싱키에서 유럽안전보장회의가 개최되어 유럽에 집단 안전 보장 체계의 구축을 논의하였다.[14] 이는 쓰딸린 이래 집단 안전 보장 체계에 대한 쏘련의 전통적인 입장이 일정하게 관철되기 시작했다는 것을 의미하는 것으로서 중대한 진전이었으나, 냉전을 실질적으로 종식시키기에는 한계를 갖는 것이었다. 실제로 미국은 레이건의 등장 이후 스타워즈 등 군사적 대결 태세를 강화하여 쏘련을 군비 경쟁으로 몰아넣는 전략을 폈고, 이러한 군비 경쟁은 쏘련의 해체에 있어서 일정한 대외적인 악조건으로 작용했다.

브레쥐네프의 대외 정책의 패권적 성격은 중국과 체코슬로바키아에서 잘 드러났다. 브레쥐네프는 흐루쇼프의 수정주의를 더욱더 심화시키는 길을 걸었는데, 중국과의 관계에서 흐루쇼프 당시의 이데올로

---

[13] 같은 책, p. 763.
[14] 같은 책, p. 778.

기 논쟁을 넘어서서 군사적 대결을 추구했다. 브레쥐네프 집권 이후 쏘련은 중-쏘 국경에 배치된 병력을 10개 사단에서 40여 개의 사단으로 증강시켰고 이러한 군사적 긴장은 끝내 국경에서의 무력 충돌로 이어졌다. 1960년대 초부터 1970년 전반기까지 중-쏘 국경에서의 충돌 사건은 1.3만여 회에 달할 정도였다. 사실상 중국과 거의 단교라 할 수 있을 정도의 관계는 브레쥐네프 이후 고르바쵸프에 이르러 쏘련이 패권 정책을 거두어들이면서 해소되게 되었다.

브레쥐네프의 대외 정책의 패권적 성격은 1968년 체코슬로바키아 사태에서도 잘 드러난다. 두브체크 등 이른바 개혁파가 집권한 체코슬로바키아는 당 주도로 '인간의 얼굴을 한 사회주의'를 내세우며, 시장 중심 경제로의 전환을 추진했다. 기업은 시장의 수요에 따라야 하며 노동력의 배치도 시장에 의해야 한다는 것이었다.[15] 이러한 두브체크의 행동 강령은 사실상 체코슬로바키아에서 자본주의 복고를 꾀하는 것이었다. 노동력이 시장에 의해 배치된다는 것은, 노동자가 더 이상 사회주의 인민으로서 사회의 주인이 아니라, 단지 자신의 노동력이라는 상품의 판매자로서 살아야 한다는 것을 의미하는 것으로서 사회주의 체제의 전복과 같은 의미였다. 이에 대해 브레쥐네프는 체코슬로바키아의 당 지도부와 정치적 협상을 하여 정치적 해결을 모색했으나 실패하고, 결국 바르샤바조약기구의 여러 나라의 군대를 체코슬로바키아에 진입시켜 해결하게 되었다. 그런데 문제는 이러한 해결을 합리화하는 브레쥐네프의 논리인데, 브레쥐네프는 체코슬로바키아 사태를 진압하고 나서 이른바 주권 제한론, 국제적 독재론을 폈다. 사회주의 국가가 사회주의 진영을 이탈하려 할 경우에 다른 형제 사회주의 국가는 상대국의 주권을 제한하는 방식으로 개입하여 상대

---

15) 같은 책, pp. 766-767.

국을 진압할 수 있다는 것이었다. 그러나 사회주의 국가에서 반혁명이 기도될 경우, 프롤레타리아 국제주의에 입각한다면 해당 국가의 노동자계급을 지원하고 연대하는 방식으로 반혁명의 진압에 참가하는 것이 타당할 것이다. 즉, 상대방 국가의 주권을 제한하는 방식은 프롤레타리아 국제주의에 위배되는 것이며 브레쥬네프의 패권주의를 합리화하는 것에 지나지 않았다. 하물며, 국제적 독재론은 더욱더 가당치 않은 것이다. 프롤레타리아 독재는 일국적 차원의 문제이며, 해당 국가 내부의 계급 대립의 문제를 반영하여 존재하게 되는 것이다. 나아가 국제적인 초국가 조직이 존재하지 않는 상황에서 국제적 독재론은 허구적인 것이다. 따라서 국제적 독재론이 아니라 국제주의에 입각한 프롤레타리아적 연대가 사회주의 형제 국가에 대한 최선의 대응책이 될 수 있다.

이와 같이 브레쥬네프 시기 쏘련은 표면적으로는 초강대국의 면모를 보이며 세계 질서를 주도하는 듯한 모습을 보였지만, 내적으로는 수정주의의 심화로 인해 경제가 균열되고 있었고 특권층이 만연하여 사회가 부패하고 있었다. 그리고 중국과의 관계, 체코슬로바키아 사태 등에 있어서 프롤레타리아 국제주의에 입각하지 못하고 패권적인 행보를 보여 세계 사회주의 진영의 분열을 돌이킬 수 없게 하고, 결국은 사회주의 진영 자체가 몰락하게 되는 길을 걸었다고 할 수 있다. 만약 세계 사회주의 진영이 분열하지 않고 단결이 유지되었다면, 1970년대 세계 공황을 맞이한 제국주의 국가들, 자본주의 국가들에서는 새로운 혁명들이 발발했을 것이지만, 세계 사회주의 진영이 분열한 결과 제국주의 진영은 1970년대 세계 공황의 위기를 넘기면서 역으로 사회주의 진영에 대해 공세를 취할 수 있었다.

흐루쇼프, 브레쥬네프 시기 쏘련의 대외 무역은 괄목할 만한 성장을 했다. 이는 쏘련이 더 이상 고립된 유일의 사회주의 국가가 아니라 세계 사회주의 진영의 주도자였다는 점에 기인하는 것이다. 쏘련의 대외 무역은 사회주의 국가 간의 무역, 서방의 제국주의 국가들과의 무역, 제3 세계 개발도상국과의 무역으로 나뉘어진다.

1950년-1983년까지 코메콘 국가들의 GDP는 연평균 6.7% 성장을 했고 공업 생산은 연평균 8.3% 성장을 했다. 이 당시 주요 자본주의 국가들은 연평균 GDP 성장이 3.8%, 공업 생산이 4.2% 성장에 지나지 않았다.[16] 코메콘 회원국들은 전 세계 과학 기술자들의 1/3을 보유하고 있었으며, 코메콘 회원국 간의 무역은 1950년에 45억 루블에서 1972년 417억 루블, 1983년 1660억 루블로 증가하였다. 그리고 사회주의 국가들과 자본주의 국가들과의 무역은 평화 공존 노선에 입각하여 전개되었다. 쏘련의 국제적 지위의 향상, 그리고 쏘련 측에서의 데땅트 정책은 서방 자본주의 국가들과 무역액의 증가, 차관 제공의 증대를 낳았다. 그리하여 쏘련과 자본주의 국가들과의 무역액은 1960년 19.17억 루블에서 1979년 257.54억 루블로 증가했다.

5. 고르바쵸프 시기의 대외 정책과 쏘련의 몰락

고르바쵸프는 쏘련 공산당 총서기로 취임하여 1985년 3월 11일 군비 경쟁의 중지, 핵무기 동결, 핵미사일 배치 중지를 표방했다. 그리고 1985년 3월 13일 신사고라 불리는 새로운 대외 정책 구상을 발표했다. 고르바쵸프의 신사고의 특징은 첫째, 전쟁은 정치적 문제를 해결하는 최후 수단이 아니며 전쟁은 정치의 연속이라는 클라우제비츠의 명제는 이미 과거가 되었다. 둘째, 세계는 이미 상호 의존의 전체

---

16) 沉志华, 앞의 책, p. 217.

이다. 셋째, 핵전쟁에서 승리자는 없고 핵전쟁은 어떤 목적을 위한 수단이 될 수 없다. 전 인류의 가치가 다른 일체보다 높으며, 인류 생존이 다른 일체보다 높다. 쏘련은 동유럽에 간섭하지 않으며, 서유럽과 함께 유럽이라는 큰 건물을 지어야 한다는 것이었다.[17] 이러한 고르바쵸프의 신사고 혹은 대외 정책은 흐루쇼프와 마찬가지인데, 핵무기를 논리의 초석으로 삼아 계급적 관점을 인류적 가치로 대체하는 것으로서 사실상 자본가계급과의 화해, 협조 노선을 표방한 것이었다. 또한 고르바쵸프가 전쟁은 정치의 연속이라는 클라우제비츠의 명제를 부정한 것은 자본주의의 최고 단계로서 제국주의의 성격에 대한 비과학적 관점을 드러낸 것이었다. 핵무기는 제국주의 진영의 전쟁 위협의 최고의 수단인데, 이러한 전쟁 위협이 현존함에도 불구하고 정치의 연속으로서 전쟁을 부정하는 것은 사실상 제국주의 진영 앞에서 사회주의 진영을 무장 해제시키는 것이었다.

고르바쵸프는 쏘련 공산당 총서기로 취임 이후 미국과 7차례의 정상 회담을 갖고 핵 군축을 시도했다. 고르바쵸프는 1985년 8월 6일 일본 히로시마 원폭 투하 40주년을 맞아 8월 6일부터 다음 해 1월 1일까지 핵 실험 잠정 중지를 선언하고 미국에 동참할 것을 요구했다. 그러나 미국 정부는 이를 거절했다. 1985년 11월 19일 쏘-미 정상 회담이 열렸는데, 미국의 레이건은 전략핵 계획의 지속을 천명했다. 1986년 10월 11일 아이슬란드 레이캬비크에서 쏘-미 정상 회담이 열렸지만, 이 회의 직후 미국은 주미 쏘련 대사관원 55명을 추방하였다. 이러한 상황은 고르바쵸프가 미국과 정상 회담을 통해 핵 감축을 시도하는 등 평화 노선을 걷고 있지만, 실제로는 제국주의 진영에 일방적으로 밀리고 있음을 보여 주는 것이었다.

---

17) 周尚文·叶书宗·王斯德, 앞의 책, pp. 862-863.

1987년 12월 7일 고르바쵸프는 미국을 방문하여 정상 회담을 하여 유럽에 배치되어 있는 중·단거리 미사일을 철수하고 중거리 미사일을 감축할 것을 합의했다. 1988년 5월 29일 레이건이 쏘련을 방문하여 중거리 미사일 감축 조약의 비준서를 교환했으나, 전략핵 50% 감축 문제는 불발되었다. 고르바쵸프와 미국과의 정상 회담을 통한 핵 감축은 유럽을 중심으로 하여 중·단거리 미사일에 대해서는 일정한 성과를 내기도 했으나 전략핵, 즉 대륙 간 탄도 미사일 문제에 있어서는 진전을 보지 못한 것이며, 이는 고르바쵸프가 평화 공세를 하였음에도 불구하고 냉전 질서하의 군사적 대결 구도를 변화시키기에는 한계가 있다는 것을 보여 주는 것이었다.

  이후 쏘련의 국내 정세가 악화하고 또 동유럽에서 사회주의 정권이 몰락하는 상황이 벌어지는 가운데, 고르바쵸프는 미국의 부시와 회담을 통하여 세계 사회주의 진영의 해체를 승인하는 행보를 취했다. 1989년 12월 2일 고르바쵸프와 부시가 몰타에서 회담을 했는데, 이때 동유럽의 문제가 논의되었으며 고르바쵸프는 동·서독의 통일을 지지(혹은 용인)한다는 입장을 취했다. 이를 통해 미국과 서방은 독일 통일을 밀어붙일 수 있는 근거를 확보한 것이었고, 이는 베를린 장벽의 붕괴를 통한 동독의 서독으로의 흡수 통일로 이어졌다. 1990년 9월 12일 4+2 회담, 즉 쏘련과 미국, 영국, 프랑스와 더불어 동독과 서독의 외상 회의가 열려서, "독일 문제에 대한 최종 해결 조약"이 체결되었고, 같은 해 10월 3일 동독과 서독은 공식적으로 통일되었다.[18] 고르바쵸프는 독일 통일 직후인 1990년 11월 9일 독일을 방문하여 "쏘·독 선린 동반자 관계 조약"을 체결하여 독일 통일을 정치적으로 승인하였다.

---

18) 같은 책, p. 874.

1985년 4월 바르샤바조약기구 정상 회의가 열려 조약의 효력을 20년 연장하는 합의를 하였다. 그러나 세계 사회주의 진영이 해체되고 몰락하는 상황이 벌어지면서 바르샤바조약기구는 해체되게 되었는데, 1991년 2월 바르샤바조약기구의 외교부장과 국방부장 회의가 열려서 1991년 3월 31일 이전에 조약의 효력이 상실된다는 합의를 하였다. 이를 통해 유럽에서는 서방 제국주의의 군사 기구인 NATO만이 존재하게 되었고 유럽의 정치, 군사적 질서는 제국주의적 질서 일변도로 급변하게 되었다.

한편 쏘련과 중국의 관계는 고르바쵸프가 등장하면서 해빙의 분위기가 조성되었는데, 1989년 중국에서 천안문 시위가 한창일 때, 고르바쵸프가 중국 베이징을 방문하여 중국과 쏘련의 관계를 재정립하였다. 쏘련 공산당의 총서기 자격으로 방중한 고르바쵸프는 중국 공산당과 4개항의 원칙을 합의했는데, 독립 자주, 완전한 평등, 상호 존중, 상호 간에 내부 사무에 대한 불간섭이 그것이었다.[19] 그런데 쏘련 공산당과 중국 공산당의 관계를 규율하는 이러한 4개항은 민주주의적 평등을 천명한 것에 지나지 않으며, 노동자계급 간의 관계를 규율하는 프롤레타리아 국제주의의 내용은 결여된 것이었다. 즉, 쏘련 공산당과 중국 공산당의 관계는 프롤레타리아 국제주의에 기반한 것이 아니라 단지 외교적 관계로만 존재하게 된 것이었다.

---

19) 같은 책, p. 889.

제12장
중국 혁명의 승리와 중국 특색의 사회주의 건설

1. 5·4 운동과 제1차 국공합작(國共合作)

1949년 중국 혁명의 성공과 중화인민공화국의 성립은 19세기 중반 아편 전쟁 이후 약 100여 년에 걸친 중국 인민의 투쟁의 승리였다. 제국주의의 침탈로 인해 반(半)식민지로 전락하고 또 반(半)봉건적인 사회 상태를 변혁하기 위한 투쟁이 끊임없이 이어지다가 마침내 중국 인민이 승리를 쟁취한 것이다. 중국 공산당이 견지한 이러한 관점은 중국 인민의 투쟁을 1921년 중국 공산당이 성립한 이후의 투쟁의 역사로 기록하는 것이 아니라 중국 민족과 인민 전체의 역사적 투쟁으로 파악한 것이었다.

19세기 중반 아편 전쟁 이후 서구의 제국주의 세력에게 굴복한 청나라는 서서히 반식민지 상태로 전락해 갔다. 이에 대해 태평천국의 난이라 일컬어지는 전국적인 농민 반란이 일어나 나라의 절반 가까이를 점령하기도 했으나 과학적 이데올로기가 결여되어 있어서 청나라 정부와 제국주의 세력을 이겨낼 수 없었다. 이후 청나라는 영국과 프랑스와의 전쟁, 일본과의 전쟁을 거치며 제국주의 세력에게 점점 더 많은 이권과 조차지를 내주게 되었다. 청나라 정부, 귀족과 관료는 이러한 상태에서 제국주의 세력과 타협하여 혹은 연합하여 밑으로부터의 민중들의 도전을 억압하는 상황에까지 이르렀다.

20세기에 들어섰을 때, 이러한 상태를 타개하고자 하는 움직임이 활발해졌고 1911년 손문에 의한 신해혁명으로 청나라는 타도되었다. 그러나 이후 청나라 고위 대신이었던 원세개에 의해 손문은 밀려나고 중국은 반봉건적 경제 제도가 유지되는 가운데, 각지에서 군벌이 할거하는 상태가 되었다. 이러한 것이 1919년 5·4 운동이 발발하기 전의 중국의 상태이다.

1919년의 5·4 운동은 중국 현대사의 기점으로 평가되고 있는데, 왜냐하면 5·4 운동을 기점으로 기존의 반식민지, 반봉건적인 사회 상태를 변혁하려는 운동이 본격적으로 출현하고 또 그러한 운동에 있어서 그 이전과 다른 새로운 계급 세력, 즉, 노동자계급과 농민이 새로운 운동 세력으로 출현하여 새로운 주체들이 본격적으로 형성되어 갔기 때문이었다.

5·4 운동은 1차 세계 대전 이후 전후 처리를 결정한 빠리평화회의의 결과로 인한 것이었는데, 빠리평화회의의 결과는 중국이 패전국이 아님에도 중국을 제국주의 세력들에게 침탈당하는 피동적인 위치로 전락시킨 것이었다. 이 회의의 결과가 중국에 알려졌을 때, 1919년 5월 4일 북경대학 학생 3000여 명이 천안문 광장에 모여 시위를 하였고 이는 곧 전국적으로 확산되었다. 이 과정에는 단지 학생들만 참여한 것이 아니라 노동자들도 광범하게 참여했는데, 노동자들의 파업 투쟁은 군벌과 외국 열강들에게 동시에 맞서서 전개된 것이었다. 그리하여 이러한 노동자들의 참여로 인해 중국에서 최초로 반(反)제국주의 운동과 반(反)봉건 운동이 결합되는 양상이 나타나게 되었다.

사실 태평천국의 난, 의화단 투쟁, 신해혁명이 실패한 것은 반제국주의와 반봉건의 투쟁을 결합시키지 못했기 때문이었는데, 5·4 운동에서 최초로 두 과제를 결합시키는 양상이 나타났던 것이다.[1]

신해혁명의 실패 이후 손문은 국민당이라는 조직을 꾸리고 있었지만 군벌들의 할거에 제대로 대응할 수 없었다. 이러한 상황에서 손문은 1921년 결성된 공산당과 연합하는 길을 걷게 되었다. 그리하여 1924년 공산당과 국민당의 연합 전선이 꾸려지게 되었는데, 그것이 곧 제1차 국공합작(國共合作)이다. 제1차 국공합작은 공산당의 당원들이 공산당원 신분을 유지한 상태로 국민당에 가입하여 국민당을 중심으로 민족 혁명 전선을 강화하자는 것이었다. 이때 국민당은 쏘련과 연합하고 공산당과 연합하는 연쏘연공 정책을 폈다. 이러한 정책을 통해 당시 광동성을 중심으로 한 국민당 세력은 크게 성장할 수 있었고, 이는 각지에 할거하고 있던 군벌들을 타도하고 전국의 통일을 도모하는 북벌로 이어지게 되었다.

당시 군벌들은 '무장한 지주'의 성격을 갖고 있었는데, 그 사회 성격은 반(半)봉건적인 것이었다. 군벌들은 자신들의 통치를 유지, 강화하기 위해 필요한 물질적, 정치적 조건을 확보하기 위해 제국주의 세력들과 결탁하는 길을 걸었는데, 그리하여 친일적인 군벌, 친영적인 군벌 등이 각양각색으로 나타나고 있었다. 군벌의 이러한 성격, 즉, 반(半)봉건적 성격과 제국주의와 결탁하는 성격으로 인해, 중국 혁명의 성격은 반제반봉건의 민주주의적 혁명의 성격을 띠게 되었던 것이다.

그런데 국민당의 북벌은 손문이 갑자기 사망함에 따라 완성되지 못하고 말았다. 그리고 이어서 공산당 세력의 성장에 위협을 느낀 장

---

[1] 중국사연구회 편저, 《중국혁명의 전개과정》, 거름, 1985, pp. 130-131.

개석이 쿠데타를 일으켜 공산당 세력을 전면 탄압하게 됨에 따라 제1차 국공합작은 막을 내리게 되었다. 북벌의 좌절 그리고 장개석의 쿠데타는, 북벌의 전개 과정에서 농민 운동이 활발하게 성장하면서, 이에 위협을 느낀 지주 세력과 매판자본가 그리고 보수화된 국민당의 우파에 의한 반동이었다. 장개석의 쿠데타 이후 국민당 좌파와 공산당이 연합한 무한 정부가 수립되었지만 3개월여 만에 해체되고 말았다. 이는 공산당과 함께했던 민족 부르주아지의 유약성을 보여 주는 것이었는데, 1차 국공합작 당시 민족 부르주아지는 국민당에 참여하여 혁명의 과정을 함께했으나 장개석의 쿠데타 이후로는 혁명성을 상실하고 혁명에서 이탈했던 것이다.

당시 코민테른은 중국 혁명에 대해 농민 문제야말로 모든 정책의 중심 문제이며 노농 동맹의 필요성, 농업 혁명의 슬로건을 내걸 필요가 있다는 것을 강조하고 있었다(1923년 5월, 중국 공산당에 대한 지시).[2] 그러나 당시 중국 공산당은 정세의 변화에 정확하게 대응하지 못하고 코민테른의 지시 여하에 따라 우왕좌왕하는 모습을 보였다. 장개석의 쿠데타 이전에 자본가계급에 유화적인 정책을 이끌어 왔던 진독수의 노선은 1927년 8월 7일의 긴급회의에서 우경기회주의로 비판을 받았고 이후 구추백이 당의 총서기가 되었다. 진독수는 중국의 부르주아 민주주의 혁명에서 부르주아지의 지도적 역할을 승인하고 중국 혁명에서 농민 문제의 중요성을 간과하고 프롤레타리아트의 지도권을 제기하지 못했다.[3] 그런데 이후 구추백과 함께 당의 지도를 담당했던 이립삼은 좌경모험주의적인 노선을 내걸었는데, 도시에서의 무장봉기를 통한 쏘비에트의 수립을 목표로 하였다. 그러나 1927년

---

2) 같은 책, p. 275.
3) 같은 곳.

8월 1일의 주덕, 하룡 등이 3만의 봉기군을 이끌고 일으킨 남창 봉기는 실패하였다. 또 광동성의 해륙풍에 쏘비에트가 건설되기도 했으나 오래가지 못했다. 또한 그해 가을에 추수 폭동이 광범하게 전개되었으나 실패하였고 모택동은 추수 폭동에 실패한 이후 잔여 군대를 이끌고 정강산에 들어가 근거지를 마련하는 길을 걷게 되었다. 이후 주덕의 군대가 정강산에 합류하였고 모택동과 주덕의 이러한 근거지를 마련하는 노선은 곧 전국적인 공산당 세력에게 파급되어 1930년까지 11개 성에서 근거지들이 속속 생겨나게 되었다. 그러나 이립삼의 좌익맹동주의 노선은 끈질기게 남아 있었는데, 이립삼은 혁명의 단계가 노농 독재에서 프롤레타리아 독재로 이행하는 프롤레타리아 혁명 단계라고 파악하였다.4) 그리하여 이러한 이립삼 노선에 따라 1930년 대도시인 장사와 우한을 공격했으나 실패하였다. 그리하여 1930년 9월에 노산에서 중국 공산당 정치국회의가 열려 이립삼 노선은 주관주의이며 모험주의라고 비판되었다.

　이러한 노선의 교정에 힘입어 중국 공산당의 홍군은 꾸준히 증가하여 1931년 초 30여만 명에 달하게 되었고, 1931년 11월 7일 강서성 서금에서 중화 쏘비에트 공화국이 수립되어 모택동이 주석으로 선출되었다. 중국 대륙의 곳곳에서 장개석 군대의 위협 속에서도 근거지에 기초한 이러한 홍색 지구와 홍색 정권이 가능했던 것에 대해 모택동은 다음과 같이 파악했다. 즉, 모택동은 근거지의 홍색 정권이 존재할 수 있는 근거를 다음과 같이 들고 있다. 첫째, 객관적 조건으로 후진적인 반봉건적인 경제의 자족성, 그리고 제국주의와 결탁한 군벌이 할거하여 상호 대립하고 군벌 간 전쟁이 장기화되고 있어서 그 틈에서 홍색 정권이 발생하고 생존할 수 있다는 것, 그리고 둘째,

---

4) 같은 책, p. 301.

주체적 조건으로는 1926년, 27년의 정치적 경험이 있고 또 혁명 세력이 무장하고 있으며 중국 공산당의 정치적 지도가 있다는 것이었다.5) 그리고 공산당의 홍색 정권은 자신들의 근거지에서 지주의 토지를 몰수하는 토지 개혁을 하여 농민들의 지지를 확보하고 이들로부터 일정한 세금을 걷고 군대를 보충할 수 있었다.

2. 제1차 국공내전과 항일민족통일전선의 결성(제2차 국공합작)

이렇게 중국 공산당의 근거지가 전국 곳곳에서 발전해 가자 장개석은 공산당 토벌의 기치를 들고 만주 사변이 발발하기까지 무려 4차에 걸친 포위토벌전을 전개하였다. 중국 공산당의 홍군은 이에 대해 국민당군을 깊숙이 끌어들여 역으로 토벌하는 전술을 폈고 유격전과 운동전을 적절히 결합함에 의해 4차에 걸친 반(反)포위토벌전을 승리로 이끌 수 있었다. 중국 공산당과 홍군이 절대적인 수적인 열세에도 불구하고 이러한 승리를 할 수 있었던 것은, 중국 공산당이 토지 혁명을 통해 농민들의 공고한 지지를 받고 있었다는 것에 기인하는 것이었다. 또한 홍군은 과거의 군벌들과 달리 과학적 이데올로기로 무장하고 있었고 또 중국의 무산계급인 노동자계급의 당, 즉 공산당이 군대를 지도하고 있었다는 것에 기인하는 것이었다. 중국 공산당은 만주 사변이 일어나자 국민당에게 내전을 중지하고 항일민족통일전선을 결성할 것을 제안했다. 그러나 장개석은 일본군에 의해 만주 지역이 점령당한 상태를 용인하면서, 항일민족통일전선에 대한 공

---

5) 같은 책, p. 298.

산당의 요구를 거부하고 공산당의 홍군에 대한 제5차 포위토벌전을 전개했다. 그런데 이번의 5차 포위토벌전에 맞서는 전술에 있어서, 홍군은 과거와 달리 유격전이 아니라 정면 공격 작전을 펴게 되었는데, 이로 인해 홍군은 커다란 타격을 받고 패배하였고 근거지를 상실하게 되었다. 이러한 사태가 벌어진 것은 당시 당의 지도부였던 왕명이 유격전을 거부하고 정면 승부를 주장했기 때문이었다. 이러한 대실패로 인해 중국 공산당의 홍군은 근거지를 버리고 서쪽으로, 그리고 이어서 북쪽으로 약 1만 리의 대장정을 할 수밖에 없었다. 이러한 대장정의 과정에서 1935년 1월 준의에서 회의가 열려 왕명 노선을 비판하고, 도시 공격이 아니라 농촌을 근거지로 하여 도시를 포위하는 모택동 노선을 당의 노선으로 확립할 수 있었다.

대장정은 서북의 연안에 이르러서 끝났는데, 연안을 근거지로 하여 중국 공산당은 항일의 전선을 꾸리면서 전국 각지에서 근거지와 공산당 조직을 재건할 수 있었다. 장개석군은 연안마저 토벌하려 했으나 실패했다. 이러한 상황에서 일본군이 만주 지역을 넘어서서 북경 등 화북 지역으로 진출하기 시작했다. 이러한 새로운 상황은 당시 장개석 등 4대 가문이 주요 금융기업, 대규모 산업, 상업, 운수 등을 틀어쥐고 지배하고 있던 질서를 위협하는 것이었고, 장개석의 정치적, 경제적 이익 또한 직접적으로 위협당하게 되었다는 것을 의미했다. 이러한 상황에서 중국 공산당은 반장항일(反蔣抗日), 즉 장개석을 반대하는 것을 통한 항일 노선에서, 핍장항일(逼蔣抗日), 즉, 장개석을 압박하는 것을 통한 항일 노선으로, 그리고 이후에는 연장항일(聯蔣抗日), 즉, 장개석과 연합하여 항일하는 노선으로 점차적으로 발전해 갔다.[6] 이 과정에서 1936년 12월 12일 장개석의 부하 군벌이었던

---

6) 肖效欽·李良志, 《중국혁명사》 제1권, 거름, 1990, p. 267.

장학량이 장개석을 구금하고 공산당과의 합작을 강요하는 사태가 벌어졌다. 이에 대해 중국 공산당은 장개석과 담판하여 제2차 국공합작, 항일민족통일전선의 형성을 이루어 낼 수 있었다. 중국 공산당은 1937년 8월 말 "항일구국 10대 강령"을 발표하였고 국민당도 중국 공산당을 인정하여 합작한다는 선언을 하여 정식으로 항일민족통일전선이 성립하게 되었다.

이후 일본은 중국 전역에 대해 전면적인 침략을 감행하여 중-일 전쟁이 발발하게 되었다. 일본군은 중국 전 지역을 점령하기에는 병사와 물자가 부족하여 주로 대도시와 교통상의 주요 축을 점령하는 양상이었다. 그리하여 일본군 점령지의 배후에는 광대한 빈 공간이 있었고 중국 공산당의 홍군은 바로 이러한 점령지 배후에서 근거지를 구축해 가며 항일 전쟁을 전개하였다. 1938년 10월 일본군이 무한과 광주를 점령하고 나서 전선은 교착 상태에 빠졌는데, 이 단계에서 일본군과의 전투의 80%는 홍군이 개편된 팔로군과 신사군에 의해 수행된 것이었다.[7] 즉 장개석군은 일본군과의 전투에 소극적이고 사실상 수수방관하는 상태였고, 심지어 중-일 전쟁 상황하에서 공산당의 신사군을 공격하기도 했는데, 그것이 이른바 환난 사건이다. 이는 중-일 전쟁의 과정에서 일본군과 맞서는 공산당 세력이 성장해 가는 것에 위협을 느낀 장개석군이 반동을 감행한 것이었다. 그러나 중국 공산당은 통일전선 노선을 견지할 수 있었는데, 이는 세계적 차원에서 반파쑈 분위기가 강화되고 있었다는 것에 기인하는 것이었다.[8] 일본군 점령지의 배후에 있었던 중국 공산당의 점령지, 즉 해방구의 존재는 일본군의 점령을 단지 점과 선으로 만들고 있었다. 또한 해방

---

7) 중국사연구회 편저, 앞의 책, p. 338.
8) 같은 책, p. 341.

구에서는 과거 토지 혁명과 달리 지주 토지를 몰수하지 않고 단지 소작료를 인하하고 고리대 이자율을 낮추는 정책을 실시하고 있었는데, 이는 항일을 초점으로 하여 단결시킬 수 있는 모든 세력을 단결시킨다는 통일전선의 방침 때문이었다. 중국 공산당의 이러한 항일민족통일전선 정책은 정확한 것이었는데, 전쟁이 끝나갈 무렵인 1945년 4월에 팔로군과 신사군의 숫자는 91만에 달했고, 전국 각지의 해방구에서는 민병이 210만 명으로 성장하고 있었다.

1945년 2월 4일의 얄타 회담에서 쏘련군의 대일 참전이 결정되었고, 1945년 4월 독일의 수도 베를린을 점령한 쏘련군은 약 3개월의 준비를 거쳐 1945년 8월 대일 선전포고를 하고 중국의 동북 지역으로 진격을 시작하여 일본 관동군 대부분을 격파하고 포로로 잡을 수 있었다. 그리하여 중-일 전쟁은 중국 인민의 승리로 끝나고 중국은 100여 년에 걸친 반식민지 상태를 벗어날 수 있게 되었다.

3. 제2차 국공내전과 중화인민공화국의 성립

1945년 8월 중-일 전쟁이 종식되고 일본이 패전했을 때 장개석의 국민당군은 전쟁 과정에서 일본군과 거의 싸우지 않았고 실제로 싸운 사람들은 공산당의 팔로군과 신사군이었음에도, 일본군의 무장 해제를 국민당군이 하겠다고 선언하였다. 이를 계기로 중국 대륙에서는 전후 질서를 주도하기 위한 국민당군과 팔로군, 신사군의 점령지 확대 경쟁이 발생하였다. 장개석의 국민당군은 주요 대도시를 주로 점령하려 하였고, 특히 중국의 동북 지방의 대도시 점령을 무리하게 추진하였다. 이에 맞서 공산당의 팔로군과 신사군은 해방구를 확대하면서 점령지를 늘려 갔다. 이러한 상황에서 공산당의 군대는 주로 중국 북부, 화북 지방에 중심을 두고 있었고 장개석의 국민당군은 중국 남부와 동북 지방에 중심을 두고 있었으나, 상당수 지역에서는 서로 얽혀 있었다.

이러한 상황에서 쏘련은 전후 중국의 미래에 대해 장개석의 국민당 정부가 수립될 것을 예상하면서, 중국 공산당으로 하여금 국민당 정부와의 연합정부 구성에 나설 것을 제기했다. 이에 대해 미국은 국민당군을 지원하는 정책을 펴고 있었다. 이러한 대내외적 정세의 전개 속에서 공산당은 국민당과 연합정부 구성을 위한 담판에 나서게 되었다. 장개석은 공산당에 대해 해방구의 포기, 군대의 포기를 조건으로 인정하겠다는 제안을 했는데, 이는 사실상 공산당 세력을 무력화하겠다는 것에 다름 아니었다. 그리하여 담판은 1946년에 이르러 결렬되었고 국민당은 공산당의 홍군과 해방구에 대한 공격을 감행하여 내전을 도발하였다. 이러한 국민당의 도발에 대해 중국 공산당은, 한편으로 군사적 대응을 하면서 다른 한편으로 정치적 대응을 했는데, 장개석 반동파를 제외한 모든 혁명적 세력의 결집을 호소하는 혁명적 민족통일전선의 결성이 그것이었다. 여기서 주목되는 것은 중-일 전쟁에서 항일민족통일전선에 참여했던 민족 부르주아지의 세력이 국민당에 가담하는 것이 아니라 공산당이 제기한 혁명적 민족통일전선에 가담했다는 것이다. 손문의 부인이었던 송경령을 비롯한 민족 부르주아지의 대표적 명망가와 조직, 단체들이 혁명적 민족통일전선에 가담하였다. 이러한 정치적 결과는 항일 전쟁에 있어서 일본군과 실제로 맞서 싸워 중국 민족을 구원한 주역이 누구인가가 이미 전쟁과정을 통해 전 중국 인민에게 각인되어 있었기 때문이었다.

군사적 측면에서 중국 공산당은 당시 쏘련군이 점령하고 있던 동북 지역에서 국민당군을 격퇴하기 시작했다. 그리고 화북 지역에서 국민당군을 점차 몰아내기 시작했고 그 과정에서 대도시들이 공산당군의 수중에 들어갔다. 내전은 1946년부터 1949년까지 이어졌는데, 애초에 모택동은 내전이 5년 이상 가는 장기전이 될 것이라 예상했었다. 그러나 미국이 국민당군에 대해 막대한 무기와 군수물자를 제공했음에도 불구하고, 국민당의 수백만 군대는 불과 2-3년 사이에 공산당군에 의해 궤멸되었고, 미국이 지원한 무기와 군수물자는 그대로 공산당군의 수중에 들어갔다. 이를 일컬어 모택동은 미국이 홍군의 보급 부대라고 조롱하기도 했다. 이 과정에서 중국 대륙에서는 3대 전투가 있었는데, 화북에서 1차례, 중부와 남부에서 각각 1차례 있었던 대규모 전투는 국민당군의 참패로 끝났고 각각의 전투에서 국민당군 수십만 명이 포로로 잡혔다.

1949년 초가 되자 내전을 도발했던 장개석은 공산당에 대해 평화회담을 제안했으나, 공산당은 이를 일축하고 양자강을 넘어 중국 남부 지역을 석권하였고 장개석은 국민당군의 95%를 잃은 상태에서 남은 병력을 이끌고 대만 섬으로 도주하였다. 미국은 이 상황에서 공산당군이 대만 섬으로 바다를 넘어 진격하는 것을 저지하기 위해 해군을 파견하여 군사적 개입을 하였다. 즉, 미국이 무력으로 대만을 자신의 점령지로 한 것이었고 이는 미국의 제국주의적 개입이었다. 이로 인해 중국은 미국과 수교할 때 대만을 독립 국가가 아니라 중국의 부속 섬으로 인정할 것, 하나의 중국 원칙을 미국이 인정할 것을 요구하였고 미국이 이를 승인했을 때 중-미 수교가 이루어진 것이었다.

이리하여 내전이 일단락되게 되었을 때, 1949년 10월 1일 북경의 천안문 광장에서는 중화인민공화국의 건국을 선포하는 대회가 열렸다. 이 건국 집회에서 모택동은 중화인민공화국의 성립을 선포하면서, "중국 인민이 일어섰습니다!(中国人民 站起来了!)"라는 유명한 연설을 하였다.

이러한 중화인민공화국의 건국 과정에서 건국을 결의하여 선포한 주체는 중국 공산당이 아니라 1946년-1949년의 과정에서 혁명적 민족통일전선에 참여했던 전선체 세력이었다. 이 세력이 정치협상회의라는 조직을 결성하여 이 조직의 이름으로 중화인민공화국의 건국이 선포되었다. 이는 전술적 운용의 주체인 통일전선체가 권력의 수임자가 되었다는 것을 의미하는데, 이는 전술의 성공으로 인해 전술적 주체가 전략적 주체로 성장·전화한 사례라 할 수 있다.

4. 신(新)민주주의 혁명의 완성과 사회주의적 개조로의 이행

중화인민공화국의 성립은 중국에서 신민주주의 혁명의 승리를 의미하는 것이었다. 즉, 반제반봉건의 부르주아 민주주의 혁명의 과제를 부르주아지가 주도하는 것이 아니라 노동자계급과 농민이라는 새로운 주체가 주도하여 완수하는 것이었다. 중화인민공화국의 건국 당시 전체 상공업에서 민족 부르주아들은 약 20% 정도를 차지하여 비중이 적었고 80%의 상공업은 제국주의 자본과 매판관료 부르주아들이 차지하고 있었다. 중국 공산당은 제국주의 자본과 매판관료 부르주아들의 자본은 무상 몰수하여 국유화를 하였지만 민족 부르주아들에 대해서는 무상 몰수, 수탈이 아니라 민족 부르주아들과 프롤레타리아 국가가 연합하여 공사합영(公私合營)의 형태로 평화적으로 사회주의적 개조로 이행하는 방식을 취하였다.

건국 초기 중국 공산당은 국민당의 잔당들을 숙청하여 중국 대륙의 안정을 도모하면서 내부적으로는 3반(三反), 5반(五反)의 정책을 취하였다. 3반은 국가 기관과 국영 기업에 있어서 부정부패, 낭비, 관료주의라는 3가지 해악을 반대하는 운동이었고, 5반은 사영(私營) 상공업에서 뇌물수수, 탈세, 국가재산 횡령, 날림공사, 국가경제정보

누설을 반대하는 운동이었다.9) 그리고 대부분 착취계급의 출신이었던 지식인들에 대해서는 숙청이 아니라 사상적 개조 운동을 벌여서 이들이 인민을 위해 복무할 수 있는 길을 가도록 했다. 또한 공산당 내부적으로는 정풍(整風)과 정당(整黨) 운동을 벌여 당 대오를 강화하는 정책을 취하였다.

 모택동은 혁명 승리 전에 중국이 가야 하는 신(新)민주주의 경제에 대해 "현 단계에서 중국 경제는 국가 경영과 개인(사적) 경영, 그리고 합작사(협동조합) 경영의 3자 결합이 아니면 안 된다"10)고 파악했었다. 그리고 건국 이후 중국 공산당은 이러한 방침에 따라 경제를 건설하기 시작했다. 건국 후에 경제 건설은 순조롭게 이루어졌다. 건국 후 3년이 지난 1952년 농업과 공업 생산은 1949년 건국 당시에 비해 77.5%가 증가하였다. 공업은 145% 증가, 농업은 48.5%가 증가하였다. 공업에서 국영의 비중은 1949년 당시 34%에서 1952년 56%로 증가하였다. 노동자의 수도 급격히 증가하기 시작했는데, 1952년 노동자와 직원의 수는 1580만 명으로 1950년에 비해 100%가 증가한 수치였다.

 농업에 있어서는 토지 국유화를 실시하지 않고 토지 개혁을 통해 농민에게 토지를 무상 분배하여 농민적 토지 소유를 실현하였다. 그리고 이를 기초로 점차적으로 협동조합적 경영을 추구하여 농민들에게 사회주의적 적극성을 유도하는 정책을 폈다. 이 당시 농업에서 협동조합화는 낮은 수준에서 실시되었는데, 토지 등 생산 수단을 집단화하지 않은 상태에서 농민들에게 상호 간의 품앗이 혹은 공동 노동을 늘리는 방식이었다.

---

9) 肖效欽·李良志, 《중국혁명사》 제3권, p. 20.
10) 브루노 쇼 편, 《中國革命과 毛澤東思想》 제2권, 석탑, 1986, p. 196.

1953년 중국에서 최초로 1차 5개년 계획이 실시되었는데, 이 계획은 성공적으로 실시되어 1957년 총생산은 167.7% 증가하였는데, 공업은 228.4%, 농업은 124.7%가 증가하였다. 1957년 강철 생산은 53만 톤으로 1952년에 비해 396.6%가 증가하였고, 선철은 593만 톤으로 1952년의 307.7%였다. 최초의 5개년 계획의 이러한 성공적 실시는 중국이 오랜 반식민지 상태를 탈각하고 반봉건성을 극복하면서 새로운 진보의 길로 사회 전체가 상승 운동하게 되었다는 것을 의미했다.

　이러한 경제의 건설을 기초로 하면서 중국 사회는 점차 사회주의적 개조의 길로 들어섰다. 대략 1956년경부터 상공업과 농업에서 사회주의적 개조가 시작되었는데, 중국에서 사회주의 건설의 독특한 점은 항일민족통일전선, 그리고 1945년 이후에 내전기의 혁명적 민족통일전선에 참가했던 민족 부르주아지에 대해 몰수와 수탈의 방식이 아니라 공사합영(公私合營)을 통한 국가자본주의 건설의 형태를 취하는 평화적 개조의 방식을 취했다는 점이다. 레닌은 10월 혁명 이후에 프롤레타리아 독재 권력을 전제로 하여 자본가와 프롤레타리아 국가가 연합하는 국가자본주의를, 당시 러시아에 광범했던 소생산의 압력을 극복하고 소부르주아들을 견인하고 사회주의 건설을 앞당길 수 있는 유력한 방안으로 제기한 바가 있었다. 그러나 쏘비에트 러시아에서는 제국주의의 간섭과 자본가들의 보이콧으로 인해 이러한 국가자본주의는 제대로 활용되지 못했었다. 그런데 이러한 레닌의 구상이 중국 혁명의 승리 이후 사회주의 건설에서 하나의 유력한 방안으로 채택된 것이었다. 이는 중국이 당시 러시아보다 더 후진적인 상태에서 출발했지만, 러시아보다 더 높은 수준으로 사회주의 건설을 하게 되었다는 것을 의미했다.

　공사합영은 초급형식의 국가자본주의와 고급형식의 국가자본주의로 나뉜다. 초급형식의 국가자본주의는 가공과 주문에 대해 공사(公

私) 계약을 통하는 것으로서, 국가는 기업 외부에서 감독하고, 노동자는 기업 내부에서 감독하는 형태였다. 초급형태의 국가자본주의에서 이윤은 4가지 영역으로 분할되었는데, 당시 중국에서는 4마분비(四馬分肥)라 하였다. 즉, 기업의 이윤은 소득세로 34.5%, 노동자 복지로 15%, 기업의 공적 적립금으로 30%, 자본가에 대한 주식 배당금으로 20.5%가 분할되었다.11) 이러한 초급형식의 국가자본주의는 이윤 추구만을 하는 것이 아니라 그 기업이 국가와 인민의 수요에 봉사하는 성질을 지니는 것이었다. 그렇지만 초급형식의 국가자본주의에서는 생산 수단은 자본가가 소유하는 것이었다. 그러나 고급형식의 국가자본주의에서는 생산 수단을 자본가가 소유하는 것이 아니라 국가와 자본가가 공유하는 형식이었다. 고급형식의 국가자본주의는 개별 공사합영 기업과 전 업종의 공사합영 기업으로 나뉘었다. 개별 공사합영 기업은 1955년 3,193개로 전체 공업 생산의 16.1%를 차지하였다. 이렇게 공사합영의 형태를 취하자 노동자와 직원의 적극성이 고양되어 노동 생산성이 크게 증가하였다. 그리하여 낙후된 중소기업들의 자본가는 프롤레타리아 국가에 자신들 또한 공사합영되기를 요구하는 상황이 될 정도였다. 전 업종의 공사합영 기업은 국가자본주의의 최고 형태인데, 각 업체가 소유한 사영 기업 전체에서 공사합영을 실현하는 것이었다. 지금으로 치면 주요 계열사 전체를 공사합영하여 하나의 기업 집단으로 묶는 개념이었다. 이들 전 업종 공사합영 기업에서는 고정이자율에 근거하여 자본가에게 매년 이윤을 배분했다. 공사합영 기업의 자본가에 대한 고정이자 지급 기한은 7년간으로 규정되었는데, 나중에 3년 더 연장하였다. 이러한 공사합영 기업은 사적 자본가의 경영 능력을 국가가 활용한다는 측면이 있었고, 이러

---

11) 肖效欽·李良志, ≪중국혁명사≫ 제3권, p. 57.

한 방식을 통해 국가는 한편으로 생산을 안정시킬 수 있었고 나아가 나라 전체의 생산력 발전을 자극할 수 있었다.12)

중국 혁명 이후의 사회주의 건설에서 이러한 공사합영은 21세기 지금의 현실에 있어서도 한국 등에서 사회주의 혁명이 발발하고 사회주의 건설이 이루어질 경우 적극적으로 고려할 수 있는 요소라 할 수 있다. 재벌 기업 등에 대해서는 무상 몰수와 국유화를 하더라도 재벌에 계열화되지 않은 상당수 중소기업에 대해서는 공사합영의 방식을 통해 신속히 생산을 안정화시키고 사회주의 건설 전체를 안정적으로 추진할 수 있는 조건을 마련할 수 있는 것이다. 이러한 공사합영에 대해 모택동은 "이만큼의 돈을 써서 이만큼의 계급을 샀다"13)라고 표현했었다. 이러한 공사합영을 위해 프롤레타리아 국가가 민족자본가들에게 지급한 액수는 모두 합쳐서 당시 화폐 가치로 32억 5천만 위안이었다. 그러나 공사합영은 일종의 계급 화해 혹은 계급 협조가 아니었다. 주은래는 이에 대해 "민족자본가계급에 대한 노동자계급의 평화적 개조는 … 강대한 프롤레타리아 독재에 의거하여 자본가계급에 대해 수행했던 일종의 계급 투쟁의 특수한 형태일 뿐이다"14)라고 파악한 바가 있었다.

중국에서 농업의 사회주의적 개조, 농업 집단화는 쏘련과 달리 순조롭게 진행되었다. 이는 쏘비에트 러시아에서 볼쉐비끼 당이 당시 농촌과의 끈이 약했던 데 비하여, 중국의 경우 혁명 자체를 농촌에서 시작하였고 농촌의 근거지에서는 혁명 전부터 토지 혁명이 진행되어 농민들의 중국 공산당에 대한 지지가 확고했던 것에 기인하는 것이

---

12) 같은 책, pp. 56-59.
13) 같은 책, p. 64.
14) 같은 책, p. 65.

다. 볼쉐비끼는 10월 혁명 직후에 토지 국유화를 선포하였지만, 중국 공산당은 혁명 후에 토지 국유화를 선포하지 않고 지주 토지의 무상 몰수, 농민에 대한 무상 분배를 통하여 농민적 토지 소유를 실현하였다. 그리고 점차적으로 협동조합의 방식을 통해 집단화의 수준을 높여 가는 방식으로 사회주의적 개조를 실현하였다. 중국 공산당은 농업의 기계화를 먼저 실현하고 집단화를 이루는 것이 아니라 먼저 집단화를 이루고 농업의 기계화를 달성한다는 방침을 취했다. 그리하여 최초에는 호조조(互助組)로부터 시작하여 초급단계의 합작사(협동조합), 고급단계의 합작사로 점차적으로 이행하였다.

호조합작(互助合作)의 형태는 ① 임시계절적인 간단한 노동호조(품앗이와 유사한 형태) ② 연간에 걸친 노동호조 ③ 토지를 출자하는 생산합작사로 나뉘었다.[15] 그리고 생산에서의 합작, 협동조합적 형태, 농업 집단화는 우선 모범적 사례를 만들어 이를 점차적으로 확대하는 방식을 취하였다. 1951년 중국의 동북 지방과 화북에서 40개의 합작사를 만들었는데, 그 결과 단위 면적당 생산량이 개별 농가보다 39%를 초과하였다. 그러나 합작화 운동은 1953년 봄 일시적으로 제동이 걸리기도 했는데, 당 중앙은 합작화에서 맹동주의를 교정하여 조건이 구비되지 않은 합작사는 호조조로 전환할 것을 결의하기도 했다.[16] 이러한 문제점을 극복하면서 농업 집단화, 합작화는 순조롭게 진행되었는데, 1954년 이래 65만 개의 합작사가 만들어졌다. 그리고 그중 80% 이상이 개별 호조조보다 생산량이 증가하였다. 이는 생산에서의 협동조합화라는 생산관계에서의 변화가, 농업 기계화가 이루어지지 않은 상태에서도 농민들에게 자극을 주어 생산력을 일정하게 증가시킨

---

15) 우노 시게아끼, ≪中國共產黨史≫, 일월서각, 1984, p. 203.
16) 肖效欽·李良志, ≪중국혁명사≫ 제3권, p. 45.

다는 것을 보여 주는 것이었다. 그리하여 1955년 가을부터 1956년까지 합작사로 조직된 농가의 수가 14%에서 96%로 급격히 증가하였다. 또 반(半)사회주의적인 초급형태의 합작사가 사회주의적인 고급형태의 합작사로 전환되었고 그 규모에서도 20-30호의 규모에서 100-200호의 규모로 증가하였다.17) 이렇게 중국에서 농업의 집단화는 농민들의 저항이 거의 없는 상태에서 평화롭게 이루어졌다. 그러나 집단화 자체는 평화롭게 이루어졌지만 당시 트랙터의 보급 등 농업 기계화가 전제되지 않은 생산관계에서의 변화는 일정한 한계를 갖는 것이었다. 그리하여 집단화의 과정에서 농업 생산량이 일정하게 증가하였지만 1958년 이후 자연재해가 겹치면서 생산의 감소가 나타나기도 했고 또 생산량에 대한 허위 보고 등의 문제가 발생하기도 하였다. 물론 중국 공산당은 "합작화 운동은 생산관계가 생산력 수준에 조응하는 법칙을 준수"18)하여야 한다는 것을 방침으로 갖고 있었지만, 농업에 대해 기계의 보급이 이루어지지 않은 상태에서 생산관계의 변화 자체만으로는 농업 발전에 있어서 일정한 한계를 갖는 것이었다.

한편 당시 중국에서 광범위하게 존재하고 있던 수공업의 사회주의적 개조, 즉, 협동조합화, 합작화 또한 순조롭게 이루어졌다. 1950년대 초반 중국에서 수공업자는 730여만 명에 달했다. 그리고 1953년 수공업은 총생산 중 30%를 차지하고 있었다. 이들에 대한 협동조합화는 1956년에 91.7%가 이루어져서 사회주의적 개조가 완료되었다. 쏘련의 경우 수공업의 협동조합화가 거의 10년이 걸린 것에 비한다면 중국에서 수공업의 사회주의적 개조는 매우 빠르게 이루어진 것이었는데, 이는 당시 세계 사회주의 진영이 상승하던 정세와 중국 내

---

17) 같은 책, p. 50.
18) 같은 책, p. 52.

에서 중국 공산당의 인민에 대한 위신이 그만큼 높았던 것에 기인하는 것이다.

5. 인민공사, 대약진 운동과 공산당 내 노선의 분화

중국에서 이렇게 사회주의 건설이 순조롭게 이루어지던 시기에, 1956년 쏘련 공산당 20차 당 대회에서 흐루쇼프가 쓰딸린을 전면 탄핵하여 수정주의 노선을 제기한 사태는 중국에 있어서도 심각한 충격을 불러오는 것이었다. 흐루쇼프의 이른바 쓰딸린 개인숭배 비판에 대해 당시 유소기는 쏘련 공산당 20차 당 대회의 결정을 전적으로 지지하면서 개인숭배 비판에 적극 찬성하였다.[19] 이에 대해 모택동은 쓰딸린의 공적은 7이고 과오는 3이라는 입장을 취하여 쓰딸린을 매도하고 매장하려는 흐루쇼프의 시도에 대해 반대했다. 중국 공산당의 공식적인 입장은 모택동의 입장을 채택한 것이었지만, 쏘련 공산당의 압력하에서 중국 공산당 내에서 점차적으로 유소기의 입장이 강화되어 갔고, 이는 중국 공산당 내에서 유소기파와 모택동파의 노선의 분화를 야기하는 상황에까지 이르렀다. 모택동은 쏘련 공산당 20차 당 대회 직후 일정하게 충격을 받았고 혼들리는 모습을 보였지만, 이후 1956년 헝가리 사태를 목도하고 나서 "인민 내부의 모순을 정확히 처리하는 문제에 대하여"[20]라는 논문을 발표하면서 중국의 사회주의 건설의 올바른 방향을 수립해 갔다. 모택동은 헝가리 사태가 보여 준 것은 사회주의 사회에서도 인민 내부의 모순이 있으며

---

19) 우노 시게아끼, 앞의 책.
20) 毛澤東, ≪毛澤東文集(모택동 문집)≫ 第七券, 人民出版社, 1999, p. 204.

적아 간의 모순과 인민 내부의 모순을 정확히 구분해야 하며, 인민 내부의 모순에 대하여는 타도의 방식이 아니라 설득과 교육의 방식을 취하여 해결해 가야 함을 지적했다.

모택동은 쏘련에서 수정주의가 발생하는 상황에서, 즉, 중국에 영향을 미치는 국제적 정세, 객관적 조건의 일대 변화에 대하여 중국에서 사회주의 건설을 다그치는 방식으로 해결해 가고자 했다. 그리하여 1958년부터 인민공사화 운동과 대약진 운동이 불붙게 되었다. 이러한 모택동의 방침은 대중을 동원하고 대중에 의거하여 사회주의 건설을 촉진한다는 점에서 기본적으로 올바른 것이었지만, 그 과정에서 일정한 좌편향이 나타나서 유소기파에 의해 공격당하기도 했고, 중국 공산당 내에서 유소기파가 실권을 장악하게 되는 빌미가 되었다.

인민공사(人民公社) 운동은 농업 집단화가 고조되고 일단락되었을 때 모택동이 한 선진적인 집단 농장을 방문하고 나서 제창한 것이었다. 모택동이 시찰한 집단 농장의 이름이 인민공사였는데 그 집단 농장은 생산을 집단화했을 뿐만 아니라 공동 식당을 운영했고 나아가 농(農)·공(工)·상(商)·학(學)·병(兵)이 일체화된 일종의 꼬뮌형 집단 농장이었다. 이러한 꼬뮌형 집단 농장, 인민공사에 대해 당시 중국 공산당은 "공산주의로의 이행의 최적의 조직 형태", "미래 공산주의의 기초 조직"[21]이라고 파악했었다. 이러한 인민공사화 운동에 대해서는 한편으로 긍정하면서도 다른 한편으로 비판적으로 고찰할 필요가 있다. 인민공사라 할 때의 공사(公社)는 유럽어의 꼬뮌(commune)을 중국어식으로 표현한 것이다. 즉, 인민공사는 높은 단계의 공산주의적 성질을 지니는 꼬뮌이라는 형식을 취한 것이었다. 쏘련에서는 농업 집단화 초기에 꼬뮌형 집단 농장이 30% 정도를 점하고 아르쩰형 집

---

21) 우노 시게아끼, 앞의 책, p. 237.

단 농장이 50% 정도를 점유했었다. 이에 대해 쓰딸린 등 볼쉐비끼 당은 농민 다수가 원하는 것은 아르쩰형이라는 점을 들어 대중적 집단화 운동에서 아르쩰형 집단화를 채택하여 이후 쏘련의 농업에서 전형이 된 바가 있었다. 아르쩰형은 꼬뮌형과 달리 공동 식당을 두지 않았고 주택, 약간의 가축과 가금, 간단한 농기구를 개인 소유로 유지하고 집단 농장에서 공동노동 외에 개인 텃밭에서의 부업을 용인한 것이었다. 이는 당시 농업 생산력이 열악한 상태에서 생산관계에서 꼬뮌형을 취하는 것은 맞지 않다는 볼쉐비끼 당의 판단 때문이었다. 그런데 모택동은 중국의 농업 집단화에서 꼬뮌형 집단 농장을 전범으로 채택했던 것이다. 이것은 모택동과 중국 공산당이 사회주의 건설 초기 단계에서 경험의 부족으로 인해 일정한 좌편향을 범한 것으로 볼 수 있다. 그리하여 꼬뮌형 집단 농장은 중국의 사회 현실, 생산력 수준과 맞지 않았기 때문에 인민공사화 운동은 많은 문제를 불러왔다. 이른바 공산풍(共産風)이 불었던 것이다. 공동 식당을 무료로 운영하고 개인 소유의 상당 부분도 공동 소유로 돌렸던 것은 실제로는 공동 소유라는 이름으로 타인의 노동의 성과를 무상으로 사용하는 것이었다. 이러한 문제에 대해 모택동은 즉각적으로 교정에 착수했다. 모택동은 1958년 가을 인민공사화 운동 이후 공산풍이 불었는데, 이것은 첫째, 빈부의 평균화를 낳고, 둘째 집단 농장의 축적이 과다하고 집단 농장에서 농민들의 의무노동이 과다하며, 셋째, 각종 재산, 산품을 공유로 하여 실제로는 무상으로 타인의 노동의 성과를 점유하는 것이라고 비판했다.[22] 또한 모택동은 이러한 공산풍은 공산주의의 이상을 통속화한 것이며 소부르주아적 평균주의를 조장하는 것이라고 비판했다. 그리하여 모택동은 인민공사의 소유는 전 인

---

22) 毛澤東, ≪毛澤東文集(모택동 문집)≫ 第八券, p. 12.

민 소유가 아니며 인민공사 자체 내의 집단적 소유이라는 것을 명확히 했고, 또 상품 생산은 사회주의에서 폐지되는 것이 아니며 노동에 따른 분배를 해야 한다고 비판했다.23) 그리하여 인민공사의 사원들은 소비재, 주택, 은행예금 등을 개인 소유하고, 주택에 더해 수목, 소농구, 소공구, 작은 가축들, 가금을 사적으로 보유하고 개인 부업을 할 수 있게 되었다. 이러한 모택동의 교정은 실제로 쏘련의 아르쩰형과 같은 내용을 갖는 것으로서, 형식은 꼬뮌이라는 이름을 취했지만 내용적으로는 꼬뮌이 아니라 쏘련과 같은 형태의 집단 농장을 취한 것이었다. 이러한 교정 작업을 거치며 사회주의에서도 가치 법칙을 위배해서는 안 되고 등가 교환을 부정해서는 안 된다는 점이 확립되었다. 그리고 인민공사 내부에 있어서는 인민공사를 생산대대로 나누고 생산대대는 다시 생산대로 나누어 3단계의 구조를 취하였다. 그런데 초기에는 생산대대를 채산 단위로 하였으나 평균주의가 심각하게 나타나자 생산대를 채산 단위로 하는 것으로 변경되었다.

대약진 운동은 1958년에 제창되었는데 대중이 중심이 되어 대중 운동으로서 사회주의 건설의 총노선을 관철시키자는 것이었다. 그리하여 삼면홍기(三面紅旗)가 제창되었는데, 사회주의 건설의 총노선, 인민공사, 대약진이 그 삼면의 붉은 깃발이었다. 삼면홍기는 사회주의 건설에서 모택동 노선을 의미하는 것이 되었고, 반대로 유소기의 노선은 삼면홍기가 아니라 관료적인 조정, 위로부터의 감사 등을 내용으로 하는 것이었다.

대약진 운동은 대중 운동을 고양시키는 방식으로 사회주의 건설을 이루어 간다는 점에서 기본적으로 올바른 것이었지만, 그 과정에서 일정한 문제점이 나타나기도 했다. 예를 들면 철의 생산량 증대를 과

---

23) 肖效欽·李良志, ≪중국혁명사≫ 제3권, p. 98.

도하게 강조하여 농업, 운수, 경공업, 기타 공업에 쓰여야 할 노동력과 물자가 철 생산에 집중되어 다른 생산 부문과의 불균형이 발생하여 경제가 심각한 위기에 처하기도 했다. 유소기파는 이러한 불균형을 비판하면서 이른바 '조정' 단계를 설정하여 건설의 속도를 늦추고 통화 팽창을 저지하는 것에 중점을 두기도 했다. 심지어 유소기는 경제의 불균형이 일정하게 극복된 1962년에 있어서도 경제의 곤란이 극복되지 않았다고 주장하며 조정기가 장기간이 되어야 하며 하나의 단계로 되어야 한다고 주장했다. 또한 기존의 지도사상을 반드시 후퇴시켜야 한다고도 했다.[24] 이는 사실상 모택동의 대약진 운동과 모택동 노선을 정면으로 부정하는 것이었다.

유소기는 모택동이 국가 주석에서 물러나 당 주석에만 전념하게 됨에 따라 모택동을 이어서 국가 주석에 취임하였다. 그리고 당의 총서기로는 등소평이 등장했다. 모택동이 국가 주석직에서 물러난 것은 인민공사화와 대약진 운동 때문이라기보다는 흐루쇼프의 쓰딸린 탄핵으로 인해, 즉, 개인숭배가 쟁점이 됨에 따라 스스로를 낮춘 것이었다. 그런데 유소기는 국가 주석에 취임한 이후 사회주의 건설에서 모택동과는 상반된 길을 걸었다. 대약진 운동과 거리를 두며 사회주의 건설에서 대중의 동원보다 관료적인 조정을 선호하였다. 그리고 농업에서는 개인 텃밭을 과도하게 확대하여 농업에서 집단화를 무력화하려는 시도를 하기도 했다.

당시 국방부장이었던 팽덕회는 동구권을 방문하고 돌아온 이후 모택동에게 대약진 운동을 비판하는 편지를 보냈다. 이는 사실상 모택동과 당의 사회주의 건설 노선을 부정하는 것이었고 중국 공산당은 팽덕회를 반당적 견해라고 규정하고 당적을 보유한 상태에서 직을

---

24) 같은 책, p. 115.

해임하는 조치를 취했다. 이 팽덕회 사건은 문화대혁명까지 이어지는 중국 공산당 내 노선의 분화와 노선 투쟁의 시작을 알리는 것이었다.

1961년 중국 공산당은 간부 7,000명이 모이는 대규모 회의를 개최했는데, 모택동이 참가한 상태에서 유소기가 주관한 대회였다. 이 7,000인 대회는 유소기가 당 간부의 다수파를 장악했다는 것을 드러낸 것이었다. 이 대회에서 유소기는 삼자일포(三自一包. 자류지, 자유시장, 손익개인부담, 승포제), 단간풍(單干風. 개인영농의 확대), 조정 정책 등 자신의 노선을 드러내었고 유소기와 등소평은 개인의 독재를 비판했다. 이후 1962년에 열린 중앙의 확대 공작회의에서 모택동은 연설을 통해 당과 구분되는 "비밀 집단을 조직하지 말 것"25)을 천명하기도 했다. 이는 당시 유소기파가 이미 공고한 분파 조직을 꾸리고 있었으며 이에 대해 모택동이 경고한 것으로 볼 수 있다.

그런데 이후 모택동의 발언권이 강화되었는데, 이는 첫째, 3년간의 조정 정책으로 인해 경제가 회복되었고, 둘째, 쿠바 위기, 중국과 인도의 국경 분쟁, 중-쏘 대립으로 인해 국제 정세가 악화되었고, 셋째, 임표 등 군부가 모택동에 대한 지지를 확고히 했기 때문이었다.26) 그리하여 이 시기에 모택동은 사회주의 시기의 계급 투쟁 문제를 제기하였다. 모택동은 3가지의 풍조를 비판했는데, ① 흑암풍(중국의 정세가 암담하다고 보는 풍조) ② 단간풍(농업에서 개인책임제의 확대) ③ 번안풍(팽덕회 문제 등 이미 결정된 것을 뒤집으려 하는 것)이 그것이었다.27) 모택동의 이러한 비판은 유소기 노선에 대한 견제와 비판의 성격을 띠는 것으로서 1961년의 7,000인 대회 이후 유소

---

25) 毛澤東, ≪毛澤東文集(모택동 문집)≫ 第八券, p. 307.
26) 우노 시게아끼, 앞의 책, p. 258.
27) 肖效欽·李良志, ≪중국혁명사≫ 제3권, p. 121.

기의 수정주의 노선이 노골화하자 이에 대해 적극적으로 비판에 나선 것으로 볼 수 있다. 또한 모택동은 중국에서 우경기회주의는 중국판 수정주의로 보는 것이 적절하며, 국외 제국주의의 압력과 국내 자본가계급의 영향의 존재가 당내에 수정주의 사상을 낳는 사회적 근원이라고 파악했다.[28]

모택동은 1963년 5월 반혁명의 부활을 경고했고, 그해 2월에는 인민해방군의 사상공작을 강화하며 "뇌봉을 따라 배우자"는 슬로건을 제기하여 인민해방군의 정치적 영향력을 확대하였다. 뇌봉은 젊은 인민해방군으로서 군 생활에서 공산주의적 기풍을 몸소 실천하며 중국 공산주의자의 전범을 보이다가 일찍 사망한 사람으로서, 모택동의 발언 이후 뇌봉은 중국 사회주의를 대표하는 인물로 전 세계적으로 알려지게 되었고 한국의 경우 1980년대에 뇌봉 관련 서적이 발간되기도 했다.

유소기 노선과 모택동 노선의 대립이 극적으로 드러난 것은 농촌의 사회주의 교육 운동에 대한 문제에서였다. 모택동은 농촌의 사회주의 교육에 대해 전(前)10조를 발표하여 대중의 발동을 기본으로 하여 인민공사와 생산대의 '장부, 재고, 재산, 노동점수' 등에서 사청(四淸)의 대중 운동을 전개할 것을 제기했다. 그런데 유소기의 측근이었던 팽진은 모택동의 전10조를 대체하는 것으로서 후(後)10조를 제기하여 대중적인 사청(四淸) 운동을 상부에 의한 간부의 오직 적발 운동으로 위축시키려 하였다. 그리하여 모택동이 제기한 10조는 전(前)10조라 불리게 되었고 팽진이 제기한 10조는 후(後)10조라 불리게 되었던 것이다. 당시 팽진은 중국 공산당 북경시당 위원장이었는데, 이는 북경의 당 조직이 유소기파에 의해 완전히 장악되어 있다는

---

28) 같은 책, p. 122.

것을 드러내는 것이었고, 이후 문화대혁명을 발동할 때 모택동은 북경을 떠나 상해에서 문화대혁명을 발동하게 되었던 것이다.

1964년 말 당 정치국 확대회의는 모택동이 참가한 가운데 농촌의 사회주의 교육 운동에서의 23개조를 토론했는데, 이 23개조에는 당내의 자본주의 길을 걷는 실권파를 타도해야 한다는 내용이 담겨 있었다.[29] 그리하여 유소기파와 모택동파와의 대립은 당내에서 공공연히 드러나고 있었고, 더욱이 모택동이 유소기파에 대해 '자본주의의 길을 걷고 있는 당내 실권파'라고 규정하고 있음이 당내에서 널리 퍼지게 되었다.

한편 이러한 중국 공산당 내의 노선 대립은 국제 정세의 격렬한 변동 속에서 이루어지고 있었는데, 중국은 쏘련과 1960년대 초반에 격렬한 이데올로기 논쟁을 하고 있었고 1964년 10월 16일 중국의 핵 실험이 성공하여 중국은 핵무기를 갖게 되었다. 그리고 쏘련의 흐루쇼프는 그의 수정주의 노선이 중국과의 논쟁 속에서 전 세계적으로 폭로되었을 때, 자신의 측근이었던 브레쥐네프의 궁정쿠데타로 인하여 실각하였다. 그리고 1964년 8월 2일 미국은 북베트남에서 통킹만 사건을 도발하였고, 1965년 2월 1일 미국은 북베트남에 대한 폭격을 개시하였다. 이와 같이 중국 공산당은 내부적으로 유소기 노선과 모택동 노선의 대립이 심화되어 가는 가운데 국제 정세의 긴장이 격화되어 가고 있었고, 중국의 프롤레타리아 문화대혁명은 이러한 국내외적 정세를 조건으로 하여 준비되고 있었다.

이 시기에 국방부장을 맡고 있던 임표의 역할이 두드러지기 시작했는데, 임표는 군부에서 유소기파를 대리하고 있던 나서경과 논쟁했는데, 나서경은 미국의 다군사적 우위를 평가하고 쏘련과의 관계 개

---

29) 우노 시게아끼, 앞의 책, p. 263.

선으로 인민해방군의 무장을 개선해야 한다고 주장했다. 그런데 이는 사실상 군사 문제에 있어서 유소기의 견해를 나서경이 대변한 것으로 볼 수 있다. 이에 대해 임표는 "인민전쟁의 승리 만세!"라는 글을 발표하여 미 제국주의와 쏘련 수정주의의 위협에 대해 인민전쟁 노선으로써 맞설 것을 주장하였다.[30] 또한 임표는 1965년 5월의 당 정치국 확대회의에서 팽진을 비판하여 유소기파와 모택동파의 대결은 격화되는 양상을 띠고 있었다.

1965년 9월에 열린 당 중앙 공작회의에서 모택동은 당 중앙에 수정주의가 발생하고 있다고 비판하고, 팽덕회의 복권을 암시하는 내용의 역사극의 작자인 오함을 비판할 것을 지시했는데, 이에 대해 북경 시당 위원장이었던 팽진은 모택동의 지시를 묵살하였고, 이러한 상황에서 모택동은 북경을 떠나(탈출하여) 상해에 가서 문화대혁명의 발동을 준비하기 시작했다.

6. 프롤레타리아 문화대혁명의 발생과 전개 그리고 종결

모택동 사후 등소평의 등장 이후 현대 중국의 공산당은 문화대혁명이 10년간의 무정부주의적인 동란이었다는 역사 결의를 하였다. 그러나 이는 역사에 대한 왜곡이다. 1966년부터 모택동이 사망한 1976년까지 10년간의 문화대혁명 기간에 중국은 매년 10%의 공업 생산의 증가를 보였다.[31] 모택동의 시기에 중국은 거대한 사회적 진보를 했는데 1949년 중국인의 평균 수명은 단지 35세였지만 모택동 사망 당

---

30) 같은 책, p. 267.
31) 모리스 마이스너, 《마오의 중국과 그 이후》 제2권, 이산, 2004, p. 586.

시인 1970년대 중반 중국인의 평균 수명은 65세로 늘어났다. 그리고 모택동의 시기에 중국은 이미 세계 6대 공업국이 되었으며, 1952년에서 1978년까지의 시기에 중국의 GDP는 600억 위안에서 3,000억 위안으로 5배의 증가를 하였다.

등소평 등 수정주의 세력 혹은 주자파(走資派. 자본주의 길을 걷는 당내의 실권파)는 문화대혁명의 폭력성, 무질서를 강조하지만 실제로는 그렇지 않았다. 문화대혁명이 집중적으로 폭발했던 1966년부터 1968년간의 시기에 있어서 주자파와 조반파(造反派. 반대를 일으키는 당파) 간에 일부 무력 충돌이 있었지만, 문화대혁명 시기에 생산은 거의 지장을 받지 않았고 주자파를 타도하는 거대한 대중 운동이 일어났음에도 불구하고 사회주의 건설은 착실히 진전되고 있었고, 1968년 새로운 권력 체계가 성립한 후로는, 중국은 수정주의가 타도된 상태에서 안정적으로 사회주의 건설을 길을 걷고 있었다. 다만 등소평 등 수정주의 세력이 재등장하고 결국 권력을 장악하기에 이른 것은, 당시 중국이 처해 있던 거대한 객관적 어려움, 즉, 쏘련 수정주의와 미 제국주의 양측으로부터 군사적, 정치적 압박을 받고 있었다는 객관적 조건, 그리고 주체적으로는 문화대혁명 기간에 좌편향을 일정하게 보인 중국의 노동자계급의 역량의 한계와 오류 때문으로 보는 것이 타당할 것이다. 당시 중국은 전체 인민에서 노동자계급의 비율이 농민의 비율과 비교해 볼 때 매우 낮았는데, 문화대혁명의 전개에 있어서 노동자계급의 주도성이 각인되기보다는 소부르주아적 급진성이 일정하게 나타났던 것이다.

그럼에도 중국의 10여년에 걸친 프롤레타리아 문화대혁명은 세계사적으로 거대한 의의가 있다. 첫째 국내외적인 수정주의의 출현과 대두에 맞서 프롤레타리아 독재하의 계속 혁명 노선을 개척해 간 점, 둘째, 당 자체가 수정주의화되어 가는 상황에서 밑으로부터의 대중 운동으로 혁명적 당을 재건했다는 점, 셋째, 문화대혁명과 생산을 대립시키는 것이 아니라 혁명의 지속을 통한 생산의 혁신과 발전, 증가라는 새로운 방식을 세웠다는 점 등이 그러하다. 그런 점에서 비록 문화대혁명은 주자파의 권력 장악으로 끝났다는 점에서 실패를 했지만, 21세기 지금 다시 혁명을 꿈꾸고 혁명 운동을 재건하려는 사람들에게 많은 영감을 주는 원천으로 작용한다. 그러면 중국 공산당의 역사를 중심으로 프롤레타리아 문화대혁명을 그 발생, 전개, 종결까지 고찰해 보자.

1965년 말에 모택동은 북경을 '탈출'하여 상해에 도착하여 문화대혁명의 발동을 준비하였다. 먼저 상해의 ≪문회보≫에 요문원이 "신편 역사극 '해서의 면관'을 평한다"라는 글을 발표하여 팽덕회의 복권을 암시하던 위 역사극을 폭로하고 그 작자인 오함을 비판하였다. 이 글의 게재는 오함에 대한 모택동의 비판 지시를 묵살했던 북경시당 위원장 팽진에 대한 공격의 개시를 의미했다. 요문원의 위 글은 1965년 11월 30일 ≪인민일보≫에 게재되었고 이로써 프롤레타리아 문화대혁명이 시작되었다. 이후 당내에서 팽진에 대한 비판이 강화되었고 모택동은 1966년 5월 7일 '인민해방군은 거대한 학교가 되어야 한다'는 지시를 내려 군사뿐만 아니라 정치, 생산, 교육 운동에 군대가 참여할 것을 제기했다. 1966년 5월 25일 북경대에 대자보가 붙어 대학총장인 육평을 비판하였다. 대자보는 대학총장 육평이 당내의 실권파를 옹호하는 점을 비판하고 있었는데, 모택동은 이 대자보에 대한 지지를 표명하였다. 같은 해 5월 29일 북경의 청화대 부속 중학에서 최초로 홍위병 조직이 탄생하였다. 이들은 구(舊)진학 제도의 폐지를 요구하고 있었다. 당시 대학을 포함한 대부분의 상급학교의 학생들은 주로 당 간부와 민족 부르주아들의 자제들이었고, 노동자계급과 농민들의 자제들은 상급학교에 거의 다니지 못하는 상태였다.

민족 부르주아들에 대한 평화적 개조 정책이 교육에 있어서 이러한 문제점들을 낳고 있었던 것이다.

1966년 6월 1일 ≪인민일보≫가 프롤레타리아 문화대혁명이라는 용어를 사용하며 '모든 요괴변화를 일소'할 것을 주장했다. 이러한 상황에서 유소기는 팽진과 육평을 해임하고 북경대학에 공작조를 파견하여 조반파와 논쟁하였다. 이는 대학생들이 모택동이 발동하고 있던 문화대혁명에 참여하는 것을 저지하고 불붙고 있던 대중 운동을 진압하려 한 것이었다.

이 시점에 모택동은 비로소 북경으로 귀환했고 대학에 파견되었던 공작조의 철수를 지시했다. 이러한 상황에서 1966년 8월 1일 중국 공산당 8기 중앙위원회 11차 전체 회의가 개최되었다. 8기 11중전회는 '프롤레타리아 문화대혁명에 대한 결정'(16개조)을 통과시켰는데, 16개조는 자본주의 길을 걷고 있는 실권파를 분쇄할 것과 부르주아적 반동적 학술권위에 대한 비판을 요구했다. 이로써 중국에서 프롤레타리아 문화대혁명은 공식적으로 개시되었다. 8기 11중전회가 열리고 있던 시점인 8월 5일 모택동은 직접 "사령부를 포격하라"라는 제목의 대자보를 써서 붙였다. 이는 유소기 등 당 중앙의 실권파를 타도하기 위해 대중이 일어설 것을 호소하는 것이었다.

프롤레타리아 문화대혁명의 과정에서 학교 등 많은 부문에서 문화혁명반, 문화혁명위원회, 문화혁명대표대회 같은 조직이 자연 발생적으로 출현했는데, 위 16개조는 이를 대중이 공산당의 지도하에 자기 자신을 교육하는 새로운 조직 형태이며 "프롤레타리아 문화혁명의 권력 기구"라고 규정하고 있었다.[32] 이러한 상황에서 1966년 8월 18일 북경의 천안문 광장에서는 100만 명의 혁명적 대중이 결집하여 프롤

---

32) 우노 시게아끼, 앞의 책, p. 275.

레타리아 문화대혁명 축하 대회가 열렸는데, 이 집회에서 홍위병이라는 용어가 등장하였다. 대회 이후 홍위병들은 가두로 진출하여 구사상, 구문화, 구풍속, 구습관의 사구(四舊)를 타파하는 행동에 나섰다. 이러한 대중의 행동에 대해 중국 공산당 8기 11중전회는 대중의 행동에 있어서 폭력을 금지한다는 것, 그리고 우파 또한 사정을 고려하여 처리한다는 원칙을 밝혔다. 이렇게 대중 운동이 고양되어 가자 팽진, 나서경, 육정일 등의 영향력이 일소되었고 비판의 화살은 점차 유소기와 등소평을 향하였다.

문화대혁명이 고조되면서 북경을 넘어 전국으로 그 영향이 확산되었는데, 전국 각지의 홍위병들이 북경으로 행진하여 결집하여 문화대혁명의 경험을 교류하고 토론하고 다시 지방으로 내려가서 지방의 주자파, 실권파를 타도하는 행동으로 나아갔다. 1967년 1월 4일 상해에서 홍위병이 조직되었고 혁명위원회가 성립했다. 1월 9일에는 상해의 조반파의 32개 혁명 조직이 상해시를 인민관리 하에 두고 2월 5일 상해 인민공사를 성립시켰다. 즉, 상해 꼬뮌이 성립한 것이었다. 이에 대해 상해의 주자파들이 노동자들을 내세워 양측에서 유혈 충돌이 발생하기도 했다. 그러나 주자파는 더 이상의 저항을 할 수 없었고 1월 4일에는 산서성에서, 1월 25일에는 귀주성에서, 1월 31일 흑룡강성에서 조반파가 당·정·재·문의 각 부문에서 탈권하였다. 이에 대해 주자파, 실권파가 저항했으나 1월 23일 당 중앙, 국무원, 중앙군사위원회, 중앙문혁소조가 성명을 발표하여 "인민해방군은 혁명 좌파 대중을 절대 지지한다"는 것을 밝혔다.[33] 이러한 과정을 거치며 문화대혁명의 대오가 정비되어 갔는데, 문화대혁명의 혁명적 대중, 인민해방군, 당의 혁명적 간부의 3자가 결합하여 혁명위원회를

---

33) 같은 책, pp. 280-281.

구성하는 것이 일반화되었다. 이로써 문화대혁명은 수정주의적 주자파를 타도하고 각 영역에서 권력을 쟁취하는 탈권 과정을 마치고 새로운 권력 기구를 수립하게 된 것이었다. 그러나 이 과정에서 문화대혁명 대중이 상호 간에 충돌하거나 심지어 인민해방군과 맞서려 하였으나 이러한 현상은 차츰 정돈되어 갔다. 이러한 상황에서 모택동은 "프롤레타리아 문화대혁명은 위대한 정당(整黨) 운동이다"[34]라고 규정하여 문화대혁명의 전개를 긍정하였다. 1968년 10월 13일 중국공산당 8기 12차 중앙위 확대회의가 열렸는데, 이 자리에서 유소기가 공식 비판되었고 등소평은 자기비판하였다. 이 회의에서 유소기의 당에서의 제명이 결정되었다. 이후 유소기와 등소평은 시골의 노동 현장으로 하방하여 노동을 하며 자기 개조의 과정을 걸었다.

이렇게 유소기, 등소평 등 수정주의적 실권파가 제대로 된 저항을 하지 못하고 몰락하게 된 것은 모택동의 문화대혁명에 대한 지도가 치밀했다는 점 이외에, 결정적 요인으로는 임표로 대표되는 인민해방군이 모택동과 문화대혁명을 절대적으로 지지하고 있었다는 점을 들 수 있다. 인민해방군이 모택동의 노선을 떠받치면서 혁명의 과정에서 무력 충돌을 최소화하고 문화대혁명이 질서 정연하게 전개되도록 역할했던 것이다.

이후 당 조직은 서서히 재건의 길을 걸어서 1970년 12월에는 호남성 위원회(화국봉이 제1 서기)가, 1971년 1월에는 상해시 위원회(장춘교가 제1 서기)가 재건되었다. 여기까지는 모택동이 의도한 대로 문화대혁명이 매우 성공적으로 전개되었다고 할 수 있다. 그런데 이후 문화대혁명의 한 축이었던 임표가 무너지는 사태가 발생했다. 1968년 3월 2일 중-쏘 국경에서 무력 충돌이 발생했다. 이는 중-쏘

---

34) 같은 책, p. 286.

분쟁이 단지 이념과 정치적 영역만이 아니라 군사적 영역으로 확대되었다는 것을 의미했다. 당시 쏘련은 중국의 핵 시설에 대한 폭격 계획을 세우고 이에 대한 미국의 의사를 타진하기도 했다. 북쪽에서는 쏘련 수정주의의 군사적 위협, 그리고 남쪽에서는 미 제국주의가 베트남전을 수행하고 있었는데, 베트남 전쟁의 전선을 언제 중국 쪽으로 확대할지 알 수 없는 상황이었다. 이렇게 중국은 쏘련과 미국 양쪽에서 공격받을 수 있는 정치적, 군사적 상황에 처해 있었던 것이다. 여기에서 중국 공산당 내에서 두 가지 흐름이 나타났다. 그 한 흐름으로서 임표는 인민전쟁 노선으로써 쏘련 수정주의와 미 제국주의에 대항할 것을 주장했다. 그런데 또 하나의 흐름으로서 주은래의 경우 미국과의 관계 개선을 주장했고 모택동 또한 주은래의 주장을 수용하였다. 이후 미국 국무장관 키신저가 중국을 비밀리에 방문하였고, 이는 미국 대통령 닉슨의 중국 방문과 중국의 UN 가입으로 이어졌다. 이 과정에서 임표는 고립되었는데, 주은래는 10차 당 대회에서 보고하기를, 임표가 모택동을 살해하려는 반란을 일으키려 했다가 실패하고 비행기를 타고 쏘련 쪽으로 도주하다가 몽고의 사막에 비행기가 추락하여 사망하였다는 것이었다. 죽은 자는 말이 없는 것이지만, 고립된 임표가 모택동을 살해하려 했다는 것은, 문화대혁명을 전후한 시기에 임표가 역사적으로 보인 행동으로 볼 때 의심스러운 것이다. 이에 대해서는 향후 역사학자들의 조사, 연구가 필요할 것이다. 그런데 이렇게 임표가 사망한 것, 그것도 모택동에 대해 반란을 일으키려 실패하고 도주하다 사망했다는 주은래의 발표는 중국의 정세, 나아가 문화대혁명의 구도를 뒤흔드는 것이었고, 등소평이 재등장한 것도 임표 사망 이후 문화대혁명의 대오가 흔들리면서부터였다. 이후 문화대혁명은 강청 등 4인방에 의해 매우 좌편향적인 방향으로 흘렀다. 이에 대해 주은래는 극좌를 제어하지 못하면 우익이 대두한다고 경고했는데, 이러한 주은래의 경고는 현실화되었다고 할 수 있다. 그런데 그러한 우익을 재등용한 당사자, 타도된 주자파 세력 상당수를 복권시킨 사람은 다름 아닌 주은래 자신이었다.

강청 등 4인방이 전개한 비림비공(批林批孔)은 임표를 비판하고 공자를 비판하자는 것이었지만 매우 좌편향적인 것이었다. 임표를 비판하는 것은 당시 정세에서 수긍할 수 있는 것이지만, 공자를 비판한다는 것은 과녁을 빗나간 것이었다. 공자를 비판한다는 것은 일반적으로는 봉건적 사상을 반대한다는 것이지만, 당시 정세에서 공자 비판을 통해 대중을 혁명적으로 각성시키고 대중의 혁명적 결집을 도모할 수 있었는지는 의심스러운 것이다. 등소평이 권력을 장악한 이후 주자파들의 발언을 보면, 공자 비판이 주은래를 겨냥한 것이었다고 하는데, 이 또한 과녁을 빗나간 것이다. 주은래에게 일정한 우편향이 있었다 할지라도 주은래는 문화대혁명을 지지하고 모택동과 충실히 협력하는 상태였다. 그런 점에서 비림비공 운동은 혁명적 정력을 낭비하고 좌편향을 보임으로써, 이후 주자파 세력이, 우익 세력이 재기할 수 있는 정치적 공간을 열어 준 실책이었다고 할 수 있다. 강청, 장춘교, 요문원 등 4인방은 프롤레타리아 독재 이론의 학습 운동을 제창하여 부르주아적 경향이 나타날 물질적 요소를 제거한다고 했지만, 실은 "화폐에 의한 교환 제도, 노동에 따른 분배, 8등급의 차별적 임금제 등을 공격 목표로 하는 것"[35)]으로서 극좌적인 이데올로기를 보여 주는 것이었다. 이와 같이 임표가 무너진 후 문화대혁명은 표류를 거듭하고 있었고, 주자파는 이러한 정세를 활용하여 서서히 재기를 준비해 갔다. 등소평은 재차 실각되었지만 주은래에 의해 재등용되어 부총리를 맡았다. 그러나 1976년 1월 8일 주은래가 사망

---

35) 같은 책, p. 313.

한 이후 등소평 등의 주자파 세력은 천안문 광장에 대중을 동원하여 반체제적인 시위를 조직하였다. 이에 대해 모택동 등은 등소평과의 모순은 적대적 모순으로 전화되었다고 보고 등소평을 다시 실각시켰다. 그러나 모택동은 노쇠하여 1976년 9월 9일 사망하였고 권력은 화국봉에게 넘어갔고 화국봉은 모택동의 지위를 이어받았다.

그러나 모택동 사망 후 한 달이 지난 1976년 10월 6일 밤에 강청 등 4인방은 쿠데타적 방식으로 체포되었다. 4인방의 체포는 화국봉과 당의 정치국 원로들이 결정한 것인데 4인방의 빈 공간을 메운 것은 주자파 세력이었다. 화국봉은 모택동의 기존의 방침을 그대로 시행한다는 것을 내세웠지만, 화국봉의 이러한 노선은 등소평의 공격의 대상이 되었고, 이는 유명한 진리 표준 논쟁으로 이어졌다. 등소평은 화국봉이 무릇 모 주석의 방침을 그대로 시행한다는 것을 비판하며 화국봉이 주장한 2개의 '무릇'은 교조주의이며, 진리의 기준은 실천이라고 주장하여 화국봉을 사상적으로 무력화하고 주자파 세력을 자신의 주위에 결집시켰다. 이후 등소평은 다시 복권되었고 4인방이 제거된 상황에서 주자파 세력은 화국봉을 허수아비로 만들면서, 1978년 11기 3중전회를 통해 문화대혁명의 종식과 4개 현대화 노선 등을 선언하였다. 이 회의에서 프롤레타리아 문화대혁명의 이론적 근거였던 프롤레타리아 독재하의 계속 혁명 이론이 폐기되었고, 이후 등소평은 계급 투쟁의 시대가 종식되었다고 선언하며 사상해방의 구호를 내세워 맑스-레닌주의 원칙으로부터 자유로워졌고, 이후 수정주의 노선을 거리낌 없이 밀고 나갔다.

제13장
중국에서 수정주의의 등장
그리고 중국 사회의 사회주의 시장 경제로의 전환

1. 등소평 수정주의의 등장과 전개

　모택동이 사망한 이후 후계자로 등장한 화국봉은 '두 개의 무릇(兩个凡是)'을 내세워 모택동의 정책과 노선을 그대로 따르겠다는 점을 표방하였다. 무릇 모 주석의 뜻을 따르고 무릇 모 주석의 가르침을 따른다는 두 개의 무릇은 문화대혁명을 긍정하고 있었다는 점에서 등소평 등 주자파의 공격 대상이 되었다. 등소평은 당 중앙으로 서신을 보내 두 개의 무릇은 교조주의이며 진리의 기준은 실천이라는 주장을 하였다. 일반적으로 보면 진리의 기준은 실천이라는 등소평의 주장은 변증법적 유물론의 관점에 입각한 것이고 화국봉의 두 개의 무릇은 교조주의로 볼 수 있다. 그런데 문제는 등소평이 모택동의 노선과 문화대혁명을 부정하기 위해 진리의 기준은 실천이라는 주장을 했다는 점이다. 이 논쟁에서 화국봉은 등소평에게 패배했는데, 이는 교조주의는 수정주의 앞에 무력하며, 좌편향은 우편향을 이

길 수 없고 오히려 우편향을 불러온다는 것을 알 수 있다.

　진리표준 논쟁을 통해 화국봉을 사상적으로 제압한 등소평은 이후 사상해방을 기치로 내세운다. 이것 또한 일반적으로는 교조주의와 좌편향의 사상적 틀로부터 자유로워져야 한다는 점에서는 긍정할 수 있는 것이지만, 문제는 사상해방의 기치가 맑스-레닌주의 원칙과 모택동 노선으로부터 자유로워져야 한다는 주장으로 이어졌다는 점이다. 이에 대해 등소평은 다음과 같이 말한다. "사상해방, 머리를 움직이는 것, 실사구시; 앞을 향해 일치단결하는 것, 우선적인 것은 사상해방이다. 사상이 해방되어야만, 우리는 비로소 정확히 맑스-레닌주의, 모택동 사상을 지도지침으로 삼아 과거로부터 물려받은 문제를 해결하고, 새로 출현하는 일련의 문제를 해결하고, …"[1] 이에 대해 중국의 대학 교과서인 ≪등소평 이론 개론≫에서는 사상해방과 실사구시(實事求是)가 변증법적 관계이며 상호 전제하지만 일차적이고 우선적인 것은 사상해방이라고 설명하고 있다.[2] 그러나 이것은 잘못된 설명이다. 사상을 해방한다는 것은 관념을 일정하게 변형시키는 것이다. 그리고 실사구시는 실제에서, 현실에서 출발하여 진리와 진실을 규명한다는 것이다. 따라서 사상해방과 실사구시는 긴밀하게 연관되어 있고 상호 전제하지만 그중에서 일차적이고 우선적인 것은 사상해방이 아니라 실사구시이다. 그리고 이것이 관념과 실제, 현실의 관계에 대한 유물론적 접근이다. 왜냐하면 사상을 어떻게 해방해야 하는지, 관념을 어떻게 변형시켜야 하는지의 기준, 준거는 현실, 실제에서 얻어지는 것이기 때문이다. 그런 점에서 등소평은 사상해방이라는

---

1) 邓小平, ≪邓小平文选(등소평 문선)≫ 第二卷, 人民出版社, 1994, p. 141.
2) 田克勤 主編, ≪邓小平理论概论(등소평 이론 개론)≫, 高等教育出版社, 2000, p. 34.

구호를 관념론적으로 제기한 것이며, 이를 통해 중국의 사회주의 현실을 수정주의적으로 개조하려는 사상적 근거를 확보하려 한 것이었다. 그런데 이러한 등소평의 잘못된 방침이 당시 중국 공산당과 중국 사회에서 관철된 것은, 주자파가 권력을 이미 장악했다는 것을 논외로 하면, 문화대혁명 당시 4인방 등의 좌편향과 교조주의의 해악으로 인해 등소평의 엉터리 논리가 먹혀들었다고 할 수 있다. 이 또한 좌편향은 우편향을 불러들인다는 것을 말해 준다.

사상해방의 구호를 통해 맑스-레닌주의의 원칙, 모택동 사상으로부터 자유로워진 등소평은 이후 수정주의 노선을 거리낌 없이 펼쳐 나간다. 등소평은 1980년부터 1981년에 걸쳐서 "≪건국 이래 당의 약간의 역사 문제에 대한 결의에 관하여≫에 대한 의견의 기초에 대하여"[3]라는 글에서 문화대혁명을 전면 부정하고, 심지어 1950년대 후반 대약진 운동 등 중국 사회의 사회주의적 개조를 부정하는 견해를 제기했다. 이 역사결의를 기초하는 작업에서 주자파 상당수는 모택동에 대해 전면 부정할 것을 제기했으나, 등소평은 그렇게 하면 문화대혁명과 같은 동란이 일어난다고 하며 모택동을 부분 부정할 것을 주장했다. 이는 주자파로서 노회한 등소평의 모습을 보여 주는 것인데, 이러한 과정을 거쳐서 현대 중국의 모택동에 대한 입장이 정리되었다. 그러나 모택동에 대한 이러한 부정은 중국이 반제반봉건 혁명을 수행한 이후 행해진 사회주의 혁명과 건설의 과정에 대한 부정이었고, 이러한 역사결의를 통해 등소평 등 주자파들은 중국 사회를 자본주의의 길로 서슴없이 이끌고 갈 수 있었다.

등소평은 먼저 사회주의 국유 기업을 쏘련의 꼬쒸긴 개혁과 같이 독립채산제의 이윤 추구 중심의 기업으로 개조하는 길을 1970년대

---

3) 邓小平, ≪邓小平文选(등소평 문선)≫ 第二卷, pp. 291-310.

후반 시작했다. 그런데 여기까지는 사회주의 생산관계는 유지하면서 개별 기업으로 하여금 자본주의적 운동을 하게 하는 것이었다. 그러나 등소평은 1980년대 초반에 들어서면서 농업에서 집단적 관계, 사회주의 생산관계의 표현이었던 인민공사를 해체하고 그것을 소농 체제로 전환시켰다. 이러한 과정에서 집단 농장에 묶여 있던 거대한 노동력 중 상당수가 잉여노동력으로 전화되었는데, 이들은 이후 도시로 나가 농민공으로서 도시의 저임금 업종에 취업하여 중국의 자본주의 발전을 뒷받침하게 되었다.

한편 농업에서 사회주의 생산관계가 해체되고 개인적인 이윤 추구 활동이 허용되면서 소자영업자를 일컫는 개체호(个体户)가 생겨났는데, 개체호 밑에 7인 이하의 피고용자를 고용하는 것이 허용되었고, 피고용자가 8인 이상이 되면 사적 자본가를 의미하는 사영(私营)이라 불렸다. 이들 사영은 전형적인 사적 자본가로서 이후 급속히 성장하면서 현대 중국의 자본가계급이 되었다.

등소평은 이렇게 먼저 농업에서 사회주의 생산관계를 해체하고, 이어서 1980년대 후반부터 공업에서 국유 기업들을 자본주의적 방향으로 개조하기 시작했고, 1992년 사회주의 시장 경제를 제창하여 결정적으로 공업의 사회주의 국유 기업을 자본주의적 회사 기업으로 개조하는 길을 열었다. 그리하여 중국 사회는 농업과 공업, 그리고 상업 등 일체의 영역에서 자본주의적 사적 생산관계가 지배적인 자본주의 사회로 전환되게 되었는데, 이는 등소평의 노선이, 등소평 이론이라 불리는 것이 실은 사회주의를 해체하고 자본주의의 복고의 길을 연 반혁명의 노선임을 말하는 것이다. 그러면 이 과정에서 등소평이 자본주의 복고의 길을 어떻게 이론화했는지 살펴보자.

먼저 등소평의 사회주의의 본질에 대한 이론을 분석해 보자. "사회주의의 본질은 생산력을 해방하고, 생산력을 발전시키고, 착취를 소멸시키고, 양극분화를 제거하고, 최종적으로 공동부유에 도달하는 것이다."4) 이러한 등소평의 사회주의 본질론은 등소평이 사회주의 시장 경제론을 제창하여 결정적으로 자본주의로 건너뛰는 것을 합리화하기 위한 논거로서 쓰였다. 그러나 이러한 사회주의 본질론에는 등소평이 생산력주의자임이 명확하게 드러나 있다. 위의 정식화된 논리에서 강조점은 생산력의 해방과 발전에 두어져 있고, 착취의 소멸과 양극분화의 제거는 단지 지향해야 할 목표 정도로서 제시되어 있다. 이는 자본주의 국가의 수많은 정부들이 착취를 인정하지 않고 또 양극분화를 저지하기 위해 재정 정책, 부동산 정책, 사회 보장 등을 말하는 것과 본질적인 차이가 없는 것이다. 그리고 등소평은 결정적으로 사회주의의 최종 목표를 공동부유로 제시했는데, 이는 사회주의의 최종 목표인 공산주의 사회에 대한 부르주아적 관점을 보여 주는 것이다.

자본가들은 사회주의를, 나아가 공산주의를 과학적으로 인식할 수 없으며, 단지 부르주아적 색안경을 통해서만 대략적으로 접근할 수 있다. 이들 부르주아들에게 공산주의 사회는 단지 생산력이 발전하여 부가 넘쳐 나고, 또 계급이 사라져서 공동으로 부유한 상태로 비쳐진다. 등소평의 공산주의 사회에 대한 인식은, 딱 부르주아들이 공산주의 사회를 인식하는 수준에 멈추어 있다. 그러나 공산주의 사회는 단지 부가 넘쳐 나고 그것을 공유하는 사회인 것만이 아니다. 물질적 부는 단지 공산주의 사회의 기초일 뿐이며, 공산주의 사회의 본질을 구성하는 것이 아니다. 레닌은 10월 혁명 후에 사회주의 건설에 임하면서 사회주의는 계급의 폐지를 의미하는 것으로 파악되어야 한다고 주장했었다. 이러한 레닌의 파악은 정확한데, 계급의 폐지를 통한 사회주의 건설 노선, 계급의 폐지를 통한 생산력의 해방이 바로 맑스-레

---

4) 邓小平, ≪邓小平文选(등소평 문선)≫ 第三卷, p. 373.

민주의적 사회주의 관이다. 여기서 좀 더 나아가면, 해방 세상으로서 공산주의 사회는 맑스의 표현대로 '각 개인의 개성의 발전이 사회 전체의 발전의 조건이 되는 사회'이다. 계급이 폐지되어 해방된다면, 각 개인의 발전을 가로막는 결정적 조건은 제거되기 때문에, 각 개인의 발전의 가능성은 무한히 열리게 된다. 또한 사적 소유가 폐지되었기 때문에 각 개인의 발전과 사회 전체의 발전은 대립하는 것이 아니라 상호 작용하면서 개인의 발전과 사회 전체의 발전이 상승 작용을 일으키는 것이다. 그러나 이러한 상태가 사회주의 혁명 이후 즉각적으로 달성되는 것은 아니기 때문에 자본주의 사회의 잔재, 계급 사회의 잔재와의 부단한 투쟁, 계급 투쟁의 지속이 필요한 것이다. 그런데 등소평에게서는 이러한 모든 것은 깡그리 무시되고, 단지 공동부유를 향한 생산력 발전만이 사회주의의 본질로 치부되는 것이다. 이러한 점은 등소평의 사회주의 본질에 대한 인식이 현실에서 유리된 관념론적인 것이며 속류적인 것임을 말해 준다. 그런 점에서 등소평은 생산력주의자로서 평가될 수 있고, 그의 노선은 현실에서는 사회주의 생산관계를 해체하고 착취 관계의 도입을 통한 생산력의 발전으로, 자본주의의 복고를 가져온 반혁명 노선으로 평가될 수 있다.

생산력주의자로서 등소평은 진리표준 논쟁에서 보였던 맑스주의 변증법에 대한 약간의 밑천을 곧 바닥내면서 실용주의자로서의 면모를 유감없이 발휘한다. 등소평의 실용주의적 사고가 잘 드러나는 것은 '3개의 유리함(三个有利于)'이라는 이론에서이다. "등소평은 다음과 같이 여겼다. 개혁, 개방은 커다란 시험이고 과감하고 대담하게 시도하고 부딪혀야 한다. 사회주의 사회의 생산력 발전에 유리한지, 사회주의 국가의 종합국력의 증강에 유리한지, 인민생활 수준을 높이는 데 유리한지를 각각의 사업의 성패 득실을 판단하는 표준으로 삼아야 한다."5) 여기서도 등소평은 생산력주의자로서의 면모를 잘 드러내고 있고 또 어떤 문제와 사안에 대해 그 옳고 그름(是非)을 따지는 것이 아니라 유리, 불리를 따지는 것을 근본으로 삼는다는 점에서 실용주의의 면모를 보이고 있다. 그리하여 이러한 3개의 유리함(三個有利于)이라는 이론은 생산력 발전을 표준으로 하여 사회주의 생산관계를 해체시키고, 자본주의의 도입을 합리화하는 근거로 작용하였다.

또한 등소평 이론에서 두드러지는 실용주의적 접근은 한 개의 중심, 두 개의 기본점이라는 논리이다. 한 개의 중심은 (경제적) 발전을 의미하는데, 이것이 모든 정책과 노선의 초점이라는 것이다. 그리고 두 개의 기본점은 첫째, 개혁과 개방, 둘째, 개혁과 개방을 추진하기 위한 조건으로서 정치적, 사회적 안정의 유지를 의미한다. 그리고 그러한 정치적, 사회적 안정을 위해 등소평이 고안해 낸 것이 이른바 4개항의 견지 노선이다. 4개항은 사회주의의 길의 견지, 무산계급의 독재의 견지, 공산당 영도의 견지, 맑스-레닌주의, 모택동 사상의 견지를 말한다.[6] 이러한 4개항의 견지는 문화대혁명 당시 유소기와 등소평 자신이 대중들에 의해 자본주의의 길을 걷는 주자파로 규정되어 타도되었다는 것을 의식한 것으로서, 단지 말뿐인 수식어에 지나지 않고, 사회주의의 변질과 사회주의의 길로부터의 이탈에 대한 대중들의 반발을 제어하기 위한 정치적 장치에 지나지 않았다.

왜냐하면 위 4개항은 현실적 발전의 과정에서 철저히 무력화되는 길을 걸었기 때문이다. 첫째, 사회주의 견지는 1992년 중국 사회가 시장 경제로, 자본주의로 건너뜀에 의해 공식적으로 부정되고 사회주의는 단지 수식어로 전락되었다. 둘째, 중국은 무산계급의 독재가 아니라 자본가계급이 정치적으로 지배하는 부르주아 독재 국가가 되었

---

5) 田克勤 主编, 앞의 책, p. 11.
6) 邓小平, ≪邓小平文选(등소평 문선)≫ 第二卷, pp. 164-165.

다(2007년의 사적 소유 보호법(물권법) 제정은 생산 수단에 대한 사적 소유를 공식 승인한 것이라는 점에서, 경제적 의미의 지배계급인 자본가계급을 정치적 의미의 지배계급으로 승인한 것이었다). 셋째, 공산당의 영도의 본질은 사회주의 건설에서 프롤레타리아 노선의 견지를 의미하는데, 중국 사회는 이미 부르주아 사회로 변질되었고, 공산당은 2001년 강택민의 3개 대표론을 통해 사적 자본가의 공산당 입당을 허용하는 것을 통해 부르주아 정당으로 변질되어 공산당의 영도는 의미를 상실했다. 넷째, 맑스-레닌주의와 모택동 사상의 견지는 단지 구호로 전락되었고, 현실적인 중국 사회의 발전, 수많은 정책은 반(反)맑스-레닌주의, 반(反)모택동 사상적인 것이 주류를 이루고 있다. 따라서 이러한 과정은 4개항의 견지가 단지 대중들의 혁명적 행동을 제어하기 위한 가림막이었으며, 중국의 주자파가 노련한 반혁명적 세력임을 말하는 것에 지나지 않는다.

끝으로 등소평의 이론 중에서 가장 '창조적인'(궤변적인!) 사회주의 초급단계론에 대해 살펴보자. "우리 당의 13차 당 대회는 중국 사회주의가 어떤 단계에 처해 있는지를 천명했는데, 말하자면 초급단계에, 초급단계의 사회주의에 처해 있다는 것이다. 사회주의 자체는 공산주의의 초급단계이지만, 우리 중국은 사회주의의 초급단계, 즉, 미발전된 단계에 처해 있다. 일체의 것은 이러한 실제에서 출발해야 하며, 이러한 실제에 근거하여 규칙을 제정해야 한다."[7] 언뜻 보면 그럴듯한 등소평의 이러한 논리는 맑스의 공산주의의 낮은 단계로서 사회주의, 그리고 높은 단계의 공산주의라는 구분, 그리고 이행기로서 사회주의라는 개념에 대한 왜곡이며 궤변이다. 맑스가 낮은 단계의 공산주의로서 사회주의 단계를 설정한 것은 다음과 같은 이유에

---

7) 邓小平, ≪邓小平文选(등소평 문선)≫ 第三卷, p. 252.

서이다. 맑스는 자본주의의 사적 소유를 폐지하여 도래하는 사회는 무계급 사회라고 보고 그 사회를 공산주의 사회라 불렀다. 그런데 1800년대 후반 유럽에서 사회민주당들이 발전하며 당 강령이 문제되었을 때, 맑스는 공산주의 사회로의 이행의 문제 그리고 이행기와 높은 단계의 공산주의를 구분할 필요에 직면했다. 여기서 맑스의 사고의 핵심은 이행기라는 개념이다. 자본주의의 자궁으로부터 막 태어났지만 자본주의의 흔적을 몸에 지니고 있는 사회로서 낮은 단계의 공산주의로서 사회주의 사회는 그 자체가 높은 단계의 공산주의로의 과도기 사회, 이행기의 사회이다. 따라서 그 사회는 한편으로 생산력을 발전시키면서, 다른 한편으로 자본주의의 흔적, 즉, 자본주의의 잔재, 계급 사회의 잔재를 지우기 위해 노력하는 것이 필요하며 그런 점에서 그 사회는 이행기 사회로 규정되는 것이다.

그리고 그러한 이행의 과정의 성공을 위해 맑스는 프롤레타리아 독재 국가를 기제로 설정하였고, 높은 단계의 공산주의 사회에 도달하여 계급이 완전히 소멸하면, 계급 대립의 비화해성의 산물로서의 국가는 소멸한다는 정식을 세웠던 것이다. 이러한 점이 사회주의 사회, 이행기 사회의 본질적 의미이다. 그런데 등소평의 초급단계 사회주의론에서는 이러한 이행기의 혁명적 성격이 거세되어 있고, 단지 진화론적으로 발전이 낮은 사회라는 점만이 강조되고 있다. 나아가 등소평과 중국의 주자파들은 이행기를 맑스와 같이 높은 단계의 공산주의에 이르는 사회주의 사회의 전체 과정으로 보지 않고, 단지 사회주의 사회의 성립까지, 사회주의 생산관계의 성립까지로 보고 있고, 사회주의 사회의 성립 이후의 주된 과제는 생산력 발전으로 치부한다. 그에 따라 계급 사회의 잔재와의 투쟁, 계급 투쟁의 지속의 과제는 사라지고 만다. 실제로 등소평은 자신이 권력을 장악한 이후, 계급 투쟁의 시대는 지나갔고 이제는 평화적인 발전의 시대라고 천명한 바 있었다. 물론 계급 투쟁을 문화대혁명 당시의 4인방과 같은 좌편향적이고 교조주의적인 것으로 이해하면 안 되지만, 계급 사회의 잔재와 싸워 나가는 것은 사회 전체의 발전, 나아가 등소평식으로 이해하면 생산력의 발전을 위해서도 절대적으로 필요한 것이다.

예를 들면 사회주의 혁명 이후 자본-임노동의 착취 관계는 가능한 한 즉각적으로 폐지되는 것이지만, 계급 사회의 잔재로서, 사적 소유 사회의 잔재로서 상품-화폐 관계는 사회주의 사회에서 즉각적으로 사라질 수 있는 성질의 것이 아니다. 그런데 상품-화폐 관계가 존재하는 한, 그것은 자본-임노동의 착취 관계로 전화될 가능성을 내포하기 때문에, 한편으로 상품-화폐 관계를 활용하여 생산력을 발전시키면서도, 다른 한편으로 상품-화폐 관계가 자본-임노동 관계로 발전하는 것을 저지하고, 궁극적으로 상품-화폐 관계를 극복하고 그것을 소멸시키려는 노력과 투쟁은 사회주의 건설에 있어서 필수적인 것이다. 그런데 등소평은 이러한 점을 인식하지 못하고 이행기로서 사회주의 사회를 절단하여 초급단계의 사회주의 사회와, 그리고 아마도 (발달한) 고차적인 사회주의 사회로 나누고 있는 것이다. 이는 등소평이 이행기로서 사회주의 사회의 혁명적 성격을 거세하는 것이며, 사회주의 사회의 임무를 생산력주의적으로 이해하여 착취의 부활을 마다하지 않는 생산력 발전을 강조하기 위한 것이었다. 실제로 등소평 이론을 해설하고 있는 중국의 대학 교과서인 ≪등소평 이론 개론≫에는 다음과 같이 쓰여 있다. "사회주의라는 전제는 우리나라의 사회 생산력의 본질이 사회주의 사회의 생산력임을 규정했다. 이러한 전제하에, 대담하게 여러 종류의 비(非)공유제 경제 성분을 발전시키고, 경제의 사회화, 시장화, 현대화 정도를 제고하고 더 많은 외자를 흡수하여 현대화 건설을 하는 등의 것은 사회주의의 기본 제도를 위험하게 하지 않는다"[8], "비공유제 경제를 우리나라 사회주의 시장 경제의 중요한 구성

부분으로 간주하고 장기간 존재하는 것을 허용해야 한다. 이왕에 일정한 범위와 정도의 비공유제 경제가 존재한다면, 그러면 국부적인 착취와 분배의 불균형 현상이 존재할 수 있다."9) 이것은 사영(私營) 등 비공유제 경제 관계가 착취 관계를 내포하고 있다는 것을 중국 측이 승인하고 있는 구절이다. 현재 중국에서 국유 부문은 공업 생산액에서 25% 내외를 차지하고 나머지는 사실상 비공유제 경제이다. 그렇다면 중국 노동자의 태반이 자본주의적 착취 관계 속에서 노동하고 있다는 것을 의미한다(물론 국유 기업 노동자 또한 기업 자체가 자본주의적 회사 기업으로 전환된 결과 자본주의적 착취를 당하고 있다). 그리고 이는 중국 사회가 실은 자본주의 착취 사회이며 사회주의는 단지 허울뿐이며 수식어에 지나지 않는다는 것을 의미하는 것이다. 따라서 등소평의 사회주의 초급단계론은 이러한 착취 관계의 부활을 합리화하는 궤변에 지나지 않으며, 이론적으로는 이행기로서 사회주의 사회에 대한 과학적 인식을 상실하고 실천적으로는 사회주의 사회가 이행기로서 갖는 혁명적 성격을 거세하는 것이다.

2. 농업에서 사회주의 생산관계의 해체와 소농 체제로의 전환

중국에서 농업 집단화는 1950년대 순조롭게 이루어졌었다. 처음에는 호조조(互助組, 품앗이와 유사한 형태)에서, 초급합작사(합작사는 협동조합의 중국식 표현, 초급합작사는 토지와 농기구 등 생산 수단

---

8) 田克勤 主编, 앞의 책, p. 71.
9) 같은 책, p. 54.

의 사적 소유를 유지한 상태로 출자하여 출자분의 지분에 따라 보수가 지급되는 형태)로, 그리고 이어서 고급합작사(완전한 생산에서의 협동조합으로 생산 수단은 출자자의 공동 소유)로 발전했다. 그런데 이 과정이 불과 1-2년밖에 걸리지 않았는데, 이는 첫째, 중국 공산당이 농촌을 근거지로 혁명을 하여 농민들의 중국 공산당에 대한 지지가 확고했다는 점, 둘째, 당시 2차 대전에서 쏘련의 승리로 인해 쏘련을 따라 배우자는 점이 전체 중국 인민에게 인식되고 있었다는 점 때문이었다. 중국 공산당은 농업 기계화 이전에 집단화를 한다는 방침을 세우고 집단화를 진행했다. 물론 집단화라는 생산관계의 변화 자체가 기계화가 이루어지지 않은 상태에서나마 일정하게 생산을 자극하고 생산력을 고양시킨다는 점은 분명하지만, 이는 일정한 한계를 갖는 것이었다. 그런데 중국 공산당은 여기서 더 나아가 농(農)·공(工)·상(商)·학(學)·병(兵)이 일체화된 하나의 공동체로서 인민공사를 농업 집단화의 전형으로 채택하고 인민공사화 운동을 벌였다. 여기서 공사(公社)는 유럽어의 commune을 중국어식으로 번역한 것으로 일종의 꼬뮌 형태의 집단 농장을 의미했다. 즉, 중국은 쏘련의 아르쩰형이 아니라 꼬뮌형을 집단 농장으로 채택한 것이었다. 이에 따라 이른바 공산풍(共産風)이 불었는데, 무료의 공동 식당 등이 채택되었고 농업 생산물은 개인에게 돌아가는 몫이 적게 되고 공동의 몫이 많게 되었다. 이리하여 자신의 노동의 산물이 아니고 자신의 기여분이 아니지만, 공동 소유의 몫에서 무상으로 분배받는 일이 행해졌고 이는 농민들의 생산 의욕을 저하시키는 것이었다. 이러한 문제점이 부각되자 모택동은 즉각 교정에 들어가서 인민공사의 소유는 전인민 소유가 아니라 집체적(집단적) 소유임을 분명히 하고 농민들에게 텃밭에서의 부업을 허용하고 일정한 수의 가축과 가금을 기를 것을 허용하여 사실상 쏘련의 아르쩰형 집단 농장과 같은 성격의 집단 농장으로 방향을 잡았다. 그리고 수천 호에 달하는 인민공사는 단계를 나누어 수백 호 규모의 생산대대로, 그리고 그 밑에 수십 호 규모의 생산대로 3단계 구조로 나누고 생산대가 채산 단위로 되게 하였다. 그런데 이러한 과정에서 자연재해가 겹치면서 1950년대 후반 농업 생산은 대폭적으로 감소되어 중국 경제 전체가 어려움에 빠지고 유소기의 이른바 조정 정책이 실시되게 되었다.

이러한 경과는 모택동 등 중국 공산당이 농촌 중심의 혁명을 한 결과 사회주의 건설에 있어서는 일정하게 경험이 미숙하고 좌편향을 범한 것으로 볼 수 있다. 모택동은 인민공사를 아르쩰형으로 교정했지만, 그 명칭에서 꼬뮌을 의미하는 공사라는 명칭은 고수했고 농·공·상·학·병의 일체화된 체계도 유지했다. 그리하여 인민공사 체제에서 중국의 농업은 일정하게 발전을 지속했지만, 그러한 체계와 형식은 당시의 생산력의 수준과 걸맞지 않는 과도한 측면이 있었다. 바로 이러한 점이 등소평이 권력을 재장악한 이후 인민공사가 쉽사리 해체되게 된 요인의 하나였다.

1978년의 중국 공산당 11기 3중전회 이후 등소평은 집단적 농업의 해체에 착수하는데, 먼저 안휘성의 10여 호의 농가에게 농가 매호가 생산에 대해 책임을 지는 청부생산제를 실시하여 생산량의 대폭적인 증가가 있었다. 이러한 실험을 기초로 등소평은 단계적으로 인민공사의 해체, 소농 체제로의 전환을 이루어 갔다. 먼저 농민의 소집단에게 생산을 청부하고 생산량에 연동하여 보수를 지급하는 연산도조(聯産到組)를 실시하고, 2단계로 개별 농가에 생산량과 농업 경영을 청부하는 농가생산청부제(包産到組)와 농가경영청부제(包幹到組)를 실시했다. 그리하여 1983년 12월에 이르면 농가경영청부제가 전체 농가의 98.3%에 이르러 인민공사 체제가 사실상 해체되고 소농 체제로의 전환이 이루어졌다. 그런데 토지는 여전히 국가 소유이었기 때문에 농민들로 하여금 토지 사용권을 일정 기간 보유하게 하였는데, 토지 사용권의 임대는 허용되지만 토지 매매가 제한되는 것이었다. 그러나 토지가 국유라 하더라도 사실상 소농 체제로의 복귀인 이상 농민층의 분해는 불가피했고, 농촌과 도시의 소득 격차, 농민층 내의 소득 격차는 나날이 확대되게 되었다.

그런데 집단 농업의 해체는 집단 농장 체제에 포괄되어 있던 거대한 노동력 중 상당수를 잉여노동력으로 전환시켰다. 이리하여 집단 농장에서 배출된 잉여노동력은 도시로 흘러 들어가 이른바 농민공으로서 비(非)국유의 저임금 업종에 취업하여 중국의 자본주의 발전에 기여하게 되었다. 농민공의 숫자는 정확히 추정하기 어렵지만 1-2억 명에 달하는 것으로 추정되고 있는데, 이들은 도시 호구를 가지지 못하여 사회 보장이 거의 없고 자녀의 교육에도 어려움을 겪고 있다. 농민공 대부분은 최저임금에 미달하는 임금을 받고 있고 초과 노동 시간은 매월 36시간이 넘으며 열악한 주거 생활을 하고 있는데, 방 1개에 수십 명이 생활하고 길거리나 지하실에서 숙식하는 사람이 많다.10) 농민공에 대한 중국 정부의 태도는 이중적인데, 농민공의 도시 유입을 사회 문제를 일으키는 원인으로 지목하여 이들을 단속하면서도, 다른 한편으로 이들을 저임 노동력의 저수지로서 도시의 불안정 노동자층으로 활용하는 정책을 펴고 있다.11)

중국은 모택동 시기 도시와 농촌의 이중적 호구 제도를 실시했는데, 이는 농촌의 인구가 도시로 급격히 유입하여 도시의 식량 사정과 여러 환경을 압박하는 것을 방지하고 농촌의 안정을 유지하기 위함이었다. 그런데 이러한 호구 제도는 인민공사의 해체, 중국의 자본주

---

10) 김익수 외, ≪현대중국의 이해≫, 나남, 2005, p. 250.
11) 같은 책, p. 274.

의 발전으로 인한 노동력의 필요 등의 사정으로 흔들리게 되었는데, 지금의 조건에서 도시와 농촌의 이중적 호구 제도는 노동력의 자유로운 이동을 저해하고 농민공들이 열악한 생활 조건과 근로 조건에 처하게 하는 주요인이 되고 있다. 농민공들은 농촌에서 도시로 이주했다 하더라도 주택, 안정적인 직장 등 엄격한 요인이 갖추어지지 않으면 도시 호구를 쉽사리 얻을 수 없는데, 농민공은 도시 호구가 없기 때문에 정규적인 직장에 취업할 수 없고, 의료보험, 실업보험, 양로보험 등 사회 보장에서 배제되며, 자녀들을 학교에 보내기도 어려운 것이 현실이었다. 이는 호구 제도가 현대 중국에서 농민을 이등 국민으로 차별 대우하게 하는 요인임을 말한다. 또한 이는 농민공들을 저임 노동력으로서 쉽사리 착취하고 수탈하려는 중국 자본주의의 필요가 농민공들의 열악한 처우를 야기한다는 것을 말한다. 이후 북경, 상해 등 특대도시를 제외한 일정한 대도시와 중소도시에서 호구 제도가 완화되고 있으나 저임 노동력으로서 농민공의 존재를 필요로 하는 중국 자본주의의 계급적 정책 자체가 농민공의 열악한 처지를 지속시키고 있다는 점에서 호구 제도는 여전히 중국의 커다란 사회적 갈등 요인으로 작용하고 있다.

농민공 문제는, 인민공사의 해체 이후 농민들이 소농 체제로 전환되면서 중국 자본가계급에 의한 거대한 수탈에 직면해 있는 현실을 보여 준다. 도시와 농촌의 소득 격차는 1980년대 1.8:1에서 1990년 2.2:1로 벌어졌고 2000년대는 3.5:1로 더욱더 확대되었다. 그런데 농촌은 도시와 달리 의료보험, 실업보험, 양로보험 등 사회 보장의 혜택이 거의 없다. 1998년 전국 위생써비스 조사에서 87.44%의 농촌 주민이 어떠한 사회 보장도 받지 못하고 있다는 것이 드러났다. 따라서 도시 주민의 사회 보장을 감안하면 도시와 농촌의 소득 격차는 5:1을 초과한다고 볼 수 있다.[12] 이러한 수치는 농업에서 집단적 생산관계,

사회주의 생산관계의 해체가, 중국의 자본주의 발전을 위해 농민을 수탈의 대상으로 전환시키고, 농촌 노동력을 도시 공업의 발전을 위한 희생양으로 삼기 위한 것이었음을 드러내는 것이다. 즉, 등소평의 개혁, 개방과 사회주의 시장 경제로의 전환은 농민들에게 있어서 사회주의 사회의 인민에서 피수탈자로의 전락의 과정이었던 것이다.

  인민공사의 해체 과정은 중국적 특색을 드러내는 측면이 있는데, 그것은 인민공사에 포함되어 있던 사대(社隊) 기업이 향진(鄕鎭) 기업13)으로 전환되는 것이었다. 쏘련에서는 1950년대 들어서면서 집단농장이 발전하고 그 규모가 커지면서 농업과 공업이 융합하는 농공복합체가 광범하게 출현했었다. 그런데 중국의 인민공사는 생산력의 수준에 조응하지는 않았지만, 출발부터 농·공·상·학·병이 일체화된 체제로 이루어졌기 때문에, 중국의 농촌 곳곳에 농산물 가공, 유통 등을 담당하는 기업들이 광범하게 창출되었다. 이들 기업은 인민공사 체제에서는 그 내부의 사대(社隊) 기업으로서 존재했지만, 인민공사가 해체되면서 향진(鄕鎭) 기업으로 전환되어 발전을 시작했다. 향진 기업은 중국의 개혁, 개방 과정에서 커다란 발전을 했는데, 한

---

12) 같은 책, p. 240.
13) 사대(社隊) 기업과 향진(鄕鎭) 기업은 중국 특색의 사회주의 건설 과정과 관련이 있다. 사대 기업은 인민공사가 농(農)·공(工)·상(商)·학(學)·병(兵)의 일체화된 공동체의 성격을 가짐에 따라 인민공사 내부에 농산물의 가공, 유통 등을 담당하는 공업 기업으로서 존재할 수밖에 없었는데, 인민공사 내부의 이러한 공업 기업이 사대 기업이라 불린 것이다. 그런데 인민공사의 해체는 이들 사대 기업을 독자적 단위로 재편성하게 했는데, 사대 기업은 중국의 지방 행정의 말단 단위인 향과 진, 촌 정부가 관장하는 집단 기업으로 재편성하게 되었고, 이렇게 재편성된 기업을 향진 기업이라 불렀다. 향진 기업은 이렇게 처음에는 집단적 성격을 갖고 출발했으나 1990년대를 거치며 주식 제도가 도입되면서 사실상 자본주의적 사적 기업으로 전환된다.

때 9000만 명 이상의 노동력을 고용하여 중국 농촌의 잉여노동력의 커다란 흡수처가 되었고, 중국 자본주의 발전을 촉진하는 역할을 했다. 그런데 처음에는 집단적 기업으로 시작되었던 향진 기업은 이후 중국 자본주의 발전에 따라 사적 자본주의 기업으로 변모하게 되었다. 특히 1990년대에 이르면 주식제와 합작제(협동조합)가 혼합된 형태로 발전했는데, 이는 사실상 집단적 기업으로 출발한 향진 기업이 사적 자본주의 기업으로 전환된다는 것을 의미했다. 또 그 과정에서 권력자들의 친인척들에게 향진 기업이 헐값으로 불하되는 특혜가 만연하기도 했다.[14] 그리고 그 과정에서 향진 기업, 즉 농촌 기업의 주력은 향과 촌의 정부가 관장하는 향촌 기업에서 사적 기업으로 그 주도성이 이전되게 되어 인민공사에서 갖고 있었던 집단적 성격은 지금의 향진 기업에서는 거의 완전히 사라지게 되었다.

3. 사회주의 국유 기업의 자본주의적 회사 기업으로의 전환

중국에서 사회주의 계획 경제의 사회주의 시장 경제로의 전환, 즉, 자본주의로의 전환은 크게 3-4단계로 나뉜다. 그리고 그것은 미시적으로 사회주의 국유 기업의 자본주의적 회사 기업의 전환으로 나타나고 있고, 또 그에 상응하여 국유 기업의 노동자들이 사회주의 사회의 인민으로서, 국유 기업의 주인으로서의 지위를 점차 상실하고 단순한 자본주의적 피고용자로 전락하는 과정을 수반하였다. 그러면 이러한 대전환, 혹은 반혁명의 과정, 자본주의 복고의 과정을 단계를

---

14) 정재호 편, ≪중국 개혁 개방의 정치경제 1980-2000≫, 까치, 2002, p. 161.

나누어 살펴보도록 하자.

중국의 한 경제학자는 국유 기업의 '개혁'을 4단계로 나누어 제시하고 있다. 1단계는 1978년부터 1984년까지 쏘련의 꼬쒸긴 개혁과 유사하게 개별 국유 기업에서 독립채산제를 실시하고 국유 기업을 이윤 추구 중심으로 전환하는 것이었다. 이 단계에서는 아직 계획이 주된 것이고 시장 조절은 보조적인 것이었다. 2단계는 1984년부터 대략 1992년 사회주의 시장 경제로(즉, 자본주의로!) 건너뛰기 전까지의 단계로 국유 기업에서 국가의 소유와 기업의 경영을 분리하고 노동자들에게는 점진적으로 노동계약제를 실시하여 자본주의 제도의 전면 도입을 예비하는 단계였는데, 이 단계를 중국 공산당은 사회주의 상품 경제라는 개념으로 이론화했다. 그리고 계획과 시장의 관계를 보면 이 단계에서는 '계획이 있는 상품 경제'라고 하였다. 3단계는 1992년 등소평의 남순 강화로 사회주의 시장 경제가 제창된 이후 사회주의 국유 기업이 자본주의적 회사 기업으로 전환되고 개별 국유 기업에 대해 주식제를 실시하여 국유 기업의 자본주의적 개조를 완성하는 단계였다. 이 단계에서 계획은 경제 조절의 기능을 시장에 넘겨주고 국가는 자본주의의 국가독점자본주의 단계에서와 같이 단지 거시적인 조절을 하는 것이었다. 그리고 4단계는 국유 기업의 재조직 단계(즉, 구조조정!)로서 '큰 것은 잡고 작은 것은 놓아준다'는 방침(抓大放小)에 따라 대형의 전략적 국유 기업은 국유를 유지하고, 중대형의 국유 기업은 국유와 민영의 혼합 형태로 개조하고, 작은 국유 기업은 민영화, 사유화하는 단계였다.[15] 이 4단계에서 국유 기업의 노동자들은 자본주의와 같은 단순한 피고용자로 전락했는데, 이것의

---

15) 康静萍 主编, ≪中国社会主义经济体制改革理论与实践(중국 사회주의 경제 체제 개혁의 이론과 실천)≫, 经济管理出版社, 2001, pp. 66-68.

표현이 수천만 명에 이르는 국유 기업 노동자들의 구조조정으로 인한 실업 사태였다. 그리고 이러한 실업 사태는 1990년대 전 세계를 휩쓸었던 신자유주의 물결의 중국판이었다. 그러면 각각의 단계적 발전에 대해 보다 상세히 접근해 보자.

1978년부터 1984년까지의 1단계는 쏘련의 꼬쒸긴 개혁을 모방한 것이었다. 쏘련 수상 꼬쒸긴은 그전에 리베르만 교수가 제안한 '개혁'을 수용하여 1965년 국유 기업을 이윤 추구 중심으로 전환하는 경제 개혁을 실시하였다. 이 '개혁'으로 인해 국가는 국유 기업에 상당량의 이윤을 유보하고 또 국가가 무상으로 기업에 제공하던 투자 자금을 기업으로 하여금 은행으로부터 유상으로 대출받아 투자에 사용하도록 했다. 자본주의적 이윤 추구 중심의 이러한 개혁으로 인해 쏘련은 1970년대 중반까지 일정한 경제 성장을 하였으나 사회주의 생산 관계와 개별 국유 기업의 자본주의적 운동은 심각한 불협화음을 일으키면서 충돌하였고, 1970년대 후반이 되면 쏘련 경제는 완전히 균열되어 경제 성장률이 거의 '0'에 가까워졌다. 중국의 국유 기업의 '개혁'의 1단계는 바로 이러한 쏘련의 방침과 상태를 모방한 것이었는데, 중국은 쏘련과 달리 1980년대 초반 인민공사라는 집단적 농업을 해체하면서 쏘련보다 더 진전된 시장 중심, 자본주의적 방향으로의 '개혁'으로 나아간 것이었다.

1984년부터 1992년 시장 경제로의 전환 전까지의 2단계는 중국이 사회주의 체제를 유지할 것인가, 아니면 자본주의로 건너뛸 것인가의 갈림길에서 진통을 겪던 시기였다. 이 시기에 중국은 기업에 대해 소유와 경영의 분리라는 '개혁'을 단행했다. 기존의 국유 기업에 대해 소유는 여전히 국가 소유를 유지하지만, 국가는 기업의 경영에서 손을 떼는 것으로서 시장 기제를 확대하고 기업으로 하여금 시장 기제에 적응하도록 하는 단계였다.[16] 그리고 이 단계에서 기업은 국가에 이윤을 상납하는 것이 아니라 이윤 대신 세금을 납부하는 것(利改稅)으로 전환되었다. 이 시기에 중국 공산당은 1987년 13차 당 대회의 결의를 통해 '계획이 있는 상품 경제'라는 이론을 세웠다. 1단계의 '개혁'이 계획의 주도성을 유지하고 시장 기제가 보조하는 성질이었다면, 2단계의 '계획이 있는 상품 경제'라는 것의 내용은 계획과 시장을 절충하는 것이었다. 이러한 절충은 생산력주의자로서 등소평이 3개의 유리함(三个有利于)이라는 실용주의에 입각하여 제기한 것이었다. 이 시기에 노동에 대한 '개혁' 또한 진행되었는데, 우선은 국유 기업에 대한 신입 노동자부터 종신고용제를 철회하고 노동계약제를 실시하여 이른바 노동 시장의 형성으로 나아갔다. 그런데 쏘련 등 사회주의 국가에서 노동자는 노동력의 판매자로서 노동 시장을 통하여 고용되는 것이 아니라 국가를 통하여 사회주의 기업에 취업하는 것이었는데, 이는 노동자가 노동력의 판매자로서가 아니라 사회주의 기업의 주인으로서 진입하는 기제였다. 그런데 등소평은 바로 이러한 기제를 무너뜨리고 노동자를 자본주의와 같이 노동력의 판매자로 전락시키는 노동계약제를 도입하고 노동 시장의 형성을 밀고 나갔던 것이다.

그런데 중국 사회에서 사회주의의 길로부터 이탈하는 이러한 시장화의 경향은 심각한 사회 문제를 불러왔다. 1980년대 후반이 되면 시장화의 흐름이 강화되는 가운데 인플레이션이 심각해졌고 또 부문 간 불균형의 현상이 발생하여 중국 정부는 1988년부터 긴축 정책으로 들어갔다.[17] 1989년 6월의 천안문 시위와 그에 대한 중국 정부의 무력 진압은 바로 이러한 시장화의 모순이 불러온 위기였던 것이다. 천안

---

16) 정재호 편, 앞의 책, p. 92.
17) 같은 책, p. 150.

문 시위에 대한 무력 진압은 중국 공산당이 노동자계급의 전위가 아니라 인민에 대한 폭력적 진압자로 전화했다는 것을 극적으로 드러낸 것이었고, 이후 중국에서 민주주의는 거의 질식되는 상태가 되었다. 또한 이러한 정치적 위기의 폭발로 인해 경제 또한 상당한 침체에 빠져서 중국은 개혁, 개방 이후 최초로 심각한 저성장을 기록했다.

국유 기업 '개혁'의 3단계는 이러한 정치적, 경제적 위기를 자본주의로 건너뛰는 것을 통해 돌파하고자 했던 등소평의 남순 강화로부터 시작되었다. 중국 남부의 대외 개방 지역을 시찰하면서 등소평은 사회주의 시장 경제를 제창했다. 이에 대한 등소평의 언급을 직접 인용해 보자. "계획이 많은가 시장이 많은가는 사회주의와 자본주의의 본질적 구별이 아니다. 계획 경제는 사회주의와 같지 않고, 자본주의 또한 계획이 있다; 시장 경제는 자본주의와 같지 않고 사회주의 또한 시장이 있다. 계획과 시장은 모두 경제의 수단이다. 사회주의의 본질은 생산력을 해방하고 생산력을 발전시키고, 착취를 소멸시키고, 양극분화를 제거하고 공동부유에 도달하는 것이다."[18] 이러한 등소평의 사고 속에서 사회주의와 자본주의의 구별점은 이미 소멸되어 있다. 계획 경제로서의 사회주의에 대한 등소평의 이러한 부정은 등소평의 사고에서 이미 사회주의가 떠나 있었다는 것을 드러낸다. 또한 이러한 엉터리 논리를 관념론적인 사회주의 본질론으로 합리화하는 것은, 그가 과학적 풋대를 상실하고 실용주의와 절충주의, 편의주의에 이미 깊이 빠져 있었다는 것을 드러낸다. 레닌은 10월 혁명 후 사회주의 건설에 나서면서 사회주의 사회에서 계획은 노동자 대중의 의지의 통일의 표현이라고 말한 바 있었다. 이러한 레닌의 언급은, 사회주의 사회에서 계획 경제가 자본주의적 사적 소유를 폐지하고 사회의 주

---

18) 邓小平, ≪邓小平文选(등소평 문선)≫ 第三卷, p. 373.

인으로 올라선 노동자계급의 상태, 사회주의 생산관계의 본질에서 우러나는 것임을 말하는 것이다. 그런데 등소평은 주자파로서 관료주의의 입장에서 계획을 이해하고 있다. 즉, 계획은 관료들이 입안하여 전체 경제를 '조절'하는 것으로 파악하고 있고, 그에 따라 사회주의 경제의 계획과 국가독점자본주의 국가의 계획을 동일시하고 있는 것이다. 또한 사회주의 사회에 부분적으로 존재하는 시장과 자본주의 사회의 시장 기제를 동일시하는 것은, 그가 자본주의 경제와 사회주의 경제의 본질에 대해 완전히 무지하고 정치경제학에 대해 무지하다는 것을 드러내는 것이다. 자본주의에서 시장은 자본의 운동의 공간이고 기제이지만, 사회주의 사회에서 시장은 자본의 운동 공간이 아니라 잔존하는 상품-화폐 관계의 유통의 영역에 지나지 않으며, 자본주의에서 가치 법칙은 자원의 배분을 결정하는 주된 법칙이지만, 사회주의에서는 가치 법칙이 단지 보조적인 척도에 지나지 않고 자원 배분의 주된 기제는 사회주의 국가의 계획인데, 이 점에 대해 등소평은 매우 피상적이고 비과학적으로 이해하고 있는 것이다. 중국의 개혁, 개방 그리고 사회주의 시장 경제로의 전환은, 이러한 몰(沒)과학에 입각하여, 단지 직관에 입각하여, 생산력의 발전, 혹은 정확히 말하면 이윤 추구를 위해 노동자를 피착취계급으로 전락시키고 농민을 피수탈자로 전락시키면서 이루어졌던 것이다.

  이러한 시장 경제, 즉, 자본주의로의 전환을 위해 중국 측은 시장 경제가 계획 경제보다 생산력을 더 발전시킨다는 엉터리 주장조차 서슴지 않는다. "시장 경제 체제는, 계획 경제 체제와 비교해 보면, 생산력의 발전을 더욱더 촉진시킬 수 있다. 이 점은 발전한 국가와 우리나라의 개혁, 개방의 실천에 의해 증명된다."[19] 이러한 주장은

---

19) 康静萍 主编, 앞의 책, p. 58.

사실에 대한 왜곡이다. 쏘련이 존재할 당시 쏘련의 경제 성장은 자본주의 주요 국가에 비해 2-3배 이상 빨랐다. 그리고 중국의 소위 개혁, 개방의 시기와 관련해서 보면, 중국이 개혁, 개방 시기에 일정한 경제 성장 속도를 지속할 수 있었던 것은, 모택동 시기에 쌓아 올린 사회주의 경제의 성과를 갉아먹으면서 가능했던 것이다. 예를 들면 1980년대 초, 중반 중국 농민의 소득은 당시 비교적 빠르게 증가했는데, 이것은 인민공사라는 집단적 소유에 통합되어 있던 자산이 사적 소유로 전환되는 과정에 기인한 것이었고, 이 과정이 끝나자 농민들의 소득 증가는 도시에 비해 엄청나게 뒤처지고 농민들은 비참한 빈곤의 처지에 내몰렸던 것이다. 또한 중국의 개혁, 개방의 시기 경제 발전이 빨랐던 이유 중의 하나는, 토지가 국유화되어 절대 지대가 소멸한 결과 자본의 축적 속도를 빠르게 했다는 점을 들 수 있다. 그런데 토지 국유화는 등소평 등 주자파 노선에 기인한 것이 아니라 모택동 등이 주도했던 중국 혁명의 승리의 성과였던 것이다. 또한 1990년대 중국 경제의 빠른 발전은 국유 기업과 향진 기업 등 공유제 기업이 (사적) 자본주의 기업으로 전환되어 자본의 축적으로 계산되면서 이루어진 것이다. 그런 점에서 개혁, 개방 시기, 시장 경제에 따른 경제 발전은, 한편으로 사회주의 계획 경제 시기의 성과를 갉아먹으면서, 다른 한편으로 노동자계급과 농민에 대해 주요 자본주의 국가보다 더욱더 가혹한 착취와 수탈을 진행했기 때문이었다. 일례로 중국에서는 노동 운동이 전면적으로 탄압받고 있고 노조는 그 존재가 유명무실하다. 또 중국에서 농민공의 존재는 생산 수단으로부터 분리된 생산자가 무산자로 전락하는 자본주의의 원시적 축적 과정을 떠올리게 하는 것으로서, 농민공은 한 몸에 착취와 수탈을 동시에 떠안고 있는 존재이기도 하다.

  사회주의 시장 경제로, 즉, 자본주의로 건너뛴 중국은 이후 현대 기업 제도라는 명목하에 자본주의적 회사 제도를 도입하여 사회주의 국유 기업을 자본주의적 회사 기업으로 전환시킨다. 이 과정에서 사회주의 국유 기업의 지배 구조였던 직공(노동자)대표대회, 당위원회, 노조의 역할은 유명무실화되고, 그것을 대신한 것은 자본을 대표하는 주주총회, 감사회, 이사회 등이었다. 이 과정은 기업에서 민주주의가 실종되고 기업이 자본의 독재 구조로 전환되는 것이었다. "1981년 6월의 〈국영공업기업 직공대표대회 잠정조례〉가 1986년 9월 〈전 인민 소유제 공업기업 직공대표대회 조례〉로 바뀌면서 "기업 행정 영도 인원을 선출한다"는 의무 규정이 "공장장을 민주적으로 선출할 수도 있다"는 선택 규정으로 수정되었다."[20] 이것은 국유 기업에서 최고권력기관인 직공(노동자)대표대회에서 공장장(기업의 대표)을 선출하던 것을 임의 규정으로 변경하여 직공대표대회의 권한을 약화시키고 민주주의를 거세하면서 기업을 자본의 독재로 전환시키는 출발점이었다. 그리고 1990년대 현대 기업 제도, 주식제의 시행은 그러한 전환의 완성이었다. "주식제의 시행과 현대적 기업 제도의 실시 이후 직공대표대회의 기본적 기능은 모두 주주총회와 감사회에 의해서 대체되고 있고, 민주관리 제도는 유명무실해지고 있다고 지적되고 있다."[21] 그리하여 중국에서는 기존의 노조, 당위원회, 직공대표대회는 '이전의 3대 조직'(老三会)이라 부르고 현대 기업 제도, 주식 제도 도입 이후 등장한 주주총회, 이사회, 감사회를 '새로운 3대 조직'(新三会)이라고 부르는데, 이 새로운 3대 조직이 이전의 3대 조직을 사실상 대체[22]하여 기업 내부에서 자본의 독재가 이루어지고 있는 것이다.

---

20) 정재호 편, 앞의 책, p. 113.
21) 같은 책, p. 121.
22) 김익수 외, 앞의 책, p. 283.

이러한 자본의 독재하에서 노조는 유명무실화되고 있고 노동 운동은 전면 탄압을 받고 있다. 노조가 있더라도 단체협상에서 임금협상이 배제되고 있고 단체협상은 노조위원장과 기업 관리자 간의 대화 수준에 머물고 있다. 그리고 노조는 여전히 사회주의 사회 시절과 같이 반(半)국가 조직적 성격을 갖고 있어서 노조의 역할은 노동자와 기업 사이의 중재자 역할에 머물러 있고, 노조 전임자는 거의 존재하지 않고 노조위원장은 기업의 부사장급 관리직이 겸임하고 있다.[23] 또한 공식적 틀을 넘어서는 새로운 노조를 결성할 자유는 금지되고 있다. 단체행동을 보면 1982년 헌법에서 파업권 조항이 삭제되어 이후 파업은 합법도, 불법도 아닌 어정쩡한 상태가 되었다. 그리하여 노동자가 파업을 무기로 할 가능성은 법적으로 봉쇄되어 있어서 노동자들의 파업은 언제나 우발적으로 발생하고 있고, 노동자의 저항은 대표가 없고, 조직가가 없고, 지도자가 없는 3무(三無)의 형태로 전개되고 있다.[24]

현대 기업 제도, 주식제 '개혁'이 이루어지기 전에 중국의 국유 기업은 단위 체제로 묶여 있었다. 즉, 국유 기업 자체가 하나의 단위(單位)로 설정되었는데, 직장은 단순히 노동과 그에 대한 보상이 이루어지는 장소가 아니라 포괄적인 사회적 기능을 했다. 예를 들면, 주택, 문화 시설, 상점, 자전거 수리소, 세탁소, 유치원, 양로 시설, 의료 시설 등 사회생활에 필요한 일체의 복지가 보장되는 단위 복지 사회주의였다.[25] 더구나 은퇴 후에는 단위에서 연금을 지급하기까지 하였다. 이러한 단위 체제에 대하여 등소평은 그것이 기업에 너무 많

---

23) 같은 책, p. 284.
24) 같은 책, p. 285.
25) 정재호 편, 앞의 책, p. 97.

은 부담을 주고 국유 기업을 비효율적으로 만들기 때문에 현대 기업 제도, 자본주의적 기업 제도를 도입해야 한다고 했던 것이다. 사회주의 국유 기업의 현대적 기업 제도, 주식제 기업 제도로의 전환은 노동자에게 있어서 가혹한 구조조정을 의미하는 것이었다. 1990년대 후반 국유 기업의 구조조정은 자본가들에게는 노동자들의 철밥통을 깨는 것으로서 환영받았지만, 노동자들에게 그것은 실업과 빈곤 상태로의 전락을 의미하는 것이었다. 국유 기업에서 실업은 단위 체제의 영향으로 하강(下崗)이라는 방식으로 이루어졌다. 하강된 인원은 일자리를 상실하지만 국유 기업과 노동계약 관계는 2-3년간 유지되고 그동안 기본생활비, 주택, 의료, 연금 등의 혜택을 받는 것을 말한다. 그러나 이후에는 산업별, 지역별로 설치된 재취업센터로 보내져 완전 실업 상태에 놓이게 된다.[26] 그리고 하강된 인원 중 재취업이 된 인원은 2002년 약 20% 정도에 머물렀다.[27]

1997년에 열린 중국 공산당 15차 당 대회는 주식제가 국유 기업 개혁을 위한 유일한 대안이라고 선언했다. 그리고 공유제의 개념을 변경시켰는데, 공유제는 국유와 집체 소유만 의미하는 것이 아니라 주식제 같은 혼합 소유제 내의 국유 및 집체 부분을 포함하는 것으로 바뀌었다.[28] 또한 이 당 대회에서 강택민은 개체호, 사영, 외자 등 비공유 경제 또한 사회주의 시장 경제의 중요한 구성 부분이라고 선언하여 사적 소유를 중국 사회 경제의 중요 구성 부분으로 공식 승인하였다.[29] 이러한 과정에서 전 인민 소유제로서의 사회주의적 국유는 자본주의와 같이 국가 조직의 배타적 소유로서의 국유로 사

---

26) 같은 책, p. 122.
27) 김익수 외, 앞의 책, p. 277.
28) 정재호 편, 앞의 책, p. 117.
29) 같은 책, p. 155.

실상 성격을 전환하였다. "이러한 주장들은 '전민 소유제=국가 소유제=국가 경영제'라는 등식에 기초한 전통적인 사회주의 소유제를 부정하는 것이었다. 개혁파 경제 이론가들이 주장하는 새로운 소유제 이론에 따르면, 이 세 가지 중 전민 소유제 개념은 사실상 폐기되어야 하고, 국가 소유제는 국가가 국유 기업 경영에 대한 직접적 통제권을 갖는 것에서 소유와 경영의 분리라는 원칙에 기초하여 국가가 주식 지분에 따라 소유자의 권리를 행사하는 것으로 의미가 축소되었다."[30] 이러한 사실은 등소평이 사회주의 시장 경제를 주장하면서, 즉, 자본주의로 전환하면서도 마지막까지 사회주의라는 수식어를 놓치지 않았던 사실, 그리고 지금의 시진핑이 사회주의 중국 운운하는 것이 얼마나 기만적인 것인가를 드러내는 것이다.

사회주의 사회에서 국유는 국가 조직의 배타적 소유가 아니라 전 인민의 소유를 의미하는 것이다. 자본주의에서 국유는 국가 조직의 배타적 소유, 국가의 부르주아적 소유이지만, 사회주의 사회에서 국유는 전 인민 소유로서 소유 자체를 철폐하는 과도기적, 이행기적 소유로서, 소멸하는 과정에 있는 소유라는 의미에서 전 인민 소유이다. 쏘련의 해체 과정에서 전 인민 소유의 국유 기업을 사유화할 때, 전 인민에게 무상의 바우처를 나누어 주어 기업의 주식을 일정하게 취득하게 했던 것은 국유가 국가 조직의 배타적 소유, 부르주아적 소유가 아니라 전 인민 소유이었기 때문이었다. 그리고 중국 국유 기업의 구조조정 과정에서 곧바로 해고에 이은 실업이 아니라 하강이라는 제도를 실시할 수밖에 없었던 것도 국유 기업이 국가 조직의 배타적 소유, 부르주아적 소유가 아니라 전 인민 소유의 기업이었기 때문이었다. 그러나 현대 기업 제도, 주식 제도를 통한 국유 기업의 '개혁'

---

30) 김익수 외, 앞의 책, pp. 172-173.

이후 전 인민 소유는 의미를 상실했고, 중국에서 국유는 국가 조직의 배타적 소유, 국가의 부르주아적 소유로 전화했던 것이다.

4. 2000년대 이후 중국 국가독점자본주의의 완성

사회주의 국유 기업의 자본주의적 회사 기업으로의 전환을 통해 중국 사회는 사실상 자본주의로의 개조를 완성했다. 즉, 반혁명의 성공이 이루어진 것이며, 자본주의의 복고가 이루어진 것이었다. 다만 과거 다른 사회주의 국가들의 자본주의 복고 과정과 다른 것은 중국 공산당 자체가 그러한 자본주의 복고의 주도 세력이었다는 점일 뿐이다.

중국에서 자본가계급은 이미 명실상부한 경제적, 정치적 지배계급이다. 현대 중국 자본가계급의 뿌리는 1950년대 공사합영의 경로를 통해 소멸하는 길을 걸었던 중국 민족자본가계급이다. 그러나 이들 민족자본가계급은 경영 능력, 그리고 유상몰수로 인한 이자 지급 등으로 경제적 실력을 유지하고 있었고, 또 자신들의 자제들을 상급학교에 진학시켜 사회적, 경제적 실력을 유지하고 있었다. 또 중국 사회주의는 정치협상회의라는 통일전선 조직을 통해 이른바 붉은 자본가들을 승인하고 있었다. 정치협상회의에는 자본가계급을 대표하는 민주당파들이 참여하고 있었고 지금도 참여하고 있다.

그리고 문화대혁명 이후, 개혁, 개방 이후 중국 자본가계급의 형성은 사영(私營)의 형태로 이루어졌다. 인민공사가 해체되면서 개인의 이윤 추구 활동이 허용되자 1인 단독의 자영업자들이 개체호(个体户)라는 형태로 나타났다. 이 개체호들은 이윤을 얻고 자본을 축적하면서 밑에 피고용자를 두기 시작했는데, 개체호 밑의 피고용자가 8인

이상이 되면 사영이라고 규정되어 사적 자본가로 간주되었다. 이러한 과정은 자연 발생적 과정이었는데, 1980년대 후반 중국 공산당은 사영의 존재를 합법화시켰다. 그리하여 2000년에 이르면, 사영 기업의 수는 176만 개에 이르고 종업원 수는 2,407만 명에 달하였다. 사영 기업은 점차 대기업화했는데, 2000년경에는 종업원 500명 이상의 기업이 4만 800개에 달하고, 종업원 1000명 이상의 기업은 259개에 이르렀으며, 계열사를 보유한 사영 기업 집단(한국으로 치면 재벌에 해당한다)은 1999년 1,689개에 달했다.31) 이리하여 사영 기업은 단순한 소자영업자, 소자본가의 수준을 넘어서서 중국 경제의 주요 구성 부분으로 자리매김하였고, 사적 자본가들 중 일부는, 최근 중국 경제에서 거대 재벌로 성장한 알리바바, 텐센트 등에서 보듯이 이미 독점 단계의 자본, 독점자본으로 성장했다.

한편 공유제 성분을 보면, 주식제 개혁을 겪은 국유 기업은 1997년 공업 총생산액 중 22.5%를 차지했다. 그리고 농촌의 향촌 기업을 중심으로 하는 집체 기업의 비중은 1997년 38.1%를 차지했다. 그리고 비공유제 경제의 비중은 1999년 개체호와 기타 성분을 합쳐서 44.3%를 차지하고 있다.32) 이와 같이 국유 기업은 대폭적으로 양과 비중이 줄어드는 가운데, 사영 기업, 외자 기업, 향진 기업 등 다양한 소유제 형식의 기업들이 성장했다. 그런데 국유 기업은 대부분 대형 기업이고 또 국유 상업은행의 대출 등에서 우대를 받아 지속적으로 몸집을 불려서, 최근에는 국진민퇴(國進民退)라는 신조어가 만들어지기도 했다. 즉, 개혁, 개방 이래 민영 기업이 크게 성장, 진출하고 국유 기업이 퇴조, 위축되는 형세가 역전하여 국유 기업이 크게 성장하고 민영

---

31) 정재호 편, 앞의 책, pp. 164-165.
32) 같은 책, pp. 197-198.

기업은 위축되고 있는 것이 최근의 형세라는 것이다. 이러한 추세, 즉, 대형 기업과 전략적 산업에서 국유 기업이 독점적 지위를 차지하며 성장하고, 민영 기업, 사영 기업은 일부를 제외하고는 중소기업으로 머물고 있는 양상은 현재까지 일정하게 굳어지는 경향을 보이고 있다. 그리하여 세계 500대 기업에 드는 중국 기업들을 보면, 대부분 석유, 은행 등의 중국의 대형 국유 기업들이다. 민영 기업들은 IT 등 일부 첨단 산업에서 독점자본으로까지 성장했으나, 전체 독점자본들 중에서의 비중은 국유 기업이 압도적이다. 특히 2008년의 세계 금융 위기 이후 중국은 위기를 극복하면서 일본을 제치고 세계 2위의 경제 대국, G2로 떠올랐는데, 이후 10여 년간 중국 경제는 대형의 국유 기업들이 세계적 기업으로 성장하고, 그 뒤를 민영 기업들이 따라가고 있는 양상이다. 중국은 2001년에 WTO에 가입하여 세계 시장의 흐름에 참여하기 시작했고, 이후 대외 무역이 크게 확대되었다. 그리하여 세계의 공장으로 불리기 시작했는데, 2012년경부터는 수출과 수입을 합한 대외무역 총액에서 세계 1위로 올라서서 미국을 앞지르기 시작했고, 지금도 계속 미국과의 격차를 벌여 나가는 중이다.

　이러한 상황에서 중국 공산당은 자본주의로, 정확하게는 국가독점자본주의로 전환한 자신들의 사회 상태를 반영하여, 공산당의 집권을 유지하기 위한 다양한 이데올로기 작업을 벌였는데, 2001년 중국 공산당 총서기 강택민은 3개 대표론을 발표하여 사영 기업가의 공산당 입당을 허용했다. 3개 대표론은 중국 공산당이 대표하는 3가지를 말하는데, 첫째 중국 공산당은 선진 생산력을 대표하고, 둘째, 선진 문화를 대표하고, 셋째, 광대한 인민대중을 대표한다는 것이었다. 여기서 선진 생산력의 범주에 사영 기업가를 포함시켜 사영으로 대표되는 사적 자본가들의 공산당 입당을 정식으로 허용한 것이었다. 이러한 조치를 통해 중국의 사적 자본가들은 경제적 영역을 넘어서서 정치적 영역에서, 권력을 움켜쥘 수 있는 길이 열리게 되었다. 사영 기업주 중 공산당원의 비율은 1993년 13.3%였지만 2002년에는 30.2%로 격증하였다.[33] 강택민의 3개 대표론은 중국이 시장 경제, 즉 자본주의로 전환한 가운데, 다양한 계급, 계층으로 분화되는 양상이 나타나자 i) 공산당의 1당 지배를 지속하고 ii) 개혁, 개방의 결과 나타난 사영 기업주와 인텔리 층을 흡수하기 위한 것이다.[34] 그런데 이러한 목적에 따른 3개 대표론은 당 건설 노선에서 중대한 변화의 함의를 내포한 것이었다. 즉, 3개 대표론은 공산당의 당 건설을 기존의 사상을 중심으로 하는 구조적 당 건설론에서, 기능을 중시하고 기능에 따른 제도적 정당, 집권당 노선으로써 당 건설을 하는 것으로 전환한다는 것이었다.[35] 즉, 중국 공산당은 3개 대표론을 통해 사회주의 혁명과 사회주의 건설을 추진한다는 본질적 성격을 버리고, 하나의 제도적 정당으로서, 집권 정당으로서 기능적 건설의 길로 들어선 것이다. 이것은 중국 공산당이 무산계급 정당으로서의 자신의 역사를 지우고 부르주아 정당으로 변신한다는 의미였다.

중국에서는 2003년에 일반국민 여론 조사를 하였다. 그 결과 개혁의 수혜자는 누구인가의 질문에 대해, 당정 간부가 73%, 기술직이 12.8%, 사영이 6.4%, 노동자와 농민은 0.9%를 차지했다.[36] 이러한 여론 조사의 결과를 신뢰한다면, 중국에서 자본주의로의 전환에서 가장 이익을 누린 자들은 바로 당 간부들이며, 바로 이들이 사회주의를 배신하고 노동자와 농민 등 인민을 착취, 수탈하는 세력이라는 것이 대중들에 의해 광범하게 인식되고 있음이 드러났다는 것이다. 사영이

---

[33] 김익수 외, 앞의 책, p. 320.
[34] 같은 책, p. 188.
[35] 유세희 편, ≪현대중국정치론≫, 박영사, 2009, p. 89.
[36] 김익수 외, 앞의 책, p. 132.

단지 6.4%를 차지한 것은 시사적인데, 사영 대부분이 중소 자본가로서 이들은 커다란 힘이 없고, 오히려 독점자본들을 대변하는 당정 간부가 실제적 권력의 주인이며, 부의 점유자들이라는 것을 중국의 인민대중들은 명확하게 인식하고 있는 것이다.

후진타오의 과학적 발전관, 조화(調和)사회 이론이 등장한 것은 바로 이러한 사회적 갈등과 변화를 반영한 것이다. 후진타오는 등소평의 선부론(先富論) 대신 균부론(均富論)을 주창했는데, 이는 중국 사회의 계급 분열과 계급 대립이 일정한 수위를 넘었다는 판단 아래, 일종의 사회민주주의적 정책을 제기한 것이다. 지역적으로는 이 시기에 동부 연안의 발전 지대에 비해 낙후된 중서부 내륙 지역을 발전시킨다는 것을 기치로 서부 대개발이 제창되기도 했다. 또 낙후한 중국의 사회 보장 체계를 개선하기 시작했다.

후진타오는 지속 가능한 발전을 중심에 놓는 과학적 발전관을 제창했고, 이를 위해 사람(인민)을 근본으로 삼는다(以民爲本)는 것을 원칙으로 제기했다. 이러한 후진타오의 과학적 발전관은 중국에서 사회민주주의를 이데올로기와 정책 차원에서 시도하는 것으로 볼 수 있다.

그리고 후진타오의 뒤를 이은 시진핑은 부패를 다스린다는 사정 정책을 내세워 자신의 권력 기반을 강화했다. 이것은 이른바 사회주의적 법치를 강화하여 사회주의 제도 건설을 이룬다는 명분에서 이루어진 것이었는데, 현대 중국은 혁명성과 사회주의의 운동성을 상실한 상태에서, 이른바 제도 건설이 곧 사회주의 건설인 양 중국의 인민대중과 세계 전체를 기만하고 있는 것이다.

2008년 금융 위기 이후 중국은 G2로 떠오르면서 미국과 세계 패권을 놓고 경쟁하는 위치에 올라섰다. 그러나 그 내용을 보면 이른바 중화민족의 부흥이라는 민족주의적 구호 이외에는 내용이 없는 빈곤한 상태를 드러내고 있다. 그런데 1990년 전후 천안문 사태 당시 경제가 일시 침체한 것을 제외하면 중국은 2000년 정도까지 경제 공황을 모르는 상태에서 지속적인 경제 성장을 하였다. 특히 1997년, 98년의 아시아 금융 위기 상황에서 중국은 자국 화폐인 위안화를 평가절하하지 않고 위기를 버텨 내어, 한국, 동남아 국가들이 신속히 경제 위기를 극복하는 데 커다란 공헌을 하였다. 이를 통해 중국은 위기를 모르는 경제 성장의 국가라는 신화를 쌓아 올렸다. 그러나 2008년의 세계 금융 위기를 전후하여 양상이 달라졌다. 2008년의 위기 상황에서 중국은 4조 위안, 즉, 한국 화폐로 600조 원에 달하는 거대한 자금을 투입하여 신속히 위기 상황에서 벗어났고 나아가 세계 경제 전체가 일정하게 위기를 벗어나는 데 기여했다.

그러나 4조 위안의 자금 투입을 통한 사회간접자본을 중심으로 한 건설 투자는 이후 중국 경제에 중대한 후유증을 남겼다. 경제 위기를 극복한 직후였던 2010년 중국의 경제학자들은 중국 경제를 다음과 같이 진단하고 있다. "과장하지 않고 말할 수 있는 것은 매번의 경제 과열은 모두 투자 규모가 너무 크고 증가의 속도가 너무 빨라 일어났다는 점이다"[37], "중국의 앞서의 경제 주기, 즉 신중국 성립 이후의 10번째의 경제 주기는 2000년부터 2009년까지인데, "8+2"의 양호한 궤적이다. 즉, 8년의 상승기와 2년의 침체기로서 합하여 10년이다."[38] 이와 같이 중국의 경제학자들은 중국에서 10년의 경제 주기가 있고 그것은 투자 과열, 즉, 과잉생산 공황으로 나타났다는 것을 토로하고 있다. 이것은 중국 경제학자들의 분석인데, 이와 달리 중국의 경제 관료, 당 간부들이 2008년의 금융 위기를 겪고 난 후 연설

---

[37] 陈佳贵·李扬 主编, ≪2011年 中国经济形势 分析与预测(2011년 중국 경제 형세 분석과 예측)≫, 社会科学文献出版社, 2010, p. 3.
[38] 같은 책, p. 21.

한 연설집에는 다음과 같이 현대 중국에서의 과잉생산 공황을 인정하고 있다. "6. 중국의 경제적 기현상(怪圈)을 돌파하는 것. 현재 중국의 많은 지방은 모두 경제 발전을 가속화하는 요구가 있다. 그래서 투자 열기가 나타나고 신용 대출이 따라서 팽창하고 신용 대출 팽창 이후에는 생산능력의 과잉이 나타나고 이후에 다시 통화가 팽창하고 그 후에 중앙은 다시 긴축을 하고, 일단 경제를 긴축하면 어려움이 발생하고 이후 다시 투자 열기가 나타난다. … 이렇게 여러 해 동안 언제나 이런 기현상 속에서 맴돌고 있다."39) 중국은 발전 욕구가 크기 때문에 국가와 지방정부 주도의 투자가 빠르게 증가하고, 이것이 시장 수요에 비하여 과잉의 생산능력을 낳고(즉, 과잉생산 공황으로 이어지는 물적 토대) 이후 긴축, 즉, 경제 침체가 나타나고 이후 회복기에 다시 투자 열기가 나타난다는 것이다.

이는 중국적 방식으로, 즉, 중국의 국가독점자본주의의 방식으로 과잉생산 공황이 주기적으로 나타나고 있다는 것을 의미한다. 예를 들면 1990년대 후반의 침체기, 그리고 2008년을 기점으로 한 침체기에 중국 경제는 급격한 하강으로 접어들어서 뚜렷한 경제 주기를 보이고 있다. 그런데 경제 침체기였던 1999년에 중국은 7.6%의 경제 성장률을 보였고 2009년에는 9.1%의 경제 성장률을 보였다. 즉, 각 경제 주기에 있어서 저점이 상당히 높게 나타나고 있다. 이는 중국이 자본주의 사회로서 과잉생산 공황을 겪고 있지만, 사회주의 경제의 유산, 그리고 경제 전체에서 국유 기업의 비중이 30% 가까이 되는 정도로 높다는 점 때문에, 그리고 은행이 모두 국가 소유여서 신용 대출을 통해, 위기의 폭발을 일정하게 약화시켰다는 것을 의미한다.

---

39) 张维迎 主编, ≪金融危机后的中国经济(금융 위기 이후의 중국 경제)≫, 世纪出版集团·上海人民出版社, 2010, p. 36.

그런 점에서 중국은 기존의 미국과 일본, 유럽의 국가독점자본주의에 비해 젊은 국가독점자본주의이며, 지금까지는 빠른 회복력을 보인 일정한 구조를 갖고 있다고 할 수 있다.

그러나 중국에서 사회주의의 유산은 거의 사라지고 있고 사회의 계급 분열과 계급 대립은 주요 자본주의 국가에 비해 더 심화되고 있다. 이는 빈부 격차의 정도를 나타내는 중국의 지니계수가 1982년 0.28에서 1990년 0.35로, 그리고 2001년에는 0.45로 증가한 것에서도 드러난다.[40] 그리고 무엇보다도 중요한 점은 현대 중국에서 과잉생산 공황이 주기적으로 발생하고 있다는 점이다. 맑스는 ≪자본론≫에서 자본주의 운동의 결과 과잉생산 공황이 주기적으로 발생한다는 것을 논증했는데, 이러한 과잉생산 공황의 존재를 중국의 경제 관료와 당 간부들이 시인하고 있다는 것은, 현대의 중국 사회주의 시장 경제가 실은 맑스가 분석한 자본주의 운동 법칙이 관철되는 자본주의 사회라는 것을 의미한다. 다만 중국에서 과잉생산 공황의 정도가 아직까지 약했던 것은, 한편으로는 사회주의 경제의 유산 때문이며, 다른 한편으로는 국유 기업의 비중이 전체 경제의 30% 가까이 되는 구조, 즉, 중국의 국가독점자본주의 구조의 특성 때문이라 할 수 있다.

5. 소결(小結)

등소평의 개혁, 개방 노선을 보면서, 중국 사회의 사회주의 시장 경제로의 전환을 보면서, 전 세계 부르주아들은 칭송에 입이 마르지 않았다. 그러면서 모택동 시기의 정치는 개인의 독재 시기이며 인치

---

40) 샤오궈량·수이푸민, ≪현대중국경제≫, 해남, 2015, p. 442.

(人治)였다고 비난해 마지않는다. 그러면서 제도인가 인치인가를 화두로 던지고 있다.[41] 언뜻 보면 합리성을 내포하고 있는 듯한 이러한 접근은 한편으로 사회주의 이론과 사회주의 사회에 대한 피상적 인식을 보여 주고 있고, 다른 한편으로는 중국 사회주의를 비롯한 20세기 사회주의의 역사적 성과와 한계에 대한 과학적 접근을 가로막는 것이다. 왜 그런가?

모택동은 개인적 독재의 인치이고 등소평은 사회주의 법치 제도를 비롯한 사회주의 제도를 건립한 합리주의자였다고 보는 이러한 견해는 부르주아들이 사회주의 운동과 사회주의 건설에 대해 왜곡하는 악선동이다. 그러나 이것은 단순한 악선동은 아니며, 그에 대한 비판을 통해 우리는 사회주의 건설에 대한 인식을 심화시키는 길을 갈 수 있다.

사회주의는 제도인가, 인치인가는 쟁점 자체를 왜곡하는 것이다. 부르주아적 합리성에 따르면 인치보다 제도의 건설이 보다 진보적인 것이며 이것은 틀린 말이 아니다. 그런데 제도라는 것이 무엇인가? 제도는 일정하게 고정된 체계, 시스템을 일컫는다. 사회주의 사회의 운영과 그 건설이 일정한 사회주의 제도라는 준거에 기초하여 건설되는 것은 바람직한 것이다. 프롤레타리아 독재 또한 자의적인 것이 되어서는 안 되고 일정한 제도적 룰에 준거하여 수행되어야 한다는 것은 합리성이 있다. 그러나 제도와 혁명성, 혹은 운동성의 관계는 어떤 것인가? 사회주의 사회가 공산주의 사회로 이행하는 이행기라는 점에서 사회주의 사회가 이행기 사회로서의 혁명성을 상실하면, 그 사회는 현대 중국과 같이 자본주의의 복고의 길로 들어서게 된다. 따

---

41) 고쿠분 료세이, ≪현대 중국의 정치와 관료제≫, 한울 아카데미, 2016, p. 44.

라서 한편으로는 제도의 건설을 존중하고 중시하면서도, 다른 한편으로 사회주의 사회의 혁명성을 유지하고 그것을 사회주의 건설의 운동으로 발전시키는 것이 사회주의 건설의 합법칙성이라는 점이 도출된다. 즉, 이행기로서 사회주의 사회의 건설과 발전은, 한편으로 사회주의 제도, 체계의 건설과, 다른 한편으로 사회주의 건설의 대중적인 운동성과 혁명성을 발전시키는 것의 통일이다. 모택동 시기 중국 사회주의의 뛰어난 점은, 바로 이 점을 인식하고 계획 경제 체제의 건립, 사회주의적 민주주의 제도의 건립, 사회주의적 법률 제도의 건립을 추진하면서도, 대약진 운동과 프롤레타리아 문화대혁명이라는 대중적인 혁명적 운동을 통해 이행기로서 사회주의 사회의 혁명적 성격을 유지, 발전시키려 했다는 점이다. 모택동 시기 중국 사회주의가 이러한 길을 걸을 수 있었던 것은 흐루쇼프 수정주의의 등장으로 인한 것인데, 이는 수정주의의 등장이, 역으로, 반면교사로서 인류의 사회주의 건설 노선에 기여한 점이다. 쓰딸린 시기 사회주의 건설에서 대중의 혁명적 운동은 쓰따하노프 운동, 문맹 퇴치를 비롯한 문화 혁명 등 다양한 방식으로 전개되었다. 그런데 노선 차원에서 대중의 혁명적 운동이 사회주의 건설의 본질적 요소라는 점은 뚜렷이 각인되지 못했다.

    쓰딸린은 레닌 사후 쏘련의 사회주의 건설을 이끌어 갈 때, 서기장으로서 서기국의 서기들을 통해 당 조직을 장악하고 국가 조직을 통제하면서 사회주의 건설과 계획 경제 체제의 수립의 길을 걸어갔다. 그 과정에서 5개년 계획이 실시되던 초기에 쓰딸린은 '간부가 모든 것을 결정한다!'는 구호를 내세우기도 했다. 이것은 당시 계획 경제 체제의 건립 시기에 일정한 합리성을 갖고 있는 구호였다. 그런데 쏘련의 경제 규모가 거대해지면서, 특히 2차 대전을 전후하여, 당 간부들은 점차 혁명성을 상실하고 행정적 사무를 처리하는 관료 집단으로 변모되기 시작했다. 쓰딸린은 이에 대해 2차 대전 이후의 시기에, 그의 말년에 권력의 실제적 소재를 당에 둘 것인가, 아니면 쏘비에트에 둘 것인가를 둘러싸고 흐루쇼프로 대표되는 당 간부 집단과 정치적 대결을 했다. 그러나 그의 사망 후에 흐루쇼프는 쓰딸린의 개인숭배를 비판한다는 명목으로 쓰딸린 당시의 혁명적 노선을 전복시켰고, 전 인민 국가와 전 인민 당을 내세워 쏘련 공산당을 수정주의적, 관료주의적 집단으로 변모시켰다. 모택동은 흐루쇼프 수정주의의 등장 이후 이러한 현실, 역사의 반동을 목도하면서, 사회주의 건설에서 대중의 혁명적 운동이 본질적 요소라는 것을 깨달았고, 이어 대약진 운동을 전개하고, 이어 유소기, 등소평 수정주의를 분쇄하기 위한 프롤레타리아 문화대혁명을 발동했던 것이다.

프롤레타리아 문화대혁명이 결과적으로 실패한 것은 당시 중국 노동자계급의 역량이 일정한 한계가 있었기 때문이었다. 즉, 당시 중국에서 인구의 압도적 다수는 노동자가 아니라 농민이었고, 또 중국의 노동자계급은, 한편으로 쏘련 수정주의에 맞서고, 다른 한편으로 미 제국주의의 침략 위협이라는 이중의 공세에 맞서야 했다. 문화대혁명이 왜곡되기 시작했던 출발점이었던 임표의 사망을 분석해 보면 이 점이 분명해진다. 임표의 사망 전까지 문화대혁명은 정확히 주자파를 타격하고 분쇄했고 중국은 사회주의 건설의 길로 매진하고 있었다. 그런데 임표 사망 직전에 쏘련 측에서 중국 국경에 대해 무력 도발을 감행했고, 쏘련은 중국의 핵 시설에 대한 핵공격 계획을 세우고 이에 대해 미국 측의 의사를 타진하기도 했다. 이러한 상황에서 중국은 쏘련의 군사적 공격에 대비해야 했지만, 다른 한편으로 당시 베트남 전쟁에서 미 제국주의가 언제 전선을 중국 쪽으로 확대할지 알 수 없는 이중의 위협에 처해 있는 상황이었다. 중국은 쏘련과 미국의 이러한 양면 협공의 위협 속에서 부득이하게 미 제국주의와 타협하는 길로 갔는데, 바로 이 점이 임표를 고립시키고 끝내 임표가 사망하게 된 계기가 되었다. 임표의 쏘련 수정주의와 미 제국주의와 맞서는 인민전쟁론은 정세의 변화에 의해 힘을 잃었던 것이다. 이러한 상황은 모택동 등 문화대혁명 추진 세력이 미제에 맞서고 또 쏘련 수정주의에 대항하는 길을 가고자 했음에도, 끝내 수정주의 세력을 이겨내지 못했다는 것을 말한다. 즉, 이는 역사의 한계로서 파악될 수 있는 것이다. 그리고 임표 사망 후 강청 등 4인방의 비림비공 등은 매우 좌편향된 것으로서 등소평 등 주자파 세력이 재기할 수 있는 공간을 만들어 주었고 모택동 사후 끝내 권력이 주자파에 의해 장악되게 되었다.

그런데 쏘련 수정주의는 당시 세계 사회주의 진영이 상승기였다는 점에서 쏘련 해체 전까지 사회주의 생산관계를 유지했었다. 즉, 꼬씨긴 개혁으로 개별 국유 기업은 이윤 추구 중심의 자본주의 운동을 했지만 거시적 측면에서는 사회주의 생산관계를 유지하고 있었다. 그런데 등소평의 중국 수정주의는 세계 사회주의 진영의 퇴조기에 발생하고 전개되었다는 점에서 쏘련 수정주의보다 더 반혁명적이고 자본주의 복고적인 모습을 보였다. 쏘련은 해체 전까지 농업에서 집단농장 체제, 사회주의 생산관계를 유지했었다. 그러나 등소평은 권력장악 이후 얼마 되지 않은 1980년대 초에 즉각적으로 인민공사라는 집단적 농업을 해체하고 소농 체제로 전환시켰다. 그리고 사회주의 시장 경제라는 기만적이고 속류적인, 비과학적인 이론을 내세우며 반혁명의 길을, 자본주의 복고의 길을 완성했고, 지금도 중국의 인민대중을 기만하고 전 세계를 기만하고 있다.

다시금 원래의 쟁점으로 돌아가 인치인가, 제도인가의 문제를 정리해 보자. 사회주의 사회는 공산주의로 이행하는 이행기의 사회이다. 따라서 사회주의 사회의 이행기 사회로서의 혁명적 성격을 유지하고 발전시키는 것은 사회주의 건설의 성패를 좌우하는 본질적 요소이다. 그리고 사회주의 사회의 혁명적 성격을 유지, 발전시키는 것은 관료 집단의 '조정'이나 '조절' 정책이 아니라, 대중의 혁명적 운동을 발동하고 조직하는 것을 필요로 한다. 그리고 대중의 혁명적 운동의 전개는, 한편으로 자본주의의 잔재, 계급 사회의 잔재와 투쟁하면서도, 다른 한편으로는 생산력의 발전을 초점으로 해야 한다. 그런 점에서 계획 경제 체제의 건립, 공장 등 생산 단위를 중심으로 하는 선거 등 사회주의적 민주주의 체계의 건립, 헌법과 법률에 따르는 사회주의적 법치 제도의 건립, 이데올로기와 문화에서 백화제방, 백가쟁명의 방침을 통해 문화혁명을 이루어 가면서 구사회의 이데올로기를 씻어 내고 사회주의 이데올로기의 승리를 일구어 가는 것이 필요하다. 그리고 이러한 주요 고리마다, 사회주의 건설의 주요 고비마다 대중의 혁명적 운동을 조직하여 사회주의 건설의 어려움을 돌파해 가야 한다.

제도는 일종의 형식이다. 즉, 제도는 사회주의 건설, 사회주의 사회의 형식이다. 그런데 사회주의 사회의 내용은 생산과 계급 투쟁 등 대중의 혁명적 운동이다. 그리고 내용과 형식 중에서 일차적인 것은 내용이라는 점에서, 제도의 건립은 대중의 혁명적 행동과 운동에 토대하여 건립되고 작동되어야 하며, 이른바 관료들의 조정과 조절 작용은 대중의 혁명적 운동에 의해 제어되고 통제되어야 하는 2차적인 것이다.

쏘련의 수정주의로 인한 해체 과정, 그리고 현대 중국에서 등소평 수정주의로 인한 자본주의의 복고 과정은 우리에게 위와 같은 역사적 교훈을 던지는 것이다. 모택동 등 중국의 노동자계급이 전개했던 대약진 운동과 프롤레타리아 문화대혁명은 지금 전 세계 자본가계급에 의해 매도되고 있지만, 자본의 압제에 시달리고 있는 21세기 지금의 노동자계급에게 풍부한 혁명적 영감을 제공하는 원천으로 작용한다. 그리고 그러한 영감의 핵심은 사회주의 건설에서 대중의 혁명적 운동이 본질적 요소라는 것, 이것은 이행기 사회로서 사회주의 사회의 혁명성을 유지, 발전시키기 위한 필요조건이며, 따라서 제도, 체계의 건립과 대중의 혁명적 운동의 통일을 이루는 것이 사회주의 건설의 성패를 좌우하며, 그 두 가지 요소 중에서 일차적인 것은 생산과 계급 투쟁에서 대중의 혁명적 운동이라는 점이다.

제14장
토니 클리프의 쏘련 국가자본주의론 비판

토니 클리프가 쏘련을 국가자본주의로 규정하여 타도해야 할 적으로 설정한 쏘련 국가자본주의론을 제출한 것은 1948년이었다. 그런데 당시 정세는 쏘련이 2차 대전에서 승리하고 동유럽 각국에서 인민민주주의 혁명이 전개되는 상황이었다. 이러한 상황에서 1930년대 쏘련을 전복하려 했고, 심지어 나찌와 결탁했던 뜨로쯔끼주의자들은 궤멸적 타격을 받았고 역사에서 소멸될 위기에 처했었다. 이러한 상황에서 뜨로쯔끼주의자인 토니 클리프의 쏘련 국가자본주의론은 소멸의 위기에 처한 뜨로쯔끼주의 세력이 살아남기 위해 마지막 발버둥을 치는 것에 지나지 않았다. 그런데 이보다 더 중요한 것은 토니 클리프의 쏘련 국가자본주의론의 실천적 의미였다. 당시 영국은 누구보다 앞장서서 2차 대전 당시 쏘련과의 연합질서를 깨버리고 쏘련과의 대결을 추구하는 냉전을 막 시작하고 있었다. 이러한 상황에서 영국인이었던 토니 클리프의 쏘련 국가자본주의론의 등장은 냉전을 개시하던 영국 제국주의의 이익에 충실히 복무하는 것이었다.

사실 토니 클리프의 쏘련 국가자본주의론은 이론으로서 가치가 전혀 없으며, 쏘련에 대한 제국주의자들의 악선동을 맑스주의연하는 언사들로 포장한 것에 지나지 않는다. 과학적 엄밀성은 찾아볼 수 없고, 쏘련의 계획 경제에서 나타나는 부분적 결함을 마치 전체적인 현상인 양 확대하여 쏘련을 규탄하는 방식을 취하고 있는데, 이는 과도한 일반화의 오류를 범하는 것이었다.

토니 클리프의 쏘련 국가자본주의론의 구조는 매우 단순하다. 쏘련에서도 국가가 존재하기 때문에 존재할 수밖에 없는 관료들을 하나의 계급으로 설정하여, 그들이 인민을 착취하고 수탈하는 것으로 보고, 이를 기초로 쏘련 사회 전체를 착취와 수탈이 존재하는 자본주의로 규정하는 것이다. 따라서 토니 클리프의 주장에서 관료가 지배계급이라는 주장이 논박된다면, 토니 클리프의 전체 입론은 무너지게 된다.

1. 쏘련에서 관료는 지배계급인가?

토니 클리프는 스스로 맑스주의자임을 자처하지만, 맑스가 심혈을 기울여 정립한 사적 유물론의 원칙과 자신은 무관한 듯이 행동한다. 맑스의 사적 유물론은 정치적 생활이 아니라 시민적 생활, 시민적 끈이 사람들의 삶을 규정하는 근본적 요소이며, 국가가 아닌 시민 사회가 역사의 진정한 무대라고 하는 것이었다. 그리하여 시민 사회의 핵심으로서 경제적 생산관계를 들고 있고 생산력과 생산관계의 모순이 역사의 참된 원동력임을 입증하였다. 여기서 생산관계라는 개념은 과학적 엄밀성을 획득하였는데, 생산관계는 생산 수단에 대한 사람들의 관계를 의미하는 것으로서 자본가는 생산 수단을 소유하고 있기 때문에 지배계급이 되며, 노동자는 생산 수단을 소유하지 못한 무산자이기 때문에, 자본가에게 노동력을 판매하여 고용되어 임금 노동을 해야만 생존이 가능하게 된다. 그리하여 맑스주의에서 계급은 생산 수단을 둘러싼 사람들의 관계, 생산 수단을 소유하고 있는가, 아닌가에 의해 규정되는 것이다. 이 점은 맑스주의자들에게는 ABC에 해당하는 것인데, 토니 클리프는 이러한 기초적인 점을 무시하고 쏘련의 관료를 계급으로 규정하는 '사소한' 오류를 범하고 이러한 오류에 기초하여 쏘련을 자본주의라고 규정하는 황당한 주장으로 나아간 것이다.

이러한 토니 클리프의 주장을 논박하기 위해서는 쏘련의 관료가 생산 수단을 소유하는 계급이었는가를 따지기만 하면 된다. 쏘련에서 국유 기업의 최고 책임자인 공장장 혹은 경영자는 초기 단계를 제외하면 국가에 의해 지명되고 공장의 쏘비에트에서 승인을 거쳐 임명되었다. 물론 공장장은 막강한 권한을 갖고 있었지만, 공장장이 그러한 권한을 갖고 있는가와 공장장이 공장을 소유했는가는 차원이 다른 문제이다. 자본주의 기업에서도 공장과 기업을 운영하는 많은 경영자 혹은 관리자들이 있지만 그들은 단지 경영 전문가일 따름이며, 그들은 공장과 기업을 실질적으로 소유하는 자본가에 의해 조정되고 움직여지는 존재일 뿐이다. 왜냐하면 자본주의 기업의 실적이 저조할 경우 경영자는 언제든지 소유자인 자본가에 의해 해고되고, 교체될 수 있는 존재이기 때문이다. 따라서 계급인가 아닌가를 규정하는 생산관계의 문제에서 핵심적인 것은 생산에 관여하는가를 넘어서서, 생산 수단을 '소유'하는가의 문제이다. 자본주의 사회에서 최소한 자본주의가 무엇인지를 인식하고 살아가는 사람의 입장에서는, 자본주의 사회에서 관건적인 것은 전문적인 능력의 문제가 아니라 '소유'의 문제라는 것은 상식적인 것 아니겠는가?

그런데 토니 클리프는 이러한 소유의 문제에 대해 궤변적인 접근을 늘어놓는다. 쏘련에서 국유 기업의 소유자는 국가이지만, 관료가 국가를 '소유'하고 있으므로, 관료가 지배계급이라는 것이다. 그러나 이러한 주장은 논리적인 오류를 범하는 것이다. 이러한 주장이 성립하려면, 그 국가가 프롤레타리아 국가가 아니라 부르주아 국가라는 것을 전제해야 하는데, 토니 클리프는 쏘련이라는 국가가 부르주아 국가라는 것을 증명하는 것이 아니라, 거꾸로 쏘련이 부르주아 국가라는 것을 전제하여, 관료들이 국가를 '소유'하고 있다고 주장하고 있는 것이다. 왜냐하면 관료들이 국가를 '소유'하려면, 그 국가는 이미 부르주아 국가이어야만 하기 때문이다. 따라서 이는 증명해야 할 사항을 증명의 전제로 사용하는 것으로서 논리학상의 어이없는 오류를 범하는 것이다.

뿐만 아니라 토니 클리프는 관료들이 하나의 계층이 아니라 하나의 계급임을 주장하고 있는데, 왜 그런지를 생산관계 차원에서 전혀 입증하지 못하고 있다. 이는 관료층이 생산 수단과 어떠한 관계를 맺고 있는지를 사실적으로 증명하는 문제인데, 사실 자체가 관료의 생산 수단에 대한 소유를 부정하고 있기 때문에, 입증이 전혀 불가능한 것이다. 그리하여 토니 클리프는 관료들이 생산 수단에 대한 소유가 결여되어 있다는 것에 대해, 자식들에게 '소유'보다 더 중요한 '연줄'을 물려준다고 하는 궤변을 늘어놓는다. 또한 법적인 소유 문제가 관료들의 실질적인 소유를 반영하지 못하는 것은 법의 변화는 실제적인 생산관계의 변화보다 지체되는 성질 때문이라고 변명을 한다. 그런데 문제는 법의 변화가 경제적인 변화보다 지체되더라도, 소유 문제가 변화되기 전까지 관료는 생산 수단의 소유자가 아니라 단지 관리자에 지나지 않으며, 따라서 관료는 계급이 아니라는 점이다. 왜냐하면 계급은 생산 수단에 대한 소유 여부에 의해 규정되기 때문인데, 이 점에 대해 의문이 느껴진다면, 이는 맑스의 사적 유물론을 다시 공부해야 하는 문제이다.

논리적인 문제를 떠나 보다 근본적으로 접근하면, 토니 클리프는 사회주의 사회에서 국유의 의미를 전혀 이해하고 있지 못하고 있다. 보다 정확히 말하면, 토니 클리프는 사회주의 사회에서 국유의 의미를 이해할 능력이 결여되어 있고, 나아가 사회주의 사회가 무엇인지를 이해할 능력이 결여되어 있다. 사회주의 사회에서 국유는 자본주의 사회에서 국유와는 근본적으로 다른 것이다. 자본주의 사회에서 국유는 자본주의 국가의 해당 기업에 대한 부르주아적 소유를 의미한다. 즉, 국가 조직의 기업에 대한 배타적, 독점적 소유를 의미한다. 그러나 사회주의 사회에서 국유는 국가 조직의 배타적, 독점적 소유가 아니라 전 인민의 소유를 의미한다. 이는 노동자계급만의 배타적 소유도 아니며, 농민, 반(半)프롤레타리아 등 인민 전체의 공동 소유를 의미하는 것이다. 그렇기 때문에 사회주의 사회에서 국유, 전 인민 소유는 소멸 과정에 있는 소유를 의미한다. 또한 사회주의에서 국유 기업은 투자자금, 임금기금 등을 국가로부터 무상으로 제공받으며, 심지어 적자기업에 대해서도 그것이 사회적 가치가 있다면, 국가는 적자기업에 대해 보조금을 주어 그 기업을 유지하게 한다. 그리고 자본주의 기업이 이윤 추구를 근본 목적으로 하는 것과 달리, 사회주의 국유 기업은 그것이 전 인민 소유이기 때문에, 그 1차적 과제는 이윤 추구가 아니라 인민의 수요와 인민의 복지의 증대에 기여하는 것이 된다.

이러한 것이 사회주의 사회에서 국유의 의미인데, 토니 클리프는 관료층을 '계급'이라고 규정하는 '사소한' 오류를 범한 결과, 쏘련을 국가자본주의로 규정하여 쏘련을 타도해야 할 적이라고 소리 높여 외쳤고, 그리하여 영국 제국주의자들의 나팔수 역할을 했던 것이다.

토니 클리프가 관료를 '계급'으로 규정하는 '비약'을 했던 것은 사실 뜨로쯔끼의 관료주의 문제에 대한 잘못된 관점을 심화시킨 것이다. 뜨로쯔끼는 1920년대 분파 투쟁을 감행할 당시, 관료주의 문제를 주요하게 들고나왔고, 관료주의 문제를 해결하는 '정치 혁명'이 필요하다고 주장했었다. 그러나 이는 쏘련 사회에 부분적으로 존재하는 관료주의 문제를 과도하게 확대하는 것이었으며, 또한 그 해결 방향에서 오류를 범한 것이었다. 뜨로쯔끼는 관료주의에 대해 그것의 기원과 성격, 해결 방향에 대해 과학적으로 접근하지 못하고 '정치 혁명'을 통해 관료주의를 극복해야 한다고 하는 방향으로 나아갔는데, 이는 관료주의에 대한 레닌의 접근과는 상반되는 것이다.

레닌은 뜨로쯔끼의 접근에 반대하여 "관료주의의 해악을 극복하는 데는 수십 년이 걸릴 것이다"[1]라고 파악했고 심지어 "반관료주의 강령을 채택함으로써 하룻밤에 관료주의적 관행을 제거할 수 있다고 말하는 사람은 누구나, 멋진 말을 좋아하는 사기꾼일 뿐이다"[2]라고까지 하였다. 이러한 레닌의 입장은 관료주의에 대해 뜨로쯔끼와는 전혀 다른 상이한 접근 방식을 보여 주는 것이다. 레닌은 관료주의가 극복되기 위해서는 인민들의 문화적, 정치적 수준이 높아져서 인민 스스로가 행정에 참여하는 정도가 높아지는 장기간의 과정이 필요하다고 접근한 데 반해, 뜨로쯔끼는 관료주의를 '정치 혁명'의 방식으로 타도할 것을 요구한 것이다. 겉으로는 뜨로쯔끼의 방식이 레닌의 방식보다 보다 근본적인 것 같지만, 1921년 당시 사회주의 건설을 막 시작하던 쏘련의 현실에서 뜨로쯔끼의 방식은 일대 혼란을 가져올 뿐, 관료주의 극복과는 거리가 있는 것이었다.

국가가 존재하는 한, 관료는 존재할 수밖에 없고 그러한 관료에 대한 통제와 제어가 작동하지 않는다면, 사회주의 국가에서도 관료주의는 발생할 수밖에 없다. 그러나 그러한 관료주의를 극복하는 것은

---

1) 레닌, "노동조합의 역할과 임무에 대한 보고", 토니 클라크, ≪뜨로츠키주의란 무엇인가≫, 노사과연, 2009, p. 71에서 재인용.
2) 레닌, 같은 곳.

대중의 문화적, 정치적 수준의 고양에 기초하여 사회주의적 민주주의를 발전시키는 장기간의 과정을 필요로 한다. 또한 1930년대 쓰딸린의 관료주의자들에 대한 숙청과 같이 대중들의 비판을 기초로 관료주의자들을 걸러 내는 방식도 필요하다. 그럼에도 관료주의의 극복은 단기간의 해결 과정이 될 수 없고 국가 소멸의 전망을 구체화해 가는 가운데, 높은 단계의 공산주의로 점차적으로 접근해 가는 전망 속에서 이루어져야 할 것이다.

그런 점에서 토니 클리프가 쏘련의 관료를 계급으로 규정한 것은 뜨로쯔끼의 관료주의에 대한 좌편향적 오류를 확대, 심화시킨 것이었다. 뜨로쯔끼가 관료주의에 대한 과학적 접근을 하지 못하고 반관료주의를 내세워 실제로는 분파 투쟁을 수행했다면, 토니 클리프는 쏘련의 관료를 지배계급으로 규정하는 것을 기초로 쏘련을 국가자본주의로 규정하여, 냉전을 개시하던 제국주의자들의 이익에 충실히 복무하는 길을 갔다고 할 수 있다.

2. 쏘련에서 노동력은 상품이었는가?

토니 클리프는 쏘련에서 노동력은 상품이었다고 주장한다. "소련에는 상품의 필요조건을 갖춘 것처럼 보이는 것이 하나 있다. 그것은 바로 노동력이다. 노동력이 상품이라면, 노동자들이 자신의 노동력과 교환하여 받는 소비재 또한 교환을 위해 생산된 상품인 셈이다. ... 의심할 여지없이 소련에서도 '노동력 시장가격의 변동'이 일어나며, 그것은 다른 나라들보다 더 심할 것이다."[3] 그런데 토니 클리프는

---

3) 토니 클리프, 《소련 국가자본주의》, 정선진 역, 책갈피, 1993, pp. 194-195.

노동력이 왜 쏘련에서 상품인가에 대해 과학적인 근거를 전혀 들고 있지 못하다. 특히 노동력이 상품이라면 반드시 있어야 할 노동 시장의 존재에 대해 침묵을 지킨다. 상품은 교환을 필요로 하며, 거래되어야 하는 것이다. 노동력도 상품이라면, 그것이 거래되는 시장이 필요하며, 그것이 노동 시장이다.

자본주의 사회에서는 해고를 쉽게 하는 노동의 유연화, 노동 시장의 개혁이 노동 정책의 핵심적 위치를 차지한다. 이와 같이 노동 시장의 존재는 그 사회가 자본주의 사회라는 것을 의미하는 핵심적 요소이다. 그런데 토니 클리프는 노동력이 상품이라는 핵심적 규정을 내리면서도 그러한 규정에 대해 중요한 근거가 되는 노동 시장의 존재를 전혀 입증하고 있지 못하다. 그러고는 노동력이 상품이라는 규정의 의미가 무엇인지에 대해 맑스가 이중적 의미에서 자유로운 노동자로 규정한 것을 언급하고 있을 뿐이다. 즉, 생산 수단으로부터 자유롭고, 자신의 노동력을 자유롭게 팔 수 있는 사람이라는 것을 노동력이 상품이 되기 위한 조건으로서 들고 있을 뿐이다. 그러나 이러한 규정이 쏘련에서는 실제로 어떠했는지에 대해서는 언급이 전혀 없는데, 왜냐하면 쏘련에서는 노동 시장이 존재하지 않았기 때문이다.

노동력이 상품이 되기 위해서는 그것이 거래되는 노동 시장의 존재가 필수이다. 만약 노동 시장이 존재하지 않는다면, 그것은 그 사회에서 노동력이 상품이 아니라는 것을 의미한다. 토니 클리프가 이러한 엉성한 주장을 하는 것은, 자신의 주장의 논거를 들지 못하고 대충 얼버무리는 것은, 그가 사회주의 사회에 대해 그 내부로 들어가서 내부의 입장에서 사회주의 사회를 이해하고 그것을 다시 개념화하는 과정을 거치지 않았기 때문이다. 하나의 규정이 의미 있는 보편적 규정이 되기 위해서는 개념의 대상 내부로 들어가서 구체성을 획득하고 그 구체성에 기초하여 보편적인 개념 규정을 내려야 하며, 그럴 때 구체적 보편으로서 그 개념은 광범위한 영향력을 획득하게 되는 것이다. 그러나 토니 클리프는 이러한 과정 없이 앙상한 주관주의적 주장만 하고 있는 것이다.

또한 토니 클리프가 이러한 엉성한 주장에 머물러 있는 것은, 그가 사회주의 사회와 상품 생산의 관계에 대해 그르치고 있기 때문이기도 하다. 토니 클리프는 쏘련에서 진정한 상품 교환은 존재하지 않는다고 주장한다. "[쏘련에서는: 인용자] 생산물들이 형식상 교환을 통해 경제 각 부문에 분배된다. 그러나 모든 기업에 대한 소유권이 국가에 귀속되어 있으므로, 진정한 의미의 상품 교환은 존재하지 않는다."[4] 그리고 토니 클리프는 상품 생산과 교환의 법칙인 가치 법칙이 쏘련 내에서는 관철되지 않는다고 한다. "소련 경제 내부의 관계들을 세계 경제와 그것들이 맺고 있는 관계로부터 추상해서 보면, 생산의 동력이자 조정자인 가치 법칙이 소련에서는 발견되지 않는다고 결론을 내릴 수밖에 없다."[5] 그런데 토니 클리프의 이러한 주장은 그가 쏘련의 경제와 사회에 대해 제대로 이해하지 못했다는 것을 드러내는 것이다. 쏘련에서 생산 수단은 국유 기업에서 생산하여 국유 기업으로 직접 이전된다는 점에서 상품으로서의 성질을 갖고 있지 않았다. 그러나 소비재와 집단 농장이 생산한 농산물은 화폐를 통하여 소비자에게 '교환'을 통하여 이전된다는 점에서 상품이라 할 수 있었다. 그런 점에서 쏘련에서 당시 교환의 등가물로 쓰였던 루블은 명백히 화폐였던 것이다. 즉, 쏘련은 자본-임금 노동의 착취 관계가 폐지된 가운데, 상품-화폐 관계가 부분적으로 존재하고 있었던 것이다.

이렇게 사회주의 사회인 쏘련에서 상품-화폐 관계가 부분적으로

---

4) 같은 책, p. 192.
5) 같은 책, p. 196.

존재할 수밖에 없는 것은 농업에서 전 인민 소유가 아닌 집단적 관계인 집단 농장의 생산관계로 인해 공업과 농업의 생산물이 상업적 거래, 화폐를 통한 교환 이외에는 달리 교환될 방법이 없었기 때문이다. 그리고 이는 농업의 생산력이 공업에 비해 뒤떨어져 있기 때문에 불가피한 것이었다. 이러한 점은 낮은 단계의 공산주의인 사회주의 사회는 자본-임금 노동의 착취 관계는 가능한 한 즉각적으로 폐지되지만, 상품-화폐 관계는 상당 기간 존재한다는 것을 의미한다. 그리고 상품-화폐 관계가 폐지되는 것은 높은 단계의 공산주의에 이르는 것을 필요로 하는데, 그 단계에 가면, 화폐, 즉, 돈이 필요 없는 사회가 될 것이다.

그런데 쏘련에서, 즉, 사회주의 사회에서, 상품-화폐 관계는 부분적으로 존재하지만 상품으로 역할하는 대상은 자본주의 사회에 비해 상당 폭 축소된다. 먼저, 생산 수단은 상품이 아니며, 토지, 광산, 공장 등도 상품이 아니게 된다. 또한 자본-임금 노동의 착취 관계가 가능한 한 즉각적으로 폐지된다는 점에서 노동력은 더 이상 상품이 아니게 된다. 그리고 국유 기업에 노동자가 취업하는 것은 노동 시장을 통하지 않고 국가를 통하여 이루어지며, 그 관계는 자본주의와 같은 고용 관계가 아니게 되며, 노동자는 사회주의 기업의 주인으로서 해고의 위협으로부터 자유롭게 되고 이른바 '철밥통'의 주인이 되는 것이다.

그런데 토니 클리프는 노동력이 상품이라는 주장을 하면서도 그 근거는 하나도 들지 못하고 있다. 만약 노동력이 쏘련에서 상품이었다는 것이 입증된다면, 그리하여 쏘련에 노동 시장이 존재했다는 것이 입증된다면, 쏘련이 자본주의 사회라는 것은 입증되게 된다. 그러나 토니 클리프는 이 결정적인 지점에서 아무런 설명도 없고, 아무런 근거도 들지 못하고 있다.

3. 토니 클리프의 가치 법칙에 대한 왜곡된 이해에 대하여

토니 클리프는 쏘련이 국가자본주의라는 자신의 주장을 설명하기 위해 약간의 맑스주의 정치경제학의 지식을 동원한다. 그러나 그 지식은 그가 맑스주의 경제학에 대해 매우 피상적으로 잘못 이해하고 있고, 그러한 잘못된 이해에 기초하여 쏘련 사회주의를 자본주의로 왜곡하고 있다는 것을 드러내고 있다. 먼저 토니 클리프는 "마르크스와 엥겔스는 자본주의의 근본 법칙은 가치 법칙이라고 보았다. 그들에 따르면, 가치 법칙은 자본주의를 다른 모든 경제 체계와 구별해 주며, 그 밖의 다른 모든 자본주의 법칙들을 파생시킨다"[6]고 파악하고 있다. 여기서도 토니 클리프는 매우 '사소한' 오류를 범하고 있다. 토니 클리프는 맑스와 엥엘스가 가치 법칙이 자본주의의 근본 법칙이라고 주장하고 있다고 오해하면서, 그러한 주장이 올바른 것이라고 보고 있다. 그리고 이러한 오해는 쏘련 또한 가치 법칙이 관철된다는 점에서 쏘련이 국가자본주의라는 주장으로 연결되고 있다. 그러므로 매우 '사소'하지만 맑스주의 경제학에 대한 이러한 오해는 바로잡힐 필요가 있다.

과연 토니 클리프가 이해하는 대로 자본주의에서 근본 법칙은 가치 법칙인가? 가치 법칙은 상품의 등가교환을 규정하는 법칙이고 가치 법칙이 관철된다는 것은 그 사회가 상품생산 사회라는 것을 가리킨다. 그런데 상품생산은 노예제 사회에도, 봉건제 사회에도 부분적으로 존재했었다. 그러면 가치 법칙은 이들 사회와 자본주의 사회의 공통점을 가리키는 것이지, 자본주의의 고유한 특성을 가리키는 것은 아니다. 그렇다면, 노예제, 봉건제와 구분되는 자본주의 사회의 고유

---

[6] 같은 책, p. 181.

한 특성은 무엇인가? 그것은 자본주의 사회가 상품생산을 일반화하여, 노동력까지 상품으로 만들어서 노동자가 생산한 가치 중에서 잉여가치를 취득함을 통해 자본을 축적한다는 점이다. 즉, 노예제, 봉건제와 구분되는 자본주의의 고유한 특성, 자본주의의 근본 법칙은 가치 법칙이 아니라 잉여가치 법칙인 것이다. 이것은 자본주의의 현실에서, 그것의 규정적 동력은 단순한 상품 교환이 아니라 이윤 추구를 통한 자본의 축적 욕망이라는 점에서 잘 설명된다. 잉여가치를 취득하여 그것을 자본으로 전화시켜 자본의 축적과 확대재생산을 도모하는 것이 자본주의의 현실적이고 본질적인 모습이 아니던가?

그런 점에서 토니 클리프는 자본주의 사회에 대한 이해에 실패하고 있는 것이다. 그에 따라 토니 클리프가 사회주의 사회에 대해 이해하는 것은 불가능하게 되는 것이며, 그의 쏘련에 대한 설명은 사실에 대한 왜곡과 궤변으로 점철되고 있는 것이다. 우리는 토니 클리프의 혼란스럽기만 한 주장들을 나름의 논리적 순서로 배치하여 그의 의도를 분석하는 수고를 해야만 한다. 토니 클리프는 쏘련 사회와 가치 법칙의 관계에 대해 다음과 같이 궤변을 늘어놓는다. 먼저 토니 클리프는 쏘련 내에서 가치 법칙의 존재를 다음과 같이 부정한다. "소련 경제 내부의 관계들을 세계 경제와 그것들이 맺고 있는 관계로부터 추상해서 살펴보면, 생산의 동력이자 조정자인 가치 법칙이 소련에서는 발견되지 않는다는 결론을 내릴 수밖에 없다."[7] 토니 클리프는 여기서 맹백히 쏘련 내에서는 가치 법칙이 발견되지 않는다고, 즉, 가치 법칙이 작동하지 않는다고 규정하고 있다. 그런데 토니 클리프는 이어서 자신의 주장을 뒤집는 억지 주장을 한다. "하지만 가치 법칙이 부분적으로 부정된다고 해서 이 법칙으로부터 자유롭게 되는 것은 아

---

[7] 같은 책, p. 196.

니다. 반대로 경제 전체는 가치 법칙에 더욱더 종속된다. 차이는 단지 가치 법칙이 자신을 표현하는 형태에만 있는 것이다."[8] 여기서 토니 클리프는 가치 법칙이 부분 부정된다고 해도 가치 법칙은 전체적으로 더욱더 관철된다고 주장하고 있다. 즉, 쏘련에서는 세계 경제와 연관 밖에서는 가치 법칙이 발견되지 않지만 토니 클리프가 보기에는 가치 법칙이 더욱더 관철된다는 것이다. 모순되어 보이는 이 관계를 푸는 요술방망이는 쏘련과 세계 경제의 연관성이다. "따라서 가치 법칙을 무정부적 세계 시장이라는 오늘날의 구체적인 역사적 상황에 비추어 살펴보면, 가치 법칙이 소련 경제구조의 조정자임을 알 수 있다."[9] 여기서 토니 클리프는 가치 법칙이 쏘련 경제의 조정자라고 규정하여 앞의 주장과 모순되는 주장을 하고 있다. 그가 이렇게 모순되는 주장을 하는 근거는 쏘련 경제가 세계 시장과 경쟁하는 과정에서, 특히 군비 경쟁을 하는 상황에서, 군수 산업이 쏘련 내에서 발전하는 과정에서 "착취율이 증가"하고 "생산 수단에 대한 노동자의 예속 심화"[10]가 발생한다는 점에서 가치 법칙이 관철된다고 보는 것이다. 그런데 이러한 토니 클리프의 주장은 쏘련이 국가자본주의 사회라는 것의 논거가 되는 것은 아니다. 쏘련에도 상품-화폐 관계가 존재한다는 점에서 쏘련에도 가치 법칙은 일정하게 관철된다. 예를 들면, 집단 농장의 농부가 생산한 농산물이 도시의 소비자에게 판매될 경우 등가교환이 이루어진다는 점에서 가치 법칙은 작동한다. 그리고 특히 쏘련의 생산물이, 그중에서도 예를 들면, 무기가 대외적으로 세계 시장에서 판매된다면, 그때도 등가교환이라는 점에서 가치 법칙은 관철되고 그때

---

8) 같은 책, p. 156.
9) 같은 책, p. 199.
10) 같은 곳.

의 생산물은 상품이 된다. 그러나 그렇다고 하여도 그러한 사실이 쏘련이 국가자본주의라는 주장의 근거가 되는 것은 아니다.

여기서 토니 클리프는 가치 법칙과 잉여가치 법칙을 혼동하고 있다. 가치 법칙 자체는 등가교환의 법칙을 의미하며, 가치 법칙 자체가 착취를 설명하는 것은 아니다. 또한 쏘련 내부적으로 생산한 생산물이 상품이 아닐지라도, 대외 무역에서는 그것이 상품이 된다는 것 자체가 가치 법칙이 쏘련 경제의 조정자로서 역할을 한다는 설명이 되는 것은 아니며, 단지 그것은 가치 법칙이 쏘련 내부 경제에서 부분적 역할을 한다는 설명이 될 뿐이다. 그리고 가치 법칙이 쏘련 경제에서 부분적 역할을 한다는 것은 쓰딸린 시기부터 쏘련 내에서 인정되고 있기도 했다. 그러면 사회주의 사회에서 경제의 참된 조절자는 무엇인가가 문제된다. 이에 대해서는 20세기 사회주의의 역사가 일정하게 답을 한다. 즉, 사회주의 사회에서 경제의 참된 조절자는 가치 법칙이 아니라 프롤레타리아 국가의 '계획'이며 가치 법칙은 단지 그러한 계획을 보조하는 부차적인 역할을 수행할 뿐이다. 이를 풀어서 설명하면 일상적 시기에는 국유 기업과 국유 기업, 그리고 국유 기업과 집단 농장, 그리고 이들과 소비자의 관계에서 등가교환이 이루어지지만, 사회 전체의 필요에 따라 등가교환이 아니라 쏘비에트 국가의 계획에 의해 가격이 조절될 수도 있다. 이때 가치 법칙은 명백히 계획에 의해 밀려나게 된다. 또한 생산과 분배의 측면에서, 축적과 소비의 측면에서, 자원의 배분을 결정하는 것은 일차적으로 프롤레타리아 국가의 계획이며, 가치 법칙은 그 과정에서 단지 보조적인 역할을 하게 된다.

토니 클리프는 가치 법칙과 잉여가치 법칙을 혼동하는 것을 기초로, 쏘련 사회에 있어서 가치 법칙을 어떻게 볼 것인가에 대해 우왕좌왕하고 있다. 사실 사회주의 사회는 낮은 단계의 공산주의로서 상품-화폐 관계가 부분적으로 존재한다는 점에서 상품 교환의 법칙으로서 가치 법칙은 존재할 수밖에 없다. 그리고 사회의 생산력이 발전하고, 농업에서 집단적 생산관계가 공업과 같이 전 인민 소유로 발전할 때, 가치를 매개로 한 상품 교환의 영역 자체가 줄어들고 끝내 소멸하게 된다. 그리고 이와 함께 가치 법칙도 그 작동을 멈추게 되고 화폐 또한 소멸하게 된다. 즉, 가치 법칙의 작동의 토대가 되는 상품-화폐 관계 자체가 소멸하게 된다.

4. 쏘련의 경제적 토대, 사회주의 생산관계에 대한 왜곡 비판

토니 클리프의 ≪소련 국가자본주의≫는 시작부터 쏘련 사회의 현실에 대한 왜곡으로 점철되어 있다. 토니 클리프는 사회주의 사회의 현실에 대한 이해를 결여하고 있고, 나아가 의도적으로 사실 자체를 왜곡하거나 계획 경제의 부분적 결함을 마치 전체적인 현상인 양 확대하는 방식을 취하고 있는데, 이는 쏘련 사회에 대한 과학적 접근이 아니라 악선동에 불과한 것이다. 따라서 이러한 악선동에 대해서는 하나하나 사실을 짚으면서 대응하는 것이 필요하다.

토니 클리프의 ≪소련 국가자본주의≫는 쏘련의 국유 기업에서 지배 구조였던 당 조직, 공장 쏘비에트(위원회), 노조의 3자 결합이 공장장 1인 체제로 전환되는 것을 비난하는 것으로 시작한다. 그러나 의기양양한 토니 클리프의 이러한 접근은 실은 쏘련 사회의 실상을 제대로 이해하지 못한 상태에서 악선동하고자 하는 자신의 의도를 드러낼 뿐이다. 공장장 1인 체제로의 전환은 3자 결합이 대공장의 경영에서 혼란을 불러왔기 때문이었고, 레닌은 수천, 수만 명이 일하는 현대적인 대기업에서는 의지의 통일성이 중요하며, 따라서 의지의 통일로서 경영에 있어서 공장장 1인 체제를 주장했다. 그리하여 1920년대 이후 공장장 1인 체제는 사회주의 국가의 기본적인 경영 체제로 확립되는 길을 걸었다. 그런데 이것은 공장장 1인의 독재 체제는 아니었다. 공장장 1인 체제는 경영이라는 전문성의 영역에서 단일한 의지의 표현에 지나지 않았고, 그 공장장은 국가가 지명하지만 공장 쏘비에트의 승인을 받아야 했다. 또한 임금과 근로 조건, 해고의 문제에 있어서는 노동조합의 동의가 있어야 했다. 즉, 경영이라는 전문성의 영역에서는 공장장 1인 체제이지만, 노동자 대중의 이해가 걸린 영역에서는, 공장에 대한 정치적 통제의 영역에서는 당 조직과 공장 쏘비에트, 그리고 노조의 역할이 지배적이었다. 그런데 토니 클리프는 이러한 사실을 왜곡하여 공장장 1인 체제 자체의 성립을 노동자가 공장에서의 일체의 권한을 상실하는 과정으로 묘사하고 있다.

임금의 문제에서 토니 클리프는 노조와 경영진의 합의로 임금을 결정하는 단계에서, 1차 5개년 계획이 실시되게 된 후로 정부 기관인 인민위원부와 경제관리 기관들이 임금을 결정하는 것으로 변화되어서 임금 문제에서 노동자의 일체의 요구가 부정되는 것으로 묘사한다. 그러나 이 또한 사실의 왜곡이다. 계획 경제가 본격화되기 전에 임금은 노조와 경영자 간의 협의를 통해서 결정되었다. 이는 자본주의 사회에서 임금 협상과 유사한 것이다. 그러나 사회주의 계획 경제가 성립, 발전하면서 노동자 대중 전체에게 지급해야 할 임금기금의 규모는 나라 전체의 계획의 범주에 들어가게 된다. 그리하여 5개년 계획이 실시되면서부터는 임금에 대해서도 당연히 계획이 실시되게 되었던 것이다. 5년 동안 노동자계급 전체의 임금 상승률을 어떻게 잡고, 또 한 공장 내에서 임금의 등급을 몇 단계로 하고, 시간급과 성과급의 비중을 어떻게 조절할 것인가 등이 나라 전체의 경제 계획에 포함되는 것이다. 그러나 이 과정은 단순한 관료적인 조정의 과정이 아니었으며, 임금의 현실적인 결정은 노조의 의견을 반영하여 결정되었던 것이다. 또한 노조는 파업권을 비롯한 권리를 보유하고 있었고, 이에 따라 임금과 단체 협상에서 상당한 발언권을 가질 수 있었다. 1929년 실시된 제1차 5개년 계획은 실제에 있어서 노동자의 임금의 수준이 약 배로 증가되는 결과를 낳았다. 개별 노동자의 임금이 5년 동안 100% 증가했을 뿐만 아니라 노동자계급의 수가 배로 증가되어 나라의 전체적인 임금기금의 규모는 5년 동안 4배로 팽창했다. 이런 것이 5개년 계획의 실상인데, 토니 클리프는 임금이 경제 계획에 포함되기 시작했다는 점을 왜곡하여 노동자들이 임금의 결정에 대한 영향력을 상실하고 정부 기관이 임금 결정권을 행사하는 것으로 왜곡하여 악선동하고 있는 것이다.

 토니 클리프가 왜곡하고 있는 또 하나의 것은 공장장의 기금의 문제이다. 공장장(기업장) 기금은 개별 국유 기업의 자율성을 제고하는 것으로서, 공장에서 산출한 이윤의 일정 부분을 공장 자체 내에 유보하여 노동자들의 주택 건설과 각종 복지에 쓰이도록 하는 것이었다. 그런데 토니 클리프는 이를 왜곡하여 공장장 기금이 공장장 개인의 자금의 성격을 띠는 것으로 주장하며 공장의 운영이 관료주의화되고 있는 것으로 악선동하고 있다. 그러나 공장장 기금은 쓰딸린 시기부터 존재하기 시작하여 쏘련의 해체까지 존재했던 것으로서, 개별 국유 기업의 경영에서의 자율성을 제고하고 노동자들의 복지를 강화하여 노동자들의 의욕을 제고하기 위한 것이었다. 이러한 공장장 기금은 21세기 사회주의 건설에서도 견지해야 할 것이다. 자본가들은 사회주의 사회를 개별 노동자, 혹은 개별 기업의 자율성이 말살되는 것으로, 전체주의 사회로 묘사하기를 좋아하는데, 실제 사회주의 사회는 이와 정반대로 각각의 개인의 자율성의 발전, 각 개별 기업의 자율성의 발전이 참다운 의미에서 가능해지는 사회이다. 왜냐하면 사회주의 사회는 사적 소유가 사라지는 사회이기 때문에 개별의 발전과 전체의 발전이 대립되는 것이 아니라 상호 간에 상승 작용하기 때문이다.

이와 관련하여 토니 클리프는 쏘련은 모든 공장을 국가가 소유하기 때문에, 경쟁 요소가 비존재한다고 왜곡하고 있다.[11] 그러나 이는 토니 클리프의 시각이 철저히 부르주아적이라는 것을 폭로할 뿐이다. 토니 클리프의 시각에서는 자본주의 사회 이외의 사회는 보이지 않는다. 자본주의 사회에서 경쟁은 단순한 경쟁이 아니라 상대방을 짓밟아야만 자신이 살아남는 것을 의미한다. 이것은 경쟁이 아니라 전쟁일 뿐이다. 즉, 자본주의 사회에서 경쟁은 만인의 만인에 대한 전쟁의 의미를 띤다. 그러나 사회주의 사회는 사적 소유가 폐지되기 때문에 비로소 각 개인의 개성의 참다운 발전이 가능해지며, 각각의 국유 기업의 공장 하나하나는 그 자체가 일종의 꼬뮌의 성격을 띠며, 공장 간에 그리고 공장 내부에서는 노동자 간에 사회주의적 경쟁이 전개되게 된다. 자본주의에서 경쟁은 영어로 competition이라 표기되고 사회주의적 경쟁은 영어로 emulation이라 표기된다. 사회주의적 경쟁은 상호 간에 자극과 협력을 표현하는 동지적인 것이다. 자본가들은 사회주의 사회가 인간이 사는 사회가 아니라 뿔 달린 사람이 사는 사회로 묘사하지만, 최소한의 반공주의적 시각을 탈각하고 사회주의 사회 또한 사람이 사는 사회임을 승인한다면, 그 사회에서 개별 인간 간에 맺어지는 관계는, 한편으로 협력 관계가 있고 다른 한편으로 개별 인간 간의 경쟁이 있다는 것은 상식적으로 수긍할 수 있는 것이다. 그리고 사회주의 사회는 사적 소유가 없기 때문에 이익의 적

---

[11] 같은 책, p. 193.

대적 대립이 존재하지 않으며, 따라서 상호 간에 동지적 경쟁이 성립하게 되는 것이다.

쏘련에서는 생산 수단의 가격을 매우 낮게 책정하고, 이후 소비재 판매 단계에서 거래세를 붙여서 제 가격을 받고 판매하는 구조를 취했다. 이는 생산 수단의 생산이 자본주의와 달리 독점가격을 붙일 필요가 없고, 또 나라 전체의 경제 발전을 촉진하기 위해 이윤을 최소화하여 생산 수단의 가격을 저렴하게 하는 정책 때문이었다. 그런데 경공업과 식품공업 등의 생산물은 소비재로서 대중에게 직접 판매되는 상품으로서의 성질을 띠는데, 이때에 비로소 거래세를 붙여서 제 값을 받고, 즉, 등가교환을 하여 판매되었던 것이다. 즉, 생산 수단의 가격이 낮은 것은 그것이 상품이 아니기 때문이었고, 소비재는 상품이기 때문에 등가교환의 법칙이 적용되게 되었으며, 그 과정을 조절하는 것이 국가가 붙이는 거래세였던 것이다. 그런데 이에 대해 토니 클리프는 거래세를 소비자가 부담한다는 점을 부각하며, 국가에 의한 인민대중에 대한 수탈로 묘사하고 있다. 그러나 이는 토니 클리프가 사회주의 사회의 경제 구조를 전혀 이해하지 못한다는 것을 드러낼 뿐이다. 21세기 사회주의 건설에 있어서도 자본-임노동의 착취 관계를 폐지한 이후에, 잔존하는 상품-화폐 관계를 의식적으로 조절하고 궁극적으로 극복하기 위해서는, 생산 수단의 가격을 낮게 책정하는 것이 필요하며, 또 소비재에 대해서는 가치 법칙을 적용하여 등가교환을 해야 하며, 이를 위해 국가가 거래세(쏘련에 대한 다른 책들에서는 매상고세라고 번역되어 있기도 하다)라는 형식으로 개입하는 것은 필요하고 적절한 것이다.

토니 클리프는 쏘련의 경제가 계획 경제가 아니라, 관료적 지령 경제라고 규정한다. 이는 사회주의 사회에서 계획의 의미를 왜곡하고 악선동하는 것인데, 직접 인용해 보자. "만일 우리가 계획이라는 것을 중앙 지령의 의미로 이해한다면, 스탈린주의 공업화 드라이브는 계획된 것이다. … 하지만, 만약 우리가 '계획 경제'를 모든 구성 요소가 하나의 단일한 리듬이 조절되고 규제되는 경제, 마찰이 최소인 경제, 그리고 무엇보다도 경제적 결정을 내리는 데 있어 예측이 우위를 점하는 경제로 이해하고 있다면, 소련 경제는 결코 계획된 경제가 아니다"[12], "각기 다른 공업들 간에 이와 같은 조정의 결여와 발전의 불일치는 가격의 발작적인 등락과 각 공업 간의 조화로운 관계의 부재속에 나타나 있다"[13], "요약하자면, 소련에서는 경제 부문에서 진정한 계획 대신에 엄격한 정부 지령 방식들이, 정부 바로 자신의 결정과 활동으로 인해 경제에 생겨난 간극을 메우기 위해 발전했다고 할 수 있다. 그러므로, 소련의 계획 경제라고 말하는 것보다 관료적 지령 경제라고 이야기하는 것이 훨씬 더 정확할 것이다."[14] 이러한 토니 클리프의 주장은 악의적인 것이다. 사회주의 사회는 완전무결한 사회가 아니며, 더욱이 높은 단계의 공산주의가 아니라 자본주의 흔적, 잔재들이 남아 있는 사회이며, 따라서 국가가 즉각 폐지되는 것이 아니라 프롤레타리아 독재가 필요한 사회이다. 그리고 프롤레타리아 독재 국가는 단지 자본가계급에 대한 진압만 수행하는 것이 아니라, 사회주의 건설자로서도 역할하는 것이 불가피하며 당연한 것이다. 따라서 계획 경제에서 계획의 직접적 담당자는 국가 기관이 될 수밖에 없다.

그렇기 때문에 쏘련에서 경제 계획은 5개년 계획으로 작성되어 최고 쏘비에트에서 통과되어 법령으로서의, 즉, 지령으로서의 성격을 띠게 된 것이다. 그러나 쏘련에서 경제 계획은 단순한 관료적인 지령

---

12) 같은 책, p. 89.
13) 같은 책, p. 91.
14) 같은 책, p. 96.

이 아니었다. 계획의 작성 과정부터 시작하여 국가계획위원회에서 5개년 계획 초안을 작성하여 말단의 국유 기업에 전달하고, 이 계획 초안을 국유 기업의 노동자들이 집단적으로 토론하고 수정 제안하는 과정을 반복하면서 5개년 계획은 입안되었다. 그리고 한번 결정된 계획은 고정된 것이 아니라 연도 계획 등으로 세분화되어 그때마다 민주적 토론 과정, 피드백 과정이 수행되었다. 그런 점에서 경제 계획은 한편으로 강제성을 갖는다는 점에서 지령의 성격을 갖지만, 다른 한편으로 노동 대중의 의사를 반영하는 민주주의적 성격을 또한 갖고 있다. 사실 거대한 경제 계획에서 민주적 성격이 존재하지 않는다면, 그 계획의 실행이 담보될 수 없다는 것은 명확하지 않는가?

또한 토니 클리프는 계획의 수행 과정에서의 불협화음, 불균형을 들면서, 이것들이 지령 경제의 약점이고 쏘련 경제의 문제점이라고 부각하고 있다. 그런데 이러한 불협화음, 불균형이 존재할 수 있지만, 그것의 성격이 경제에 결정적 영향을 미친다면, 계획의 성공적 수행은 불가능하게 된다. 그런데 쏘련에서 제1차부터 시작하여 쏘련 해체 전까지 지속된 5개년 계획은, 특히 쓰딸린 시기에는 매우 성공적으로 수행되었고, 심지어는 초과 달성되기까지 하였다. 이는 그러한 불협화음과 불균형이 존재했을지라도, 그것들이 신속히 교정되어 전체 경제의 발전이 균형 있게 전개되었다는 것을 의미한다. 이를 가리켜 쓰딸린은 쏘련의 경제 법칙의 하나로, 균형 있는 발전 법칙을 제기하기조차 했다. 즉, 계획 경제는 각 부문과 영역의 균형의 유지가 필수적이며, 이를 통해 계획 경제의 성공이 보장된다는 것이었다. 그리고 각각의 5개년 계획이 성공적으로 수행되었다는 쏘련의 역사 자체가 부분적 불균형을 확대 해석하는 토니 클리프의 악선동을 반박하는 사실 자료로서 역할한다.

뜨로쯔끼주의자인 토니 클리프는 1920년대 뜨로쯔끼주의자인 쁘레오브라줸쓰끼가 제안했던 '사회주의의 원시적 축적'을 쓰딸린이 수행했다고 악선동한다. 즉, 쓰딸린이 1920년대 신경제 정책(NEP) 시기에는 꿀라크라는 부농 경제에 의존했고, 이후 쁘레오브라줸쓰끼가 주장한 '사회주의의 원시적 축적'을 채택하여 5개년 계획을 수행했다는 것이다.15) 이것은 뜨로쯔끼주의자들 자신의 오류를 쓰딸린에게 뒤집어씌우는 것으로서 사실 자체를 교묘하게 왜곡하는 것이다. 먼저 사실 자체를 바로잡을 필요가 있다. 쓰딸린은 1920년대 꿀라크 경제에 의존했던 적이 없다. 그것이 아니라 1920년대 신경제 정책 시기는 계획과 시장의 모순을 토대로 한 것이었다. 그리하여 쓰딸린은 꿀라크, 부농층에 대해 이들을 제한하는 정책을 폈다. 꿀라크들의 토지 보유 규모를 제한하고 이들의 농산물 판매, 운송 등에 대해 제한을 두어 이들의 자본주의적 축적을 억제하는 정책을 폈다. 그리고 꿀라크에 대한 것과는 정반대로 빈농과 중농에 대해 농기구와 트랙터 등 생산 수단을 제공하고, 또 신용 대출을 장려하면서, 빈농과 중농이 꿀라크의 영향력으로부터 벗어나게 하는 정책을 폈다. 이를 가리켜 쓰딸린이 꿀라크에 의존하는 정책을 폈다고 주장하는 것은 사실을 정반대로 왜곡하는 것이다.

그리고 쁘레오브라줸쓰끼가 주장한 '사회주의의 원시적 축적'은 농민을 수탈하여, 사회주의 공업화의 재원을 마련하자는 주장이었는데, 이는 농민을 반혁명적 세력으로 보는 뜨로쯔끼주의 세력의 정책 방향이었다. 그러나 이러한 주장은 당시 볼쉐비끼 당에 의해 기각되었고 볼쉐비끼 당은 협상가격차로 인한 농산물의 저가격 경향을 교정하여 농산물 가격을 인상하는 등의 조치를 취하였다. 그런데 뜨로쯔끼주의자들이 보기에 쓰딸린의 5개년 계획 추진이 바로 '사회주의의

---

15) 같은 책, p. 135.

원시적 축적'의 채택으로 보였던 것이다. 그러나 이는 뜨로쯔끼주의자들의 왜곡된 인식을 보여 주는 것에 지나지 않는다. 쓰딸린은 농민을 수탈하여 공업화의 재원을 마련한 것이 아니었다. 당시 제국주의자들의 보이콧으로 인해 외채를 도입할 수 없었던 쏘련은 공업화 자금을 국내적 원천에 의존할 수밖에 없었다. 그 원천은 국유화된 사회주의 공업 기업의 이윤, 국유화된 거대한 운수망의 이윤, 국유화된 은행, 국가독점의 무역에서 얻어지는 이익이었다. 또 혁명을 통해 자본가와 지주들의 기생적 소비가 사라진 점, 자본주의와 달리 경제 공황이 없어서 위기에 따른 손실이 없다는 점, 외채로 인한 대외적인 이자 지불이 없다는 점 등이 공업화 자금이 증대될 수 있었던 요인이다. 그리고 소비재에 붙이는 거래세(매상고세)의 양이 상당했으며, 농민도 일정하게 국가에 세금을 지불하였다. 그리하여 1차 5개년 계획의 자금이 마련될 수 있었고, 이후 5개년 계획의 성공으로 인해 거대 설비의 대공장들이 수천 개씩 건설됨에 따라 이 공장들에서 나오는 이윤이 상당했으며, 이 자금들은 연속적으로 2차, 3차 5개년 계획의 자금으로 기능하게 되었던 것이다. 이러한 역사적 사실은 쓰딸린이 걸었던 길이 소위 '사회주의의 원시적 축적'과는 거리가 멀었다는 것을 입증하는 것이며, 따라서 쓰딸린이 '사회주의의 원시적 축적'을 채택했다는 주장은 뜨로쯔끼주의자들 자신의 반농민적 성격, 반민중적 성격을 쓰딸린에게 뒤집어씌워 자신들의 오류를 희석시키려는 마타도어에 지나지 않는다.

5. 쏘련의 상부 구조, 정치적 성격에 대한 왜곡 비판

토니 클리프는 쏘련이 자본주의 사회이고 착취적 성격을 갖는다고 악선동하기 위해 여러 자료를 동원하지만 그것들은 사실의 왜곡에 지나지 않는다. 토니 클리프는 쏘련에서 노동 규율을 강화하기 위한 조치들, 노동 조직을 개선하기 위한 조치들을 노동자에 대한 착취의 강화와 강제노동의 실시로 왜곡한다. 토니 클리프는 쏘련이 테일러주의를 도입하는 것에 대해 착취의 강화라고 주장을 한다. 그러나 테일러주의는 노동 조직을 개선하여 생산력을 발전시키는 것으로서 자본주의에서는 착취의 강화를 의미하지만, 사회주의에서 그것은 생산력의 발전으로 역할하는 것일 따름이다. 이는 기계의 도입과 발전이라는 생산력의 발전이 자본주의에서는 노동자의 실업과 착취의 강화를 가져오지만, 사회주의 사회에서 기계의 도입과 발전은 인민의 복지를 가져오는 것과 같은 이치이다. 악선동에 열중하는 토니 클리프는 생산력의 발전 자체를 객관적으로 파악할 분별력을 잃고 있는 것이다.

그리하여 그는 근무 태만에 대한 처벌에 대해 쏘련에서 착취의 존재의 근거로 사용하고 있다. 그러나 1920년대까지 쏘련은 노동자들의 빈번한 이직으로 인해 골머리를 앓아야 했다. 그리고 자신이 사회주의 기업의 주인임을 자각하지 못하고 태만한 태도를 보이는 노동자들의 규율을 강화할 필요에 직면하고 있었다. 그리하여 5개년 계획이 실시되면서 노동 규율을 서서히 강화하는 정책을 펴게 되었다. 그런데 토니 클리프는 이러한 정상적인 노동 규율의 강화와 전쟁에 임박해서 실시한 전시 노동 규율 문제를 동일시한다. 1940년 10월 19일 노동자들을 강제적으로 전근시키는 법령이 선포되었는데, 이는 전쟁이 임박한 상황에서의 전시 입법이었다. 그런데 토니 클리프는 이것이 전시 정책임을 설명하지 않고 노동자들에게 강제노동을 시키는 것으로 묘사한다. 또 허가 없이 군수 산업에서 이탈하는 노동자들을 처벌하는 법령이 선포되었는데, 이에 대해서도 마찬가지로 전쟁 입법임을 설명하지 않고 노동자들에게 강제노동을 실시하는 것으로 묘사한다. 이것은 전쟁 상황이라는 사실을 빠뜨림으로써 사실 자체를 왜곡하는 것이다. 또한 토니 클리프는 쏘련에서 반혁명적 사보타주를 금지하는 것을 노동자의 파업권 일반을 금지하는 것으로 왜곡한다. 이러한 악의적인 왜곡, 사실 자체를 교묘하게 왜곡하는 것을 통하여 어느덧 쏘련 사회는 전체주의 사회로 전환되고 있는 것이다. 그러나 이러한 저열한 왜곡은 최소한의 분별력을 가진 노동자와 사회주의자들이라면 금방 간파할 수 있는 것에 지나지 않는다.

토니 클리프는 집단화 이후 농민들이 생산 수단을 소유하지 않은 프롤레타리아트로 전화되었다고 한다. "집단화는 공업에 들어온 사람들뿐만 아니라, 또한 농업에 남아 있는 사람들을 프롤레타리아트로 전환시켰다. 농업 종사자의 압도적인 다수는 비록 이론에서는 아니더라도 현실에서는 생산 수단을 소유하지 않은 사람들이다."16) 이러한 토니 클리프의 주장은 사회주의 사회에서는 법이 의미 없다고 생각하는 것이다. 집단화된 집단 농장의 소유권은 협동조합적 소유이며, 집단 농장의 농민들은 집단 농장에서 탈퇴할 경우 자신의 지분에 대한 보상을 받았다. 또한 탈퇴하지 않을 경우, 과도적으로 지분에 따른 보상을 받았으며, 점차적으로 노동에 따른 보수가 지배적으로 되었다. 그리고 집단 농장 농부는 개인 텃밭에서 부업을 하였고 가축, 가금, 간단한 농기구를 개인 소유하였다. 그런데 이에 대해 집단 농장 농민은 소유가 없는 프롤레타리아트로 전화되었다고 하는 것은, 토니 클리프가 협동조합적 소유, 집단적 소유는 소유로 파악하지 못한다는 것을 의미한다. 즉, 토니 클리프에게 소유로서 의미 있는 것은 부르주아적 사적 소유일 뿐이다. 이것은 악선동 여부를 떠나, 토니 클리프가 집단적 소유를 이해할 능력을 결여한, 부르주아적 관점

---

16) 같은 책, p. 65.

에 찌들은 사람이라는 것을 의미한다.

사회주의 사회 또한 헌법과 법률에 따른 사회이다. 뿐만 아니라 사회주의 사회의 법치주의는 자본주의와 달리 형식적인 법치주의가 아니다. 즉, 귀에 걸면 귀걸이, 코에 걸면 코걸이로서의 법이 아니다. 유전무죄, 무전유죄로서의 법도 아니다. 사회주의 사회의 법은 사회주의 질서를 파괴하는 사람을 처벌하는 것이다. 사회주의 사회도 사회인 이상, 내용적인 운동만 있는 것이 아니라 형식, 체계, 제도가 있을 수밖에 없다. 그런데 토니 클리프는 이러한 상식적인 이해가 없는 것이다.

토니 클리프는 전 인민 소유의 재산, 국유 재산을 침해한 자들에 대한 처벌을 재산에 대한 인간의 종속의 사례로서, 재산 숭배로서 악선동한다.[17] 그렇다면 전 인민 소유의 국유 재산을 횡령한 자들을 어떻게 해야 하는가? 사회주의 사회는 자본주의의 흔적을 갖고 있는 사회이다. 그리하여 전 인민 소유에 대해, 협동조합적 소유에 대해, 그것들을 침해하여 사적 소유로 돌리는 횡령, 배임, 절도 등이 있을 수 있고 있을 수밖에 없다. 토니 클리프의 논리대로라면, 사회주의 사회가 재산 숭배를 넘어서기 위해, 재산에 대한 인간의 종속을 넘어서기 위해, 이들을 처벌하지 않아야 한다는 것이 된다. 이것이 제정신을 가진 사람이 할 소리인가?

토니 클리프는 상부 구조로서 국가의 핵심인 군대의 문제에 대해서도 왜곡을 한다. 쏘련에 민병대를 넘어서는 정규군이 존재하기 때문에 쏘련이 '노동자 국가'가 아니라고 악선동을 한다. 그런데 주목되는 것은 토니 클리프가 프롤레타리아 독재가 아닌, '노동자 국가'라는 개념을 사용한다는 점이다. 프롤레타리아 독재 국가라면, 제국주의에 맞

---

17) 같은 책, p. 70.

서기 위해 민병대를 넘어서는 정규군, 상비군이 필요하다는 것을 긍정할 수 있다. 사실 쏘련은 10월 혁명 직후 브레쓰트-리또프쓰크 조약을 통해 독일에게 영토의 상당 부분을 할양해야만 했다. 왜냐하면 독일군에 맞설 군대가 없었기 때문이었다. 그리하여 혁명을 수호하기 위해 부득이하게 영토를 일정하게 내주었던 것이다. 또한 쏘련은 내전이 벌어져서 백군에 맞서서 혁명을 수호해야만 했다. 그런데 백군과 맞서는 것은 노동자 민병대로서도 충분했다. 그렇지만 내전에는 전 세계의 제국주의 열강들이 개입하여 군대를 쏘련 영토에 진주시켰다. 그러나 제국주의 군대와 맞서는 것은 노동자 민병대만으로는 턱이 없었고, 쏘련은 부득이하게 정규적인 상비군을 창설하는 길을 갈 수밖에 없었다. 심지어 짜르 러시아의 군대 장교들을 고용하여 이들을 내전에 투입하기까지 했다. 군대는 국가 권력의 핵심인데, 토니 클라크는 민병대 운운하면서, 이행기 사회로서 사회주의 사회는, 프롤레타리아 독재가 유지, 발전될 때만 유지, 발전할 수 있다는 점을 이해하지 못하고 있다. 그렇지만 빠리 꼬뮌 이래 혁명의 역사는, 특히 20세기 사회주의의 역사는, 프롤레타리아 독재를 강화하는 것을 통해서만 국가의 소멸을 준비하는 것이 가능하다는 것을 우리에게 가르친다. 민병대 운운하는 토니 클리프는 쏘련에 대한 악선동에 열중한 나머지, 이러한 최소한의 현실 감각을 상실하고 있는 것이다.

    토니 클리프는 유고슬라비아의 찌또(티토)가 쓰딸린에 대해 반기를 든 것을 환영하며, 찌또를 '민족적 자유를 위한 투쟁'[18]이라고 칭송하고 있다. 그런데 토니 클리프는 그러한 찌또가 그리스의 인민 세력이 그리스의 점령자인 영국 제국주의와 맞설 때, 국경을 봉쇄하여 그리스의 인민 세력에게 타격을 주었다는 점에 대해서는 언급을 하지

---

18) 같은 책, p. 228.

않는다. 또한 찌또가 미 제국주의와 군사 동맹을 맺고 막대한 군사 원조를 받은 것에 대해서도 언급하지 않는다. 또한 찌또가 한국(조선) 전쟁에서 미 제국주의를 지지하였고, 베트남 전쟁에서 미 제국주의를 지지했다는 역사적 사실에 대해서도 언급하지 않는다. 그리하여 찌또는 토니 클리프에 의해 역사적 위조의 과정을 거쳐 자유를 위한 투사로서 화려하게 부활하고 있는 것이다.

토니 클리프의 쏘련 국가자본주의론은 이론이라기보다는 사실의 왜곡에 기초한 악선동 모음집에 지나지 않는다. 이러한 엉터리 내용이 마치 과학인 양 포장되어 행세를 할 수 있었던 것은 쏘련 붕괴라는 사태가 가져온 노동자계급과 운동 진영의 정신적 공황 상태 때문이었다. 뜨로쯔끼주의 세력이 그러한 정신적 공황 상태를 비집고 파고들었던 것이다. 그런 점에서 이제는 쏘련 붕괴의 영향을 극복하고 20세기 사회주의의 역사적 성과를 옹호하며, 20세기 사회주의의 역사를 21세기의 새로운 사회주의 혁명을 위한 자산으로 전환시켜야 할 때이다. 운동은 논리로만 이루어지는 것이 아니라 역사를 기반으로 전개되는 것이다. 따라서 위대했던 20세기의 혁명과 건설의 역사를 온전히 노동자계급의 것으로 하는 것이 필요하다.

제15장
좌익 공산주의자들의
쏘련 사회 성격 왜곡에 대한 비판

　좌익 공산주의는 21세기 현재 쏘련 사회를 자본주의로 규정하여 쏘련 사회의 성격을 왜곡하는 흐름 가운데 하나이다. 그러나 좌익 공산주의는 하나로 통일된 흐름이 아니라 주로 서유럽의 나라에서 각각의 나라마다 일정한 입장 차이를 갖고 있다. 그러나 그들의 공통된 점은 1920년대 초 좌익 공산주의가 레닌에 의해 비판받은 이후를 쏘련 사회가 노동자 혁명에서 이탈하기 시작한 시점으로 본다는 점이다. 또한 좌익 공산주의는 뜨로쯔끼주의와 달리 10월 혁명 자체의 프롤레타리아적 성격을 부정하고 10월 혁명이 실패한 혁명이라고 보는 점에서 특징적이다.

　이들의 쏘련 사회의 성격에 대한 견해는 뜨로쯔끼주의자들과 상당 부분 일치하면서도 뜨로쯔끼주의자들에 비해 더욱더 혼란스럽다. 그리하여 '가치의 불구화'라는 어이없는 입장을 제출하고 있기도 하다. 이들의 쏘련론은 그리하여 정합적인 체계를 갖춘 것이 아니라 처음부터 끝까지 혼란스런 견해들이 엉켜 있는 양상을 보이고 있다. 따라서 이러한 견해를 비판하기 위해서는 의식적으로 쟁점을 나누고 각 쟁점마다 비판을 가하는 것이 필요하다.

　이 글은 좌익 공산주의자들의 견해 중에서 국내에 소개되어 있고 또 오세철 교수를 중심으로 하는 좌익 공산주의의 흐름의 이론적 기초가 되는 아우프헤벤의 ≪소련은 무엇이었나≫에 대한 비판을 중심으로 한 것이다. 오세철 교수가 번역한 이 책은 수많은 오역과 비문으로 점철되어 있는데, 이는 오세철 교수와 좌익 공산주의자들의 의식이 혼란하게 엉켜 있는 것임을 잘 보여 주는 것이다. 그럼에도 쏘련 사회의 성격을 명료히 하여, 20세기 사회주의의 역사적 공헌과 그 교훈을 노동자계급의 자산으로, 21세기 새로운 사회주의 혁명을 위한 자산으로 전환시키는 것이 필요하기 때문에, 좌익 공산주의자들의 몽롱한 정신세계와 그 '이론'에 대한 비판을 가하는 것이 필요하다.

1. 10월 혁명의 성격에 대한 왜곡 비판

　좌익 공산주의의 특징은, 뜨로쯔끼주의자들이 주장하는 것과 같이 이른바 쓰딸린주의 반혁명부터 자본주의로, 혹은 타락으로 보는 것이 아니라, 10월 혁명 자체를 부정한다는 점이다. 직접 인용해 보자. "그러나 많은 무정부주의자들과 좌익 공산주의자들이 주장했듯이, 러시아 혁명은 결코 성공한 프롤레타리아 혁명은 아니었다. 혁명은 단지 중요 요인들이기는 하지만 러시아의 고립과 후진성 때문이 아니라 러시아 노동계급이 생산의 사회적 관계를 완전히 변혁시키는 데 실패했기 때문이다. 생산관계의 변혁의 실패는 노동계급이 볼세비키의 권력 장악을 통해 통제를 하고 '노동자국가'를 수립했지만, 자본주의를 넘어서 나가는 데 실패했음을 의미했다."[1] 러시아 혁명이 생산관계의 변혁에 실패했기 때문에 러시아의 10월 혁명은 실패한 혁명이라는 것이며, 따라서 쏘련은 사회주의에 도달한 적이 없다는 것이 위 주장의 요지이다.

좌익 공산주의자들이 이렇게 주장하는 것은 좌익 공산주의 자체의 역사적 배경과 관련이 있다. 즉, 1920년대 초 레닌은 좌익 공산주의에 대해 혹독하게 비판하고 심지어 당내에서 분파 금지의 결의를 이끌어 내기도 하였다. 그런데 좌익 공산주의자들 중 상당수는 분파 금지의 결의에 따라 분파 활동을 중지하고 당 대오에 합류했으나, 일부 좌익 공산주의자들은 분파 금지 결의를 위배하고 비밀스런 분파 활동을 하였고 이후 체제 자체를 비난하는 활동으로 나아가서 형사적 처벌의 대상이 되기도 했다. 그리하여 21세기 현재의 좌익 공산주의자들은 레닌주의를 카우츠키주의의 변종으로 주장하는 등 20세기의 볼쉐비끼 운동의 전통과 완전히 단절된, 분리된 채로 20세기 쏘련의 사회 성격에 대해 자본주의라고 주장하고 있는 것이다.

좌익 공산주의자들은 심지어 10월 혁명이 부르주아 혁명이었다는 주장을 하기도 하는데, 그 근거는 러시아 사회에서 농민이 압도적 다수를 차지하고 있다는 것이었다. "그런데 지금 볼세비키가 프롤레타리아적 사회주의 길로부터 후퇴하는 모습을 보여 독일 좌파는 정통 이론으로 되돌아가기 시작했다. 10월 혁명을 이중혁명이었다는 수정된 의미로 시작하면서 결국 그것은 부르주아 혁명이었다고 결정한다. 그들의 이해의 핵심은 러시아 농민의 우세였다. … 그 마지막 결과가 사회주의가 아니라 국가자본주의였다는 결론에 도달했다."[2] 즉,

---

1) 아우프헤벤, ≪소련은 무엇이었나≫, 오세철 역, 빛나는 전망, 2009, pp. 101-102.
2) 같은 책, p. 132.

10월 혁명은 도시에서는 프롤레타리아 혁명이었고 농촌에서는 부르주아 혁명이라는 이중의 성격을 띠고 있었는데, 러시아에서 농민이 우세한 결과 10월 혁명의 결과는 자본주의의 산출이었다는 것이다. 특히 1920년대 신경제 정책에서 농민에게 양보한 결과 10월 혁명의 프롤레타리아적 성격은 사라졌고 10월 혁명은 자본주의를 산출한 부르주아 혁명이었다는 것이다. 참으로 혼란스런 견해이다. 10월 혁명이 도시에서는 자본가계급을 타도하는 프롤레타리아적 성격이었고 농촌에서는 지주를 타도하는 부르주아적 성격이었다는 것은 맞는 말이다. 그러나 농촌에서 혁명의 부르주아적 성격은 1918년 하반기가 되면서부터는 사회주의적 성격으로 발전하기 시작했다. 농촌의 부르주아들인 부농의 토지 보유를 제한하고, 농촌 곳곳에 빈농위원회를 설립하여 농촌의 혁명은 빈농을 중심으로 한 사회주의적 성격으로 발전하기 시작했다. 그리고 도시에서는 자본가계급의 생산 수단에 대한 소유가 철저하게 폐지되어 자본가계급이 계급으로서 폐지되었고 공장 등 생산 수단은 쏘비에트 국가로 조직된 노동자계급의 수중으로 들어갔다. 그런데 소농민이 다수라는 점만으로 도시에서의 혁명의 이러한 프롤레타리아적 성격이 부정될 수 있는가? 이는 좌익 공산주의자들이 혁명에 대한 현실적 이해를 결여하고 있으며, 어떤 이념형으로서의 공산주의라는 관념에 따라 혁명을 이해하고 있다는 것을 드러내는 것이다.

아니나 다를까, 이들 좌익 공산주의자들은 10월 혁명이 실패했다고 다음과 같이 규정을 내린다. "생산의 사회적 관계를 직접적으로 변혁시키지 못하고 이중권력의 상황에 내포된 모순은 생산 수단의 공산화보다는 국유화로 해결되었다."3) 즉, 좌익 공산주의자들이 보기

---

3) 같은 책, p. 182.

에 생산 수단의 국유화를 통한 자본가계급의 폐지는 생산관계의 변혁이 아니었다. 그러면서 그들은 생산 수단의 '공산화'를 요구한다. 그리하여 10월 혁명의 성격과 그것의 실패 여부의 문제는 사회주의 생산관계가 과연 무엇인가라는 쟁점으로 이동한다.

2. 사회주의 생산관계에 대한 이해에 있어서 좌익 공산주의자들의 오류

먼저 사회주의 생산관계에 대한 좌익 공산주의자의 인식에 대해 직접 인용해 보자. "좌익 공산주의자의 비판의 또 다른 요점은 생산 내에 권위주의적 자본주의 관계와 방법을 다시 사용하는 것에 대한 반대였다. 특히 오신스키가 주장한 것과 같이 1인 경영과 자본주의 규율의 강제는 생산조직에서 노동자의 능동적 참여를 질식시키는 것이다"[4], "오신스키의 이러한 주장은 좌익 공산주의의 입장의 가장 훌륭한 요소를 나타내고 있다. 즉 대중 창조성과 노동자의 자율성이 공산주의를 향한 어떤 움직임에도 본질적이라는 것, 그래서 국유화나 생산의 국가화는 충분하지 않다는 것이다"[5], "그들[좌익 공산주의 그룹: 인용재]은 「신경제정책」 이전부터 볼세비키가 만들려고 한 「사회주의」에 대한 비판을 확장시켰다. 즉 노동계급의 자유로운 창조가 아닌 강제에 기반하고 있었기 때문에 그것은 관료적 국가자본주의였다는 것이다"[6], "물론 트로츠키와 달리 모든 좌익 공산주의자들이 제2인터내

---

4) 같은 책, p. 119.
5) 같은 책, p. 120.
6) 같은 책, p. 126.

셔널을 넘어설 수 있었던 한 가지 길은 공산주의로의 이행이나 공산주의 자체가 생산 수단의 국가 통제와 어떤 식으로든 동일시할 수 없다는 것을 주장하는 것이었다"7), "그러나 이러한 사회관계[자본과 임노동의 관계: 인용자]는 생산 수단과 생존수단의 국가소유의 제도로 근본적으로 변화되지 않는다. 물론 스탈린주의 옹호자들은 생산 수단의 국가소유가 전체인구에 의한 소유를 의미했다고 주장할 것이다. 그러나 이것은 분명히 법적 형식성이었다. 소련의 노동계급은 영국 노동자가 국유화시대에 영국 철광, 영국 탄광을 소유하지 않은 것과 마찬가지로 그들의 공장을 소유하지도 않았고 통제하지도 않았다."8)

이러한 것이 생산관계의 문제에 대한 좌익 공산주의자들의 대략의 입장들이다. 여기서 요점은 자본가계급을 폐지하고 그들의 공장 등의 생산 수단을 국가의 수중에 집중하는 것이 사회주의 생산관계가 아니라는 것이다. 그리고 그 근거는 노동자의 자율성, 창조성이 공산주의에 있어서 본질이기 때문에 생산 수단의 국유만으로는 충분하지 않다는 것이다. 이러한 견해를 반박하기 위해 우리는 ≪공산주의당 선언≫의 한 구절을 인용할 필요가 있다. "우리는 이미 앞에서 노동자 혁명의 첫걸음은 프롤레타리아트의 지배계급으로의 고양, 민주주의의 쟁취라는 것을 살펴보았다. [그렇게 되면] 프롤레타리아트는 자신의 정치적 지배를 이용하여 부르주아지로부터 모든 자본을 차례차례 빼앗고, 모든 생산 도구들을 국가의 수중에, 즉 지배계급으로 조직된 프롤레타리아트의 수중에 집중시키며, 가능한 한 신속히 생산력들의 양을 증대시키게 될 것이다."9) 여기서 맑스와 엥엘스는 모든 생산

---

7) 같은 책, p. 153.
8) 같은 책, p. 165.
9) 칼 맑스 · 프리드리히 엥겔스, ≪공산주의당 선언≫(≪칼 맑스 프리드리히 엥겔스 저작 선집≫ 제1권), 박종철 출판사, p. 420.

도구들을 국가의 수중에 집중시키는 것이 노동자 혁명의 주요 과제라고 서술하고 있다. 즉, 노동자계급이 자본가계급을 폐지하고 노동자계급의 공동 소유(전 인민 소유)를 실현하는 것은 생산 수단을 (노동자계급이 지배계급으로 조직된) 국가의 수중에 집중시키는 방식을 취한다는 것이다. 이것은 한편으로 법적 형식이면서, 동시에 경제적 생산관계이기도 하다. 그리고 생산 수단을 국가의 수중에 집중시키는 것 이외에 노동자계급이 생산 수단을 장악하는 다른 길은 없다. 왜냐하면 사적 소유의 대립물은 공동 소유이고 또 공동 소유도 그것이 소유인 한에서는 국가를 통해서만, 법적 형식을 통해서만 소유가 보장받을 수 있을 수 있기 때문이다.

이에 대해 노동자의 자율성, 창조성 운운하며 국유화 자체는 사회주의 생산관계가 아니라고 주장하는 것은 실은 무정부주의에 지나지 않는다. 아우프헤벤은 영국에서 국유화된 산업에서 노동자가 그 기업을 소유하지 못했다는 것을 근거로 들고 있는데, 이는 이들의 천박한 인식을 보여 주는 것에 다름 아니다. 사회주의에서의 국유와 자본주의에서의 국유는 근본적으로 다른 것이다. 자본주의에서 국유는 국가 조직의 배타적 소유, 국가 조직의 부르주아적 소유이기 때문에, 노동자는 국유 기업의 소유자가 아니지만, 사회주의에서 국유는 국가 조직의 배타적 소유가 아니라 전 인민 소유이기 때문에 노동자는 국유 기업의 주인, 소유자가 되는 것이다. 그리고 노동자의 자율성, 창조성의 문제는 국유화된 기업, 사회주의 생산관계에 있어서 민주주의의 발전의 문제, 사회주의 생산관계의 고도화의 문제일 따름이다. 사회주의 생산관계는 국유화 조치 이후로 영원불변하는 것이 아니다. 사회주의 생산관계는 생산력의 발전에 조응하여 끊임없이 개선되고 발전해야 하는 성질의 것이다. 노동 조직의 개선, 관리 체계의 개선, 기업 내 노동자 민주주의의 발전, 기업과 기업의 관계의 개선, 기업과 국가와의 관계의 개선, 전체로서 계획 경제 체계의 고도화 등이 사회주의 생산관계의 고도화의 영역에 포함되는 것이며, 이러한 사회주의 생산관계의 고도화는 그 자체가 곧 사회주의 건설의 진전이고 사회주의 사회와 사회주의 경제의 발전을 의미한다.

그런 점에서 좌익 공산주의자들이 제기하는 공장장 1인 경영 체제의 문제는 위와 같은 시각에서 바라보아야 한다. 레닌은 1920년대 초 내전에서 승리한 후 공장장 1인 경영 체제의 문제를 제기하고 확립하는 길을 걸었다. 그것은 노조, 공장 쏘비에트, 당 조직, 공장장 등이 연합하여 경영하는 체제는, 사공이 많으면 배가 산으로 간다는 속담과 같이 경영에서 혼란을 가져왔기 때문이었다. 따라서 전문성의 영역인 경영의 영역에 있어서는 전문가로서 공장장 1인의 경영 책임을 분명히 하고, 노동자의 해고와 근로 조건, 그리고 공장에 대한 정치적 통제는 공장장 1인 책임이 아니라 노조와 공장의 당 조직, 그리고 공장 쏘비에트(위원회)의 책임이 되었던 것이다. 이에 대해 공장장 1인 책임제를 노동자의 자율성의 상실로 보는 좌익 공산주의자들의 견해는 공장의 운영에 있어서 소부르주아 민주주의를 꿈꾸는 것에 지나지 않았다. 사실, 수천, 수만 명의 노동자가 노동하는 대공장의 운영은 단일한 의지의 통일을 요구하는 것이다. 그리고 그러한 의지의 집중점은 경영에 있어서는 공장장이 되는 것이다. 그리고 공장에서 정치적 문제에서는 공장 쏘비에트가 최고 권력 기관으로서 작동하게 되는 것이다. 그런데 좌익 공산주의자들은 이러한 사실을 무시하고 공장장 1인 체제를 일종의 억압 체제로서 비난하고 있는 것이다.

그리고 국가 자체는 낮은 단계의 공산주의인 사회주의 단계에서 프롤레타리아 독재로 존재할 수밖에 없다는 점에서 노동자계급의 공동 소유는 국유로 존재한다. 그리고 국가 자체가 소멸하는 단계에 이르면, 배타적, 독점적 지배라는 의미에서 소유(권)이 소멸하게 되고,

또 노동자 각 개인의 개성의 발전이 최고도로 이루어지면서 노동자의 자율성, 창조성의 높은 수준의 발휘는 특별히 강조할 필요가 없는, 자연스런 사회적 현상이 될 것이다.

3. 소외된 노동에 대한 잘못된 이해

아우프헤벤이 자본주의와 사회주의, 공산주의를 이해하는 주요 고리는 소외된 노동이라는 개념이다. 그리하여 쏘련에서, 소외된 노동이 있었다고 하면서, 쏘련은 사회주의 사회가 아니라 자본주의 사회라고 주장하는 것이다. 마치 요술방망이 같은 소외된 노동이라는 개념은 맑스주의가 자본주의에서 상품의 생산과 임금 노동의 본질을 이해하는 주요 개념인 것은 맞지만, 문제는 그 개념의 외연이 무한정 확장되고 있다는 점이다. 예를 들면, 아우프헤벤은 "그러나 무엇이 자본인가? 맑스로부터 자본은 본질적으로 소외된 노동의 자기 확장이라고 주장할 수 있다"[10]고 주장한다. 소외된 노동은 노동자가 스스로 노동을 하지만 그 노동이 자기의 것이 아니라 타인을 위한 노동이 되고 그 결과 노동의 생산물이 자신의 것이 아니라 타인의 것이 되며, 나아가 자신이 생산한 생산물에 의해 노동자 자신이 억압당하는 것을 가리키는 것이다. 이는 노동자가 생산한 가치가 자본에 의한 잉여가치의 취득이 되어 자본으로 전화되면서, 노동자를 억압하는 힘으로 작동하는 임금 노동에 대한 적절한 설명이 된다. 그런데 소외된 노동 자체가 자본에 대한 본질적 설명, 과학적 설명의 모든 것은 아니다. 위 인용문에서 아우프헤벤은 자본의 본질을 설명한다고 하면

---

10) 아우프헤벤, 앞의 책, p. 164.

서, 가치라는 개념을 빼먹고 있다. 그리하여 자본은 자기 증식하는 가치라는, 맑스에 의해 확립된 자본에 대한 과학적 설명이 빠진 채, 소외된 노동이 마치 자본에 대한 과학적 설명의 본질인 양 서술되고 있는 것이다. 이는 사실상 소외된 노동이라는 개념을 신비화시키는 것이고, 소외된 노동이라는 개념을 사용하면, 계급적 대립, 모순이 모두 설명되는 것이라는 오도된 인식을 조장하는 것이다.

아우프헤벤은 다음과 같이 소외된 노동과 가치 개념의 관계를 설명한다. "그러나 자본주의의 핵심은 '가치 법칙'의 작동이 아니라 소외된 노동으로서의 가치와 그에 따른 자본으로의 자기 확대이다. 이 경우에 본질적인 노동력 판매를 통한 노동의 소외이다."11) 이 문장은 완전히 비문이어서 독해를 어렵게 하지만 비문임을 감안하여 해석하면, 자본주의 핵심은 가치의 운동이 아니라 노동의 소외라는 것이다. 이렇게 본다면, 잉여가치의 취득을 통한 자본가의 노동자에 대한 착취는 사라지고, 단지 노동자가 자본가에 종속되어 소외된 노동을 한다는 점만이 부각된다. 이것은 자본과 노동의 적대의 한 측면을 설명하기는 하지만, 자본주의의 운동 법칙에 대한 과학적 이해를 가로막는 것이며, 그에 따라 변혁운동의 기초가 될 수 없는 '이론'이다.

자본(주의)의 본질에 대한 이러한 비과학적 인식으로 인해 아우프헤벤의 소외된 노동 개념은 자본주의와 사회주의 사회, 쏘련을 동일시하는 주요 근거로 작동한다. "자본주의 하에서 노동자는 자본가에게 그의 노동력을 팔면서 자본가를 위해 일한다. 이처럼 노동자는 자신의 당면한 필요를 위해 일하지 않고 임금을 위해 일한다. 그러므로 일하는 노동은 그에게 외재적이다. 그것은 소외된 노동이다. ... 쏘련에서 이러한 생산관계는 본질적으로 똑같다. 노동자들은 그들의 노동

---

11) 같은 책, p. 100.

을 소외시켰다. 이처럼 그들은 그들 자신의 당면한 필요를 위해 생산하지 않고 국유 기업의 경영을 위해 일했다."[12] 여기서 아우프헤벤의 소외된 노동 개념의 계급적 성격이 일정하게 드러나고 있다. 아우프헤벤은 쏘련에서 노동자가 자신의 당면한 필요가 아니라 국유 기업의 경영을 위해 일한다는 점에서 소외된 노동이라 규정하고, 따라서 쏘련은 사회주의 사회가 아니라고 하고 있다.

그러나 사회주의 사회의 국유 기업의 철강 공장에서 노동하는 노동자가 철을 생산할 때 그것은 자신의 필요가 아닌가? 자본주의에서 철강의 생산은 타인을 위한 노동, 상품생산으로서의 노동이다. 그런데 사회주의 사회에서 국유의 철강 공장 노동자의 노동은 사회주의 건설을 위한 노동이지 않는가? 만약 아우프헤벤처럼, 이 철강을 만드는 노동이 소외된 노동이라면, 그것은 자신을 위한 노동이 아니라 타인을 위한 노동이 되어야 한다. 그런데 사회주의 건설과 노동자의 이해가 적대적으로 대립하는가? 사실은 그 정반대이지 않는가? 사회주의 사회는 사적 소유가 폐지되어 있다는 점에서, 사회주의 건설이 성공할 때 노동자는 경제적, 정치적 이익을 누릴 수 있지 않은가? 나아가 사회주의 사회에서 생산 수단 그리고 생산물은 더 이상 자본이 아니라는 점에서, 생산물이 자본이 되어 노동자를 억압하는 노동의 소외는 존재하지 않게 된다. 이러한 점은 사회주의 사회는 노동의 소외가 존재하지 않거나 그것을 의식적으로 극복해 가는 사회라는 점에서 자본주의 사회와 구별된다는 것을 가리키는데, 아우프헤벤에게서 소외된 노동이라는 개념은 자본주의 사회와 사회주의 사회의 동일성을 끌어내는 고리가 되고 있다. 그렇다면 아우프헤벤의 소외된 노동의 개념과 다른, 소외되지 않은 노동은 도대체 어떤 것인가? 아

---

12) 같은 책, pp. 201-202.

우프헤벤은 자신의 당면 필요를 위해 노동하는 것이 소외되지 않은 노동이라고 주장한다. 그렇다면 여기에 들어맞는 것은 현실에서는 단지 자기 자신이 필요한 물건을 스스로 생산하는 소부르주아적 노동일 뿐이다.

아우프헤벤은 자본의 의미를 자기 증식하는 가치로서 규정하는 것이 아니라 소외된 노동의 자기 확장이라고 비과학적으로 접근한 결과, 결국은 이렇게 소부르주아적 노동의 이상화로 귀결되고 있는 것이다.

4. '가치의 불구화'에 대하여

아우프헤벤의 쏘련론의 결론은 '가치의 불구화'라는 개념으로 끝나고 있다. 그런데 '가치의 불구화'라는 개념은 한편으로 좌익 공산주의자들의 고심의 결과이지만, 다른 한편으로 좌익 공산주의자들의 쏘련 사회에 대한 인식이 불구화된 인식이라는 것을 가리키는 것이다. 왜냐하면, 가치는 하나의 개념인데, 그 개념이 불구화되었다는 것은 그 개념이 가리키는 대상, 즉, 쏘련 사회에 대한 주체의 인식이 불구화되었다는 것을 가리키는 것에 다름 아니기 때문이다.

유물론에서 개념과 그 개념이 가리키는 대상 중에 일차적인 것은 개념이 아니라 대상이다. 그리고 개념은 대상의 본질을 정확히 반영할 때, 올바른 개념, 과학적 개념이 된다. 그런데 개념이 불구화된다는 것은 개념이 가리키는 대상이 불구 상태라는 것을 가리키는 것이 아니라 대상을 인식하는 주체의 인식이 불구화되고 왜곡된다는 것을 의미하는 것이다. 왜냐하면 대상이 불구 상태이면, 개념이 불구화되는 것이 아니라 불구 상태를 반영하는 과학적 개념을 파악하면 되는 것에 지나지 않기 때문이다. 따라서 좌익 공산주의자들이 가치 개념이 불구화되었다고 선언하는 것은, 그것을 통해 쏘련 사회에서 가치 개념이 불구화되었다는 것을 가리키는 것이 아니라, 쏘련 사회를 파악하는 좌익 공산주의자들의 인식이 불구 상태, 왜곡된 상태라는 것을 드러내는 것이다.

아우프헤벤의 불구화된 인식은 다음과 같이 시작된다. "여기서 틱틴은 소련 체제의 근본적 모순의 기초를 세운다. 한편으로는 잉여생산물의 추출을 보증하는 데 필요한 생산증진에 대한 엘리트의 요구가 있고, 다른 한편으로는 이에 맞서, 노동을 최소화하려는 노동 과정에 대한 노동계급의 부정적 통제가 있는 것이다. 이러한 모순의 해결은 결함 있는 생산으로 나타난다."13) 쏘련은 노동의 소외가 있기 때문에 공장 경영층의 생산 증진의 요구가 노동자들의 사실상 사보타주로 인해 결함 있는 생산, 즉, 사용가치의 질이 떨어지는 불량품이 생산된다는 것이다. 신뜨로쯔끼주의자인 틱틴의 이와 같은 주장이 아우프헤벤으로서는 흡족했던 듯하고, 그리하여 아우프헤벤은 틱틴이 쏘련을 자본주의도 아니고 사회주의도 아닌 비생산양식이라고 규정하고 있다고 소개한다. 그러나 사실 쏘련이 생산양식이 아니라고 주장하는 것은 틱틴이 쏘련에 대한 과학적 이해에 실패하고 어떤 생산양식인지 알 수 없다고 고백하는 것이지 않겠는가?

아우프헤벤은 "시장 없이 교환을 위한 진정한 생산이 없기 때문에, 상품 생산이 없을 때 어떻게 가치와 잉여가치를 말할 수 있는가?"14) 라고 의문을 표시한다. 즉, 아우프헤벤은 쏘련에 시장이 없으며, 진정한 상품생산이 존재하지 않는다고 보고, 가치와 잉여가치를 논할 수 없다고 고백하고 있다. 쏘련에 상품생산이 전혀 없다는 것은 사실

---

13) 같은 책, p. 89.
14) 같은 책, p. 166.

과 맞지 않고 쏘련에서는 상품생산이 부분적으로 존재했다는 것이 사실에 맞는 것이지만, 아우프헤벤은 쏘련에서 상품생산의 존재를 이렇게 전면 부정하고 있다. 이러한 인식은 다음과 같이 보충된다. "그 결과 국유 기업이 형식적으로 그들의 산출물을 팔고 투입물을 구매하지만 이러한 "교환"은 내용적으로 중앙계획에 따라 이루어지는 단순한 이전이었다. 그러므로 생산은 교환을 위한 것이 아니라 계획을 위한 것이었고 제품은 진정으로 상품의 형식을 가정하지 않았다."15) 이와 같이 아우프헤벤은 쏘련에서 상품생산의 존재를 전면 부정한다. 그러나 사실 쏘련에서 소비재와 농산물의 경우 화폐를 통해 소비자와 "교환"된다는 점에서 상품으로서의 성질을 갖고 있었고(즉, 등가교환의 대상이었고) 이 경우 가치 법칙은 작동하는 것이었다. 물론 가치 법칙이 자본주의와 같이 전체 자원의 분배를 결정하는 역할을 하지 못하고, 쏘련에서 자원 배분의 결정은 '계획'에 의한 것이었지만, 쏘련에서는 상품생산이 부분적으로 존재했고 가치 법칙은 계획을 보조하는 역할을 하고 있었다.

이러한 쏘련의 현실에 대해 아우프헤벤은 과학적으로 인식하지 못하고, 다음과 같이 '가치의 불구화'라는 개념을 세우면서 쏘련에 대한 과학적 인식을 포기하고 있다. "화폐를 순환의 단순 수단으로 제한하고 상품가치를 미리 결정함으로써 가치의 독립적 형식으로 기능할 수 없었다. 상품은 그것과 독립된 화폐의 외부형식으로 가치를 표현하지 않았고 상품의 사용가치로 표현되었다. 가치의 확대는 순수하고 양적이고 보편적인 화폐형식으로 가치의 양적 확장의 가장 적절한 표현을 발견하지 않았고, 질적이고 특정한 사용가치라는 가치의 양적 확대로 표현되었다. 가치와 사용가치는 가치와 사용가치 모두에게 불

---

15) 같은 책, p. 157.

구화로 이끌면서 혼합되었다. ... 그러나 우리가 소련에서의 화폐의 부적절성은 언급한 바와 같이, 가치의 독립적이고 보편적인 형식으로서의 기능 실패는 소련의 몰락을 가져온 사용가치의 만성적 불량생산으로 이끌었다."16) 비문으로 점철된 이 문장들은 독해를 요구한다. 요약하자면, 여기서 아우프헤벤은 화폐가 상품가치의 등가물이라는 고유한 기능을 쏘련에서는 상실했다고 보고 있다. 그러면서 상품의 가치는 화폐로 표현되는 것이 아니라 사용가치의 양적 확대로 표현되었고, 이로 인해 가치 개념이 불구화되었다는 것이다. 그리고 사용가치 또한, 화폐를 매개로 하는 구매자의 요구가 상품 교환을 통해 제대로 반영되지 못함에 따라, 불량품의 생산이 많아진 결과 불구화되었다는 것이다. 이것이 아우프헤벤이 제기한 '가치의 불구화'라는 것의 실제적 내용이다.

그러면 이러한 결론적 주장을 분석하면서 이 글을 마무리해 보자. 먼저 쏘련에서 상품 생산이 없고 가치 법칙의 작동이 없었다고 보는 것은 사실과 다른 것이다. 집단 농장의 농산물은 도시의 소비자에게 화폐를 통해 교환되어 상품으로서 팔렸다. 여기에는 등가교환을 위해 가치 개념과 가치 법칙이 작동했고 화폐는 상품의 등가물로서 작동했다. 그리고 소비재의 경우 국유 기업이 생산한 생산물이지만 화폐를 통한 교환으로 소비자에 판매되었다. 물론 나라 전체의 계획을 통해, 소비재의 종류와 양과 질을 계획하고 생산한 것이지만, 교환 단계에서는 등가교환이 이루어졌고, 화폐를 받고 '판매'되었다. 이러한 소비재의 등가교환은 가치 법칙의 작동을 가리키는 것이었고, 이는 소비재가 상품임을 가리키는 것이었다. 그런데 이러한 쏘련의 현실에 대해 아우프헤벤은 과학적으로 인식하지 못하고, 화폐는 등가물로 작

---

16) 같은 책, pp. 209-211.

동하지 못했고, 상품의 가치는 화폐로 표현되지 못하고 사용가치의 양적 확대로 표현되었다고 잘못 파악하고 있다. 상품의 가치가 화폐로 표현되지 못한다는 것은 소비재나 농산물이 가격이 없었다는 말과 같은 것인데, 이는 사실과 어긋나는 것이다. 소비재나 농산물의 판매는 분명히 화폐로 표현되는 가치, 즉, 가격이 있었고 판매자는 제 가격을 받고(즉, 등가교환을 하여) 상품을 판매했던 것이다.

이러한 쏘련의 현실에 대해 아우프헤벤이 과학적 인식에 실패한 것은 가치 법칙의 존재가 곧 착취를 설명한다는 잘못된 인식을 갖고 있었기 때문이기도 하다. 그러나 가치 법칙 자체는 상품의 등가교환을 가리키는 것에 지나지 않으며, 착취의 존재를 설명하기 위해서는, 쏘련이 자본주의라는 것을 설명하기 위해서는, 가치 법칙만이 아니라 잉여가치 법칙의 작동이 필요하다. 그런데 아우프헤벤은 잉여가치 법칙의 존재에 대해서는 전혀 설명을 하지 않았다. 그리하여 가치 법칙의 존재가 곧 착취를 설명한다고 인식하고 이를 주장하기 위해 '가치의 불구화'라는 엉터리 개념을 제기했던 것이다. 그러나 이러한 엉터리 개념은 쏘련 사회의 현실이 가치가 불구화된 상태라는 것을 말하는 것이 아니라, 반대로 쏘련 사회를 인식하는 아우프헤벤 자신의 인식이 불구화된 상태라는 것, 왜곡된 상태라는 것을 가리키는 것일 따름이다.

제16장
결론

1. 상품-화폐 관계를 전제로 하는 계획 경제

쏘련 등 20세기 사회주의의 역사는 낮은 단계의 공산주의인 사회주의 사회에서 상품-화폐 관계는 즉각 폐지되는 것이 아니라 일정하게 유지, 발전되며, 계획 경제는 상품-화폐 관계를 전제로 한다는 것을 보여 준다. 자본주의 사회에서 잉여가치의 취득을 통한 자본의 축적은 사회주의 사회에서 가능한 한 즉각 폐지되지만, 상품-화폐 관계는 사회주의 사회에서 잔존하면서, 이후 사회주의 사회의 생산력이 고도화되고 집단 농장의 생산관계가 공업과 같이 전 인민 소유로 발전할 때, 최종적으로 소멸하며, 사회는 높은 단계의 공산주의로 진입하게 된다.

따라서 자본주의의 잉여가치 법칙은 사회주의 사회에서 가능한 한 즉각 폐지되지만, 가치 법칙은 사회주의 단계에서 즉각 폐지되는 것이 아니라 잔존하면서, 프롤레타리아 국가의 계획을 보조하는 역할을 한다. 그에 따라 가치, 가격, 화폐, 임금, 이윤, 신용 대출 등의 범주는 사회주의 사회에도 존재하게 되는데, 자본-임노동의 착취 관계가 폐지됨에 따라 이 범주들은 자본주의 사회에서의 계급적 성격을 상실하고 일정하게 변형을 겪게 되고, 계획의 유력한 수단으로 전화한다. 예를 들면, 임금이라는 범주는 사회주의 사회에도 존재하지만 노동력이 이미 상품이 아니기 때문에, 임금은 노동력 재생산 비용에 머무는 것이 아니라 자본주의에서의 잉여노동에 해당하는 것의 상당 부분도 노동자는 수취하게 된다. 그리고 가격은 자본주의와 같이 시장의 수요, 공급에 의해 혹은 독점자본의 독점가격에 의해 결정되는 것이 아니라, 프롤레타리아 국가의 의식적인 계획에 의해 결정되게 된다. 화폐 또한 가치의 척도, 등가교환의 매개로 존재하지만, 상품으로 기능하는 대상이 대폭 줄어듦에 따라 가치 법칙의 적용 영역은 자본주의에 비해 매우 축소되게 된다.

그리고 사회 전체의 경제적 발전은 프롤레타리아 국가의 계획과 노동 대중의 참여에 의해 수행되는데, 자본주의에서 생산의 목적을 규정하는 잉여가치 법칙은, 사회주의 사회에서 폐지되고 대신에 인민의 복지의 요구의 충족이 사회주의의 기본적 경제 법칙으로 작동하여 사회주의 사회의 생산의 목적을 규정하게 된다. 그리고 자본주의에서 자원의 배분을 결정하는 것은 가치 법칙이었지만, 사회주의 사회에서 자원의 배분을 결정하는 것은 프롤레타리아 국가의 계획이며, 그것은 생산의 각 부문 간의, 그리고 축적과 소비의 균형을 보장하는 것으로서 균형 있는 발전 법칙으로 표현된다.

2. 프롤레타리아 독재의 강화를 통한 국가의 소멸

쏘련의 역사는 사회주의 건설에서 프롤레타리아 독재가 폐기되고 그것이 전 인민 국가로 전화되었을 때, 사회주의 건설이 균열되고 끝내 자본주의의 복고가 이루어짐을 보여 주었다. 이러한 역사적 경과는 높은 단계의 공산주의에 이르는 이행기 전체에 걸쳐 프롤레타리아 독재가 유지, 강화되어야 함을 보여 준다. 또한 이론적으로 계급적 지배 도구로서 국가의 소멸은 프롤레타리아 독재의 약화가 아니라, 프롤레타리아 독재의 강화를 통해 계급 사회의 잔재가 소멸할 때 이루어지는 것으로 파악될 필요가 있다. 그런 점에서 이행기 사회로서 사회주의 사회에서 프롤레타리아 독재 하의 계속 혁명 노선을 수립할 필요가 있으며, 그것의 구체적 양태, 방식은 해당 사회의 특수성과 역사적 조건에 따라 달라질 것이다.

사실 흐루쇼프가 주장하고 브레쥐네프가 발전시킨 전 인민 국가론은 관료주의 이데올로기이다. 브레쥐네프는 쏘련이 이미 발달한 사회주의 사회로 접어들었고 전 인민 국가는 발달한 사회주의의 상부 구조라고 파악했지만, 전 인민 국가는 국가 자체의 속성에 의해, 전 인민에 대한 국가, 전 인민 위에 군림하는 국가, 관료주의 국가가 될 수밖에 없었다. 이러한 역사적 경과는 사회주의 사회에서 상부 구조로서의 국가는, 단지 소멸 과정에 있는 국가, 준(準)국가로서 프롤레타리아 독재이어야 함을 보여 준다.

쏘련의 역사는 현실에서, 제국주의에 맞서 혁명을 방어하고 사회주의 건설을 위해 인민 무장을 넘어서는 정규군, 상비군의 형성을 보여 주었고, 또 경제 규모가 거대해짐에 따라 상당한 관료층이 형성됨을 보여 주었고, 이들 관료층은 전 인민 국가론의 지지층이 되고 끝내 이들에 의해 자본주의 복고가 이루어졌음을 보여 주었다. 이러한 역사적 경과는 사회주의 사회의 국가의 성격에 있어 흐루쇼프의 전 인민 국가와 같이 관료층의 권력을 강화하는 길을 걸어서는 안 되며, 국가의 프롤레타리아적 성격을 유지, 발전시키는 것이 사활적으로 중요하다는 것을 보여 준다. 그리고 그것은 프롤레타리아 독재 노선을 견지하면서 프롤레타리아 독재가 계급 사회의 잔재를 타격하고, 관료주의의 성장을 제어하면서, 프롤레타리아 민주주의의 발전으로 관료주의를 극복하는 길을 걸어야 함을 보여 준다. 그리고 사회 전체에서 계급 사회의 잔재가 사라질 때, 프롤레타리아 독재는 스스로 잠들면서, 엥엘스가 말한 바와 같이 역사박물관에서 청동 도끼의 옆에 전시되게 될 것이다.

프롤레타리아 독재의 강화를 통한 국가의 소멸은 사회주의 사회가 상품-화폐 관계를 전제로 하는 계획 경제라는 점에서도 근거를 얻는다. 상품-화폐 관계가 사회주의 사회에서 제한된 영역이지만 존재한다는 것은, 그것이 자본-임노동의 착취 관계를 낳을 수 있는 토대가 된다는 점에서 상품-화폐 관계의 존재는 사회주의 사회가 자본주의로의 역전, 자본주의의 복고 가능성이 있는 사회임을 말하는 것이다. 따라서 경제적 토대에서 상품-화폐 관계가 소멸할 때까지 프롤레타리아 독재는 강화의 길을 걸어야 한다.

3. 문화혁명을 통한 계급 사회 잔재의 소멸

중국의 프롤레타리아 문화대혁명의 발생과 전개, 그리고 최종적인 실패는 한편으로 문화대혁명이 자본주의의 길을 걷는 주자파에 대한 싸움이었지만, 동시에 사회주의 사회에서 끈질기게 남아 있는 구(舊) 사회의, 계급 사회의 이데올로기와의 싸움이 지대한 노력과 투쟁을 요구하는 것임을 보여 준다. 이데올로기는 물질적 관계의 반영으로서의 성격을 갖기 때문에, 맑스주의자는 그러한 물질적 관계의 변혁을 통해 이데올로기를 변혁하는 길을 걷게 된다. 따라서 경제적 토대에서 자본주의적 생산관계를 사회주의적 생산관계로 변혁하는 것이 일차적으로 중요하며, 이를 통해 이데올로기의 변혁을 위한 물적 조건을 확보하게 된다. 그런데 이데올로기는 물질적 관계의 반영이지만, 동시에 자기 자신의 상대적 독립성을 또한 갖고 있다는 점에서, 물질적 관계의 변혁이 이데올로기에서의 변혁을 자동적으로 보장하지는 않는다. 바로 이 점에서 사회주의 건설과정에서 이데올로기의 변혁을 위한 문화혁명을 의식적으로 추진할 필요가 있는 것이다.

소유자적 태도, 개인과 사회의 관계에서 이기적 태도, 인민 위에 군림하려는 관료주의적 작풍, 민주주의를 근본적 문제로 보지 못하고 민주집중제를 왜곡하는 태도, 현실에서, 실제에서 출발하지 못하고 맑스주의, 레닌주의의 구절을 암송하면서 맑스주의자연하는 교조주의적, 관념론적 태도, 전 인민 소유의 국유 기업에서 스스로가 주인임을 자각하지 못하는 태도 등등을 문화혁명의 과정에서 의식적으로 극복하여야 한다.

그리고 노동자계급의 조직 원리는 집단주의이지만, 그것은 개인을 부정하는 집단주의가 아니다. 공산주의 사회는 각 개인의 발전이 사회 전체의 발전의 조건이 되는 사회라는 점에서, 집단주의의 문제는 문화혁명의 하나의 과제로 파악될 필요가 있다. 자본주의에서 최고도로 발전하는 소유자적 태도, 이기적 태도를 극복하면서, 집단주의의 발전 속에서 개인의 발전을 도모하고, 역으로 개인의 발전을 보장하는 방식으로 집단주의를 발전시키는 것이 필요하다. 그런 점에서 이러한 공산주의적 인간형의 형성, 개인의 발전과 사회의 발전의 통일은 사회주의 사회에서 문화혁명의 주요 과제의 하나로 설정될 필요가 있다.

4. 프롤레타리아 독재 체계의 정립과 프롤레타리아 민주주의의 발전

프롤레타리아 독재론은 맑스와 엥엘스에 의해 정립되었지만, 프롤레타리아 독재론은 10월 혁명을 거치고 사회주의 건설이 이루어지면서, 레닌과 쓰딸린에 의해 프롤레타리아 독재의 체계라는 개념으로 발전한다. 맑스와 엥엘스의 공적은 이행기 사회로서 사회주의 사회의 상부 구조는 프롤레타리아 독재가 될 수밖에 없다는 점을 밝힌 것이라면, 레닌과 쓰딸린의 공적은 당과 국가, 대중 조직으로 이루어지는 프롤레타리아 독재의 체계를 정립하고 발전시켰다는 것이다.

쏘련에서 사회주의 건설 초기에 있었던 당의 독재인가, 프롤레타리아 독재인가의 논쟁은 이러한 프롤레타리아 독재의 체계가 성립하게 하는 이론적 토대가 되었다. 지도 기관으로서의 당, 권력 기관으로서의 쏘비에트, 시민 사회의 영역에서 헤게모니적으로 프롤레타리아 독재를 관철하는 노동조합, 여성 조직, 청년 조직 등의 대중 조직이 사회주의 사회에서 체계를 형성하면서, 프롤레타리아 독재를 관철하게 되는 것이다.

쓰딸린의 공적은 당과 국가의 관계에서 당의 독재가 아닌 프롤레타리아 독재라는 점을 정식화하고 정립했다는 점이다. 그런데 쓰딸린 말년의 논쟁, 즉, 권력의 실제적 소재를 당에 둘 것인가, 아니면 쏘비에트에 둘 것인가의 논쟁은 당과 국가의 관계가 쓰딸린 시기에 정확히 실제적으로 확립되지 못했다는 것을 보여 주는 것이다. 그에 따라 당 관료층을 대변하는 흐루쇼프에 의해, 쓰딸린 사후 반동이 이루어졌으며, 당과 국가의 성격 자체가 전 인민 당, 전 인민 국가로 전화되었던 것이다.

사회주의 사회에서 노동자계급의 당은 의식성을 본질로 한다. 즉, 당은 사상을 기초로 사회주의 건설 노선을 구체화하고, 변화하는 정세에 맞추어 그 노선을 끊임없이 개선하고 고도화해 가야 한다. 반면에 쏘비에트 혹은 국가는 권력 기관으로서, 폭력의 담지자로서 계급적 억압을 수행하는 것을 본질로 하는 것이다. 그런 점에서 쓰딸린이 말년에 권력의 실제적 소재를 당이 아닌 쏘비에트에 두고자 했던 것, 경쟁 선거를 통해 쏘비에트의 권력을 당의 우위에 두고자 했던 것은 많은 시사점을 보여 주며, 향후 21세기 사회주의 건설에서 당과 국가의 관계에서 견지해야 할 원칙이 어떤 것인가를 보여 주는 것이다.

혁명 후에 공산당이 집권당이 됨에 따라 많은 관료주의분자, 출세주의분자들이 당에 몰려들었다. 그리하여 이들을 걸러 내는 숙청이 주기적으로 수행되었다. 그러나 능숙한 관료주의자들, 고위직의 관료주의자들은 밑으로부터 대중의 비판을 통한 숙청의 바람을 피해 가는 데 능란했고, 2차 대전을 전후한 시기에 당원들은 정치적 전위에서, 행정을 처리하는 관료로 변모하기 시작했다. 그리고 이러한 흐름은 흐루쇼프의 수정주의가 발생하는 토대가 되었다.

여기서 프롤레타리아 민주주의의 문제의 현실적 의미가 대두된다. 일반적으로 말해서, 프롤레타리아 민주주의는 부르주아 민주주의보다 훨씬 우월하다고 할 수 있다. 그런데 사회주의 건설에서 프롤레타리아 민주주의의 발전의 문제는 관료주의를 어떻게 제어할 수 있는가의 성격을 갖는 것이다. 여기서 쓰딸린이 쏘비에트 선거에서 공장 등 생산 단위 선거구를 지역 단위 선거구로 바꾸어 관료들에 대한 대중들의 소환, 파면의 기능을 약화시킨 것이 오류임을 알 수 있다.

앞서서 당과 국가의 문제를 살펴보았다면, 이제는 사회주의 사회에서 당과 대중의 관계를 살펴보도록 하자. 당은 의식성을 본질로 하는 것이다. 그리하여 사상에 기초하여 노선을 수립하는 것이 당의 본질이 되며, 행정의 영역, 통치의 영역은 당이 아니라 쏘비에트 등 국가의 영역이 되는 것이다. 그런데 사회주의 사회에서 당과 대중의 관계는 무엇인가? 당은 의식성을 본질로 하는데, 문제는 현실을 변화시키는 것은 의식 자체가 아니라는 것이다. 의식은 그것이 아무리 올바르다고 하더라도 물질적 힘으로 전화하지 못하면, 현실을 변화시키는 것이 될 수 없다. 그리고 물질적 관계, 현실의 변혁은 대중들이 생산과 계급 투쟁의 영역에서 실제로 조직되어, 운동하게 될 때 이루어지는 것이다. 그런 점에서 역사의 주체는 인민대중이 되는 것이며, 대중이 실제로 운동하게 될 때 역사가 바뀌고, 사회주의 건설이 고도화되는 것이다. 여기서 한편으로는 생산과 계급 투쟁에서 대중의 운동을 지도하는 당의 의식성이 필요하고, 다른 한편으로는 대중의 힘이 조직화되는 프롤레타리아 민주주의가 중요하게 된다. 그리고 끊임없이 프롤레타리아 민주주의가 강화될 때, 국가의 프롤레타리아적 성격이 유지, 발전될 수 있으며, 관료주의의 성장을 제어할 수 있고 프롤레타리아 독재가 강화되는 것이다.

그런데 프롤레타리아 민주주의는 하나의 일정한 제도이고 체계이다. 쏘련과 중국에서 이러한 제도와 체계가 없어서 자본주의의 복고가 이루어진 것은 아니다. 그러면 과연 제도, 체계를 넘어서서 일차적인 의미를 갖는 것은 무엇인가?

5. 이행기 사회로서 사회주의 사회의 혁명적 성격의 유지, 발전

등소평은 권력을 장악하고 수정주의를 전개하면서, 공업과 농업에서 사회주의 생산관계를 약화시키거나 해체하는 길을 걸었다. 그리고 등소평의 노선에서 결정적으로 수정주의 노선을 규정하게 된 것은 이른바 초급단계 사회주의라는 개념이다. 맑스와 엥엘스가 공산주의에 이르는 이행기로서 사회주의 사회라고 규정한 것을 왜곡하여, 사회주의 사회의 낮은 단계로서 초급단계 사회주의를 설정하여, 이 초급단계 사회주의 사회에서는 계급 투쟁이 사라지고 생산력 발전이 주요한 과제가 된다고 규정한 것이었다. 그런데 이러한 등소평의 초급단계 사회주의는 공산주의로의 이행기 사회로서 사회주의 사회의 혁명적 성격을 거세하는 것이다.

21세기 현대 중국에서 자본주의적 관계, 자본 축적의 욕망이 지배적이 되고, 공산주의로의 전진의 모습은 완전히 사라진 현실은 초급단계 사회주의론의 반혁명적 성격을 입증하는 것이다. 따라서 21세기 새로운 사회주의 혁명을 전망한다면, 이행기 사회로서 사회주의 사회의 혁명적 성격을 유지, 발전시키는 관건적 요소는 무엇인가를 고민하지 않을 수 없다. 그리고 그것은 비록 실패했지만, 수정주의를 타도하는 상황으로까지 갔던 프롤레타리아 문화대혁명에서 답을 찾을 수 있다. 즉, 관료주의와 수정주의를 극복하고 이행기 사회로서 사회주의 사회의 혁명적 성격을 유지, 발전시키는 것은 대중의 혁명적 운동이라는 것을 우리는 문화대혁명의 교훈으로 파악할 수 있다. 등소평 등 수정주의자들이 가장 두려워한 것은 자신들이 대중들에 의해 타도된다는 것이었다. 이것은 역사적으로도 그러하며, 논리적으로도 그러하다. 즉, 관료주의 등 계급 사회의 잔재에 의해 역사적 반동이 시도되고, 심지어 당 자체가 수정주의화되더라도, 그것은 대중의 혁명적 운동에 의해 분쇄될 수 있고, 당 또한 대중의 혁명적 운동에 기초하여 재건될 수 있다는 점이 역사의 교훈으로서 도출되는 것이다.

쏘련의 경우, 쓰따하노프 운동, 문맹 퇴치 운동 등 대중의 운동이 있었고 또 제1차, 2차 등의 5개년 계획은 그것을 달성하고자 하는 대중들의 거대한 운동에 기초한 것이었다. 그러나 이 시점에서 대중의 혁명적 운동이 사회주의 건설의 본질적 요소라는 점은 분명히 각인되지 못했었다. 그러나 흐루쇼프 수정주의의 등장, 그리고 유소기, 등소평 수정주의의 등장은 모택동으로 하여금 대중 운동의 방식을 통한 사회주의 건설 노선을 채택하게 했다. 대약진 운동, 문화대혁명은 그러한 노선의 표현이었다.

여기서 프롤레타리아 독재의 체계, 프롤레타리아 민주주의, 사회주의적 법치주의, 계획 경제의 체계 등의 제도와 체계의 건설과 대중의 혁명적 운동이 통일될 때, 사회주의 건설이 순조롭게 되고, 이행기 사회로서 사회주의 사회의 혁명적 성격이 유지, 발전된다는 것이 도출된다. 그리고 체계의 건설과 대중의 혁명적 운동에서 일차적인 것은 대중의 혁명적 운동이다. 왜냐하면 체계는 일종의 형식이고 생산과 계급 투쟁에서 대중의 혁명적 운동은 내용인데, 내용은 형식보다 일차적이기 때문이다.

6. 프롤레타리아 국제주의와 평화 공존

맑스와 엥겔스의 ≪공산주의당 선언≫의 마지막 구절은 "만국의 노동자여, 단결하라!"로 끝난다. 이것은 프롤레타리아 국제주의가 전 세계 노동자계급의 최고의 대의이며, 실천 강령이라는 것을 말한다. 그렇기 때문에 러시아 혁명의 승리는 곧 제3 인터내셔날의 결성으로 이어졌던 것이다. 그러나 흐루쇼프 수정주의의 등장 이후, 프롤레타리아 국제주의는 균열되었고 이러한 상황이 세계 사회주의 진영의 분열로 이어졌을 때, 세계 노동자계급의 해방 운동은 질곡에 처하게 되었고 역사는 반동으로 귀결되게 되었다.

중·쏘 논쟁 당시 사회주의 국가의 대외 정책의 최고 원칙은 무엇인가가 논쟁되었는데, 흐루쇼프는 핵무기의 존재로 인하여 평화 공존이 대외 정책의 최고 원칙이 되었다고 했는데, 중국 측은 이를 반박하면서 사회주의 국가와 사회주의 진영의 대외 정책의 최고 원칙은 프롤레타리아 국제주의이며, 평화 공존은 사회주의 국가와 제국주의 국가 간의 관계에 국한되는 것임을 주장했다. 실제로 흐루쇼프는 평화 공존을 대외 정책의 최고 원칙으로 삼게 됨에 따라 당시 프랑스에 맞서서 독립 투쟁을 전개하던 알제리에 대해 그것은 내정의 문제라고 하여 제국주의 종주국인 프랑스의 편을 들기도 했던 것이며, 이에 대해 중국 측은 격렬히 항의했던 것이다.

뿐만 아니라 브레쥐네프에 이르러서는 중국과의 이념 분쟁이 국경에서의 무력 충돌로까지 이어졌으며, 쏘련은 중·쏘 국경에 군대를 증강하고 중국의 핵 시설에 대한 폭격 계획까지 세우기도 했다. 그리하여 중국은 남쪽에서는 미국이 베트남 전쟁의 전선을 중국 쪽으로 확대하는 것을 대비하고 북쪽으로는 쏘련의 군사적 공격에 대비해야 했던 것이다. 이러한 양면 협공의 위협 속에서 중국은 부득이하게 미국과 타협할 수밖에 없었고 이는 임표의 사망과 문화대혁명의 표류, 그리고 주자파의 권력 장악으로 이어졌던 것이다.

이러한 역사적 경과는 수정주의의 등장이 프롤레타리아 국제주의의 파탄으로 이어졌으며, 이는 세계 사회주의 진영의 분열과 제국주의 진영의 재강화로 귀결되었고, 끝내 쏘련의 해체와 중국의 자본주의화를 불러왔다는 것을 보여 준다. 이러한 역사적 교훈은 노동자계급의 최고의 대의인 프롤레타리아 국제주의의 중요성을 역설적으로 보여 주며, 프롤레타리아 국제주의가 이론의 영역을 넘어서서, 당위의 영역을 넘어서서, 하나의 정치적 현실, 정치적 원리로 작동하여야 하며, 또 작동할 수밖에 없다는 것을 보여 준다. 따라서 향후 21세기 사회주의 혁명이 발발하고, 사회주의 건설이 이루어질 때, 해당 정세에서 프롤레타리아 국제주의를 어떻게 구체화해 나갈 것인가는 혁명과 건설의 성패를 좌우하는 문제가 될 것이다.